思想的・睿智的・獨見的

經典名著文庫

學術評議

丘為君　吳惠林　宋鎮照　林玉体　邱燮友

洪漢鼎　孫效智　秦夢群　高明士　高宣揚

張光宇　張炳陽　陳秀蓉　陳思賢　陳清秀

陳鼓應　曾永義　黃光國　黃光雄　黃昆輝

黃政傑　楊維哲　葉海煙　葉國良　廖達琪

劉滄龍　黎建球　盧美貴　薛化元　謝宗林

簡成熙　顏厥安（以姓氏筆畫排序）

策劃　楊榮川

五南圖書出版公司 印行

經典名著文庫

學術評議者簡介（依姓氏筆畫排序）

- 丘為君　美國俄亥俄州立大學歷史研究所博士
- 吳惠林　美國芝加哥大學經濟系訪問研究、臺灣大學經濟系博士
- 宋鎮照　美國佛羅里達大學社會學博士
- 林玉体　美國愛荷華大學哲學博士
- 邱燮友　國立臺灣師範大學國文研究所文學碩士
- 洪漢鼎　德國杜塞爾多夫大學榮譽博士
- 孫效智　德國慕尼黑哲學院哲學博士
- 秦夢群　美國麥迪遜威斯康辛大學博士
- 高明士　日本東京大學歷史學博士
- 高宣揚　巴黎第一大學哲學系博士
- 張光宇　美國加州大學柏克萊校區語言學博士
- 張炳陽　國立臺灣大學哲學研究所博士
- 陳秀蓉　國立臺灣大學理學院心理學研究所臨床心理學組博士
- 陳思賢　美國約翰霍普金斯大學政治學博士
- 陳清秀　美國喬治城大學訪問研究、臺灣大學法學博士
- 陳鼓應　國立臺灣大學哲學研究所
- 曾永義　國家文學博士、中央研究院院士
- 黃光國　美國夏威夷大學社會心理學博士
- 黃光雄　國家教育學博士
- 黃昆輝　美國北科羅拉多州立大學博士
- 黃政傑　美國麥迪遜威斯康辛大學博士
- 楊維哲　美國普林斯頓大學數學博士
- 葉海煙　私立輔仁大學哲學研究所博士
- 葉國良　國立臺灣大學中文所博士
- 廖達琪　美國密西根大學政治學博士
- 劉滄龍　德國柏林洪堡大學哲學博士
- 黎建球　私立輔仁大學哲學研究所博士
- 盧美貴　國立臺灣師範大學教育學博士
- 薛化元　國立臺灣大學歷史學系博士
- 謝宗林　美國聖路易華盛頓大學經濟研究所博士候選人
- 簡成熙　國立高雄師範大學教育研究所博士
- 顏厥安　德國慕尼黑大學法學博士

經典名著文庫070

精神現象學

Phänomenologie des Geistes

黑格爾（G. W. F. Hegel）著

先剛 譯

經典永恆・名著常在

五十週年的獻禮・「經典名著文庫」出版緣起

總策劃

閱讀好書就像與過去幾世紀的諸多傑出人物交談一樣——笛卡兒

五南，五十年了。半個世紀，人生旅程的一大半，我們走過來了。不敢說有多大成就，至少沒有凋零。

五南忝爲學術出版的一員，在大專教材、學術專著、知識讀本出版已逾壹萬參仟種之後，面對著當今圖書界媚俗的追逐、淺碟化的內容以及碎片化的資訊圖景當中，我們思索著：邁向百年的未來歷程裡，我們能爲知識界、文化學術界做些什麼？在速食文化的生態下，有什麼值得讓人雋永品味的？

歷代經典・當今名著，經過時間的洗禮，千錘百鍊，流傳至今，光芒耀人；不僅使我們能領悟前人的智慧，同時也增深加廣我們思考的深度與視野。十九世紀唯意志論開創者叔本華，在其〈論閱讀和書籍〉文中指出：「對任何時代所謂的暢銷書要持謹愼的態度。」他覺得讀書應該精挑細選，把時間用來閱讀那些「古今中外的偉大人物的著作」，閱讀那些「站在人類之巔的著作及享受不朽聲譽的人們的作品」。閱讀就要「讀原著」，是他的體悟。他甚至認爲，閱讀經典原著，勝過於親炙教誨。他說：

「一個人的著作是這個人的思想菁華。所以，儘管一個人具有偉大的思想能力，但閱讀這個人的著作總會比與這個人的交往獲得更多的內容。就最重要的方面而言，閱讀這些著作的確可以取代，甚至遠遠超過與這個人的近身交往。」

爲什麼？原因正在於這些著作正是他思想的完整呈現，是他所有的思考、研究和學習的結果；而與這個人的交往卻是片斷的、支離的、隨機的。何況，想與之交談，如今時空，只能徒呼負負，空留神往而已。

三十歲就當芝加哥大學校長、四十六歲榮任名譽校長的赫欽斯（Robert M. Hutchins, 1899-1977），是力倡人文教育的大師。「教育要教眞理」，是其名言，強調「經典就是人文教育最佳的方式」。他認爲：

「西方學術思想傳遞下來的永恆學識，即那些不因時代變遷而有所減損其價值的古代經典及現代名著，乃是眞正的文化菁華所在。」

這些經典在一定程度上代表西方文明發展的軌跡，故而他爲大學擬訂了從柏拉圖的《理想國》，以至愛因斯坦的《相對論》，構成著名的「大學百本經典名著課程」。成爲大學通識教育課程的典範。

歷代經典·當今名著，超越了時空，價值永恆。五南跟業界一樣，過去已偶有引進，但都未系統化的完整舖陳。我們決心投入巨資，有計劃的系統梳選，成立「經典名著文庫」，希望收入古今中外思想性的、充滿睿智與獨見的經典、名著，包括：

- 歷經千百年的時間洗禮，依然耀明的著作。遠溯二千三百年前，亞里斯多德的《尼各馬科倫理學》、柏拉圖的《理想國》，還有奧古斯丁的《懺悔錄》。
- 聲震寰宇、澤流遐裔的著作。西方哲學不用說，東方哲學中，我國的孔孟、老莊哲學，古印度毗耶娑（Vyāsa）的《薄伽梵歌》、日本鈴木大拙的《禪與心理分析》，都不缺漏。
- 成就一家之言，獨領風騷之名著。諸如伽森狄（Pierre Gassendi）與笛卡兒論戰的《對笛卡兒沉思錄的詰難》、達爾文（Darwin）的《物種起源》、米塞斯（Mises）的《人的行爲》，以至當今印度獲得諾貝爾經濟學獎阿馬蒂亞・森（Amartya Sen）的《貧困與饑荒》，及法國當代的哲學家及漢學家朱利安（François Jullien）的《功效論》。

梳選的書目已超過七百種，初期計劃首爲三百種。先從思想性的經典開始，漸次及於專業性的論著。「江山代有才人出，各領風騷數百年」，這是一項理想性的、永續性的巨大出版工程。不在意讀者的眾寡，只考慮它的學術價值，力求完整展現先哲思想的軌跡。雖然不符合商業經營模式的考量，但只要能爲知識界開啓一片智慧之窗，營造一座百花綻放的世界文明公園，任君遨遊、取菁吸蜜、嘉惠學子，於願足矣！

最後，要感謝學界的支持與熱心參與。擔任「學術評議」的專家，義務的提供建言；各書「導讀」的撰寫者，不計代價地導引讀者進入堂奧；而著譯者日以繼夜，伏案疾書，更是辛苦，感謝你們。也期待熱心文化傳承的智者參與耕耘，共同經營這座「世界文明公園」。如能得到廣大讀者的共鳴與滋潤，那麼經典永恆，名著常在。就不是夢想了！

二〇一七年八月一日　於

五南圖書出版公司

導讀

臺灣大學哲學系副教授　楊植勝

一、黑格爾哲學的兩個特徵

黑格爾哲學有兩個特徵，一個是「變化」（Werden/ becoming），一個是「對反」（Entgegensetzen/ opposing）。這兩個特徵雖然也可以在其他西方哲學家——例如古希臘哲學家赫拉克利特（Ἡράκλειτος/ Hērakleitos）——那裡看到，但是沒有人比黑格爾更能把這兩個特徵在哲學上發揮到極致了！

黑格爾所說的變化，德文的Werden，是「成爲」的意思。這與西方哲學的「存有」（Sein/ being）一詞在西方的語文是「是」的意思類似。但是「存有」或「是」給人靜態的感覺；相形之下，「變化」或「成爲」充滿動態的意味。在黑格爾的《邏輯學》裡，「變化」是從「存有」與「虛無」（Nichts/ nothing）之中發展出來的。這意謂變化是存有（與虛無）的眞理；對黑格爾而言，存有究其實也是動態的。

赫拉克利特提到的變化，包括水的「流動」（ῥέω/ flow）、火的「轉變」（τρέπω/ turn），與萬物的「前進」（χωρέω/ advance）等等，跟亞里斯多德（Aristotle）所提到的「運動」（κίνησις / movement）或「變動」（μεταβολή/ change）二詞的意義一樣，不僅有時間或先後次序上的變化意義，而且有空間或方向位置上的運動意義。但是黑格爾所說的變化則否：「成爲」只有時間或先後次序上的變化意義，而沒有空間或方向位置上的運動意義。這兩種意義在古希臘文（以及其他的語言）裡常常難以區別，其中最典型的例子，就是介繫詞的「前」與「後」，它們既可以指空間或方位的前後，也可以指時間或次序的前後。受到這樣的語言使用的影響，古希臘哲學也把空間性或方位性的運動與時間性或次序性的變化混爲一談。但是在黑格爾哲學，我們要留心的只有後者；所謂的「辯證運動」（dialektische Bewegung/ dialectical movement）其實指的是辯證的變化，其中並無空間方位的移動。

黑格爾的哲學可以說是一種「生命」的哲學或「精神」的哲學。生命或精神的主要特徵就是變化。在《精神現象學》的「序言」裡，黑格爾用花蕾、花朵與果實的變化來說明這種生命性或精神性的特徵：「當花朵綻開的時候，花蕾消失了，於是人們說，花蕾被花朵否定了。同樣地，當結出果實，花朵又被宣稱爲植物的一個虛假不實的存在，而果實則作爲植物的眞理取代了花朵的位置。他們認爲，這些形式不但彼此不同，而且相互排斥。然而眞實的情況是，它們流動的本性使得它們同時成爲一個有機統一體的不同環節，在這個統一體裡面，各個環節不僅彼此不矛盾，而且每一個都是同樣必然的，正是這個相同的必然性而構成了整體的生命。」

這段引文裡，那些「人們」所說所宣稱的，看起來像是「正—反—合」（thesis-antithesis-synthesis）的說法，「花蕾被花朵否定了」、「花朵又被宣稱爲植物的一個虛假不實的存在，而果實則作爲植物的眞理取代了花朵的位置」，以及「這些形式不但彼此不同，而且相互排斥」，是黑格爾所不以爲然的；黑格爾以爲然的，是「眞實的情況」，也就是「它們流動的本性使得它們同時成爲一個有機統一體的不同環節，在這個統一體裡面，各個環節不僅彼此不矛盾，而且每一個都是同樣必然的，正是這個相同的必然性而構成了整體的生命。」植物整體的生命就是花蕾成爲花朵、花朵成爲果實的變化。變化的分殊樣態是同一個有機統一體不同的「環節」（Momente/ moments），也就是它在不同的「片刻」所呈現的樣貌。如果所謂的「元素」（Elemente/ elements）可以說是靜態物質結構的單位，那麼黑格爾使用的「環節」一詞就是動態變化過程的單位。黑格爾顯然喜好後者，以致於，在很多地方，環節一詞也作爲靜態結構的單位來使用。

黑格爾哲學的另一個特徵是「對反」。對反並非像花蕾、花朵與果實的那種外在樣貌的差異，而是一種內在的分化、矛盾或衝突。把植物生命的有機統一體顯現出來的花蕾、花朵與果實不同的環節說成是對反，不但沒有什麼意義，而且有害於我們對植物整體生命的認識。相反地，內在的對反則是從統一體當中分析出來的元素——就像中國哲學的「陰」與「陽」——可以幫助我們把握整體生命變化的道理。這個道理是：任何事物都會有其內在的分化，這個分化進一步的發展，就是矛盾或衝突；矛盾或衝突如果不能化解，事物就會走向毀滅。從分化，到出現矛盾或衝突，以至於最後的化解或毀滅，就是事物的變化。

對反的概念，同樣出現在赫拉克利特的哲學思想當中。他說：「海水是最乾淨與最骯髒的水：對魚而言，它是可喝的、有利身體的，但是對人而言，它是不可喝的、有害身體的。」「向上之路與向下之路是同一條路。」「疾病使得健康是好的、令人高興，飢餓使得飽足是好的、令人高興，而疲累使得休息是好的、令人高興。」「在我們之內存在著活的（東西）與死的（東西）、醒的（東西）與睡的（東西）、年輕的（東西）與年老的（東西），其實是同一的（東西）；因爲前者進展下去就是後者，而後者進展下去就是前者。」這些概念的目的只在強調對反的同一，或是相反事物的相輔相成，而不在解釋變化的道理。因此，赫拉克利特的變化概念與對反概念就只是兩個個別的概念，不能清楚地整合成爲一個統一的思想。

相對於赫拉克利特，黑格爾這兩個概念合而爲一；它們可以視爲他的哲學一體的兩面

——「共時性的」（synchronical）面向與「歷時性的」（diachronical）面向。對黑格爾而言，任何事物，只要出現對反的元素，或（黑格爾喜好使用的）「環節」，就會產生變化；反過來說，任何變化的事物，都可以在它之內分析出對反的「環節」。

在《精神現象學》裡，對反的環節是從精神（亦即意識）本身分化出來，如本書「導論」說的：「意識在自身內區分出某種東西，同時又與它相關聯。」這一對分化出來的對反環節，黑格爾稱之爲（一）「對意識」（für Bewußtsein/ for consciousness，本書譯爲「爲著意識」）或「對我們」（für uns/ for us，本書譯爲「爲著我們」）的存在，以及（二）「在己」（an sich/ in itself，本書譯爲「自在」）的存在，也就是（一）意識所把握到的、對意識而言的「知識」，以及（二）不見得爲意識所把握到的、在其自身的「眞理」：「意識是某種爲著意識而存在的東西，這種關聯活動，或者說某個東西之爲著意識的存在，作爲一個特定的方面，就是知識。我們把這種爲他存在與自在存在區別開。同樣，那與知識相關聯的東西也與知識區別開，被設定爲即使在這個關聯之外仍然存在著。自在體這一方面被稱作眞理。」

這段引文說，意識一分爲二，成爲「對意識」與「在己」，或「知識」與「眞理」。在「導論」接續的段落，黑格爾說明了意識的辯證運動是怎麼發生。簡單而言，當意識的兩個分化出來的環節出現不一致（亦即對意識而言的知識與在己的眞理本身出現不一致），並且爲意識所察覺，就成爲意識內在的矛盾或衝突，促使它必須化解這個矛盾或衝突，也就是改變對它而言的知識，使其與在己的眞理本身一致。這就讓意識發生了「型態」（Gestalt/ configuration）的變化。但是這個變化不但改變了「對意識」的「知識」，也改變了「在己」的「眞理」，因爲究其實，眞理與知識都一樣是意識所分化出來的。也就是說，所謂的眞理，不過是意識所以爲的眞理；眞理的「在己」，其實只是「對意識」的在己而已。於是在意識型態的改變裡，意識的知識改變了——爲了要與它所以爲的眞理一致——但是意識型態的改變，也使得它所以爲的眞理跟著改變了。這就讓新的意識型態當中的知識與眞理又有了新的不一致，並且又會爲意識所察覺，成爲它的矛盾或衝突，從而它又必須化解這個新的矛盾或衝突，於是意識型態又會再改變。《精神現象學》所記載的，就是精神亦即意識這樣不斷改變它的型態的過程。

二、《精神現象學》的內容與方法

《精神現象學》的內容與方法，簡單地說，就是「精神」與「現象學」。換言之，這本書以「精神」爲其內容，而以「現象學」爲其方法。

先解釋內容。如果讀者能夠理解上一節的結論——《精神現象學》所記載的，就是精神亦即意識不斷改變它的型態的過程，就不難理解爲什麼這本書是以精神爲其內容。上一節還提到，精神的主要特徵是變化，所以《精神現象學》裡的精神並不自始至終都是「精神」：在最初的階段，它被黑格爾稱爲「意識」。意識與精神，就像小孩與大人一樣，是二而一，一而二：昔日的小孩與今日的大人是同一個，但是小孩並非大人，大人也不是小孩。在《精神現象學》的書名定奪以前，黑格爾曾經打算以「意識經驗的科學」作爲它的標題。我們也許可以這樣理解這兩個看似不同的書名：「意識經驗的科學」是以精神最初階段的意識作爲它的主角，用「順敘」的方式記敘這位主角的經驗；而「精神現象學」是以意識後來階段的精神作爲它的主角，用「倒敘」的方式回顧這位主角一路走來的來時路。

事實上，《精神現象學》的主角並不只有意識與精神兩個名稱；讀者從本書的「目次」

可以看到，本書的內文總共分成三個部分，第一部分是「意識」、第二部分是「自我意識」，第三部分則沒有標題，但是包含了「理性」、「精神」、「宗教」與「絕對知識」四個進一步的標題。總地來說，意識、自我意識、理性、精神、宗教與絕對知識都是《精神現象學》的同一個主角，但是因爲這個主角在它變化的不同階段顯現不同的樣貌或所謂的「意識的型態」，因此被賦予了不同的名稱。

既然精神亦即意識如此善變，與其把《精神現象學》看成一本論證性的論說文，不如看成一本記敘性的故事書。只是在這個從小意識成長爲大精神的故事當中充滿了觀念的分析與思辯，需要讀者絞盡腦汁跟隨著它進行思考，才能把握精神的進展。值得一提的是，在《精神現象學》所記敘的第一部分「意識」發展到第三部分「理性—精神—宗教—絕對知識」的過程當中，有一個重要的過渡階段，就是第二部分的「自我意識」（Selbstbewußtsein/ self-consciousness）。如果把意識理解爲小孩，把「理性—精神—宗教—絕對知識」理解爲大人，那麼自我意識就可以理解爲是小孩過渡到大人的青少年階段。「自我意識」在《精神現象學》所占的篇幅很小，只有一章，相較於「意識」有三章，「理性—精神—宗教—絕對知識」有四章，算是全書分量最少的一個部分，但是卻具有關鍵性的地位——就像青少年階段在我們的成長歷程當中具有關鍵性的地位一樣——《精神現象學》最有名的章節，主人與奴隸的辯證運動，就在這個部分。

最後，我用僅剩簡短的篇幅說明《精神現象學》的方法。我曾寫過一篇論文，〈辯證法與現象學——黑格爾《精神現象學》的方法論問題〉（刊載於「國立臺灣大學哲學論評」第四十五期）。這篇論文的論點是：黑格爾《精神現象學》的方法是「現象學」（Phänomenologie/ phenomenology）的方法，而不是「辯證法」（Dialektik/ dialectic）的方法。

詳細言之，前述《精神現象學》的內容已經提到精神亦即意識本身的變化，因此黑格爾不需要再使用一種叫作「辯證法」的方法來處理這個精神的內容，而只要如其顯現地展示它就好了。至於《精神現象學》的讀者，也不需要戴上一副叫作「辯證法」的眼鏡來看待這個精神的內容，而只要如其顯現地觀看它就好了。黑格爾這樣如其顯現地展示精神亦即意識的變化，被一些研究黑格爾哲學的學者稱之爲「展示」（Darstellung，英譯爲exposition或presentation或description，本書中譯爲「呈現」）的方法；另一些學者則認爲這根本就是「沒有方法」。至於讀者如其顯現地觀看精神亦即意識的變化，則是黑格爾所謂的「純粹的觀看」（das reine Zusehn/ the pure looking，本書中譯爲「純粹的旁觀」）。黑格爾強調這個觀看的純粹性，要求讀者在觀看之前不要做什麼準備，在觀看的時候也不要添加什麼在觀看的對象上——如「導論」所說：「關鍵是我們應該在整個研究的過程中都堅持這一點，也就是說，概念和對象（或者說爲他存在和自在存在）這兩個環節都聚集在我們所研究的那種知識自身中，所以我們沒有必要攜帶別的什麼標準，也沒有必要在研究過程中額外添加上我們的念頭和思想。當我們把這些不必要的東西丟開之後，就能夠做到按照事物自在和自爲的樣子（wie sie an und für sich selbst ist/ as it is in and for itself）來觀察它。」「概念和對象，標準和被檢驗者，都現成地存在於意識自身之內，因此無論從這個方面來看，還是對我們而言，任何額外添加的行爲都是多餘的。此外，我們也不必費心去比較兩者，不必進行嚴格意義上的檢驗，也就是說，由於意識自己檢驗自己，所以我們剩下來能做的就是進行純粹的旁觀。」如果展示的方法可以說是一種「沒有方法」的方法，那麼純粹觀看的做法可以說是一種「不做什麼」的做法。

既然《精神現象學》展示精神的變化，因此精神是它的內容，而展示這個沒有方法的方法，就是它的方法。在這樣的展示當中，我們任由精神亦即意識去開顯它自己，而不做任何的添加，而且因爲我們只做純粹的觀看，因此才能看到精神顯現出來的現象。這個讓現象如實的、如其所是的顯現就是《精神現象學》的主旨所在；至於作者的「展示」與讀者的「不做任何添加，只有純粹觀看」，則是讓我們看到現象如實地、如其所是地顯現的方法——這就是黑格爾的「現象學」的方法。

二十世紀現象學的創始人胡塞爾（Husserl）的現象學使用所謂的「直觀」（intuition）、「存而不論」（epoché）、「現象學的還原」（phenomenological reduction）等做法，亦莫非爲了達到這個描述現象的目的，因此把黑格爾的方法與胡塞爾的方法同樣稱爲現象學的方法，云何不宜？在本書的「譯者序」裡，譯者用一節的篇幅專節強調黑格爾的現象學和胡塞爾的現象學完全不同，是我不同意的。文中說：「黑格爾的『現象學』和二十世紀的那種具有反體系、反基礎主義、反歷史主義和主觀觀念論傾向的『現象學』（尤其是胡塞爾的現象學）有著本質的區別，甚至可以說兩者是一種風馬牛不相及的東西。」這個說法延續近半個世紀前（一九六二—一九七九）的《精神現象學》中譯本「譯者導言」裡的說法。我的〈辯證法與現象學——黑格爾《精神現象學》的方法論問題〉一文已經針對舊譯本的這篇導言提出批評，甚至說明了它與本書譯者關於現象學所引用的Spiegelberg，《現象學運動——一個歷史的導論》的說法互相矛盾，這裡不再重述。黑格爾、胡塞爾與海德格（Heidegger）是法國哲學家沙特（Sartre）所說的德國「3 H」哲學家（Hegel, Husserl, Heidegger的姓名都以H爲字首）；上述區別黑格爾《精神現象學》的「現象學」與胡塞爾、海德格「現象學」的說法，是一種只看他們相異，而未能看到他們相同的片面之見，本身就有違黑格爾哲學有機統一體的生命整體觀。

譯者序

先剛

這篇譯序無意扮演「研究」的角色，而只是打算對一些「事務問題」（sachliche Probleme）以及《精神現象學》的基本內容進行一番介紹或說明。我希望透過這種方式爲讀者提供一些有用的參考資訊，以便他們更好地閱讀和使用這個譯本。

《精神現象學》的成書過程

眾所周知，黑格爾是在謝林的關照下，於一八〇一年來到耶拿大學，擔任謝林的助教。在來到耶拿之前，黑格爾已經參與到謝林和費希特的激烈爭論之中，他透過發表《費希特和謝林的哲學體系的差別》一方面堅決支持謝林，另一方面也表明了自己的哲學立場。但在時人眼裡，黑格爾仍然是謝林的助手和小弟，相比謝林課堂上的人滿爲患的盛況，黑格爾最初的課堂上只有十一個學生。當謝林一部接一部地推出他的哲學著作時，黑格爾也只是低調地在他和謝林共同主編的《思辨物理學雜誌》和《批判哲學期刊》上零星發表幾篇文章而已。

儘管如此，正如謝林從來就不是費希特的「學生」，黑格爾也絕對不是謝林的附庸或

「追隨者」。實際上，黑格爾從一開始就在獨立地構想自己的哲學體系，而且至始至終都充滿自信。最遲自一八〇三年開始，黑格爾對於整個體系的框架已經胸有成竹，於是著手進行寫作。我們藉由現存的黑格爾手稿《耶拿體系籌畫一》（一八〇三年四月）得知，黑格爾的哲學體系應當由「邏輯學與形而上學，或先驗觀念論」、「自然哲學」和「精神哲學」這三個部分組成，儘管他在這裡主要研究的是自然哲學方面的問題。在後來的手稿《耶拿體系籌畫二》（一八〇四年五月）裡，①黑格爾重點探討了邏輯學、形而上學和自然哲學方面的問題，而手稿《耶拿體系籌畫三》（一八〇五年六月）則是集中於自然哲學和精神哲學方面的闡述。由此可見，黑格爾的「耶拿體系」構想已經完全具備了他將來的「哲學科學全書體系」的框架和基礎。

但實際的情形是，黑格爾並沒有急於發表他的體系，因爲他一直堅持認爲，在把整個科學體系或哲學體系呈現出來之前，應該有一個類似於哲學導論的「預先訓練」（**Propädeutik**），以便首先把那些樸素的或已經陷入紊亂的思維帶到正確的道路。②正因

---

① 這部分手稿目前已有中譯本：〔德〕黑格爾著《耶拿體系一八〇四—一八〇五：邏輯學和形而上學》，楊祖陶譯，人民出版社（北京）二〇一二年版。

② 康德已經具有類似的思想，他不但把邏輯學看作是各門科學的「預先訓練」，甚至把整部《純粹理性批判》看作將來的科學的「預先訓練」（K. d. r. V. A841 = B869），並且出於同樣的目的撰寫了《未來形而上學導論》。費希特同樣重視「導論」的作用。相比之下，謝林對於「預先訓練」和「哲學導論」是最爲重視的。從較早的《哲學預先訓練》（一八〇四）到各種關於自然哲學的「導論」，謝林在他的數十年教學生涯中不但多次講授一般意義上的「哲學導論」，而且對於諸如「神話哲學」、「天啓哲學」等等都有長篇累牘的

如此，黑格爾初到耶拿大學就於一八〇一年二月冬季學期開設了《邏輯學和形而上學》及《哲學導論》兩門講授課。按照他當時的觀點，邏輯學是哲學（或眞正的形而上學）的導論。但在這個過程中，根據卡爾·羅森克朗茨的報導，黑格爾從一八〇四年開始萌生出對於「意識的自身經驗」這一概念的關注，並且逐漸把哲學導論的任務從邏輯學轉交給了「意識經驗的科學」，即所謂的「精神現象學」。③黑格爾從一八〇四年開始寫作《精神現象學》，直到一八〇六年初基本完成。由於這部作爲導論書稿的篇幅大大超出了黑格爾本人原先的計畫，因此他決定將其單獨發表。黑格爾最初交付給出版社的書稿名稱爲《意識經驗的科學》，尚且不包括現在的「序言」部分。一八〇七年初，黑格爾趕在書稿的排印和裝訂之前補寫了一篇洋洋灑灑的「序言」寄給出版社，同時把書名改爲《精神現象學科學》。這還沒完，直到最後一刻，黑格爾才正式確定書名爲《科學體系之第一部分：精神現象學》。

《精神現象學》於一八〇七年三月出版之後，黑格爾在同年十月爲該書親自撰寫的發行廣告裡，不僅把《精神現象學》稱作他的「科學體系」的「第一卷」，而且宣稱：「**第二卷**將會包含著作爲思辨哲學的**邏輯學**的體系，以及哲學的餘下兩個部分，即**自然科學**和**精神科學**。」（TWA 3, 593）在這之後，儘管黑格爾的生活環境經歷了從耶拿到班貝格、紐倫堡、再到海德堡的變遷，但他的哲學體系的整個構思卻始終堅定不移地按照原計畫執行。他先是於一八一二、一八一三、一八一六年陸續發表了《邏輯學》（所謂「大邏輯」）的

「導論」。除此之外，謝林和黑格爾還有一個極大的相似之處，即讓哲學史——確切地說是精神現象的歷史，在「哲學導論」裡扮演著關鍵的角色。

③ Karl Rosenkranz, *Hegel's Leben*. Berlin 1844. Nachdruck Darmstadt 1969. S. 214.

三個分卷，即《存在論》、《本質論》和《概念論》，然後一氣呵成，於一八一七年發表了《哲學科學百科全書》（以下簡稱爲《哲學全書》），該書由《邏輯學》（所謂「小邏輯」）、《自然哲學》、《精神哲學》這三部分組成。如果暫不考慮黑格爾此後對於《哲學全書》的修訂，以及他於一八二一年發表的《法哲學原理》，那麼可以說，黑格爾宏偉的「科學體系」構想已經於一八一七年完滿實現。

《精神現象學》在黑格爾的哲學體系中的定位

其實細心的人都會發現，《精神現象學》在黑格爾的整個哲學體系裡面從頭至尾都占據著一個引人注目的特殊地位。一方面，《精神現象學》作爲黑格爾的「科學體系」的「第一卷」，儼然與那包含著《邏輯學》、《自然哲學》和《精神哲學》在內的「第二卷」——亦即後來的《哲學全書》，是一種分庭抗禮的關係。另一方面，由於《哲學全書》不僅本身已經是一個完整的體系，而且同樣具有一個關於整個哲學體系的導論（該書第一—十八節），甚至還在該書後來的修訂版裡面增加了一章篇幅巨大的「邏輯學概念的初步規定」（該書第十九—八十三節），即著名的「思想對待客觀性的三種態度」，這個「初步規定」雖然名義上是針對邏輯學，但它本身實際上同樣也是某種意義上的「精神現象學」，只不過這裡的考察範圍不再是「單純意識的形式因素」（TWA 8, 92），即道德、倫理、藝術、宗教等具體形態，而是進入到意識的內涵或內核（亦即「客觀思想」）當中。不僅如此，《哲學全書》之《精神哲學》分卷的「主觀精神」部分的第四一三—四三九節同樣包含著一個「**精神現象學**」。這些安排給人的感覺是，早先的《精神現象學》好像成了一個多餘的甚至「過時的」東西，或者已經被吸納消融在後來的《哲學全書》裡面，已經沒有獨立存在的必要。

與此同時，黑格爾本人對於《哲學全書》的偏愛和某種程度上對於《精神現象學》的忽視似乎也印證了這種看法。我們知道，自從黑格爾於一八一七年發表《哲學全書》之後，這部著作就成爲他的卓絕意義上的「代表作」，成爲他的全部工作的基礎和核心。黑格爾不僅兩次（一八二七年和一八三〇年）對《哲學全書》進行較大的修改和補充，而且他於一八二一年發表的《法哲學原理》以及各種講演錄都是對於《哲學全書》中的《精神哲學》部分的深入闡發——具體而言，我們可以把《法哲學原理》、《歷史哲學講演錄》看作是《精神哲學》的「客觀精神」部分的深入闡發，而把《美學講演錄》、《宗教哲學講演錄》、《哲學史講演錄》看作是《精神哲學》的「絕對精神」部分的深入闡發。相反，黑格爾直到臨終前不久才著手對《精神現象學》進行一些無關痛癢的修改，這裡的傾向和態度是顯而易見的事情。而之所以出現這個局面，仍然得追溯到黑格爾從一開始對於他的哲學體系的構想。

首先我們必須承認，在黑格爾的整個哲學體系的形成和發展過程中，《精神現象學》作爲《科學體系》的第一部分或導論，對於這個體系的完滿建立可謂「功不可沒」。對此，黑格爾在一八一二年的《邏輯學》序言裡說道：

> 我認爲，唯有在這條自己建構自己的道路上，哲學才能夠成爲一種客觀的、明示的科學。按照這個方式，我在《精神現象學》裡嘗試著把意識呈現出來。意識作爲精神乃是一種具體的、儘管局限於外在性的知識；但這個對象的推進運動，就像所有自然生命和精神生命的發展過程那樣，都只是依賴於**純粹本質性**的本性，正是這些純粹本質性才構成了邏輯學的內容。在這條道

路上，「意識」作爲顯現著的精神，擺脫了它的直接性和外在具體環境，轉變爲純粹知識，而純粹知識則是以那些自在且自爲存在著的純粹本質性本身爲對象。純粹本質性是純粹思想，是一個思維著自己的本質的精神。純粹本質性的自身運動是它們的精神性生命，唯有如此，科學才建構起自身，並且把這種精神性生命呈現出來。就此而言，我所稱之爲**精神現象學**的那種科學與邏輯學之間的關聯已經昭然若揭。至於外在的關係，按照我原先的決定，《科學體系》的第一部分包含著《精神現象學》，而隨後的第二部分應當包含著邏輯學和哲學的兩門實在科學，即自然哲學和精神哲學，從而完成整個科學體系。但由於邏輯學本身必須加以擴充，這促使我專門把這部分予以發表；因此，在一個拓展了的計畫裡，可以說《邏輯學》構成了《精神現象學》的第一個續篇。（TWA 5, 17-18）

就此而言，《精神現象學》作爲黑格爾哲學體系的「導論」已經完成了自己的歷史使命，「概念」（Begriff）作爲最抽象同時又最有內涵和最具體的東西，已經走上了符合自己規律的康莊大道，從最初的「純粹存在」發展到最終的「絕對理念」，然後外化爲自然現象和精神現象。

按著這個思路，黑格爾本來應該繼續發表《自然哲學》和《精神哲學》。然而黑格爾並沒有這樣做，而是於一八一七年出版了一部完整的《哲學全書》。這就給《精神現象學》的地位蒙上了一層陰影。原因在於，《哲學全書》的《精神哲學》分卷不僅和《精神現象學》一樣以「精神」爲對象，而且其中的「精神現象學」章節的內容顯然是基於之前的《邏輯學》和《自然哲學》，而按照黑格爾原本的構想，《精神現象學》才是《邏輯學》的前提。對於這個圓圈或迴圈應該怎麼解釋？借用傳統的一種詮釋模式，那麼可以說，《邏輯學》和《自然哲學》是《精神現象學》的**存在的根據**（即是說「精神」是繼「概念」和「自然」之後的另一種存在方式），而《精神現象學》則是《邏輯學》和《自然哲學》的**認識上的根據**（即是說我們總是必須在現實中歷經精神的各個形態，才能從「絕對知識」出發，過渡到邏輯學乃至自然哲學的認識）。換言之，《精神哲學》是《邏輯學》和《自然哲學》的順理成章的發展和延續，而《精神現象學》則是在探索和揭示這個「順理成章」的「理」，是在爲整個黑格爾哲學體系奠定基礎和開闢道路。後者在完成了這個歷史使命之後，黑格爾主觀上雖然未必想要「過河拆橋」，更不會像後來的維特根斯坦那麼極端，把起初的「導論」當作爬上屋頂之後可以扔掉的梯子，但他不得不承認，與《精神哲學》內容疊合的《精神現象學》作爲一個完整的板塊已經沒法嵌入到如今的「哲學科學體系」裡面。

現在我們再來看看《精神現象學》和《哲學全書》之《精神哲學》分卷在結構框架上的同異之處。就《精神現象學》而言，排除「序言」和「導論」，這部著作實際上是由以下八章組成的：1.感性確定性、2.知覺、3.力與知性、4.自身確定性的眞理、5.理性的確定性和眞理、6.精神、7.宗教、8.絕對知識。而《哲學全書》之《精神哲學》分卷首先劃分爲「主觀精神」、「客觀精神」和「絕對精神」三個部分，其中「主觀精神」又繼續劃分爲「靈魂」、「意識」、「精神」三個部分，而這裡的「意識」部分又冠名爲「**精神現象學**」，其中再度區分爲三個部分：

「嚴格意義上的意識」（分爲「感性意識」、「知覺活動」和「知性」）——大致相當於《精神現象學》的第一、二、三章。

「自我意識」（分爲「欲望」、「作出承認的意識」、「普遍意識」）——大致相當於《精神現象學》的第四章。

「理性」——大致相當於《精神現象學》的第五章。

也就是說，在作爲成熟體系的《哲學全書》裡，黑格爾如今認爲「精神現象學」僅僅屬於「主觀精神」的層面，其圈定的範圍僅僅對應於《精神現象學》的第一至五章。既然如此，我們又當如何處置《精神現象學》的「精神」、「宗教」、「絕對知識」這最後三章呢？實際上如果我們再仔細對照一下《精神哲學》和《精神現象學》，那麼可以發現，《精神現象學》第六章所討論的「倫理」、「教化」、「道德」等對象，在內容上大致與《精神哲學》的「客觀精神」部分相對應，而《精神現象學》第七、八兩章所討論的「宗教」（包括「藝術宗教」）和「絕對知識」，則與《精神哲學》的「絕對精神」部分中的「藝術」、「宗教」、「哲學」相合。就此而言，至少從框架結構來看，《精神現象學》和《精神哲學》在總體上是一致的，儘管兩部著作在具體內容乃至表述方式上有著巨大的差別（正是這個差別使得《精神現象學》成爲一部「**獨立的**」著作）。換言之，《精神現象學》儘管沒有明確地提出「主觀精神」、「客觀精神」和「絕對精神」之分，但它實際上就是遵循著這個辯證的框架結構層層推進的。這個事實也與黑格爾的整個體系構想相契合。也正是由於這種框架結構上的體系一致性和黑格爾的一以貫之的辯證法精神，《精神哲學》以及《法哲學原理》（還有《歷史哲學講演錄》、《美學講演錄》、《宗教哲學講演錄》、《哲學史講演錄》）才成爲《精神現象學》的最好的「評注」（Kommentar）或「參考書」（Lesehilfe）。

關於黑格爾的精神「現象學」

我們希望一般地指出，儘管「現象學」（Phänomenologie）以及類似的「現象學說」

（Erscheinungslehre）這些術語在黑格爾同時代及之前的哲學家（厄丁格爾、朗貝爾特、赫爾德、歌德、康德、萊因霍爾德、費希特等等）那裡已經被零星使用，但是它們並不具備什麼特殊的高深涵義，而只是意味著透過可見的現象推測不可見的本質，或如何從根源推導出現象等等。④

因此值得注意的是，黑格爾的《精神現象學》在談到「現象」時從來沒有提及Phänomen，而只是使用Erscheinung、Schein等說法，而這些術語也沒有像在後來的《邏輯學》裡面那樣，作爲整個概念體系之內的一個有著嚴格固定位置的範疇而出現，而是在一般的意義上意指精神的「呈現」（Darstellung）。實際上，黑格爾的「精神現象學」首要的關鍵點不是在於「現象學」，而是在於一個作爲實體和主體的「精神」，然後才談得上這個精神顯現出來的從感覺直到絕對知識的各種「形態」（Gestalten），以及精神在這個顯現過程中呈現出來的客觀的辯證規律。因此黑格爾的「精神現象學」確切說來是一種「**精神形態學**」。黑格爾的「現象學」和二十世紀流行的那種具有反體系、反基礎主義、反歷史主義和主觀觀念論傾向的「現象學」（尤其是胡塞爾的現象學）有著本質的區別，甚至可以說兩者是一種風馬牛不相及的東西。後者在黑格爾的眼裡（假若黑格爾能夠親自經歷這些思潮），大概僅僅停留在「主觀精神」甚至「感性確定性」的層次吧！商務印書館賀麟、王玖興翻譯的《精神現象學》已經在「譯者導言」中簡單分析了黑格爾的「精神現象學」和二十世紀的「現象學思潮」的區別，並斷言「胡塞爾所謂現象學其實不是現象學」（該書第十三

④ Vgl. Wolfgang Bonsipien, *Einleitung*, in G. W. F. Hegel, *Phänomenologie des Geistes*, Hamburg 1988. S. IX-XVI.

頁）。對於這個問題，靳希平老師曾經撰文批評賀麟，⑤指出賀麟在討論胡塞爾現象學時所參考的文獻很不可靠，因此其對胡塞爾的論斷有失公允。實際上，這個問題可以分為兩個層面來看：誠然，說賀麟沒有充分準確地理解胡塞爾，這個批評是完全合理的；但是，這個批評其實並沒有動搖賀麟所指出的那個基本事實，即胡塞爾的「現象學」和黑格爾的「現象學」完全是兩回事。我們之所以特意強調這個問題，是希望提醒讀者不可望文生義，把兩種除了名稱之外毫無共同之處的哲學思想混淆了。

《精神現象學》的根本主旨：精神的自我認識和自由

《精神現象學》最初的書稿始於「導論」部分，而正式出版時的長篇「序言」是最後才補寫的。這篇「序言」與其說是全書的前奏，不如說是全書的帶有勝利宣言意味的一份總結，其中的很多思想其實是以《精神現象學》的完成為前提。就此而言，一般的讀者在閱讀《精神現象學》時，從「導論」部分開始也許是更合適的，因為這才是《精神現象學》的真正開端。不過為了從一開始就把握到《精神現象學》的精神主旨，最合適的莫過於看看黑格爾本人於一八〇七年十月二十八日為《精神現象學》撰寫的圖書發行廣告：

這本書闡述了一種處於轉變過程中的知識。……精神現象學把不同的精神形

---

⑤ 靳希平《〈精神現象學〉與胡塞爾現象學的關係——從「譯者導言」談起》，載於《北京大學學報》二〇一〇年第五期。

態作爲一條道路上的諸多停靠網站囊括在自身中，透過這條道路，精神成爲純粹知識或絕對精神。因此，在這門科學的主要部分及其細分章節裡面，意識、自我意識、從事觀察和有所行動的理性、精神本身、以及不同形式下的精神（倫理精神、教化精神、道德精神、最後是宗教精神）依次得到考察。那些乍看起來混亂不堪而又豐富多彩的精神現象被納入到一個科學的秩序當中，這個秩序按照精神現象的必然性把它們呈現出來，在其中，各種不完滿的精神現象自行瓦解，過渡到更高的精神現象，後者是前者隨後的眞理。各種精神現象先是在宗教裡，然後在科學作爲整體的結果裡找到最終的眞理。（TWA 3, 593）

在這份關於《精神現象學》最簡明的內容簡介裡，凝縮了「轉變」、「知識」、「精神形態」、「道路」、「科學的秩序」、「結果」等關鍵字。《精神現象學》始於知識，終於知識（科學）。但是黑格爾的哲學根本不是通常所謂的「知識論」，他也更不是後人所批評的那種「認識論中心主義者」。寧可說黑格爾剛好是通常所謂的「認識論」的反面，這種思維方式在研究「我們如何認識到對象本身」的時候，一開始就假定，「認識者」和「被認識者」是根本不同的兩個東西，然後通過感覺或思維的中介才聯繫在一起。（TWA 3, 70）但這樣得來的聯繫始終是可疑的，透過聯繫而得來的知識在何種意義上才可靠，甚至這聯繫本身是否可能，都是很多哲學家一直爭論不休的問題。無論是主張對象決定主體的經驗主義反映論，還是主張主體決定對象的先驗觀念論，都是從二元性出發，最終又回到二元性。正因如此，他們永遠都達不到眞正的「知識」，達不到「眞相」（das Wahre）。黑格爾從一開始就揭露了這種「認識」的二元論本質。如果不克服這種二元論，那麼無論如何檢討

「認識」的能力和界限都沒有用處。我們究竟爲什麼要認識？終歸是爲了掌握對象，與對象達成統一，然而如果對象在根本上已經是一個「他者」，怎麼可能與我們達成統一？除非對象並非絕對意義上的「他者」，而就是我們自身，只不過是以「他者」的形態存在著。我認識到「他者」就是我自己，我透過「他者」（實即我自己）認識到我自己。因此《精神現象學》的任務就是要表明，無論多麼千差萬別的、不同領域不同層次的「他者」，其實就是精神自身，都是精神的各種變形和規定性。精神在這些無窮的差別和對立裡，且正是通過這些差別和對立，認識到它自己。就此而言，《精神現象學》表述的是**精神的自我認識**。

出於同樣的立場，黑格爾在後來的《精神哲學》一開篇就指出：「『**認識你自己**』這個絕對的律令並非……僅僅意味著個體從片面的能力、性格、趣味、弱點等方面得出的自我認識，而是意味著對於人的眞實本質的認識，對於自在且自爲的眞實存在的認識，認識到**本質**本身就是精神。」（TWA 10, 9）德爾菲的阿波羅給希臘人提出的這個要求並不是一種居高臨下的、外在的、陌生的、強迫的命令，而是代表著神自己的神聖法則。「精神的所有行爲都僅僅是對於它自己的把握（Erfassen），所有眞正的科學的目的僅僅是，**精神在天上地下的一切東西中都認識到它自己**。」（TWA 10, 10）

除了「自我認識」之外，精神的另一個根本界說在於「**自由**」。（TWA 10, 25）所謂自由，是指精神總能揚棄外在而回到自身，化「他者」爲自我，達到主體與客體的同一性，而這個同一性同時又是「絕對的否定性」，即對於一切外在的「他者」的否定。更重要的是，「精神的自由不是單純外在於他者的自由，而是一種在他者之內贏得的對於他者的非依賴性——它不是通過逃離他者，而是通過克服他者而得以實現。」（TWA 10, 26）這種自由比起康德的「自律」或「自身規定」已經前進了一大步，因爲康德所說的「自由」主要還是「不依賴於他者」的意思，這種自由並沒有「進入他者」，當然也更談不上「克服

（揚棄）他者」，就此而言，它始終是一種孤芳自賞的、個別的自由。比如「道德性」這個東西，我誠然可以擺脫作爲他者的經驗，自願決定遵守實踐理性給出的義務，但這樣得來的道德性僅僅是「我的」道德性，它並沒有改變現實中普遍的「不道德」的事實，而這與道德性本身的要求，作爲普遍有效的東西，是相悖的。而黑格爾提倡的是透過他者而獲得道德性，這就必須把道德從個人覺悟的問題轉變爲社會問題，道德在於「意志的概念」與「特殊的意識」的統一，即是說，在於每個人都把共同的善當作自己的善，而這之所以可能，歸根結柢仍然是因爲普遍與個別的對立統一的辯證法。

總之，透過「自我認識」和「自由」這兩個根本的規定性，我們可以說把握了精神一般的本質。我們研究「精神現象學」，如果一開始竟然不知道「精神」是什麼，那麼這裡的問題可想而知。遺憾的是，《精神現象學》並沒有提供給我們這樣的澄清，而是直到「精神」（最早也得在「理性」）的章節才正式把「精神」當作一個對象來加以討論，這顯然不能彌補之前迷惑帶來的理解上的損害。誠然，誰都知道「感性」、「知覺」、「意識」等等都是「精神的**形態**」，但是爲什麼把它們稱作「**精神**的形態」，這並不是一個自明的問題。如今透過《精神哲學》開門見山的界定，我們對「精神」有了最基礎的把握，這對於隨後理解精神的「現象學」無疑是十分重要的。

《精神現象學》的基本線索

「精神現象學」的道路從「感性確定性」開始。然而什麼是感性？感性從何而來？感性爲什麼是意識的開端？對於這些並非無足輕重的問題，《精神現象學》並未作出解答，而是以一種貌似獨斷的方式提出其開端。實際上是《精神哲學》才給出了這些問題的答案。在

《精神哲學》的「主觀精神」部分的開篇，黑格爾指出，人類學的任務是去說明最初的精神如何作為**靈魂**（Seele）而出現。這個處於最初級階段的精神，是一個未經中介的、未被設定的、外在存在著的、通過自然而被給予的實在性。靈魂與自然的關係經歷了從合體到分裂的轉變，最後靈魂戰勝了「身體性」（Leiblichkeit），把後者降格為靈魂的標記和呈現。在這種情況下，靈魂成為一種純粹的、觀念上的自身同一，而這就是**意識**：「意識在靈魂之內覺醒過來。」（TWA 10, 38）這樣覺醒過來的意識首先是一種**感性的**、透過感官的中介而與他者聯繫的活動，而「他者」則首先意味著被靈魂否定了的整個自然。

1. 在了解了感性的起源之後，我們可以踏實地從「**感性確定性**」出發探索精神的道路。黑格爾在這裡談的是「感性」，而不是視覺、觸覺、聽覺之類「感覺」，後者寧可說是只有到了「知覺」階段才會出現的東西。感性確定性是一種直接的確定性或「直接確知」，從詞源來看，「確定性」（Gewißheit）一詞本身就是來自於「知識」（Wissen），是一種「直覺」，用二十世紀現象學的術語來說，就是「面向事情本身」。面向事情本身的感性確定性貌似是「一種**最豐富的**認識，一種有著無窮內涵的認識……除此之外，感性確定性還顯現為一種**最真實的**確定性，因為它還沒有從對象身上取走任何東西，而是讓對象完整無缺地擺在我們面前。但在事實上，這種確定性暴露出自己是一種最抽象、最貧乏的真理。對於它所知道的東西，它所說出的僅僅是：『這東西存在著。』」（TWA 3, 82）正如黑格爾所揭示出的，「這東西」（「這一個」）僅僅存在於感性的「意謂」之中，不可言說，也不可能通過任何別的方式（比如「指明」）表達出來，因為任何東西只要脫離意謂而被表達出來，它就轉變為一個普遍者，轉變為「這一個」的反面。感性確定性珍視「個別東西」，以之為最高原則，以為沒有什麼比這更真實，但真實的情形是，「**個別**」本身卻是一個具有普遍意義的東西，正是它使得**每一個**個別東西是個別的。

2.感性確定性的結果不是絕對個別的「這一個」，而是一種經過中介的、普遍的東西。唯有如此，我們才可以說在一定的層次（最低的層次）上「接納眞相」（nehme ich wahr），而這就是「**知覺**」（Wahrnehmung）。（TWA 3, 92-93）知覺的要點在於把握「我」和「對象」這兩個普遍者之間的關係。對象仍然是「一個東西」，知覺仍然是感性的，與此同時，「儘管感性的東西本身還保留著，但卻不再像在直接的確定性中那樣是一種意謂中的個別事物，而是一個普遍者，或者說一個被規定爲**屬性**的東西。**揚棄**呈現出它的眞正的雙重意義……也就是說，揚棄既是一種**否定**，同時也是一種**保存**。」（TWA 3, 94）由於「這一個」的個別性，屬性彼此之間漠不相干，互不接觸；另一方面，發揮著中介作用的普遍性表現爲「物性」，它通過「**並且**」（auch）的方式把各個屬性集合在一起，讓它們在彼此互不干擾的同時成爲一個統一的「單一體」。這就是黑格爾通過一粒具有多重屬性的鹽的例子來說明的情形。知覺並不是單純地接納對象，它本身也是一個普遍的中介：我看到，這個是白的；我嘗到，這個並且是鹹的；我摸到，這個並且是立方體的……隨著意識回到自身的反映，「物」作爲許多不同的和獨立的屬性的持存，也回到自身確定下來。如果說感性確定性所認識的「這一個」還只是自在存在，那麼知覺活動所認識的物則被設定爲自爲存在。知覺把對象當作自己的本質，但這個對象不是別的，正是知覺活動本身。對象與知覺活動的對立，就是「個別性」與「普遍性」的對立，而知覺的詭辯術經常誤解這個對立，它把普遍性當作「本質」，把個別性當作「非本質的東西」。但眞正說來，這裡面沒有什麼「非本質的東西」，一切都是作爲發展的環節而存在。

3.意識作爲知覺活動達到了「思想」，就是說，達到一種「無條件的普遍者」，一種「自爲存在」。（TWA 3, 107）但由於自爲存在和爲他存在（與他者相關聯）被設定爲同一個本質，所以普遍者本身與多樣性形成了一個不可分割的統一體，一個相互轉化的運動。這個運動就是「力」。通過力的「外化」和「內在」的區分，我們得到了「內核」的概念。「內核」的意義在於，它不是直接爲了意識而存在，而是與意識保持一種間接的關係，意識只有通過力的外化的媒介才洞察到物的眞實幕後。（TWA 3, 116）這個媒介是一種消失著運動或存在，即「**現象**」（Erscheinung）。而「**假象**」（Schein）則是指一種「直接在其自身就是非存在的存在」。一切孤立的東西都是「假象」，但「假象的整體」卻是現實，而整體作爲完整的和普遍的東西，構成了內核，它就是力的外化和回到自身的反映。意識區分了內核和現象，把兩者絕對地對立起來，製造出感性世界（現象世界）和超感性世界（眞相世界）的分裂，設定後者爲「彼岸世界」，一種空虛的、絕對取消了現象的東西。如果意識只看到現象，卻看不到「內核—現象—意識」的「結合存在」關係，那麼它只能悲哀地固守在現象上面，同時祈盼著一個「神聖的」、空虛的彼岸世界。（TWA 3, 118）但嚴格說來，內核或彼岸並不是與意識和現象隔絕的東西，它「來自於」現象，現象是它的中介過程，或者說現象才是內核的本質，是內核的充實。如果現象就是內核，那麼在知性看來，現象與內核的差別就只是一種單純的、普遍的差別，「這個普遍的差別表現爲規律（Gesetz），而規律是變動不居的現象的一幅持久不變的圖像。」（TWA 3, 120）規律是知性的對象。知性經驗到了現象自身的規律，即一致性和差別的相互轉化，或者說一切差別只有作爲「內在的差別」才能被固定下來：「它和它的對立面形成了單一的統一體，只有這樣，它才是一個內在的或自在的差別，或者說只有這樣它才是**無限性**。」（TWA 3, 131）「無限性」作爲「絕對者」的代名詞，黑格爾哲學的一個核心概念。它的根本思想是：無限只有作爲無限與有限的統一才是眞正的無限。或者說，眞正的無限是同一與差別的同一。如果無限只是與有限處於同一個水準上的對立，那麼這不過是一種「糟糕的無限」，即「外在的差別」。

對於這個無限性，黑格爾還給出了很多稱謂：生命的單純本質、世界的靈魂、普遍的血脈、純粹的自身運動的絕對躁動等等。黑格爾在這裡指出：「『無限性』只有在**內核**之中才自由地登上檯面。……當無限性的眞實本質成爲意識的對象，意識也就成爲自我意識。」（TWA 3, 133）以無限性爲對象的意識是一種無限的意識，就是意識的內在區分或對於無區分者的區分：我把我自己區分開，在這個行爲裡我立即意識到，這個區分開的東西是沒有區分的。無限性當然也不只是局限於自我意識，因爲對象同樣也是無限性，也就是說，自我意識經驗到的對象仍然是它自己。現象作爲中介已經完成了自己的使命，現在是兩個內核之間的關係。「懸掛在內核前面的布幕被拿走了，呈現在我們面前的是一個內核對於另一個內核的直觀活動。」（TWA 3, 135）

4. 在自我意識之前，眞相與意識是兩個不同的東西。如今「存在者」、「物」、「力」之類東西消失了，意識本身就是眞相。意識誠然區分出一個東西，但這個東西同時與意識又是沒有差別的。在自我意識這裡，仍然保存著意謂所認識的存在、知覺所認識的個別性和普遍性、知性所認識的空洞內核，但它們只是一些環節，因爲自我意識本身是從感性世界和知覺世界回到自身的反映。作爲內在的差別，自我意識表現爲「我是我」（一種抽象的自由）。但這種抽象的自由或自我意識必然與一個外在的客體約束在一起，作爲對於這個客體的否定。（TWA 10, 213）它必須統一，就此而言，它是「**欲望**」——即對於統一的追求和對於他者的揚棄。（TWA 3, 139 u. 143）欲望的對象是「有生命的」東西，因爲「有生命」意味著自身反映，當正因如此，它是自爲的、獨立的，或者說也是一個自我意識。自我意識確信他者是虛無縹緲的，認爲這是自己的眞理，與此同時，欲望及其滿足都是依賴於他者，因爲它們必須透過他者的中介或透過揚棄他者才成立。自我意識要求對象自我否定，更重要的是，要求對象在與自我意識的關係中自我否定。唯有如此，自我意識才得到「**承**

認」，而且自我意識只有作爲一個被承認的東西才存在。

自我意識面臨的問題是，它在肯定自己的時候，總是會肯定他者，而當它揚棄他者的時候，總是會揚棄自己。它有什麼行爲，對方也有什麼行爲，它的行爲是怎麼針對對方的，也就是怎麼針對它自己的。「它們承認自己，正如它們彼此承認著對方。」（TWA 3, 147）但是這個平衡被打破了，分裂爲「被承認者」和「承認者」兩端。起因在於，行爲跟生命搭上了關係，行爲就在於致對方於死地，同時冒著搭上自己的生命的危險，因此兩個自我意識的關係被規定爲「生死較量」。儘管生命和純粹的自爲存在是同樣根本的東西，但在這個過程中，那個更看重生命，以生命爲本質的自我意識成爲奴隸，而那個以自爲存在的本質的自我意識則成爲主人。主人一方面與奴隸和物（獨立存在）直接相關聯，另一方面更主要地是間接地通過奴隸與物相關聯，通過物與奴隸相關聯。至於奴隸這邊，他的行爲完全是主人的行爲，主人怎麼對他，他就怎麼對自己。因此這是一種「片面的和不平等的」承認，因爲眞正的承認是「承認自己的同時也承認彼此」。實際上，這種情況是不利於主人的，因爲他從一個獨立的意識轉變爲一個非獨立的意識。反之奴隸在自身最深刻地經驗到了什麼是純粹的否定性，而這必然會走向對於奴隸意識本身的否定。這是如何做到的呢？「通過勞動，奴隸意識返回到自身中。」（TWA 3, 153）勞動是一個長久的塑造行爲，它使得勞動者（奴隸意識）意識到自己是一個獨立的存在。但必須注意，奴隸的獨立只是對物而言，因爲他並沒有擺脫主人。奴隸最大的主人不是那個強迫他勞動的主子，而是「死亡」，這是奴隸最爲畏懼的東西。只要奴隸還沒有把生命與自爲存在統一起來，他的「獨立」或「自主的意向」就還只是一種剛愎自用，一種自以爲是。也就是說，奴隸仍然沒有達到眞正獨立的意識。

奴隸意識雖然意識到自己是獨立的存在，但並不知道這是它自己的本質。但在「思維」裡，「意識」意識到無限性是自己的本質。思維不再把表象，而是把概念當作對象，意識在概念裡直接意識到自己與對象的統一，換言之，它的對象是自在存在和自爲存在的直接統一。這就是斯多亞主義。但是斯多亞主義的這種自由比奴隸意識好不了多少，因爲它擺脫了主人－奴隸－物的關聯以及相應的積極後果，拋開一切，退回到思想的單純的本質性、思想的純粹普遍性。「它脫離實存，完全退縮回自身內，沒有成爲一種對於實存的絕對否定。」（TWA 3, 159）它只有純粹的形式，缺乏內容，因而讓人很快厭倦。

懷疑主義是思想自由的實現，或者說，是貫徹到底的斯多亞主義。從正面來說，「懷疑主義指明了一個從感性確定性到知覺再到知性的辯證運動，並且指明，處於主奴關係裡的東西，以及那些在抽象思維看來特定的東西，都是無關本質的。」（TWA 3, 160）懷疑主義企圖擺脫這個辯證運動，因此它對於所有他者都保持「不動心」的狀態，由此獲得一種不變的、眞正的自身確定性，但這種確定性不過是空洞的、偶然的、無序的東西；另一方面，懷疑主義重新轉變爲一種普遍的、與自身一致的自我意識，否定一切個別性和差別。這是一種迷失的自我意識，它反覆奔走於兩個極端之間，陷入自相矛盾和抬槓。

新的意識形態一方面意識到自己是一種不變的、自身一致的意識，另一方面意識到自己是完全混亂和顚倒的，而且意識到了這個矛盾。「這就是哀怨意識，即意識到自己是一個雙重化的、完全自相矛盾的本質。」（TWA 3, 163）它最大的特徵是：在自身中分裂。在分裂雙方的敵對和戰爭裡，無論哪一方獲勝，對它來說都意味著失敗。它意識到自己是個別性，同時又意識到個別性的虛妄，因此走向那個持久不變者。哀怨意識不知道作爲其對象的持久不變者就是它自己，而是把它看作一個孤立的「上帝」，並在這個基礎上與上帝發生聯繫。這個聯繫又有三種表現方式：(1)或者執著於純粹的意識，即整天祈禱、默思的神祕主義和出世主義，不把個體性當回事；(2)或者執著於個體的方面，不把普遍者當回事，將其遺忘，心安理得地沉迷在欲望享受等世俗生活裡；(3)或者眞正意識到個體的本原只有通過理性才與普遍者達到統一，意識到只有作爲理性，所有的個體才具有實在性。因此只有上升到理性的層面，意識才會揚棄「普遍與個別」分裂造成的哀怨或苦惱。

5. 當意識確信全部實在性無非就是它自己，它也就達到了「理性」的層面。黑格爾把這個階段的意識稱之爲「觀念論」（TWA 3, 179），但這個界定和通常所說的那種與「唯物主義」或「實在論」相對立的哲學流派是兩回事。「觀念論」意味著，意識如今知道這個世界是「它的」世界，知道世界是一個合乎理性的現成存在，因此它去觀察自然界、觀察自我意識與外部現實性的關係、觀察自我意識與其直接現實性之間的關係，把握其中的理性規律，並通過這種方式充實了那種空洞的「屬我性」。（TWA 3, 185）在經歷了這些階段以後，合乎理性的自我意識自己實現了自己，而這意味著，「在一個獨立的他者那裡直觀到自己與它形成了一個完整的統一體」，把貌似獨立的事物看作是我的自爲存在。（TWA 3, 264）這個認識必然導致「倫理」的出現：「我在所有的人那裡都直觀到……我和他人組成了一個自由的統一體，這個統一體既依賴於我，也依賴於他人，他人就是我，我就是他人。」（TWA 3, 266）在這裡，自我意識同樣經歷了個別與普遍的辯證運動，它享受到了「快樂」，即得到另一個獨立意識的承認，但它立即發現自己在本質上不再是它自己，而是它和對方的統一體，因此它揚棄自己，成爲一個普遍的意識。這樣一種情況就是個體性經驗到的「必然性」。但是個別意識只能經歷一種自身揚棄，而不能自己直接就成爲一個普遍者；如果它產生這種想法，這就是「自大狂」的來源。（TWA 3, 281）這個關係也出現在「德行與世界進程」裡面。德行的悲劇在於，它想要取消個別者，以實現普遍的善；它以爲世界進程是善的對立面，因此進行反抗，但它在這個反抗過程中卻發現，世界進程是一個普遍者，是一個現實的善，因此德行被打敗了。作爲手下敗將的德行也暴露出自己其實和古人推崇的德行是兩回事，因爲古人的德行有著內容豐富的基礎，與世界進程並不矛盾，而今人所謂的「德行」是一種缺乏本質的德行，僅僅存在於一些空無內容的詞語之中。（TWA 3, 290）沿著這個思路，黑格爾以「每個人應當說出眞理」和「愛你的鄰人如愛你自己」這兩個號稱無條件的義務爲例，批評了康德的康德和費希特的空洞的「制定法則」和「審查法則」的理性，指出它們「始終停留於**應當**，但是不具有任何**現實性**；它們不是**規律**，而是**誡律**。」（TWA 3, 315）黑格爾堅持認爲，正如索福克勒斯所說的那種「未成文的和確實可靠的神律」，事情的「**正當性**」已經客觀地存在著，「已經**自在且自爲地**決定下來」，我們需要做的不是折騰和追究「什麼是正當的」，而是應當把自己納入倫理實體，把自我意識看作是倫理實體的現實存在和具體表現。（TWA 3, 322-323）

6. 理性之所以成爲精神，在於「知道自己是全部實在性」這一自身確定性已經提升爲眞理，世界眞正成爲精神的一種客觀存在，亦即「客觀精神」。最初作爲眞相的精神呈現爲精神實體與個別精神的對立。精神實體是精神的所有規定性的實存，它是一種「倫理實體」，是一個「**實存著**並且**發揮著校準**的精神」。（TWA, 3, 329）按《精神哲學》，倫理實體分別表現爲家庭、社會、國家。在《精神現象學》裡，黑格爾分析了倫理世界和倫理行爲裡面的個別性與普遍性的衝突及其各自的合理性，並將兩者同歸於盡導致的普遍紊亂狀態界定爲一種絕對的個人原子主義。（TWA 3, 357）自我意識認識不到自己的普遍校準，而這就是「**異化**」（sich entfremden, Entfremdung）。實際上就這個概念本身的意思而言，「異化」（脫離自身，不認得自己）並不是現在才發生的事情，寧可說它存在於精神的所有層次（「絕對知識」除外），它就是精神的本質，沒有什麼精神性的東西不是異化的東西。與此同時，與其執著於「異化」，我們倒不如把更多的關注點放在與之對應的那個概念「**教化**」（Bildung）上面。教化意味著自我意識脫離了自己的自然存在，脫離了自己的人格性，並以這種方式產生出自己的世界，而自己作爲一個陌生的世界與之關聯，使得它從現在起可以進入那個世界，掌握那個世界。在這個關係裡，自我意識把自己提升爲普遍者，並在其中獲得自己的現實性。另一方面，教化與「純粹意識或思維的非現實的世界」相對立，進而發展爲「純粹識見」和「信仰」的對立。信仰的對象雖然是一個「純粹的思想」，但在意識裡卻是一個位於自我意識的彼岸的客觀存在，一個屬於表象層面的超感性世界。反之按照純粹識見，只有當對象具有自我的形式，它才具有眞理。因此純粹識見向一切意識大聲疾呼「理性」。（TWA 3, 398）這就是「啓蒙」。在啓蒙階段，純粹識見是主動出擊與信仰作鬥爭。但這些鬥爭是不痛不癢的，而且啓蒙同樣玩了一些魔術把戲，比如它剝奪了信仰的絕對內容的意義，把信仰的對象貶低醜化爲一塊石頭或一個麵團等等。（TWA 3, 409）結果是信仰的王國被洗劫一空，所有的財富都被討還回來給了大地，而信仰在遭受這等損失之後，就和啓蒙成了同一個東西，即都是以各種自在存在著的有限事物與一個莫名其妙的絕對者的關聯爲對象。以上衝突揚棄了現實世界和超感性世界、對象和自身確定性之間的對立，但又造成了純粹思維與抽象物質的分裂，這種分裂的實踐後果就是黑格爾在「絕對自由與恐怖」一節裡闡述的內容。「在精神看來，世界完全就是它的意志，而它的意志則是一個普遍的意志。」（TWA 3, 432）它登上了世界的王座，沒有任何力量能與它抗衡。但是這種否定了一切規定性的絕對自由不能帶來任何積極後果，而只能導致一種純粹的否定：「普遍自由的唯一事業和唯一行爲是死亡，一種沒有任何內容和意義的死亡……這種死亡之所以是最冷酷和最平淡無奇的東西，就在於它並不比劈下一顆白菜根或呑一口水具有更多意義。」（TWA 3, 436）爲了擺脫這種自我毀滅，絕對自由過渡到精神的另一片天地，即「道德」，在那裡，「**普遍意志**是意識的**純粹知識和純粹意願**。」（TWA 3, 440-441）在「道德世界觀」和「顚倒錯位」等章節裡，黑格爾批評了康德的「至善」、「公設」、「道德的二律背反」、「道德性」等觀點，指出它們最終會使得道德成爲一個不可能的東西。爲了解決上述矛盾，黑格爾在「個人」和「已經掌握了自己的眞理的教化世界」之外找到了「第三種自主體」，亦即「良知——那個直接確知自己是絕對眞理和絕對存在的精神」。（TWA 3, 465）然而良知在實踐中表明自己和絕對自由是近親，因爲它不認爲什麼內容對它而言是絕對的，它同樣是一種對於所有規定事物的絕對否定。但在這種情況下，尊貴的良知不過是一種哀怨無力的「優美靈魂」。只有當良知做到了「寬恕」，放棄自己的非現實的本質，它的對立面才會也放棄自己的規定，與之達成「和解」。惟有基於這樣一種純粹自我認識和另外一種純粹自我認知的相互承認，才有可能進入「**絕對**精神」的領域。（TWA 3, 493）

7. 眾所周知，黑格爾的成熟的《精神哲學》把「藝術」、「天啓宗教」和「哲學」界定爲「絕對精神」的三個階段。在《精神現象學》這裡雖然尚未出現上述劃分，但黑格爾把宗教分爲「自然宗教」、「藝術宗教」和「天啓宗教」三個階段，顯然已經對「藝術」的定位有著自覺的認識，儘管他在這時候無論對藝術還是對宗教的認識都遠遠遜色於同時期的謝林。黑格爾在這裡提出：「宗教」，作爲一種以一般意義上的**絕對本質**爲對象的意識，其實在之前的意識形態裡已經不同的方式表現出來，比如知性所指的超感性世界、哀怨意識所指的彼岸世界、倫理世界所指的陰曹地府、啓蒙所指的天國、道德世界觀所指的上帝等等。但這些都不能稱作是眞正意義上的「宗教」，因爲它們表達出的都是一種片面的關係，即只是關注意識這方面的演化發展情況，但眞正的宗教則必須同時著眼於絕對本質本身作爲一個自在且自爲的意識的演化發展。（TWA 3, 495）換句話說就是，「精神作爲一個意識分裂爲兩端，兩端都在『精神』這一形態之下彼此作爲對方的對象存在著。」（TWA 3, 502）沿著絕對本質的形態發展的線索，黑格爾考察了自然宗教的原始狀態（對於光明、花草、工匠的崇拜等），考察了藝術宗教中的藝術品從抽象性到生動性再到精神性的發展，最終在天啓宗教中發現了絕對本質的直接呈現：絕對本質不僅是**實體**，也不僅是**主體**，最重要的是，它是一個**直接存在著的**主體。

8.最後是代表著「哲學」的「絕對知識」。正如我們早就指出的，「精神的自我認知」是黑格爾的《精神現象學》乃至《精神哲學》的核心概念。當黑格爾把這種知識稱作「絕對」，那麼這意味著，作爲認知者和作爲被認知者的精神都已經完全地、澈底地達到了絕對精神，而且精神的這種自我認知是一種純粹的概念式把握，沒有摻雜任何表象活動在內，後面這一點正是在哲學和宗教之間劃清了界限。這個意義上的哲學已經是科學，但科學本身並不是一個孤立的果實，寧可說它是此前所有知識的總括，我們不要忘了黑格爾曾經在「導論」中所指出的：「這條走向科學的道路本身就已經是科學。」（TWA 3, 80）透過這些思想，作爲精神的轉變過程的「**歷史**」的意義也最終體現出來：「這個轉變過程出現出一個緩慢的運動，呈現出一系列前後相繼的精神，好像一個畫廊，其中的每一幅畫都裝飾著精神的全部財富，而這個運動之所以如此緩慢，正是因爲自主體必須滲透和消化它的實體的全部這些財富。」（TWA 3, 590）眞理存在於歷史之內，歷史就是眞理。黑格爾並不否認精神的每一個「嶄新的開端」，但精神的一切經驗在本質上都是「**回憶**」或「**深入內核過程**」（Er-Innerung），即在一個新的層面上重複那已經層層累積下來的教化進程，黑格爾用這個偉大的思想爲柏拉圖的「學習即回憶」提供了決定性的論證。

《精神現象學》的影響

我們曾經指出，《精神現象學》在黑格爾本人心目中的地位遠不及《哲學全書》（這是黑格爾學派的「聖經」）或《邏輯學》，這也導致它長期（從黑格爾有生之年直到他去世之後的很長一段時間）遭到忽視，無論在同行還是在一般讀者眼裡都是如此。在費希特那裡，鑒於黑格爾從未得到費希特的重視，這個問題可以暫時按下不表。謝林在一八二七年的《世界時代體系》裡曾經有一次明確地批評《精神現象學》由於混淆了上帝的「存在」和「轉變」而不得不虛構一種「歷史性」，[6]但總括說來，後期謝林對於黑格爾的批評仍然是集中在《哲學全書》和《邏輯學》。至於叔本華，他在一八四〇年的《倫理學的兩個基本問題》裡乾脆直接挖苦說，讀《精神現象學》的感覺就像闖進了瘋人院。[7]當然，唱反調的人也是存在的，比如詩人讓·保羅（Jean Paul）就獨具慧眼，盛讚《精神現象學》的「清晰、寫作技巧、自由和力量」。[8]青年馬克思在一八四四年的《經濟學—哲學手稿》中更是宣稱，《精神現象學》是「黑格爾哲學的眞正的誕生地和祕密」。[9]儘管如此，總而言之，這部著作在當時仍然是知音寥寥，其影響遠不能與《哲學全書》和《邏輯學》相提並論。

今天看來當然是另外的情形。《精神現象學》已經毫無爭議地成爲黑格爾的最有影響和得到最多關注的著作。然而具有諷刺意味的是，人們對於《精神現象學》的「偏愛」正是

---

⑥ F. W. J. Schelling, *System der Weltalter. Münchner Vorlesung 1827/28 in einer Nachschrift von Ernst von Lasaulx*. Herausgegeben und eingeleitet von Siegbert Peetz. Frankfurt am Main 1990. S. 52-53.

⑦ Arthur Schopenhauer, *Die beiden Grundprobleme der Ethik*. In *Sämtliche Werke*. Band III. Hrsg. von Wolfgang Frhr. von Löhneysen. Stuttgart/Frankfurt am Main, 1960-1962. S. 497.

⑧ Vgl. Wolfgang Bonsipien, *Einleitung*, in G. W. F. Hegel, *Phänomenologie des Geistes*, Hamburg 1988. S. LV-LXIII.

⑨ 馬克思《黑格爾辯證法和哲學一般的批判》，賀麟譯，人民出版社（北京）一九五五年版，第十頁。

起源於自十九世紀中葉以來的「拒斥黑格爾」這一大的思想背景。黑格爾於一八三一年去世之後，儘管謝林在德國觀念論的道路上孤獨地繼續探索了二十多年，但不可否認，德國古典哲學的輝煌時代已經結束了。康德、費希特、謝林、黑格爾所推崇的「理性」、「科學」、「認識」、「思維」、「自由」、「體系」等等已然成爲過時的東西。偉大前輩的光輝成就對於後人往往意味著不可承受之重，後人爲了凸顯自己的些許價值，最便捷的做法莫過於歪曲、醜化、謾罵或直接無視前輩的功績。比如，提到「體系」這個概念的時候，一定要給它貼上「故步自封」、「僵死」、「人爲捏造」、「教條主義」、「扼殺自由和創造性」等等標籤，這樣，任何擅長瞎扯和胡思亂想的人不僅擺脫了慎密思維的艱辛勞作，而且可以在「體系哲學家」黑格爾面前重新獲得深深的優越感，甚至可以居高臨下展露出一絲施捨的好心，在黑格爾哲學裡面妄自區分「活的東西」和「死的東西」，以便把可憐的黑格爾從「體系」中拯救出來。在這種情況下，人們一方面貶低黑格爾的「體系」、貶低《哲學全書》中的「概念經院哲學」，另一方面卻熱衷於黑格爾的「充滿青春活力和創造性的」《精神現象學》，捧著黑格爾的各種「未成熟的」早期習作如獲至寶，也就不足爲奇了。這些人——以二十世紀的新黑格爾主義、存在主義、西方馬克思主義爲代表，所慣用的做法，就是把《精神現象學》割裂爲一個孤立的存在，甚至將其與黑格爾後來的《邏輯學》、《哲學全書》、《法哲學原理》等著作對立起來。這樣的結果只會導致對《精神現象學》乃至黑格爾的哲學思想進行肆意曲解。比如，在伊波利特（J. Hyppolite）和科耶夫（A. Kojéve）的解釋下，黑格爾似乎把「欲望」抬到如此之高的地位，簡直與叔本華的唯意志論和薩特的存在主義沒什麼差別了。[10]不可否認，這些詮釋不乏思想的火花，對於人們

⑩ Alexander Kojéve, *Hegel. Eine Vergegenwärtigung seines Denkens*. Frankfurt am Main 1975. S. 54 ff.

反思黑格爾哲學及現當代西方思潮的發展也具有一定的啓迪意義，但是，如果我們想要眞正理解把握《精神現象學》和黑格爾的本源的哲學思想，然後從中得出眞正對我們具有啓迪意義的東西，那麼「歷史的、批判的」方法——在這裡即把《精神現象學》放在黑格爾著作的整體的歷史演進過程中來理解，仍然是一項基本而必要的工作。

與此聯繫在一起的一個基本要求，就是讓我們坐下來踏踏實實、源源本本地閱讀《精神現象學》這部著作。十九世紀的一名德國的哲學史家特倫德倫堡（A. Trendelenburg）曾經說過，《精神現象學》是而且始終是人們「誇得多、讀得少的一本書」（liber laudatus magis quam lectus）。[11]這個讖言不但針對著《精神現象學》，而且在總體上似乎也適合於今天我們這個一方面對經典著作葉公好龍，另一方面以羅列二手文獻書單來炫耀「淵博知識」的時代。如何改變這個局面？讓我們從閱讀《精神現象學》開始吧！

關於本翻譯

黑格爾的《精神現象學》素以艱深晦澀著稱，這對於譯者來說無疑是個極大的挑戰。迄今爲止，漢語學界第一個也是唯一的一個譯本是由賀麟和王玖興合作完成的。這個譯本被拆分爲上、下兩卷，分別於一九六二年和一九七九年由商務印書館出版。數十年來，賀王譯本流傳甚廣，影響深遠，可以說滋養了幾代學者和讀書人，其在學術史上的重大意義怎麼評估都不過分。我上大學的時候，在尚未掌握德語之前，也是透過閱讀這個譯本（以及各位前輩

---

[11] Wolfgang Bonsipien, *Einleitung*, in G. W. F. Hegel, *Phänomenologie des Geistes*, Hamburg 1988. S. LXIII.

翻譯的其他黑格爾著作）來學習黑格爾哲學。

不過學術總在進步，今天客觀地看來，賀王譯本存在著很多的問題。從大的方面說，這是一種未經精雕細琢的粗糙的中文，囉嗦且不夠通順。就具體內容而言，則可以說其中含混不清乃至訛誤之處相當之多，再有就是不時地多出一些黑格爾原文中不存在的字句。雖然賀麟在其譯後記中說道：「譯者在極少數的地方爲了補足原文語意，採取了略增加幾個字或一句話的辦法。譯者增補的字句都用方括弧〔〕標明。」但實際情況卻是，那些方括弧中的「補充」絕大多數都是畫蛇添足，而大量眞正的竄入文字卻安然潛藏在方括弧之外。鑒於各種明顯的理解錯誤和大量毫無必要的竄文，我猜測原因在於，賀麟和王玖興在從事翻譯的時候，就像他們自己交代的那樣，可能過多地參照了《精神現象學》的各種英文、法文、俄文譯本，到頭來不免「以訛傳訛」，離黑格爾的原文漸行漸遠。至於我自己，由於外語水準有限，看不懂英文、法文、俄文之類東西，只好老老實實遵循黑格爾的德文原文進行翻譯。在我的翻譯過程中，我唯一參照過的譯本就是賀王譯本。

既然賀王譯本存在著嚴重缺陷，對於現今的讀者而言，如果要準確地學習和理解黑格爾的《精神現象學》，一個完全基於黑格爾德語原文的準確可靠的新譯本還是有必要的。基於此，承蒙張世英先生的器重和信任，我於二〇〇五年底接手了重新翻譯《精神現象學》的工作。具體說來，本書的翻譯始於二〇〇五年底，至二〇一一年中大致完成，此後我又花了兩年的時間將譯稿反覆修改了四、五遍。在後面幾遍修改中，我甚至特意把譯稿交給一些「非專業人士」（比如我從事音樂教育的妻子）閱讀，純粹就中文文本自身的可讀性聽取意見，然後對文本加以潤色。不言而喻，這些意見當然不會涉及內容本身，而我的潤色始終是以絕對忠實於黑格爾的原文爲前提。我希望透過自己的努力，貢獻出一個準確可靠同時又流暢通順的新譯本，不僅可以用於專門的科研教學，而且能夠面向廣大普通讀者。儘管有著這樣的目標和努力，鑒於這項任務的艱難，新譯本在個別地方難免也有錯誤和不盡人意之處，至於其中得失，敬請識者明鑒，也歡迎各方面的讀者提出寶貴的批評和建議。不論如何，經典的西方哲學著作，尤其是《精神現象學》這種分量的著作，多幾個譯本可供選擇的話，對於中國的學術界和讀書界絕對是一件好事，這在漢譯康德《純粹理性批判》上面已經體現出來。

這個新譯本從屬於張世英先生主編的二十卷本中文《黑格爾全集》規劃，該規劃則是依據於摩登華（E. Moldenhauer）和米歇爾（K. M. Michel）於一九七二年重新整理出版的二十卷本《黑格爾著作集》，即所謂的「理論著作版」（Theorie-Werkausgabe）。[12]因此我在翻譯時使用的本子就是這套著作集的第三卷，即《精神現象學》。關於這個版本，我想在此稍作說明。誠然，關於黑格爾的著作，目前最權威的版本應當是自一九六八年以來陸續出版的所謂的「歷史批判版」《黑格爾全集》，[13]但現在的事實是，在當前德國大學的黑格爾科研和教學中，二十卷本「理論著作版」《黑格爾著作集》並未被其取代，而是仍然得到廣泛使用。這不僅是因爲「理論著作版」具有悠久的歷史淵源，一、兩百年來始終發揮著巨大的影響，更重要的原因在於，「歷史批判版」相對於「理論著作版」的優越之處主要是體現在對於黑格爾生前未曾公開發表的手稿和各種講授錄的發掘、重新整理、校勘，對於

---

⑫ G. W. F. HEGL *WERKE IN 20 BÄNDEN*. Auf der Grundlage der *Werke* von 1832 – 1845 neu edierte Ausgabe. Redaktion Eva Moldenhauer und Karl Markus Michel. Frankfurt am Main: Suhrkamp, 1972.

⑬ G. W. F. Hegel, *Gesammelte Werke*, in Verbindung mit der Deutschen Forschungsgemeinschaft hrsg. von der Rheinisch-Westfälischen Akademie der Wissenschaften. Hamburg 1968 ff.

《邏輯學》和《哲學全書》的不同版本的辨析等等。如果我們今天要研究黑格爾的遺稿和講授錄，那麼「歷史批判版」應該是更爲可靠的，但對於《精神現象學》、《邏輯學》、《法哲學原理》這些黑格爾在世時就已發表的著作，各種版本就具體文本而言並沒有什麼出入，因此我所依據的這個版本的《精神現象學》仍然是非常可靠的。

此外需要指出，客觀上看來，《精神現象學》也存在著兩個「版本」，因爲黑格爾在去世前不久（一八三一年秋）曾經打算再版《精神現象學》，並爲此著手進行修訂，只不過這項工作很快就由於他的去世而中斷了。在這之後，無論是「理論著作版」的前身亦即「友人版」《黑格爾著作集》（一八三二—一八四五），還是舒爾策（J. Schulze）、拉松（G. Lasson）、伯蘭德（G. J. P. J. Bolland）、魏斯（Ch. Weiß）等人整理出版的《精神現象學》單行本，全都是採納了黑格爾修訂之後的文本。直到一九二八年，拉松再次整理出版《精神現象學》，才轉而以該書一八〇七年首版的文本爲準，這個做法被後來的霍夫邁斯特（J. Hoffmeister）版本和最新的由威瑟爾斯（H. F. Wessels）和克雷爾蒙特（H. Clairmont）整理出版的版本（該版本從屬於「歷史批判版」《黑格爾全集》）繼承。至於我所依據的「理論著作版」《黑格爾著作集》，則是仍然以黑格爾一八三一年親自修訂之後的文本爲準。從文獻整理和版本學的角度來看，關於《精神現象學》一八〇七年首版和一八三一年修訂版的優先性，上述編者雖然有著不同的考慮和傾向，但他們的工作都是很有意義和值得尊重的。儘管如此，我們應當知道，實際上黑格爾親自作出的七十一處修訂，除了極少數句子之外，僅僅是對個別的字詞包括排印錯誤略作修改和增刪（比如把某個不定冠詞改爲定冠詞，或者把某個定冠詞改爲指示代詞等等），在意思上與原來相比無甚出入，而且他的修改工作僅僅涉及該書「序言」的前半部分，尚未進入正文。這和康德於一七八七年大幅度改寫一七八一年首版的《純粹理性批判》以及黑格爾本人於一八二七年和一八三〇年對於一八一七年首版的《哲學全書》進行大幅修改完全是兩回事！簡言之，對於我們學習和研究《精神現象學》這部特定的著作，無論是依據一八〇七年的首版還是依據一八三一年的修訂版，這裡的差別都是可以忽略不計的。有鑑於此，爲了保持譯文的流暢通順，避免讀者在閱讀時因爲那些無關要緊的「修改之處」而分心，我的翻譯一方面按照「理論著作版」的做法，**以黑格爾一八三一年親自修訂之後的文本爲準**，另一方面則**有意識地略去了那些關於修訂的標注和修訂前後的對照**，讀者對此大可不必擔心有什麼闕失。⑭

對於黑格爾哲學的各個概念術語的翻譯，我儘量避免生造術語，而是基本上沿用了學界已經通行的譯法，大體上也與賀王譯本保持一致，儘管也有一些偏差，比如我把「das Allgemeine」譯爲「普遍者」而不是譯爲「共相」，把「Dasein」譯爲「實存」而不是譯爲「定在」⑮，把「Reflexion」譯爲「反映」或「折返」而不是譯爲「反思」，把「Bekanntschaft」譯爲「常識」而不是「熟知」，把「das unglückliche Bewußtsein」譯爲「哀怨意識」而不是譯爲「苦惱意識」等等。再者，除了極個別的情況之外，我的翻譯沒有夾雜任何外文詞句，而是努力呈現出一個「乾淨」而流暢的中文文本。這樣做的原因在於，首先，一般讀者不需要知道相應的德文字句，就算列出來也不認識，其次，對於專業的研究者而言，他們一般說來也知道對應的德文字句是什麼，即使暫時不清楚，也可以透過查

---

⑭ 商務印書館的賀王譯本《精神現象學》依據的是 Felix Meiner 出版社一九五二年的霍夫邁斯特版。據此可知，該譯本所依據的應當是《精神現象學》一八〇七年首版的文本。

⑮ 只有在黑格爾《邏輯學》裡，當「Dasein」作爲一個嚴格的範疇與「Existenz」（實存）區分開來的時候，我們才把它譯爲「定在」，即「已規定的存在」（bestimmtes Sein）。

閱本書附錄的《主要譯名對照表》或黑格爾的原文而獲得澄清，因此同樣沒有必要列出來干擾閱讀。儘管如此，對於具有一定德語基礎或者以專業研究爲目的的讀者，我還是建議他們在閱讀中文文本之前預先參閱一下本書附錄的《主要譯名對照表》，如此當大致心裡有數。

在這裡唯一需要特別指出的，是「Das Ansich」（本書譯爲「**自在體**」）和「Das Selbst」（本書譯爲「**自主體**」）這一對在《精神現象學》裡面頻繁出現的術語的翻譯。就通常的德語而言，「an sich」和「selbst」都是「自身」的意思，但是當黑格爾把它們改造成大寫的名詞，並作爲一對重要的概念加以使用，那麼這裡顯然包含著重大的意味，絕對應當值得重視。遺憾的是，我們看到，在賀王譯本裡，「Das Ansich」被隨機地譯爲「自在」、「那自在的」、「自在存在」等等，而「Das Selbst」則被隨機地譯爲「自己」、「自我」、「自我〔或主體〕」、「自我〔或個人〕」等等。這些譯法是大有問題的。須知中文的「自在」一詞是一個發揮修飾作用的定語或狀語，是用來翻譯小寫的「an sich」這個片語的（比如「自在之物」、「自在存在」、「自在的眞相」等等），而這和作爲名詞的大寫的「Das Ansich」顯然不是一回事。另一方面，把「Das Selbst」譯爲「自己」或「自我」，同時又在「自我」一詞後面加上各種方括號補釋，這也是一種笨拙的辦法（且不說這些應景的補釋未必總是正確的），更何況「自我」或「我」也已經有對應的術語，即「Das Ich」。簡言之，賀王譯本的上述譯法沒有意識到「Das Ansich」和「Das Selbst」的獨特意義，更沒有注意到這是一對相輔相成的的重要概念，因此也就沒有把這兩個對於《精神現象學》具有特殊重要意義的概念凸顯出來。

誠然，黑格爾本人對於「das Ansich」和「das Selbst」從未作出一個明確的界定，但只要我們深入考察《精神現象學》具體文本以及黑格爾之前文稿的相關思想，就可以看出，「Das Ansich」是與「Wesen」（本質）或「Substanz」（實體）相對應，而「Das Selbst」則是與「Subjekt」（主體）相對應。實際上，謝林在他的「同一性哲學」時期（比如一八〇四年的《哲學與宗教》裡），已經頻繁使用「das An-sich」這個術語，用來指代那個作爲本質或實體的絕對者，[16]而黑格爾在耶拿時期的文稿裡也曾把「das Anisch」稱作「本質」、「同一性」、「不可揚棄者」等等。[17]其實黑格爾在《精神現象學》裡討論「das Ansich」和「das Selbst」的關係，歸根結柢是在討論「實體」和「主體」的關係，這是黑格爾所指的「一切關鍵之所在」（TWA 3, 23）。如果我們認識到這一點，問題就很好理解了。有鑑於此，我的譯稿最初是把「das Ansich」譯爲「**自在實體**」，但後來爲了避免把它和專門的「實體」一詞混淆，因此最終改正爲「**自在體**」。與此相聯繫的是，我的譯稿最初是把「das Selbst」譯爲「**自我主體**」，但最後改正爲「**自主體**」。我認爲這個譯法既保留了原文的「自」或「自身」的意味，同時更重要的是反映出了其中蘊含著的黑格爾關於「實體」及「主體」的思想。我之所以最終刪除掉「自我主體」中的那個「我」字，是出於這樣的考慮，即在黑格爾的哲學裡，「我」（Ich）雖然在本質上是「das Selbst」，但反過來「das Selbst」並不能等直接等同於「Ich」，因爲「das Selbst」雖然從頭到尾都是一個自行運動著的「主體」，但它只有在較高的層面上，亦即在狹義的「精神」層

---

[16] F. W. J. Schelling, *Philosophie und Religion*, in ders. *Sämtliche Werke*, Stuttgart und Augsburg 1856-1861. Band VI, S. 23, 27, 31, 33, 41, 45, 49, 53, 56, 60.

[17] G. W. F. Hegel, *Jenaer Systementwürfe III. Naturphilosophie und Philosophie des Geistes*. Neu herausgegeben von Rolf-Peter Horstmann. Hamburg 1987. S. 22 u. 29.

面上，才可以稱作「自我」或「我」。就此而言，自《精神現象學》第四章開始出現的「Selbstbewußtsein」嚴格說來也不應當譯爲「自我意識」，而是應當譯爲「**自主意識**」或「自主體意識」才更合適，儘管「自主意識」在後來的狹義的「精神」層面上的確是「自我意識」。不過考慮到「自我意識」這個術語在我國學界實在是過於根深蒂固和廣泛通行，而且「Selbstbewußtsein」這個概念本身並不像「das Selbst」那樣是黑格爾專有的一個重要概念，而是在大多數哲學家那裡都有頻繁使用，所以我雖然把「das Selbst」譯爲「自主體」，但還是把「Selbstbewußtsein」譯爲「自我意識」。⑱

另外，譯文中的各種註腳，如果沒有特別標明爲「黑格爾原注」或「德文版編者注」，那麼都是我自己增補的。這些注釋主要涉及一些背景介紹和知識性材料，希望對於讀者稍有助益。同時需要說明的是，我加的注釋除了自行蒐集一些資料之外，同時也參考了 Felix Meiner 版的黑格爾《精神現象學》⑲的編者注釋以及希普（Ludwig Siep）的《精神現象學之路》⑳一書，在此特作說明。

---

⑱ 國內也有學者從當代某些哲學思潮出發，主張把「Selbstbewußtsein」譯爲「自意識」或「自身意識」。在我看來，這個譯法至少對德國古典哲學而言是不適合的，不如「自我意識」或「自主意識」，因爲德國古典哲學在討論「Selbstbewußtsein」的時候，其強調的顯然不是單純的「自」或「自身」，而是「主體」或「我」。

⑲ G. W. F. Hegel, *Phänomenologie des Geistes*. Neu hrsg. von Hans-Friedrich Wessels und Heinrich Clairmont. Hamburg 1988.

⑳ Ludwig Siep, *Der Weg der Phänomenologie des Geistes. Ein einführender Kommentar zu Hegels „Differenzschrift" und „Phänomenologie des Geistes"*. Frankfurt am Main 2000.

北京大學哲學系和北京大學外國哲學研究所的德國古典哲學研究有著悠久的歷史，這個光榮傳統由張頤、鄭昕、賀麟開創奠定，經由齊良驥、張世英、朱德生、韓水法傳承至今；除此之外，著名學者楊祖陶、梁志學、薛華、王樹人、張愼也曾經在這裡學習和工作過。諸位前輩在這個領域裡做出了大量具有奠基性和開拓性的工作，這些成績時刻激勵著我們，而且理應由我輩學者加以發揚光大。我從圖賓根大學畢業回到母校任教之後，一直把德國古典哲學當作我的科研和教學工作的頭號重點，迄今爲止已經開設了十多門不同內容的「德國古典哲學」系列課程。我對於《精神現象學》的翻譯就是在這個過程中同步進行的，其中部分譯稿不但在我的課堂上，而且在趙敦華老師和劉哲博士各自的課堂上也曾加以使用和討論。我的各項工作不僅得到了系裡和所裡領導的大力支持，而且從我的同事和學生那裡也獲得了很多重要的回饋，其中不乏有益的批評和建議。如果沒有這樣的環境，要想持之以恆並且比較順利地完成《精神現象學》的翻譯是不可能的，因此我要對他們致以衷心的感謝。

在翻譯此書的過程中，北京大學哲學系資深教授張世英先生和人民出版社政治編輯部主任張振明先生對我多有鼓勵。翻譯完成之後，本書的責任編輯安新文女士在編審方面尤其付出許多。在此同樣向他們致以衷心的感謝！

二〇一三年夏於北京大學外國哲學研究所

繁體字版補記

本書出版五年之後，五南圖書出版公司願意在臺、港、澳發行繁體字版本，對此我感到非常榮幸。藉這個機會，我對初版中的一些疏漏和錯誤進行了修正，調整了個別字句和註腳。儘管如此，遺漏的情況仍然難以避免，期盼廣大讀者繼續指正。

先剛

二〇一八年秋於北京大學人文學苑

目次

第二部分　自我意識

第三部分　第一卷：理性

第三部分　第二卷：精神

第三部分　第三卷：宗教

第三部分　第四卷：絕對知識

[11]

序言　論科學的認識活動

按照慣例，一本著作需要在序言中事先說明作者所設定的寫作目標、緣由、以及該書與更早或同時期的另外一些相同題材的論著之間的關係。但對於一本哲學著作而言，這些說明看起來不僅是多餘的，而且就事情的本性而言甚至很不適當、南轅北轍。因爲，假若要在一篇序言裡談到哲學，最不費力的做法無非是圍繞著哲學的潮流趨勢、立場觀點、大體上的內容和結果等等拿出一份史料性的**彙報**，或將各種沒完沒了的關於眞相的主張和保證堆砌在一起。但是，這些做法並不是將哲學眞理呈現出來的合適方式。而且，因爲哲學的根本要素是一種包含著特殊事物的普遍性，所以相較其他科學，哲學更容易出現這樣的假象，彷彿只有達到目標或最終的結果之後，事情本身才會表現出來，而且甚至是在其完滿的本質中表現出來，至於具體展開的過程，反倒是無關本質了。相反的一個例子是，儘管人們對於「什麼是解剖學」已經具有一個普遍的觀念，即解剖學的知識來自於一種把身體的各個部分當作僵死的實存而進行的觀察，但他們仍然承認自己還沒有掌握事情本身及這門科學的內容，所以除了具有那個普遍的觀念之外，還必須關注特殊事物。再者，在一些不配享有「科學」之名的知識大雜燴裡，人們談起「目的」之類普遍事物就跟談論神經、肌肉之類具體內容一樣沒有[12]區別，都是傾向於採取一種史料性的和缺乏概念把握的方式。反過來，假若哲學也採取這種不清不楚的談論方式，那麼在它那裡會出現一種不一致，也就是說，這種談論方式本身顯示出自己沒有能力去把握眞理。

同樣，在規定了一本哲學著作與同樣題材的其他論著的關係之後，就會引入一種外來的興趣，遮蔽了那些對於眞理的認識來說最爲關鍵的東西。因此，人們愈是執著於眞與假的對立，就愈是習慣性地期待著不是選擇去贊成，就是去反對一個呈現於眼前的哲學體系，並且在關於這個體系的說明中不是看到的全是贊成，就是看到的全是反對。也就是說，這種思維方式不是把各個哲學體系的差別理解爲眞理的一種進步發展，而是把任何差異性都視爲是矛盾。當花朵綻開的時候，花蕾消失了，於是人們說，花蕾被花朵否定了。同樣地，當結出果實，花朵又被宣稱爲植物的一個虛假不實的存在，而果實則作爲植物的眞理取代了花朵的位置。他們認爲，這些形式不但彼此不同而且相互排斥。然而眞實的情況是，它們流動的本性使得它們同時成爲一個有機統一體的不同環節，在這個統一體裡面，各個環節不僅彼此不矛盾，而且每一個都是同樣必然的，正是這個相同的必然性而構成了整體的生命。但是，一方面，哲學體系的各種反對意見還沒有能力以這樣的方式對自己進行概念把握，另一方面，一種領會式的意識通常也沒有能力把這些反對意見無法從它們的片面性中跳脫，或防止它們陷入片面性，也沒有能力意識到，那些在表面上相互爭執和反對的，其實都是一些必然的環節。

這類解釋所提出的要求，以及對此要求的滿足，都很容易被看作是一種事關根本的活動。試問，一本哲學著作的核心關鍵如果不是體現在該書的各種目的和結果，還能在什麼地方得到更充分的表述嗎？如果不是借助於這本著作與當代相同領域內的其他論著之間的差異性，還能有別的方式更確切地認識它嗎？但是，如果這種做法不單純是認識活動的開端，而是竟然要冒充一個現實的認識活動，那麼它就是一種僞裝，即在表面上做出一副嚴肅和努力的樣子，實際上卻回避事情本身，把嚴肅和努力拋在一邊。因爲事情並不是在它的**目的**裡面，而是在它的**具體展開過程**中才得以窮盡，同樣，**結果**本身也不是一個**現實的**整體，而是只有與它的轉變過程合併起來才是一個現實的整體；目的單就其自身而言是一個僵死的普遍者，創作意圖也僅僅是一個仍然缺乏現實性的單純動機，而赤裸裸的結果則是一具已經把創作意圖拋在身後的屍體。同樣，**差異性**其實是事情的一個**界限**，界限出現之所在，即爲事情終止之處，或者說，界限是事情所不是的那個東西。因此，那些爲著目的和結果、爲著種種的差異性和評判所作的操心，表面上看來似乎很辛苦的樣子，但實際上卻是一份輕鬆的工作。因爲那些做法不是去把握事情本身，而總是超然於事情之上。這樣的知識不是停留在事情之內並且沉浸其中，反而總是追逐另外的東西，到頭來，它其實是停留在自身之內，而不是停留於事情並投身於事情之中。通常，對具有內涵和持久價值的東西作出一個評判，這是最容易的，要理解那些東西，則比較困難，而最困難的工作是結合評判和理解，把那些東西呈現出來。

無論在什麼時候，當人們開始施行教化並擺脫基本生計的直接性，首先必須獲得對於**普遍**原理和**普遍**觀點的認識，唯有如此，人們才能勉爲其難提升到一個以一**般意義上的**事情爲對象的**思想**。與此同時，人們還必須以同樣的努力來合理地支援或反對那些覺察，必須懂得按照各種規定性來領會那些具體而豐富的內容，並對它們作出有條理的陳述和嚴肅的判斷。教化的這個開端將首先爲一種充實的生命的嚴肅贏得一席之地，這種嚴肅使人經驗到事情本身；此外，需要補充的是，儘管概念的嚴肅直指經驗的根基深處，但人們日常交談中的認識和評價還是會保留其應有的地位。

眞理，作爲一個實存，其眞實的形態只能是一個科學的眞理體系。我爲自己設定了目標，即透過我的努力，使哲學具有科學的形式，①使哲學能夠卸下「**愛知識**」這個名號，成

---

① 希臘文的「哲學」（philosophia）一詞由「智慧」（sophia）加上「philo-」構成。「philo-」有人解讀爲

爲一種**現實的知識**。「知識即科學」，這個內在的必然性包含在知識的本性之內，對此如果誰想要作出一個令人滿意的解釋，唯一的辦法就是將哲學呈現出來。**外在的**必然性，如果不去考慮個人及個別動機的偶然性，而是按照一種普遍的方式來理解，那麼它和**內在的**必然性是同一個東西，而這個必然性的形態，就是時間把必然性的各個環節的實存展示出來的樣子。我的各種嘗試，都是爲了揭示出哲學如何在時間的長河裡逐步提升爲科學，唯有揭示出這一點，才會爲那些嘗試作出一個眞實的辯護，因爲這個辯護將會呈現出我的這個目的的必

「愛」（philein），因此哲學意味著「愛智慧」，也有人解讀爲「朋友」（philos），於是哲學意味著「智慧之友」或「掌握智慧」。關鍵在於這裡的「智慧」，它雖然本來是「知識」的意思，但經過巴門尼德、柏拉圖、亞里斯多德傳統的特別闡發之後，已經脫離了普通知識的範疇，而是意味著一種終極的、完滿的、系統的知識——即是「Wissenschaft」，德國古典哲學所孜孜追求的目標。這個概念在其他語言文字中通常被譯爲「科學」（science），但這些譯法不足以表達出「Wissenschaft」一詞的豐富而深遠的內涵，甚至有可能帶來致命的誤解，因爲當今「科學」名義下的榮譽已經被自然科學乃至實證科學牢牢把持，而這些東西在黑格爾看來充其量是眾多普通知識或精神現象之一，根本不能代言「Wissenschaft」，更談不上是德國古典哲學的理想。德國古典哲學心目中的「Wissenschaft」是最高的智慧和完滿的知識。有鑑於此，譯者在自己的專著《永恆與時間——謝林哲學研究》（商務印書館二〇〇八年版）中曾經酌情把「Wissenschaft」譯爲「智慧」或「眞知」。但是，考慮到黑格爾的「Wissenschaft」和柏拉圖、亞里斯多德傳統的「終極智慧」在形態上還是有著較大差異，尤其考慮到「科學」的譯法已經廣爲通行，所以本書仍然將「Wissenschaft」譯爲「科學」。儘管如此，譯者仍然希望讀者在看到黑格爾及其他德國古典哲學家（康德、費希特、謝林）的「科學」時回想起這個概念的本質，而不是與通常的自然科學或實證科學混爲一談。——譯者注

然性，同時將其具體展開。

眞理的眞實形態取決於科學性，或者換個說法，眞理唯有在**概念**中才獲得它的實存要素，當我作出上述斷言時，我知道這顯然已經和某種觀念及其各種結論處於矛盾之中，這種觀念不但自命不凡，而且在當代流傳甚廣。既然如此，來解釋一下這個矛盾似乎不是多此一舉的做法，儘管這個解釋在這裡如同它所反對的，都只是一個保證。總而言之，如果眞相只能存在於那些東西，它們時而被稱作「直觀」，時而被稱作「對於絕對者的直接認識」、「宗教」、「存在」（不是指一個位於上帝之愛的正中心處的存在，而是指這個正中心本身的存在）之內，或甚至只能作爲那些東西存在著，那麼按照這種觀點，如果要把哲學呈現出來，其要求的東西寧可是概念形式的反面。據說，人們不應該透過概念，而是應該透過感觸和直觀去把握絕對者。據說，那種應該主導話語並被宣布出來的東西，不是一個關於絕對者的概念，而是一種對於絕對者的感觸和直觀。②

對於這樣一種要求，如果我們按照其更普遍的聯繫來領會其現象，並將這個現象放到一個**當前存在著的**、**具有自我意識的精神**所處的層次上來看，那麼這個精神已經超越了它過去僅僅在思想的要素中才展現出來的基本生存狀態、超越了基本生存狀態的直接信念、超越了確定性的滿足和安全。過去，意識是透過與本質以及本質的普遍的（內在的和外在的）當前存在達成和解才獲得那種滿足和安全。現在，透過這種超越，精神不僅進入到另一端，亦即

② 黑格爾在這裡批評的主要是埃申邁耶爾（C. A. Eschenmayer）、格雷斯（J. Görres）、雅各比（F. H. Jacobi）、史萊馬赫（F. Schleiermacher）的觀點。史萊馬赫曾經在他的《論宗教》中宣稱：「所謂『有宗教』，就是去直觀宇宙……宗教的本質既不是思維也不是行動，而是直觀和感觸。」——譯者注

[15]

一個缺乏實體的自身反映之內，而且超越了這個東西。它知道它失去了自己的基本生存狀態；它也意識到了這個損失，意識到有限性是它的內容。精神一度承認並抱怨過它的惡劣處境，但如今它不再做這些無意義的事情，而是對哲學提出了這樣一個要求：與其透過哲學去**認識到**精神的**存在**，還不如透過哲學重新製造出存在的那種基本性和充盈狀態。爲了滿足這個需求，哲學的任務既不是去打破實體的封閉狀態，把實體提升爲一個自我意識，也不是把一個混沌的意識引回到思想的秩序和概念的單純性之內，而是把各種思想攪拌在一起，一方面排斥那個作出區分的概念，另一方面卻製造出對於本質的**感觸**，這樣它所提供的就不是一種**見解**，而是一種**超凡脫俗的心態**。總之，這個精神要求的是「美」、「神聖」、「永恆」、「宗教」、「愛」之類誘餌，以便激起人們吞噬的欲望。相應地，那應該維護並持續地拓展實體的財富的東西，不是概念，而是一種靈魂出竅，不是事情之冷峻推進的必然性，而是一種熱情洋溢的亢奮。③

相應於這種要求，有一種嚴格的、幾乎是狂熱和焦躁不安的努力，要把那些沉迷於感性、平庸和個別狀態的人們抽離出來，迫使他們的眼光仰觀星辰。看起來，那些人已經完全遺忘了神性事物，跟那些享受著泥土與水的蠕蟲一樣，滿足於當下的處境。過去，人們曾經擁有的天空遍布著豐富的思想和圖像。對於一切存在者來說，意義都在於光線，萬物是透過光線才與天空聯繫起來的。順著光線的指引，目光不是停留在**這一個**當前存在，而是超越了它，飄向那個神聖的本質，飄向一個位於彼岸世界的當前存在。但是精神的眼睛必須被強制

[16]

③ 黑格爾在這裡批評的仍然是埃申邁耶爾、格雷斯、雅各比、史萊馬赫以及施萊格爾（F. Schlegel）、瓦格納（J. J. Wagner）等人的觀點。——譯者注

著指向世俗世界，並堅守在這個世界之內。精神的眼睛花了很長的時間，才把唯有超世俗世界才具備的那種明晰性注入到那以混沌和模糊爲意義旨歸的此岸世界，並且使那種對於眞正意義上的當前存在的關注——亦即所謂的**經驗**，成爲一件有趣的和有效的事情。然而，現在的當務之急顯然正相反，因爲各種官能知覺已經如此深深地扎根於世俗世界之內，以至於要想使之超脫出來，就得採用同等程度的暴力。精神表現得如此貧困，就像沙漠中的漫遊者僅僅想喝一口水那樣，只是渴望著對於神性事物獲得，哪怕一點點空泛貧瘠的感觸，以此撫慰自己。我們可以把那些使精神得到滿足的東西當作一個標準，用來衡量精神的損失究竟達到了何種程度。

然而，無論是對於接納的知足，還是對於付出的吝嗇，都不適合科學。誰若僅是追求超凡脫俗、誰若把他的實存和思想的世俗多樣性掩飾在雲霧當中，要求不明就裡去享受這種模糊的神性，那麼他不妨審視一下，究竟在哪裡才能找到這些東西。他會很輕易地找到一些工具來讓自己熱衷於某些東西，並以此自吹自擂。但哲學必須提醒自己，不要企圖成爲一種超凡脫俗的東西。

並且，這種放棄了科學的知足，更沒有權利去主張亢奮和朦朧之類東西比科學更高超。這種先知式的言談自以爲處於萬物的中心和深處，蔑視規定性，即希臘人所說的「界限」（horos），[4]卻故意回避概念和必然性，也回避那種據稱僅僅立足於有限性的反思。

[17]

---

④希臘文的「horos」（相當於拉丁文的「finis」）有「概念」、「界限」、「目的」、「標準」等意思。黑格爾繼承亞里斯多德主義傳統，把這個詞理解爲「規定性」，意在強調概念的關鍵在於「定義」（de-fiinitio），亦即界限的規定或確定。——譯者注

但是，正如有一種空虛的開闊，也有一種空虛的深遠；正如實體的廣延擴散為有限的雜多事物，卻無力聚合它們；同樣，上述深遠也是一種沒有內涵的深遠，一種沒有延展的純粹力，它跟膚淺是一回事。精神力量的強大程度與這個力量的外表相當，精神究竟有多深遠，也完全取決於精神自信可以在多大的程度上分解擴散並迷失自己。與此同時，那種缺乏概念的基礎知識，揚言已經把自主體的獨特性沉浸在本質之內，揚言自己在進行一種眞實的和神聖的哲學思考，但它沒有意識到，其實它並未皈依上帝，而是由於藐視標準和規定，所以時而在自身內聽任各種偶然內容的擺佈，時而把自己的隨意武斷強加於上帝。他們既然放心地委身於實體的無節制的熱情，於是認為，只要把自我意識束之高閣，只要拋棄理智，他們就成了**上帝所親愛的人**，上帝就在睡夢中賞賜智慧給他們了。但事實上，他們在睡眠中受孕並生產出來的東西，也不過是一些夢而已。⑤

此外不難看出，我們的時代是一個充滿創造力的時代，一個向著新時期過渡的時代。精神已經與這個延綿至今的世界決裂，不再堅持它迄今的實存和表象活動，而是打算把這些東西埋藏於過去，並著手進行自我改造。誠然，精神從未止息，而是處在一個不斷前進的運動中。胎兒在經過漫長而寂靜的滋養之後，它的第一口呼吸打破了那種單純逐漸遞增的進步，現在，作為一個質的飛躍，胎兒誕生了。同樣，自身塑造著的精神也是慢慢地、安靜地成熟，獲得新的形態，也是一磚一瓦地拆除著它的舊**世界**的建築，而舊世界的動搖也僅僅是透過一些個別徵兆才預示出來的。充斥於現存世界裡的各種輕率和無聊，以及對於某種未知

⑤ 參閱《舊約・詩篇》（一二七，二—三）：「唯有耶和華所親愛的，必叫他安然睡覺。/兒女是耶和華所賜的產業，所懷的胎是他所給的賞賜。」——譯者注

事物模糊的預感等等，都是其他東西正在前來的徵兆。這種漸進的、尚未改變整體面貌的零敲碎打，被一道突然升起的閃電中斷了，這閃電一下子就樹立起了新世界的形象。[19]

只不過這個新事物和初生的嬰兒一樣，還談不上有完滿的現實性。我們在根本上不能忽略這一點。最初出現的僅僅是新事物的直接性，亦即事物的概念。正如一座大樓在奠基之後距離竣工還很遙遠，同樣，我們已經獲得的關於整體的概念還不是整體本身。如果我們希望看到一棵粗壯、枝繁葉茂的橡樹，而現在實際處於這個位置的卻是一粒橡果，那麼我們是不會滿意的。同理，科學作爲精神世界的王冠，在其開端處還談不上完滿。新精神的開端是一個產物，經歷了眾多教化形式的深遠變革，是一個獎勵，以犒賞曾經走過的那條糾纏不清的道路以及同樣繁複的努力和辛勞。這個開端是一個已經從過程和擴散那裡重新返回到自身之內的整體，是從這個整體轉變而來的一個**單純的概念**。這個單純的整體是現實的，而這意味著，那些已經轉變爲環節的形態，分化在它們的新要素之中，在一種已經轉變的意義上，重新展開自身，再度進入形態分化。

一方面，既然新世界的最初現象僅僅是一個披著**簡單性**外衣的整體，或者說僅僅是整體的一個普遍根據，那麼反過來在另一方面，那些保存於意識的記憶之內的豐富多姿的實存仍然是一種當前存在著的東西。意識在新出現的形態身上看不到內容的展開和細分，更看不到形式的塑造過程，因爲只有伴隨著形式的塑造過程，各個差別才可以被確切地規定下來，並被安置到它們的穩固關係裡面。如果沒有這個塑造過程，科學就會缺乏一種普遍的**可理解性**，而且給人一種假象，彷彿它是少數人的私傳祕學。[20]之所以說是「私傳祕學」，因爲科學目前只潛伏在它的概念之中，換言之，現有的東西只是科學的內核；而之所以說是「少數人」，因爲科學之尚未展開的現象使得科學的實存是一個個別事物。只有那些得到充分規定的東西，才是公開清晰的和可理解的，才能夠被學習，並且成爲全人類的財富。科學的可理解的形式是一條呈現在每一個人面前、爲每一個人平等制定的走向科學之路，而意識在走向科學時提出了一個正當的要求，即科學應該透過知性過渡到一種理性知識。因爲，知性是一種思維，是一般意義上的純粹自我，而可理解的東西或知性的東西是一種已知的常識，是科學與一種非科學意識的共有物，正因如此，那種非科學意識才能夠直接進入到科學之內。

剛剛起步的科學，由於既沒有達到細節上的完整，也沒有達到形式上的完滿，不免因此遭受指責。但是，假如這個指責針對的是科學的本質，那麼它是不公正的，同樣，如果有人不願意認可那個塑造過程所提出的要求，這也是錯誤的。這個對立看起來是一個最重要的關鍵，當前的科學教化在這裡弄得筋疲力盡，而且對此也沒有獲得應有的正確理解。一部分人推崇豐富的材料，推崇可理解性，而另一部分人蔑視這些東西，卻去鼓吹一種直接的理性認識和直接的神性。前面那種人，不管他們只是由於眞理的力量還是同時也懾於另一方的鼓噪而安靜下來，感到自己無力去探究事情的根據，但他們的那些需求卻並沒有因此得到平息。因爲那些需求是正當的，然而正當的需求卻沒有得到滿足。他們的安靜一半是因爲勝利，一半是因爲厭倦和冷漠。通常說來，如果一些承諾不斷地激發起人們的期待，卻又始終得不到兌現，就會造成這樣的厭倦和冷漠。

就內容而言，後面那種人有時候過於隨便、漫無邊際。他們把大量的材料，亦即各種已知的常識和整理妥當的東西，搬進他們的領域，再加上他們特別喜歡擺弄一些獨特的和稀奇古怪的東西，於是，他們看起來不僅已經掌握了一種整理妥當的知識，而且還掌握著那些尚未整理好的東西。他們甚至把全部東西都放到絕對理念下，彷彿絕對理念因此就能夠在一切事物中都被認識到，並已發展爲一種全面的科學。但人們只要仔細看看這種鋪陳，就不難發現，之所以出現這種情況，並不是因爲同一個東西自行分化爲眾多相互有別的形態，毋寧可說，這是同一個東西的雜亂重複，而人們僅僅是以一種外在的方式把它運用到不同的材料上面，才獲得一個無聊的差異性假象。如果發展意味著同一個公式的單調重複，那麼那個原本眞實的理念就將永遠停留於開端了。把認知主體之唯一的一個不動的形式應用到現成事物上面，從外面把材料注入到這個靜態的要素中，這些做法就和那些關於內容的隨意奇想一樣，都沒有滿足我們的要求，因爲我們要求的是一種發源於自身的豐富內容，一種自己規定著自己的形態差別。眞正說來，那些做法是一種單調的形式主義，⑥它之所以還能把各種材料區分開來，只因爲這些差別已經是一個眾所周知的常識。

與此同時，形式主義宣稱絕對者也是這樣一個單調的和抽象的普遍者。它斷言，誰如果不滿足於這個覺察，就沒有能力去掌握並堅守一個絕對的立場。如果說在過去，透過一種空洞的可能性（即換一種方式來設想某個東西）就足以駁倒一個觀念，而且這個純粹的可能性，這個普遍的思想，也具有現實的認識活動的整個肯定價值，那麼我們現在同樣看到，普遍理念的全部價值都被放到了非現實性這一形式當中。至於差別和規定的消解，或更確切地說，至於那種直接了當和不由分說地把差別和規定拋入空洞深淵的做法，則被看作是一種思辨的觀察方式。觀察某個實存處於**絕對者**之內的樣子，意思無非是說：即使現在談到它時，是把它當作「某物」，但在絕對者之內，在A＝A之內，卻根本不存在這類東西，而是一切爲一。這樣一種知識，在絕對者之內一切都是相同的，與那種作出區分並得到充實的認識，或者說與那種追求並要求得到充實的認識相對立。它宣稱自己的**絕對者**是一個黑夜，

⑥ 黑格爾在這裡批評的「形式主義」主要針對格雷斯、瓦格納和斯蒂芬斯（H. Steffens），可能也針對著謝林。——譯者注

在其中，就像人們習慣說的那樣，所有母牛都是黑的。這種知識是缺乏認識的幼稚表現。⑦近代哲學曾經指控和蔑視的那種形式主義在哲學內部死灰復燃了，儘管人們已經認識到和感受到它的缺陷，但它還是不會從科學中消失，除非那個以絕對現實性爲對象的認識活動已經完全看清了自己的本性。通常，在嘗試著展開一個普遍觀念之前，對這個觀念本身預先作一番考察，可以使我們更方便地領會其展開過程，有鑑於此，如果我們在這裡對這個普遍觀念給出大致的說明，那將是一個不無裨益的做法。與此同時，我們也希望利用這個機會來清除掉某些形式，因爲，如果人們對它們習以爲常，這對於哲學認識活動來說將是一個很大的阻礙。

根據我的認識——這個認識必須只透過體系本身的呈現才得到捍衛，一切的關鍵在於，

---

⑦ 黑格爾在這裡批評謝林的一種遭到曲解的觀點。謝林在一八〇一年《我的哲學體系的闡述》（一八〇一）中宣稱理性就是絕對理性，「理性**就是**絕對者」，在理性之外不存在任何東西，所以同一律A＝A代表著理性的存在（亦即萬物的存在）的絕對同一性。誠然，作爲個別的東西，此一物不同於彼一物，但**從本質上來看**（即站在理性的立場上來看），此物和彼物是同一個東西。（IV, 115, 116, 118）至於「所有的母牛在黑夜中都是黑的」這一戲語，很有可能是翻版自施萊格爾對於謝林的那個批評，即「所有的貓在黑暗中都是灰的」。但謝林早在一八〇二年《來自哲學體系的進一步的闡述》中就已經指出：「絕大多數人在絕對者的本質中看到的無非是一個空空蕩蕩的黑夜，也沒有能力在其中認識到任何東西；在他們看來，絕對者的本質已經凝縮爲一種單純的、對於差異性的否定，成爲他們隨心所欲的玩物，於是他們很聰明地把這樣的本質當作他們的哲學的結論。」（IV, 403）顯然，把謝林和他所批評的「絕大多數人」混爲一談，這是一個誤解。——譯者注

不僅把眞相（das Wahre）⑧理解和表述爲一個**實體**，而且同樣也理解和表述爲一個**主體**。⑨同時需要指出的是，實體性的內部不僅包含著一個普遍者，亦即**知識本身的直接性**，而且包含著一個**存在**，亦即知識的**對象**的直接性。曾經有人把上帝理解爲唯一的一個實體，這個界定激怒了他那個時代。⑩一方面，人們之所以憤怒是因爲本能地感到，按照這個說法，自我意識已經完全沒落了，沒有保留下來。而在另一方面，情況恰好相反，有些人堅持著嚴格意義上的思維、堅持著眞正意義上的**普遍性**、堅持著同一個單純性或同一個無差別的、不動的實體性。如果說還有第三種情況，即思維把實體的存在與自己合併，並把直接性或直觀活動理解爲一種思維，那麼我們還得看看，這種理智直觀是不是重新墮落爲一種僵化的單純性，是不是只透過一種不現實的方式把現實性本身呈現出來。

活生生的實體是一個存在，這個存在就其眞理而言是一個**主體**，或者換個說法，這個存

---

⑧ 關於「眞理」（die Wahrheit）和「眞相」（das Wahre）這在黑格爾那裡具有重要意義的概念的區別和聯繫，參閱先剛《黑格爾〈精神現象學〉中的「眞相」和「眞理」概念》，載於《雲南大學學報》（社會科學版）二〇一六年第六期。——譯者注

⑨ 黑格爾的目標是將史賓諾沙的實體哲學和康德的主體哲學統一起來。在他看來，無論是排斥實體的費希特、萊因霍爾德，還是企圖透過理智直觀來統一思維和存在的謝林，都沒有完成這個任務。——譯者注

⑩ 這是史賓諾沙的觀點：「除了神以外，不能有任何實體，也不可能設想任何實體。」（參閱《倫理學》第一部分命題十四及其證明、繹理。）黑格爾在這裡所說的「激怒」，指的是史賓諾沙的思想後來引起的軒然大波。法國的貝爾（Pierre Bayle）指責史賓諾沙是無神論，而德國的雅各比和孟德爾松圍繞著萊辛（G. E. Lessing）對於史賓諾沙的理解展開了一場影響深遠的「泛神論爭論」。——譯者注

在就其眞理而言是一個現實的東西，只不過在這種情況下，實體是一個自我設定的運動，或者說一個以自身爲中介而轉變爲另一個東西的活動。實體作爲主體是一個純粹的**單純否定性**，正因如此，實體是一個單純事物的分裂活動。換言之，實體是一個造成對立的雙重化活動，而這個活動重新否定了這個漠不相關的差異性、否定了活動造成的對立。只有這個**重建著自身的**一致性，換言之，只有這個以他者爲中介的自身反映，而不是那個嚴格意義上的**原初的**或**直接的**統一性才是眞相。眞相是一個自身轉變的過程，是這樣一個圓圈，它預先把它的終點設定爲目的，以之作爲開端，而且只有透過展開過程並到達終點之後，才成爲一個現實的東西。

誠然，人們可以把上帝的生命和上帝的認識活動稱作是一種自娛自樂的愛；[11]但如果其中缺少了否定性的嚴肅、痛苦、容忍和勞作，那麼這個理念就淪爲一種超凡脫俗的心態，甚至淪爲枯燥無味。作爲一個**自在存在**，那個生命誠然是一種澄清透澈的自身一致和統一，它不會嚴肅地看待他者存在和異化，也不會嚴肅地看待對於這種異化的克服。但是這個**自在體**是一個抽象的普遍性，就其自身而言，人們看不出它的本性在於**成爲一個自爲存在**，因而也看不出任何形式的自身運動。有人說，形式等同於本質，[12]從這個觀點出發，如果人們以爲

---

⑪ 史賓諾沙認爲，上帝以一種無限的、理智的愛愛著他自己，人們對於上帝的愛和認識，在本質上是上帝對於他自己的愛和認識。參閱《倫理學》第五部分命題三十五及命題三十六。——譯者注

⑫ 謝林在《來自哲學體系的進一步的闡述》（一八〇二）中說道：「正是形式使得特殊成爲一個特殊的東西，使有限成爲一個有限的東西，所以，既然特殊和普遍在絕對者之內完全是同一個東西，那麼形式和本質也是同一個東西……」（IV, 367）——譯者注

認識活動可以滿足於自在體或本質，而把形式省略掉，以爲只需有一個絕對的對立而不必將其具體展開，或只需有一個絕對的直觀而不必使其得到進一步的發展，那麼這是一個誤解。正因爲形式和本質是同樣根本的東西，⑬所以我們必須不僅把本質理解和表述爲一個單純的本質，亦即一個直接的實體或神性事物的一個純粹的自身直觀，而且同樣也理解和表述爲一個**形式**，而且是一個完整而豐富地發展起來的形式。唯有如此，本質才被理解和表述爲一個現實的東西。

眞相是一個整體，但整體只不過是一個透過自身的發展而不斷完善著的本質。我們必須承認，絕對者在本質上是一個**結果**，它只有到達**終點**才成爲它眞正的樣貌。絕對者的本性正在於，作爲一個現實的東西、作爲一個主體或一種自身轉變活動而存在。誠然，把絕對者在本質上理解爲一個結果，這似乎是一個矛盾，但是只需一點點思慮就可以破除這個矛盾的假象。開端、根源或絕對者，最初直接說出來的時候，只是一個普遍者。當我說「**全部動物**」時，這個片語不能被當作是一本動物學，同樣值得注意的是，「上帝」、「絕對者」、「永恆者」等詞語也沒有陳述出那包含在其中的內容；這類詞語實際上只表達出一個直觀，一個直接的事物。那比這些詞語更豐富的東西，即使只是過渡爲一句話，也包含著一種必須被重新收回的**自身轉變**，亦即一種中介活動。人們憎惡中介活動，因爲中介活動不是什麼絕對的東西，根本不在絕對者之內，而且放棄了一種絕對的認識。但與此同時，人們卻期待著更多的東西。

⑬ 費希特認爲，對於哲學的第一個基本原理而言，「形式」和「內涵」必須是同一的。謝林認爲，在絕對者之內，「本質」和「形式」是同一個東西。——譯者注

實際上，人們之所以有這種憎惡，只因爲他們不懂得中介活動和絕對的意識活動的本性。中介活動不是別的，正是一種自我推動著自身一致性，換句話說，它是一種自身反映，是「自爲存在著的自我」這一環節，是一種純粹的否定性，或者在其純粹抽象的層面上看，是一種**單純的轉變過程**。自我或一般意義上的轉變過程，亦即這個中介活動，既然是單純的，就正是一個轉變著的直接性，一個直接的事物。所以，如果把反映排斥在眞相之外，不把它理解爲絕對者的一個肯定性環節，那就是對於理性的誤解。正是這個反映使得眞相成爲一個結果，同時還揚棄了結果與轉變過程之間的對立，因爲轉變過程同樣也是單純的，所以它與眞相的那個形式——即在結果中顯示自己是**單純的**，也沒有區別。實際上，眞相正是一個已經返回到單純性之內的東西。如果說胎兒是一個**自在的**人，那麼它還不是一個**自爲的**人。只有作爲一個經歷過教化的理性，把自己**造成**它**自在**所是的東西，它才是一個自爲的人，這才是理性的現實性。但是，結果本身是一種單純的直接性，因爲它是一種具有自我意識的自由，在自身之內止息，不是把對立面擱置在一旁，而是與之達成了和解。

前面所說的內容也可以這樣來表達：理性是一種**合乎目的的行動**。由於人們把一種遭到誤解的自然界置於一種遭到誤解的思維之上，從一開始就拒斥任何外在的合目的性，所以一切**目的**的形式都遭到了質疑。但是亞里斯多德已經把自然界規定爲一種合乎目的的行動，[14]實際上，目的是一個直接的事物，一個**靜止的**、**自我推動著**的不動者。[15]而這就是**主體**。主體

---

⑭ 參閱亞里斯多德《物理學》（194a28 ff., 198b10-199b33）、《論天體》（291b13-14）、《論動物的機體》（658a8-9）、《論靈魂》（432b21-22）。——譯者注

⑮ 參閱亞里斯多德《形而上學》（1072b1-4）。——譯者注

的推動力，抽象地說來，就是**自爲存在**或純粹的否定性。結果和開端是同一個東西，只因爲**開端**就是**目的**。換言之，現實事物和它的概念是同一個東西，只因爲直接的事物作爲一個目的，在其自身內就包含著自主體或純粹的現實性。任何具體展開了的目的，或者說任何實存著的現實事物都是一個運動，一個展開了的轉變過程。但這樣的悸動正是自主體。現實事物與開端的那種直接性和單純性是一致的，因爲它是一個已經返回到自身中的結果，已經返回到自身中的東西正是自主體，而自主體是一種自相關聯的一致性和單純性。

出於將絕對者想像爲一個**主體**的需要，人們使用了這些命題：**上帝**是永恆者、上帝是道德世界秩序、上帝是愛[16]等等。在這些命題中，眞相只是被直截了當地設定爲一個主體，而不是被表述爲一個運動或一種自身反映。在這類命題中，人們張口閉口都是「**上帝**」。但就這個詞自身而言，它不過是一個無意義的發音，一個單純的名稱，因爲只有謂詞才說出**上帝作爲什麼存在著**，才是這個詞的內涵和意義。空洞的開端只有到達終點才成爲一種現實的知識。就此而言，我們看不出，爲什麼不單單說「永恆者」、「道德的世界秩序」等等，或像古人那樣，單單說「純粹的概念」、「存在」、「一」等有意義的東西，這樣還省得額外附帶「上帝」這樣的**無意義的**發音。但使用「上帝」這個詞正意味著，被設定的不是一種存

⑯ 費希特在一七九八年發表的《我們爲什麼信仰一個神性的世界秩序》中說道：「那個活生生發揮作用的道德秩序就是上帝自身；除此之外我們不需要別的上帝，也不理解別的上帝。理性沒有任何理由去超出那個道德世界秩序，而且，借助於一個從果到因的推論，也沒有理由去認爲有一個特殊的本質是信仰的原因。」後來費希特又在一八〇六年發表的《極樂生活指南》中說道：「愛就在上帝之內，因爲愛意味著上帝在實存中維繫著他自己；愛就是上帝自身，上帝存在於愛裡面，保持著永恆，就像在他自身中一樣。」——譯者注

在或本質、不是一個一般意義上的普遍者，而是一個已經折返回自身中的東西，是一個主體。但在這個時候，這些還只是被揣測到。主體被設想爲一個堅實的點，謂詞透過一個運動附著在它上面，以之作爲支撐，而運動則是隸屬於那個認識到主體的人，而不是隸屬於主體這個點。但透過這個運動，似乎只有主體的內容才被表述出來。就這個運動的性質而言，它不可能隸屬於主體。但既然設定了主體，那麼這個運動不可能是別的性質，而只能是一種外在的東西。因此，關於「絕對者即主體」的揣測不僅不是這個概念的現實性，而且甚至使得它的現實性成爲不可能的了。因爲所謂揣測就是把概念設定爲一個靜止的點，但現實性卻是一種自身運動。

在前面已經得出的那些結論裡，其中有一個應該予以特別強調：知識只有作爲科學或作爲**體系**才是現實的，才能呈現出來；此外，哲學的某個所謂的原理或根源，即使它是眞的，但只要它僅僅保持爲一個原理或根源，就已經是錯誤的了。因此，要反駁這類原理也很容易，反駁就是揭示出該原理的缺陷，而任何原理都是有缺陷的，倘若它僅僅是一個普遍者，或一個作爲開端的根源，任何根本上的反駁都是出自原理自身並發展起來的，而不是透過反面的斷言和意見從外面摻和進來。也就是說，根本上的反駁其實是原理的發展，因此也就是對其缺陷的彌補，只要這個反駁不犯這樣的錯誤，即只是關注它的**否定**行動，而不是從原理的**肯定**方面出發來意識到自己的進程和結果。與此同時，開端之眞正肯定的具體展開過程，反過來又是一種針對著開端的否定表現，確切地說，它所針對的是開端的那個片面形式，即僅僅**直接地**或作爲一個**目的**存在著。就此而言，具體展開過程同樣可以看作是對於體系的**基礎**的一個反駁。但更正確的做法是把具體展開過程看作一個標示，它表明，體系的**基礎**或根源實際上僅僅是體系的**開端**。

認爲絕對者即**精神**，這個想法表達出來的意思是，眞相只有作爲一個體系才是現實的，或者說實體在本質上是一個主體。「精神」是一個最崇高的概念，它屬於近代和近代宗教。唯有精神性的東西才是**現實的**。它是一個本質或一個**自在存在者**，它**置身於**各種情況中**規定**著自己，既是一個**他者存在**，也是一個**自爲存在**——是一個在規定性或外在存在中仍然停留於自身內的東西。換言之，它是一個**自在且自爲存在著的存在**。但是這個自在且自爲的存在僅僅對我們而言或者**自在地看來**是如此，它是一個精神性**實體**。它必須**對它自己而言**也是如此，必須去認知一切精神性事物，並知道自己就是精神，也就是說，它必須成爲自己的**對象**，但卻是一個直接遭到揚棄的、已經折返回自身中的對象。只有當對象的精神性內容是透過對象自己製造出來的，對象對我們而言才是**自爲的**。如果對象對它自己而言也是自爲的，那麼這種自行製造活動、這個純粹的概念，同時對對象而言也是一個客觀的要素。對象在這個客觀的要素中獲得它的實存，而這樣一來，對象在它的實存中對自己而言就是一個已經折返回自身內的對象。當精神這樣發展起來並知道自己即精神，它就成了**科學**。科學是精神的現實性，是精神依靠它的固有要素而爲自己建造起來的一個王國。

在一個絕對的他者存在中進行一種**純粹的**自我意識活動，這個**眞正意義上的**乙太（ether）是科學的基礎和根基，或者說是一種**普遍的知識**。哲學的開端有一個前提或要求，即意識必須處於這個**要素**之中。但是這個要素只有透過它的轉變運動才獲得完滿和明澈。純粹的精神性是一個**普遍者**，可以表現爲一種單純的直接性。這個單純的東西本身具有一種**實存**，所以它是根基，而根基又是一種思維，僅僅存在於精神之內。因爲這個要素，或者說精神的這個直接性，是精神的一般意義上的基礎，所以它是一種**已經昇華的本質性**，既是一種反映（它本身是一個單純的、自爲存在著的嚴格意義上的直接性），也是一種**存在**（亦即一個自身反映）。科學從它那個方面要求自我意識提升到這個乙太，要求自我意識能夠並且眞正做到與科學一起生活，在科學之內生活。反過來，個體也有權要求科學給他一個至少能達到這個立場的梯子，要求科學在個體自身內向他揭示出這個立場。個體的權利基於他的絕對獨立性，而且在他的每一種知識形態裡面都知道自己具有這種獨立性。因爲，在任何知識形態中，不管這形態是否得到科學的承認，也不管其內容是什麼，個體都是一個絕對的形式，也就是說，個體是一種**直接的自身確定性**，因此是一種無條件的**存在**（假如人們偏愛這個術語的話）。所謂意識的立場，就是不但知道客觀事物與自己對立，而且知道自己與客觀事物對立。如果這個立場被視爲是科學的一個**他者**，在其中意識只知道自己是怎麼回事，那麼這寧可說是精神的損失。反過來，科學的要素對意識而言也是一個遙遠的彼岸世界，意識在那裡不再占有它自己。這兩個方面的任一方在對方看來都是眞理的顚倒。當自然意識把自己直接託付給科學，這是一個嘗試（雖然它不知道自己是受到什麼力量的驅使而作出這個嘗試），即試著用頭來走路；⑰那迫使意識自己爲難自己，迫使意識接受這個異常的立場並在其中活動的東西，是一種未曾預料到的、看起來很偶然的力量。不管科學就其自身而言是什麼樣子，當它與一個直接的自我意識發生關係，就呈現爲一種與後者相對立的顚倒物。換言之，因爲直接的自我意識在其自身確定性中掌握有它的現實性原則，所以當它自爲地存在於科學之外時，科學在形式上就呈現爲一種不實際的東西。因此，科學必須與這個要素合併，或者說更重要地是去表明，這個要素隸屬於科學本身，以及它是如何隸屬於科學的。一旦缺乏眞正的現實性，科學就僅僅是這種內容，它是**自在體**或**目的**，但目前

⑰ 馬克思在《資本論》中借用了這個比喻，反過來批評黑格爾的哲學是一種「頭足倒置」的哲學：「在他那裡，辯證法是倒立著的。爲了發現神祕外殼中的合理內核，必須把它倒過來。」參見《馬克思恩格斯選集》第二卷第二一八頁，人民出版社一九七二年版。——譯者注

[30]

只是一個**內核**、只是一個精神性的實體，還不是眞正意義上的精神。**自在體**必須脫離自身發 [31]
生外化，必須轉變爲它自己的**對象**，而這無非是說，自在體必須與自我意識合併爲一個單一
體。

這部精神**現象學**所呈現出來的，就是一**般意義上的科學**或**知識**的這個轉變過程。最初的知識，亦即一個**直接的精神**，是一種缺乏精神的東西，是一種**感性意識**。爲了成爲眞正的知識，或者說爲了製造出科學的那個要素（即科學的純粹概念本身），它必須經歷一番漫長的辛勤勞作。這個轉變過程是透過它的內容、透過它包含著的各種形態而建立起來的，它不是人們首先想到的那種科學導論（從一種非科學的意識過渡到科學），也不同於科學的奠基，反正絕不是一種亢奮的心靈，像子彈出膛那樣，直接以一種絕對的知識爲開端，而對其他各種觀點只需說聲「不解釋」就等於完成了交代。

對於那個任務，即引導著個體從其未經教化的立場出發走向知識，我們必須在一種普遍的意義上來理解。同時也必須在教化的過程中觀察一個普遍的個體，亦即那個具有自我意識的精神。就兩者的關係而言，包含在普遍個體內的每一個環節都顯示了它贏得具體形式和獨特形態的情形。特殊的個體是一個不完滿的精神，一個具體的形態，而在這個形態的完整的 [32]
實存狀態下，總是有**某一個**規定性占據著支配地位，同時其他的規定性僅僅具有一些模糊的特徵。在那個稍高一些的精神裡，低級的和具體的實存已經降格爲一個無法顯現出來的環節。至於事情本身在此之前是什麼東西，則只剩下一絲痕跡，它的形態已經被遮蔽了，成了一團單純的陰影。個體的實體是一個居於更高層次的精神，個體經歷了那段過去，其方式就好像一個追求著更高層次的科學的人，必須悉數梳理他早已掌握的那些預備知識，才能在當前掌握更高層次的科學的內容。他喚起對於這些知識的回憶，但並不對它們懷有特別的興趣，也不在其中逗留。任何個人都必須在內容上完整地經歷那個普遍精神的各個教化階

段，同時又把它們當作精神已經蛻下的各種形態，當作一條已經被開闢和鋪平的道路的各個階段。比如就知識而言，我們看到，古人的成熟精神所鑽研的那些東西，現在已經降格爲孩童的知識、訓練、甚至遊戲。同樣，在教育的進程中，我們也將認識到那彷彿在一個模糊的輪廓中勾勒出來的世界教化史。過去的那些實存是普遍精神已經獲得的財富，普遍精神顯現在個體之外，構成了個體的實體和無機自然界。就此而言，從個體這方面來看，教化的目標就是讓個體繼承這些現成的財富，讓個體在自身中消化它的無機自然界並據爲己有。但從普遍精神亦即實體這方面來看，教化無非意味著實體給予自己自我意識，使實體發生轉變和自身反映。

科學一方面呈現出這個具體的和必然的教化運動，另一方面也呈現出在各種形態下已經沉澱爲精神的環節和財富的東西。科學的目標是讓精神洞察到知識的本質。有些缺乏耐心的人希望無需中介就到達目標，但這是不可能的。首先，我們必須忍受這條道路的**漫長**，因爲每一個環節都是必然的；其次，我們必須在每一個環節中**逗留**，因爲每一個環節本身都是一個個體，都是一個完整的形態，只能被絕對地觀察，也就是說，把它的規定性作爲一個完整的或具體的東西來觀察，或在這個獨特的規定下來觀察整體。個體的實體，甚至世界精神都有耐心在漫長的時間裡經歷這些形式並承擔起世界歷史的龐大工作，在每一個形式裡都提煉出該形式能夠具有的完整內涵，因爲世界精神不可能透過什麼低級簡單的形式來達到自我意識，所以就事情本身而言，個體也不可能只借助於少量形式就理解把握到他的實體。但與此同時，個體其實也沒有花費多大的力氣，因爲這一切都已經**自在地**完成了，內容已經沉澱爲一種潛在的現實性，一種被克服了的直接性，而形態分化也已經被簡化爲一種單純的思想規定。內容，作爲一種**思想中的東西**，是實體的**財富**。實存沒有必要再度具有**自在存在**的形式，寧可說，只有那種既不是純粹根源也沒有淪爲實存的東西，亦即那個已經**被回憶起的自**

[33] [34]

在體，才必須轉而具有**自爲存在**的形式。對於這類行動，我們還需要進一步討論。

到目前爲止，當我們討論運動的時候，我們所處的立場完全沒有談到對於實存的揚棄。現在剩下來並需要高度改進的東西，是人們關於各種形式而具有的**表象**和**常識**。那個被收回到實體中的實存，由於那個最初的否定，只能被**直接地**放置到自主體這一要素之內。正因如此，實存所獲得的財富還具有一些和實存本身一樣的特性，比如「尚未經過概念把握的直接性」、「不動的漠不相關」等等。在這種情況下，實存僅僅轉變爲一個**表象**。與此同時，它因此成了一個**衆所周知的常識**。實存著的精神已經對它視若無睹，所以對它也不再有什麼行爲和興趣。如果說一個行爲對實存視若無睹，而這個行爲本身只是一個特殊的、尚未理解把握自身的精神的運動，那麼反過來，知識所要反對的卻是那種由此產生出來的表象，亦即常識。知識是一個**普遍的自主體**的行爲，是**思維**的興趣之所在。

一般意義上的常識，正因爲它是**衆所周知的**，所以並不是**眞知**。通常的那種自欺欺人的做法，就是在認識活動中把某些東西預設爲常識，於是不予追究。在一番廢話之後得來的這種知識，在不明就裡的情況下，也不能前進一步。「主體」、「客體」、「上帝」、「自然」、「知性」、「感性」等概念被不假思索地當作常識，當作某種有效的基礎，並構成一些固定的出發點和歸宿。運動在這些固定的、始終一動不動的出發點和歸宿之間來回穿梭，因此僅僅是在它們的表面上進行。既然這樣，當人們進行領會把握和審查檢驗時，就是看看每個人是否在他的表象中找到一點有關那些概念的言論，看看這些言論是不是他看到的現象、是不是一種常識。

去**分析**一個表象，就像人們向來所做的那樣，無非是揚棄這個表象的常識形式。把一個表象分解爲它的原初要素，意味著回溯到它的各個環節，這些環節至少在形式上不是一種現成的表象，而是構成了自主體的直接財富。誠然，這類分析的結論只能是一些**思想**，一些本

[36] 身即眾所周知的、固定的、靜止的規定。但是這種**已分解的**或非現實的東西本身卻是一個事關本質的環節。因爲，只有當具體事物分解自己，使自己成爲非現實的東西，它才是一個自身運動者。分解行爲是**知性**的能力和工作，而知性是一種最值得驚歎的和最偉大的勢力，或更確切地說，是一種絕對的勢力。一個封閉的、靜止的圓圈，作爲實體，掌握著它的各個環節，但圓圈本身卻是一種直接的、因此可以說平淡無奇的關係。但是，那些從自己的環境中分離出來的偶然事物，那些複合的、只有與他者結合起來才具有現實性的東西，本身都具有一個獨特的實存和一個獨特的自由。此乃否定性事物的巨大勢力的表現，是思維或純粹自我具有的一種能量。如果我們願意把那種非現實性稱作死亡，那麼它是最可怕的東西，只有一種無比強大的力量才能夠控制死亡。有一種軟弱無力的美，它憎恨知性，因爲知性要求它去做它無能爲力的事情。但是精神的生命不是表現爲害怕死亡，與荒蕪保持絕對的距離，而是表現爲承受死亡，並在死亡中保存自身。只有當精神在一種絕對的支離破碎狀態下重新找到自己，它才贏得它的眞理。精神作爲這樣一種力量，作爲一種肯定的事物，並沒有逃避否定的事物。與此相反的做法則是，把某些東西說成不存在或是錯誤的，然後轉移到別的東西上，就此了結。實際上，只有當精神迎擊它的否定事物，與之周旋，它才是這樣一種勢力。這種周旋是一種魔力，可以把否定事物轉化爲一個存在。這種魔力和上面所說的主體是同一個東西，當它使它的要素中的那些規定性成爲一種實存，也就揚棄了那種抽象的、僅僅在一般意義上**存在著**的直接性，並因此成爲眞正的實體，成爲存在或直接性，而這個直接性不是在自身之外有一個中介活動，寧可說它就是中介活動本身。

[37] 表象轉變爲純粹自我意識的財富，被提升到一般意義上的普遍性，而這僅僅是教化的一個方面，還不是完滿的教化。古代的學習方式與近代的學習方式之間區別在於，前者是自然意識所經歷的一種眞正而徹底的教化：它在它的實存的每個領域中都特別用心地去嘗試，對

於一切現象都加以哲學思考，並因此使自己達到一種完全可操作的普遍性。反之在近代，個體面對的是一種抽象的形式，他們爲了理解和掌握抽象形式而付出的努力，主要在於把內核直接呈現出來，把普遍者分割，而不是把普遍者從具體的、多種多樣的實存中提煉出來。因此，現在的工作主要不是使個體擺脫直接的感性方式，使之成爲一個思想中的和思維著的實體，而是反過來，透過揚棄一些固定的、特定的思想，使普遍者得以實現並轉變爲精神。但是，讓固定的思想具有流動性，比讓感性的實存具有流動性要更加困難得多。原因就在於上面所說的情況：那些規定性把自我，把否定性事物的勢力或純粹的現實性當作實體，當作實體的實存要素。與之相反，感性規定僅僅是把那種無力而抽象的直接性或嚴格意義上的存在當作實體，當作實體的實存的要素。思想要流動，前提是純粹思維亦即這個內在的**直接性**認識到自己是一個環節，換言之，純粹的自身確定性脫離自身，不是把自己丟棄在一邊，而是放棄一種**固定化的**自身設定，既不把純粹的具體事物（亦即那個與不同內容相對立的自我）當作固定不變的東西，也不把各種差別當作固定不變的東西，儘管那些差別被設定在純粹思維這一要素之後，也分享了自我的絕對性。透過這個運動，各種純粹的思想轉變爲**概念**，成爲它們眞正所是的東西，亦即各種自身運動或圓圈，而它們的實體是一些精神性的本質性。

純粹本質性的這個運動構成了一般意義上的科學性的本性。作爲各種內容之間的聯繫，這個運動就是內容自身走向一個有機整體的必然性和擴張過程。透過這個運動，那條可以獲得知識的概念的道路同樣轉變爲一個必然的和完整的轉變過程，以至於整個預備工作已經不再是一種偶然的哲學思考，也就是說，不再依賴於一個不完滿的意識偶然發現的一些對象、關係和思想，也不再企圖透過一種繞著圈子的推理、推論和演算，從某些特定的思想出發來論證眞相。寧可說，透過概念的運動，那條道路將按照一種必然性把意識的完整世界包攪進來。

這樣一種呈現進而構成了科學的**第**一部分，原因在於，精神的實存作爲第一位的東西無非是一個直接的事物或開端，而開端還不能說是精神的自身回歸。所以，**直接的實存這**一**要素**決定了科學的第一部分與其他部分的差別。而既然談到這個區別，就得討論一下這裡通常會出現的某些固定的思想。

精神的直接實存，亦即**意識**，包含著兩個環節：一個是知識，另一個是否定著知識的客觀事物。由於精神在這個要素中發展起來，並展開它的各個環節，所以這些環節全都包含著知識與客觀事物之間的對立，並表現爲各種各樣的意識形態。這條道路上的科學是意識的**經驗**的科學。對於實體，我們得看看它和它的運動如何成爲意識的對象。意識所認知和所理解的東西，全都包含在它的經驗中，而包含在經驗中的東西，只是一個精神性的實體，這個東西同時也是實體的自主體的**對象**。精神轉變爲一個對象，因爲它就是這種運動：**自己**轉變爲一個**他者**，也就是說，轉變爲**精神的自主體的**一**個對象**，同時又揚棄這個他者存在。所謂的「經驗」正是這樣一種運動：直接的、未經驗到、亦即抽象的東西，不管它是指一種感性存在，還是指一種完全位於思想中的單純事物，先是發生異化，然後從異化返回到自身中，並以這種方式表現爲一種現實的和眞實的東西，表現爲意識的財富。

在意識裡面，實體是自我的對象，而實體和自我之間的不一致就是它們的差別，就是一般意義上的**否定性事物**。這個東西有可能被看作是實體和自我的**缺陷**，但實際上卻是它們的靈魂或推動者。正因如此，某些古人把**虛空**理解爲推動者，因爲他們雖然認識到推動者是一個**否定性事物**，但還沒有認識到這個東西就是自主體。如果說這個否定性事物首先表現爲自我與對象之間的不一致，那麼它同樣也是實體自己與自己的不一致。那個看起來好像在實體之外發生並針對著實體的行爲，是實體固有的一種活動，而實體表明自己在本質上是一個主體。一旦實體完整地表明了這一點，精神也就使它自己的實存與它自己的本質達成一致。當精神存在時，它是它自己的一個對象，而「直接性」、「知識與眞理之間的分裂」等抽象要素已經被克服了。存在是一種完全經歷了中介活動的東西。它是一種基本內容，就其自身而言，既是自我的財富，也是一種可以稱作自主體的東西，亦即概念。在這個意義上，精神現象學終結了。精神在現象學之內爲自己奉上的，是知識這一要素。在這個要素中，精神的各個環節獲得**單純性這一形式**，因爲這個形式知道它的對象就是它自己。這些環節不再分裂爲相互對立的存在與知識，而是始終具有知識的單純性。它們是那個獲得了眞實形式的眞相，而它們之間的差異性僅僅是內容上的差異性。它們在知識這一要素中形成一個有機的整體，而這樣一種運動就是**邏輯學**或**思辨哲學**。

精神的經驗體系僅僅包含著精神的**現象**，正因如此，既然**眞相**已經取得了一個**眞實的形態**，既然那個體系已經發展爲一種關於眞相的科學，那麼這個發展過程看起來只能是按著一種否定的方式進行的，而且人們通常把否定性事物當作一種**虛假的東西**，他們不希望與之有染，而是要求開門見山直接達到眞理。與虛假的東西糾纏在一起有什麼意思呢？但前面已經說過，我們應該立即以科學爲開端，而對於這個主張的答覆可以依據於這個方面，即否定性事物作爲一種**虛假的東西**究竟具有什麼性質。在這個問題上，某些觀念尤其阻擋著進入眞理的途徑。有鑑於此，我們得談談數學認識活動，因爲它被一種非哲學的知識看作理想，一個據說哲學必須努力追求，但迄今爲止卻一直徒勞無功而未曾到手的理想。

眞實和**虛假**屬於一些特定的思想，它們靜止不動，被當作獨立的本質，各據一方而互不聯繫，孤立而穩定地存在著。但與此相反我們必須指出，眞理不是一枚已鑄好的硬幣，可以直接拿來就用。⑱惡是不存在的，同樣，虛假也不**存在**。惡和虛假確實不是類似於魔鬼的那種壞東西，假若它們是魔鬼，那麼它們甚至已經被提升爲一種特殊的**主體**。虛假和惡本身僅僅是兩個**普遍的東西**，但它們各自有一個相互對立的本質性。知識的內容是實體，而如果說實體就是眞相，那麼虛假（我們在這裡只討論它）就是實體的他者，一個否定著實體的東西。然而實體本身在本質上就是一個否定性事物，它有時區分和規定著內容，有時則是一種**單純的**區分活動，也就是說，有時是自主體，有時是一般意義上的知識。誠然，人們也可能獲得一種虛假的知識。獲得一種虛假的知識，意思就是知識與它的實體不一致。但這個不一致正是一般意義上的區分活動，是一個根本環節。誠然，這個區分或不一致可以轉變爲知識和實體的一致，而這個轉變而來的一致就是眞理。但是，眞理在這裡並不意味著不一致已經被丟棄了，好比雜質從純金屬中清除出來，或工具在容器造成以後就與容器分開一樣。實際上，眞理意味著，不一致作爲一種否定性事物，作爲自主體，仍然直接地保存在眞正意義上的眞相之內。儘管如此，也不能因此就說**虛假**構成了眞相的一個環節乃至一個組成部分。有人說，任何虛假都包含著某種眞實。但在這個說法中，虛假和眞實就像油和水一樣不可交融，僅僅是外在地摻和在一起。爲了標示出**完滿的他者存在**這個環節，當虛假和眞實的他者存在被揚棄之後，人們就不得再度使用「虛假」或「眞實」之類說法。同樣，「主體與客體的**統一**」、「有限與無限的**統一**」、「存在與思維的**統一**」等說法都有不妥當的地方，因爲，當我們說「主體」或「客體」時，意思是，**它們在沒有統一的情況下**才是主體或客

⑱萊辛在《智者納坦》（第三幕第六出）中寫道：「我呀／被金錢迷住了；／他卻想要眞理。眞理噢！／他想要這般光潔，這般亮錚錚的眞理，／彷彿眞理是一枚硬幣！」——譯者注

體，而在統一中就不再是我們意謂的那種東西了。同樣，當虛假成爲眞理的一個環節，它也不再是一個虛假的東西。

知識和哲學研究中的思維方式的**獨斷論**無非是這樣一個看法，即以爲眞相可以歸結爲一個命題，而命題又是一個固定的結果，可以被直接認知。誠然，諸如「凱撒是什麼時候誕生的？」以及「一個競技場的長度爲多少？」之類問題，應該得到一個**利索的**答案。同樣，說直角三角形的斜邊的平方等於另外兩條邊的平方之和，其眞實性也是確鑿無疑的。但是，這些所謂的眞理就其本性而言是與哲學眞理有差異的。

關於**歷史的**眞理，簡要說來，就這些眞理之純粹歷史的方面來看，人們很容易承認，它們關涉的是個別的實存，一些從實存中偶然地和隨意得來的內容，以及這些內容的偶然屬性。但即使是前面那些作爲例子而提出來的赤裸裸的眞理，一旦離開了自我意識的運動，也是不成立的。爲了認識到其中的一個眞理，人們都必須多方比較、查閱書籍、或進行鑽研（不管是以什麼方式）。即使在一個直接的直觀中，對於對象的認識也只有與它的根據聯繫在一起，才被看作是一種具有眞實價値的東西，儘管人們實際上關注的只是赤裸裸的結果。

就**數學的**眞理而言，我們更不會把那樣一個人看作幾何學家，他**熟記**歐幾里得定理，卻不知道其證明，借助於一個對比來說就是，他僅僅**外在地**，而不是**內在地**知道這些定理。同樣，透過測量許多直角三角形而知道各邊之間有那個著名的比率，這也不能被視爲是一種令人滿意的認識。即使在數學認識活動中，證明的**根本重要性**也不具備這樣的意義和本性，即去成爲結果本身的一個環節，寧可說，證明在結果中已經消逝了。定理作爲一個結果，誠然是一**個被洞察爲眞的東西**，但是這個附加的情況與定理的內容無關，而僅僅是涉及定理與主體的關係。數學證明也是一個運動，它並不隸屬於對象，而是游離於事情**之外**。因此，直角三角形本質的分解與建構是不同的情形，而建構對於一個表達出各邊的比例的命題證明來說是必要的。結果的整個產生過程是認識活動的一個進程和手段。在哲學認識活動中，**嚴格意義上的實存**的轉變過程也是不同於**本質**或事情的內在本性的轉變過程。但是，首先，哲學認識活動包含著實存和本質，與之相反，數學認識活動只有透過一種嚴格意義上的**認識活動**才能呈現出**實存**（亦即事情的本性的**存在**）的轉變過程。其次，哲學認識活動也統一了這兩種特殊的運動。內在的產生過程或實體的轉變過程持續地過渡為一種外觀，換言之，過渡為一種實存或為他存在，而反過來，實存的轉變過程就是意識將自身收回到本質內的過程。因此，運動是整體的一種雙重性的演進過程和轉變過程，以至於每一方都是同時設定對方，每一方本身就包含著兩個方面，包含著兩個形象。雙方之所以合在一起形成一個整體，只因為雙方都排除自身，並使自己成為整體的一個環節。

在數學認識活動中，洞見是一種游離於事情之外的行動，因為洞見使眞實的事情發生了變化。媒介、構造、證明等等誠然包含著一些眞命題，但是同樣也必須承認，內容是虛假的。在前面那個例子裡，三角形被分解了，它的各個部分變成另外一些形狀，透過三角形本身具有的構造產生出來。只有到了最後，三角形才被重新恢復，這個本來應該被關注的東西在整個過程中都被遺忘了，僅僅散見於一些隸屬於其他整體的碎片。在這裡，我們也看到了內容的否定性，它必須被稱作內容的虛假性，因為一些具有固定意謂的思想消失在概念的運動裡。

這種認識活動的眞正缺陷既涉及到認識活動本身，也涉及到它的全部材料。就認識活動而言，首先，任何構造的必然性都不是透過一個洞見而揭示出來的。它不是來源於原理這一概念，而是被規定如此，而且人們還必須盲目地服從這個規定，比如，恰恰畫出這些而不是別的線條，然後從中匯出無窮多的其他線條。人們不知道其他，而只是抱著一個善意的信念，相信這樣會使得證明以合乎目的的方式進行。合目的性隨後也表現出來了，但它僅僅是 [44] 一個外在的合目的性，因爲它只是在證明完成之後才表現出來。同樣，證明所走的也是這樣一條道路，它從任意的某個地方開始，但人們卻不知道它與將要得出的結果是什麼關係。這條道路接受了**這一些**規定和關係，同時把別的規定和關係拋在一邊，但人們不能直接認識到這是出於何種必然性。蓋言之，一個外在的目的支配著這個運動。

數學爲之自豪並拿到哲學面前進行炫耀的那種東西，就是這種有缺陷的認識活動的**自明性**，但數學之所以有這種自明性，完全是由於數學在**目的**和**材料**方面的匱乏，因此這是哲學必須蔑視的一種自明性。數學的目的或概念是**分量**，而分量恰好是一種無關本質的、無概念的關係。在這種情況下，知識的運動流於表面，未觸及事物自身、未觸及本質或概念，所以不能說是一種概念把握。至於數學的**材料**，則是**空間**和**單一體**，它依靠這些東西提供了可喜的眞理寶藏。空間是一種實存，概念把它的各種差別劃定在其中，把空間當作一個空洞的、僵死的要素，其中的各種差別同樣是不動的、無生命的。**現實事物**不是數學所考察的那種空間性的東西，至於數學對象之類非現實的東西，無論具體的感性直觀還是哲學，都是不願去理睬的。在這種非現實的要素裡，也只有一種非現實的眞相，亦即一些固定的、僵死的命題。人們可以在每一個命題中停留下來，後來的命題依靠自己重新開始，但是前面的命題並沒有過渡到後一命題，而在這種情況下，人們也不能透過事情本身而得出一個必然的聯繫。由於那個原則和要素——數學自明性之流於形式就體現在這裡，知識也是沿著一**致性**的 [45] 路線前進。因爲僵死的東西並不推動自身，所以它達不到本質的差別，達不到那種本質上的對立和不一致，因此也做不到從一方過渡到對立的另一方，不能成爲一種質的、內在的運動，不能成爲一種自身運動。數學所考察的只是分量，一種無關本質的差別。它不懂得是概念把空間分析爲多個維度，並規定了各個維度之間的聯繫和維度自身內的聯繫。比如，數學不關心線條與平面之間的關係，而當它比較圓的直徑和圓周時，就遭遇到了兩者之不可相通的難題，也就是說，這是一種概念關係，是一種無限的東西，已經掙脫了數學的規定。

那種內在的、所謂的純粹數學，也沒有把嚴格意義上的**時間**與空間對立起來，沒有把時間當作其考察的第二種材料。不過，應用型數學也會研究時間，正如它也研究運動以及其他現實事物，但是它是從經驗中接受了一些綜合命題，亦即關於各種在概念上被規定的現實事物之間的關係的命題，並且把它的公式只用在這些前提上面。應用型數學經常爲一些命題（比如關於槓桿的平衡，關於空間和時間在降落運動中的比例關係等等）給出所謂的證明，認爲這就是一些給定的、必須被接受的證明。但這種做法只不過證明了，數學認識活動是多麼迫切地需要作出證明，因爲它在不存在證明的地方也非常重視證明的空洞假象，以便獲得一絲慰藉。因此，對於那些證明的批評同樣也將是值得重視的，予人裨益的，它可以一方面粉飾數學身上的這類錯誤，另一方面指出數學的局限，從而得出另一種知識的必要性。至於**時間**，人們可以認爲，作爲空間的對立面，時間構成了純粹數學的另一部分的材料，就此而言，時間就是實存著的概念本身。「**分量**」、「無概念的差別」、「**一致性**」、「抽象的、無生命的統一」等等，這些原則都沒有能力去掌握那個純粹的生命悸動和絕對區分。因此，時間這個否定性僅僅是作爲一種毫無作用力的東西，亦即作爲一個**單一體**，成爲數學認識活動的第二種材料。數學認識活動是一個外在的行爲，它把那個自我推動著的東西降格爲一種材料，以便在材料中獲得一種漠不相關的、外在的、無生命的內容。

與之相反，哲學並不考察任何**無關本質的**規定，而是考察事關本質的規定。哲學的要素和內容不是一種抽象的或非現實的東西，而是**現實事物**，是那個自我設定並且在自身中生活著的東西，是一種立足於概念的實存。這是一個自己產生出自己的環節並貫穿這些環節的過程，而這個完整的運動就構成了肯定性事物及其眞理。這個眞理同樣包含著否定性事物在自

[46]

身內，後者幾乎總是被當作虛假，而當它作爲虛假的東西而被考察時，就不免遭到遺棄。實際上，我們更應該把那些轉瞬即逝的東西當作一種事關本質的東西來考察，而不是認爲它們是一種固定的東西，與眞理分割，存在於眞理之外的我們不知道的某個角落。同樣，我們也不能把眞相看作是一種停滯於另一面的、僵死的肯定性事物。現象就是生滅，但生滅本身卻是沒有生滅的，寧可說它是一種自在存在，構成了眞理的生命的現實性和運動。就此而言，眞相是一場酒神狂歡節⑲，參與到其中的人無不陷入迷醉。又因爲當任何一個參與者孤立出來，馬上就會排除，所以這個狂歡節同樣也是一種透明的和單純的靜止狀態。在那個運動的舞臺上，精神的個別形態和各種特定的思想一樣，都無法持續地存在，都是一些否定性的、轉瞬即逝的環節，但儘管如此，它們同樣也是一些肯定性的必然環節。就運動的**整體**被理解爲一個靜止狀態而言，那個在其中作出區分並給予自己特殊實存的東西保存下來了，並且**回憶**起這一切，因此，它的實存是一種自我認知，而自我認知同樣也是一種直接的實存。

關於這個運動或科學的**方法**，看起來有必要提前作出更多的說明。實際上，方法的概念已經包含在前面所說的內容裡，但要將它眞正呈現出來，則是邏輯學的任務，或更確切地說，方法的眞正呈現就是邏輯學本身。因爲方法無非是整體按照其純粹本質性而建立起來的一個構造。但是，對於迄今談到方法的那些流行言論，我們必須意識到，一個由某些與哲學方法相關的觀念所構成的體系也是隸屬於一種過時的教化。如果這些話聽起來有點自吹自擂，或者帶有革命的意味（我是懂得避免這種語氣的），那麼人們應該想一想，數學遺留

⑲ 參閱本書第一章注釋②。——譯者注

下來的科學國度，其中充滿了說明、分類、公理、定理及其證明、原理、以之為依據的演算和推論，至少在意見本身看來已經**過時了**。雖然這個國度的不適當性還沒有被清楚認識到，但它確實已經毫無用處了，至少沒有太大的用處，而且，儘管它本身尚未遭到非難，但已經不討人喜歡了。我們必須對優秀的東西抱有一種先入為主的看法，即它們會決定自己的用處，並討人喜歡。但是不難看出，那種先建立一個命題然後作出證明，並以同樣的證明來反駁另一個命題的做法，並不適合用來表達眞理。眞理是一種盤桓於它自身之內的運動，但那個方法卻是一種游離於材料之外的認識活動。就此而言，這是數學獨有的方法，而且必須交給數學來保存，因為正如我們已經指出的，數學把無概念的分量關係當作它的原則，把僵死的空間和同樣僵死的單一體當作它的材料。誠然，數學也可以採用一種更為自由的做法（實則就是混雜著更多的任意和偶然性），以便讓自己保留在日常生活裡、保留在一番談話或那種主要是為了滿足好奇心而不是為了提供認識的歷史教誨中。一篇序言大致也是這個樣子。在日常生活中，意識的內容包括各種認識、經驗、感性的具體事物，以及思想、原理等等，總之，都是一些現成的東西，或一些固定的、靜止的存在或本質。意識有時循著這些內容前進，有時又因為隨意選擇別的內容而打斷它們的相互聯繫，所以，意識於內容而言是一種外在的規定和外在的取捨。意識把內容回溯到某個確定的東西（哪怕這不過是某一瞬間的感覺），而當信念到達一個熟悉的休息處之後，它就滿足了。

但是，如果說概念的必然性排斥了冗長推理的一種更散漫的進程，也擺脫了科學浮誇的一種更為僵化的演進，那麼正如我們前面已經指出的，概念的地位不應當被憧憬和亢奮[20]之

---

[20] 「憧憬」（Ahndung）和「亢奮」（Begeisterung）是埃申邁耶爾經常使用的術語。埃申邁耶爾認為憧憬和亢

類毫無章法的東西以及先知式的隨意言談所取代。這些東西不僅蔑視概念的科學性，而且蔑視一般意義上的科學性。

康德出於一種本能重新發現了**三段式**，並且將這種尚且處於僵死狀態的、尚未概念化的三段式提升到一種絕對的意義，使得眞實形式伴隨著它的眞實內容同時建立起來，隨之得出了科學這一概念。既然如此，那種濫用三段式的做法同樣也是不科學的，因爲我們看到它把三段式降格爲一種沒有生命力的範式，降格爲一種不折不扣的線條輪廓，並且把一個科學的有機組織降格爲一張圖表。我們在前面已經大致提到過這種形式主義，這裡不妨更詳細地描述一下它的作風：它以爲只要把範式的某個規定作爲一個謂詞陳述出來，就已經把握並說出了一個形態的本性和生命。這些謂詞可以是「主觀性或客觀性」，也可以是「磁力」和「電」等等，可以是「收縮或膨脹」，也可以是「東或西」等等，而且可以無限擴展下去，因爲按照這個方式，任何規定或形態在其他規定或形態中都可以重新被當作某一個範式的形式或環節來使用，每一個形態都可以借助於其他形態來完成同樣的任務。但透過這種交互迴圈，人們根本不知道事情本身是什麼，既不知道這件事情，也不知道那件事情。在這個過程中，有時人們從一般的直觀中拿來一些感性規定，這些規定的**意謂**和它們所說的東西根本不是一回事；有時候，人們又不假思索和不加批判地使用那些本身具有深意的純粹思想規定，比如「主體」、「客體」、「實體」、「原因」、「普遍者」等等，彷彿這和日常生活中使用「強和弱」、「膨脹和收縮」之類說法沒什麼區別，而這樣一來，形而上學就和這些

[49]

奮是認識活動的最高階段，完滿的哲學必然會過渡到「非哲學」（Nichtphilosophie），亦即過渡到信仰。謝林在《哲學與宗教》（一八〇四）中曾經對埃申邁耶爾的上述觀點進行了全面批判。——譯者注

感性表象一樣，變成了一種非科學的東西。

而今，按照一個膚淺的類比說法，人們陳述的不是內在生命及其實存的一種自身運動，而是說出了關於直觀（在這裡即感性知識）的一種單純規定性。人們並且把這種外在的、空洞的公式運用稱作**建構**。㉑對於任何種類的形式主義來說，都是同樣的情形。如果一個人在一刻鐘之內沒有掌握可以分清衰弱病、亢奮病和間接衰弱病的理論，沒有掌握相應的眾多治療方案（不久前的課堂上本來已經教過這些東西），如果他在這麼短暫的時間內不能從一名熟練工轉變爲一名理論醫生，那麼這個人該是多麼地愚蠢呢？自然哲學的形式主義教導我們說，理智是電，動物是氮氣，理智與南或北是一**致的**，要不然就是理智代表著南或北等等。然而不管它是直截了當地言說，還是夾雜著其他術語，總之，都是強行把一些風馬牛不相及的現象混淆在一起，彷彿把一些靜止的感性事物混在一起就可以形成一個概念。至於眞正重要的事情，即將感性表象的概念或意義陳述出來，卻被省略了。對於這種粗暴糙的做法，不諳世事的人會感到驚歎，崇拜其深刻的天才，陶醉於那些規定的清澈明朗（因爲它們用直觀代替了抽象概念，更讓人愉快），並且希望自己能夠有幸與這類輝煌行爲具有一種憧憬中的靈魂相似性。人們很快就學會了這樣一種智慧的把戲，因爲這實在是太容易了。然而

㉑「建構」（Konstruktion）是謝林的絕對同一性哲學的核心概念之一。在《來自哲學體系的進一步的闡述》（一八〇一）中，謝林提出了一種思辨的哲學方法論，即「哲學建構」，希望透過一種先天的理智直觀（或理性直觀）呈現出絕對者在萬事萬物中的特殊表現，以顯示每一個事物都是普遍與特殊、無限與有限的統一。（IV, 39 ff.）而在《論哲學中的建構》（一八〇三）一文中，謝林更是提出：「關於哲學建構的學說未來將會成爲一種科學性的哲學的最重要的篇章之一。」（V, 125）——譯者注

[50]

一旦人們了解了這套把戲，再去重複它就像重複一個已經被看穿了的魔術一樣讓人無法忍受。單調的形式主義好比一件樂器，它的操縱難度並不大於畫家的調色盤，在那上面只需要兩種顏色（比如紅和綠）就可以了，畫歷史題材用紅色，畫風景就用綠色。用這樣一種顏料來粉刷天上、地上和地下的一切東西，其帶來的愉悅，相比於這種普遍顏料帶來的優越感，究竟哪一個因素更占主導地位，這是很難斷言的，因爲兩者畢竟相互支持。這個方法給天上和地下的一切東西，給自然和精神的一切形態都貼上若干包含著普遍範式規定的標籤，並以這種方式把一切整理妥當。但它的成果無非是一份關於宇宙有機體的「昭然若揭的報導」，[22]也即一份圖表，好像一具貼滿小標籤的骨架標本，或者像香料店裡那些一字排開的貼有標籤的密封罐，一切都清清楚楚。但正如在那裡，血肉已經與骨頭分離，在這裡，封閉在罐子裡的同樣也是沒有生命力的東西，所以，在那份圖表裡，事物活生生的本質同樣也被剝離或者掩蓋了。我們在前面也已經指出，這種作風的極致就是一種單調的絕對繪畫術，因爲它以範式的差別爲恥，儘管自己是一種反思，但卻沉淪在絕對者的空洞性之中，以便製造出一種純粹的同一性，製造出一種沒有形式的白色。一方是範式及其僵死規定的單調同色，一方是絕對同一性，儘管雙方相互之間也有著過渡，但都是同樣一個僵死的知性，都是同樣一種外在的認識活動。

優秀的東西逃脫不了這樣一個命運：它被剝奪生命和精神，並如此痛苦地看到自己的皮膚表面緊貼著一種無生命的知識，以及這種知識的荒誕。不僅如此，我們發現，命運還包含

[51]

---

[22] 黑格爾在這裡調侃費希特一八〇一年出版的一部小冊子的書名《一份面向廣大公眾的關於最新哲學的眞正本質的昭然若揭的報導。一個強迫讀者理解約翰・戈特利布・費希特的嘗試》。——譯者注

著一種強烈的力量（儘管它不是對精神而是對心靈施加影響），包含著形式逐漸獲得普遍性和規定性的塑造過程，這個塑造過程意味著命運的完成，只有它才使得普遍性在實際應用中淪落爲一種膚淺的東西。

科學只能透過概念之固有的生命而形成爲一個有機體。在科學裡，範式把一個外在的規定性粘附在實存身上，而這個規定性就是一個已然得到充實的內容所具有的靈魂，它推動著自己。存在者的運動就是一方面轉變爲一個他者，並因此轉變爲它的內在內容，另一方面又把這個展開過程或它的這個實存收回到自身中，也就是說，存在者使自己成爲一個**環節**，把自己簡化爲一個規定性。在前一方面的運動中，否定性對**實存**作出區分和設定，而在後一方面的自身回歸中，否定性是**特定的單純性**的一個轉變過程。透過這種方式，內容顯示它的規定性不是從另一個東西那裡繼承過來並縫合在自己身上，而是自己給予自己的，因此它親自轉變爲一個環節，把自己安置在整體內部的某一個地方。圖表式的知性手裡握著內容的必然性和概念，這些東西構成了具體事物、現實性以及事情的活生生的運動，但實際上，知性並沒有掌握這些東西，而且根本就不認識它們。因爲，假若知性具有了這些洞見，它肯定會把它們展示出來。知性壓根就沒覺得它需要這些洞見，否則的話，知性一定會拋棄它的那種模式化行爲，至少不會再表現爲一種內容簡介式的知識。但實際的情形恰恰是，知性只拿出一份內容簡介，卻不提供內容本身。比如，「磁性」本身是一個具體的或現實的規定性，儘管如此，它仍然淪落爲一種僵死的東西，因爲人們只是用它來陳述另一個實存，卻沒有認識到它是這個實存的內在生命，或者說沒有意識到它透過這個實存已經獲得了一個固有的、獨特的自身生產和呈現。至於這個主要的事務，流於形式的知性留給別人來補充。這種流於形式的知性沒有深入到事情的內在中，而總是對整體進行概觀，高高在上地談論個別的實存，但實際上，它的眼中根本就沒有個別的實存。反之，科學認識活動要求人們把自己交付給對象的生命，也就是說，要求人們去關注並說出對象的內在必然性。當科學認識活動沉浸在它的對象中，它就忘卻了那種概觀，因爲概觀只不過是那種來自於內容的知識的一個自身反映。只要沉浸在材料中並在材料的運動中持續前進，科學認識活動就會返回到自身之內，但在此之前，塡充物或內容已經把自己收回到自身之內，已經簡化爲一個規定性，已經降格爲某一個實存的一**個**方面，並過渡到一個更高的眞理。在這種情況下，一個單純的、概觀著自己的整體才從豐富的內容中浮現出來，而曾幾何時，它的反映似乎已經淹沒在各種繁複的內容裡面。

按照此前的表述，一般說來，實體本身就是一個主體，全部內容都是主體的一個固有的自身反映。至於一個實存的持存或實體，乃是一種自身一致性。假若它與自身不一致，早就已經消亡了。但自身一致性是一種純粹的抽象，而純粹的抽象是一種**思維**。當我說「質」時，我所說的是一個單純的規定性。質使得一個實存不同於另一個實存，換言之，使得一個實存成其爲一個實存。實存自顧自地存在著，換言之，它透過這種自身單純性而持續地存在著。就此而言，實存在本質上是一個**思想**。只有在這裡，我們才從概念上認識到「存在即思維」。人們通常談到思維和存在的同一性時，由於缺乏概念，所以實際上並沒有眞正達到這個洞見。實存的持存是一種自身一致性或純粹的抽象，既然如此，實存就是一種自身抽象，換言之，實存本身就與自己不一致，實存本身就是一個消亡瓦解的過程。實存是一種固有的內在性和自身回收；實存是一種轉變過程。出於存在者的這個本性，由於存在者的這個本性成爲知識的對象，所以知識不是一種把內容當作陌生事物來處理的行爲，不是一種脫離了內容的自身反映。科學不是那樣一種觀念論，後者僅僅以一種**保證式的獨斷論**或一種**具有自身確定性的獨斷論**來取代另一種**宣告立論式**的獨斷論。寧可說，由於知識看到內容已經返回到它自己固有的內在性中，所以知識的行爲既沉浸在內容中（因爲它是內容的內在的自主體），同時也返回到自身中（因爲它是一種出現在他者存在中的、純粹的自身一致性）。就此而言，知識的行爲是一個詭計，表面上無所作爲，暗地裡卻清清楚楚地看到，規定性及其具體生命正是這樣一種行動：它自以爲是在追逐著自己的保存和特殊利益，實際上卻在做著相反的事情，亦即把自己消解掉，使自己成爲整體的一個環節。

如果說剛才已經從實體的自我意識這一方面出發闡述了**知性**的意義，那麼從現在所說的則可以看出，就實體被規定爲一個存在著的實體而言，知性具有如何的意義。實存是一種質，是一種自身一致的規定性或特定的單純性，一個特定的思想。這就是實存的知性。正是在這個意義上，**阿那克薩哥拉**最先認識到，知性亦即**努斯**是以本質爲對象。他的後繼者們以更確切的方式把實存的本性理解爲**相**（eidos）或**理念**（idea），理解爲一種**特定的普遍性**，亦即**種**。誠然，「**種**」這個說法看起來太過於平常，不足以表達當代流行的「美」、「神聖」、「永恆」等理念。但實際上，「理念」和「種」所表達出的恰是同樣的意思。誠然，我們現在還經常能看到這樣的情形，比如一個確有所指的說法遭到蔑視，而另一個說法則得到偏愛，至於其中原因，卻僅僅是因爲後者是一個外來語，它可以把概念弄得深奧，聽起來更加意味深長。正因爲實存被規定爲「種」，所以它是一個單純的思想，而努斯，亦即單純性，則是實體。由於實體是單純的或自身一致的，所以它顯現爲一個固定的、持久不變的東西。但是自身一致性同樣也是否定性，正因如此，那個固定的實存才走向消亡。乍看起來，規定性最初之所以出現，僅僅是因爲它與一個**他者**相關聯，而它的運動是被一個陌生的力量強行決定的。但是規定性本身就包含著它的他者存在，是一種自身運動，而這些情形正取決於思維本身的那種**單純性**。因爲單純性是一個自己推動著自己、對自己作出區分的思想，是一種固有的內在性，亦即一個純粹的**概念**。就此而言，**合乎知性**是一個轉變過程，而作爲這樣一個轉變過程，合乎知性就意味著**合乎理性**。

[54]

一切存在者的本性都在於從存在轉變爲概念，這是一般意義上的**邏輯必然性**的關鍵之所在。唯有邏輯必然性才是合乎理性的東西，才是有機整體的節奏，它是對於內容的**知識**，正如內容就是概念和本質。換言之，唯有邏輯必然性才是一種**思辨性的東西**。具體的形態自己推動著自己，在這個過程中使自己成爲一種單純的規定性。然後它把自己提升爲一個邏輯形式，並達到了它自己的本質性。它的具體的實存根本就是這樣一個運動，是一種直接的邏輯實存。就此而言，人們實沒必要強加給具體內容一種外在的形式主義，因爲具體內容本身就會過渡到形式主義，但這裡所說的形式主義卻不再是一種外在的形式主義，因爲形式是具體內容本身所固有的一個轉變活動。 [55]

科學方法的本性在於，一方面與內容密不可分，另一方面自己規定著自己的節奏，而正如我們已經提醒注意的，這個本性只有在一種思辨哲學中才眞正呈現出來。這裡所說的東西雖然已經表達出了一個概念，但充其量只能算是一個預先的承諾。科學方法的眞理並不取決於這種或多或少類似於講述的闡釋，正因如此，它也是不可反駁的，即使人們反過來宣稱事情不是這樣而是另外的樣子，即使人們把回想起的日常觀念當作一種現成的和眾所周知的眞理來講述，或者宣稱可以從內心的神性直觀這個寶盒裡掏出什麼新東西，這些都不能反駁科學方法的眞理。反之，當知識對於某些東西還不太熟悉時，它的第一個反應是去接納事物，而這樣做的目的是爲了挽救自由和自己的洞見，針對外來的權威（因爲最先被接納的東西都具有這樣的形態）而挽救自己的權威。另一方面，這樣做也是爲了消除一種假象和恥辱，彷彿人們已經羞於學習新鮮事物了。人們熱烈鼓掌歡迎著未知事物的到來，同時也在歡迎著其他東西，那些東西在另一個領域裡曾經是一種極具革命性的言談和行動。

所以，**科學研究**的關鍵在於承擔起概念的勞作。這份操勞要求我們去關注眞正意義上的概念，關注諸如「**自在存在**」、「**自爲存在**」、「**自身一致性**」之類單純的規定。這些單純 [56]

的規定是一些純粹的自身運動，如若不是它們的概念標示著某種比靈魂更高的東西，人們幾乎可以把它們稱作靈魂。概念打破了那種依賴於表象的習慣，也糾正了那種在一些無關現實的思想裡反覆來回的推理式思維，但無論如何，概念的這些做法都是讓人不舒服的。我們可以把前面那種習慣稱之爲材料性思維，它是一種偶然的意識，僅僅沉浸在材料裡，因此很難做到同時又擺脫材料，完全凸顯出它的自主體，並保持爲一種獨立的存在。反之，推理式思維則是一種不依賴於內容的自由，空無任何內容。我們鼓勵推理式思維承擔起概念的勞作，放棄它那種所謂的自由，不是去擔當一個隨意推動著內容的原則，而是將自由放置到內容裡，讓內容透過它自己的本性亦即它的自主體來自行運動，而思維則在一旁觀審著這個運動。須知，避免打斷概念的內在節奏，不以一種臆想出來的或透過別的什麼途徑獲得的智慧介入其中，這種克制的態度和做法本身就是關注概念時的一個根本環節。

推理式思維還有兩個方面更加值得注意，從這些方面來看，它與概念式思維可謂針鋒相對。首先，推理式思維是以一種否定的態度來對待已經領會把握的內容，擅長於反駁和消滅這些內容。當人們說「事情不是這樣」，這個洞見是純粹**否定性的**。這是一個定論，並沒有超越自己而得出一個新的內容。寧可說，爲了重新獲得一個內容，它必須從隨便什麼地方抓取**其他**東西。這是一種返回到空洞自我之中的反映，意味著知識的荒誕。這種荒誕顯示，不僅內容是荒誕的，而且洞見本身也是荒誕的，因爲洞見是這樣一種否定，它在自身中看不到任何肯定。既然那種反映不能把它的否定性本身當作一個內容，那麼它根本不是在事物之中，而總是飄然於事物之外。正因如此，它還以爲它的荒誕之見總是比那些內涵豐富的認識更有見地。反之，正如前面已經指出的，在概念式思維那裡，否定性事物隸屬於內容本身，不管是作爲內容的**內在**運動和**內在**規定，還是作爲這些運動和規定的一個**整體**，都是**肯定性的**。就它被領會把握爲一個結果而言，否定性事物產生於這個運動，既是一種**特定的**否

[57]

定性事物，同樣也是一種肯定性的內容。

鑒於推理式思維的內容可能是一些表象或思想，也可能是兩者的混合，所以它在另一個方面也難以進行概念式把握。這一方面的本性值得注意，它與前面提到的理念自身的本質密切相關，或更確切地說，它已經表明，它是如何顯現為一種運動，亦即一種思維著的領會把握。按照前面提到的那種否定的態度，推理式思維本身就是自主體，是內容的歸宿。與之相反，在一種肯定的認識活動中，自主體是一個被表象的**主體**，與之相關聯的內容是各種屬性和謂詞。這個主體打好基礎，把自己和基礎約束起來，以便運動在這個基礎上面來回進行。然而在概念式思維裡，又是另外的情形。因為，概念是對象固有的自主體，這個自主體呈現為**概念的轉變過程**，因此它不是一個靜止不動的、承擔著各種屬性的主體，而是一個自行運動著的、把各種規定收回到自身內的概念。那個靜止的主體本身在這個運動裡銷聲匿跡了，但實際上它已經深入到區別和內容中，構成了規定性，亦即一些包含著區別的內容以及這些內容的運動，而不是始終與規定性處於對立之中。這樣，推理式思維在一個靜止的主體那裡所具有的穩固根基就動搖了，唯有這個運動本身才轉變為一個對象。主體在充實了它的內容之後，就不再超越內容，也不可能再包含著別的謂詞或屬性。與之相反，各種分散的內容卻是透過這個方式而集結在自主體之下，但是內容並不是一種普遍的東西，不可能脫離主體而出現在多個事物身上。這樣一來，內容實際上就不再是主體的謂詞，而就是實體，就是我們談到的那些東西的本質和概念。有一種表象式思維，它的本性就在於透過各種屬性或謂詞來進行思維，而且它有權利超越它們，因為它們不過是一些謂詞和屬性而已，但由於一個命題裡面的謂詞其實就是實體本身，所以表象式思維也就難以為繼了。我們可以這樣設想：它遭到了一個反向作用力。它從主體出發，彷彿主體始終都保持為一個根據，但由於謂詞其實就是主體，所以它又發現主體已經轉變為謂詞，已經被揚棄了。既然那個看似謂詞的東西已經轉變爲一個完整的和獨立的塊狀物，那麼思維就不可能自由地四處遊蕩，而是在重力的牽制之下停頓下來。一般而言，主體首先是作爲一個**客觀的**、固定的自主體而擔任根據，隨後成爲一個必然的運動，從主體出發並推進到眾多規定或謂詞。在這裡，一個認知著的自我取代了那個主體的位置，它把各種謂詞維繫在一起，因此它是一個掌控著謂詞的主體。但是，由於前面那個主體已經深入到各種規定裡，成爲它們的靈魂，所以儘管後一個主體（亦即這個認知著的自我）想要徹底超越前一個主體並返回到自身中，但它發現那個主體仍然出現在各種謂詞裡。它不可能推動著謂詞前進（亦即去推理究竟哪一個謂詞隸屬於前一個主體），而是必須與內容的自主體打交道。它不應當是一種自爲存在，而是應當與內容的自主體合併。

就形式而言，前面所說的也可以這樣來表達，即任何判斷或命題的本性都在自身內包含著主體和謂詞之間的差別，但這個本性已經被思辨命題摧毀了。思辨命題又轉變爲同一性命題，後者也是對於那種主謂關係的一個抵抗。現在，一方是一般意義上的命題形式，另一方則是一種摧毀了命題形式的概念統一性，雙方相互之間的衝突類似於一個節奏裡面節拍與重音之間的衝突。節奏是一個結果，它是游移在節拍和重音之間的一個中項，是節拍和重音的統一。同樣，在一個哲學命題裡，主體和謂詞的同一性也不應該消滅命題形式所表達出來的主謂之別，寧可說，主體和謂詞的統一應當以一種和諧而出現。命題形式是一個特定意義的現象，或者說是一個區分著自己的內容的重音，但在主體和謂詞的**統**一裡，當謂詞表達著實體，而主體本身也轉變爲一個普遍者，那個重音就消失了。

我們可以舉例說明前面所說的東西。在「**上帝是存在**」這個命題裡，謂詞是「**存在**」。謂詞有一種基本的意義，可以將主體消融在其中。「**存在**」在這裡不應該是謂詞，而應該是本質，而這樣一來，上帝似乎失去了它在那個命題裡面的地位，也就是說，它不再是一個固定的主體。思維並沒有繼續從主體過渡到謂詞，而是發現自己遭到遏制（因爲主體不見了），發現自己被拋回到主體的思想（因爲它需要一個主體）。換言之，當謂詞自身被表述爲一個主體，被表述爲一種窮盡了主體的本性的**存在**或**本質**，思維就直接在謂詞中也發現了主體。如今，思維並沒有在謂詞中進入到自身之內，也不能自由地進行推理，而是更加深入到內容之中，或者換個最低限度的說法，我們要求思維深入到內容之中。因此，雖然人們說**現實事物**是一個**普遍者**，但是現實事物作爲一個主體仍然會消失在它的謂詞中。普遍者應該意味著一個謂詞，使得一個命題表達出「現實事物是普遍的」這個意思。除此之外，普遍者還應該表達出現實事物的本質。因此，當思維在謂詞裡被拋回到主體，它也就失去了透過主體而獲得的一個固定的和客觀的基礎，而且，思維在謂詞裡並沒有返回到自身之內，而是返回到內容的主體中。

人們抱怨哲學著作晦澀難懂，儘管他們已經具備了理解那些著作的各種教育條件。這種情況在很大程度上是因爲人們還沒有適應思維所遭受的那種遏制。透過以上所說，我們可以理解爲什麼人們經常針對哲學著作提出一個極爲尖銳的批評，說什麼很多東西必須在反覆閱讀之後才能被理解。這個批評包含著某種不合理的和蓋棺論定式的東西，彷彿只要它是有感而發的，就不再允許對方作任何辯解。但實際上，我們已經指出了事情的眞相。哲學命題，正因爲它是一個命題，自然免不了要激發起一些關於主體和謂詞的通常關係、關於知識的通常表現的意見。命題的哲學內容摧毀了這種通常表現以及相關意見。意見經驗到，它所意謂的東西和實際情況是兩碼事，於是不得不糾正自身，這種糾正迫使知識回到命題，並以另外的方式來理解命題。

思辨的方法和推理的方法混淆在一起會產生困難，而這是應該避免的。至於發生混淆的原因，則是對於主體的陳述一方面意指主體的概念，另一方面又僅僅意指主體的謂詞或屬

[60]

性。這兩種方法相互干擾，唯有一種足夠堅韌的哲學闡釋才有可能把命題的各個部分之間的一般關係嚴格地排除。

事實上，非思辨的思維也擁有一個有效的權利，只不過這個權利在思辨命題的形式下沒有被注意到。爲了揚棄命題形式，我們不能只採取一種**直接的**方式，也不能完全借助於命題 [61] 的內容。寧可說，我們必須陳述出一個相反的運動，這個運動必然就是之前所說的那種內在的遏制。除此之外，我們還必須**呈現出**概念的自身回歸。這個運動和一般的證明具有同樣的功能，它就是命題本身的一個辯證運動。唯有它才是一種**現實的**思辨事物，唯有它所作出的陳述才是一種思辨的呈現。作爲一個命題，思辨事物僅僅是那種**內在的**遏制，是本質的一種並非**實存著的**自身回歸。所以，我們經常經驗到這樣的事情，即我們原本希望呈現出命題的辯證運動，但在這個過程中卻被哲學闡釋導向一種**內部的**直觀活動，並因此忽略了我們的初衷。**命題**應該表明**什麼**是眞相，但眞相在本質上是一個主體，而作爲主體，它僅僅是一種辯證運動，一個自己製造出自己、引領著自己返回到自身中的過程。在一般的認識活動中，證明的任務就是將內在性陳述出來。但自從辯證法與證明分手之後，「哲學證明」這個概念實際上也已經消失了。

在此需要提醒的是，辯證運動同樣也把各個命題當作它的組成部分或要素。因此之故，揭示出來的困難總是不斷地重複出現，成爲事情本身的一個困難。在一般的證明活動中，也是類似的情形，即作爲依據的理由本身又需要一個論證，如此以至無限。「追根究柢」、「追問條件」之類形式隸屬於一種不同於辯證運動的證明，因而是隸屬於一種外在的認識活動。至於辯證運動，它的要素是純粹的概念。就此而言，辯證運動的內容本身就是一個不 [62] 折不扣的主體。因此沒有什麼內容能夠一方面表現爲一個作爲載體的主體，另一方面卻意味著一個謂詞。命題本身僅僅是一個空洞的形式。除了那個以感性的方式被直觀和被表象的自主體之外，首要是一些嚴格意義上的名稱標示著純粹的主體，亦即那個空洞的、無概念的單一體。有鑑於此，如果我們避免使用「上帝」這個名稱，這是有好處的，因爲這個詞並不是一個直接的概念，而僅僅是一個獨特的名稱，一個固定的、靜止的、作爲載體的主體。反過來，「存在」、「單一體」、「個別性」、「主體」等名稱本身就直接地意指著某些概念。關於那個主體，即使我們可以說出一些思辨的眞理，但這些眞理的內容仍然缺少一個內在的概念，因爲這些內容僅僅是一個現成的、靜止的主體，而在這種情況下，思辨的眞理很容易在形式上表現爲一種純粹的超凡脫俗的東西。就這個方面來看，人們已經習慣了不是去把命題形式下的思辨謂詞理解爲概念和本質，而這就阻礙了哲學研究的進展，至於阻礙的程度則是可大可小，依不同的哲學論述而定。按照我們對於思辨事物的本性的洞見，一切呈現過程都必須保留辯證法的形式，不可接納任何尚未在概念上得到理解把握的東西，以及任何不是概念的東西。

無論是單純進行推理，還是完全不經推理就去虛構一番眞理，這兩種做法對於哲學研究來說都是極大的阻礙。那些自以爲眞理在握的人覺得沒有必要再追根究柢，於是就把這些所謂的眞理當作基礎，自以爲可以把它們公諸於世，並依據它們來進行指導和評判。從這個方面來看，使哲學思考重新成爲一項嚴肅的事業，這已經是刻不容緩的任務。對於任何一門科學、藝術、技巧和手藝，人們都深信不疑，爲了掌握它們，必須在諸多方面進行艱苦的學習和訓練。而哲學正相反，占據著主導地位的卻是這個成見：你看，每個人都有眼、有手，如果把皮革和工具交到他的手上，儘管他並不因此就具有製鞋的能力，但他可以把自己的腳作爲衡量鞋子的尺度；按照這個類比，任何人只要以他的自然理性爲標準，就立即有資格進行哲學思考，並對哲學作出評判。看起來，正是不學無術被看作是精通哲學，知識和學習成了一種與哲學水火不容的東西。哲學經常被看作是一種流於形式的、空洞無物的知識，但人們根本沒有看到，無論在什麼知識和科學中，任何一種實質性的眞理都只有經由哲學製造出來之後，才配得上「眞理」這一名稱。至於別的科學門類，它們盡可以如其所願的那樣撇開哲學，單靠推理來進行研究，但如果沒有哲學，它們就不可能在自身中包含著生命、精神和眞理。

在眞正的哲學研究中，我們看到的是一條漫長的教化之路，這條道路是精神爲了獲得知識而展開的一場豐富而又深刻的運動。但我們也看到，有些直接的神靈啓示，以及所謂的人類健全知性，它們既沒有爲其他知識、也沒有爲眞正的哲學思考付出什麼努力，就直接自詡可以完滿地替代那種教化和運動，就像用菊苣根來替代咖啡一樣。我們很惱火地發現，有些無知、無識、既無規矩也無趣味的粗俗之人，他們沒有能力去思維一個抽象命題，更沒有能力去把握多個抽象命題之間的關係，但卻時而揚言自己具有自由而開明的思想，時而標榜自己具有天才靈感。眾所周知，現在流行於哲學界的那種天才靈感，曾經在詩壇也盛行過一陣子。㉓誠然，這種天才靈感的創作並非一無是處，儘管它所創作的並不是詩，而是一些平庸的散文，以及一些連散文都算不上的瘋言囈語。同樣，現在有一種自然主義的哲學思考，它無視任何概念，不以這個缺陷爲恥，反而把自己當作一種直觀式的、詩意的思維，但它販賣的貨色，無非是一種胡思亂想的想像力作出的隨意拼湊，一些既非魚、亦非肉，既非詩、亦非哲學的虛構。㉔

㉓ 對於天才靈感（Genialität）的鼓吹主要來自於格雷斯、瓦格納、凱斯勒爾（A. B. Kaßler）、施萊格爾等人。——譯者注

㉔ 這裡顯然是在批評施萊格爾的「先驗詩」。黑格爾在《哲學史講演錄》中曾經明確說道：「這種詩搖擺在

反過來，當自然的哲學思考流淌過「人類健全知性」這個更爲平靜的河床，它最拿手的就是把一些平庸的眞理吹噓得天花亂墜。如果人們指出這些眞理都是無關緊要的東西，那麼它會針鋒相對地保證說意義和內涵就在它的心中，而且必然也在其他人的心中，因爲它覺得，只要憑藉著一種無辜的心靈或純粹的良知，就已經說出了終極道理，而對於這個道理既不容許任何異議，也不需要提供額外的佐證。但是，問題的關鍵在於，我們不應當把最好的東西隱藏在內心，而是應當促使它突破封鎖，走向光明。至於那種致力於挖掘出某些終極眞理的做法，早就可以省省了，因爲這類眞理早就包含在教義問答手冊和民間諺語。要理解這些不確定的或偏頗的眞理，甚至是一再地向意識到這些眞理的人們指出，相反的眞理恰好就在他們自身中，這些都不是困難的事情。但是當意識力圖擺脫自身的混亂時，又會墮入到一個新的混亂當中，並且很有可能走向這樣一個結論，即事情一旦確定下來，那麼必定是**如此這般**，除此之外的說法都是**詭辯**，這是平庸的人類知性在反對有教養的理性時所慣用的口號，正如那些對哲學一無所知的人，習慣於一勞永逸地給哲學貼上「**夢想**」的標籤。由於平庸的人類知性訴諸情感，訴諸內心的神諭，所以它可以輕易地打發任何與它意見不合的人。它總是宣稱，如果誰的內心不具有同樣的體會和感觸，那麼它和他就無話可說了。換言之，平庸的人類知性踐踏了人性的根基，因爲人的本性在於追求與他人達成和諧一致，而和諧一致的存在完全依賴於一種可靠的意識共通性。至於那些違背人性的東西，亦即禽獸性質的東西，它們的本性才是局限於情感並且只能透過情感來進行交流。

[65]

概念的普遍性和形態的規定性及無差別之間，既不是魚，也不是肉，既不是詩，也不是哲學。」（TWA 20, 417）——譯者注

如果有人詢問一條通往科學的康莊大道，他可能會得到這樣一個回答：最佳的途徑莫過於信任人類健全知性，然後，爲了跟上時代和哲學的腳步，不妨讀讀少許哲學著作的書評，最後，如果還有餘暇的話，甚至可以閱讀這些著作的序言和前面幾章，因爲這些章節闡明了關鍵的一些普遍原理，而那些書評除了包含著一些史料性的注釋之外，還包含著一個評判，而評判自然是凌駕於被評判的東西之上。在這條平庸的道路上，人們身穿日常便裝隨意散步，而在另一條道路上，人們穿著莊嚴隆重的華服，懷著對永恆者、神聖者、無限者的崇高情感，緩緩走來，實際上，這條道路本身已經是處於正中心的一種直接的存在，是一種天才靈感，掌握著各種深遠而原初的理念，以及各種高超的思想閃電。只不過，深遠的理念尚未開啓本質的源泉，思想閃電之類禮花彈同樣也沒有達到最高天界。人們只有透過概念的勞作才能贏得眞實的思想、贏得科學的洞見。只有概念才能產生出知識的普遍性，而知識的普遍性既不是一種平庸的不確定性和枯燥無味（這些屬於那種平庸的人類知性），也不是一種非同尋常的普遍性（這些屬於那種被天才的懶惰和自負所敗壞了的理性），而是一種經歷了教化的、完整的認識，一個已經獲得眞實形式的眞理。這個眞理可以說是全部具有自我意識的理性的一份共有財富。

我認爲，科學的存在基於概念的一種自身運動，但正如人們看到的，時人關於眞理的本性和形態的各種觀念在許多方面（不管是已經談到的還是尚未談到的）都與我的觀點相左，甚至完全對立。我們嘗試著透過概念的自身運動而呈現出一個科學體系，但這份努力看起來不容易得到人們的認可。不過我是這樣考慮的：儘管在某些時期，人們竟然認爲**柏拉圖**哲學的精華是他那些在科學上毫無價值的神話，儘管在某些時期，宗教狂熱甚至占據了支配性的地位，但亞里斯多德哲學仍然因爲它的思辨的深遠性而深受崇敬，而柏拉圖的《巴門尼德斯篇》作爲古代**辯證法**的最偉大的藝術品，則被視爲是**神性生命**的一個眞實揭示和**肯定表**

[66]

述。甚至在**靈魂出竅**㉕所製造出的許多幽暗事物中也是同樣的情形，因為這種被誤解的「靈魂出竅」實際上無非是指一個**純粹的概念**。進而言之，儘管人有各自的看法，但當代哲學的精華已經斷定它的價值在於科學性，並在事實上透過科學性而成為一種行之有效的東西。因此我也可以指望，把科學指派給概念，並在它的這個特有的要素中把科學呈現出來，這些嘗試將會透過事情的內在眞理而為自己開闢一條道路。我們必須確信，按照眞相的本性，它會在適當的時候滲透一切，而且只在適當的時候顯現，所以它絕不會過早地出現，也不會遭遇一群不成熟的公眾。我們也必須確信，只有透過一種影響，個體才會獨自經歷考驗，才會經驗到起初的特殊信念其實是某種普遍的東西。但在這個過程中，我們必須不厭其煩地區分開公眾和他們的那些所謂的代表和代言人。後面這幫人在很多方面不但異於公眾，甚至與公眾相對立。對於一本不合意的哲學著作，公眾會出於好心把責任歸諸自己，但這幫代言人則剛好相反，他們既然自視甚高，於是必然把所有的過錯都算在作者頭上。他們把別人當作死人來埋葬，但他們自己本就是死人，㉖相比這種情形，哲學著作在群眾裡產生的影響要緩和平靜得多。就當前的形勢看來，一般意義上的普遍洞見更有教養了，它的求知欲更為敏銳，它的判斷也更加迅捷，以至於每一種觀點隨時都有可能被後來的觀點取代，就像俗話說的那

㉕「靈魂出竅」（Ekstasie）是新柏拉圖主義哲學家柏羅丁（Plotin, 205-270）的核心術語之一，本意為「出離自身」，指哲學家擺脫有限的自我，達到與努斯的完全同一。——譯者注

㉖參閱《新約・馬太福音》（8, 22）：「任憑死人埋葬他們的死人，你跟從我吧！」以及《新約・路加福音》（9, 60）：「任憑死人埋葬他們的死人，你只管去傳揚上帝國的道。」——譯者注

樣：「他們的腳已到門口，要抬你出去埋了。」[27]相比於上述情況，我們必須不厭其煩地區分出一種更爲悠遠的影響，它糾正那些透過花言巧語而激起的關注、糾正那種毀滅性的批評，讓其中一些觀點僅僅在一段時間內找到共鳴，讓另外一些觀點在這段時間之後再也無人記起。

不僅如此，在精神的普遍性得到如此強化，個別性已經不出所料變得如此無關緊要的這個時代，精神的普遍性滴水不漏地把持著它的教化財富，絕不鬆手，而在精神的整個作品裡，只有一點微不足道的份額可以歸功於個體的行爲。正因如此，個體必須遵循科學的、本性的指示，儘量忘掉自己，作出轉變，盡其所能而無怨無悔。反過來，正如個體不可對自己期待過高，要求過多，我們同樣也不得對他提出什麼過分的要求。

[27] 參閱《新約·使徒行傳》（5,9）：「埋葬你丈夫之人的腳已到門口，他們也要把你抬出去。」——譯者注

導論

按照一個自然的觀念①，哲學在探究事情本身之前，或者說在現實中去認識眞實的存在者之前，必須先弄清楚認識活動本身是怎麼一回事，因爲認識活動被視爲是一種工具或中介，透過它，人們得以把握或者觀察絕對者。這份操心似乎是合理的，它有著多方面的原因。首先，既然存在著不同的認識方式，那麼各種方式之間就會有優劣之別，人們在這裡有可能作出錯誤的選擇。其次，認識活動是一種有著特定方式和特定範圍的能力，如果對它的本性和界限沒有非常準確的規定，那麼最後到手的恐怕就不是眞理的晴空，反而是謬誤的雲海了。這份操心甚至必然會轉化爲一種信念，即整個初始工作，透過認識活動讓意識掌握到那個自在體，按照其概念本身就是矛盾的，在認識活動和絕對者之間有一個將二者截然分割開的界限。因爲，既然認識活動是人們藉以掌握絕對本質的一個工具，那麼很顯然，當他們使用這個工具去處理某個事物的時候，就使得事物不再是它原本的樣子，而是對它進行了加工和改動。換言之，即使認識活動不是我們的行爲的工具，而是某種被動的媒介，眞理之光透過它照到我們身上，但在這種情況下，我們得到的仍然不是眞理原本的樣子，而是眞理透過媒介並且在這個媒介中的樣子。在這兩種情況下，每當我們使用一個中介的時候，中介都直接地導致了目的的反面。眞正說來，矛盾的根源在於，我們總是在使用一個中介。表面

---

① 以下的批評顯然是針對康德，但同樣也針對洛克。康德在《純粹理性批判》第一版的前言裡讚揚了「聲名卓著的洛克」提出的「人類理智生理學」（A IX），即通過對於人類認識能力本身的研究來劃定人的認識範圍。儘管康德哲學和洛克哲學在精神旨趣及深度、廣度方面頗有差異，但正如黑格爾指出的，他們有一個共同點，即在他們自詡的「批判的」態度和方法裡，同樣包含著很多獨斷的前提，尤其是這樣一個假定：在認識主體和有待認識的對象之間存在著一個在根本上不可克服的鴻溝。——譯者注

[69]

上看來，當我們認識到**工具**的作用方式之後，就會消除這種窘境，因爲我們可以把絕對者的表象中屬於工具的那個部分從結果中抽取出來，以此保持眞理的純淨。但是，這種改良措施只會把我們重新帶回到之前的處境。因爲，如果我們從一個經過加工的事物身上取走工具的影響，那麼那個事物——在這裡即絕對者，就會恢復到和從前一模一樣的情形，我們等於是徒勞活了一場。我們的想法是，好比只有用一張膠網來粘鳥，才能確保獵物不至於受傷，同樣，我們也得借助某個工具來掌握絕對者，以確保絕對者絲毫未變。但是絕對者會嘲笑這個詭計，因爲它作爲一個自在且自爲的存在，原本就陪伴著我們，而且這是它的願望。因此上述認識活動只是一個詭計，它來回奔忙，彷彿在從事一項重大而艱難的工作，但實際上只不過是揭示出一種直接的、因而無比輕鬆的關係。換言之，即使我們把認識活動設想爲一種**媒介**，對於認識活動的檢驗使我們知道了它的折返規律，但如果把這個折返從結果中抽取出來，那麼一切仍然是沒有意義的。因爲認識活動並不是指光線的折射，而是指光線本身（它使我們得以接觸眞理），而一旦取消認識活動，擺在我們面前的就只能是一個純粹的方向或一個空洞的場所。

然而，如果對於謬誤的擔心使得人們不信任那種未經此類躊躇就開動起來、現實地去認識的科學，那麼我們很難理解，爲什麼不能反過來對這種不信任表示不信任呢？這種害怕謬誤的想法豈非本身就已經是一個謬誤？事實上，害怕謬誤的想法已經假定某些東西，而且是爲數不少的某些東西爲眞理，並從它們出發進行各種思慮和推理，但這些東西本身應該先接受檢驗，看看它們究竟是不是眞理。確切地說，那種想法假定以下**觀念**是眞理：**認識活動**是一種**工具**和**媒介**，而**我們本身又不同於這種認識活動**；特別是這樣一個觀念：絕對者位於**此一方**，**認識活動位於彼一方**，彷彿一種孤立的、脫離了絕對者的認識活動仍然是某種實實在在的東西，彷彿認識活動在脫離了絕對者（亦即脫離了眞理）的情況下仍然眞實地存在著。基於這種假定，所謂害怕錯誤，其實是害怕眞理。

我們之所以得出上述結論，原因在於，只有絕對者才是眞實的，或者說只有眞相才是絕對的。有些人可能會拒絕上述結論，他們認爲對於各種情況應該區別對待，比如，某種認識活動雖然不像科學所要求的那樣認識到了絕對者，但畢竟也是眞實的，不失爲一種認識活動，儘管它沒有能力去把握絕對者，但畢竟有能力去把握另外一些眞理，如是等等。但我們隨後立即可以看出，這類反覆的託辭無非就是要在那個絕對的眞相和別的眞相之間營造出一個模糊的區分，與此同時，「絕對者」、「認識活動」等詞語也預設了某種意義，這些意義是我們一開始就應該掌握的。

把認識活動看作是我們藉以把握絕對者的一個工具，或我們藉以觀審眞理的一個媒介等等，都是一些沒有出息的想法和說法，而它們的歸宿是假定這種關係：這邊是一種脫離了絕對者的認識活動，那邊是一個脫離了認識活動的絕對者。假定了這種關係之後，就出現了一些託辭，它們大談科學的無能，以便從科學的辛勞中脫身出來，同時又裝模作樣地彷彿正在爲一些嚴肅而迫切的事情奔忙著。它們不去解答各種問題，而是到處瞎忙。這些偶然的、隨意的想法，還有與之相關的對於「絕對者」、「認識活動」、「客觀」、「主觀」以及無數其他詞語的使用（這些詞語的意義被假定爲眾所周知的），都應該被澈底拋棄掉，甚至被看作是一種欺騙。因爲，即便那些詞語的意義是眾所周知的，即便人們本身就具有它們的概念，但最重要的事情還是在於把這個概念表現出來，但人們早就把這件事情拋諸腦後了。反之，眞正合理的做法是大可不必去關注這些拒斥科學的想法和說法，因爲它們僅僅是促成了知識的一個空洞現象，而這個空洞現象在那種嶄露頭角的科學面前立即就會消失。但是當科學嶄露頭角時，它本身也是一個現象。科學的出現不等於科學已經眞正得到貫徹和傳播。在這裡，我們究竟是把**科學**看作一個現象（因爲它**和別的知識一起**出現），還是把別的不眞實的知識稱作科學的一種假象，這是無關緊要的。但是科學必須使自己擺脫假象（亦即那些不眞實的知識），而要做到這一點，它只能去反對它們。科學不能只去譴責那些不眞實的知識在它看來是一些平庸的觀點，同時保證它自己是一種完全不同的認識，而那些不眞實的知識就包含在那些不毫無意義。科學也不能自詡預見到了一種更好的知識，而且這種更好的知識就包含在那些不眞實的知識中。透過那個**保證**，科學宣稱它的**存在**就是它的力量，但與此同時，那些不眞實的知識同樣堅持**它們的存在**，並且**保證**說，科學對它們來說毫無意義。不論如何，一**個**枯燥的保證並不比另一個枯燥的保證具有更多內涵。至於科學自詡預見到了一種更好的知識，說這種知識現成地包含在那些不眞實的認識中並且指向科學，這是更不可取的做法。因爲一方面看來，科學仍然是訴諸於一種存在，另一方面看來，科學的這種做法就跟那些不眞實的認識一樣，都是訴諸於存在的一種糟糕形態，也就是說，訴諸於科學的現象，而不是訴諸於科學自在且自爲的樣子。有鑑於此，我們應該在這裡呈現出這種正在顯現著的知識。

現在，因爲我們的呈現活動僅僅以這種正在顯現著的知識爲對象，所以它看上去並不是那個自由的、在一個獨特的形態中自己推動著自己的科學，寧可說從當前的立場出發，它可以被看作是自然意識走向眞正的知識的一條道路，換言之，這是靈魂走過的一條道路：靈魂經歷了一系列形態分化，就好像經歷一些透過它的本性而爲自己設定下來的旅站，當它透過一種完整的自身經驗認識到它自在所是的那個東西，也就昇華爲精神。

自然意識將要表明自己僅僅是知識的一個概念，亦即一種非實在的知識。但由於它反而把自己當作是一種實在的知識，所以上述道路對它來說僅僅具有一種否定的意義，而概念的實現對它而言只不過意味著它自身的損失。自我意識在這條道路上失去了它的眞理。所以，這條道路可以被視爲是一條**懷疑**之路，②或更確切地說，一條絕望之路③：但凡在這條道路上發生的，沒有什麼是不能加以懷疑的，但意識在種種所謂的「眞理」上折騰一番之後，不出大家所料，懷疑重新消失了，又回到從前的那個「眞理」，以至於事情到頭來還是從前的樣子。但實際上，這條道路讓人清楚地認識到了那種正在顯現著的知識的非眞實性，對這種知識而言，最爲實實在在的東西其實只是那個尚未實現的概念。正因如此，單憑一種趨於極致的懷疑主義，還不能說人們對於眞理和科學已經具有了嚴肅的熱忱，已經整裝待發隨時可以出擊。也就是說，那種嚴肅的熱忱僅僅意味著這個**決心**，即在科學裡不會因畏懼權威而屈從於他人的思想，而是自己去檢驗一切，只跟隨自己的信念，並且如果可能的話，最好是親自創造出一切，僅僅把自己的行爲看作是眞相。意識在這條道路上會經歷一系列形態分化，而整個順序就是意識本身轉變爲科學的一個具體展開的**教化**史。那個決心以簡單方式將教化設想爲一種直接地、已經完成、已經發生的東西，但這是錯誤的。實際上，這條道路是一個現實的具體展開過程。誠然，跟隨自己的信念確實是優於聽從權威，但是，從迷信權威轉而迷信自己的信念，事情的內容並不會必然有所改變，謬誤也不一定會讓位給眞

② 近代哲學史上，笛卡兒在《第一哲學沉思錄》裡率先採用了「懷疑」的方法。在黑格爾的時代，哲學懷疑主義甚爲流行，其代表著作爲舒爾策（Gottlob Ernst Schulze）託名古代懷疑主義者埃萊希德穆斯（Aenesidemus）於一七九二年發表的《埃萊希德穆斯》，其中對於康德和萊因霍爾德的哲學展開了猛烈批評，這些批評對費希特、黑格爾和叔本華產生了很大的影響。——譯者注

③ 「絕望」（Verzweiflung）一詞和「懷疑」（Zweifel）具有同樣的詞根，除了意味著「絕望」之外，還有「從頭懷疑到底」的意思。——譯者注

理。一旦陷入到主觀意謂和成見的體系裡，在迷信他人的權威和迷信自己的信念這兩種做法之間，差別僅僅在於後者更多了一份自以爲是而已。反之，那種以正在顯現著的意識的整個範圍爲對象的懷疑主義的做法是，對那些所謂的自然觀念，對各種思想和看法——管它們是「自己的」還是「他人的」思想和看法，懷疑到底並感到絕望之後，才讓精神自由地去檢驗什麼是眞理。反之，如果意識未曾經歷懷疑主義，就**不分青紅皀白地**進行檢驗，那麼它實際上還是與那些觀念和思想糾纏不清，因而沒有能力去做它想要做的事情。

非實在的意識具有一些形式，這些形式的**完整性**將透過一種必然的進程和聯繫體現出來。爲了在概念上理解把握這一點，我們可以一般地預先指出，當非眞實的意識呈現出它的非眞實性時，這並不是一個單純**否定的**運動。然而自然意識對於非眞實的意識的呈現過程總是抱有一種片面的看法。如果這個片面性成爲某一種知識的本質，那麼這種知識就是一種不完滿的意識的眾多形態之一，這個形態不但存在於道路的歷程之中，而且還會在這個過程中體現出來。這個形態就是一種在結果中總是只看到**純粹虛無**的懷疑主義，它不知道這是一個特定的虛無，是**某個東西**的虛無，**是那個東西的一個結果**。作爲某個東西的虛無和結果，它實際上是一個眞正意義上的結果。就此而言，它是一個**特定的**虛無，具有一個**內容**。這種眼中只有純粹虛無的懷疑主義滿足於一種抽象的虛無或虛空，它不能從這個抽象狀態出發前進，而總是期待著有什麼新的東西出現，以便隨時把它們拋進同一個空洞的深淵。反之，由於眞正的結果被領會爲一個**特定的**否定，於是直接出現了一個新的形式，並透過否定而造成一個過渡，而在這種情況下，整個進程就透過完整的一序列形態自己把自己表現出來。

但對於知識而言，**目標**就像進程的順序一樣，都是必然已經確定下來的。當知識達到目標，它就不再有超出自身的必要，在那個地方，概念與對象契合，對象也與概念契合。所以，走向這個目標的進程是不可阻擋的，不會在任何較早的階段中得到滿足。但凡限定在一個自然生命上的東西，靠著自己都無法超出它的直接的實存，而是在另一個東西的驅動下被切割出去，完成超脫，而這就是死亡。就其自身而言，意識是它自己的**概念**，因此直接地超出了限制，又因爲這個限制是隸屬於它的，所以意識超出了自身。對意識而言，彼岸世界是和個別事物同時設定下來的，彼岸世界就像在空間直觀活動中一樣，僅僅與有限事物相**並列**。意識因此承受著一種自己施加於自己的壓力，因爲它那有限的滿足感處於不斷削弱的過程中。在感受到這種壓力之後，意識有可能不再那麼害怕眞理，反而去努力保持那即將喪失的東西。但是意識仍然惴惴不安，除非它不是願意始終保持在一種無思想的僵化狀態中——因爲思想壓迫著無思想，思想的躁動侵擾著僵化狀態，就是堅持自身是一種敏感，並保證說它發現任何事物**就它那個種類而言都是好的**。但這個保證同樣承受著一種來自於理性的壓力，因爲理性認爲，某個東西正因爲隸屬於某個種類，所以是不好的。這種畏懼眞理的意識也有可能在自己或者別人面前披上一個僞裝，彷彿正因爲它太熱愛眞理了，所以無論如何只能坦誠那個唯一的眞理——「萬物皆空」，而且它堅持認爲這個眞理要比人們自己得出的或從別人那裡聽來的任何一個思想都更爲高明。那以「萬物皆空」爲唯一眞理的意識宣稱一切眞理都是虛妄的，它坦然地從眞理退回到自身中，成爲一種顧影自憐的滿足，爲自己的知性沾沾自喜，而這種知性的拿手好戲就是把一切思想都消解掉，除了一個枯燥的自我之外，看不到任何其他內容。意識逃避普遍者，只追求一種自爲存在。

關於進程的方式和必然性，在暫時大致說了這麼多之後，如果我們留意一下**具體展開的方法**，也許是有用的。進程的呈現，作爲**科學對待正在顯現著的知識的一種方式**，作爲**對於認識活動的實在性的一種研究和檢驗**，看起來沒有某個前提作爲基礎是不可能展開的，而這個前提就是**標準**。所謂檢驗，就是先設定一個標準，然後去檢驗某個東西與之是否一致，並以此決定該事物爲正確或錯誤。在這個過程中，無論是一般意義上的標準，還是那種等同於

[76] 標準的科學，都被看作是**本質**，亦即**自在體**。但是在這個地方，科學剛剛嶄露頭角，它既不能證明自己就是本質或自在體，也不能證明別的什麼東西是本質或自在體。然而如果沒有這樣一個本質或自在體，檢驗看起來就是無法進行的。

倘若我們先去回想一下，「知識」和「眞理」等抽象規定是如何出現在意識中的，那麼上述矛盾以及消除矛盾的方法就會更明確地表現出來。也就是說，意識在自身內**區分**出某種東西，同時又與它**相關聯**。換言之，意識是某種**爲著意識而存在**的東西，這種**關聯活動**，或者說某個東西之**爲著意識的存在**，作爲一個特定的方面，就是**知識**。我們把這種爲他存在與**自在存在**區別開。同樣，那與知識相關聯的東西也與知識區別開，被設定爲即使在這個關聯之外仍然**存在著**。自在體這一方面被稱作**眞理**。至於這些規定究竟是什麼意思，這裡我們暫不去管。因爲，既然我們的對象是一種正在顯現著的知識，那麼我們首先接受的就是它的那些直接呈現出來的規定，這些規定以什麼方式呈現出來，我們就以什麼方式去領會。

如果說我們現在研究的是知識的眞理，那麼看起來，我們研究的是，知識**自在地**是什麼。但在這個研究裡，知識是**我們的**對象，它**爲著我們**存在。假若知識的**自在體**也會出現，那麼知識的存在就是**我們的對象**。假若我們把某個東西稱作知識的本質，那麼這個東西也不可能是知識的眞理，而僅僅是我們對它的知識。假若本質或標準就在我們自身中，那麼那些本應與標準進行比較並透過比較而得到決斷的東西，似乎就沒有必要去承認這個標準。

[77] 然而我們所研究的對象的本性克服了這個歧見，或者說克服了諸如「歧見」、「假定」之類假象。意識用自己的標準來衡量自己，因此所謂的檢驗就是意識自己與自己進行比較。在這種情況下，之前作出的那個區分落到了意識中。在意識裡，每一個東西都是一種**爲他存在**，換言之，意識一般說來本身就包含著知識這一環節的規定性。與此同時，對意識而

言，他者不僅**爲著意識**而存在，而且在這個關聯之外也存在著，是一種**自在**存在。他者是眞理的一個環節。也就是說，意識在其自身內認作是**自在體**或**眞相**的東西，就是我們要尋找的那個標準，這是意識自己建立起來的，用以衡量它的知識。如果我們把**知識**稱作**概念**，把本質或**眞相**稱作存在者或**對象**，那麼檢驗即在於去審視概念是否與對象契合。反之，如果我們把**對象的本質**或自在體稱作**概念**，而把**對象**理解爲一個**爲著他者而存在的對象**，那麼檢驗即在於去審視對象是否與概念契合。顯然，這兩種做法是一回事。關鍵是我們應該在整個研究的過程中都堅持這一點，也就是說，**概念**和**對象**（或者說**爲他存在**和**自在存在**）這兩個環節都聚集在我們所研究的那種知識自身中，所以我們沒有必要攜帶別的什麼標準，也沒有必要在研究過程中額外添加上**我們的**念頭和思想。當我們把這些不必要的東西丟開之後，就能夠做到按照事物**自在**和**自爲**的樣子來觀察它。

概念和對象，標準和被檢驗者，都現成地存在於意識自身之內，因此無論從這個方面來看，還是對我們而言，任何額外添加的行爲都是多餘的。此外，我們也不必費心去比較兩者，不必進行嚴格意義上的**檢驗**，也就是說，由於意識自己檢驗自己，所以我們剩下來能做的就是進行純粹的旁觀。意識一方面是對象意識，另一方面是自我意識。意識一方面以眞相爲對象，另一方面以它的這種知識爲對象。由於對象和對於對象的知識都是**意識的對象**，所以意識本身就在對它們進行比較。無論知識是否與對象契合，它們都同樣是**意識的對象**。對意識而言，對象似乎就是意識所認識到的那個樣子。意識似乎沒有辦法去追究，當對象**與意識不相關**時，**自在地**是什麼樣子，因此意識看起來不可能用對象來檢驗它的知識。但是，正因爲意識一般說來是對於某個對象的知識，所以這裡存在著一個區別，也就是說，**對意識而言**，**自在體**是一個環節，而知識或對象之**爲著**意識的存在又是另一個環節。檢驗就是立足於這個現成的區別。如果意識在進行比較時發現兩者互不契合，它就得改變它的知識，以便使之符合對象。但實際上意識發現，當知識發生變化時，對象本身也發生了變化，因爲現有的知識在根本上是一種與對象相關聯的知識。隨著知識的改變，對象又轉變爲另外一個對象，因爲它在根本上隸屬於這個知識。這樣一來，對意識而言，之前的那個**自在體**並非自在地存在著，換言之，自在體僅僅是**作爲意識的對象**而自在地存在著。當意識發現它的知識與它的對象不契合時，對象本身也不能維繫下去。也就是說，如果某個東西不能透過檢驗，那麼這個東西的檢驗標準也得發生改變。檢驗不僅是對於知識的檢驗，而且也是對於檢驗標準的檢驗。

意識應用在它自己身上這種**辯證**運動，既針對著它的知識，也針對著它的對象，**當一系列新的眞實的對象在這個過程中出現在意識面前**，這種辯證運動其實就是我們所說的**經驗**。在這個關聯裡，我們必須更仔細地探究前面提到的進程中的一個環節，以便在隨後的呈現過程中提供一些關於科學的新穎見解。意識認識到**某個東西**，這個對象是本質或**自在體**。但是，當對象爲著意識而存在時，也是**自在體**。就此而言，這個眞相包含著雙重意義。我們看到，意識現在有兩個對象，一個是起初的**自在體**，另一個是**這個自在體之爲著意識的存在**。乍看起來，後一個對象僅僅是意識的一個自身反映，它並不代表著某一個對象，而僅僅是代表著意識對於起初的那個自在體的知識。但正如前面已經指出的，意識發現自在體在這個過程中發生了變化，後者不再是起初的那個自在體，而是只有當**爲著意識而存在**時，才是一個**自在體**。但這樣一來，**這個爲著意識而存在的自在體**就成了眞相，而這意味著，它就是**本質**，或者說是意識的**對象**。這個新的對象包含著前一個對象的否定，它是一種透過前一個對象而製造出來的經驗。

當我們把經驗的進程呈現出來時，其中有一個環節，它使得這裡所說的經驗與人們一般理解的那種經驗不盡相同。大致說來，當前一個對象和那種對它的知識過渡到另一個對象，人們就說，經驗是**在後一個對象中**形成的，而他們的意思是，對於前一個對象的知識使得起初那個自在體成爲一種**爲著**意識而存在的東西，這種情況本身應該轉變爲後一個對象。否則就得承認，我們之所以在**後一個對象**中經驗到前一個概念的不眞實，不過是因爲碰巧發現了後面這個對象，而這樣一來，我們餘下來能做的就是對那個自在且自爲的存在進行純粹的**領會把握**。按照前一種觀點，新的對象顯然是透過**意識**自身的一種**顚倒**而形成的。按照我們的旁觀，意識經驗的序列已經提升爲一個符合科學的進程，儘管這個序列並沒有被我們所觀察的那個意識認識到。但在事實上，這和我們剛才談到這個呈現過程與懷疑主義的關係時是同樣的情形，也就是說，每次得到的結果，儘管來自於一種不眞實的知識，但並不應該歸結爲一種空洞的虛無，而是必須被理解爲**某種東西**的虛無，它只是**這個東西的結果**。這個結果包含著的東西，就是之前的那個知識本身所包含著的眞相。由於最初顯現爲對象的東西在意識看來轉變成了一種關於對象的知識，而**自在體**又轉變成了一個新的對象，亦即轉變爲一個**爲著意識而存在的自在體**，所以在這裡出現了一個新的意識形態，它的本質不同於之前的意識形態的本質。正是這個狀況引導著意識的整個形態序列按著一種必然性而前進。對我們而言，只有這種必然性自身，或者說新的對象的**產生過程**（它在意識對此一無所知的情況下呈現在意識面前），才是彷彿在意識的幕後暗自運作的。這樣一來，在意識的運動中就出現了**自在存在**或**爲著我們而存在**這一環節，它並不是作爲那個在經驗自身中得到理解把握的意識的對象而呈現出來的。但是，出現在我們面前的那些東西的**內容**卻是**意識的對象**，而我們所理解把握的僅僅是那些東西的表面形式，亦即它們的純粹的產生過程。**對意識而言**，產生出來的東西僅僅是對象，而**對我們而言**，它們不僅是對象，同時也是一種運動和轉變過程。

[80]

透過這種必然性，這條走向科學的道路本身就已經是**科學**。④就它的內容而言，這是一種以**意識的經驗**爲對象的科學。

意識關於它自身而形成的經驗，就其概念而言，可以將意識的整個體系或精神眞理的整個王國都囊括進來，使得經驗的各個環節分別呈現出它們的獨特的規定性，也就是說，它們並不是什麼抽象的、純粹的東西，而是一些爲著意識而存在的環節，正如意識本身也是在和它們的關聯中才出現。在這種情況下，整體中的這些環節就是各種**意識形態**。由於意識向著它的眞實存在不斷前進，所以它必定會到達一個點，在那個地方卸下它曾經背負著的一個假象，按照這個假象，意識與一種陌生事物糾纏在一起，不得不把它當作一個對象或他者。在那個地方，現象將會等同於本質，而意識的呈現過程也將與一種眞正的精神科學匯合在一起。最終，當意識親自理解把握到了它的這個本質，它就會揭示出絕對知識自身的本性。

[81]

④ 在本書的序言（德文版頁碼第十四頁）裡，黑格爾提出要讓哲學擺脫「愛知識」（或「愛智慧」、「愛科學」）的名號，眞正成爲科學（智慧）。而在一八一二年版，亦即第一版的《邏輯學》的序言裡，黑格爾再次指出：「哲學應當而且能夠成爲科學。」（TWA 5, 16）正如黑格爾一再強調的，哲學作爲一條走向科學的道路本身就已經是科學。這種辯證的思維和近現代很多哲學家刻意主張科學（智慧）和哲學（愛智慧）之間的差異乃至鴻溝，並借此貶損哲學的做法大相徑庭。——譯者注

第一部分 意識

第一章　感性確定性，或「這一個」和意謂

當我們一開始或直接地把某種知識當作我們的對象時，這種知識本身只能是一種直接的知識，一種對於**直接事物**或**存在者**的**知識**。同樣地，我們必須採取一種**直接的**或**接納式的**做法，也就是說，不對這種自行呈現出來的知識進行任何改動，不讓概念式把握去打擾領會式把握。

感性確定性的具體內容使得它直接顯現爲一種**最豐富的**認識，一種有著無窮內涵的認識，就這些無窮的內涵而言，我們不管是在空間和時間中**跨越**其外延的廣度，還是從中取出一小塊，透過剖析去**鑽研**其深度，都找不到一個邊界。除此之外，感性確定性還顯現爲一種**最眞實的**確定性，因爲它還沒有從對象身上取走任何東西，而是讓對象完整無缺地擺在我們面前。但事實上，這種**確定性**暴露出自己是一種最抽象、最貧乏的**眞理**。其對於自己所知道的東西只說出：「它**存在著**。」感性確定性的眞理僅僅包含著事情的**存在**。意識本身在其中只是一個純粹的**我**。換言之，我在感性確定性中只是純粹的**這一個我**，而對象同樣只是純粹的**這一個東西**。我，**這一個我**，之所以對**這一個**事情抱有**確定性**，並不是因爲**我**作爲意識在這裡展開自身，並以多種方式推動著思想前進，也不是因爲我確切知道的那個**事情**從許多不同的性質看來本身就是一種豐富的關聯，或與其他事情之間有著一種複雜多樣的關係。這兩種情況都和感性確定性的眞理不相干。在這裡，無論是我還是事情，都沒有意味著一種豐富多彩的中介活動：我沒有意味著一種豐富多彩的表象活動或思維，事情也是單純**存在著**，並沒有意味著許多豐富多彩的性質。事情**存在著**，僅僅因爲它**存在著**。事情**存在著**，這個事實對於感性知識而言是根本重要的，而這一個純粹的**存在**或這一個單純的直接性構成了事情的**眞理**。同樣地，確定性作爲一種**關聯**也是一種**直接的**、純粹的關聯。意識是**我**，純粹的**這一個我**，此外無它。個別的我所認識到的是純粹的這一個東西，亦即**個別事物本身**。

純粹存在構成了感性確定性的本質，並被感性確定性宣稱爲它的眞理。但如果我們仔細審視這個純粹存在，就會發現它還附帶著別的許多東西。一個現實的感性確定性不僅是一個純粹直接性，而且是純粹直接性的一個**例子**。這裡湧現出了無數差別，而在這些差別中，我們在任何情況下都能看到一種最爲關鍵的差異性，也就是說，從感性確定性的純粹存在可以立即得出兩種所謂的「**這一個**」：**我**作爲**這一個我**，**對象**作爲**這一個東西**。如果**我們**去反思這個差別，就可以看到，無論我還是對象都不只是直接地出現在感性確定性中，而是同時都經歷了一個**中介活動**。**透過**一個他者，亦即事情，我獲得了確定性。同樣地，事情也是**透過**一個他者，亦即我，成爲一個確定的東西。

在我們看來，本質和例子之間、直接性和中介活動之間存在著一個差別，不僅如此，我們發現感性確定性本身就包含著這個差別。我們必須按照這個差別在感性確定性中的形式，而不是按照我們此前對它的規定來接納它。在感性確定性中，一方被設定爲一個單純的、直接的存在者或本質，亦即**對象**，而另一方則被設定爲一個無關本質的而且經歷了中介活動的東西，這東西並非**自在地**存在著，而是借助於一個他者才存在著。這就是我，一**種知識**，而知識只有當**對象**存在著才會認知對象，所以它是一種可有可無的東西。但對象**存在著**，它是眞相和本質。對象**存在著**，不管有沒有被認識到。即使它沒有被認識到，也仍然存在著，但是如果對象不存在，那麼知識也不存在。

因此我們應該去觀察，就實際情況而言，對象在感性確定性中是否本身就是感性確定性所表現出來的本質，對象的這個概念——作爲本質而存在，是否與對象當前在感性確定性中的樣子相契合。最終說來，我們沒有必要去反思對象，去追究它眞正是什麼東西，而是只需去觀察，感性確定性本身所具有的那個對象是怎麼一回事。

因此，我們應該對**感性確定性**本身提問道：「『**這一個**』是什麼？」如果我們去考察「這一個」的雙重存在形態，亦即「**這時**」和「**這裡**」，那麼它本身包含著的那種辯證法就會獲得一個與它自身一樣易於理解的形式。比如，對於「**這時是什麼？**」這個問題，我們回答道：「**這時是夜晚**。」爲了檢驗這個感性確定性的眞理，一個簡單的嘗試就足夠了。我們把這個眞理寫下來，一個眞理既不會因爲被寫下來，也不會因爲被保存下來而喪失。**這時，這一個中午**。然而當我們再來看看那個記錄下來的眞理，那麼必須說，它已經變質了。

「這時」，作爲夜晚，被**保存下來**，也就是說，它被當作它所標榜的東西，被當作一個**存在者**來對待。但是它表明自己其實是一個非存在者。「**這時**」誠然保留下來了，但卻不是作爲夜晚保留下來。同樣，儘管這時是白天，但當「這時」保留下來之後，也不再是白天，換言之，任何「這時」都是一個**否定的東西**。所以，保留下來的「這時」並不是一個直接的「這時」，而是一個經歷了中介活動的「這時」。它之所以保持並保留下來，是**由於這一個事實**：別的東西，亦即白天和夜晚，並不存在。在這種情況下，「**這時**」就像從前一樣單純了，而且由於這種單純性，它毫不理睬任何與它附帶相關的東西。儘管夜晚和白天不是它的存在，但它卻既是白天也是夜晚。它的這些他者存在對它毫無影響。我們所說的**普遍者**就是這一種單純的、透過否定而存在著的東西，它既不是「這一個」也不是「那一個」，而是「**並非這一個**」，就此而言，它既可以是「這一個」也可以是「那一個」。就此而言，普遍者實際上才是感性確定性的眞相。

此外，我們也把感性事物作爲一個普遍者**陳述出來**。我們說：**這一個東西**（亦即**普遍的「這一個」**）**存在著**，或：**它存在著**。一言以蔽之，我們說的是**一般意義上的存在**。誠然，我們在這裡**想像**的並不是普遍的「這一個」或一般意義上的存在，但是我們**陳述出來**的卻是一個普遍者。換言之，我們說出來的根本不是我們在這個感性確定性裡面所**意謂**的東西。但正如我們看到的，語言是一種更爲眞實的東西。我們在語言中親自直接反駁了我們的

[85]

意謂。既然普遍者是感性確定性的眞相，而語言只能表達出眞相，所以我們根本不可能說出我們所**意謂**的那種感性存在。

同樣的情形也適用於「這一個」的另一個形式，亦即「**這裡**」。比如，「**這裡**」是一棵**樹**，但當我轉過身來，這個眞理就立即消失並轉入其反面，因爲**「這裡」不是一棵樹**，而是一棟**房屋**。「**這裡**」本身並沒有消失，寧可說，即使房屋、樹木等通通消失以後，「這裡」仍然**存在著**，無所謂是一棟房屋還是一棵樹。也就是說，「**這一個**」再次表現爲一種經**歷了中介活動的單純性**，亦即一種**普遍性**。

由於感性確定性本身就表明普遍者才是它的對象的眞理，所以，儘管它仍然認爲**純粹存在**是它的本質，但這個純粹存在已經不再是一個直接事物，而是一個以否定和中介活動爲本質的東西，因此不再是我們想到「**存在**」這個概念時所**意謂**的那種東西，而是一個**特定的存在**，亦即一個抽象，或者說一個純粹的普遍者。**我們的意謂**不懂得感性確定性的眞相是普遍者，所以它剩下來唯一還能做的事就是去面對那種空洞的或漠不相關的「這時」和「這裡」。

我們只需簡單比較一下**知識**和**對象**最初出現時的相互關係和它們在上述結論中的相互關係，就會發現情況顛倒過來了。對象本來應該是一種事關本質的東西，但它現在對感性確定性而言卻是一種無關緊要的東西。也就是說，當對象轉變爲一個普遍者之後，它對於感性確定性而言就不再是一種事關本質的東西，而感性確定性如今反倒是存在於它的反面之中，亦即存在於此前無關緊要的那種知識之中。感性確定性的眞理所依賴的對象是**我的**對象，換言之，感性確定性的眞理依賴於**意謂**。對象存在著，因爲**我**認識到了它。也就是說，感性確定性儘管被驅逐出了對象，但並沒有因此遭到揚棄，而是僅僅被驅趕到我之中。我們得看看，關於感性確定性的這種實在性，經驗揭示出了什麼。

[86]

現在，感性確定性的眞理的力量依賴於**我**，依賴於我直接的**看**、**聽**等活動。由於**我**堅守著我們意謂中的個別的「這時」和個別的「這裡」，它們還不至於消失。「**這時**」**是白天**，因爲我看到白天；「**這裡**」**是一棵樹**，因爲我看到一棵樹。但在這個關係中，感性確定性在自己身上經驗到同樣一種辯證法，就和在前面那個關係中一樣。**我**，這一**個我**，看到一棵樹，於是**宣稱**：「**這裡**」**是一棵樹**。但另一**個我**卻看到一棟房屋並宣稱，「這裡」不是一棵樹，而是一棟房屋。兩個眞理都擁有同樣的可信度，因爲兩者都具有親眼所見的直接性，兩者對於各自的知識都很有把握，並且信誓旦旦，但在這種情況下，一個眞理卻消失在另一個眞理中。

在這個過程中沒有消失的，是作爲一個**普遍者**的**我**，我的看，既不是對於一棵樹也不是對於這一棟房屋的看，而是一種單純的看，它透過否定這一棟房屋等等而經歷了一個中介活動，但與此同時仍然是一種單純的看，毫不理會那些作爲例子而附帶出現的東西，比如一棟房屋、一棵樹等等。我僅僅是一個普遍的我，好比一般意義上的「**這時**」、「**這裡**」**或**「**這一個**」。誠然，我所意謂的是一個**個別的我**，但正如我不能說出我在這時和這裡所意謂的東西，同樣，我也不能說出我所意謂的我。當我說「這一**個這裡**」、「**這時**」或「一個**個別事物**」，我實際上說的是：「**全部這一個**」，亦即「**全部這裡**」、「**全部這時**」、「**全部個別事物**」。同樣地，當我說「**我**」、「這一**個個別的我**」，我實際上是在一般的意義上說：「**全部我**」。每一個「我」都是我說的那個東西：「**我**」、「這一**個個別的我**」。如果有人要求科學推演出、建構起、先天地發現（或者隨便換什麼說法）所謂的**這一個物**或**這一個人**，並把這當作科學的試金石，那麼這是科學無論如何都做不到的。公平的做法應該是，讓提出這個要求的人**說**，他所意謂的是如何的**這一個物**或如何的**這一個**我。然而要把這個說出來卻是不可能的。

感性確定性因此經驗到，它的本質既不是在對象中，也不是在我之中，同樣，直接性既不是對象的直接性，也不是我的直接性。因爲就本質和直接性而言，我所意謂的寧可是一種無關本質的東西，而且對象和我都是普遍者，而在普遍者裡面，我所意謂的那種「這時」、「這裡」和「我」都不能保留下來，或者說都不**存在**。這樣一來，我們可以把感性確定性的**整體**設定爲感性確定性的**本質**，而不再像從前那樣，把這個整體僅僅當作是感性確定性的一個環節，先是把那個與我對立的對象，然後把我當作感性確定性的實在性。也就是說，只有感性確定性的**整體**才始終保持爲一種**直接性**，並透過這種方式把之前出現的全部對立排除出去。

就此而言，這種純粹的直接性已經與「這裡」、「這時」或「我」的他者存在毫不相干，因爲，一棵樹的「這裡」可以過渡到不是一棵樹的「這裡」，白天的「這時」可以過渡到夜晚的「這時」，「我」也可以因爲具有另一個對象而過渡到另一個「我」。純粹直接性作爲一種保持著自身一致的關聯保留下來，它在我和對象之間不再區分哪個是事關本質的，哪個是無關本質的，所以它也不可能再容納任何差別。「我」，這一個我，宣稱「這裡」是一棵樹，並且保持身體不動，以免面前的「這裡」不再是一棵樹。我也不去管，另一個我看到的「這裡」不是一棵樹，以及我自己在另一場合看到的「這裡」也不是一棵樹，在另一個場合看到的「這時」也不是白天，因爲我是一種純粹的直觀活動。我堅持認爲，這時是白天，這裡是一棵樹，我也不在這裡和這時之間進行比較，而是堅持著一**個**直接的關聯：「這時」是白天。

當感性確定性專注於一個夜晚的「這時」，或者專注於一個認爲這時是夜晚的「我」，它就不願意再挪動了。既然這樣，我們就走到感性確定性跟前，讓它給我們指出它心目中的「這時」。我們必須讓它**指出**這個直接的關聯，因爲這個關聯的眞理是**這一個**我的眞理，而

[88]

這一個我又限定在一個「**這時**」或一個「**這裡**」。假若我們是**後來**才聽到這個眞理，或站在這個眞理的**遠處**，那麼它就沒有任何意義，因爲在這種情況下，我們已經揚棄了那種對它來說事關本質的直接性。因此，我們必須進入到同一個時間點或同一個空間點，也就是說，使我們成爲獨一無二的、有著某種確定知識的這一個我，然後讓感性確定性指給我們看。於是我們看見，那個給我們指明出來的直接事物是什麼樣子。

「**這時**」，**這一個這時**，被指出。**這時**，由於它被指出，所以不再是「這時」。當前存在著的「**這時**」不同於被指出的「這時」，而且我們看到，「這時」恰恰是這樣一種東西，當其存在的同時已經不復存在。給我們指出的「這時」是一個**曾經存在的東西**①，而這就是「這時」的眞理。「這時」不具有存在的眞理。誠然，它曾經存在，這一點無論如何是眞的。但是，**曾經存在**的東西實際上就**不是一個本質**。它並未**存在著**，儘管我們迄今關注的都是存在。

於是，我們在這個指明活動中僅僅看到一個運動，以及這個運動的後續進程：⑴首先，我指明「這時」，宣稱它是眞相，但在這種情況下我指出它是一個曾經存在的或已經遭到揚棄的東西，因此揚棄了第一個眞理。⑵現在我宣布：「這時」**曾經存在**，換言之已經遭到揚棄，這是第二個眞理。⑶但是，曾經存在的東西並未存在著，因此我揚棄了「曾經存在」或「遭到揚棄的存在」，亦即揚棄了第二個眞理，隨之也否定了對於「這時」的否定，並回到最初的那個主張——「**這時**」存在著。在這種情況下，無論是「這時」，還是對於「這

---

①「曾經存在」（gewesen）是「存在」（Sein）的完成時態。黑格爾透過 gewesen 和 Wesen（本質）這兩個詞語之間的聯繫和差別顯示，曾經存在的東西不是本質。——譯者注

時」的指明活動，都不是一個直接的單純事物，而是一個本身包含著不同環節的運動。它被設定爲**這一個東西**，但眞正被設定的卻是**一個他者**，換言之，「這一個」已經被揚棄了。在這之後，**他者存在**或對於「這一個」的揚棄**重新遭到揚棄**，因此返回到起初的「這一個」。但是，折返回自身的「這一個」與起初的「這一個」並不完全是同一個東西，確切地說，它不再是一個直接事物，而是一**個折返回自身的事物**，或一個在他者存在中保持不變的**單純東西**：一個作爲無限多「這時」的「這時」，而這才是眞正的「這時」。「這時」作爲單純的一天在自身內包含著許多「這時」，亦即時辰，而時辰的「這時」在自身內同樣包含著許多「這時」，亦即分鐘，如此以至無窮。就此而言，**指明活動**本身就是一個運動，它表明眞正的「這時」是一個結果，或者說是眾多「這時」的一個集合。指明「這時」就是經驗到「這時」是一個**普遍者**。

同樣，我所堅持的那個**指明出來的「這裡」**，也是**這一個**「這裡」，它實際上**不是這一個**「這裡」，而是前和後、高和低、右和左等等。同樣，「上」本身就是眾多位於上方的他者存在，「下」也是如此。那個本應指明出來的「這裡」消失在其他「這裡」之中，而這些「這裡」同樣也會消失。指明出來的、被堅持著的、保留下來的東西是**否定意義上的這一個**，它**存在著**，但僅僅是因爲那些「這裡」在被接納的過程中揚棄了自身。因此它是許多「這裡」的一個單純複合體。意謂中的「這裡」可以說是一個點，但是這個點並未**存在著**。當這個點被指明爲存在著，指明活動就表明自己不是一種直接的知識，而是一個運動，也就是說，從意謂中的「這裡」出發，經過許多「這裡」，進入到一個普遍的「這裡」。正如一天是眾多「這時」的一種單純的多樣性，同樣，普遍的「這裡」也是眾多「這裡」的一種單純的多樣性。

可見，感性確定性的辯證法無非就是這種確定性的一段單純的運動史或一段單純的經驗史，而感性確定性本身就是這段歷史。正因如此，自然意識雖然也在不斷地趨向這個結果，亦即那個包含在感性確定性中的眞相，並且獲得了上述經驗，但它同時又一再忘掉這個結果，從頭開始運動。令人詫異的是，有些人一方面不承認上述經驗，另一方面卻認爲懷疑主義的那種哲學主張或結論是一種普遍的經驗，因爲懷疑主義認爲，外部事物，作爲**這一些**事物或一些感性事物，它們的實在性或存在對意識而言具有一種絕對眞理。但與此同時，這種主張並不知道自己在說什麼，更不知道它正說出了它想要說的東西的反面。據說，感性的**這一個東西**的眞理對於意識而言應該是一種普遍的經驗。但實際上，相反的情況才是一種普遍的經驗。每一個意識都反過來親自揚棄了「**這裡是一棵樹**」或「**這時是中午**」之類眞理，並說出其反面：「這裡」**不是**一棵樹，**而是**一棟房屋。那揚棄了前一個主張的主張，作爲感性的這一個東西的類似主張，照樣立即又遭到揚棄。正如我們看到的，在全部感性確定性中，我們眞正獲得的經驗是：**這一個東西**是一個**普遍者**，而那個與普遍者相對立的東西卻揚言自己的主張是一種普遍的經驗。當人們訴求於一種普遍的經驗時，如果是出於實踐方面的考慮，那麼這是允許的。按照這個考慮，如果有些人主張實實在在的感性對象具有眞理和確定性，那麼我們會對他們說，你們應當被遣返回智慧的幼稚園，亦即那種古老的以塞雷斯和巴克科斯②爲崇拜對象的厄琉西斯祕儀③，你們必須從頭開始學習吃麵包和喝紅酒的祕

---

② 塞雷斯（Ceres）是羅馬神話中的穀神，相應於古希臘神話中的德墨忒爾（Demeter）。巴克科斯（Bacchus）是酒神戴歐尼修斯（Dionysus）的別名。——譯者注

③ 豐業女神德墨忒爾爲了尋找被冥王哈得斯劫走的女兒珀耳塞福涅，流落到了厄琉西斯，受到國王的盛情款待。爲了表示感謝，德墨忒爾在厄琉西斯設立了農慶節，在其中顯露她的聖禮和神祕儀式，核心是「萬

密④。那些深諳此類祕密的人不只是懷疑感性事物的存在，而且對這種存在感到絕望，他們一方面把感性事物超度爲一種虛無縹緲的東西，另一方面發現感性事物本身就在進行著這種超度。即便動物也不是不懂得這種智慧，寧可說它們表明自己對此具有最爲深刻的領會，因爲它們不是把感性事物當作一種自在存在，對其無動於衷，而是對這些實在事物感到絕望，完全確信這是一些虛無縹緲的東西，於是不由分說地撲過來，撕咬、吞噬它。整個自然界都和動物們一樣頌揚著這些公開的祕儀，因爲它們教導的是感性事物的眞理。

但即使是那些主張感性對象具有眞理和確定性的人，按照前面的說明，也立即說出了他們所意謂的東西的反面，——這也許是最有說服力的一個現象，可以促使我們去反思感性確定性的本性。那些人談到了**外部**對象的實存，更確切地說，他們把外部對象規定爲一些**現實的**、絕對**個別的**、**完全個人所有的**、**個體的**事物，其中的每一個都是獨一無二的。他

物的生滅」和「死後的幸福」等奧祕。農慶節每年舉行兩次，分別是二月的小祕儀和九月的大祕儀，參加者可以達到三萬人。酒神戴歐尼修斯後來也進入到厄琉西斯祕儀中，但他在祕儀中的名字叫作扎格柔斯（Zagreus）、雅克科斯（Iacchus）或巴克科斯（意爲「瘋狂的製造者」）。對於酒神的崇拜同樣與「死而復活」、「靈魂不滅」等觀念密切聯繫在一起。——譯者注

④ 傳說中耶穌在最後的晚餐上和眾門徒分食麵餅、飲用葡萄汁，並聲稱這就是祂的身體和血。麵包和紅酒（葡萄酒）後來成爲基督教的「聖餐」，其中包含著深奧的祕密。天主教徒和東正教徒認爲麵包和紅酒經過「聖體禮」之後就眞正變成了耶穌的肉和血，而新教教徒認爲這不過是個象徵而已。此外有歷史學家認爲，「麵包和紅酒」並不是基督教的發明，而是起源於更早的波斯文明的密特拉教（Mithraismus）。根據密特拉教的教義，每年冬至之後的十二月二十五日是密特拉的誕辰，舉行宗教宴筵時應當使用麵包和紅酒，還有必須用血進行洗禮等等。後來的基督教很有可能在這些方面受到其影響。——譯者注

們認爲，這種實存具有絕對的確定性和絕對的眞理。他們意謂中的東西是**這一張**紙，在這張紙上面，我正在書寫或已經書寫**這一些**內容。但是他們說不出意謂中的東西。他們原本想要現實地**說出**意謂中的這一張紙，他們**原本想要說出什麼**，但這是不可能的，因爲意謂中的感性的這一個東西是語言**不能企及的**，因爲語言隸屬於意識，而意識是一個自在的普遍者。因此，當人們在現實生活中嘗試說出意謂中的東西時，已經把那個東西消滅了。那些著手進行描述的人不可能完成他們的工作，而是必須將這個工作交付給另一些人，而後面這些人最終將會承認，他們所說的東西並未**存在著**。誠然，他們意謂中的東西是**這一張**紙，跟前面那一張紙完全不同的一張紙，但是他們說的是「現實**事物**」、「**外部對象**」或「**感性對象**」、「**絕對個別的**本質」等等，總而言之，關於這些事物，他們說出來的只是一個普遍者。所以，那些號稱不可言說的東西，無非是某種不眞實的、違背理性的、單純意謂中的東西。如果人們對於某個東西只能說「這是一個**現實事物**」或「這是一個**外部對象**」，那麼他們只不過說出了最普遍的東西，就此而言，他們說出來的不是這個東西與其他事物之間的差別，而是它與它們之間的**一致性**。當我說「一個**個別事物**」，那麼我依然是把它當作一個純粹的**普遍者**而說出來，因爲任何事物都是一個個別事物。同樣，無論什麼東西都可以說是**這一個**物。即使我以更確切的方式說「**這一張紙**」，但**全部**紙和**每一張**紙都仍然是**這一張**紙，而我說出的始終只是一個普遍者。言談具有一個神靈般的本性，也就是說，它把意謂中的東西直接顚倒過來，使之成爲另外的東西，從而使之根本不能**溢於言表**。但是，如果我企圖用**指明**這一張紙的辦法來彌補言談的不足，那麼我就從經驗中得知感性確定性的眞理實際上是什麼東西：我指明，這是一個「**這裡**」，它是眾多「這裡」之一，或者說它本身就是眾多「**這裡**」的一個**單純集合**，亦即一個普遍者。我把它當作一個眞相予以接納，我不再是認知一個直接事物，而是**接納眞相**（nimmt wahr），亦即進行著知覺活動。

[92]

第二章　知覺，或物與錯覺

直接確定性並未接納眞相，因爲它的眞理是一個普遍者，而直接確定性卻想要接納「**這一個**」。反之，知覺把它面對的存在者當作一個普遍者予以接納。正如普遍性是知覺的一般意義上的原則，同樣，知覺在自身內直接區分開的兩個環節也是普遍者：我是一個普遍的我，對象是一個普遍的對象。對我們而言，那個原則**已經產生出來**，所以我們對於知覺的接納不再是一種似是而非的接納（就像我們接納感性確定性那樣），而是一種必然的接納。在原則的產生過程中，也形成了兩個在現象中僅僅**凸顯出來**的環節：首先是一個是伴隨著指明的運動，然後仍是這同一個運動，但已經轉變爲一個單純的東西。前者是**知覺活動**，後者是**對象**。從本質上來看，對象和運動是同一個東西，但運動意味著各個環節的展開和區分，而對象則意味著這些環節被放在一起予以理解把握。對我們而言，或自在地看來，普遍者這一原則是知覺的本質，而與這個抽象的本質相反，被區分出來的知覺者和被知覺者則是**無關本質的東西**。但在事實上，因爲兩者本身就是普遍者或本質，所以它們又都是事關本質的。然而，由於它們處於一種相互對立的關聯中，所以在此必須作出一個明確的區分，即只能有一方是事關本質的東西，而另一方則是無關本質的東西。那被規定爲一個單純東西的對象是本質，不管被知覺到還是沒有被知覺到，都存在著。另一方面，知覺活動是一個變化不定的運動，它既可以存在也可以不存在，所以是無關本質的東西。

我們必須進一步規定這個對象，並從既有成果出發對這個規定稍作展開。至於更具體的闡述在這裡還談不上。對象的原則是普遍者，既然普遍者作爲一個單純的東西同時也**經歷了中介活動**，那麼對象必須親自表明這就是它的本性。對象於是表現爲一個**具有多種屬性的物**。感性知識的豐富內容隸屬於知覺，而不是隸屬於一種直接的確定性，因爲它們在後者中只是一些附帶出現的例子。只有知覺才在本質上就包含著**否定**，包含著差別或多樣性。

儘管「這一個」被設定爲「**並非這一個**」，換言之，儘管「這一個」**遭到揚棄**，但它並沒有因此化爲烏有，而是轉變爲一個特定的無或**某個內容的無**，亦即「**這一個**」**的無**。如此一來，儘管感性的東西本身還保留著，但卻不再像在直接的確定性中那樣是一種意謂中的個別事物，而是一個普遍者，或者說一個被規定爲**屬性**的東西。**揚棄**呈現出它的眞正的雙重意義，這是我們在一個具有否定意義的東西那裡已經看到的。也就是說，揚棄既是一種**否定**，同時也是一種**保存**。無，作爲「**這一個**」**的無**，本身就是感性的，而且保存著一種直接性，但是這已經是一種普遍的直接性。存在本身就包含著中介活動或否定性，所以它是一個普遍者。由於存在直接地**表現出**這一點，所以它是一個**有所不同的**、**特定的**屬性。如此一來，**衆多屬性**就被同時設定了，其中任何一個屬性都是對其他屬性的否定。這些**規定性**實際上是借助於一個額外附加的規定才成其爲屬性的，所以，當它們借助於普遍者的**單純性**表現出來，就僅僅**與自己相關聯**，彼此之間**漠不相關**，每一個都是自爲的，不依賴於其他規定性。但是，那個單純的、自身一致的普遍性本身又不同於它的這些規定性，不受它們束縛。它是一種純粹的自身關聯活動，或者說是一個**媒介**，所有規定性都包含在這個媒介或這個**單純的**統一體之內，它們相互之間**交織滲透**，但並不**接觸**，因爲正是由於分有了普遍性，這些規定性才彼此漠不相關地、自爲地存在著。這個抽象的普遍媒介可以被稱作一般意義上的**物性**或**純粹本質**，它無非就是「**這裡**」和「**這時**」，就像已經表明的那樣，是衆多「這裡」和「這時」的一個**單純集合**。這些「這裡」和「這時」，**就它們的規定性而言**，本身就是一個**單純的普遍者**。這一塊鹽是單純的「這裡」，同時也是多樣化的：它是白的，**並且**是鹹的，**並且**是一個立方體，**並且**有特定的重量等等。所有這些屬性都包含在一個單純的「**這裡**」之中，在其中相互交織滲透。沒有哪一個屬性具有與衆不同的「這裡」，寧可說每一個屬性都包含在同一個「這裡」之中。與此同時，它們雖然沒有透過衆多不同的「這裡」而被分割開，但在這個交織滲透的狀態下並不彼此影響。比如，白不會影響或改動立方體，兩者又不會影響或改動鹹，寧可說，正因爲每一個屬性本身就是一種單純的**自身關聯活動**，所以它們互不相擾，僅僅透過一個漠不相關的「**並且**」相互關聯著。就此而言，這個「**並且**」就是那個純粹的普遍者或媒介，就是那個把眾多屬性如此這般聚集在一起的**物性**。

在已經得出的這個關係裡，首先得到觀察並被展開的那些特性，僅僅適用於一種肯定的普遍性。但除此之外，呈現出來的另一個方面也必須被接納。也就是說，如果多個特定的屬性彼此之間完全漠不相關，只與自身關聯，那麼它們就不是一些**特定的**屬性。因爲，只有當它們彼此**區別**，並與處於對立面的**其他屬性相關聯**，它們才算得上是一些特定的屬性。但就這個對立而言，它們又不可能借助於它們的媒介而共存於一個單純的統一體之內，對它們來說，這個統一體和否定性都是同樣事關本質的東西。這些屬性之間的區別，作爲一種並非漠不相關的，而是排斥著他者、否定著他者的區別，於是落到了這個單純的媒介之外。就此而言，媒介不僅僅是一種「**並且**」或一個漠不相關的統一體，而且也是一個**單一體**，亦即一個**排他的統一體**。單一體是一個**環節**，代表著**否定**，因爲它以一種單純的方式與自身相關聯，排斥他者，並因此把**物性**規定爲**物**。在屬性那裡，否定是一種與存在的直接性直接合爲一體的**規定性**，而存在的直接性與否定統一起來之後就轉變爲普遍性。與此同時，如果存在的直接性脫離了與對立面的統一，成爲一個自在且自爲的存在，它就是一個**單一體**。

簡言之，只有當以下環節聚在一起，物作爲知覺的眞相才會最終出現。首先，物是一種漠不相關的、被動的普遍性，是多個屬性或確切地說多種**質料**的「**並且**」；其次，物同樣也是一個單純的否定，或者說是一個排斥著相反屬性的**單一體**；再者，物就是眾多**屬性**本身，是前面兩個環節之間的關聯，是一個與各種漠不相關的要素相關聯，並在這個過程中作爲一系列的差別而擴散開來的否定。借助於一個持存著的媒介，個別性這個點放射開來，過渡到多樣性。一方面，就這些差別隸屬於一個漠不相關的媒介而言，它們都是一些普遍的差別，僅僅與自己相關聯而不影響彼此。另一方面，就它們隸屬於一個否定的統一體而言，它們同時也是一些排他的差別，並且透過那些脫離了「**並且**」的屬性而必然包含著這個對立的關聯。感性普遍性，亦即存在與否定的**直接**統一體，之所以成爲一個**屬性**，是因爲它衍生出一個單一體和一種純粹的普遍性，兩者彼此不同，但又被約束在一起。只有當這兩個東西與那些純粹的、事關本質的環節發生關聯，**物**才得以最終出現。

知覺中的物就是這個樣子。當意識把物當作對象，意識就被規定爲知覺者；意識**只須接納**對象，並且表現爲一種純粹的領會式把握。隨之顯露在意識面前的東西，就是眞相。假若意識在作出接納的同時有所行動，給知覺增添或從知覺那裡拿走一些東西，它就會因此改變眞理。由於對象是眞相和普遍者，是自身一致的，而意識卻是一種變動不居的和無關本質的東西，所以意識有可能以不正確的方式去領會把握對象，產生錯覺。知覺者意識到了錯覺的可能性。因爲，按照那個作爲原則的普遍性，**他者存在**本身是意識的直接對象，但同時又是一種**虛無縹緲的**、已經遭到揚棄的東西。所以，知覺者把**自身一致性**當作眞理的標準，而且知覺者的行爲必須被領會爲一種自身一致的行爲。與此同時，由於知覺者的對象千差萬別，所以知覺者把領會過程中的各個不同環節聯繫在一起進行比較。如果透過比較得出了不一致，那麼這並不意味著對象是不眞實的（因爲對象是一種自身一致的東西），而是意味著知覺活動是不眞實的。

現在我們來看，意識在它的現實的知覺活動中形成了哪些經驗。**對我們而言**，這些經驗已經包含在前面所說的那些發展過程中（對象的發展、意識與對象之間的關係的發展等），所以它們只需進一步發展其中已有的各個矛盾即可。我所接納的對象表現爲一個**純粹的單一體**，我知覺到它的屬性是一種**普遍的**、因而超越了個別性的屬性。因此，一個客觀本質，作爲一個單一體，其最初的存在並不是它的眞實存在。既然**對象**是眞相，那麼眞理的反面就是在我這一邊，而我的領會把握也是不正確的。但實際上，正因爲屬性是**普遍的**，所以我必須把客觀本質理解爲一般意義上的**共同體**。進而言之，我所知覺到的屬性是一種**特定的**、與他者**對立**並且排斥他者的屬性。因此，當我以前把客觀本質規定爲一個與其他東西一起形成的**共同體**，或者說規定爲一種延續性時，我實際上並沒有正確地領會把握它。寧可說，正因爲屬性是**特定的**，所以我必須分割延續性，把對象設定爲一個排他的單一體。在分割出來的單一體中，我發現了許多屬性，它們互不影響，彼此漠不相關。因此，當我以前把對象領會把握爲一個**排他的東西**，就並沒有正確地知覺到它，寧可說，如果對象按從前的理解僅僅是一種一般意義上的延續性，那麼現在看來，它是一個普遍的**共同媒介**，包含在其中的眾多屬性都是一些感性的**普遍性**，每一個都自爲地存在著，且作爲一個**特定的**普遍性排斥著其他普遍性。儘管如此，我所知覺到的單純東西或眞相並不是一個普遍媒介，而是一種自爲存在著的**個別屬性**，但這個意義上的屬性既不是一個屬性，也不是一個特定的存在，因爲它既沒有隸屬於一個單一體，也沒有與其他屬性相關聯。只有當它隸屬於一個單一體，它才是一個屬性，只有當它與其他屬性相關聯，它才是特定的。作爲一種純粹的自身關聯活動，個別屬性始終僅僅是一般意義上的**感性存在**，因爲它本身不再包含著否定性這一特性。現在，如果意識重新以感性存在爲對象，那麼它就又變成了一種純粹的**意謂**，也就是說，意識完全脫離知覺活動並返回到自身之內。然而感性存在和意謂又會過渡到知覺活動。我被拋回到開端，再度捲入到同一個圓圈裡面，這個圓圈在每一個環節上都作爲一個整體把自身加以揚棄。

因此意識必定要再次貫穿這個圓圈，但同時又採取一種與之前不同的方式。按照它在知覺活動中得到的經驗，知覺活動的結果和眞相就是知覺活動的瓦解，或者說是一種脫離了眞

[98]

相的自身反映。就此而言，意識的知覺活動獲得了一個事關本質的規定性，也就是說，這不是一種單純的、純粹的領會式把握，而是在**進行領會把握**的同時卻又**脫離**眞相，**折返回自身中**。意識作爲一種知覺活動已經認識到它的自身反映是一個事關本質的環節，這種自身反映與那種純粹的領會把握直接**融爲一體**，改變了眞相。與此同時，意識認識到這個方面屬於它自己，並接納它，而這樣一來，它就會得到那個純粹的眞實對象。就此而言，曾經發生在感性確定性那裡的事情也在知覺活動這裡發生了，也就是說，意識被驅趕回自身，這種情形在過去意味著意識已經掌握了知覺活動的**眞理**，但現在並不是這樣。寧可說意識認識到，它在這個過程中獲得的是**謬誤**。但認識到這一點之後，意識就有能力去揚棄這個認識。意識區分了兩種情況，一種是它對於眞相的領會把握，另一種是它糾正了它在知覺活動中獲得的謬誤，既然如此，**知覺活動**的眞理就確實**落入意識手中**。因此，我們當前考察的這個意識有一個特點，它不再是僅僅進行知覺活動，而是同時也意識到了它的自身反映，並且把這個自身反映與那種單純的領會式把握區分開來。

就此而言，我首先知覺到物是一個**單一體**，並確保它一直具有這個眞實的規定。如果在那個伴隨著知覺活動的運動中出現了某種與知覺活動相矛盾的東西，那麼我必須認識到，這個東西是我自己的一個反映。如今出現在知覺裡的各種屬性看起來就是物的屬性。但是，物是一個單一體，而我們意識到，那種使得物不再是一個單一體的差異性處於我們這一方。所以實際上只是對**我們的**眼睛而言，這個物才是白的，對**我們的**舌頭而言，它**並且**是鹹的，對**我們的**觸覺而言，它**並且**是一個立方體，如此等等。我們不是從物那裡，而是從我們自己這裡得出這些方面的全部差異性。我們的眼睛完全不同於我們的舌頭，相應地，那些不同的屬性等各個方面相互之間也是四分五裂的。就此而言，我們是一個**普遍媒介**，上述環節在那裡面彼此脫離，自爲地存在著。而在這種情況下，當我們把「作爲一個普遍媒介而存在著」這

[99]

一規定性當作我們的一個反映來觀察，我們就認識到了物的自身一致性，認識到物的眞理在於作爲一個單一體而存在著。

意識接納了許多**不同的方面**，當我們把它們放到一個普遍媒介中去分別加以觀察，就會發現每一個方面都具有一個**規定性**；白只有在與黑的對立中才是白，同樣，物也是借助於和其他物的對立才成爲一個單一體。「作爲單一體而存在」乃是一種普遍的自身關聯活動，正因爲物是一個單一體，所以它才能與別的物達成一致。就此而言，物之所以是排他的，原因並不在於它是一個單一體，而是在於它具有一個**規定性**。物本身是一些**自在且自爲存在著的**、**特定的物**，它們具有一些屬性，並透過這些屬性把自己與別的物區別開來。由於**屬性**是物**自己固有的**屬性，換言之，由於屬性是物本身就具有的規定性，所以物具有**許多的屬性**。首先，物是眞實的，它是一種**自在存在**。凡是隸屬於它的，都是作爲它自己固有的本質而隸屬於它，而不是由於其他物的緣故。其次，各種特定的屬性也不是只由於別的物的緣故，爲著別的物而存在，而是這個物本身就具有的屬性。但是，只有當衆多屬性相互區別開來，它們才算得上是**物的**特定的屬性。再次，由於這些屬性包含在一種物性之中，所以它們都是一些自在且自爲的存在，彼此漠不相關。所以，眞正說來，物本身就是白的、**並且**是立體的、**並且**是鹹的，如此等等。換言之，物是一種「**並且**」或一個**普遍媒介**，衆多屬性在其中各自分立，彼此不接觸，也不會導致相互揚棄。在這種情況下，物就作爲眞相而被意識接納。

意識在進行著知覺的同時也認識到，它**並且**是一個自身反映，在知覺活動裡出現了一個與「**並且**」相對立的環節。這個環節就是物的自身**統一性**，它把差別排除到自身外。就此而言，物的自身統一性是意識所必須接納的一個東西。物本身就是**衆多不同的和獨立的屬性的一種持存狀態**，因此人們說，**某物是**白的、**並且**是一個立方體、**並且**是鹹的，如此等等。但

[100] [101]

是，就它是白的而言，這與立方體不相干，就它是一個立方體並且是白的而言，這又和鹹不相干，如此等等。只有意識才能夠把這些屬性**合併爲一個單一體**，所以它必須防止這些屬性在物那裡自行形成一個單一體。最後，意識會拿出那個「**就……而言**」，以便給各種屬性分門別類，同時把物當作一種「並且」。眞正說來，如果意識一開始就接納了**單一體存在**，那麼過去所謂的屬性就被設想爲一種**獨立的質料**。由於物是衆多質料的一個集合，所以它沒有成爲一個單一體，而是成爲一個單純起著圍裹作用的表皮，而在這種情況下，物就被提升爲一種眞實的「**並且**」。

如果我們再回頭看看意識之前已經接納的和現在正接納著的東西，以及意識之前已經指派給物和現在正指派給物的東西，那麼可以發現，意識以交替的方式把它自己和物轉變爲兩種東西：一個純粹的、與多樣性無關的**單一體**，以及一種瓦解爲各種獨立質料的「**並且**」。意識透過比較發現，**它**對於眞相的接納（亦即它的知覺活動）本身就包含著**領會把握**和**自身反映**這兩種活動之間的**差異性**，不僅如此，眞相本身，亦即物，也是以這種雙重的方式展現出來。就此而言，意識在這裡獲得的經驗是，物以一種特定的方式**呈現爲**一個領會把握著的**意識的對象**，但**同時又擺脫了**它的這個呈現方式，**折返回自身中**。換言之，物本身就包含著一種對立的眞理。

意識在知覺活動中的第二種表現方式，就是一方面把物看作是一個眞實的自身一致者，另一方面卻把它自己看作是一個自身不一致的東西，看作是一個脫離了一致性的自身反映。現在意識擺脫了這種方式，對象在它看來是一個完整的運動，而這個運動從前是由對象和意識分享的。物是一個已經折返回自身內的**單一體**。它是一種**自爲**存在，但它也是一種**爲他**存在。作爲自爲存在的物**不同於**作爲爲他存在的物。從這一點來看，物不但是一種自爲存在，**並且**是一種爲他存在，是一種**雙重的**有差別的存在。與此同時，它**並且**是一個**單一**

[102]

體，而**單一體存在**與它的差異性相矛盾。在這種情況下，意識必須再次把不同的環節合併爲一個單一體，把它與物區別開。因此必須說，**就**物作爲一種自爲存在**而言**，它不是一種爲他存在。然而按照意識的經驗，物本身也能作爲一個單一體存在著。物在本質上是一個自身反映。因此，物不僅包含著一種「**並且**」或一種漠不相關的差別，而且也包含著一種**單一體存在**，但由於「並且」不同於單一體存在，所以它們不會出現在同一個物中，而是出現在**不同的**物中。客觀本質通常包含著的那個矛盾於是被劃分到兩個對象中。物誠然是一個自在且自爲的存在，是自身一致的，但是這種自身統一性被別的物破壞了。物的統一性保留下來了，與此同時，物之外和意識之外的他者存在也保留下來了。

現在，儘管客觀本質所包含的矛盾被劃分到了不同的物中，但在孤立的個別物身上還是會出現一種差別。**不同的物**被設定爲**自爲的**。它們相互之間的矛盾使得每一個物不是有別於自己，而是僅僅有別於其他物。這樣一來，每一個物**本身**就被規定爲一個**有所區別的東西**，**本身**與其他物之間就有一種本質上的差別，但與此同時，這種本質上的差別並不是指物本身就包含著一個對立，寧可說，每一個自爲存在著的物都是一個**單純的規定性**，這個規定性構成了它的那個**事關本質的**、使它有別於其他物的特性。實際上，物本身就包含著一種差異性，而這種差異性在物那裡又必然表現爲眾多性質之間的一個**現實的**差別。然而，正因爲規定性構成了物的**本質**，並使得一物區別於其他物，成爲一個自爲存在著的東西，所以餘下的眾多性質就成了一種**無關本質的東西**。就此而言，一個統一的物本身就具有一種**雙重意義上的**、**但卻具有不同分量的**「**就……而言**」，而在這種情況下，對立存在並不會轉變爲物本身就包含著的一種現實的對立。相反，就物透過它的**絕對差別**而出現在一個對立中而言，它是與另一個外在於它的物相對立。誠然，剩下的眾多性質必然也會出現在物身上，容不得它擺脫，但是它們對物來說終究是**無關本質的**。

[103]

規定性構成了物的事關本質的特性，並使得它有別於任何別的物。如今這個規定性得到了進一步的規定，以至於物一方面與別的物相對立，但另一方面又應該保持爲一種自爲存在。但是，只有當物沒有與別的物發生關聯，它才是一個物，亦即一個自爲存在著的單一體，因爲在那種關聯裡，被設定下來的其實是一物與其他物之間的聯繫。然而一旦與別的物聯繫在一起，就意味著它不再是一種自爲存在。物正是透過一個**絕對的特性**和一種對立的態度來**對待別的物**，而且物在本質上完全表現爲這樣一個東西。但是，只要去對待別的物，就會否定物的獨立性，就此而言，寧可說物正是透過它的事關本質的屬性走向消滅。

意識必然會經驗到，物恰恰是透過那個構成了它的本質和自爲存在的規定性走向消滅。我們可以按照一個單純的概念來簡短地考察一下這個必然的經驗：物先是被設定爲一種**自爲存在**，完全否定了一切他者存在，因此它是一個絕對的、僅僅與自身相關聯的否定，然而這個自身相關的否定又意味著一種**自身**揚棄，也就是說，它只有透過一個他者才獲得它自己的本質。

實際上，上述情形都包含在對象的規定之中，此外無他。對象應該具有一個事關本質的屬性，從而獲得一種單純的自爲存在，但對象本身除了包含著自爲存在的單純性之外，還包含著一種差異性，後者雖然**必然**存在著，但卻不應當構成一種**事關本質的**規定性。但是這些都僅僅是一種尚且停留在字面上的區分。那種**無關本質的**、同時又**必然**應該存在著的東西，自己揚棄了自己，換言之，它就是我們剛才所說的那種自身否定。

這樣一來，曾經將自爲存在和爲他存在分割開的最後一個「**就……而言**」就消失了。眞實的情況是，對象**在同樣一個角度看來就是它自身的反面：就它作爲一種爲他存在而言，它是一種自爲存在，就它作爲一種自爲存在而言，它又是一種爲他存在**。對象是一種**自爲存在**，是一個自身反映，或一個單一體。但是，「自爲」、「自身反映」、「單一體存在」之類規定與它們的反面亦即「**爲他存在**」都包含在一個統一體之內，所以僅僅被設定爲一種已經遭到揚棄的東西。換言之，這種**自爲存在**和那種號稱無關本質的東西，亦即一種與他者的相互關係，都同樣是**無關本質的**。

對象在它的感性存在中曾經轉變爲一個遭到揚棄的東西，而在這裡，對象同樣也被揚棄了，這是由它的那些純粹的規定性，或者說由那些構成了它的本質性的規定性所決定的。對象從一個感性存在轉變爲一個普遍者，但因爲這個普遍者**來自於感性事物**，在本質上以感性事物爲**條件**，所以它嚴格說來並不是一種眞正做到了自身一致的普遍性，而是一種**受制於對立面的**普遍性，並因此分裂爲個別性（在這裡指各種屬性的**單一體**）和普遍性（在這裡指各種獨立質料的「**並且**」）這兩端。表面上看來，這些純粹的規定性已經表達出了**本質性**，但它們僅僅是一種與**爲他存在**糾纏在一起的**自爲存在**。由於自爲存在和爲他存在在本質上**構成了一個統一體**，所以現在呈現出來的是一種無條件的、絕對的普遍性，而意識在這裡才眞正進入到知性的王國之中。

感性個別性雖然消失在直接確定性的辯證運動裡，轉變爲一種普遍性，但這僅僅是一種**感性的普遍性**。意識不再意謂什麼，知覺活動掌握了一個**自在**存在著的對象，或者說掌握了一般意義上的普遍者。因此之故，出現在對象身上的個別性是一種眞實的個別性，亦即**單一體**的**自在存在**，或一種**自身反映**。但這仍然只是一種**有條件的**自爲存在，與之**並列**的則是另一種自爲存在，後者在這裡指一種與個別性對立、並以個別性爲條件的普遍性。相互矛盾的兩端不但處於一種**並列關係**之中，而且構成了一**個**統一體。換言之，兩端的共同之處在於，它們雖然號稱**自爲存在**，但卻總是與一個對立面糾纏不清，所以其實並不是一種**自爲存在**。知覺活動的詭辯術試圖把這些環節從矛盾中解救出來，並透過以下各種辦法來抓住眞相，比如區分**視角**、堅持「**並且**」和「**就……而言**」的使用、區分**無關本質的東西**和一個與之對立的**本質**等等。只不過這些解救措施不但沒有消除領會把握中的錯覺，反而表明自己是一些虛無縹緲的東西。意識本來可以透過知覺活動的邏輯就掌握眞相，但卻發現，眞相在同一個視角下表現爲相反的東西，在本質上是一種無差別的和無規定的普遍性。

「**個別性**」和與之對立的「**普遍性**」、與無關本質的東西聯繫在一起的「**本質**」、必不可少的「**無關本質的東西**」……這些空洞的抽象名詞頗有勢力，而當它們交織在一起，就是那種進行著知覺活動的、所謂的人類健全知性。它自詡爲一種確切而實在的意識，但它在知覺活動中只不過是**這些抽象名詞**的一種交織。一般說來，在它自認爲是最富有的地方，它總是最貧乏的。人類健全知性被各種虛無縹緲的事物驅趕著到處奔走，被那些東西玩弄於股掌之間，與此同時，它自己卻賣弄著詭辯術，在各種針鋒相對的觀點之間左右逢源，與眞理相抗。這種忙忙碌碌的人類健全知性認爲，哲學只需研究**思想中的事物**足矣。誠然，哲學必須研究思想中的事物，認識到它們是純粹本質，是一些絕對要素和絕對勢力。但哲學是**按照它們的規定性**來認識思想中的事物，因此它是這方面的大師，一切都在它的掌握之中，而那個進行著知覺活動的知性卻是把那些事物當作眞相而予以接納，並因此從一個謬誤跌入到另一個謬誤裡面。感性確定性不知道，它的本質是一種空洞而抽象的純粹存在，同樣，知性也不知道支配著它的是一些單純的本質性，卻以爲它一直都在與一種無比確切的材料和內容打交道。但實際上，正是借助於這些單純的本質性，知性才能夠來回穿梭於一切材料和內容之間。這些單純的本質性整合並掌控著材料和內容，唯有它們才使得感性事物在意識面前顯現爲**本質**，也唯有它們才規定了感性事物與意識之間的關係，讓知覺活動及其眞相的運動得以運行。意識以交替的方式一會兒把眞相規定下來，一會兒又揚棄了這個規定，而正是這個持續不斷的運轉過程才眞正構成了那種知覺著的、自以爲在眞理中運動著的意識的日常生命和持久生命，驅動著意識邁步前進。意識在前進過程中不可避免地得出一個結果，即必須一視同仁地揚棄全部事關本質的本質性或規定，但另一方面，意識在任何個別的環節中都僅僅把**某一個規定性**認作是眞相，然後在下一個環節中認識到的相反的規定性才是眞相。誠然，意識察覺到各種規定性都是無關本質的。爲了把它們從迫在眉睫的危險中解救出來，意識求助於詭辯術，把它自己剛才宣稱爲虛假事物的東西，現在宣稱爲眞相。其實這些虛假事物的本性正想要推動著知性前進，讓知性首先認識到「**普遍性**」和「**個別性**」、「**並且**」和「**單一體**」、「與**非本質性**必然聯繫在一起的**本質性**」、「**必不可少的無關本質的東西**」等等都不是本質，然後把各種關於它們的**思想**予以**合併**，並藉此揚棄它們。反過來，知性的抗拒辦法就是用「**就……而言**」和各種**視角**的差異性來支援自己，要不然的話，知性就在接納一個思想的同時將另一個思想分割出去，堅持認爲那個分割出去的思想是一個眞實的思想。但實際上，這些抽象名詞的本性就在於把它們作爲一些自在且自爲存在著的東西予以合併。健全知性拚命抓住的東西就是這些抽象名詞，它們驅使著它在一個圓圈中打轉。知性一會兒把抽象名詞的非眞實性接納到自身中，一會兒把錯覺稱作是各種不可靠的事物的一個假象，一會兒又區分出一種事關本質的東西和一種對事物而言雖然必不可少、但又應該是無關本質的東西，並確定前者是眞理，後者不是。知性的所有這些做法都是爲了給予抽象名詞眞理，可是它不但沒有達到這個目的，反而使它自己成爲一個不眞實的東西。

[107]

第三章　力與知性，現象和超感性世界

對意識而言，聽和看等行爲已經消逝在感性確定性的辯證運動裡面，意識作爲知覺活動獲得了一些思想，儘管它只有透過一個無條件的普遍者才能把這些思想合併起來。這個無條件者，假若被當作一個靜止的和單純的本質，與某個非本質相對立，那麼它就別無選擇，只得出現在**自爲存在這一端**。但是，倘若無條件者與一個非本質相關聯，那麼它本身也將是一個無關本質的東西了，而且意識尚未擺脫知覺活動帶來的錯覺。不過，確實已經出現了這樣一個無條件者，它已經從一個有條件的自爲存在那裡返回到自身中。從現在起，這個無條件的普遍者是意識的一個眞實對象，只不過仍然是以**對象**的形式出現在意識面前。意識還沒有理解到它的**概念**是一個**概念**。概念究竟是以對象的形式還是以概念的形式出現，這兩種情況有著本質上的差別。對意識來說，對象已經擺脫了與他者的關係，返回到自身中，並因此成爲一個**自在的**概念。但是意識本身還不是一個自爲的概念，所以它不知道那個已經折返回自身中的對象就是它自己。**對我們來說**，這個對象已經透過意識的運動發生了轉變，以至於意識也介入到了對象的轉變過程中，所以出現在兩個方面的反映其實是一回事，換言之，它們是**同一個**反映。但因爲意識在這個運動中只是把一個客觀的本質，而不是把嚴格意義上的意識當作自己的內容，所以對它來說，結果必須具有一種客觀的意義。另一方面，意識試圖退出那個已經發生轉變的東西，而在這種情況下，客觀事物和本質對意識來說就是同一個東西了。

透過這種方式，知性誠然揚棄了它自己固有的非眞實性和對象的非眞實性。隨之轉變而來的對象，是一個關於眞相的概念，而這個**自在**存在著的眞相本身還不是一個概念，換言之，眞相還缺乏意識的那種**自爲存在**，所以它只能在那個尚未達到自我認識的知性中占有一席之地。眞相自顧自地推動著它的本質前進，所以意識沒有參與到眞相的自由實現過程之中，而只是注視著這個過程，用一種純粹的方式領會把握它。既然如此，**我們**必須取代意識的位置，我們必須成爲一個概念，這個概念塑造了一切包含在結果之中的東西。經過塑造的對象在意識面前呈現爲一個存在者，透過這個對象的中介，意識才成爲一種概念把握式的意識。

之前得出的結果，亦即那個無條件的普遍者，最初僅僅具有一種否定的和抽象的意義，即意識否定了它自己的各種片面概念，將它們抽離出來，予以拋棄。但是這個結果同時也具有一種肯定的意義，即**自爲存在**和**爲他存在**的統一或絕對對立被直接設定爲同一個本質。乍看，這好像只是涉及各個環節之間的銜接形式。然而自爲存在和爲他存在同樣都是**內容**，因爲眞正說來，對立的本性只能是我們在上述結果中已經看到的樣子，也就是說，知覺認之爲眞相的內容實際上只是隸屬於形式，而且已經融爲一個統一體。這些內容同時也是普遍的。沒有什麼內容能夠依靠自己的特殊性質就避免返回到那個無條件的普遍性中，假使有這樣的內容，那麼它終歸也要以某種特定的方式成爲一種自爲存在，並與他者相關聯。然而，一**般意義上的自爲存在**和一**般意義上的與他者相關聯**恰恰構成了內容的**本性**和**本質**，而本性和本質的眞理就在於它們是一個無條件的普遍者。結果是一個絕對普遍的東西。

但是，正因爲這個無條件的普遍者是意識的對象，所以在意識中出現了形式和內容之間的差別，而且，當各個環節最初以內容的形態呈現出來時，它們有如下兩種外觀：既是一個把許多持存著的質料溝通起來的普遍媒介，也是一個折返回自身中的、消滅了獨立的質料的單一體。普遍媒介消解了物的獨立性，換言之，普遍媒介是一種被動性，是一種爲他存在，而單一體卻是一種自爲存在。我們可以看看，這些環節在一個無條件的普遍性亦即它們的本質中是如何呈現出來的：首先，由於這些環節僅僅存在於一個無條件的普遍性之內，所以它們根本就沒有相互脫離，而是在本質上本身就是一些相互揚棄著的方面；其次，被設定下來的僅僅是這些方面相互之間的過渡。

前一個環節於是顯現爲一個單方面的本質，顯現爲一個普遍媒介，或各種獨立質料的持存狀態。但質料的**獨立性**不是別的，無非就是這個媒介。換言之，**普遍媒介**根本就是這些不同的普遍者的一種**多樣性**。普遍者本身與多樣性構成了一個不可分割的統一體，但這句話的意思其實是說，各種質料是形影不離的，它們雖然相互滲透，但彼此並不接觸，因爲反過來，眾多相互有別的東西同樣也是獨立的。這樣一來，它們的純粹通透性或它們的被揚棄者身分同時也被設定了。作爲一個遭到揚棄的東西而存在著，或者把差異性回溯到一種**純粹的自爲存在**，其實就是媒介自身的表現，但媒介同時又保障著各種差別的**獨立性**。換言之，各種質料一方面被設定爲獨立的，另一方面又直接過渡到它們的統一體，這個統一體又直接過渡到一個展開過程，這個展開過程又重新返回到那個收斂過程。這個運動正是所謂的**力**。運動的前一個環節是力的**外化活動**，也就是說，各種獨立質料在運動的存在中擴散開來，而在後一個環節中，獨立質料消失了，運動不再外化，而是成爲一種**被驅趕回自身的力**，亦即**嚴格意義上的力**。但是，首先，被驅趕回自身的力**必須**外化；其次，力在外化活動中仍然是一種**內在**存在，正如它的這種內在存在同時也是一個外化活動。當我們保持著這兩個環節的直接統一，那麼眞正說來，那掌握了力的概念的知性**本身**就是**概念**，它將不同的環節作爲不同的環節承擔起來。這些環節**就其自身而言**是不應該有差別的，因此差別僅僅存在於思想中。換言之，之前設定下來的僅僅是力的概念，而不是力的實在性。但實際上，力就是一個無條件的普遍者，這個普遍者既是一種**爲他**存在，也是一種自在存在。也就是說，這個普遍者本身就包含著差別，因爲差別無非就是一種**爲他存在**。因此，要得到眞正的力，就必須把它從思想那裡釋放出來，把它設定爲這些差別的一個實體。具體說來就是：**首先**，把實體看作是一個完整的、在本質上始終**自在且自爲存在著**的力，**其次**，把實體包含著的**各種差別**看作是一些**基本的差別**，亦即一些自爲地持存著的環節。就此而言，嚴格意義上的力或被

[110]

[111] 驅趕回自身的力是一個自爲存在著的、**排他的單一體**，對它來說，各種質料的展開過程是另一**個持存著的本質**，而這樣一來，就設定了兩個不同的獨立方面。但是力也是一個整體，它保持爲它在概念上所是的那種東西，也就是說，這些差別始終是一些純粹的形式，始終是一些流於表面的、**轉瞬即逝的環節**。那**被驅趕回自身的**、嚴格意義上的力，還有各種獨立質料的那個**展開過程**，如果它們不能獲得一種**持存狀態**，那麼它們之間的各種差別就根本不會存在，換言之，如果力不是以這種對立的方式**實存著**，那麼力就根本不存在。但是，所謂「力以這種對立的方式實存著」，意思無非是說，力的兩個環節同時都是**獨立的**。因此，需要觀察的是這樣一個運動，即兩個環節之持續的獨立化過程以及它們的自身揚棄。通常看來，這個運動剛好是一個伴隨著知覺活動的運動，其中的兩個方面，亦即知覺者和被知覺者，作爲一種對於眞相的**領會把握**，構成了一個不可區分的單一體，但與此同時，每一方面都已經**折返**回自身中，或者說每一方面都是一種自爲存在。在這裡，這兩個方面是力的不同環節，它們構成了一個統一體，但這個統一體儘管針對自爲存在著的兩端顯現爲一個中項，但自身同時又不斷地分割爲兩端，並因此造成兩端的對立。這個運動在前面曾經呈現爲各種相互矛盾的**概念**的一個自行消滅過程，但它在這裡卻獲得了一個**客觀的**形式，成爲力的運動，而結果就是，那個無條件的普遍者呈現爲一個**非客觀的東西**，或者說呈現爲物的**內核**。

[112] 力被設想爲一種**嚴格意義上的**或**折返回自身中**的力，按照這個規定性，力成爲力的概念的一個方面。但這個意義上的力是已經實體化了的一端，也就是說，它被規定爲一個單一體。在這種情況下，各種已經展開的質料的**持存狀態**就被排除在力之外，成爲一個不同於力的**他者**。由於**力本身**就必然是這個**持存狀態**，換言之，由於力必然會**外化**，所以它的外化活動看起來是這樣的情形，即**那個他者**向它**靠近**，將它誘導。但在事實上，由於力**必然**會外

化，所以它本身就包含著那個曾經被設定爲別的本質的東西。我們必須撤銷前面的規定，不再認爲力是**一個單一體**，不再認爲力的本質——它決定著力的外化，是一個從外面靠近過來的他者。寧可說，力本身就是那個普遍媒介，它保障著各個環節亦即各種質料的持存狀態，或者換種說法，**力已經外化**，而那個誘導著力的東西其實就是力自己。因此，力現在是作爲各種已經展開的質料的一個媒介而實存著。但與此同時，力在本質上具有的那個形式就已顯示各種持存著的質料已經遭到揚棄，換言之，力在本質上是一個**單一體**。就此而言，既然力現在被設定爲各種質料的一個媒介，那麼這個**作爲單一體而存在著東西**就是一**個不同於力的他者**，是力的本質，但已經脫離了力。但是，由於力必然是那個**尚未**被設定的他者，所以**那個他者會靠近過來**，誘導著力轉變爲一種自身反映，也就是說，那個他者揚棄了力的外化過程。但實際上，**力本身**就是作爲一個自身反映存在著，或者說它本身就已經揚棄了外化活動。那個作爲一個單一體而存在著的東西消失了，**不再**顯現爲一**個他者**。**力就是那個作爲單一體而存在著的東西**，力是一個被驅趕回自身的力。

很顯然，那個作爲一個他者而出現，既誘導著力進行外化，同時又誘導著力返回到自身內的東西，**本身就是力**。他者表明自己既是一個普遍媒介，也是一個單一體，而且這兩個形態分別都只是作爲一個轉瞬即逝的環節同時出現。就此而言，由於他者是爲著力而存在，而力也是爲著他者而存在，所以力根本沒有超出它的概念。如今有兩個力同時存在著，兩者的概念雖然是同一個概念，但概念已經從一個統一體過渡到分割狀態。從本質上來看，對立不可能始終保持爲一個純粹的環節，正相反，當對立分割爲兩個完全**獨立的力**之後，似乎已經擺脫了統一性的控制。對於力的這種獨立性，需要進行更深入的考察。後一個力最初是作爲誘導者或一個普遍媒介而出現的，而前一個力則被規定爲被誘導者，雙方在內容上相互對立。但實際上，由於誘導者在本質上就是這兩個環節之間的更替過程，而且本身就是

[113]

力，所以，**只有當它被對方誘導著進行外化**，它才是一個普遍媒介，同樣，**也只有當它被對方誘導**，它才是一個否定的統一體，才是一個誘導者，才會誘導著力返回到自身內。就此而言，**誘導者**和**被誘導者**之間的區別也產生了轉變，也就是說，雙方的規定性進行了互換。

既然如此，兩個力的交織就表現爲它們的這種相互對立的規定，表現爲它們透過這個規定，並在各種規定之絕對的、直接的互換中，彼此爲著對方而存在，表現爲一個過渡，只有透過這個過渡，力才看起來是**獨立地**出現在那些規定之中。誘導者被設定爲一個普遍媒介，而被誘導者則被設定爲一個被驅趕回自身的力。但是前者之所以是一個普遍媒介，只因爲後者是一個被驅趕回自身的力。換言之，其實是後者在誘導著前者，並使得前者成爲一個媒介。前者只有透過後者才獲得它的規定性，而且它之所以扮演著誘導者的角色，僅僅是因爲它被後者誘導著去成爲一個誘導者。同樣地，前者直接失去了它自己固有的規定性，因爲這個規定性會過渡到後者，或更確切地說，已經過渡到後者。那個陌生的、誘導著力的東西顯現爲一個普遍媒介，只因爲它已經被力誘導著去成爲一個誘導者。也就是說，**力設定了**誘導者，力**本身在本質上**就是一個普遍媒介。力之所以設定誘導者，是因爲這另一個規定對**力**來說是事關本質的，也就是說，因爲**這另一個規定其實就是力本身**。

要完整地認識到這個運動的概念，還需注意一點，即各種差別本身就表現爲一種雙重意義上的差別。它們**有時候**是**內容上的**差別，因爲一端是一個已經折返回自身中的力，另一端是各種質料的一個媒介，**有時候**又是**形式上的**差別，因爲一端是誘導者，另一端是被誘導者，前者是主動的，後者是被動的。就內容上的差別而言，它們在一般的意義上或對我們來說**是**有差別的，但就形式上的差別而言，它們又是獨立的，處於一種相互分離、相互對立的關係之中。因此從這兩個方面來看，相互對立的兩端都不是什麼**自在的**東西，而是儘管在本質上不同，但都僅僅是一些轉瞬即逝的環節，是一端向著另一端的直接過渡，這些都是意識在知覺到力的運動時所獲得的經驗。但按照之前的提醒，我們已經經驗到如下各種情形。首先，各種自在的差別，作爲**內容和形式之間的差別**，已經消失了。其次，那在形式方面表現爲事關本質的**主動者**、**誘導者**或**自爲存在者**的東西，在內容方面表現爲一個被驅趕回自身的力。最後，那在形式方面表現爲被動者、**被誘導者**或爲他存在的東西，在內容方面呈現爲眾多質料的一個普遍媒介。

透過力的一分爲二，力的概念成爲一個**現實的**概念。我們可以看到這個轉變，以及具體的轉變過程。兩個力都是作爲一種自爲存在著的本質實存著。但是它們的實存是一種相互反對的運動，也就是說，它們的**存在**其實是一種純粹的**依賴於他者的存在**，或者換句話說，它們的存在其實僅僅意味著**轉瞬即逝**。它們不是那種孤立的兩端，彷彿各自把持著什麼固定不變的東西，僅僅透過中項和相互接觸就體現出一種針鋒相對的外在屬性。其實，不管它們是什麼，它們都只是透過這個中項和相互接觸才存在著。在這個過程中，力一方面被驅趕回自身，成爲一種**自爲存在**，另一方面也在進行著外化，這裡面既有誘導也有被誘導。這些環節並沒有被分配到各自獨立的兩端，彷彿雙方之間僅僅存在著一個尖銳的對立，此外無他。寧可說，它們的本質完全在於，每一方都只有透過對方才存在著，而任何透過對方才存在著的東西又立即不復存在，因爲雙方都是這樣。因此，實際上雙方都缺乏一個自己固有的可以承載並維持著它們的實體。寧可說，力的**概念**在它的**現實性**之內才保持爲眞正的**本質**。**現實的力**在任何情況下都僅僅存在於一個**外化活動**之中，而外化活動無非是一種自身揚棄。這個**現實的**力，就它被設想爲一種擺脫了外化活動的自爲存在而言，就是被驅趕回自身的力。但正如我們已經看到的，這個規定性本身只是**外化活動**的一個環節。因此，力的眞理仍然只是一個關於力的**思想**。力的現實性的各個環節、力的各種實體、還有力的運動，都不斷地收縮爲一個無差別的統一體，而這個統一體並不是那個被驅趕回自身的力（因爲後者本身只是一個

[115]

環節），而是**力的嚴格意義上的概念**。因此，力的實現過程同時也是實在性的一種損失。確切地說，力在這裡轉變成了一個完全不同的東西，轉變成了一種**普遍性**。知性一開始或直接就認識到普遍性是力的本質，不僅如此，在力的那種應該存在著的實在性中，在一些現實的實體中，普遍性都顯示出自己是力的本質。

當我們把**第一個**普遍者作爲知性的**概念**來加以考察時，力還不是一種自爲存在，而現在，第二個普遍者，正如它**自在且自爲地**呈現出來的那樣，就是力的**本質**。反過來，如果我們把第一個普遍者看作一個**直接事物**，看作意識的一個**現實的**對象，那麼我們就把第二個普遍者規定爲一個**否定事物**，與那個感性的、客觀的力相對立。這個否定事物也是力，因爲力按照它的眞正的本質來說只是**知性的對象**。前一個普遍者是被驅趕回自身的力，或作爲實體的力。後一個普遍者則是物的**內核**，而作爲**內核**，它與嚴格意義上的概念是同一個東西。

現在，物的這個眞實本質就其規定性而言並不是意識的一個直接對象，寧可說，意識與內核之間是一種間接的關係，而且意識作爲知性是**透過力的交織這個中項才洞察到物的眞實背景**。這個把兩端（知性和內核）結合起來的中項是力的一種已經展開的**存在**，而這種存在如今對於知性來說是一種**轉瞬即逝的東西**。因此這種存在叫做**現象**。至於我們所說的假象，則是這樣一種**存在**，它本身就直接是一種**非存在**。力的已經展開的存在並非僅僅是一種假象，而是現象，是假象的**整體**。這個**整體**，作爲整體或**普遍者**，構成了**內核**，它是**力的交織**，而力的交織又是內核的一個自身**反映**。在這個整體之內，意識知覺到的各種本質按照其自在且自爲的樣子被**設定**爲一種客觀的東西，亦即一些永無休止地直接轉化爲其反面的環節，比如單一體直接轉化爲普遍者，事關本質的東西直接轉化爲無關本質的東西，反之亦然。因此力的交織是一個已經展開的否定性事物，而否定性事物的眞理是肯定性事物，即**普遍者**，一個**自在存在著的**對象。——但這個對象同時也是一種**爲他存在**，因爲它是意識的對象。它透過**現象**的運動而經歷了中介活動，在這個過程中，**知覺所把握到的存在**和那種一般意義上的感性對象僅僅具有一種否定的意義，因此，當意識從存在那裡折返回自身中，就等於是折返回眞相之中，但它既然是一種意識，所以就把眞相重新當作一個客觀的**內核**，並把物的這個反映與意識的自身反映區分開。同樣，對意識而言，中介運動仍然只是一個客觀的運動。內核是與意識相對立的一端。但是意識之所以把內核看作是眞相，原因在於，內核就是**自在體**，而意識在內核那裡同時還獲得了一種自身確定性，或者說獲得了自爲存在這一環節。然而意識還沒有認識到這個根據，也就是說，**自爲存在**本來就應該包含著一個內核，但卻被認爲只是一個否定的運動。在意識看來，這個否定的運動還只是一個客觀的、轉瞬即逝的現象，還不是它**自己固有的**自爲存在。所以，儘管意識知道內核是一個概念，但它還沒有認識到這個概念的本性。

這個**內在的眞相**，作爲一個凌駕於普遍與個別的**對立**之上的**絕對普遍者**，已經成爲**知性的對象**。在其中，如今才呈現出一個凌駕於**感性世界**亦即**現象世界**之上的**超感性世界**，一個**作爲眞相**的世界，一個凌駕於轉瞬即逝的**此岸世界**之上的常駐的**彼岸世界**。這就是自在體，是理性之最初的、因而不完滿的一個現象，換言之，它僅僅是眞理藉以擁有其**本質**的一個純粹要素。

因此從現在起，**我們的對象**是一個環環相扣的推論，它的大詞和小詞分別是物的內核和知性，而它的中項則是現象。這個推論的運動進一步規定了知性透過中項而在內核裡認識到的東西，規定了知性透過這種結合關係而得到的經驗。

意識仍然認爲內核是一個**純粹的彼岸世界**，它還沒有在彼岸世界發現它自己。內核是**空洞的**，因爲它僅僅意味著現象的取消，而在肯定的意義上，內核是一個單純的普遍者。內核的這種特點直接迎合了某些人的看法，他們說，物的內核是不可能被認識的。關於這種說法的理由，人們必須另作理解。誠然，對於直接出現在這裡的這一個內核，確實不可能有什麼現成的認識，但這並不是因為理性像人們通常所說的那樣，過於短視或受到諸多限制（對於這一點我們還一無所知，因為我們暫時還沒有深入到這個程度），寧可說眞正的原因是，由於事情本身的單純本性，或者換一個方面來說，由於內核正是被規定為意識的**彼岸世界**，所以在一片**空虛**之中本來就沒有什麼東西能被認識。誠然，當一個瞎子置身於超感性世界的豐富內容中——我們姑且假定超感性世界有著豐富的內容，不管這是它的特有內容，還是說意識本身就是這些內容，當一個視力良好的人置身於純粹的黑暗或純粹的光明裡——我們姑且假定世界僅僅是純粹的黑暗或僅僅是純粹的光明，這兩種情況下的結果都是一樣的，因為視力良好的人在純粹的光明和純粹的黑暗中都看不到任何東西，不比那個面對豐富內容的瞎子看到得更多。如果意識透過現象卻看不到內核，看不到那些透過推論而與內核結合在一起的東西，那麼它唯一能做的事情就是完全拘泥於現象，也就是說，它以為它掌握了眞相，但我們卻知道那個東西不是眞實的。換言之，意識為了顯示在一片空虛當中畢竟有點什麼東西存在，就用各種夢想以及它自己製造出來的**現象**去充實它。這樣一種空虛，不但從一開始就祛除了各種客觀事物，而且**作為一種自在存在著的空虛**，它必須也祛除嚴格意義上的意識所具有的全部精神性關係和精神性差別。這種如此**完全的空虛**，居然被某些人稱作一種**神聖事物**！既然如此，這種空虛必須忍受各種惡劣的待遇，因為它連夢想都不如，所以也不配得到什麼更好的待遇。

內核或超感性的彼岸世界**已經產生出來**，它**來自於**現象，現象是它的中介活動。換言之，**現象是內核的本質**，而且實際上正是現象使內核得到了充實。超感性事物就是感性事物和知覺事物，當然，這是就超感性事物的**眞相**而言。另一方面，**感性事物**和知覺事物的**眞理**就在於作為**現象**而存在。因此，超感性事物是**眞正意義上的現象**。在這裡，如果人們以

[118]

爲超感性事物**因此**就等同於感性世界，或者等同於**直接的感性確定性和知覺所認識的那個世界**，那麼這不過是一個顚倒的理解。因爲，現象其實**並不是**感性知識和知覺活動所認識到的這個存在著的世界，而是一個**已經遭到揚棄的**現象，或就它的眞相而言，是一個**內在的**世界。[119] 人們常常說，「超感性事物**不是**現象」，但他們在這裡所理解的「現象」並不是眞正意義上的現象，而是指**感性**世界，指一種本身就實實在在存在著的現實性。

知性，作爲我們的對象，在它所處的地位上正是把內核看作一個普遍的、尚未得到充實的**自在體**。力的交織從否定的方面來看是一種並非自在存在著的東西，而從肯定的方面來看則是一種在知性之外**進行著中介活動**的東西。知性的運動就在於透過一個中介活動而與內核發生關聯，從而使內核得到充實。知性**直接**面對的是力的交織，**但是**它認爲單純的內核才是**眞相**。同樣，力的運動只有作爲一般意義上的**單純事物**才是眞相。但我們已經看到，力的交織有這樣一個特性，即一個力被另一個力**誘導**，那扮演著**誘導者**角色的力爲著另一個力而存在，後者因此也轉變爲一個誘導者。同樣地，在這個過程中，出現在我們面前的只有**規定性**的直接更替或絕對轉換，這個規定性構成了現象的唯一**內容**，也就是說，現象若不是一個普遍媒介，就是一個否定的統一體。當力的交織按照一種特定的方式顯現，它就立即不再是當它顯現時所是的東西。透過一個特定的顯現方式，它誘導著對方，使對方**發生外化**，而這意味著對方現在本身也是一種力的交織。一方是誘導**關係**，另一方則是一種特定的、具有相反內容的**關係**，在這裡，**每一方面就其自身而言**都是一種絕對的顚倒，一種絕對的更替。但是這兩種關係其實是同一種關係，因爲**形式上的**差別（誘導者和被誘導者之分）與**內容上的**差別（被誘導者是一個被動的媒介，而誘導者則是一個主動的、否定的統一體或單一體）也是 [120] 同一個差別。本來，在這個運動中應該出現一些相互對立的**特殊的力**，但它們之間的全部差別都消失了，因爲它們的特殊性完全依賴於前面所說的那兩個差別。相應地，各個力之間的差別和前面那兩個差別也歸結爲同一個差別。因此，我們不必區分力、誘導、被誘導，不必區分「持存著的媒介」和「折返回自身內的統一體」等規定性，既不必區分各個自爲存在著的個別事物，也不必區分各種不同的對立，寧可說，凡是置身於這個絕對更替中的東西，都僅僅是一個**普遍意義上的差別**，亦即一個可以包容眾多對立的差別。所以，這個**普遍意義上的差別**是**力的交織本身就包含著的一個單純者**，是力的交織的眞相。它就是**力的規律**。

那絕對更替著的現象，當它與一個單純的內核或一個單純的知性發生關聯，就轉變爲一個**單純的差別**。內核一開始僅僅是一個自在的普遍者，但這個自在的、單純的**普遍者**在本質上同樣是一個**絕對普遍的差別**，因爲它是更替本身帶來的一個結果。也就是說，更替是普遍者的本質。但當我們這樣說時，眞正的更替已經被設定在內核之內，而在這種情況下，那個絕對普遍的、靜止的、保持著自身一致的差別也被接納到內核裡面。換言之，否定是普遍者的一個事關本質的環節，因此普遍者中的否定或中介活動是一個**普遍的差別**。這個普遍的差別表現爲**規律**，而規律是變動不居的現象，宛若一幅**持久不變的**圖像。就此而言，**超感性的**世界是一個**靜態的規律王國**，它一方面誠然凌駕於知覺世界之上，因爲知覺世界只有透過一種持續的變化才呈現出規律，但它同樣也是在知覺世界之中，是一種**當前現實的東西**，是知覺世界的一幅直接的、靜止的肖像。

誠然，規律王國是知性的眞理，它的**內容**來自於規律所包含著的差別。但與此同時，規律王國僅僅是知性的**初步眞理**，還沒有使現象得到充實。規律在現象中是一種當前現實的東西，但它並不等同於現象的整個當前現實。規律在不同的具體情況下總是具有不同的現實性。這樣一來，規律對現象而言始終是一個**自爲存在著的**方面，不在內核之中。換言之，現象還沒有被設定爲**眞正意義上的現象**，還沒有被設定爲一種**已經遭到揚棄的**自爲存在。同樣，規律的這個缺陷必定也會表現在它自己身上。表面上看來，規律有一個缺陷，也就是

[121]

說，它雖然本身就包含著差別，但這個差別卻是一個普遍的、未經規定的差別。但是，如果規律不是指一般意義上的**規律本身**，而是指**某**一**個**規律，那麼它已經具有了一個規定性。就此而言，存在著**許多**未經規定的規律。但這種多樣性寧可說本身就是一個缺陷，與知性的原則相矛盾，因爲知性既已認識到了單純的內核，它就會把那個自在的、普遍的**統一體**看作是眞相。因此知性必須把許多規律合併爲一**個**規律，比如把石頭下落的規律和天體運行的規律理解爲同樣一**個**規律。但是經過合併之後，那些規律就失去了它們的規定性。規律愈來愈流於表面，人們最終得到的實際上不是**這些特定的**規律的統一體，而是一個取消著規定性的規律。比如，那個把物體下落的規律和天體運動的規律結合在一起的規律，實際上並沒有把那兩個規律表現出來。那種把全部規律歸結爲**萬有引力**的做法僅僅表現出了**規律自身的**一**個單純概念**，僅僅把這個概念設定爲**存在著**。萬有引力所表達的意思僅僅是**任何一物與其他事物之間都有**一**個持久的差別**。知性自以爲發現了一個普遍的規律，可以表達出普遍的**嚴格意義上的**現實性，但實際上它僅僅發現了**規律自身的**一**個概念**，儘管它因此立即宣稱道：**全部現**實性**本身**就是合乎規律的。在這種意義上，「**萬有引力**」這個說法也是非常重要的，因爲它針對的是一種缺乏思想的**表象活動**，這種表象活動認爲萬物都是在偶然性的形態下呈現出來，而且認爲規定性是感性獨立性的一個形式。

因此，那與各種特定的規律相對立的東西，是萬有引力，或者說是規律的一個純粹概念。由於意識把這個純粹概念看作是本質或眞實的內核，所以特定規律的**規定性**本身仍然隸屬於現象，或更確切地說，隸屬於感性存在。但是，規律的純粹**概念**不僅凌駕於一**個特定的**、與**其他特定的**規律相對立的規律之上，而且凌駕於**全部規律**之上。我們所說的規定性其實只是一個轉瞬即逝的環節，它在這裡再也不能作爲一種本質性而出現。在這裡只有規律才是眞相。然而規律的**概念**轉而反對**規律**自身。也就是說，意識在規律中**直接地**領會把握到一

[122]

個差別，將其納入到普遍者之中，而這樣一來，各個環節它們的相互關聯就表現爲規律，作爲一些彼此漠不相關的、自在存在著的本質性也具有了**持存狀態**。規律包含著的差別還可以細分爲不同部分，而這些部分本身就是一些特定的方面。意識必須領會到規律的純粹概念（亦即萬有引力）的眞實意義，即這個概念是一個**絕對單純的東西**，透過它，規律本身包含著的**各個差別**重新**返回到作爲單純統一體的內核之內**。這個單純統一體是規律的一個內在的**必然性**。

因此規律是以一種雙重的方式存在著：一方面，它表現爲規律，其中包含著的各個差別表現爲一些獨立的環節，另一方面，它在形式上是一個**單純的**自身反映，而這個形式又可以被稱作**力**，只不過不是指那種被驅趕回自身的力，而是指一般意義上的力，亦即力的概念，這個抽象的表述在自身中包含著吸引者和被吸引者之間的各種差別。比如，**單純的**電是一個**力**，但要把這裡的差別表現出來，必須依賴於一**般意義上的規律**，而這裡的差別就是正電和負電之分。在自由落體運動中，**力**是一個單純的東西，亦即**重力**，它的**規律**在於：運動包含著流逝的**時間**和經過的**空間**等不同環節，這些環節之間量的關係好比根與平方之間的關係。電本身並不是一個自在存在著的差別，換言之，電在本質上就是正電和負電的雙重存在。所以人們常常說，電**具有**一個規律，即它總是以這種方式**存在**，或者說電**具有一個屬性**，即它總是以這種方式外化出來。這個屬性是這個力的本質屬性和唯一屬性，換言之，力**必然**具有這個屬性。儘管如此，「必然性」在這裡卻是一個空洞的字眼，它的意思不過是說：**因爲力必須**二重化，所以它**必須**二重化。如果設定了**正電**，那麼**自在地看來**，**負電**也是必然的，因爲**正極**只有在與**負極**的關聯中才存在著，換言之，**自在地看來**，正極**本身**就是一種自己與自己的差別，正如負極同樣也是如此。但是嚴格意義上的電並不是必然會發生這樣的分化；作爲**單純的力**，電在面對它的規律時無所謂作爲正電還是作爲負電**存在著**。如果我們把正極稱作電的概念，把負極稱作電的存在，那麼電的概念與電的存在是毫不相關的。電只**具有**這一個屬性，而這剛好意味著，**自在地看來**，分化對於電來說並不是必然的。如果人們說，正和負屬於電的**定義**，或者說正和負根本就是**電的概念和本質**，那麼前面那種毫不相關就獲得了另外一個形態。在這種情況下，電的存在就將完全意味著**電的實存**了，但那個定義並不包含著**電的實存的必然性**。若不是因爲人們**發現**了電，電才存在（也就是說，電根本不是一種必然存在），那就是透過其他的力，電才成爲一種實存（也就是說，電的必然性是一種外在的必然性）。但是，爲了斷定一個**存在**必然被**另一個存在**所規定，我們必須重新關注**衆多**特定的規律。我們在前面之所以離開這種多樣性，只是爲了觀察眞正意義上的**規律**。只有規律才能夠衡量它的眞正意義上的**概念**或它的必然性，但「必然性」在所有這些形式中都已經顯示自己僅僅是一個空洞的字眼。

除了上面提到的方式之外，規律與力之間、或概念與存在之間的毫不相關還以別的方式存在著。比如，按照運動的規律，運動必然要**分割**爲時間和空間，甚至還要分割爲距離和速度。既然運動只是那些環節相互之間的一種關係，那麼，**自在地看來**，作爲普遍者的運動在這裡**本身**就被分割了，但是這些部分（時間和空間，或距離和速度）並未顯示它們是起源於**同一個東西**。既然它們彼此毫不相關，那麼我們不但可以設想一種脫離了時間的空間和一種脫離了空間的時間，而且至少還可以設想一種脫離了速度的距離。只要它們之間不是**正極**和**負極**的關係，不是在**本質上**就相互關聯著，那麼它們的各種分量就是彼此毫不相關的。**分割**誠然是必然的，但分割出來的**各個部分**相互之間卻沒有一種必然的關係。因此那個起初的必然性本身僅僅是一種虛構的、虛假的必然性。也就是說，運動本身並沒有被設想爲一個**單純的**或純粹的本質，而是**已經**分割開了。時間和空間是運動的一些**獨立的**部分，或者說一些**本身**就**自在存在著的本質**，換言之，距離和速度是一些存在方式或表象方式，其中的每一個方式都可以脫離其他方式存在著，以至於運動僅僅是這些方式之間的一種**表面上的**關聯，而不是它們的本質。就運動被設想爲一個單純的本質或力而言，它無疑就是**重力**，但是重力在自身內根本沒有包含著上述差別。

因此，差別在兩種情況下都不是一種**自在存在著的差別**。它若不是一個普遍者，亦即力，與規律中的區分活動漠不相關，就是區分爲更多差別，亦即規律的各個部分，但彼此之間仍然漠不相關。然而知性之所以**具有這個自在存在著的差別**的概念，原因正在於，規律一方面是內核、**自在存在者**，另一方面**本身**又區分爲許多**彼此有別的東西**。由於規律是一個**單純的**力，或者換句話說，由於規律作爲差別的**概念**等同於一種**概念上的差別**，所以上述差別是一個**內在的**差別。但是這個內在的差別僅僅**包含在知性中**，還不是**隸屬於事情本身**。所以，知性陳述出來的只是一種**自立的**必然性。知性在指出一個差別的同時又表明，這不是**事情本身具有的差別**。就此而言，這個僅僅停留在字面上的必然性只不過是把那些構成了必然性圓圈的各個環節列舉出來。這些環節雖然彼此有別，但與此同時，這些差別又不是事情本身具有的差別，因此立即又被揚棄了。這樣一個運動就叫做**解釋**。人們先是宣布一個**規律**，從它那裡區分出它的自在存在著的普遍者或根據，亦即**力**。然後人們又聲稱這個差別不是差別，轉而說根據與規律具有完全相同的性質。比如，意識把閃電的個別性質領會把握爲一個普遍者，先是宣布這個普遍者是電的**規律**，然後作出解釋，把**規律**歸結爲**力**，認爲力是規律的本質。所以力的性質是**這樣的**：當它發生外化的時候，相互對立的正電和負電產生出來，又消失在對方之中，也就是說，**力和規律剛好具有同樣的性質**，因此兩者之間根本沒有任何差別。差別是一些純粹的和普遍的外化活動，或者說就是規律和純粹的力。然而規律和力具有**同樣的**內容、**同樣的**性質。這樣看來，那種內容上的差別，亦即**事情本身**所具有的差別，也被意識重新收回了。

[125]

[126] 如我們看到的，知性在考察它的對象的靜態統一體時，還局限在一個同語反覆的運動中，而且運動僅僅是知性的事，並沒有進入到對象中。這個運動就是去作出解釋，但它不僅沒有解釋任何東西，而且很顯然，當它自詡要說出什麼新穎見解的時候，其實只不過是一些老生常談。這個運動純粹只是作爲知性的一個運動而被考察，透過它，事情本身並沒有產生出任何新的東西。但是，我們在這個運動中也認識到了規律一度缺乏的東西，亦即一種絕對的更替。如果我們仔細觀察這個**運動**，就會發現它直接就是它自己的反面。運動設定一**個差別**，這個差別不僅對我們來說**不是差別**，而且透過運動本身就被揚棄了。這個運動也是一種更替，過去它曾經呈現爲力的交織。在這個運動裡，誘導者和被誘導者之間，外化的力和被驅趕回自身的力之間，都曾經存在著差別，但這些差別眞正說來又不是差別，並因此立即揚棄了自身。擺在我們面前的，不僅有一個**未設定任何差別**的純粹統一體，而且還有一個**運動**，也就是說，**無論意識設定任何差別**，**但因爲這個差別並不是差別，所以它重新被揚棄了**。透過這個解釋，那些此前還在內核之外的、屬於現象層面的變動和更替，現在深入到了超感性事物自身裡面。我們的意識離開那個作爲對象的內核，過渡並進入到與之對立的**知性**中，並在其中進行著更替。

這個更替目前還不是事情本身的更替，寧可說，它之所以呈現爲一種**純粹的更替**，原因正在於它的各個環節的**內容**是保持不變的。但只要**概念**作爲知性的概念與物的**內核**是同一個東西，那麼對於知性來說，**這個更替就成了內核的一個規律**。知性於是**經驗到現象的第** [127] **一個規律**：一方面，那沒有差別的東西轉變爲差別，換言之，**自身**一致者自己**排斥**自己，另一方面，這些差別眞正說來都不是差別，而且揚棄了自己，換言之，**非自身**一致者**自己吸引自己**。至於現象的**第二個規律**的內容，則與以前所謂的規律（亦即那種始終保持著自身一致的差別）相對立，因爲這個新的規律寧可表明，一**致的東西會轉變爲不一致**，**不一致的東**

西會轉變爲一致。概念要求那些頭腦簡單的人把這兩個規律結合起來，同時也意識到它們的對立。無疑，第二個規律也是規律，是一種內在的、自身一致的存在，更確切地說，是不一致性的一種自身一致性，是非持續性的一種持續性。而在力的交織那裡，這個規律恰恰表現爲一種絕對的過渡運動或一種純粹的更替。**自身一致者**，亦即力，**分裂**爲對立的雙方，這個對立雖然一開始看起來是一個獨立的對立，但它在事實上表明自己**不是對立**，因爲這是**自身一致者**自己排斥自己，而那被排斥的東西在本質上又相互吸引，因爲它們本來就是**同一個東西**。差別出現了，但它又不是差別，於是將自己揚棄。就此而言，這個差別呈現爲**事情本身**具有的差別或一種絕對的差別，而**事情本身**具有的差別無非就是那個自身一致者，它自己排斥自己，因此僅僅設定了一個不是對立的對立。

透過這個原則，最初的超感性事物，亦即那個靜止的規律王國或知覺世界的那個直接肖像，就轉到了它的反面。一般說來，規律本身和它所包含著的各種差別一樣，都是一種**保持自身一致的東西**。但從現在確定下來的情況來看，規律和那些差別寧可都是它們自己的反面。**自身一致的東西**反而自己排斥自己，自身不一致的東西反而轉變爲自身一致。實際上，只有透過這個規定，即自身一致者與自身不一致，自身不一致者又與自身一致，差別才成其爲一個**內在的**差別，亦即一個**自在的**差別。這樣一來，**這第二個超感性的世界**就是一個**顛倒的**世界，確切地說，既然第一個超感性世界已經存在於一個方面，那麼後一個超感性世界就是**前一個**超感性世界的**顛倒**。在這種情況下，內核就成爲一個完滿的現象。也就是說，第一個超感性世界只是把知覺世界**直接**提升爲一個普遍要素，它必然把知覺世界當作它的一個映射，而知覺世界**本身**仍然保留著**更替和變化的原則**。第一個規律王國原本不具有這個原則，但現在作爲一個顛倒的世界，它得到了這個原則。

因此，按照這個顛倒的世界的規律，第一個超感性世界裡面的**自身一致者**就是一種**與它**

自己不一致的東西，同樣，在第一個超感性世界裡面不一致的東西**與它自己也不一致**，而這意味著，它轉變為與自己一**致**。在一些特定的環節那裡，將會出現這樣的結果，比如那按照前一個世界的規律是甜的東西，在這個顛倒的自在體中是酸的，在那裡是黑的東西，在這裡是白的。對磁石來說，按照前一個世界的規律是北極的地方，在另一個超感性的自在體（即地球）中是南極；反過來，在那裡是南極的地方，在這裡是北極。同樣，在電的前一個規律中是氧極的東西，在它的另一個超感性本質中是氫極；反過來，在那裡是氫極的東西，在這裡是氧極。在一個層面上，按照一個**直接的規律**，報復敵人對於受到傷害的個體來說是最大的滿足，因為按照**這個規律**，如果誰沒有把我當作一個獨立的本質，那麼我就要表明我是一個與他相對立的本質，甚至還要揚棄他這個本質。如今按照另一個世界的原則，這個規律**顛倒為一個相反的規律**，也就是說，為了重新確立我這個本質，我需要做的不是去揚棄一個陌生的本質，而是讓這個陌生的本質自己毀滅自己。如果人們把那個顛倒（亦即對於罪行的**懲罰**）確立為一個**規律**，那麼這仍然僅僅是某一個世界裡的規律，這個世界與一個**顛倒的**超感性世界**相對立**，那在前一個世界裡被蔑視的東西，在後一個世界裡受到尊敬，那在前一個世界裡受到尊敬的東西，在後一個世界裡被蔑視。那按照**前一個世界的規律**傷害並消滅著人的懲罰，在對應的**顛倒世界**裡轉變為一種保存著人的本質並為他帶來榮耀的恩典。

表面上看來，這個顛倒的世界是前一個世界的反面，兩者相互對立，前者把後者作為一個顛倒的**現實性**從自己那裡排斥出去。一**方是現象**，**另一方是自在體**。一**方**是世界的**為他存在**，相反的**另一方**則是世界的**自為存在**。在這種情況下，借用前面的例子來說就是，那嘗起來是甜的東西，**真正說來**或就事物的**內核**而言是酸的；那按照現象裡的現實磁石來說是北極的地方，**就內在的或本質上的存在而言**是南極；那在顯現出來的電呈現為氧極的東西，在未顯現出來的電卻是氫極。或者說，一個**在現象裡**是罪行的行為，**在內核裡**卻可能是善的（一個壞的行爲可能有一個好的動機），懲罰只是**在現象裡**才是懲罰，**自在地說來**或在另一個世界裡對罪犯來說反而是善行。只不過，內核和外觀之間的對立，以及現象和超感性事物之間的對立，作爲兩種現實的對立來說，在這裡已經不復存在。那些被排斥出去的差別不會再度分裂爲兩個實體，彷彿可以承擔著這些差別，並給予它們分離的持存狀態，以至於知性從內核中又重新跌回到它從前的位置。倘若這樣的話，某一個方面或實體又將成爲知覺所把握的世界，兩條規律之一在其中驅動著它的本質，而另外有一個內在的世界（和前者一樣**正也是一個感性世界**）與它相對立，只不過是在**表象**中與它相對立。這個世界不可能作爲感性世界而被指明、被看見、被聽見、被嘗到，但是它終究還是被設想爲一個感性世界。實際上，如果說**前一個規律**是一種被知覺到的東西，而它的**自在體**作爲知覺的顛倒同樣也是一個**感性表象**，那麼酸作爲甜的自在體就是一個和它同樣現實的物，是一個**酸的物**。同樣，黑作爲白的自在體，是現實的黑；北極作爲南極的自在體，是**存在於同一個磁石**中的北極；氧極作爲氫極的自在體，是**存在於**同一根分解棒中的氧極。但是，**現實的**罪行是在**動機**本身中而不是在一個好的動機中具有**它的顛倒**和**它的自在體**，因爲顛倒和自在體還僅僅是一種**可能性**。動機的眞理無非就是行爲本身。罪行就其內容而言在一個**現實的**懲罰中得到它的自身反映或它的顛倒，而懲罰意味著規律與那個在罪行中反抗規律的現實性達成了和解。最終說來，**現實的**懲罰本身就是一種**顛倒的**現實性，也就是說，懲罰是規律的實現，而透過這樣的方式，這個懲罰行爲**自己揚棄了自己**，它不再是一個積極主動的規律，而是重新轉變爲一個**靜止的**並且發揮著校準的規律，在這種情況下，個體不再反對規律，規律也不再反對個體。

顛倒構成了超感性世界這一方面的本質。顛倒是一個表象，我們必須把它與另一個感性表象區分開，後者執著於一個不同的持存要素裡的各種差別。除此之外，我們必須以一種純粹的方式首先呈現出、然後領會把握到，這個絕對的差別概念是一個內在的差別，也就是說，眞正的自身一致者是自己排斥自己的，眞正的自身不一致者是與自己一致的。我們必須去思考一種純粹的更替，亦即一種**內在的對立**或**矛盾**。因爲，在一個內在的差別裡，對立雙方並不是**兩個孤立的單一體**，否則它們只能被稱作**存在者**而不能被稱作「對立面」，寧可說，任何對立面都是一個與它的對立面相反的東西，換言之，任何對立面在其自身內就直接包含著一個他者。誠然，我可以把對立的一方放在**這邊**，把相反的他者放到**那邊**，也就是說，把對立的一方當作一個自在且自爲存在著的、擺脫了他者的東西。但是正因爲我在這裡**把對立的一方當作一個自在且自爲存在著的東西**，它就轉變爲它自己的對立面，換言之，對立的一方實際上在其自身內就直接包含著一個他者。在這種情況下，顚倒的超感性世界同時也統攝著另一個世界，本身就包含著另一個世界。它把它自己看作是一個顚倒的世界，也就是說，它是一個自身顚倒的世界，而且它和它的對立面形成了**單一的**統一體。只有這樣，它才是一個**內在的**或**自在的**差別，或者說只有這樣它才是**無限性**。

我們看到，無限性使得一個完滿的規律本身就轉變爲必然性，而且現象的全部環節都被接納到內核裡面。綜上所述，「規律的單純性就是無限性」這句話有以下幾個意思：(1)規律是一種**自身一致的東西**，而後者又是一個自在的**差別**。換言之，規律是一種自己排斥自己的或一種分割了的自身一致者。我們此前稱之爲「**單純的力**」的那個東西，它將自身**雙重化**，並透過它的無限性轉變爲規律。(2)那些已經分裂的東西構成了**規律**中被表象的各個部分，它們呈現爲一種持存物。如果我們不是透過「內在的差別」這一概念來觀察那些部分，那麼當空間和時間、距離和速度作爲重力的不同環節出現時，它們不僅相互之間，而且對於重力來說都是毫不相關的，不具有必然性，與單純的重力無關。同樣，單純的電跟正極和負極也是無關的。(3)但是，透過「內在的差別」這一概念，空間和時間之類相互不一致的、彼此毫不相關的東西就轉變爲一個並非**差別**的**差別**，換言之，這僅僅是**自身一致者**本身

[131]

包含著的一個差別，它的本質是一個統一體。這類彼此漠不相關的東西作爲正極和負極相互激勵，實際上，當它們存在時，它們就將自身設定爲非存在，並在一個統一體之內揚棄自身。兩種不同的情況都存在著：首先，它們**自在地**存在著；其次，它們**作爲相互對立的東西自在地**存在著，也就是說，它們是自身的對立面，它們本身就包含著一個他者，僅僅是**單一的**統一體。

我們可以把這個單純的無限性或這個絕對概念稱作「生命的單純本質」、「宇宙靈魂」、「普遍血脈」等等，它在任何場合都是一種當前現實的東西，不會被任何差別干擾和打斷。實際上，它本身就是全部差別，同時又揚棄了這些差別，所以它雖然在自身內波動著，但並不運動，雖然在自身內顫動著，但並沒有脫離靜止狀態。它是**自身一致的**，因爲各種差別都是處於循環往復之中，因爲這是一些並非差別的差別。就此而言，這個自身一致的本質僅僅與自身相關聯。然而既然是「**與自身相關聯**」，那麼那個處於關聯中的「自身」也是一個他者，所以「**與自身相關聯**」寧可意味著**分裂**。換言之，那種自身一致性正是一個內在的差別。因此可以說，這些**分裂了的東西**本身都是**自在且自爲的**，每一方都是一個對立面，一**個他者的**對立面，而且在這個過程中，每一方和它的**他者**都被同時陳述出來。換言之，它並不是一個**他者**的對立面，而僅僅是**純粹的對立面本身**，但在這種情況下，它本身就是它自己的對立面。也可以說，它根本就不是一個對立面，而是一個純粹的自爲存在，是一個純粹的、自身一致的本質，本身不包含著任何差別，既然如此，我們根本就不必去追問：差別或他者是**如何**從這個純粹的本質中**產生出來的**？我們沒有必要把那些圍繞著這個問題所作的冥思苦想看作是一種哲學，更不能認爲這是哲學無法回答的一個問題，因爲分裂已經發生了，差別已經被自身一致者排除出去，與自身一致者並列，換句話說，**自身一致者**不再是一個絕對的本質，而是已經轉變爲分裂出來的東西之一。因此，「**自身一致者發生分**

[132]

[133] **裂**」這句話其實意味著：它已經把自己作爲一個分裂的東西，把自己作爲一個他者而加以揚棄。人們常常說，差別不可能來自於**統一體**，但實際上，統一體本身只是分裂過程的一個環節，因爲它是那種與差別相對立的單純性的一個抽象表述。但既然「統一體」是一個抽象表述，僅僅是對立面之一，那麼正如我們已經說過的，它是一個分裂活動。因爲，如果統一體是一個**否定事物**，是一個**對立面**，那麼它恰恰就被設定爲一種本身就包含著對立的東西。就此而言，「**發生分裂**」和「**轉變爲與自身一致**」之間的各種差別都是隸屬於同一個**自身揚棄的運動**。自身一致者還得發生分裂，或轉變爲它自己的對立面，而既然「自身一致者」是一個抽象表述，換言之，既然它**本身已經**是一個分裂的東西，那麼它的分裂活動就揚棄了它的本質，亦即揚棄了它的分裂狀態。所謂「**轉變爲與自身一致**」同樣也是一個分裂活動，任何轉變爲**與自身一致**的東西，都因此與分裂相對立。也就是說，任何轉變爲與自身一致的東西都因此把自己**置於對立雙方中的**一**方**，或更確切地說，它**轉變**爲一個**分裂的東西**。

某個東西透過某種方式被規定下來（比如被規定爲存在），但實際上卻轉變爲這個規定的反面，這種情況就是無限性，亦即純粹自身運動的一種絕對躁動。誠然，無限性已經是迄今整個運動的靈魂，但它只有在**內核**中才自由的登上檯面。現象或力的交織已經將無限性本身呈現出來，但在剛開始的時候，無限性是作爲一個自由的**解釋活動**而出現的。最終，當無限性的**眞實本質**成爲意識的對象，意識也就成爲自我意識。知性的**解釋活動**一開始僅僅描述了自我意識的各種表現。知性揚棄了那些包含在規律中、已經變得純粹、但彼此之間仍然毫不相關的差別，把它們設定在**單一的**統一體亦即力之內，使它們彼此一致。但是這個活動同樣直接就是一個分裂活動，也就是說，知性之所以能夠揚棄各種差別並因此設定力這個單一體，是因爲它造成了一個新的並非差別的差別，亦即規律和力之間的差別。由於這個
[134] 差別並不是一個差別，所以知性下一步要做的事情就是賦予規律和力同樣的性質，從而再度

揚棄這個差別。但這樣一來，這個運動或必然性就仍然只是知性的一個必然性和運動，換言之，**眞正意義上的**必然性和運動**尚未成爲知性的對象**，知性只是把包含在其中的正電和負電、距離、速度、引力以及其他的諸多事物當作對象，而這些對象構成了運動的各個環節的內容。知性的解釋活動之所以很容易給自己打圓場，恰恰是因爲意識在這些地方都是直接與自己對話，僅僅享受並回味著它自己。在這個過程中，儘管意識看起來是在做著別的什麼事情，但實際上僅僅是圍著自身打轉。

第二個規律顚倒了第一個規律並與之相對立，按照這個新的規律，換言之，按照一個內在的差別，無限性本身雖然成爲了知性的**對象**，但當知性把那個自在的差別，把「自己排斥自己的自身一致者」和「自己吸引自己的自身不一致者」重新劃分爲兩個世界或兩個基本要素，無限性就再度消失在知性眼前。對於知性來說，出現在經驗中的**運動**是一個發生過程，所謂「自身一致者」和「自身不一致者」都不過是一些**謂詞**，它們的本質是一個存在著的載體。同樣一個東西，對於知性來說僅僅是一個感性對象，但在我們這裡則是已經獲得了它的本質形態，成爲一個純粹的概念。僅僅**對我們而言**或**自在地看來**，知性的上述理解已經領會把握到了**作爲眞相的**差別，領會把握到了**眞正意義上的**無限性。闡明「無限性」這一概念是科學的任務。但在這裡，**直接**掌握著這個概念的意識重新透過一個自立的形式，或者說透過一個新的意識形態展現出來，這個新的意識形態在過往的事物中認識不到它自己的本質，而是把它們看作某種完全不同的東西。由於意識是以「無限性」這一概念爲對象，因此它所意識到的差別是一個**直接**遭到揚棄的東西。意識是一個**自爲存在**，**對無差別的東西進行區分**，換言之，意識就是**自我意識**。我**把我與我自己區分開**，**我在這個過程中立即發現這個被區分開的東西並沒有被區分開**。我，作爲自身一致者，把我排除到我自己之外，但這個被區分開、被設定爲不一致的東西，當它被區分開時，直接對我而言又不是一個差別。誠

[135]

然，關於他者的意識，或者說一般意義上的對象意識，本身就必然是一種**自我意識**，一種自身反映，一種借助於他者而獲得的自我意識。迄今的各種意識形態都以爲它們所認識到的眞相是別的什麼物或他者，而這些形態的**必然進程**恰恰表明，自我意識不僅僅是對象意識的可能條件，甚至不妨說，唯有自我意識才是這些對象意識的眞理。但這個眞理只是被我們看在眼裡，還沒有呈現在意識眼前。自我意識剛剛成爲一種**自爲存在**，尚未與一般意義上的意識形成一個**統一體**。

我們看到，在現象的內核中，知性眞正經驗到的無非就是現象本身，但在這個過程中，它不是把現象當作力的交織，而是把力的交織還原爲它的那些絕對普遍的環節，以及環節的運動，因此實際上僅僅經驗到**它自己**。那個在超越知覺之後呈現出來的意識，借助於現象這個中項而與超感性事物結合在一起，並透過現象直觀到相關背景。一邊是純粹內核，一邊是直觀著這個純粹內核的另一個內核，如今這兩端結合在一起，不再有這端和那端的區分，而在這種情況下，那個不同於它們的中項也消失了。於是，懸掛在內核前面的布幕拿走了，呈現在我們眼前的，是一個內核對於另一個內核的直觀活動。那個以**無差別的**自身一致者爲對象的直觀活動把它自己排除出去，設定爲一個**有差別的**內核，但同時又直接**發現**，這樣區分出的兩者是**無差別的**。這就是**自我意識**。如果**我們**不是親自走到那塊號稱遮掩著內核的布幕後面，就會以爲布幕後面根本看不到什麼東西。相應地，布幕後面也確實存在著一些可以被看到的東西，所以才會被我們看到。但同時很顯然，我們不可能不經周折就直接走到那塊帷幕後面，因爲知識，作爲現象及其內核的**表象**的眞理，本身僅僅是一個曲折的運動的結果，在這個過程中，意謂、知覺活動和知性等意識形態都逐漸消失了。同樣我們也將會發現，要認識到**意識在它的自我認知中所認識到的東西**，仍然免不了幾經周折，而以下內容就是我們對這個曲折過程作出的分析。

[136]

第二部分 自我意識

第四章　自身確定性的眞理

在迄今的各種形態下的確定性裡，意識都以爲眞相是某種不同於它的東西。但在關於眞相的經驗中，這個眞相的概念消失了。過去那些直接地**自在**存在著的對象，比如感性確定性所認識的存在者、知覺所認識的具體物、知性所認識的力，都表明自己眞正說來並未存在著，反倒是眞相這個**自在體**將上述對象規定爲一種爲他存在。眞相的概念在一個現實的對象中揚棄了自身，換言之，最初的直接表象已經消失在經驗裡，確定性已經消失在眞理中。但從現在起，那在過去的關係裡未曾出現的某種東西，亦即一種與自己的眞理相一致的確定性，產生出來了。確切地說，確定性如今把它自己當作一個對象，而意識也知道自己就是眞相。誠然，在這個過程中也存在著一個他者，也就是說，意識區分出一個東西，同時這個東西對意識而言又是無差別的。如果我們把知識的運動稱作**概念**，把知識這個靜態的統一體或自我稱作**對象**，那麼就會發現，不管是對我們還是對知識自身而言，對象都與概念契合。或者換一個說法，如果我們把**自在的**對象稱作**概念**，把作爲**爲他**存在的**對象**稱作對象，那麼很明顯，自在存在和爲他存在就是同一個東西。因爲意識是**自在體**，但意識的**對象**同樣也是**自在體**。對意識來說，對象既是自在體，也是一種爲他存在。自我是關聯的內容，是關聯活動本身。自我作爲一個他者與自己相對立，同時又統攝著對方，因爲它知道對方就是它自己。

現在，我們和自我意識一起進入了眞理的自家王國。我們要看看，自我意識最初是以何種形態出現的。如果我們在觀察這個新的知識形態亦即自我認知時，聯繫到之前的那種知識，亦即對於他者的知識，那麼誠然可以說，對於他者的知識已經消失了。但與此同時，這種知識的各個環節同樣也保留下來，而所謂的損失僅僅意味著，那些環節在這裡是**自在地**出現在我們眼前。意謂中的**存在**，知覺所接納的**個別性**及與之相對立的**普遍性**，還有知性所理解的**空洞內核**等等，都不再是本質了，而是轉變爲自我意識的一些環節，也就是說，轉變為一些抽象表述或差別，它們作為意識的**對象**，同時又是不眞實的，換言之，它們同時又並不是差別，而是一些純粹轉瞬即逝的本質。也就是說，已經消失的似乎僅僅是那個主要環節，即意識所面對的一種**單純的**、**獨立的持存狀態**。但實際上，自我意識是一個經歷了感性世界和知覺世界的自身反映，而且在本質上是一個經歷了**他者**的自身回歸。自我意識是一個運動。但既然它**僅僅把它自己**與它自己區分開，那麼對它而言，差別就**直接**作為一個存在著的他者而**被揚棄**了。差別並不**存在**，**自我意識**僅僅是這樣一個靜態的同語反覆：「我是我。」由於自我意識認為差別並非和自我意識一樣也包含著**存在**的形態，所以存在不是一個自我意識。在這種情況下，自我意識認為他者是一**個存在**，或者說是一個**有差別的環節**，但自我意識同樣認為它自己與這個差別構成的統一體是**另一個有差別的**環節。在第一個環節中，自我意識作為**意識**存在著，認識到感性世界的整個廣袤領域都保留下來了，與此同時，它僅僅與第二個環節亦即自我意識的自身統一相關聯。就此而言，自我意識的自身統一對自我意識來說是一個持存狀態，但這個持存狀態僅僅是一個**現象**，或一個**自在地看來**並不存在著的差別。自我意識的現象與自我意識的眞理之間的對立在本質上包含著這樣一個眞理，即自我意識是一種自身統一。自身統一必須成為自我意識的本質，也就是說，自我意識是一般意義上的**欲望**。從現在起，意識作為自我意識具有了雙重的對象：首先是一個直接的對象，亦即感性確定性和知覺活動所認識的對象，但這個對象**在自我意識看來**帶有**否定事物的標記**；其次就是**自我意識本身**，這個對象才是眞實的**本質**，但一開始還只是與前一個對象相互對立。在這種情況下，自我意識呈現為一個運動，它在這個運動中揚棄了上述對立，並發現自己達到了自身一致。

一方面，**對我們而言**或**自在地看來**，自我意識的對象作為一個否定性事物已經返回到自身，正如意識在另一方面也返回到自身。透過這種自身反映，對象已經轉變為**生命**。自我意識從它自身中區分出來的**存在者**，作爲一個存在著的東西，已經與感性確定性和知覺無關，而是成爲一種折返回自身內的存在，而直接欲望的對象是一個**有生命的東西**。**自在體**，作爲知性與物的內核之間的關係得出的一個**普遍的**結果，就是要區分無差別的事物，同時把有差別的事物統一起來。但正如我們已經看到的，這個統一同時也是一種自身排斥，而這個概念又**分裂**爲自我意識與生命之間的如下對立：自我意識是一個統一體，以各種差別的無限統一爲**對象**，然而生命僅僅作爲那個無限統一本身**存在著**，因此它不可能同時又**以它自己爲對象**。意識和它的**自在**存在著的對象都是獨立的。所以，當純粹**自爲**存在著的自我意識直接認爲它的對象具有否定性事物的特性，換言之，當自我意識最初作爲一種**欲望**存在著，它將會經驗到的反而是對象的獨立性。

我們之所以進入到目前這個層面，是依靠著一個概念或一個普遍的結果，從這裡得出的生命規定已經足以將生命標示出來，沒有必要去進一步展開它的本性。生命的圓圈是由以下一些環節銜接而成的：首先是**本質**，這是一種**揚棄**了一切差別的無限性，一種純粹的軸心旋轉運動，而它的靜止狀態則是一種絕不止息的無限性的靜止狀態；其次是**獨立性**，它在自身內消解了運動的各種差別；再次是時間的單純本質，它透過這種自身一致性獲得了空間的純正形態。但在這個**單純的**、**普遍的**媒介中，**差別**仍然是**差別**。這個普遍的流體之所以具有否定的本性，只因爲它**揚棄了各種差別**，然而如果各種有差別的事物不是持存著的，那麼流體又不可能揚棄它們。這個流體，作爲一種自身一致的獨立性，本身剛好就是各種差別的**持存狀態**或**實體**，在它的支援下，差別成爲一些相互有別的環節，成爲一些**自爲存在著**的組成部分。「**存在**」不再意味著一種**抽象的存在**，差別的純粹本質性也不再意味著一種**抽象的普遍性**。寧可說，差別的存在正是那個純粹的內在運動之單純的、流動的實體。但是，這些環節**相互之間的差別**之所以保持爲差別，根本說來無非是基於這樣一個**規定性**，即它們是無限性或純粹運動本身的一些環節。

這些獨立的環節**自爲地**存在著。確切地說，這種**自爲存在**意味著，這些環節**直接地**透過自身反映形成一個統一體，同時這個統一體又**直接地**分裂爲一些獨立的形態。統一體分裂了，因爲它是一個絕對否定的統一體，或者說一個無限的統一體。**統一體**是一種**持存狀態**，正因如此，差別也只有**在統一體之內**才具有獨立性。形態的獨立性顯現爲一個**特定的事物**，顯現爲一種**爲他存在**，因爲它是分裂的東西。就此而言，對於分裂狀態的**揚棄**是借助於一個他者發生的。但是統一體本身仍然包含著一個他者，因爲那個流體正是那些獨立的形態的實體，而這個實體卻是無限的。既然如此，持存著的形態本身就是一種分裂狀態，換言之，它們本身就揚棄了自己的自爲存在。

倘若我們進一步區分包含在這裡的各個環節，就會發現，**第一個**環節是各種**獨立的**形態的**持存狀態**，也就是說，它抑制著那種自在存在著的區分活動，既不讓它自在地存在著，也不讓它具有持存。**第二個**環節則是這樣一個情況，即那種持存狀態已經**從屬於**差別的無限性。在第一個環節中，形態是持存著的。作爲一個**自爲存在著**的形態，換言之，作爲一個按規定性而言無限的實體，它站出來反對**普遍的**實體，一方面否認這個流體，否認自己和對方之間有一種延續性，另一方面主張自己並沒有消解在這個普遍者中，而是透過脫離並吞噬它的這個混沌本性保存了自身。但實際上，正是依靠著一個普遍的、流動的媒介，生命才不再是一種**靜止的**形態分解，而是轉變爲形態的一種運動，換言之，轉變爲一種**處於演進過程中的**生命。單純的、普遍的流體是**自在體**，各種形態之間的差別是**他者**。但是透過這個差別，流體本身轉變爲**他者**，因爲現在是流體**爲著差別**而存在，而差別反而轉變爲一個自在且自爲的存在，一個吞噬了那個靜止媒介的無限運動，一個**活生生的**生命。就此而言，這個**顛倒過程**仍然是一種**自在的顛倒狀態**。那被吞噬的東西，是本質。個體性以犧牲普遍者爲代價將自身保存下來，並感覺到它的自身統一，但在這個過程中，個體性剛好揚棄了**它與他者之間的對立**，而個體性之所以是一個**自為存在**，正是依賴於**這個對立**。個體性自己爭取到的自身**統一**正是一個包含著各種差別的**流體**，或者說是一種**普遍的消解過程**。但反過來，揚棄個體的持存，同樣也意味著製造出個體的持存。既然個體形態的**本質**（亦即普遍的生命）和自為存在者是一個自在存在著的單純實體，那麼，由於它是在自身內設定了一個**他者**，所以它揚棄了自己的**單純性**或本質，也就是說，它使單純性發生分裂，而無差別的流體的分裂正好設定了個體性。生命的單純實體本身分裂為許多持存著的形態，同時又消解了它們之間的差別。同樣，分裂狀態的消解也是一種分裂或分解。就此而言，整個運動曾經區分開的兩個方面（一方是那種依靠獨立性的普遍媒介而靜靜分解的形態分化，另一方是生命的演變過程），又重疊在一起了。生命的演進過程揚棄了形態，但這個過程同時也是一種形態分化。形態分化既是一種分解活動，同時又揚棄了這種分解活動。所謂「流動的要素」本身只是本質的一個**抽象表述**，換言之，它只有作為一個形態才是**現實的**。它發生分解，同時又使分解出來的東西發生分裂，或將其消解。這個完整的圓圈運轉構成了生命，也就是說，生命既不是像之前所說的那樣，是它的本質的一種直接延續性和純粹性，也不是一個持存著的形態或一個自為存在著的個別物，既不是這些環節的一個純粹演進過程，也不是它們的一個單純集合，而是一個在展開自身的同時又消解著這種展開狀態、並在這個運動中作為一個單純東西而保存下來的整體。

我們從最初的直接統一體出發，歷經「形態分化」和「演進過程」這兩個環節，達到了它們的統一，並因此回到了最初的那個單純實體。既然如此，這個**折返回來的統一體**就不同於最初的那個統一體。最初的統一體是一個**直接的**統一體，被稱作**存在**，而現在這個統一體是一個**普遍的**統一體，它在自身中包含著以上所有被揚棄了的環節。它是**單純的類**，這個東

[142] [143]

西在生命的運動裡並沒有**作爲一個自爲的單純東西實存著**。寧可說，在這個**結果**（亦即單純的「類」）中，生命指向另一個生命，亦即意識，對後者而言，生命就是這樣一個統一體或「類」。

這另一個生命——它以嚴格意義上的**「類」**爲對象，而且本身也是一個「類」，就是**自我意識**。剛開始的時候，自我意識僅僅是一個單純的本質，把它自己亦即「**純粹自我**」當作對象。接下來要考察的就是自我意識獲得的經驗，在其中，這個抽象的對象將會在自我意識面前得到充實和展現，而我們在生命那裡已經看到類似的情形。

單純的自我是一個「類」，或一個單純的普遍者，對它而言，差別並不是差別，原因僅僅在於，它是一個**否定的本質**，與那些已經獲得形態的獨立環節相對立。就此而言，當一個獨立的生命呈現在自我意識面前時，自我意識只有透過揚棄這個他者才能獲得自身確定性。自我意識是一種**欲望**。自我意識確信他者是虛無縹緲的，它把這個確定性設定爲一個**爲著它**而存在的眞理，設定爲**它的**眞理；透過消滅獨立的對象，自我意識爲自己爭取到的自身確定性成爲一種**眞實的**確定性，一種在它看來以**客觀的方式**出現的確定性。

自我意識獲得了滿足，同時也經驗到了對象的獨立性。欲望，還有欲望的滿足所帶來的自身確定性，都是以對象爲條件，都需要揚棄這個他者才能成立。他者必須存在著，才談得上被揚棄。自我意識單憑它的否定關聯是不可能揚棄對象的，寧可說，它就像製造出欲望一樣，重新製造出對象。實際上，欲望的本質是一個異於自我意識的他者。透過以上經驗，這個眞理已經出現在自我意識面前。但自我意識同時也是一個絕對的自爲存在，而且它只有透過揚棄對象才能做到這一點。它必須得到滿足，因爲它是眞理。由於對象是獨立的，所以自我意識要得到滿足，就只得讓對象自己否定自己。對象必須自己否定自己，因爲它是一個**自在**存在著的否定事物，同時在本質上又必然是一個爲他存在。由於對象是一個自在存在著的否定，同時又是獨立的，所以它也是一個意識。生命作爲欲望的對象包含著一個**否定**，這個否定要麼**隸屬於**一**個他者**，亦即欲望，要麼表現爲一個**規定性**，與另一個漠不相關的形態相對立，也就是說，表現爲生命的**混亂的普遍本性**。但這個普遍的、獨立的本性（在這裡否定意味著一種絕對的否定）就是眞正意義上的「類」，亦即**自我意識**。**自我意識只有透過另一個自我意識才得到滿足**。

自我意識的概念是透過以下三個環節才得到完成的。在第一個環節中，純粹的、無差別的自我成爲自我意識的第一個直接對象。但在第二個環節中，這種直接性本身表現爲一個絕對的中介活動，其唯一的目標就是揚棄獨立的對象，或者說它是一種欲望。欲望的滿足是自我意識的一個自身反映，或者說是一個已經成爲眞理的確定性。儘管如此，在第三個環節中，這個確定性的眞理寧可表現爲一個雙重的反映，表現爲自我意識的雙重化。意識有一個對象，這個對象作爲一個自在存在設定了自己的他者存在，換言之，這個對象把差別設定爲一個虛假的差別，並以此確保它自己的獨立性。誠然，有差別的、完全**活生生的**形態在生命的演進過程裡也揚棄了自己的獨立性，但只要取消差別，它就不再是它本來所是的東西。同樣，自我意識的對象儘管包含著一種自身否定，但仍然是獨立的，就此而言，對象是一個自爲存在著的「類」，儘管擺脫不了特殊性，但仍然是一個普遍的流體；對象是一個活生生的自我意識。

一個自我意識爲著另一個自我意識存在著。只有到了這個地步，自我意識才眞正成爲自我意識，也只有在這個過程中，自我意識才透過一個他者獲得自身統一。[145] **自我**，作爲自我意識在概念上的對象，實際上並不是一個**對象**。然而欲望的對象必須是**獨立的**，因爲這個對象是一個普遍的、不可消滅的實體，是一個流動的、自身一致的本質。由於自我意識成爲對象，所以對象既是自我，也是對象。到此爲止，「**精神**」的概念已經出現在我們眼前。意識隨後將會經驗到什麼是精神。這個絕對的實體是一種完滿的自由，完全不依賴於它包含著的那個對立（亦即各個自爲存在著的自我意識之間的對立），把全部自我意識統一起來。**我**即**我們**，**我們**即**我**。自我意識是精神的概念。意識只有在自我意識那裡才獲得它的轉捩點，從此可以擺脫感性的此岸世界的繽紛假象，擺脫超感性的彼岸世界的空虛黑夜，進入到當前存在的精神性白晝之中。

一、自我意識的獨立性和非獨立性；主人與奴隸

自我意識是**自在且自爲的**，其原因和前提在於，它作爲一個他者的對象自在且自爲地存在著。也就是說，它僅僅作爲一個得到承認的東西存在著。這個在雙重化的同時保持爲統一體的東西，這個在自我意識中實現著自身的無限性，其概念是一個多方面的、具有多種意義的交叉重疊。也就是說，它的各個環節一方面看來是嚴格區分開的，同時從另一方面看來又是沒有區分開的，換言之，這些環節必須總是在兩種相反的意義上得到理解和認識。彼此有別的東西的雙重意義都包含在自我意識的本質中，以一種無限的或直接的方式獲得一個與原先設定相反的規定性。當我們去分析這個雙重化的精神性統一體的概念，就會發現一個圍繞著**承認**而展開的運動。

一個自我意識爲著另一個自我意識存在著。它已經來到**自身之外**。這個現象具有雙重的意義：**首先**，自我意識已經迷失了自己，因爲它發現自己是**另一個**本質；**其次**，由於自我意識並沒有把他者看作本質，而是在**他者**中看到**它自己**，於是就揚棄了他者。

自我意識必須揚棄**它的他者**。也就是說，去揚棄第一個雙重意義，同時又因此獲得第二個雙重意義：**首先**，它必須致力於揚棄**另一個**獨立的本質，並透過這個方式確定**它自己**才是

本質；**其次**，在這種情況下，它就得揚棄**它自己**，因爲他者就是它自己。

在雙重的意義上揚棄那個具有雙重意義的他者，同樣也意味著一種雙重意義上的**自身回歸：首先**，它透過揚棄他者使自己保存下來，也就是說，它透過揚棄**它的**他者而重新獲得自身一致性；**其次**，它也讓另一個自我意識保存下來，因爲它曾經在他者之內**存在著**，而現在它既然揚棄了**它的**這種存在，也就同時釋放了他者。

就此而言，當一個自我意識與另一個自我意識發生關聯，這個運動就被設想爲**某一個自我意識的行動**。但這個行動本身又具有雙重的意義，也就是說，這既是**這個自我意識的行動**，同樣也是**他者的行動**，因爲他者同樣也是獨立的，內在封閉的，支配著自己的一切。自我意識發現對象已經不再是起初作爲欲望的對象時的樣子，而是一個自爲存在著的、獨立的對象，所以，它針對對象做了什麼，也必須針對自己做同樣的事情，否則它拿對象一點辦法都沒有。雙方都是自我意識，因此它們的運動必然是一個雙重化的運動。每一方都看到**對方**和它做著同樣的事情，每一方都在做著它要求對方所做的事情，而它們之所以這樣做，**只因**爲對方也在做著同樣的事情。任何單方面的行動都是無所裨益的，因爲，任何應該發生的事情都只有透過雙方的配合才會眞正發生。

也就是說，只有當一個行動既是**針對自己**也是**針對對方**，不僅如此，只有當一個行動既是**某一方的行動**同時也是**對方的行動**，它才具有雙重意義。

在這個運動裡，我們看到，那個曾經呈現爲力的交織的演進過程重新出現了，只不過這次是出現在意識中。那些在力的交織裡原本只是我們的對象的東西，現在成了兩端自身的對象。中項，作爲自我意識，已經分裂爲兩端，而兩端交換著它們的規定性，完全過渡到對方那裡。作爲意識，每一端誠然都走到了**自身之外**，但同時又仍然留守在自身之內。它是一個**自爲存在**，而它的外在存在則是一個**爲他存在**。在意識看來，它既**是**同時也**不是**另一個意識。同樣，對方之所以是一個自爲存在，只因爲意識把自己作爲一個自爲存在而予以揚棄，僅僅透過對方的自爲存在才成爲一個自爲存在。每一端對於對方而言都是一個中項，每一端都透過這個中項做到了自身中介和自身結合，每一端對於自己和對方而言都是一個直接的、自爲存在著的本質，與此同時，這個本質只有透過中介活動才成爲一個自爲存在。它們**相互承認著對方**，同時也就**承認**了自己。

「承認」意味著自我意識作爲一個統一體發生了雙重化。現在我們要來看看，「承認」這一純粹概念的演進過程是如何出現在自我意識面前的。首先將要呈現出來的是雙方的**不一致性**這一方面，換言之，我們首先看到的是，中項分裂爲相互對立的兩端，其中一端只得到承認，而另一端只作出承認。

自我意識起初是一個單純的自爲存在，透過將一切**他者**排斥在**自身外**達到自身一致。在自我意識看來，它的本質和絕對對象就是**自我**。而作爲一個**直接的**、**存在著的**自爲存在，自我意識是一個**個別事物**。在自我意識看來，對方是一個無關本質的對象，具有否定事物的特性。但是，對方也是一個自我意識，在這種情況下，一個個體與另一個個體之間的對立出現了。當雙方**以直接的方式**出現，它們同樣都是對方的對象；他們是一些**獨立的**形態，是一種沉浸在**生命**的**存在**之內的意識，因爲存在著的對象在這裡已經把自己規定爲生命，它們**對彼此而言**都還沒有完成一個絕對抽象化的運動（即消滅一切直接的存在，完全轉變爲那個自身一致的意識的一種純粹否定的存在），換言之，它們對彼此而言都還沒有呈現爲一個純粹的**自爲存在**，亦即尚未呈現爲一個**自我**意識。每一端都具有自身確定性，但對於對方卻沒有把握，就此而言，雙方各自的自身確定性都不是一個眞理。假若是眞理，那麼這僅僅意味著，雙方各自的自爲存在已經呈現爲一個獨立的對象，換言之，對象已經呈現爲一個純粹的自身確定性。但是就「承認」這一概念來看，上述情況卻是不可能的，除非對方是怎麼對待它的，它也是怎麼對待對方，雙方既透過自己的行動也透過對方的行動使「自爲存在」成爲一個純粹的抽象表述。

但是，所謂把自我意識作爲一個純粹的抽象表述**呈現**出來，就在於指出自我意識完全否定了它的客觀形態，換言之，指出自我意識沒有與任何一個特定的**實存**，沒有與「一般意義上的實存」之類普遍的個別性，沒有與生命聯繫在一起。呈現是一個**雙重化的**行動：既是對方的行動，也是自己的行動。如果把這看作是**對方**的行動，那麼這意味著，雙方都企圖致對方於死地。但這裡面又包含著另一種行動，亦即**自己的行動**。至於前一個行動，則有搭上自己的性命的危險。雙方都是自我意識，相互之間有一個特定的關係，即它們透過生死較量來**考驗**自己和對方。它們必須進行這個較量，因爲雙方都必須把各自的自身確定性（即確信自己是一個**自爲存在**）在對方那裡和自己這裡提升爲一個眞理。唯有冒著生命危險，自由才會經受考驗，自我意識才會認識到，本質既不是**存在**，不是它**直接**出現時的形態，也不是那種陶醉於散漫生命中的狀態。寧可說，依附在自我意識身上的一切都不過是一個轉瞬即逝的環節，而自我意識本身僅僅是一個純粹的**自爲存在**。誠然，即使一個個體不敢去冒生命危險，我們仍然承認它是一個**個人**，但在這種情況下，它並沒有獲得「承認」的眞理，因爲它不是作爲一個獨立的自我意識得到承認。雙方都必然希望致對方於死地，同樣，雙方都冒著生命危險。雙方都不再認爲對方就是它自己。它的本質在它面前呈現爲一個外在的他者，而它必須揚棄它的外在存在。對方是一個天衣無縫的、存在著的意識。每一方都必須直觀到對方的存在是一個純粹的自爲存在，或者說是一個絕對的否定。

然而死亡的考驗不但揚棄了一個本應出現的眞理，而且也因此揚棄了一般意義上的自身確定性。因爲，如果說生命是對於意識的一種**自然的**肯定，是一種不包含著絕對否定性的獨立性，那麼死亡就是對於意識的一種**自然的**否定，是一種不包含著獨立性的否定，而獨立性恰恰是「承認」的目標和意義。誠然，死亡已經是這樣一個確定性，即雙方都敢於冒生命危險，把自己的和對方的生命視如草芥。但是對於那些經過這場較量而得以生還的自我意識來說，則談不上這樣一個確定性。它們揚棄了自己的意識，因爲意識被設定在一個陌生的本質性之內，顯現爲一個自然的實存，換言之，它們不但自己揚棄自己，而且遭到對方的揚棄，因爲**兩端**都想要成爲自爲存在。但這樣一來，那個事關本質的環節——某個東西分裂爲性質相反的兩端，就從更替的交織中消失了。中項凝縮爲一個僵死的統一體，這個統一體又分裂爲僵死的、單純存在著的、相互並不對立的兩端，而兩端都不是透過意識而於相互之間各有予取，而是把對方當作物，完全以漠不相關的方式對其聽之任之。它們的行爲是一個抽象的否定，而不是意識作出的否定，因爲當意識**揚棄**一個東西時，它會把遭到揚棄的東西**保存**並**保留**下來，就此而言，意識在遭到揚棄時能夠倖免於難。

自我意識在這個經驗中發現，無論生命還是純粹的自我意識都是事關本質的東西。在一個直接的自我意識中，單純的自我是一個絕對的對象，而對於我們而言或自在地看來，它是一個絕對的中介活動，把那種持存著的獨立性當作是一個事關本質的環節。那個單純的統一體已經消解了，這是最初的經驗得出的結果。統一體既已不復存在，就出現了一個純粹的自我意識以及另一個意識，後者不是一個純粹的自爲存在，而是一個爲他存在，也就是說，是一個**存在著**的意識，亦即一個具有**物性**形態的意識。這兩個環節都是事關本質的。剛開始的時候，它們是相互不一致和相互對立的，而且沒有任何跡象顯示它們會返回到一個統一體之內，就此而言，它們是作爲兩個相互對立的意識形態存在著。一個是獨立的意識，以自爲存在爲本質，另一個是不獨立的意識，以生命或爲他存在爲本質。前者是**主人**，後者是**奴隸**。

主人是一個**自爲**存在著的意識，但他不再僅僅是這樣一種意識的概念，而是一個透過**另**

[150]

一**個**意識而實現自身中介的、自爲存在著的意識，而另一個意識的本質就在於與一個獨立的**存在**或一般意義上的物性結合在一起。主人與以下兩個環節都有關聯：一個環節是嚴格意義上的**物**，亦即欲望的對象，另一個環節則是一個以物性爲本質的意識。⑴首先，主人作爲自我意識的概念乃是**自爲存在**的一個直接關聯；⑵但主人同時又是一個中介活動，換言之，主人只有借助於一個他者的中介才成其爲一個自爲存在；就此而言，⑴主人直接與兩個環節相關聯；⑵主人同時也間接地透過一個環節而與另一個環節相關聯。**借助於一個獨立的存在**，主人**間接地**與**奴隸**發生關聯。奴隸正被束縛在這個獨立的存在上面，他在較量中沒有能力掙脫這個束縛，因此顯示自己是不獨立的，只有透過物性才能獲得自己的獨立性。相反，主人有能力支配一個獨立的存在，因爲他在較量中表明，這個存在對他來說僅僅是一個否定性事物。由於主人有能力去支配一個獨立的存在，而這個存在又有能力去支配奴隸，所以主人是透過這個連鎖關係統治著奴隸。同樣，主人也是**透過奴隸間接地**與**物**發生關聯。奴隸是一般意義上的自我意識，他同樣也是以否定的方式與物相關聯，將物揚棄。但物同時也是獨立於奴隸的，所以奴隸在他的否定活動中不可能一勞永逸地將物消滅掉，換言之，他僅僅對物進行**加工改造**。另一方面，透過這個中介活動，主人與物之間的關聯**轉變爲**一個**直接的**關聯，轉變爲對於物的純粹否定，換言之，這個直接的關聯是一種**享受**。主人做到了欲望沒能做到的事情，即以享受爲目的，在享受中得到滿足，而欲望之所以做不到這一點，是由於物的獨立性。但是主人是把奴隸放在他和物之間，這樣一來，他僅僅與物的非獨立性聯繫在一起，盡情地享受著物。至於獨立性這一方面，主人則是把它讓渡給對物進行加工改造的奴隸。

在以上兩個環節裡，主人都認識到自己得到了另一個意識亦即奴隸的承認。也就是說，奴隸把自己設定爲一個無關本質的東西，一方面必須對物進行加工改造，另一方面又不得不

[151]

依賴於一個特定的實存。在這兩種情況下，奴隸都不能成爲存在的主宰，不能達到一種絕對的否定。在這裡，「承認」這一環節已經昭然若揭，也就是說，另一個意識亦即奴隸作爲一個自爲存在將自己揚棄，因此他對自己所做的事情正是主人對他所做的事情。同樣，在另一個環節中，奴隸的行動就是主人自己的行動，因爲奴隸所做的事情眞正說來是主人的一個行動。主人只認可自爲存在，把它當作本質。主人是一個純粹的否定勢力，把物看作虛無，就此而言，他在這個關係裡是一個純粹的、事關本質的行動，反之奴隸卻是一個既不純粹、同時又無關本質的行動。眞正的承認還缺乏一個環節，也就是說，主人對奴隸所做的事情也應該是主人對自己所做的事情，而奴隸對自己所做的事情也應該是他對主人所做的事情。這就導致出現了一種單方面的和不一致的承認。

在這裡，一個無關本質的意識成爲主人的對象，並構成了主人的自身確定性的**眞理**。然而很顯然，這個對象與它的概念並不契合，也就是說，主人在實現自身的過程中所面對的不是一個獨立的意識，而是一個不獨立的意識。因此主人不能確信**自爲存在**是一個眞理，寧可說他的眞理是一個無關本質的意識，是這個意識的一種無關本質的行動。[152]

在這種情況下，獨立的意識的**眞理**是**奴隸意識**。剛開始的時候，奴隸意識是**外在於**自身的，並沒有顯現爲自我意識的眞理。但正如我們看到的，主人的本質顛轉了他的意願，同樣，奴隸在實現自身的時候也將會轉變爲他的直接存在的反面。奴隸將會作爲一個**被驅趕回自身的**意識進入到自身內，並使自己轉而成爲一種眞實的獨立性。

之前我們看到的僅僅是那處於主人統治之下的奴隸。但奴隸已經轉變爲一個自我意識，而我們現在要來考察，它在此之後是如何一種自在且自爲的存在。剛開始的時候，奴隸把主人當作本質，把一個**獨立的**、**自爲存在著的意識**看作**眞理**，儘管這個眞理僅僅是他的**對象**，還沒有出現在**他自己那裡**。然而，透過一個**針對自己而作出的行爲**，奴隸獲得了純粹否 [153]

定性和**自爲存在**的眞理，因爲他已經在自己那裡**經驗到**這個本質。也就是說，奴隸不是爲著某個東西，也不是在某個瞬間感到擔憂，而是爲著他的整個本質感到擔憂。他感受到了一種畏懼，即對於死亡這個絕對主宰的畏懼。奴隸於是在內心裡已經瓦解了，在自身內已經澈底動搖了，一切穩固的東西都已經被顚覆。但是，這個純粹而普遍的運動，一切持存事物的絕對流轉，正是自我意識的單純本質，是一種絕對的否定性，因此它是奴隸**本身具有**的一種**純粹的自爲存在**。「純粹的自爲存在」這一環節是奴隸的**對象**，正如它在主人那裡同樣也是主人的**對象**。除此之外，奴隸並非僅僅是**一般意義上的**普遍的消解過程，而是透過履行職責來使消解過程得以**實現**。在這個過程中，奴隸歷經一切**個別的**環節，揚棄了他對於自然實存的依賴性，並透過勞動消除了自然實存造成的阻礙。

然而，不管是在一般意義上的職責還是在個別的職責中，對於絕對權力的感受都僅僅是一種**自在的**消解過程，雖說「敬畏主人是智慧的開端」①，但意識在這裡只是**爲著自己**而存在（亦即把自己當作一個對象），還不是一個**自爲存在**。透過勞動，意識返回到自身之內。主人的意識裡有一個環節是與欲望相契合的，在這裡，僕從意識與物之間看起來碰巧是一個無關本質的關聯，因爲物始終保持著自己的獨立性。另一方面，欲望的目標是要完全否定對象，從而獲得一種純粹的自身感觸。但正因如此，這個滿足僅僅是一種轉瞬即逝的東西，因爲它缺乏一個**客觀的**方面，也就是說，缺乏**持存**。反之，勞動是一種**被遏制的**欲望，是一種**被阻止的**飄逝，換言之，勞動**進行塑造**。剛好對勞動者來說，對象具有獨立性，正因如此，這種與對象之間的否定關聯轉變爲對象的**形式**，轉變爲一個**持久不變的東**

① 參閱《舊約・詩篇》（111, 10）：「敬畏耶和華是智慧的開端，凡遵行祂命令的是聰明人。」

[154]

西。這個**否定的**中項，這種**塑造活動**，同時也是**個別性本身**，或者說是意識的純粹的自為存在，因為意識如今已經透過勞動擺脫自身，進入到「持久不變」這一要素之中。這樣一來，勞動意識就直觀到那個獨立的存在其實**是它自己**。

塑造活動有一個肯定的意義，即僕從意識在這個過程中由一個純粹的**自為存在**轉變為一個**存在者**，不僅如此，塑造活動也有一個與前一環節相對立的否定意義，即畏懼。因為在對物進行塑造時，只有當僕從意識揚棄了那個與之對立的、存在著的**形式**，它才會把它自己固有的否定性、把它的自為存在看作是一個對象。但是這個客觀的**否定性事物**正是一個曾經使它膽戰心驚的陌生本質。現在，僕從意識摧毀了這個陌生的否定性事物，把**它自己**放置到「持久不變」這一要素之中，並因此作為一個**自為存在者**成為**它自己的對象**。在主人那裡，僕從意識僅僅把自為存在看作是**另一個自為存在**，看作是**一個對象**。在對於死亡的畏懼中，僕從意識**就其自身而言**獲得了自為存在，而在對物進行塑造時，僕從意識認識到自為存在是**它自己固有的**自為存在，認識到它本身就是自在且自為的。由於形式被**設定在外**，所以它在僕從意識看來並不是一個他者。寧可說形式正是僕從意識的純粹的自為存在，而自為存在對它而言已然是一個真理。僕從意識靠著自己重新發現了它自己，在這種情況下，儘管它曾經看起來僅僅是一個**不由自主的意向**，但現在正透過勞動轉變為一個**自主的意向**。為了達到這種自身反映，「畏懼及一般意義上的職責」和「塑造活動」這兩個環節都是必要的，而且兩個環節必須同時以普遍的方式出現。一方面，如果在職責和恭順等方面缺乏訓練，那麼畏懼仍然是流於形式的，並沒有覆蓋實存的已經達到意識的現實性。同樣，如果缺乏塑造活動，那麼畏懼始終是一種囿於內心的、沉寂的東西，而意識也不會把它自己當作一個對象。另一方面，如果意識不具備最初的那種絕對的畏懼，就去進行塑造，那麼它只不過是一個虛妄的自主意向而已。僕從意識的形式或否定性並不是一種**自在的**否定性，就此而言，它

[155]

在進行塑造時並沒有意識到自己是本質。如果僕從意識不曾經歷過那種絕對的畏懼，而只是克服了一些擔憂，那麼它就會把那個否定的本質始終看作是一個外在的東西，沒有完全掌握它的實體。由於它的自然意識的內容並不是全都處於動盪之中，所以**自在地看來**，它仍然隸屬於一個特定的存在，而所謂的自主意向其實是一種**剛愎自用**，一種仍然局限在奴隸狀態下的自由。在僕從意識看來，純粹形式不可能轉變爲本質，同樣，就純粹形式被看作是一種覆蓋著個別事物的東西而言，它也不是一個普遍的塑造活動，不是一個絕對的概念，而是一種技藝，這種技藝只能掌控少許事物，但卻掌控不了那個普遍的勢力，也掌控不了整個客觀本質。

二、自我意識的自由；斯多亞主義、懷疑主義和哀怨意識

一方面，獨立的自我意識把**自我**這一純粹的抽象表述看作是本質，另一方面，由於這個純粹的抽象表述處於塑造的過程中，並賦予自身各種差別，所以它的這些活動在自我意識看來並不是一個客觀的、**自在**存在著的本質。因此自我意識並沒有轉變爲一個既是單純的、同時又眞正區分著自身的自我，或者說沒有轉變爲一個既作出絕對的區分、同時又保持著自身一致的自我。與此同時，那個被驅趕回自身中的意識在進行塑造時是被塑造的物的形式，它以它自己爲對象，同時又直觀到主人的自爲存在是一個意識。對於僕從意識本身而言，如下兩個環節：首先，**它自己**是一個獨立的對象，其次，這個對象是一個意識，因此是它自己固有的本質，是分裂開的。但是，**對我們而言**或**自在地看來**，**形式**和**自爲存在**是同一個東西，而且按照「獨立的意識」這一概念來看，**自在**存在就是一個意識，既然如此，**自在**存在或那種在勞動中獲得形式的**物性**就不是某種不同於意識的實體，而自我意識的一個新的

形態隨之已經出現在我們面前。這個意識是一種無限性，或者說是意識的一個純粹運動，它把它自己當作本質。它**思維著**，換言之，它是一個自由的自我意識。所謂**思維**，並不是指一個**抽象的自我**，而是指一個**自在**存在著，同時又以自己爲對象的自我，換言之，按照它與客觀本質之間的關係來看，它既是意識的對象，同時又是意識的**自爲存在**。對**思維**而言，對象並不是在表象或形態中運動，而是在**概念**中運動，而概念在這裡是一種有差別的自在存在，同時又與意識沒有任何差別。嚴格意義上的**表象**、**有形事物**、**存在者**等等，在形式上就是某種不同於意識的東西。然而概念同時也是一個**存在者**，概念與存在之間的這個差別，就它隸屬於概念自身而言，是概念的一個特定的內容，但由於這個內容同時又是一個在概念上得到把握的內容，所以思維始終都是**直接地**意識到它與這個特定的、有差別的存在者的統一。在表象那裡，思維還得特別提醒自己，這是**它的**表象，而現在，我直接就認識到概念是**我的**概念。在進行思維時，我**是自由的**，因爲我並不是依賴於一個他者，而是完全停留在我自身中，而對象，作爲我的本質，其實是我的自爲存在，它和我形成了一個不可分割的統一體。我在概念中運動，其實就是在我自身中運動。按照自我意識的這個形態的規定，我們必須堅持這樣一個關鍵，即這個形態是**一般意義上的思維著的**意識，換言之，它的對象是**自在存在**和**自爲存在**的**直接**統一體。那個既與自身一致，同時又排斥自身的意識，發現自己轉變爲一個**自在存在著的要素**，而這意味著，這個意識只能是一般意義上的普遍本質，而不是一個本身包含著複雜多樣的存在、並且處於發展和運動過程中的客觀本質。

眾所周知，自我意識的這種自由已經作爲一個自覺的現象出現在精神史之中，這就是**斯多亞主義**。按照斯多亞主義的原則，意識是一個思維著的本質，而且，只有當意識表現爲一個思維著的本質，它的對象才具有本質性，才是眞的和善的。

生命之多種多樣的、內在分化著的廣袤領域，還有生命的個別情形和複雜狀況等等，都

[157]

是欲望和勞動在行動中所指向的對象。如今這種多樣的行動已經凝縮爲一個單純的區分活動，後者又依賴於一個純粹的思維運動。以往的差別，是一**個特定的物**與一**個以特定的、自然的實存爲對象的意識**之間的差別，是情感或**欲望**與**欲望的目的**之間的差別，不管它是透過**自己的意識**還是透過一**個陌生的意識**被設定下來的。如今，只有**思想中的**差別，亦即一個直接與我毫無差別的差別，才具有更多的本質性。就此而言，這個意識是以一種否定的態度來對待主僕關係。它所採取的做法就是，一方面，既不讓主人在奴隸那裡獲得自己的眞理，也不讓奴隸在主人的意志以及他的職責那裡獲得自己的眞理，另一方面，無論是在王座上還是在枷鎖中，都同樣要擺脫它的個別實存的一切依賴性，只留下一種死氣沉沉的寧靜，一種不斷逃離實存的運動，既逃離主動也逃離被動，最終**退縮爲**一**種單純的思想本質性**。通常所謂的剛愎自用是這樣一種自由，它執著於個別性，仍然**局限在**奴隸狀態下。但斯多亞主義卻是另外一種自由，它從一開始就直接擺脫了奴隸狀態，退縮到思想的**純粹普遍性**裡面。斯多亞主義作爲世界精神的一個普遍形式，它的出現只能依賴於這樣的時代條件，即一方面是普遍的畏懼和普遍的奴隸狀態，另一方面是普遍的教化，因爲只有這樣一個時代才會把教化提升爲思維。

誠然，在斯多亞主義的自我意識看來，本質既不是另一個自我意識，也不是一個純粹而抽象的自我，而是那個本身就包含著一個他者（亦即一個思想中的差別）的自我。在這種情況下，自我意識在它的他者那裡就直接返回到自身中，因此它的本質僅僅是一個**抽象的**本質。自我意識的自由**以漠不相關的態度**對待自然的實存，因此它**同樣賦予後者自由**，**反映**於是成爲一個**雙重的**反映。思想中的自由僅僅把**純粹的思想**當作自己的眞理，但由於這種自由沒有得到生命的充實，所以它僅僅是自由的一個概念，不是活生生的自由本身。在它看來，只有一般意義上的**思維**才是本質，才是眞正意義上的形式，也就是說，只有一般意義上的思維才擺脫了物的獨立性，退回到自身之內。但是，由於個體性本應在行動中把自身呈現爲一個活生生的東西，換言之，由於個體性本應在思維中把活生生的世界理解爲一個思想體系，所以**思想本身**必須不但包含著對於行動領域來說爲善的**內容**，而且包含著對於思維領域來說爲眞的**內容**。就此而言，在**意識的對象**中，唯一的成分只能是概念，而概念就是本質。不過，既然概念在這裡作爲一個**抽象表述**已經與事物的多樣性無關，那麼它的**內容**就不是意識**自己固有的**，而是**被給予的**。當意識思維著內容，它就把內容作爲一個陌生的**存在**消滅了。然而概念是一個**特定的**概念，這個**規定性**是概念本身固有的一個陌生事物。因此，當人們詢問斯多亞主義，一般意義上的眞理的「**標準**」——姑且按這個說法——是什麼，斯多亞主義就會陷入窘境，因爲人們其實是在追問**思想本身的內容**。人們問：「**什麼**是眞和善？」而斯多亞主義給出的答案是：「眞和善應該立足於合理性。」這仍然是一種**空無內容的**思維。思維的這種自身一致性始終只是一個純粹的形式，在其中沒有任何東西得到規定。斯多亞主義必定停留在「眞」、「善」、「智慧」、「德行」之類空泛的字眼那裡，這些字眼一般說來確實帶有崇高的意味，但因爲它們實際上不能拓展任何內容，所以很快就讓人覺得無聊透頂。

因此，當這個思維著的意識把自己規定爲一種抽象的自由，那麼它僅僅是以一種不完滿的方式否定了他者。它脫離實存，完全**退縮**回自身之內，沒有成爲一種對於實存的絕對否定。誠然，它所認可的內容僅僅是思想，但思想在這裡既是一個**特定的**思想，同時也是嚴格意義上的規定性。

斯多亞主義僅僅表達出了獨立意識的概念，而**懷疑主義**則是獨立意識的實現，因爲它已經現實地經驗到什麼是思想自由。**自在地看來**，思想自由是一種否定的東西，而且必須以這種方式呈現出來。在折返回自身之後，自我意識進入到一些單純的自身思想中，在這種情況下，那與思想自由相對立的東西，實際上已經不再是無限性，而是一個獨立的實存，或者說一個持久不變的規定性。在懷疑主義那裡，**意識認爲**，他者是完全無關本質的，根本不獨立的。思想轉變爲一種整齊劃一的思維，目標是消滅這個**包含著衆多規定性的**世界，而自由的自我意識的否定性在生命的那些複雜的形態分化中發現自己已經轉變爲一種實在的否定性。正如我們看到的，就**獨立**意識顯現爲主人和奴隸的關係而言，獨立意識的這個**概念**對應於斯多亞主義，與此同時，就獨立意識顯現爲欲望和勞動，以否定的方式對待他者而言，獨立意識的這種**實現**對應於懷疑主義。過去，欲望和勞動都沒能幫助自我意識去實施否定，但現在不同了，自我意識對於事物之複雜多樣的獨立性的敵對態度將會取得成功，因爲它在這樣做的時候，本身已經是一個內在完滿的、自由的自我意識。更確切地說，因爲它本身就包含著**思維**或無限性，而各種獨立事物就其差別而言，只是被視爲是一些轉瞬即逝的力量。在一種純粹的自身思維裡，差別只是眾多差別的一個抽象表述，它們在這裡轉變爲**全部**差別，而全部有差別的存在則轉變爲自我意識的一個差別。

透過上述情況，一般意義上的**懷疑主義的做法**及其**方式**已經得到規定。懷疑主義指明了一個從感性確定性到知覺再到知性的**辯證運動**，並且指明，那些處於主僕關係中的東西，以及那些在抽象思維看來**特定的**東西，都是無關本質的。主僕關係在自身內包含著一個**特定的方式**，使道德律同時也表現爲主人的誡命。但抽象思維裡的規定卻是一些科學概念，它們來自於一種空無內容的思維，後者用一種純屬外在的方式把概念和那些構成其內容的獨立存在聯繫在一起，僅僅認可一些**特定的**概念，哪怕它們同樣也是一些純粹的抽象表述。

辯證法是一個否定運動，就這個運動直接**存在著**而言，它從一開始就對意識顯現爲意識必須爲之作出犧牲，而且還不依賴於意識的某種東西。另一方面，這個否定運動就是**懷疑主義**，作爲自我意識的一個環節，它**絕不會**在不知其所以然的情況下看到它的眞實對象消失在

[160]

眼前，寧可說，由於它確信自己是自由的，所以才會讓那個標榜自己爲實在的他者自行消失。在這裡消失的，既有嚴格意義上的客觀事物，也有它與客觀事物之間的固有關係（客觀事物只有在這個關係裡才被認作是客觀的），既有它的**知覺活動**，以及它對於那些險些丟失的東西的**堅守**，也有**詭辯**，以及它**自行作出規定並確定下來的眞相**。透過這樣一個自覺的否定，懷疑主義的自我意識把它**對於自由的確定性**當作**它自己的對象**，去經驗這個確定性，從而將其提升爲一個**眞理**。那些已經消失的東西，是特定事物或差別，而差別——且不管它以何方式、從何而來，則呈現爲一種固定的和不變的差別。差別本身不包含著任何持久不變的東西，而且**必須**在思維面前消失，因爲任何有差別的東西剛好都不是一個**自在**存在，而是只有透過一個他者才能獲得自己的本質性。思維洞察了有差別的東西的這個本性，所以它是一種單純的否定本質。

按照懷疑主義的自我意識的經驗，一切企圖在它面前保持巋然不動的東西都是變動不居的，而它自己的自由則是它自己爭取到並保留下來的。它發現自己是一種以自身爲思維對象的「不動心」②，一種持久不變的、**眞實的自身確定性**。這種確定性既不是來自於一個已經得到充分發展的陌生事物，也不是一個孤零零的結果，彷彿已經將它的轉變過程拋在身後。寧可說，意識本身就是一個**絕對的辯證悸動**，是感性表象和思想表象的一個混合體，這些表象之間的差別和**一致性**已經混爲一談，因爲一致性本身就是與**不一致**相對立的一個**規定** [161]

---

② 「不動心」（Ataraxie）是古代斯多亞主義和懷疑主義（皮浪、塞克都斯・恩皮里克）共同追求的生活目標，儘管其途徑不同，即斯多亞主義強調對於不可扭轉的命運的認識，而懷疑主義採取的辦法則是「懸擱」判斷。——譯者注

性。正因如此，懷疑主義實際上並不是一個自身一致的意識，而是一種完全偶然的紊亂，一種不斷製造出混亂的暈眩狀態。**懷疑主義發現自己本來就是這樣一個東西**。它本身就包含著一種不受它控制的紊亂，並將其產生出來。懷疑主義也承認自己是一個完全**偶然的**、**個別的**意識，也就是說，它走的是**經驗主義路線**，追隨那些不具有實在性的東西，服從那些無關本質的東西，做著那些不具備眞理的事情。同樣，如果說它在這個方式下表現為一個**個別的**、**偶然的**、實際上獸性的生命，表現為一個**迷失的**自我意識，那麼它反過來又重新轉變為一個**普遍的**、**自身一致的**東西，因為它是一種否定性，要取消全部個別性和全部差別。從這個自身一致性出發，或更確切地說，借助於這個自身一致性，意識重新墮入到那種偶然性和紊亂當中，因為這個不受其控制的否定性正只是針對個別事物，只是周旋在偶然事物中間。正因如此，懷疑主義是一種無意識的躁狂，來回奔走在兩個極端之間：一頭是自身一致的自我意識，另一頭是偶然的、紊亂的、造成紊亂的意識。這兩個極端都是懷疑主義關於它自己的思想，而它並沒有把它們結合在一起。它**有時**認識到它的自由超越了實存的全部紊亂和全部偶然性，**有時**又承認自己墮落為一種**無關本質的東西**，承認自己的所作所為都是無關本質的。它讓無關本質的內容消失在它的思維中，但正在這樣做的時候，無關本質的東西成為它的意識的對象。它宣稱，「**消失**」是絕對的，但這個宣稱還**存在著**，所以懷疑主義只不過是一種口頭表達出來的消失。它宣稱，看、聽等都是虛幻的，但它**自己**卻**在看**、**在聽**；它宣稱道德律是虛幻的，但卻讓這些道德律支配著它的行為。它的行動和它的言語始終是自相矛盾的，而它本身同樣是一個雙重的、自相矛盾的意識，也就是說，它既是持久不變的、自身一致的，同時也是完全偶然的、自身不一致的。懷疑主義把這個自相矛盾分割成兩個不同方面，這種做法和它在一般意義上的純粹的否定運動中的做法是一樣的。當人們指出一**致性**，它就指出**不一致**，而當人們把它剛才所說的**不一致**放在它面前，它又轉而指出一**致**

性。它的狡辯實際上無異於某些剛愎自用的年輕人相互之間的抬槓：只要對方說A，他就說B，而只要對方說B，他就說A。他們透過**自相**矛盾來獲得**相互**矛盾的樂趣。[163]

意識在懷疑主義中眞正經驗到自己是一個自相矛盾的意識。從這個經驗中產生出一個**新的形態**，把懷疑主義已經分割開的那兩個思想結合在一起。懷疑主義缺乏自知之明，這個局面必須被制止，因爲它實際上是一**個**意識，但卻有兩個表現方式。現在，這個新的形態是一個**自爲**存在著的、雙重的自我意識，也就是說，它既知道自己是一個自我解放的、持久不變的、自身一致的意識，也知道自己是一個完全紊亂的和顚倒的意識，同時還意識到了這樣一種自相矛盾。在斯多亞主義中，自我意識是一種單純的自身自由，這種自由在懷疑主義中得以實現，它消滅了特定的實存這一對立方面，但**自己**卻又發生雙重化，成爲一種雙重的東西。在這種情況下，過去曾經分裂爲兩個個別存在（主人和奴隸）的雙重化重新合併爲一個單一體。自我意識的內在的雙重化已經是一個既定事實（這個現象在精神的概念裡是至關重要的），但還沒有達到內在的統一，而這就是**哀怨意識**，即意識到自己是一個雙重化的、完全自相矛盾的本質。

正因爲意識的這種本質上的自相矛盾認識到自己是一**個**意識，所以**內在分裂的哀怨意識**必然同時意識到自己的兩個不同方面，當它自以爲已經勝利達到統一的寧靜時，立即就被重新驅趕回分裂和紊亂之中。儘管如此，哀怨意識的眞正的自身回歸或自身和解卻會呈現出那個已經獲得生命並進入到實存之中的**精神**的概念，原因在於，哀怨意識在本質上既是一**個**完整的不可分割的意識，同時也是一個雙重化的意識。也就是說，它**存在著**，表現爲一個自我[164]意識對另一個自我意識的觀審，它同時作爲這兩個自我意識**存在著**，而且兩者的統一也是它的本質。但是，**就它自己而言**，它還不知道自己就是這個本質，還不知道自己就是兩者的統一。

由於哀怨意識一開始僅僅是兩種意識的**直接統一**，但兩者對它來說並不是同一個東西，而是處於相互對立的關係中，所以它把其中一方（單純的、持久不變的意識）當作**本質**，把另一方（在各個方面都不斷變化著的意識）當作**無關本質的東西**。作為哀怨意識的**對象**，那兩種意識相互之間也是完全陌生的。又因為哀怨意識認識到了這個矛盾，所以它把自己放在不斷變化著的意識一方，認為自己是一種無關本質的東西，但由於它同時也認識到了那個持久不變的、單純的本質，所以它必須努力使自己不再是一種無關本質的東西。**它以它自己為對象**，僅僅是一個不斷變化著的意識，對持久不變的意識感到陌生，儘管如此，**它本身**同時也是一個單純的、因而持久不變的意識，而且知道這就是**它的**本質，只不過**它本身**作為它自己的對象時並不是顯現為這樣一個本質。正因如此，哀怨意識不可能讓兩種意識彼此之間漠不相關，而這意味著，它自己與那個持久不變的意識之間是不可能漠不相關的。實際上，哀怨意識本身直接就是兩種意識，在它看來，**兩者的關聯**是本質與非本質之間的關聯，因此非本質必須遭到揚棄。但是，由於它認為兩種意識同樣都是事關本質的和自相矛盾的，所以它只能表現為一個自相矛盾的運動，在這個運動中，對立雙方不是在對方那裡得到安寧，而是在對方那裡重新製造出自己的對立面。

就此而言，當意識與敵人進行抗爭時，勝利反而意味著失敗，這邊贏得一個東西，就意味著那邊失去這個東西。意識以生命、以它的實存和行動為對象，它為實存和行動感到痛苦，因為它在這裡不得不認識到它的對立面才是本質，而它自己卻是一種虛妄的東西。意識希望超脫這種局面，投奔持久不變者。然而意識本身就已經達到了超脫。所謂超脫，就是直接意識到相反的東西，也就是說，意識到自己是個別性。正因如此，那個出現在意識裡的持久不變者同時也是與個別性聯繫在一起，只能作為個別事物存在於當前。在那個以持久不變者為對象的意識中，個別性不但沒有被消除，反而不斷地從中產生出來。

但意識在這個運動裡獲得的經驗是：**個別性伴隨著持久不變者出現**，**持久不變者也伴隨著個別性出現**。**在意識看來**，持久不變的本質包含著一**般意義上的**個別性，與此同時，意識本身也包含著**它自己的**個別性。這個運動的眞理正在於雙重化的意識作爲一個**單一體存在著**，但在意識看來，**當統一體最初出現時**，兩種意識的**差異性**還占據著主導地位。這樣一來，個別性與持久不變者之間就有如下三種結合方式：**第一**，意識與持久不變的本質重新形成對立，它被拋回到鬥爭的開端，整個關係始終以鬥爭爲基本要素；**第二**，**持久不變者**在意識看來**本身**就包含著個別性，而在這種情況下，個別性就是持久不變者的一個形態，而且各種各樣的實存方式全都會採納這個形態；**第三**，**意識**發現**它自己**就是持久不變者之內的一個個別事物。在**第一種結合方式**裡，持久不變者對意識來說僅僅是一個**陌生的**、貶斥個別性的本質。由於在**第二種結合方式**裡，持久不變者和意識同樣都具有**個別性形態**，所以在**第三種結合方式**裡，意識轉變爲精神，它樂於在這整個過程中發現它自己，並意識到它的個別性與普遍者達成了和解。

持久不變者在這裡呈現出來的形態和關係，就是分裂的自我意識在其自怨自艾中得到的**經驗**。這個經驗並不是**它的單方面的**運動，因爲它本身是一個持久不變的意識，與此同時，持久不變的意識也是一個個別的意識，所以這個運動同樣也就是持久不變的意識的一個運動，其中既有持久不變的意識，也有個別的意識。這個運動包含著如下一些環節：首先，持久不變的意識與一般意義上的個別意識形成對立，然後，個別意識與其他個別意識形成對立，最終，全部個別意識合爲一體。但是，這個考察，作爲我們這些旁觀的哲學家所進行的考察，在這裡相對於實際情況而言是有所延遲的，因爲到目前爲止，我們看到的持久不變僅僅是意識的持久不變，因此還不是一種眞正的持久不變，而是仍然受到一個對立面的牽制，也就是說，那個**自在且自爲的**持久不變者還沒有出現在我們眼前，所以我們不知道這樣一個東西將會有什麼表現。目前得出的結果僅僅是：意識，作爲我們的對象，認識到了持久不變者的那些已經被揭示出來的規定。

基於這個理由，當持久不變的**意識**發生形態分化的時候，它本身就保留著與個別意識相對立的「分裂存在」和「自爲存在」之類特性和基礎。正因如此，個別意識總是會發現這樣一種**情況**，即持久不變者獲得了個別性形態。同樣，意識僅僅**發現**它自己與持久不變者形成對立，因此**在本性上**就具有這個關係。至於意識最終在持久不變者之內**發現它自己**並且與持久不變者形成統一，在它看來，這件事儘管在某種程度上是透過它自己而促成的（因爲它本身是一個個別事物），但主要還是歸功於持久不變者，不管這個統一是後來產生出來的，還是原本就存在著的。也就是說，這個統一始終包含著一個對立。事實上，透過持久不變者的**形態分化**，彼岸世界這一環節不僅保留下來，甚至得到了鞏固。因爲，儘管彼岸世界在形態上顯現爲一個個別的現實事物，似乎距離意識更近了，但另一方面，彼岸世界如今披上了**現實事物**的整個堅實外衣，作爲一個不可透視的、感性的**單一體**，仍然與意識相互對立。意識希望與彼岸合爲一體，但這終究只是一個希望，也就是說，必然得不到滿足和實現。那橫亙在希望及其滿足中間的，恰恰是一種絕對的偶然性，或者說一種巋然不動的漠不相關，它是由意識的形態分化造成的，而正是形態分化才營造出那種得不到滿足和實現的希望。由於**存在著的單一體**的本性，由於這個單一體所編織出的那種現實性，必然會出現如下的情況，即彼岸世界消失在時間和空間中的幽遠之處，停留在絕對的遠方。

分裂意識的單純概念從一開始就具有這樣一個規定性，也就是說，分裂意識必須把自己作爲一個個別意識而加以揚棄，隨之轉變爲一個持久不變的意識，既然如此，那麼分裂意識的努力就承擔著這樣一個任務，即斷絕與那個純粹的、**無形的**持久不變者的關係，僅僅與一個**有形的持久不變者**（亦即上帝）相關聯。從現在起，個別事物與持久不變者結合而成的**單**

一**體**是意識的**本質**和**對象**，正如過去在概念裡，只有那個無形的、抽象的持久不變者才稱得上是一個事關本質的對象。在目前的情況下，概念的這種絕對分裂關係是意識必須要擺脫的。在意識和有形的持久不變者之間，剛開始是一種外在的關聯，也就是說，意識起初是把持久不變者看作是一個陌生的現實事物。然而意識現在必須把這個關聯提升爲一個絕對的合而爲一的過程。

無關本質的意識努力想要與持久不變者合而爲一，這樣一個運動，按照意識與有形的彼岸世界之間的三種關係，也分爲如下**三個方面**：第一，它是一個**純粹意識**；第二，它作爲一個**個別的本質**，表現爲欲望和勞動，與**現實性**相對立；第三，**它意識到了自己的自爲存在**。現在我們要看看，意識的這三種存在方式在那個普遍的關係裡的情形是如何。

我們首先觀察的是**純粹意識**。由於它以一個有形的持久不變者，亦即上帝爲對象，所以上帝看起來已經被設定爲他自在且自爲的樣子。然而正如我們已經提到的，上帝自在且自爲的樣子還沒有產生出來。上帝在意識裡就是他自在且自爲的樣子，有資格作出這個斷言的只能是上帝，而不能是意識。上帝的當前存在僅僅是意識單方面提出來的，因此既不完滿也不眞實，而是始終受累於一個不完滿的局面，受累於一種對立關係。

但是，儘管哀怨意識沒有掌握上帝的當前存在，但它畢竟超越了斯多亞主義的那種純粹的、抽象的思維（亦即**無視**任何**個別性**），同時也超越了懷疑主義的那種始終**躁動不安的**思維（亦即個別人等的無意識的矛盾，以及這個矛盾的孜孜不倦的運動）。哀怨意識超越了斯多亞主義和懷疑主義，它把純粹思維與個別性結合起來，但它自己還沒有達到那樣一種境界，可以**認識到**意識的個別性與純粹思維本身達成了和解。其實哀怨意識就是一個中項，把抽象思維與個別意識的個別性聯繫在一起。它本身就作爲這樣一個聯繫**存在著**，作爲純粹思維與個別性的統一。**它知道**，它是一個思維著的個別性，是純粹思維，而持久不變者在本質

[168]

上也是一個個別性。但是哀怨意識**不知道**，它的對象，亦即那個在本質上就具有個別性形態的持久不變者，就是**它自己**。它也**不知道**，它自己就是意識的個別性。

就此而言，當我們把哀怨意識作爲一個**純粹意識**而加以觀察時，可以發現，它並沒有以思維的方式來**對待它的對象**。誠然，**自在地看來**，它是一個純粹的、思維著的個別性，而且正是以純粹思維爲對象，但由於意識與對象之間的**相互關聯**本身並不是一個**純粹思維**，所以它在思維的事情上完全是一**帶而過**，充其量只是一種**默禱**。哀怨意識的「思維」始終是一種捉摸不定的鐘聲沉吟，或者說是一種暖洋洋的煙霧繚繞，這種音樂式的「思維」與概念無關，但唯有概念才是一種內在的客觀存在方式。誠然，這種無限的、純粹的、內部的感觸也有自己的對象，但由於它的對象並沒有經過概念把握，所以就顯現爲一個陌生事物。這就出現了**純粹**心靈的一個內在運動，這心靈爲自己的分裂狀態**感到**痛苦。它的運動是一種無限的**渴慕**，它確信它的本質是純粹心靈或純粹**思維**，而純粹思維又**思維著**自己的**個別性**。它也確信，正因爲它的對象思維著自己的個別性，所以它才被這個對象認識到，並得到其承認。但與此同時，這個對象或本質又是一個遙不可及的**彼岸世界**，當人們想抓住它，它就逃逸，或更確切地說早已經逃之夭夭。彼岸世界早已逃之夭夭。它是一個思維著自己的個別性的持久不變者，所以意識在它那裡直接成爲自我意識，但卻是一個**與持久不變者相對立**的自我意識。意識沒能把握到本質，它僅僅是有所**感觸**，而且已經墮回到自身之內。由於意識在成爲自我意識時沒能排除對立面，因此它所把握到的不是本質，而僅僅是一種無關本質的東西。一方面，當意識致力於**在本質之內**成爲**自我意識**，卻僅僅把握到它自己的分裂的現實性，所以在另一方面，它也不可能把對方作爲一個**個別事物**或**現實事物**而加以把握。無論它在哪裡尋找本質，都將毫無所獲，因爲本質正應該是一個不可能被找到的**彼岸世界**。意識所尋找的個別本質不是一種**普遍的**、思想中的**個別性**，不是**概念**，而是**個別的**對象或**某一個現**

實事物——這就是直接的感性確定性的對象，因此僅僅是一個已經消失的東西。所以，意識認爲唯有它的生命的**墳墓**才有可能成爲一種當前存在。但因爲墳墓本身也是一個**現實事物**，而現實事物在本性上就註定了不能持久地占有什麼東西，所以墳墓這種所謂的「當前存在」也只能是一個必定會失敗的抗爭。意識在經驗中得知：首先，它的**現實的**、持久不變的本質的**墳墓不具有現實性**；其次，**已經消失的個別性**已經消失，而且不再是眞正的個別性。在這種情況下，意識就會放棄從前的做法，不再去尋求一種現實的持久不變的個別性，也不再去堅持一種已經消失的持久不變的個別性。唯有如此，意識才能夠找到眞正的亦即普遍的個別性。

剛開始的時候，**心靈的自身回歸**必然意味著，它知道自己是一個**現實的個別事物**。**對我們而言**或**自在地看來**，**純粹心靈**已經找到了它自己，並且在自身中得到滿足。**它知道**，本質在它的感觸裡已經與它脫離，儘管如此，自在地看來，它的感觸仍然是一種**自身感觸**，它感觸到了它的純粹感觸的對象，而這個對象就是它自己。於是它脫穎而出，表現爲一種自身感觸或一個自爲存在著的現實事物。在心靈的自身回歸中，我們已經看到了它的**第二種關係**，亦即欲望和勞動之間的關係：透過揚棄和享受陌生的本質（亦即那種在形式上表現爲獨立的物的東西），從而證明了意識的內在的自身確定性。哀怨意識只**知道**它自己**有欲望**、**在勞動**，卻不知道這個狀況是以一種內在的自身確定性爲基礎的，也不知道它對於本質的感觸是一種自身感觸。由於哀怨意識不是作爲一個**自爲存在**而具有自身確定性，所以它的內核始終是一種支離破碎的自身確定性。相應地，它透過勞動和享受而得到的證明同樣也是一種**支離破碎的**證明。換言之，它必定會親自消滅這個證明，因爲它在這個過程中發現，眞正暴露出來的事實是，它是一個分裂的東西。

在哀怨意識看來，欲望和勞動所針對的現實性不再是一個**自在的虛無**，不再是一種它必須揚棄和吞噬的東西，而是一種本身就已經**分裂的和支離破碎的現實性**，這種現實性一方面本身就是虛無縹緲的，但另一方面也是一個被奉若神明的**世界**。這個雙重世界是持久不變者的一個形態，因爲持久不變者本身就已經包含著個別性，又因爲它是一個普遍的持久不變者，所以它的一般意義上的個別性意味著全部現實性。

假若意識是一個自爲存在著的獨立意識，並且認爲現實性是一種自在且自爲的虛無，那麼它就會在勞動和享受中感觸到它自己的獨立性，因爲是它親自揚棄了現實性。但是意識知道現實性是持久不變者的一個形態，所以它沒法依靠自己而將其揚棄。誠然，意識消滅了現實性，並得到享受，但從根本上看來，它之所以能夠做到這一點，其實是因爲持久不變者自己**捨棄**了自己的形態，**拱手相讓**給意識，供意識享受。在這個過程中，意識既表現爲一個現實事物，**同時**也表現爲一個內在破裂的東西，而這種分裂狀態就出現在意識的勞動和享受中。也就是說，一方面看來，意識必須**對付現實性**，或者說它是一個**自爲存在**；另一方面看來，意識又是一個**自在存在**。意識對付現實性的辦法就是**改造**或**行動**，因爲自爲存在隸屬於嚴格意義上的**個別**意識。但是意識同時也是一個**自在存在**，而這個規定原本隸屬於持久不變的彼岸世界。意識掌握的各種技能和能力是由持久不變者提供的，是一些外來的恩賜。

就此而言，早在意識最初採取行動的時候，就已經陷入到兩端的對立關係當中。它是主動的此岸世界這一方，對方則是一種被動的現實性，雙方相互關聯，在堅持自己的立場的同時都已經返回到持久不變者之中。它們只不過是製造出一個相互對立的表面現象，而這個表面現象又轉變爲一個交織不停的相對運動。也就是說，現實性這一端被主動的那一端揚棄，而現實性之所以會被對方揚棄，只因爲它自己的持久不變的本質已經將它揚棄，自己排斥自己，並且把排斥出去的東西拱手相讓給對方。當現實性自行瓦解時，主動方的能力顯現爲**勢力本身**。但由於意識把**自在體**或本質看作是一個他者，所以，儘管它在採取行動時本身

[171] [172]

就是一種勢力，但卻認爲這種勢力是它的彼岸世界。也就是說，意識並沒有從它的行動出發返回到自身內，自己證明自己，反而把這個運動折射到對方那裡，而對方因此呈現爲一個純粹的普遍者，呈現爲一種絕對的勢力——這是全部放射運動的出發點，既是最初出現的分裂兩端的本質，也是整個更替過程的本質。

一方面，持久不變的意識**捨棄**了自己的形態，將其**拱手相讓**，另一方面，個別的意識對此表示**感恩**，而這意味著，意識在得到滿足的同時**放棄**了它的**獨立性**，並把它的行動的本質轉交給彼岸世界。透過雙方**禮尚往來的自身放棄**這兩個環節，意識認識到了**它**與持久不變者的統一。然而這個統一同時又包含著分裂，在自身內再度斷裂了，由此重新產生出普遍者與個別事物的對立。意識的自身感觸雖然放棄了**表面上的**滿足，但實際上卻獲得了**現實的**滿足，因爲**它已經**作爲欲望、勞動和滿足**存在著**，或者說**它**是一個已經**欲求過**、**行動過**、**享受過**的意識。意識在**感恩**的時候承認對方是本質，並將自己揚棄，但這終究是**它自己的**一個行動，這個行動抵消了對方的行動，並以一個**相同的**行動來回報對方作出的自我犧牲這一善舉。即使持久不變者僅僅是把它的**表面現象**拱手相讓給意識，意識**仍然**對此表示感恩，而且，由於意識所放棄的是它的行動亦即它的**本質**，所以它比對方作出了更大的犧牲，因爲對方捨棄的不過是一個表面現象。整個運動不僅反映在現實的欲求、勞動和享受裡，甚至在感恩裡也有所反映，彷彿這並不是持久不變者的運動，反而是**個別性這一端**的運動。在這個過程中，意識感到自己是一個個別事物，它並沒有蒙蔽於自己表面上作出的放棄，因爲放棄的眞理就在於它並沒有放棄自己。於是出現了一種分別返回到對立兩端的雙重反映，而結果則是一個重複發生的分裂，也就是說，既存在著一個與**持久不變者**相對立的意識，也存在著一個以**對方的**意願、行動、享受及自身放棄爲對象的意識，亦即一個以一般意義上的**自爲存在著的個別性**爲對象的意識。

這就出現了哀怨意識的運動的**第三種關係**。在第二種關係裡面，哀怨意識已經透過意願和行動證明自己確實是一個獨立的意識。在第一種關係裡面，它僅僅是現實意識的**概念**，或者說僅僅是一種**內在心靈**，而這個東西在行動和享受中還沒有成爲現實。**第二種關係**，作爲一種外在的行動和享受，是意識的一個實現。但從外在的行動和享受那裡返回到自身之後，它**經驗到**自己是一個現實的和主動的意識，換言之，它認識到，**自在且自爲的存在**是一個**眞理**。但在這個過程中，又出現了一個在形態上最爲特別的敵人。當心靈進行抗爭時，個別意識僅僅是一個音樂式的、抽象的環節。而在勞動和享受裡，當個別意識使一個無本質的存在成爲現實時，它能夠直接忘記**自己**，而它在這個現實事物中的自覺的**自主性**則被壓抑了，轉而感恩並承認持久不變者。但是這種壓抑其實是意識的一個自身回歸，也就是說，意識認識到這才是眞實的現實性。

第三種關係是這樣一種**關聯**：一端是意識所認識到的眞實的現實性，但相對於另一端的普遍本質而言，它其實是一種虛無縹緲的東西。這個關聯的運動是我們接下來將要考察的。

[174]

首先，在意識的對立關聯裡，意識發現它的**實在性直接是一種虛無縹緲的東西**，而在這種情況下，它的現實行動轉變爲一種無的放矢的行動，它的享受也轉變爲一種自怨自艾的感觸。相應地，行動和享受也失去了全部**普遍內容和普遍意義**，因爲它們都獲得了一個自在且自爲的存在，對立雙方都退回到個別性之內，儘管意識的目標恰恰是要揚棄個別性。透過一些動物性的官能，意識認識到自己是**這一個現實的個別事物**。我們不能想當然地把這些動物性官能看作是一種自在且自爲的虛無，或一種對精神而言無足輕重的東西，寧可說，它們是一種值得嚴肅對待的對象，是最重要的東西，因爲敵人在它們那裡才表現出它的獨特形態。這個敵人是在遭受失敗的時候才把自己製造出來的，而意識在鎖定了敵人之後，不但沒有擺脫敵人，反而總是和對方糾纏在一起，總是看到自己被玷汙。至於意識的各種努力的內容，與其說是事關本質的，不如說是最爲低級無聊的，與其說是普遍者，不如說是最個別的東西。在這種情況下，我們看到的只是一個哀怨不止而又枯燥貧乏的人格性，它孤芳自賞，囿於自己的渺小行動，整天絮絮叨叨。

意識感受到了自己的哀怨，而它的行動又是貧乏無力的，這兩種情況都與意識和持久不變者的統一有關。因爲，意識試圖直接了當地消滅它的現實存在，但這個做法又是**以**一個關於持久不變者的思想**爲中介**，而且只有在這個**關聯**中才會實現。**間接的**關聯構成了否定運動的本質，意識在運動中反對它自己的個別性，但是**自在地看來**，這個關聯同樣也是一個肯定的**關聯**，而且它將會把意識的**統**一呈現在意識面前。

就此而言，間接的關聯是一個環環相扣的推論，透過這個推論，那種最初固定下來的、與**自在體**相對立的個別性，只有透過一個第三者才與另一端聯繫在一起。透過這個中項，各據一端的持久不變的意識和無關本質的意識才成爲彼此的對象。因此中項分別代表著對立的兩端，是雙方差遣來差遣去的一個僕人。這個中項本身是一個自覺的本質，因爲它是一種行動，使嚴格意義上的意識得到中介或溝通。而就內容而言，這個行動就是要使意識消滅自己的個別性。

因此，透過這個中項，意識不再把行動和享受看作是**它自己的**行動和享受。作爲**自爲**存在著的一端，意識把它的**意志**的本質排除在自身之外，把決斷的自主性和自由，從而把它的行動所帶來的**過錯**，推到中項或僕人身上。作爲一個中介者，僕人與持久不變的意識之間有一個直接的關聯，他的作用就在於**勸告**意識做出正當的行爲。由於行爲遵循的是一個陌生的決定，所以就行動或**意志**這方面來看，這不再是意識自己的行爲。但在無關本質的意識看來，行爲的**客觀**方面，亦即意識的勞動**成果**和**享受**，仍然保留下來了。意識放棄了享受，既放棄了它的意志，也放棄了它透過勞動和享受而獲得的**現實性**，而這意味著：第一，它放棄了它的自覺的**獨立性**已經獲得的眞理，去想像並談論某種完全陌生的、對它來說毫無意義的東西；第二，它放棄了那些曾經透過勞動而占有的**外在財富**；第三，它透過絕食和苦行而把曾經到手的**享受**再次完全捨棄。

經過一系列否定的環節（即先是放棄獨立自主的決斷，然後放棄財富和享受），到最後，經過一個肯定的環節（即去從事一項莫名其妙的活動），意識終於以一種眞實而又完整的方式認識到了內在自由和外部自由，認識到現實性是它的**自爲存在**。意識確信，它已經按照它的**自我**的眞理發生外化，已經把它的直接的自我意識改造爲一個**物**，改造爲一個客觀的存在。只有透過這樣一個**現實的**犧牲，意識才能夠做到放棄自己。因爲，那種表現在心緒、意向和言語等方面的感恩是一種**內在的**承認，其中包含著一個**欺騙**，這個欺騙只有透過一個現實的犧牲才會消失，而這又是因爲，意識在表示感恩時雖然否認自己具有自爲存在的任何勢力，而是將其歸諸於上天的恩賜，但在這樣做的時候，由於它並沒有放棄財產，所以仍然保持有一種**外部的**自主性，並且，由於它意識到這是它親自作出的決斷，意識到它親自規定的內容沒有被一個陌生的、胡亂塡充的內容所替換，所以它也保持著一種**內在的**自主性。

但是，**自在地看來**，當作出現實的犧牲之後，當意識不再把**行動**看作是它自己的行動，它也就擺脫了**哀怨**。**自在地看來**，正是那個**自在存在著的**本質在另一端的行動，才促使意識擺脫了哀怨。作爲無關本質的一端，意識作出的犧牲並不是一個單方面的行動，而是在自身內同時也包含著對方的行動。當意識放棄自己的意志，這個做法只是就一個方面而言是否定的，與此同時，**就概念而言**或**自在地看來**，它又是肯定的，因爲它把意志設定爲一個**他者**，或更確切地說，它不是把意志設定爲一個個別的意志，而是設定爲一個普遍的意志。

意識知道，個別意志雖然被設定爲一種否定的東西，但同時也具有一種肯定的意義，也就是說，個別意志其實就是位於另一端的普遍意志，又因爲普遍意志剛好被意識看作是一個他者，所以它不是透過自己，而是透過第三者或中介者表現爲一種勸告。**意識知道**，它的意志已經轉變爲一個普遍的、**自在**存在著的意志，儘管如此，**它並沒有認識到它自己**就是這個**自在體**。意識知道，當它否定它的**個別**意志時，並沒有在概念上肯定一個普遍的意志。同樣，當意識放棄財產和享受時，這個做法僅僅具有一種否定的意義，而由此出現的普遍者在意識看來並不是**它自己作出的行動**。客觀事物和自爲存在的**統一**就蘊含在行動的**概念**中，因此它被意識看作是本質和**對象**。正如意識並不認爲這個統一是它的行動的概念，同樣它也不認爲這個統一是**它的**對象，不管這是一個直接出現的對象還是一個透過意識才出現的對象。實際上，意識是透過僕人的中介活動才得悉這個本身仍然處於分裂狀態下的確定性：**自在地看來**，它的哀怨只是一種顛倒的東西，確切地說，是一種在行動本身中就得到滿足的行動或極樂享受，同樣，**自在地看來**，它的貧乏無力的行動也是一種顛倒的東西，確切地說，是一個絕對的行動，而就概念而言，行動只有作爲一般意義上的個別事物的行動才算得上是行動。但是**意識知道**，一切行動，包括它自己的現實行動，始終是一種貧乏無力的東西，它的享受始終是一種痛苦，而對於痛苦的揚棄在一種肯定的意義上始終位於**彼岸世界**。但在彼岸世界這個對象裡面，當意識發現它這個**個別**意識的存在和行動是一種**自在的**存在和行動時，它就已經具有了**理性**的表象，因爲理性是意識的這樣一種確定性，即確信個別意識是一種絕對**自在的**東西，或者說是全部實在性。

[177]

第三部分

第一卷：理性

第五章　理性的確定性和眞理

意識返回到了自身中，因爲它已經理解把握到這樣一個思想，即**個別**意識**自在地看來**是一個絕對本質。在哀怨意識看來，**自在存在**位於它的**彼岸世界**。但是意識的運動已經在意識自身內完成了一些轉變，它把那個完整展開的、或者說已經成爲**現實意識**的個別性設定爲意識的**否定者**，設定爲**客觀的**一端。換言之，意識把它的自爲存在排斥出去，使之成爲一個存在。在這個過程中，意識知道，它與這個普遍者實現了**統一**，而在我們看來，由於個別事物在遭到揚棄之後轉變爲普遍者，所以意識與普遍者的統一不再落於意識之外，而且，由於意識是透過自身否定才保存下來的，所以這個統一就是嚴格意義上的意識的本質。在一個環環相扣的推論裡，相互對立的兩端曾經以徹底分裂的方式出現，而意識的眞理就是那個在推論裡顯現爲中項的東西，因爲中項一邊告訴持久不變的意識，個別事物已經放棄了自己，另一邊又告訴個別事物，持久不變者已經不再與它對立，而是與它達成了和解。這個中項是一個直接認知著對立兩端、並且把它們關聯在一起的統一體，它對意識從而也對**它自己**說出了這種統一關係；意識到這種統一關係，就意味著確信自己是全部眞理。

隨著自我意識成爲理性，它與他者之間向來的否定關係就轉變爲一種肯定關係。迄今爲止，意識所關注的只是它的獨立性和自由，甚至不惜以犧牲**世界**或它自己的現實性爲代價來挽救和保全自己，因爲它覺得它們否定了它的本質。如今，作爲一個自信的理性，意識可以平靜地接納並忍受它們。它確信自己是實在性，或者說，它確信全部現實性無非就是它自己。它的思維本身就是一種現實性。因此，當面對現實性時，它表現爲一種觀念論。既然意識是這樣理解自己的，世界就彷彿直到現在才轉變爲它的世界，而在此之前，意識並未理解這個世界。意識欲求著世界，對其進行加工改造，它從世界那裡退回到自身中，爲了自己而去消滅世界，並作爲一個意識而將自己消滅，它既意識到世界是本質，同時也意識到世界是一個虛無縹緲的東西。只有在這個過程中，當意識的眞理的墳墓已經迷失，當意識不再去消

[179]

滅自己的現實性，而是把意識的個別性看作是一個自在的絕對本質，它才發現這個新的現實世界是**它的**世界，才對這個持存的世界感興趣，而不是像過去那樣只對一個轉瞬即逝的世界感興趣。意識知道，世界的**持存**是它自己固有的**眞理**和它自己固有的**當前存在**：它確信，只能在這個世界裡面經驗到自己。

作爲理性，意識確信自己是全部實在性。觀念論透過這種方式說出了理性的概念。作爲理性而**登場**的意識本身就**直接**具有上述確定性，同樣，**觀念論**也**直接**說出了上述確定性：「我是我。」這個命題的意思是，我，作爲我自己的對象，既不是像在一般意義上的自我意識裡那樣，只是一般意義上的**空洞**對象，也不是像在一種自由的自我意識裡那樣，只逃離其他對象，聽任它們與我**並立**並發揮作用。寧可說，我同時意識到任何別的對象都**不存在**，我是唯一的對象，是全部實在性和全部當前存在。但是，只有當自我意識轉變爲這個實在性，或更確切地說，只有當自我意識**表明**自己是這個實在性，它才不僅**對它自己而言**，而且**自在地看來**是全部實在性。爲了表明這一點，意識需要經歷一條**道路**，在這條道路上，首先，透過一個從意謂到知覺、再從知覺到知性的辯證運動，他者表明自己是一個**自在**存在，然後，透過一個貫穿著「意識在主僕關係中的獨立性」、「自由的思想」、「內在分裂的意識爲了達到絕對解脫而進行的抗爭」等環節的運動，他者作爲**意識的對象**反而**自行**消失了。有兩個方面相繼出現：一方面，意識發現，本質或眞相已經被規定爲**存在**；另一方面，按照這個規定，本質或眞相只能**作爲意識的對象**存在著。這兩方面可以歸結爲一**個**眞理，即任何**存在著的東西**，包括**自在體**，都僅僅作爲意識的**對象**存在著，而且，任何**作爲意識的對象**存在著的東西，也是一個**自在存在**。意識，作爲這個眞理，已經把這條道路遺忘在腦後，因爲它是**直接**作爲理性而登場的，換言之，這個直接登場的理性只對那個眞理抱有一種**確定性**。因此，理性只是**保證**自己是全部實在性，但它本身對於這一切缺乏概念上的把握，而那條被遺忘的道路正是對於這個直接表達出來的宣言的一個概念上的把握。同樣，對於沒有經歷過那條道路的人來說，當他在一個純粹形式下聽到這個宣言時，就會覺得這是不可理喻的，儘管他已經在一個具體的形態中親自作出了同樣的宣言。

因此，如果一種觀念論沒有將那條道路呈現出來，而只是以這個宣言作爲開端，那麼它也是一個純粹的**保證**，這個保證對自己缺乏概念上的把握，在別人眼裡也是不可理喻的。觀念論說出了一個**直接的確定性**，與之相對立的其他直接的確定性已經在那條道路上消失殆盡了。既然如此，**除了**那個確定性的**保證之外**，其他確定性的**各種保證**也以同樣的權利站了出來。理性訴求於每一個意識的**自我**意識：**我是我**，我的對象和本質是**我**。誠然，沒有誰會否認理性的這個眞理。但是，一旦理性把它的眞理建立在這個訴求上面，它也就贊同了其他確定性的一個眞理：**有一個他者作爲我的對象存在著**。一個不同於**我**的他者是我的對象和本質，換言之，**我**之所以是我的對象和本質，僅僅因爲我把我自己從一般意義上的他者中撤退，並作爲一個現實的東西出現在它**旁邊**。只有當理性擺脫了這個包含著對立的確定性，作爲一個**自身反映**出現，它的自我主張才不至於只是一個確定性和保證，而是一個**眞理**。不是眾多眞理**之一**，而是**唯一的**眞理。理性的那種**直接登場**其實是理性的**現成存在**的一個抽象表述，這種現成存在的**本質**和**自在存在**是一個絕對的概念，亦即**它轉變爲現在這個樣子時所經歷的運動**。意識將以不同的方式規定它與他者（亦即它的對象）之間的關係，而這取決於它在世界精神逐漸達到自我意識的過程中恰好處於哪個層次。世界精神在每一個層次上都總是**直接**發現並規定它自己和它的對象，換言之，世界精神在每一個層次上都是一個**自爲存在**，至於更具體的情形，則取決於它在那個層次上**已經轉變**成什麼或**自在地看來**已經是什麼。

理性意味著意識確信自己是全部**實在性**。但這個**自在體**或這種**實在性**仍然是一個絕對的普遍者，是實在性的一個純粹的**抽象表述**。它是最初的**肯定性**，是一個**自在且自爲存在著**的自我意識，所以自我僅僅是存在者的一個**純粹本質性**，亦即一個單純的**範疇**。過去，**範疇**通常意味著存在者的本質性，**不管**這裡是指一般意義上的存在者，還是指那種與意識相對立的存在者；但現在，存在者僅僅指一個思維著的現實事物，而範疇則是指它的**本質性**或它的單純**統一體**。換言之，範疇意味著自我意識和存在是**同一個**本質，而且不是透過比較，而是自在且自爲地看來就是**同一個**本質。只有那種片面的、糟糕的觀念論才會把這個統一體（亦即意識）與**自在體**重新對立起來。實際上，範疇，或者說自我意識與存在的**單純**統一體，本身又包含著**差別**，因爲範疇的本質即在於，在一個**他者存在**或在一個絕對差別那裡直接與自己保持一致。因此，差別誠然**存在著**，但卻是完全透明的，它作爲一個差別同時又不是差別。它顯現爲範疇的**多樣性**。由於觀念論不但宣稱自我意識的**單純統一體**就是全部實在性，而且**直接**把它當作本質，同時卻沒有把它理解爲一個絕對的否定本質（只有這樣一個東西才本身就包含著否定、規定性或差別），所以出現了一個更加不可理喻的情況，即範疇也包含著**差別**和**種**。這種一般意義上的保證，或關於**特定數目**的幾類範疇的保證，都是一種新的保證，它本身就請求人們不可以再把它看作是一種保證。因爲，由於**差別**最初是出現在純粹自我或純粹知性之內，那麼可以由此斷定，這裡應當放棄**直接性**，放棄**保證**和**現成的發現**，轉而開始進行**概念式把握**。有些人依據一份判斷表，就把範疇的多樣性當作一種唾手可得的東西而重新接納，[①] 並且對此沾沾自喜，這種做法其實是科學的一個恥辱。知性本身

① 指康德通過判斷表來發現範疇表的做法。參閱康德《純粹理性批判》之「概念分析論」之第十節「純粹知性概念或範疇」（A77 = B102 ff.）。——譯者注

就是一種純粹的必然性，如果它不是在自己這裡，那麼還能在別的什麼地方揭示出必然性呢？

在這種情況下，因爲物的純粹本質性和它們相互之間的差別都隸屬於理性，所以嚴格說來，我們談論的不可能是一般意義上的**物**，亦即一種作爲意識的對象而單純否定著意識的東西。眾多範疇是一些**種**，隸屬於一個純粹範疇，而這意味著，純粹範疇是它們的**類**或**本質**，與它們並不對立。但那些範疇已經是有歧義的東西，它們本身就具有**多樣性**，與純粹範疇**相對立**，作爲純粹範疇的他者存在著。實際上，由於這種多樣性，它們與純粹範疇形成了矛盾，所以純粹統一體必須把它們當作一種自在存在而加以揚棄，並以這種方式將它自己建構爲各種差別的一個**否定的統一體**。但是，作爲一個**否定的**統一體，它不但排斥各種嚴格意義上的**差別**，而且也排斥最初那個**直接的**純粹統一體，就此而言，它是**個別性**。這是一個新的範疇，是一種排他的意識，而這意味著，它以一**個他者**爲對象。個別性是介於統一體的概念和**外部**實在性之間的一個過渡，亦即純粹**範式**，後者不但是一種意識，而且是一種個別的意識，是一個排他的單一體，所以本身就指示著一個他者。然而純粹範疇的**他者**無非是指**另外一些基本範疇**，亦即**純粹本質性**和**純粹差別**。在純粹範疇中，正當意識設定一個他者時，在這個他者中，意識本身同樣也是一個他者。在這些彼此不同的環節中，每一個環節都指向另一個環節，但與此同時並不轉變爲一個他者存在。純粹範疇指向「**類**」，「類」又轉變爲一種否定的範疇，亦即個體性，而個體性反過來又指向純粹範疇。純粹範疇本身是一種純粹意識，在任何範疇中都保持爲一個明確的自身統一體，但這個統一體同樣指向一個他者。他者存在著，同時已經消失了，他者已經消失了，同時又被重新製造出來。

在這裡，我們看到純粹意識獲得了一種雙重規定：一方面，純粹意識是一種躁動不安的**來回往復**，它窮盡了自己的全部環節，在其中看到一個游移不定的他者存在，企圖把握住它，但對方卻在這個過程中將自身揚棄；另一方面，純粹意識寧可說是一個**靜止的**、對自己的眞理確信無疑的**統一體**。對於這個統一體而言，運動就是**他者**，但對於這個運動而言，統一體才是他者，因此意識和對象就是在這些交互規定中不斷更替著角色。從一方面來看，意識是一種來回往復的搜尋活動，它的對象是**純粹的自在體**和純粹的本質；而從另一方面來看，意識又是一個單純的範疇，它的對象是一個貫串著各種差別的運動。意識作爲本質乃是這樣一個完整的歷程，也就是說，從它自身亦即從一個單純的範疇出發，過渡到個別性和對象，在對象那裡直觀到這個歷程，並且把對象作爲一個有差別的對象而加以揚棄，將其**據爲己有**，並宣稱自己是這樣一個確定性：它是全部實在性，它既是它自己，也是它的對象。

意識的第一個宣言——萬事萬物都**歸屬於它**，僅僅是一句抽象的空話。因爲只有那個確定性（亦即確信自己是全部實在性）才稱得上是純粹範疇。最初的這個在對象中認識到自己的理性，是透過一種空洞的觀念論表達出來的，後者僅僅按照理性最初的樣子來領會把握理性，當它在一切存在中都揭示出意識的純粹**屬我性**，並宣稱物就是它的感覺或表象時，它以爲這就足以表明意識是一種完滿的實在性。與此同時，這種空洞的觀念論必然也是一種絕對經驗主義，因爲，爲了去**充實**那個空洞的**屬我性**，也就是說，爲了在其中作出區分、將其完全展開並加以塑造，觀念論所說的那種理性不得不求助於一個陌生的阻礙②，因爲那個阻礙才包含著感覺和表象的**雜多性**。如此一來，這種觀念論就和懷疑主義一樣，都是一種自相矛盾的模棱兩可，它們的差別只在於懷疑主義是以否定的方式，而觀念論是以肯定的方

② 「阻礙」（Anstoß）是費希特的哲學術語。費希特用這個概念來說明自我在理論和實踐中所遭遇的必須克服的限制。參閱費希特《全部知識學的基礎》第三部分「實踐知識學的基礎」之「第二定理」。——譯者注

[184]

式進行表述，但不管如何，它們都不能把那些相互矛盾的思想——既認爲純粹意識是全部實在性，又承認那個陌生的阻礙以及感官知覺和表象是同樣實在的東西整合在一起，而是在兩者之間來回徘徊，最終墮落爲一種糟糕的無限性，亦即一種感性的無限性。理性是全部實在性，而全部實在性在這裡只意味著一種抽象的**屬我性**，對它而言，他者是一個**漠不相關的陌生事物**，正因如此，之前出現過的那些理性知識，亦即**意謂**、**知覺**、對意謂中的或知覺到的東西加以領會把握的**知性**，都是被一個他者規定著的。與此同時，那種觀念論的概念本身已經顯示這類理性知識算不上是眞正的知識，因爲只有統覺的統一性才是知識的眞理。那種觀念論的純粹理性認爲，**他者**是一種**事關本質的東西**，是**自在體**，而爲了與這個他者建立聯繫，純粹理性主動把自己貶低爲一種不是以眞相爲對象的知識。因此純粹理性是自覺自願地宣判自己是一種不眞實的知識，儘管它認爲意謂和知覺根本不包含眞理，但它自己和它們其實沒有任何區別。純粹理性陷入了一個直接的矛盾，它把兩個根本對立的東西，亦即**統覺的統一性**和**物**，都宣稱爲本質。誠然，人們可以把物稱作**陌生的阻礙**、**感性經驗的**本質、**感性**、**自在之物**等等，但就物的概念而言，物對於統覺的統一性來說始終意味著一種陌生的、捉摸不透的東西。

上述觀念論之所以陷入這個矛盾，是因爲它宣稱理性的**抽象概念**是眞相。於是它直接發現一種特定的實在性橫亙在眼前，這不是理性的實在性，然而理性本應是全部實在性。理性始終是一種躁動不安的尋求，它一邊尋求一邊宣稱，透過發現而獲得滿足是絕對不可能的。當然，現實的理性並不是這樣前後不一貫的。它仍然**確信**自己是全部實在性，只有在這個**概念**中，它才意識到，作爲一種**確定性**，作爲**自我**，它還不是眞正的實在性。於是理性被迫去把它的確定性提升爲眞理，去充實那種**空洞的**屬我性。

一、從事觀察的理性

意識知道，**存在**意味著**意識的存在**。我們看到，這個意識雖然重新開始了意謂活動和知覺活動，但它不再只是確信存在著一個**他者**，而是確信，它自己就是這個他者。過去，意識只是被動地接受**已經發生的事情**，去知覺和**經驗**物的屬性；如今，它親自著手進行觀察和經驗。過去我們看到，意謂活動和知覺活動自己揚棄了自己，而現在則是意識親自將它們揚棄。理性的目標是**認知**眞理，它發現意謂活動和知覺活動所指的物其實是一個概念，也就是說，理性在物性那裡只意識到它自己。理性如今對於世界抱有一個普遍的**興趣**，因爲它確信自己在世界中掌握了當前存在，換言之，它確信當前存在是合乎理性的。理性尋找著它的他者，因爲它知道，它在他者那裡能夠據爲己有的東西無非是它自己。理性僅僅尋找它自己固有的無限性。

剛開始的時候，理性只是在現實性中看到自己的一種先兆，換言之，它僅僅知道現實性一般說來是**隸屬於它的**，在這種想法的支配下，它全面占領了那些鐵定隸屬於它的財富，上窮碧落下及黃泉，全都打上了它的所有權的標記。然而這種表面上的屬我性並不是理性的最終興趣。當理性欣喜地包辦時，卻發現它的財富仍然包含著一個陌生的他者，而抽象的理性原本並沒有包含著這樣一個東西。理性預見到自己是一個比純粹自我更爲深刻的本質，因爲，純粹自我既然**存在著**，就必然會要求，差別或**多種多樣的存在**應該隸屬於它，而它則應該把自己直觀爲一種**現實性**，把自己看作是一個當前存在著的形態和物。理性以爲只需剝開事物的全部內臟，割開它們的全部血脈，另一個理性就會從中迎面閃現出來，但這種幸運的事情是沒有的。寧可說，理性必須首先在自身內達到完滿，它才能夠經驗到自己的完滿。

意識**進行觀察**。也就是說，理性想要發現並堅持自己是一個存在著的對象，是一個**現實的**、**感性的**、**當前存在著的**形態。在進行著這種觀察時，意識以爲——而且它也是這麼說的，它想要經驗的**不是它自己**，而是**那個使得物之所以爲物的本質**。意識之所以會這樣想和這樣說，原因在於，一方面，它作爲理性**存在著**，但另一方面，嚴格意義上的理性還沒有成爲它的對象。假若意識知道，**理性**既是物的本質，同樣也是意識的本質，而且理性只有在意識裡面才有可能眞實地展現出它的獨特形態，那麼意識肯定會反求諸己，在自己的內心深處而不是在物那裡尋找理性。假若意識在內心深處找到了理性，它會把理性重新推到外部的現實性，以便在其中直觀到理性的感性外表，並立即把這個外表當作是一種事關本質的東西，亦即**概念**。當意識作爲理性**直接**出現時，它確信自己是全部實在性，在這種情況下，理性把自己的實在性當作是一個**直接的存在**，同樣，它把自我與客觀存在的統一體當作是一個**直接的統一體**。儘管如此，理性還沒有把存在和自我這兩個已分裂的環節重新結合起來，換言之，它還沒有認識到這兩個環節。理性作爲一種從事觀察的意識走向物，以爲它們眞的是一些感性的、與自我相對立的物。然而理性的現實活動反駁了這個想法，因爲理性**認識到**了物，它把物的感性存在轉變爲**概念**，而概念作爲一種存在同時也就是自我。這樣一來，理性就把思維轉變爲一個存在著的思維，把存在轉變爲一個思想中的存在，並在事實上宣稱「物只有作爲概念才具有眞理」。在這個過程中，意識觀察到的都是物，但在我們看來，這些物其實就是**它自己**。儘管如此，意識的運動最終將會表明，意識的對象是一個自在存在著的意識。

我們要看看，當理性進行觀察時，它的這個**行爲**在其各個環節中的表現，也就是說，理性如何把自然、精神以至兩者的關聯等全部作爲一種感性存在而加以接納，以及理性如何作爲一種存在著的現實性自己尋找著自己。

[187]

(一) 觀察自然界

當一個缺乏思想的意識宣稱觀察和經驗是眞理的源泉時，這些話給人的感覺彷彿是說，一切的關鍵就在於嘗、嗅、觸、聽、看等感官活動。它大肆鼓吹嘗和嗅等行爲，同時卻忘了 [188] 說，它實際上在本質上已經規定了這些感覺的對象，而且對它而言，這個規定和那個感覺至少是同樣有效的。它也將立即承認，它所強調的並不只是一般意義上的知覺活動，而且不會把諸如「煙盒旁有一把彈簧刀」之類知覺當作是一個觀察。被知覺的東西至少應該意味著一個**普遍者**，而不應該意味著**感性的這一個**。

因此，這個普遍者目前還只是一個**保持自身一致者**，它的運動僅僅是同一個行動在同一個形式下的回歸。只要意識在對象中只看到一種**普遍性**或一種**抽象的屬我性**，它就必須在自身中接納這個對象的原本的運動，而且，在還沒有理解對象的情況下，它至少應該保持著對於這個對象的記憶，因爲記憶以普遍的方式表達出那些在現實性裡面只能以個別方式出現的東西。這種表面上對於個別性的掙脫，以及，這個表面上的普遍性形式（即只是接納了感性事物，但本身並沒有成爲一個普遍者），換言之，這種**描述**事物的做法，還沒有眞正掌握對象自身內的那個運動。寧可說，它僅僅是在描述那個運動。於是，對象一經描述便變得索然無味，而且意識在描述了一個對象之後，還得不斷尋找和張羅別的對象，以免描述戛然而止。如果已經不太容易找到一些**完整的**新鮮事物，那麼就必須回到已經發現的事物中，將它們進一步分割和拆解，在它們那裡搜刮出物性的一些新的方面。這種孜孜不倦的、躁動不安的本能永遠都離不開材料。當然，要找到一個新奇的「類」，或甚至發現一個新的行星，一個雖然是個體但卻具有普遍性的行星，這只能歸功於好運氣。但是，諸如「大象」、「橡 [189] 樹」、「黃金」等概念**標示出來**的東西，亦即**類**和**種**，它們的界限跨越了許多層次，過渡到混沌時期的動植物和礦石或透過力量和技能才呈現出來的金屬、土壤等事物的無限特殊化。在這個無規定的普遍王國裡，由於特殊化重新走向**個別化**，而且時不時地完全降格爲個別化，所以其中儲備著無數可供觀察和描述的東西。但是在這裡，當觀察和描述面對一望無垠的原野時，它們卻認爲，普遍者的界限不是一宗不可估量的財富，而是限制著自然界，限制著它們的行動。它們再也無法知道，那個看似自在存在著的東西究竟是不是一個偶然性。至於那些在形態上混亂不堪的，或者說那些不成熟的、虛弱的、幾乎不具有基本規定性的東西，都沒有權利得到哪怕只是一點點描述。

如果說尋找和描述之類活動看起來只關注於物，那麼我們看到，它們實際上並沒有順著**感性的知覺活動**一路走下去，反而認爲那個使得事物**被認識**的東西比其他各種感性屬性更重要，這些屬性雖然對物來說是不可或缺的，但對意識來說卻是可有可無的。透過區分**事關本質的東西**和**無關本質的東西**，概念從感性的錯綜複雜中凸顯出來，而認識活動在這個過程中也宣稱，它認爲關注**自己**和關注事物至少是同樣事關本質的。既然這兩種關注都是事關本質的，那麼認識活動就陷入了動搖，它不能確定，那種對於**認識活動**來說事關本質的、必然的東西，是否也隸屬於**物**？一方面，借助於所謂的**特徵**，認識活動將各個物區分開；但另一方面，認識活動的對象不應該是物的無關本質的方面，而應該是那樣一種東西，它促使物**掙脫**一般意義上的存在的普遍延續性，**脫離**他者，成爲一個**自爲存在**。特徵不僅與認識活動休戚相關，而且包含著物的本質規定性，人爲的體系應該符合自然的體系，並且僅僅表達出自然的體系。從理性的概念來看，這一切都是必然的，而理性這一本能——理性在進行觀察時只能表現爲一種本能，在它的各個系統裡也達到了這種統一性，也就是說，理性的那些對象本身就包含著一種現實性或**自爲存在**，而不是僅僅偶然地出現在這一個**瞬間**或這一個**這裡**。比如，動物的辨識特徵在於爪子和牙齒，但實際上透過這些特徵，不僅認識活動把一個動物與另一個動物**區別開**，而且動物自身也發生了**分化**，因爲借助於爪子和牙齒等武器，動物作爲一種**自爲存在**存活下來，並脫離了普遍者。反之，植物沒有成爲一種**自爲存在**，而只是觸及到了個體性的邊界。在這個邊界中，植物表現出兩性**分化**的現象，並因此被認識、被區分。至於更低級的那些東西，則已經不能相互區分開來，而是在出現對立的時候就消失無蹤了。**靜止的存在**和**關係中的存在**相互爭鬥，處於前一個狀態下的物不同於處於後一個狀態下的物。與此相反，個體就是那種在與他者發生關係時仍然保持著獨立的東西。如果個體做不到這一點，反而透過一種**化學變化**而轉變爲另一個東西，就像**感性經驗**所表明的那樣，那麼它就會給認識活動帶來混亂，並導致認識活動陷入剛才那種爭鬥，不知道自己究竟應該站在這一方還是應該站在那一方，因爲在這種情況下，物不再是一個保持自身一致的東西，在它身上分裂出了相互對立的兩個方面。

因此，在一個普遍的保持自身一致的東西的各種系統裡，所謂「普遍的保持自身一致」既意味著認識活動保持自身一致，也意味著物保持自身一致。這就擴大了「**保持自身一致**」這一**規定性**的範圍，其中的每一個規定性都安靜地描述著自己的發展順序，並確保自己具有一定活動空間，但這種擴大在本質上同樣會過渡到它的反面，過渡到這些規定性的混亂狀況。特徵，作爲一種普遍的規定性，是對立雙方的統一，亦即被規定者和自在的普遍者的統一，因此特徵必然分裂爲這樣一個對立。一方面，規定性戰勝了普遍者並因此獲得自己的本質，另一方面，普遍者反過來同樣獲得了對於規定性的統治，把規定性驅趕到邊緣，在那裡混淆它的各種差別和本質性。意識在進行觀察時，本以爲它已經將規定性和普遍者工整地區分開來，可以把它們當作某種穩固的東西，但它實際上看到的，卻是一個原則凌駕於另外一些原則之上，各種過渡和混亂不斷發生，原本澈底分解的東西重新結合起來，原本結合起來的東西重新分解。在這種情況下，要想堅持一個靜止的、保持自身一致的存在，這種做法正是在這裡，在自己的那些最普遍的規定裡（比如動物和植物具有哪些本質特徵），必然看到自己遭到某些心機（Instanzen）的嘲笑，這些心機剝奪了意識的任何規定，把它已經獲得的普遍性壓制下去，讓它重新開始一種缺乏思想的觀察和描述。

意識的觀察把自己局限在各種單純事物上面，要不然的話，它就透過普遍者來限制感性的雜亂情況。它在對象中發現了**它的原則的混亂**，因爲，經過規定的東西出於自己的本性必然會消失在它的對立面之中。就此而言，理性必須從一種具有持存假象的**僵化的**規定性出發，去觀察這個規定性眞正是什麼，也就是說，理性必須**與它的對立面建立關聯**。所謂本質特徵，是一些**靜止的**規定性，如果它們表現爲一些**單純的**規定性，並因此被理解爲單純的規定性，那麼它們並沒有呈現出那個構成了它們的本性的東西，因爲它們的本性決定了它們是一個自身回收運動的一些轉瞬即逝的**環節**。現在，理性本能企圖表明，「符合自己的本性」這一規定性在本質上不是一種自爲存在，而是過渡到了它的對立面。既然如此，理性本能所尋求的就是**規律**，以及規律的**概念**。它雖然把規律和規律的概念當作是一種**存在著的**現實性，但它們實際上將會消失在它面前，而規律的各個方面也將會轉變爲一些純粹的環節和抽象表述，使得規律出現在概念的本性裡面，而概念本身已經消滅了感性現實的那種漠不相關的持存狀態。

對從事觀察的意識而言，**當它以**一**個感性存在爲對象**，這類**經驗**就包含著**規律的眞理**，因爲意識在這裡不是一個自在且自爲的存在。但是，如果規律不是透過概念而獲得眞理，那麼它就是某種偶然的東西，不是一種必然性，實際上也就不是一個規律。規律在本質上是作爲概念而存在著的，與此同時，它又可以作爲一個現成的東西被觀察到。這兩個說法並不矛盾。我們甚至可以說，規律正因如此才獲得了一種必然的**實存**，成爲觀察的對象。普遍者，作爲**理性所認識的普遍性**，在概念本身具有的那個意義上也是普遍的，也就是說，它作爲一個當前存在著的、眞實的東西成爲**意識的對象**；另一方面，概念雖然呈現爲物和感性存在，但是並沒有因此失去自己的本性，並沒有墮落爲一種僵化的持存狀態或一種漠不相關的前仆後繼。凡是普遍有效的東西，都在普遍地發揮著作用；凡是**應當存**在的東西，實際上都**存在著**，至於那種僅僅**應當**存在卻並不**存在著**的東西，是不具有眞理的。在這裡，理性本能有權利堅持自己的立場，不去理睬那些只存在於思想中的事物，這些東西僅僅**應當**存在，彷佛「**應當**」本身就意味著眞理，儘管它們根本不可能出現在任何經驗裡面，不去理睬各種猜想，也不去理睬那個千篇一律的「應當」背後的一切其他隱晦事物。因爲，理性恰恰確信自己擁有實在性，而任何不能作爲一個自主本質而成爲意識的對象的東西，也就是說，任何不能成爲現象的東西，在意識看來根本不存在。

規律的眞理在本質上是一種**實在性**，在那個一直從事觀察的意識看來，這個說法與概念以及自在的普遍者形成**對立**。換言之，意識並不認爲規律之類事物是理性的本質，因爲它覺得它在這個過程中得到的是某種**陌生的東西**。但是意識用實際行動反駁了自己的這個看法，因爲它並不認爲普遍性意味著**全部個別的**感性事物都必須展現出它規律的現象，彷佛非此不足以支持規律的眞理似的。對於「一塊懸空的石頭一旦失去支撐就會掉下來」這一判斷，意識並不要求把全部石頭都拿過來驗證一下。它也許會說，這個判斷至少是應該經過許多石頭的驗證之後，才能夠以最大的或然性或根據充分的理由**按照類比法**推及別的石頭。然而類比法不僅拿不出充分的理由，而且它在本性上是如此頻繁地陷入到自相矛盾之中，我們簡直可以說，類比法根本不容許進行任何推論。一個**或然性**的還原結果仍然是一個或然性，相比起**眞理**，或然性的大小程度之別沒有任何意義，無論多大的或然性，在眞理面前都等於無。但實際上，理性本能假定某些規律就是**眞理**，只有當它看不出規律的必然性時，它才開始區分眞理和或然性，並把事物本身的眞理降格爲一種或然性，以便表明，眞理是以不完滿的方式出現在意識面前，因爲這時的意識還沒有認識到純粹的概念。在這裡，現成存在著的普遍性只是一個**單純的**、**直接的**普遍性。但與此同時，由於規律是一種普遍的東西，所以意識認爲它具有眞理。意識認爲「石頭會掉下來」是一個眞理，因爲它知道石頭是**重** [194] **的**，也就是說，透過重量這個東西，石頭**自在且自爲地**獲得了與**地球**的一個本質關聯，而這個關聯的表現就是落下。就這樣，意識在經驗中獲得了規律的**存在**，但同時又把規律看作是一個**概念**，而且，只有當**這兩種情形**合併在一起，它才認爲規律是眞的。規律之所以被看作規律，就是因爲它在現象中呈現出來，同時又是一個自在的概念。

規律同時也是一個**自在的概念**，正因如此，意識的理性本能必然會不自覺地想要把規律及其各個環節**純化爲概念**。理性本能試著去驗證規律。最初顯現出來的規律是不純粹的，被個別的感性存在遮掩著，而概念，它構成了規律的本性，也沉陷在經驗材料裡。在進行驗證的時候，理性本能想要看看，各種不同的情形會造成什麼樣的後果。在驗證的過程中，規律好像更加深入到感性存在裡面，但實際的情況寧可是，規律在其中消逝了。這個探究具有一種內在的意義，即去找出規律的**純粹條件**。儘管意識在這樣說的時候心裡意謂著別的什麼，但它的目的無非是想要提升規律的層次，使其完全獲得概念的形態，並且**取消規律的各個環節與任何一個特定的存在**之間的關聯。比如，經過驗證之後，最初顯現爲**樹脂**電的負電與顯現爲**玻璃**電的正電就完全失去了原來的意義，轉變爲純粹意義上的**正**電和**負**電，不再隸屬於任何一種特殊事物。從此以後人們再也不能說，有些物體是正電性質的，另一些物體是負電性質的。同樣，酸和鹼之間的關係以及它們的相互轉化運動也具有一個規律，各種對立在這裡顯現爲一些物體。然而這些分離出來的物並不具有現實性。那個將它們強行撕裂開 [195] 的力量，無法阻止它們立即進入到另一個演變過程中，因爲它們完全作爲這樣一個關聯存在著。它們不可能像一顆牙齒或一隻爪子那樣，保持爲一個孤立的存在，並被這樣揭示出來。它們在本質上就註定了要直接過渡到一個中性的產物之中，這個事實使得它們的**存在**成爲一個自在地就遭到揚棄的、亦即普遍的存在，而酸和鹼只有作爲**普遍者**才具有現實性。玻璃和樹脂既可以是正電性質的也可以是負電性質的，同樣，酸和鹼也不是作爲一個屬性而附著在某個**現實事物**上面，寧可說，任何事物都僅僅**相對地**是酸性的或鹼性的，而那看起來確鑿無疑的酸性物或鹼性物，透過所謂的摻和作用，可以獲得相反的意義並成爲具有相反性質的東西。這類驗證得出的結果，就是揚棄那些環節（亦即特定事物的屬性），把謂詞從它們的主詞解放出來。這些謂詞眞正說來只能是一些普遍的謂詞。由於這種獨立性，它們獲得了「**物質**」這一名稱，但物質既不是物體也不是屬性，至於氧氣、正電和負電、熱之類東西，人們則應該避免把它們稱作物體。

與物體相反，**物質**不是一個**存在著的物**，而是一種**普遍的**或概念意義上的存在。理性本能作出了這個正確的區分，但卻沒有意識到，當它用全部感性存在來驗證規律時，那在這個過程中遭到揚棄的，正是規律的感性存在。它也沒有意識到，由於它把規律的各個環節理解爲一些**物質**，所以就把這些環節的本質性看作是一個普遍者，而在這樣說的時候，本質性就表現爲一個非感性的感性事物，或一個雖然沒有形體但卻是客觀的存在。

現在我們要看看，對於理性本能來說，它的結果出現了如何的轉變，它隨之又將觀察到什麼新的形態。我們發現，這個進行著驗證的意識的眞理是一種已經擺脫了感性存在的純粹規律。我們也發現，純粹規律是這樣一個**概念**，它包含在感性存在裡面，它無拘無束地運動著，在沉浸於其中的同時又自由地脫身而出；也就是說，它是一個**單純的**概念。這個眞正的**結果**和**本質**如今親自出現在這個意識面前，成爲意識的**對象**，然而由於意識並不知道這個對象已經是一個**結果**，也不知道它與此前的運動有任何關聯，所以它屬於一**種特殊的**對象，而它與意識之間的關係也成了另外一種觀察。

這個對象按照概念的**單純性**而言本身就包含著一個演變過程。它就是**有機物**。有機物是一個絕對的流體，在其中，那個規定著它僅僅是一個**爲他存在**的東西消解了。無機物把規定性當作自己的本質，就此而言，它只有與另一個物一起才構成概念的各個環節的完整性，而且一旦進入運動就會走向消滅。但在有機物那裡則正好相反，全部規定性——它們促使有機物向其他事物開放，都集合在一個有機的單純統一體下。沒有任何規定性可以作爲一個本質規定性冒出頭來，獨自與其他事物相關聯，因此，有機物是在一種自身關聯中維繫著自身。

根據前面的規定，理性本能所要觀察的**規律的各個方面**，首先是那相互關聯著的**有機**自然界和**無機**自然界。對於有機自然界來說，無機自然界正是那些**分離出來的**規定性相對於它的**單純概念**而言的一種自由。個體的自然物**消解**在那些規定性中，**同時**又從它們的延續中分離出來，成爲一種**自爲存在**。氣、水、土、地區和氣候就是這樣一些普遍元素，它們構成了個體事物的未經規定的單純本質，與此同時，個體事物也透過反映而返回到自身內。無論個體事物或是元素都不是什麼絕對自在且自爲的東西，寧可說，只有當它們一方面具有獨立的自由，另一方面又相互對立著成爲觀察的對象，它們才同時表現爲一些**事關本質的關聯**，但在這種情況下，占據主導地位的是對立雙方的獨立性和漠不相關狀態，而且這些東西只是部分地過渡到抽象狀態。因此，這裡存在著的規律就是元素與有機物的塑造過程之間的關聯，而有機物一方面與元素相對立，另一方面又透過它的有機反映把元素呈現出來。然而像這樣一些**規律**，比如空中的動物具有鳥的性狀、水中的動物具有魚的性狀、北方的動物的腳掌覆蓋著厚毛等等，都立即表露出一種與有機多樣性不相稱的貧乏。且不說有機體的自由擅長於使它們的形式擺脫這些規定，而且這類規律或規則（叫什麼無所謂）在任何地方都會表現出例外，除此之外，即使對那些服從規律的有機體而言，這種情況也不過是一個非常膚淺的規定，以至於「規律的必然性」這個說法也是膚淺的，它除了表明一種「**巨大的影響**」之外沒有說出更多的東西，因爲人們不知道這個影響究竟包含著什麼，不包含著什麼。就此而言，有機體與元素之間的這類關聯實際上不應該被稱作**規律**。因爲，一方面正如我們提到的，這類關聯就其內容而言根本沒有窮盡有機體的全部範圍，另一方面，相互關聯的各個環節之間本身始終是漠不相關的，它們沒有表達出任何必然性。酸的概念裡包含著鹼的**概念**，正如正電的概念裡包含著負電的概念。但是，儘管有厚毛覆蓋著的腳掌與北方、魚的身體構造與水、鳥的身體構造與天空總是**聚合**在一起，北方的概念卻不包含著厚毛的概念，海的概念不包含著魚的身體構造的概念，天空的概念也不包含著鳥的身體構造的概念。在對立雙方的自由都得到兼顧的情況下，也**存在著**一些具有鳥或者魚的本質特徵的陸生動物。因爲必然性不能被理解爲一種內在的本質必然性，所以它不再包含著一個感性的實存，也不再是一個能夠在現實中被觀察到的對象，而是已經**脫離**了現實。這種必然性不會出現在現實事物裡面，而它就是人們所說的目的論關聯。對於處於關聯中的事物而言，它是一個**外在的**東西，所以它寧可說是規律的反面。它是一個思想，已經完全擺脫了必然的自然界，將其拋在身後，並作爲一個自爲存在翱翔在其上方。

　　前面提到的有機物與元素自然界之間的關聯並沒有表達出有機物的本質，與此相反，這個本質已經包含在**目的概念**裡面。誠然，在這個從事觀察的意識看來，目的概念並不是有機物自己固有的**本質**，而是位於有機體之外，因而僅僅是那種外在的、**目的論的**關聯。但是，按照有機物此前已經獲得的規定性來看，它實際上就是實在的目的自身。由於有機物是透過與一個他者的關聯來**維繫自身**，所以它正是這樣一種自然存在，在它那裡，自然界透過一種反映返回到概念之內，至於原因和後果、主動和被動等必然已經分解的環節，則是重新凝聚爲一個單一體，以至於這裡出現的某種東西不只是必然性的一個**結果**而已。眞正說來，因為有機物已經返回到自身內，所以最後的結果也就是那個發起運動的**最初者**，就是有機物已經實現的那個**目的**。有機物並不產生什麼東西，而**只是維繫著自身**，換言之，產生出來的東西既可以說是產生出來的，也可以說是現成已有的。

我們必須進一步討論，這個規定自在地是如何，它作為理性本能的對象時又是如何。我們這樣做是為了檢視為什麼理性本能在已經發掘出那麼多東西的情況下卻沒有認識到它自己。從事觀察的理性已經把自己提升到目的概念的層次，而目的概念既是理性的一個**自覺的概念**，也是一個現成的現實事物，它並非只是現實事物的一個**外在關聯**，而是現實事物的**本質**。這個現實事物本身就是一個目的，它以一種合乎目的的方式與他者相關聯，這等於是說，**就雙方的直接存在而言**，這個關聯是一個偶然的關聯。作為一種直接存在，雙方都是獨立的，彼此漠不相關的。但是，雙方的關聯的本質實際上並不是像表面上看起來的那樣，而且它們的行動的意義也不同於感性的知覺活動所**直接**領會到的那個意義。必然性隱藏在事情的背後，只有**到了終點**才體現出來，但這個終點正顯示必然性同樣已經是一個起點。行動著手進行改變，但結果仍然了無新意，在這種情況下，終點表現出它自身的優先地位。換言之，如果我們從起點出發，那麼起點在它的終點或它的行動結果那裡只不過是返回到自身內。正因如此，起點表明自己是這樣一個東西，它把**它自己**當作它的終點，因此它在作為起點時已經返回到自身中，換言之，它在作為起點時本身就是一個**自在且自為的存在**。因此，起點透過它的行動所獲得的東西，就是**它自己**。它獲得的只是它自己，這就是它的**自身感觸**。就此而言，儘管**它所是的東西**不同於**它所尋找的東西**，但這個差別只是**差別的一個假象**，而這樣一來，它本身就是一個概念。

但是**自我意識**也具有同樣的特性，即它一方面對自己進行區分，另一方面從中卻得不出任何差別。因此自我意識在觀察有機自然界時無非是這樣一個本質，它發現自己是一個

[200]

物，**是一個生命**，它堅持它自己和它所發現的東西之間有一個差別，但這個差別又不是什麼差別。禽獸本能尋找並吃掉食物，而隨之產生出來的東西無非是它自己，同樣，理性本能尋找並發現的也僅僅是理性本身。禽獸止步於自身感觸。與之相反，理性本能同時也是一種自我意識，但因爲它只是一個本能，所以它被置於與意識相對立的一方，把意識當作它的對立面。由於這個對立，理性本能獲得的滿足也發生了分裂：一方面，它發現自己是一個**目的**；另一方面，它又發現目的是一個**物**。但這裡有兩點值得注意。首先，在理性本能看來，目的**外在於物**，而物也呈現爲一個目的；其次，這個目的同時也是一個**客觀的**目的，所以它不是出現在作爲一種意識的理性本能裡面，而是出現在另一個理智中。

如果我們進一步觀察這裡的情形，就會發現，物的概念裡面同樣也包含有這樣的規定，即物**本身就是一個目的**。物維繫著**自身**，而這同時意味著，物從它的本性出發就會遮掩必然性，並在一種**偶然**關聯的形式下將必然性呈現出來。物的自由或物的**自爲存在**就在於以漠不相關的態度去對待它的必然性，因此當物呈現出來時，它的概念和它的存在是脫節的。同樣，理性也必然要把它自己的概念看作是一種外在的東西，亦即一個**物**，在這種情況下，理性以**漠不相關**的態度對待物，而物反過來也以**漠不相關**的態度對待理性，對待物的概念。作爲一種本能，理性始終困守在這個**存在**或這種**漠不相關的關係**之中，在它看來，那個將概念表達出來的物始終不同於概念，而概念也始終不同於物。因此對理性而言，如果要承認有機物本身就是一個**目的**，那麼唯一的前提在於，那個原本隱藏在有機物的行動中的必然性如今出現在有機物之外，而有機物在這個過程中則表現爲一個漠不相關的自爲存在。但是，由於有機物只能表現爲一個本身即目的的東西，別無他法，所以我們必須在現象中透過感性的方式直接發現它本身就是一個目的。有機物表現爲一種**維繫著**自身、**正在返回**到自身、並且**已經返回**到自身內的東西。然而從事觀察的意識在這個存在裡並沒有認識到目的概念，換

[201]

言之，它沒有認識到，目的概念並不是存在於別處的某個理智內，而是作爲一個物存在於眼前。意識以爲目的概念不同於自爲存在或自身維繫活動，但實際上這並不是一個眞實的差別。意識不知道這個差別並不是一個眞實的差別，它看到的是一個偶然的行動，一個對自己所造成的後果漠不關心的行動。也就是說，雖然行動和目的已經達到了統一，但意識卻把它們看作是分裂開的東西。

在這個觀點下，就有機物本身具有個別性的特徵而言，它的行動正好處於它的起點和終點之間。但是行動同時也具有普遍性的特徵，而且行動者和行動產生出來的東西是相同的，就此而言，有機物並沒有包含著一種眞正意義上的合乎目的的行動。個別的行動只是一個中介，由於它的個別性，它從屬於一種完全個別的或偶然的必然性。因此，有機物爲了維繫自身（不管就它作爲個體還是作爲類而言）而採取的行動，就其直接的內容來看是完全無規律的，因爲那裡面沒有普遍者和概念。在這種情況下，有機物的行爲是一個本身空無內容的效果。這甚至談不上是一架機器的效果，因爲機器有一個目的，它的效果因此有一個特定的內容。有機物的行動一旦脫離普遍者，就將只是一個單純的**存在者**的行爲，也就是說，一個不能同時返回到自身中的行爲，就像酸或者鹼的行爲那樣。它造成的效果也將是這樣一種效果，雖然不能擺脫自己的直接實存，也不能放棄那個在對立關聯中消失了的東西，但還是能維繫自身。我們在這裡觀察的是存在的效果，而存在被設定爲一個在對立關聯中**維繫著自身**的物。眞正意義上的**行爲**無非是物的自爲存在的一個純粹的、無本質的形式，而行爲的實體（它不僅是一個特定的存在，而且是一個普遍者），亦即行爲的**目的**，就包含在行爲自身之內。行爲本身是一個正在向著自身回歸的行爲，而不是一個借助於陌生事物已經返回到自身內的行爲。

但是，普遍性與行爲的統一體並不是意識的**觀察**對象，原因在於，那個統一體在本質上

[202]

是有機物的一個內在運動，只能被領會把握爲一個概念。但意識在進行觀察時，尋求的是各種具有「**存在**」和「**持續性**」等形式的環節。有機的整體在本質上並沒有包含上述環節，而且也不會讓意識在它那裡發現上述環節，正因如此，意識在它的觀察中就把對立轉變爲一個符合它的觀察的對立。

這樣一來，那出現在意識眼前的有機物就是兩個**存在著的**、**固定的**環節之間的關聯或對立，在意識看來，對立雙方似乎是在觀察中被給予的，與此同時，就內容來看，對立雙方表現爲有機物的**目的概念**與**現實性**之間的對立。原因在於，透過一種隱晦而又流於表面的方式，嚴格意義上的概念已經被排除在現實性之外，而思想也降低到了表象活動的層次。在這種情況下，我們看到，目的概念大約就是人們所說的**內核**，而現實性則是人們所說的**外觀**，兩者的關聯形成了這樣一條規律：**外觀是內核的表現**。

如果我們進一步觀察內核及其對立面，觀察它們的相互關聯，就會發現，首先，無論內核還是外觀都不再像在之前的規律那裡一樣，可以作爲獨立的**物**而顯現爲一個特殊的物體；其次，普遍者也不再像過去那樣，**於存在者之外**的某個地方具有自己的實存。現在的情況寧可是，處於基礎地位的有機物是一個絕對不可分割的整體，它是內核和外觀的內容，對兩者來說是同一個東西。在這種情況下，內核和外觀之間的對立只是一個純粹流於形式的對立，內核和外觀，作爲兩個實在的方面，在本質上屬於同一個**自在體**，但與此同時，由於內核和外觀是相互對立的實在事物，在意識看來是兩種相互有別的**存在**，所以意識認爲它們分別具有一個獨特的內容。實際上，它們的獨特內容是同一個實體或同一個有機統一體，由此只能在形式上有所差異。當從事觀察的意識宣稱，外觀只是內核的一個**表現**，正是這個意思。在目的概念中，我們已經看到同樣一些關係規定，也就是說，首先，對立雙方具有一種彼此漠不相關的獨立性，然後，它們消失在一個統一體之內。

現在我們要看看，內核和外觀就其存在而言分別具有什麼**形態**。眞正意義上的內核必須和眞正意義上的外觀一樣，也有一個外在存在和一個形態，因爲內核也是意識的對象，換言之，內核本身已經被設定爲一個存在者，一個現成的可供觀察的東西。

有機的實體，作爲一個**內在的**實體，是一個**單純的**靈魂，是一個純粹的**目的概念**或一個**普遍者**，它在被分割的時候仍然保持爲一個普遍的流體，所以它的**存在**顯現爲各種**轉瞬即逝的**現實事物的**行動**或**運動**；另一方面，與存在著的內核相對立的**外觀**則立足於有機物的**靜態存在**。就此而言，規律作爲內核與外觀之間的一種關聯，可以透過以下兩個途徑來表現自己的內容：要麼呈現出那些普遍的**環節**，亦即**單純的本質性**，要麼呈現出那個已經實現的本質性，亦即**形態**。單純的本質性可以說是一些簡單的有機**屬性**，即**感受性**、**激動性**和**再生性**。誠然，這些屬性——至少是前面兩種屬性，看起來並不涉及一般意義上的有機組織，而是僅僅涉及動物的有機組織。實際上，植物的有機組織也只是表現出有機組織的單純概念，**還沒有展開**這個概念的各個環節。鑒於這些環節應該得到觀察，所以我們必須緊緊盯住這個概念，看它如何呈現出各個環節已展開的實存。

就這些環節本身而言，它們直接來自於「自主目的」這一概念。一般說來，**感受性**表現出了有機物的自身反映這一單純概念，以及這個概念的普遍流體，而**激動性**則表現出了有機物的彈性（即在反映的同時**作出反應**），以及與最初的靜態的**內在存在**相對立的一個實現過程，在這個過程中，那個抽象的自爲存在轉變爲一個**爲他**存在。至於**再生性**，則是這個**完整的**、經歷了自身反映的有機組織的一種活動或行爲。由於有機組織是一個自在的目的或**「類」**，所以透過它的行爲，個體一邊撕裂著自己，一邊把它的機體部分或整個個體重新產生出來。作爲一**般意義上的自身保存**，再生性表現出了有機物的形式概念，亦即感受性。但眞正說來，再生性是一個實在的、有機的概念，亦即一個**整體**，它要麼作爲一個個體，透過產生出自己的個別部分而返回到自身內，要麼作爲一個「類」，透過產生出個體而返回到自身中。

當這些有機元素作爲一個**外觀**存在著，它們的另一**種意義**就是它們的**形態分化**方式，按照這個方式，它們表現爲一些**現實的**、但同時也是**普遍的**部分，亦即有機**系統**。比如，感受性表現爲神經系統，激動性表現爲肌肉系統，而再生性則表現爲使個體和「類」保持運轉的內臟系統。

就此而言，有機物的獨特規律涉及到了有機環節的雙重意義：一方面，這些環節是有機物的**形態分化**的一個**部分**；另一方面，它們是一些**普遍的**、**流動的**規定性，貫穿著所有那些系統。既然如此，爲了表現出這樣一個規律，一個**特定的**感受性，作爲**整個**有機組織的環節之一，既可以透過一個具有特定結構的神經系統表現出來，也可以與個體的有機部分的特定的**再生性**聯繫在一起，或與整體的延續聯繫在一起。這樣一個規律的兩個方面都能夠得到**觀察**。**外觀**就其概念而言是一種**爲他存在**。比如，感受性借助於感覺**系統**直接呈現爲一個現實的存在，而作爲一個**普遍的屬性**，感受性在它的各種**外化活動**裡仍然是一個客觀的東西。所謂的**內核**也有它**自己固有的外在**方面，但這個外在方面不同於通常所謂的**外觀**。

因此，我們應該觀察的是有機規律的兩個方面，而不是這兩個方面之間的關聯的規律。觀察之所以是不充分的，並不是因爲觀察**本身**過於目光短淺，也不是因爲觀察不遵循經驗，反而要從理念出發。因爲，倘若這些規律是某種實在的東西，那麼它們必須在事實上已經現實地存在著，成爲觀察的對象，而是因爲，關於這類規律的思想顯示自己不具有任何眞理。

規律代表著這樣一種關係，即普遍的、有機的**屬性**借助於一個有機**系統**把自己轉變爲一個物，並透過物而獲得有機系統的一個形像摹本。在這種情況下，普遍環節和物就是同一個

[205]

本質，只不過存在的方式不同而已。但除此之外，內核這一方面本身也是由眾多方面形成的一個關係，因此，首先表現出來的是這樣一個思想，即規律乃是普遍的有機行為或有機屬性之間的一種關聯。至於規律是否可能，則必須取決於屬性的本性。但是屬性，作為一個普遍的流體，並沒有限定在物的形態下，而且它之所以能夠維繫自身，也不是因為它不同於那個構成其形態的實存，寧可說，感受性並未局限於神經系統，而是貫穿著有機組織的全部系統。除此之外，屬性也是一個普遍的**環節**，它在本質上就與反應性（亦即激動性）和再生性不可分割地聯繫在一起。因為，屬性作為一種自身反映，無論如何本身就包含著反應性。單純的自身反映是一種被動性或一種僵死的存在，不能等同於感受性；同樣，動作（它與反應性是同一個東西）如果缺乏了自身反映，也不能等同於激動性。動作或反應性中的反映，加上反映中的動作或反應性，它們的統一正構成一個有機物，同時也意味著有機物的再生性。由此可以得出，當我們首先觀察感受性和激動性之間的關係，就會發現，在任何種類的現實事物那裡，感受性和激動性都必然具有同等的**分量**，而且，只要我們願意，任何一個有機的現象都是既可以透過感受性也可以透過激動性來理解、規定和說明。同樣一個東西，在一個人看來具有高度的感受性，在另一個人看來也可以是具有高度的激動性，而且是**同等程度**的激動性。如果我們把它們稱作**因素**，如果這個稱呼不是一個空無所指的詞語，那麼這就等於宣布它們是概念的一些**環節**，亦即一種實在的對象。概念構成了這種對象的本質，而且本身就以同樣的方式包含著那些環節，如果概念在一個環節上被規定為一種很敏感的東西，那麼它在另一個環節上就被規定為同等程度的一種很容易激動的東西。

這些環節必然不同於彼此，它們是依照概念而被區分開的，所以它們相互之間的對立是一種**質的**對立。但是，除了這種眞實的區別之外，它們也被設定為一些作為表象的對象而存在著的東西，彷彿是規律的各個不同方面，而在這種情況下，它們相互之間是一種**量的**差異

[207] 性。就此而言，各個環節之間的獨特的質的對立就體現爲**分量**的差別，於是出現了這樣一類規律，比如，感受性和激動性在分量上是一種此消彼長的反比關係。或者更好的做法是，一開始就把分量本身當作內容，如果某物的分量增加，那麼它的弱小程度就減少。「如果一個洞的塡充物愈是**減少**，那麼這個洞的分量就愈是**增加**」，像這樣一個具有特定內容的規律是一個反比關係，但是它同樣可以轉化爲一個正比關係，並這樣表述出來：「洞的分量與被挖走的東西的數量按照正比關係而**增加**」，這是一個**同語反覆的**命題，不管它是以正比關係還是以反比關係表達出來，意思都只是說：如果一個分量增加，那麼這個分量增加。洞與它的塡充物或挖去物之間是一種質的對立，但既然雙方的實質以及這個實質之特定的分量在雙方那裡是同一個東西，大的增加和小的減少是同一回事，雙方的空洞對立到頭來不過是一句同語反**覆**，那麼各個有機的環節從一開始就實質和分量而言都是不可分割的，都具有同樣的分量。一個環節只和另一個環節一起減少，只和另一個環節一起增加，因爲只有當一個環節存在著，另一個環節才有意義。眞正說來，究竟把一個有機現象看作激動性還是看作感受性，這是無所謂的，不管是在一般的意義上還是就它們的分量而言都是如此。好比當一個洞變得更大，你既可以說這是由於它的空虛處增加了，也可以說是由於被挖走的塡充物增加了。再比如「三」這個數，不管我說它是正的還是負的，其分量始終是不變的，但如果我從 [208] 三增加到四，那麼無論正的還是負的分量都變成了四。同樣，磁場的南極和北極、正電和負電、酸和鹼，都恰好具有同等強度的分量。諸如「三」或「磁場」之類有分量的東西是一個有機的實存，這類東西既可以增加也可以減少，當它們增加時，它們的**兩個**因素也會增加，好比當一個磁場加強時，它的**兩極**也會加強，而對於正電、負電之類事物來說，也是同樣的情形。按照一種空洞對立的概念，對立雙方就**內涵**和**外延**而言都是不可能有差別的，當一方在內涵上減少而在外延上增加時，另一方不會在外延上減少而在內涵上增加。但實際

上，實在的內涵總是與外延具有完全同等程度的分量，反之亦然。

可見，所謂制定規律，亦即立法，其實就是使激動性和感受性從一開始就構成一個特定的、有機的對立。但這些內容消失了，而對立則轉變為一個形式上的對立（分量的增加和減少，或內涵與外延的差異），這個對立不再涉及感受性和激動性的本性，也不再表現著它們。因此，制定規律是一個空洞的遊戲，它沒有與那些有機的環節結合在一起，而是淪為一種在任何地方都可以被任何人利用的花招把戲，因為那些人根本沒有認識到這類對立的邏輯本性。

最後，如果不是把感受性與激動性聯繫在一起，而是把再生性與感受性或與激動性聯繫在一起，那麼連制定規律的理由都消失了。因為，再生性與那些環節之間不像那些環節彼此之間那樣是一種對立的關係。由於制定規律必須以對立為基礎，所以它在這裡的所作所為只是一個假象，甚至可以說是一個已經消失的假象。

正如我們剛才觀察到的，制定規律包含著有機組織的各種差別，而這些差別意味著有機組織的**概念**的各個環節，所以它真正說來本應是一種先天的立法行為。它在本質上包含著這樣一個思想，即那些環節意味著**現存的事物**，而單純從事觀察的意識無論如何必須堅持以這些事物為對象。有機的現實事物本身必然具有一個對立，這個對立在概念上可以被規定為激動性與感受性的對立，而且這兩個東西在現象上又不同於再生性。在這裡，我們觀察到的是有機組織的概念的各個環節的**外表**，這是內核**自己固有的直接的**外表，不是**外觀**，後者是指整體上的外觀和**形態**，而內核只有在與外觀的關聯中才能在隨後成為我們的觀察對象。

這樣來理解各個環節之體現在一個實存那裡的對立，就等於把感受性、激動性和再生性降格為一些普通的**屬性**，它們作為特殊的重量、顏色和堅硬度等等，對彼此而言都是一些漠不相關的普遍性。在這個意義上我們可以觀察到，這個有機物比那個有機物更敏感，更易激動，或具有更強的再生能力；同樣，這**種**有機物與那種有機物在感受性等方面有所不同，這種有機物對於特定刺激的反應不同於那種有機物，正如一匹馬在面對燕麥和乾草的時候有不同的表現，一條狗面對這兩樣東西又有另外的反應等等，都是很容易觀察到的，其簡單程度不啻於觀察到一個物體比另一個物體更堅硬。然而如果我們把堅硬度和顏色等感性屬性、對於燕麥的敏感性、對於負重的激動性、生育幼崽的數目和方式等現象聯繫在一起並進行比較，就會發現，它們在本質上是有悖於規律的。因爲，它們的**感性存在**的規定性正在於它們是一些彼此完全漠不相關的存在，它們表現了一種不受概念約束的自然自由，但極少表現出關聯的統一性，它們表現出自然界以不合理性的方式沿著概念的各個環節之參差不齊的梯子上下穿梭，但極少表現出這些環節本身。

從**另一個**方面出發，可以將有機組織的概念的單純環節與**形態分化**的環節進行比較，也只有這個方面恐怕才能制定出眞正的規律，以便表明眞實的外觀是**內核**的一個摹本。那些單純的環節是一些貫穿一切的、流動著的屬性，正因如此，它們在有機物那裡並不具備諸如「個別的形態系統」之類分離出來的、實在的表現。換言之，如果說有機組織的抽象理念之所以在那三個環節裡眞正表現出來，只是因爲那些環節不能持存，只能隸屬於概念和運動，那麼反過來必須說，有機組織作爲一種形態分化並不是像解剖學所分解的那樣，可以透過三個特定的系統就能被把握。儘管這些系統在現實中必然會被發現並因此獲得合法地位，但我們不要忘了，解剖學揭示出來的不只是那三個系統，此外還有多得多的系統。即使撇開這一點不論，我們必然也會發現，感受**系統**意味著某種完全不同於**神經系統**的東西；同樣，激動**系統**不同於**肌肉系統**，再生**系統**也不同於負責再生的**內臟器官**。在嚴格意義上的**形態**的各個系統裡，人們把有機組織理解爲一種抽象而僵死的存在，而按照這種理解，有機組織的各個環節僅僅隸屬於解剖學和腐屍，而不是隸屬於認識和活生生的有機組織。作爲這樣的部分，寧可說那些環節已經不再**存在**，因爲它們不再隸屬於一個演進過程。有機組織的**存在**在本質上是一種普遍性或自身反映，所以，它的整體的**存在**以及它的各個環節都不可能存在於一個解剖學的系統內，寧可說，無論是現實的表現，還是那些環節的外表，都只是作爲一個運動才存在著，這個運動貫穿著形態分化的不同部分，在其中，凡是作爲個別的系統而被分離出去並固定下來的東西，都在本質上呈現爲一個流動著的環節。就此而言，解剖學所發現的那種現實性不能看作是那些環節的實在性，寧可說，那些環節只有融入一個演進過程才獲得它們的實在性，也只有在這個過程中，解剖學分解出來的各個部分才具有一個意義。

由此可見，有機物的**內核**的各個環節，孤立地看來，沒有能力把存在的規律的相應方面確立下來，因爲它們在這類規律裡被用來陳述一個實存，相互之間一旦被區分開，就不可能在同樣的情況下相互替換。而且，如果它們被放置到一個方面，它們也不可能透過另一方面的某個固定的系統而實現自身，因爲一個固定的系統既不包含任何有機的眞理，也沒有將內核的那些環節表現出來。有機物是一個自在的普遍者，所以一般說來，有機物在本質上也會把它的那些現實環節當作一種同樣普遍的東西，也就是說，當作一些貫穿始終的演進過程，而不是在一個孤立的物那裡給出普遍者的一幅圖像。

這樣一來，一般意義上的**規律**的**表象**就在有機物那裡消失了。規律希望把對立理解並表述爲靜止的雙方，指出雙方的規定性就是它們的相互關聯。顯現著的普遍性隸屬於**內核**，靜止形態的各個部分隸屬於**外觀**，內核和外觀本應構成規律的對立雙方，但一旦把它們分裂開，它們就失去了有機的意義。規律的表象正有一個前提，即它的對立雙方都具有一種自爲存在著的、漠不相關的持存，同時又把它們的相互關聯當作一個雙重的、彼此對應的規定性而加以分享。實際上，有機物的每一個方面本身都是一個單純的、將全部規定都消解在其中的普遍性，都是這樣一個消解運動。

一旦認識到這種制定規律與之前各種形式的差別，就將完全揭示出制定規律的本性。如果我們回顧一下知覺的運動，以及在知覺中返回自身從而規定它的對象的知性的運動，那麼可以發現，知性在它的對象那裡並沒有發現普遍與個別、本質與外表等抽象規定之間的**關聯**，寧可說，知性本身是一個過渡，但這個過渡對知性來說並沒有成爲一個客觀的東西。如今在這裡正好相反，有機的統一體——亦即那些對立之間的關聯，而這個關聯又是一個純粹的過渡，本身就是一個**對象**。這個過渡單純就其自身而言直接就是一種**普遍性**。由於普遍性出現在差別中，而規律又應該表現出各種差別之間的關聯，所以規律的環節成爲這個意識的**普遍的**對象，而規律意味著，**外觀**是**內核**的表現。知性在這裡已經把握到了一個關於規律本身的**思想**，而在此之前，它所尋找的僅僅是一般意義上的規律，所以規律的各個環節只是作爲一些特定的內容，而不是作爲思想飄浮在它面前。因此，就內容而言，這裡應該保留下來的不是那樣一些規律，它們只是安靜地把純粹**存在著的**差別接納到普遍性形式中，而是這樣一些規律，它們在差別那裡直接掌握著概念的躁動，從而同時也掌握著各方關聯的必然性。然而，對象、有機的統一體、對於存在的無限揚棄或絕對否定、靜止的存在等等都是直接統一在一起的，這些環節在本質上是一個**純粹的過渡**，正因如此，規律所要求的那些**存在著的**方面並沒有體現出來。

爲了得到那些方面，知性必須緊緊抓住有機關係的另一個環節，即一個有機實存的**已經折返回自身內的存在**。然而這種存在已經如此完滿地折返回自身中，以至於沒有留下任何一個針對著他者的規定性。**直接的**感性存在與嚴格意義上的規定性是直接合而爲一的，因此它本身就表現出一個質的差別，比如藍與紅的差別，酸性與鹼性的差別等等。但是，一個已經返回到自身中的有機存在以全然漠不相關的態度來對待他者，它的實存是一個單純的普遍

[213] [212]

性，意識在那裡觀察不到任何持續不變的感性差別，換言之，有機存在的本質規定性僅僅表現為各個**存在著的**規定性之間的一種**更替過程**。因此，就差別表現為一個存在著的差別而言，它是一個**無關緊要的**差別，亦即**分量**。然而在這個過程中，概念被消除了，必然性也消失了。如果我們把這個漠不相關的存在的內容和塡充物以及感性規定之間的更替過程歸結為一個單純的有機規定，那麼這同時顯示出那些內容和塡充物剛好不具有諸如直接屬性之類規定性，而且正如我們前面已經看到的那樣，質的東西完全被歸結為分量。

也就是說，客觀的東西，作為一個有機的規定性，本身已經包含著一個概念，並因此不同於知性的對象。知性在領會把握它的那些規律的內容時，表現為一種純粹的知覺活動，而這種領會把握之所以在原則上和方式上完全倒退到一種單純知覺著的知性，是因為那些被領會把握的東西變成了**規律**的一個環節。這樣一來，規律就表現為一個固定的規定性，在形式上是一個直接的屬性或一個靜態的現象。在這之後，規律還獲得了分量上的規定，而概念的本性則被壓制下去了。也就是說，那單純被知覺的東西與那返回到自身內的東西之間的轉換，單純的感性規定性與有機的規定性之間的轉換，都再度失去了自己的價值，因為知性還沒有揚棄制定規律的做法。

為了用幾個例子來比較一下前面所說的那種轉換，我們從知覺出發，把一個肌肉強壯的動物規定為一個具有高度激動性的動物有機組織，把一個極度虛弱無力的狀態規定為一個具有高度感受性的狀態，或者如果人們願意的話，規定為一個非同尋常的情狀乃至這個情狀的能量升級，附帶說一句，諸如「情狀」（Affektion）、「能量升級」（Potenzierung）

之類詞彙[3]非但沒有把感性的東西導向概念，反而將其翻譯爲一種文謅謅的，甚至可以說糟糕的德式拉丁文。動物有強壯的肌肉，對此知性也可以這樣來表達：動物具有一種強大的**肌肉力**。同樣，極度的虛弱無力也是一種微弱的**力**。「激動性」的說法之所以勝過「**力**」的說法，原因在於，後者表達出的是一種不確定的自身反映，而前者表達出的是一種確定的自身反映，而肌肉的**獨特的**力正是激動性。同樣，「激動性」的說法也要勝過「**強壯肌肉**」這一說法，因爲激動性和力一樣，本身已經包含著一種自身反映。和所謂的「虛弱」或「微弱的力」一樣，**有機的被動性**透過**感受性**得到一個確定的表達。但感受性本身作爲一個固定的東西仍然沒有擺脫**分量**的規定，也就是說，它作爲一個或大或小的感受性，仍然與別的或大或小的激動性相對立。就此而言，每個感受性都被降格爲一個感性元素，降格爲一個具有普通形式的屬性，而它們的相互關聯並沒有成爲概念，而是成爲分量，包含在其中的對立則轉變爲一種無思想的差別。在這裡，即使清除掉「**力**」、「**強**」、「**弱**」等說法裡面的不確定因素，產生出來的仍然是一種同樣空洞和同樣不確定的周旋，即在較高和較低的感受性及激動性的對立之間，在感受性和激動性相應的增強和減弱之間的一種周旋。正如「強」和「弱」都是一些純粹感性的、無思想的規定，同樣，或大或小的感受性和激動性也是一些未經思想領會把握，就這樣陳述出來的感性現象。「強」、「弱」等缺乏概念的表述方式並沒有被概念取代，而是透過一個規定得到充實，這個規定單就其自身而言是以概念爲依據，以概念爲內容的，但它已經完全不知道概念的源頭和特性。也就是說，先是透過「單純性」和「直接性」等形式（它使得內容成爲規律的一個方面），然後透過分量（它構成了這類規定

③ 這些是謝林的自然哲學經常使用的術語。——譯者注

[215]

的差別的元素），那個原本就作爲概念存在著、原本就被設定爲概念的本質仍然進行著一種感性的知覺活動。但這還談不上是一種認識活動，正如透過力的強弱或透過些直接的感性屬性來進行規定也談不上是一種認識活動。

如今，剩下需要觀察的是那個**孤立無依**的東西，亦即有機物的**外觀**。同樣，我們既然已經考察了整體的**內核**與它**自己的**外觀之間的關聯，現在就要來考察，在有機物中，**它的**內核和**它的**外觀之間的對立具有什麼規定。

外觀，單就其自身來看，是一般意義上的**形態分化**，是一個以存在爲**元素**而環環相扣的生命系統，在本質上同時也是有機本質的一種**爲他**存在，也就是說，是一個**自爲存在著的**客觀本質。這個**他者**首先顯現爲一個外在於它的無機自然界的東西。當我們把這兩個方面與規律聯繫起來進行考察，就會發現（而且我們在前面已經看到同樣的情形），無機自然界不可能在一個規律中與有機本質發生對立，因爲有機本質是絕對自爲的，同時又與無機自然界具有一種普遍的和自由的關聯。

但如果在有機物的形態中進一步規定雙方的關係，那麼這個形態就會一方面轉而與無機自然界形成對立，另一方面則作爲一個**自爲**存在返回到自身內。**現實的**有機本質是一個中項，它把生命的**自爲存在**與一般意義上的**外觀**（亦即**自在存在**）聯繫在一起。處於自爲存在這一端的是內核，作爲一個無限的單一體，它把形態自身的各個環節從它們的持存狀態中、從它們與外觀的聯繫中拉回到自身，而作爲一個空無內容的東西，它把形態當作自己的內容，並因此顯現爲形態的一個演進過程。這一端是單純否定性或**純粹個別性**，在這裡，有機物擁有絕對的自由，可以確保自己以漠不相關的態度去對待爲他存在以及形態的各個環節的規定性。這個自由同時也是各個環節自身的自由，也就是說，各個環節能夠顯現並且被理解爲一些**實存著的**東西，它們不僅與外觀漠不相關，而且本身相互之間也是漠不相關的，因

[216]

爲這個自由的**單純性**就是**存在**，亦即那些環節的單純實體。這個概念或純粹自由總是同一個生命，無論形態或爲他存在如何變化多端。至於生命的長河究竟推動著哪些磨盤在轉，這是無關緊要的。現在需要指出的是：首先，我們不能像以前觀察眞正的內核那樣，把這個概念的形式理解爲概念的各個環節的一個**演進過程**或發展過程，實際上，它現在的形式是**單純內核**，亦即一個與**現實的**活物相對立的純粹普遍者，換言之，這個形式是那些存在著的形態肢體得以**持存**的一個**要素**。對於我們正在觀察著的這個形態而言，生命的本質在於一種單純的持存狀態。其次，**爲他存在**或現實的形態分化這一規定性既然已經被納入到這個單純的普遍性之內，以之爲本質，那麼它就是一個同樣單純而普遍的、非感性的規定性，而且這樣一個規定性只能表現爲**「數」**。「數」是形態的中項，它把未經規定的生命與現實的生命聯繫在一起，如前者一般單純，如後者一般確定。凡是在**內核**中表現爲「數」的東西，必須按照外觀自己的方式而將其表現爲各式各樣的現實性、生活方式、顏色等，一言以蔽之，表現爲無窮無盡的在現象中得到發展的差別。

如果我們把有機整體的兩個方面，亦即**內核**和**外觀**，且各自分別又有一個內核和一個外觀，按照它們的內核來進行比較，那麼前者的內核就是概念，一個躁動不安的**抽象**，而後者的內核既是一個靜止的普遍性也是一個靜止的規定性，亦即「數」。概念在內核中展開了自己的各個環節，如果說正是基於這個原因，內核才誤以爲這些環節之間有一種必然的關聯，並宣告規律出現，那麼外觀則是從一開始就放棄了這個企圖，因爲「數」顯然是那些規律的某一方面的規定。也就是說，「數」正是一種完全靜止的、僵死的、漠不相關的規定性，在它那裡，一切運動和關聯都消失了，那些通往欲望的生命因素、生活方式以及其他感性存在的橋梁也都斷裂了。

但是，像這樣來觀察一個有機物的嚴格意義上的**形態**，或把內核視爲單獨的某一個形態的內核，實際上都不再是對於有機物的觀察。因爲，本應相互關聯的兩個方面完全被設定爲彼此漠不相關，而這樣一來，那種構成了有機物的本質的自身反映就被揚棄了。在這裡，我們其實是把曾經嘗試過的內核和外觀之間的比較應用到了無機自然界身上。在這裡，無限的概念僅僅是一個**本質**，它隱藏在自身內部，或者說已經轉移到了自我意識裡面，而不再像在有機物那裡一樣具有一種客觀的當前存在。就此而言，我們還必須考察內核和外觀在它們的獨特領域裡的那種關聯。

首先，形態的那個內核，作爲一個無機物的單純個別性，是**比重**。作爲一個單純的存在，比重只能具有「數」的規定性，因此可以像「數」的規定性那樣被觀察，或更確切地說，透過觀察的比較而被發現，並以這種方式給出規律的一個方面。形狀、顏色、硬度、韌性以及無數其他的屬性合在一起，就能構成**外觀**，而且能夠表現出內核的一個規定性，亦即「數」，而在這種情況下，內核和外觀彼此都可以把對方當作自己的一個映射。

因爲否定性在這裡不是被理解爲一個處於演進中的運動，而是被理解爲一個**靜止的**統一體或一個**單純的自爲存在**，所以它寧可顯現爲那樣一個東西，透過它，物可以抵制演進過程，自顧自地與之漠不相關。但由於這個單純的自爲存在相對於他者而言是一種靜止的漠不相關，所以比重是作爲與其他屬性**並存**的一個**屬性**而出現的。這樣一來，比重與衆多合乎規律的東西之間不再有任何必然的關聯。作爲一個單純的內核，比重**就其自身而言**不包含任何差別，或者說它包含著一個無關本質的差別。蓋言之，比重的**純粹單純性**正揚棄了一切本質上的差別。至於那個無關本質的差別，亦即**分量**，必須在另一方面亦即屬性的多樣性中找到它的映射或**他者**，因爲只有這樣，它才終歸談得上是一個差別。如果這個多樣性本身被納入到對立的單純性中，被規定爲**凝聚性**，那麼凝聚性就是一個**處於他者存在中的自爲存在**，而比重則是一個**純粹的自爲存在**。在這種情況下，首先，凝聚性就是一個純粹的、在概念中被設定的規定性，與前面那個規定性相對立，而相應的制定規律的情形與我們前面在觀察感受性與激動性之間的關聯時看到的是一樣的。其次，進而言之，凝聚性作爲「處於他者存在中的自爲存在」的**概念**，僅僅是一個**抽象表述**，它與比重相對立，本身不具有任何實存。蓋言之，處於他者存在中的自爲存在實際上是一個演進過程，在這個過程裡，無機物必須把它的自爲存在表現爲一種**自身保存**，以避免自己作爲產物這一環節而跌落到演進過程之外。然而無機物的這個做法正與它的本性相悖，因爲它的本性本身並不包含著目的或普遍性。寧可說，無機物的演進過程僅僅是一個特定的行爲，即使它的自爲存在或它的比重在某種方式下**揚棄**自身。這個特定的行爲也包含著無機物的凝聚性（就其眞正的概念而言），但無論是它本身，還是無機物的比重的特定分量，都是一些彼此完全漠不相關的概念。倘若我們不去管那個行爲的方式，而是僅僅考慮分量這一表象，那麼大致可以這樣來設想這個規定，即一個較大的比重，作爲一種更高程度的內在存在，相對於一個較小的比重而言更不容易加入到演進過程之中。但反過來，自爲存在的自由之所以巋然不動，就在於它很容易摻和到一切事物中，並透過這種雜多性保存自身。內涵如果缺乏了關聯的外延，就是一種空無內容的抽象，因爲外延才構成了內涵的**實存**。但正如我們已經指出的，無機物在其關聯中的自身保存有悖於關聯的本性，因爲無機物本身不包含運動的根源，換言之，因爲無機物的存在不是一種絕對的否定性，不是一個概念。

但如果我們不是把無機物的這另一個方面看作一個演進過程，而是看作一個靜止的存在，那麼這就是一般所說的凝聚性，亦即一個**單純的**感性屬性，而它的對立面則是一個已經獲得自由的環節，亦即一個**存在著的他者**，後者分解爲許多彼此漠不相關的屬性（比如比重），而且它本身也會作爲眾多屬性之一而出現。在這之後，大量屬性合在一起構成與凝聚性相對立的另一方面。但無論對哪一方而言，**「數」**都是唯一的規定性，它不僅沒有表達出

[219]

這些屬性之間的關聯和過渡，而且在本質上不包含著任何必然的關聯，而是要消滅一切合乎規律的事物，因爲，「數」所表達出的規定性是一種**無關本質的**規定性。在這種情況下，一系列物體（它們的差別表現爲比重的數量差別）與一系列不同屬性之間完全談不上一種平行關係，而且，即使我們爲了簡化事情而從那些屬性中僅僅抽取出少數幾個來考察，同樣也是如此。實際上，只有把那些屬性堆積在一起，才有可能構成這種平行關係的另一方面。對於觀察來說，一方面，眾多屬性的分量規定性就在於把那種堆積理順爲一個有序的整體，但另一方面，屬性之間的差別又表現爲一種質的差別。如今，在這個堆積裡，任何東西不是肯定的，就是否定的，它們相互揚棄，一般說來只能作爲一個複雜程式的內在框架和外觀存在著。它們隸屬於概念，但概念剛好已經被排除在外，因爲眾多屬性現成地**存在著**，應該被接納下來。在這種存在裡，沒有任何一個屬性表現出一種針對著其他屬性的否定特徵，寧可說，每一個屬性都和其他屬性一樣就這麼**存在著**，也沒有任何一個屬性工作表明自己在整體的秩序之內處於什麼地位。對於一個在平行的差別裡持續推進的序列而言，不管這種平行關係在兩方面都是上升著的，或只是在一方面增加，而在另一方面減少，關鍵只在於這整個複合體之**最終的**單純表現，而複合體又構成了規律中與比重相對立的另一方面。但這個方面，作爲一個**存在著的結果**，如我們已經提到的，無非是一個個別的屬性，比如通常所謂的凝聚性，而與之並列的其他屬性（包括比重）彼此都是漠不相關的，每一個屬性都同樣有權利，也可以說同樣沒有權利被推選爲整個方面的代表。每一個屬性都僅僅代表著本質，或者用德語來說，只是**表象著**本質，但它們並不是事情本身。因此，企圖找出若干個系列的物體，沿著兩方面的單純平行關係持續推進，並且用這些方面的一個規律來表現出物體的本質特性，這種企圖只能是一個空想，它沒有認識到自己的任務，也沒有認識到那用以完成任務的手段。

[220] [221]

截至目前的觀察，形態的外觀和內核之間的關聯已經轉移到了無機物的領域。現在我們可以進一步說明這個過程轉移之所以發生的原因，由此還可以得出這個關係所包含的另一個形式和另一個關聯。在無機物中，可以對內核和外觀進行比較，但這種做法對於有機物來說卻是根本不可能的。無機物的內核是一個單純的內核，它在知覺面前呈現為一個**存在著的**屬性。它的規定性在本質上是一個分量，而且，作為一個存在著的屬性，它與外觀或各種感性屬性都是漠不相關的。與之相反，一個有機的活物的自為存在與它的外觀並不對立，而是本身就包含著**他者**這一原則。如果我們把自為存在規定為一個**單純的**、**自我保存著的自身關聯**，那麼它的他者存在就是一個單純的**否定性**，而有機物的統一意味著自身一致的自身關聯活動與純粹否定性的統一。這樣一種統一是有機物的內核。就此而言，有機物本身就是普遍的，或者說它是一個**類**。「類」有不依賴於它的現實性的自由，比重也有不依賴於形態的自由，但這兩種自由不是一回事。比重的自由是一種**存在著的**自由，換言之，比重可以作為一個特殊的屬性出現在客觀方面。但因為這是一種**存在著的**自由，所以也可以說，它僅僅是**一個規定性**，**在本質上**隸屬於形態；換言之，它使得形態**成為**一個特定的**本質**。反之，「類」的自由是一種普遍的自由，它根本不關心形態或形態的現實性。無機物的**嚴格意義上的自為存在**包含著一個**規定性**，這個規定性在有機物中**從屬於有機物的**自為存在，而在無機物中則是僅僅從屬於無機物的**存在**。儘管規定性在無機物中只是一個**屬性**，但畢竟有資格被稱作**本質**，因為它作為一個單純的否定性事物與實存（亦即為他存在）相對立。這個單純的否定性事物，就其最終的個別規定性而言，是一個「數」。有機物是一個個別性，而個別性本身是一個純粹的否定性，而且消滅了它自身內固定的數的規定性，因為「數」隸屬於一種**漠不相關的存在**。只要有機物本身包含著漠不相關的存在以及「數」等環節，那麼「數」就只能被看作是有機物的一個無關緊要的規定性，而不能被看作是有機物的生命力的本質。

現在，如果純粹的否定性，亦即演進過程的原則，一方面並沒有脫離有機物，沒有位於有機物之外，另一方面又不是有機物的一個**本質**規定性，而個別性反而成了一個自在的普遍者，那麼這個純粹的個別性無論如何不是經過一些**抽象的**或**普遍的**環節而在有機物中發展起來並成爲現實的。實際上，「純粹的個別性」這一說法已經擺脫了那種退回到**內部**的普遍性。在現實性或形態（亦即正處於發展過程中的個別性）和有機的普遍者或「類」之間，出現了一個**特定的**普遍者，亦即**「種」**。普遍者或「類」的否定性所獲得的那種實存，僅僅是一個已經展開的演進運動，而這個運動貫穿了**存在著的形態的各個部分**。假若「類」本身作爲一種靜止的單純性就包含著不同的部分，進而言之，假若「類」的**單純否定性**本身就是一個運動，貫穿著一些同樣單純的、本身就普遍的部分，假若這些部分本身在這裡就是一些現實的環節，那麼有機物的「類」就將是一種意識了。然而，**單純的規定性**，作爲「種」的規定性，是以一種缺乏精神的方式透過「種」而表現出來的。現實性始於「種」，換言之，那些進入到現實性裡面的東西不是一個嚴格意義上的「類」，更談不上是一個思想。「類」作爲一個現實的有機物，只有一位代理人。這位代理人就是「數」，它似乎已經指明了從「類」到個體的形態分化的過渡，爲觀察指明了兩方面的必然性（其一是單純的規定性，另一則是得到發展的、豐富多姿的形態），但它實際上指明的寧可是普遍事物與個別事物之間的漠不相關狀態和自由，而個別事物雖然被類拋棄給一種無關本質的分量差別，但本身作爲一個活物同樣又擺脫了這種差別。眞正的普遍性，作爲一種特定的普遍性，在這裡僅僅是一個**內在的本質**。特定的規定性，作爲**種的規定性**，是一種形式上的普遍性，與之對立的個別性反而代表著眞正的普遍性，就此而言，個別性是一種有生命的個別性，並透過**它的內核而凌駕於種的規定性之上**。但與此同時，這種個別性並不是一個普遍的個體，否則普遍性在它那裡就將獲得一種同樣外在的現實性。寧可說，個別性並沒有包含在一個有機的活物之內。這個**普遍的**個體，當它**直接**出現在各種自然的形態分化中的時候，本身並不是一種意識。假若它是一種意識，那麼它本身必定包含著它的實存，也就是說，它必定已經作為一個**個別的**、**有機的**、**有生命的個體**存在著。

於是我們看到這樣一個環環相扣的推論：**普遍生命**在一端顯現為**普遍者**或「類」，在另一端顯現為**個別事物**或普遍的個體，而中項則是由對立雙方結合形成的。也就是說，普遍者作為一個**特定的**普遍性（亦即「種」），而個別事物作為**眞正意義上的**或**個別的**個別性參與到中項裡。由於這個推論一般說來隸屬於**形態分化**，所以它在概念上同樣也包含著那個作為無機自然界而被區分出來的東西。

如今，由於普遍生命作為**類的單純本質**，其本身已經把概念的各種差別展示出來，而且必須把這些差別呈現為一系列單純的規定性，所以這個系列是一個由許多彼此漠不相關的差別構成的系統，亦即一個**數的序列**。如果說我們曾經把處於個別性形式下的有機物與一個無關本質的差別對立起來，因為這個差別既不表現也不包含著個別性的、活生生的本性，鑒於無機物的完整發展起來的實存已經具備眾多屬性，所以它必須被稱作是這樣一個無關本質的差別，那麼在我們現在的觀察中，普遍的個體不僅自己不依賴於任何分類，而且有能力去進行分類。按照**數的普遍規定性**，「類」劃分為一些「種」，當然，「類」也可以把它的實存的那些個別規定性（比如形狀、顏色等等）當作劃分的依據。然而在這個靜止的事務裡，「類」承受著來自**地球**這一普遍的個體的暴力，也就是說，普遍的個體，作為一個普遍的否定性，可以利用它本身具有的各種差別來反抗「類」的系統化活動，因為那些差別隸屬於另一個實體，它們的本性不同於「類」的本性。「類」的系統化活動轉變為一件非常狹隘的事務，它只能在那些強有力的元素的範圍內進行，而且由於那些元素的肆無忌憚的暴力的干擾，「類」在任何地方都變得支離破碎、扭曲變形。

由此可以得出，在觀察這種已經發生形態分化的實存時，理性只能**作爲**一**般意義上的生命**出現，而這種生命在進行區分時，本身並未包含著一種現實的、合乎理性的排列組合，而且它也不是一個立足於自身的形態系統。在有機物的形態分化的環環相扣的推論裡，「種」和「種的現實性」是作爲一個個別的個體性而出現的，倘若這個推論的中項本身就包 [225] 含著內在的普遍性和普遍的個體性這一端，那麼中項就將在它的現實的**運動**中獲得普遍性的表現和本性，就將是一個走向系統化的發展過程。在這種情況下，介於普遍的精神及其個別性（亦即一個感性的意識）之間的**意識**就把意識的各種形態分化體系當作中項，當作一個完整的、秩序井然的精神生命。也就是說，我們在這裡觀察的就是這樣一個體系，它作爲世界史已經獲得了一種客觀的實存。但是有機自然界並沒有歷史。它從它的普遍者亦即生命那裡直接降落到個別的實存，而那些在這個現實事物中統一起來的環節（單純的規定性、個別的活物）則產生出一個純粹偶然的轉變和運動，在其中，每一個環節都在自己那個部分有所行動，使得整體維繫下來。這種活躍的表現**單就其自身而**言完全局限於它的那個點，因爲那裡沒有一個整體，而之所以如此，又是因爲整體在這裡還不是一個**自爲的**整體。

從事觀察的理性在有機自然界裡面只能直觀到它自己是一般意義上的普遍生命，除此之外，當它去直觀普遍生命的發展和實現時，只能參照一些全然不同的系統，而這些系統的規定性，亦即它們的本質，並沒有包含在嚴格意義上的有機物之內，而是包含在普遍的個體之內。不僅如此，當理性**置身於**地球的那些差別裡面時，也是遵循著「類」企圖建立的各種序列來進行觀察的。

現實地從事著觀察的意識缺乏一個眞正的自爲存在著的中介活動，但它仍然把**有機生命的普遍性**直接降格到**個別性**這一端，而在這種情況下，意識僅僅是一種直面事物的**意謂活** [226] **動**。假如理性有閒情逸致來觀察這種意謂活動，那麼它只需去描述和敘述人們關於自然界的各種奇談怪論就行了。意謂活動的自由缺乏精神的指導，它在任何地方都會揭示出一些雖然堪稱機智，但卻似是而非的關聯，比如規律的萌芽、必然性的痕跡、秩序和序列的徵兆等等。但是，透過有機物與無機物的那些存在著的差別（元素、地域、氣候等）之間的關聯，意識觀察到的還不是規律和必然性，而**僅僅是一種巨大的影響**。另一方面，個體性不是意味著地球，而是意味著一個**內在於**有機生命中的**單一體**，這個單一體與普遍者的直接統一雖然構成了「類」，但正因如此，「類」的單純統一性就僅僅被規定爲「數」，對於質的現象不再有任何影響。就此而言，透過觀察而得到的結果無非是一**些機智的評論**、一**些有趣的關聯**、一**種對於概念的友好迎合**。但是，機智的**評論**並不是**關於必然性的知識**，**有趣的**關聯也始終局限於**興趣**，而興趣只是關於理性的一個意見。個體在暗示著一個概念時所表現出來的**友好**，是一種天真幼稚的友好，而之所以說它天真幼稚，是因爲它企圖自在且自爲地發揮某種校準。

(二) 觀察純粹的以及與外部現實性相關聯的自我意識；邏輯規律與心理規律

在觀察自然界的時候，意識在無機自然界裡面發現了一個已經得到實現的概念，發現了一些規律，這些規律的各個環節就是物，而物同時又表現爲一種抽象。然而這個概念並不是一種已經返回到自身中的單純性。與之相反，有機自然界的生命完全是一種已經返回到自身中的單純性。生命自己與自己的對立，作爲普遍者和個別事物之間的對立，在生命的本質裡並未發生分化。本質不等於「類」，因爲「類」可以在它的無差別的要素裡產生分裂和運動，同時就其自身而言又是一個無差別的東西。只有在一個真正實存著的概念裡，或者說只有在一個自我意識裡，觀察才會發現這樣一個自由的概念，這個概念的普遍性在自身內同樣絕對地包含著一種已經展開了的個別性。

如今，當觀察返回到自身內，指向那個自由的、現實的概念，它首先發現的是**思維的規律**。自在的思維是一種個別性，是一個抽象的、完全單純化了的否定運動，而規律已經超出了實在性的範圍。規律不具有**實在性**，而這意味著，規律是不眞實的。人們認爲，規律雖然談不上是一種**完整的**眞理，但至少應該是一種**形式上的**眞理。然而這種缺乏實在性的、純粹流於形式的東西僅僅是一種思維存在，或者說是一種沒有發生分化的空洞抽象，因爲分化已經是一個內容。但另一方面，由於這是純粹思維的規律，而純粹思維是一個自在的普遍者，亦即一種本身就直接包含著存在及全部實在性的知識，所以這些規律是一些絕對的概念，亦即「形式」、「物」之類本質性。當普遍性在自身內運動時，它是一個**已分裂的**單純概念，而在這種情況下，它本身就包含著一個**內容**，這個內容可以是任何內容，唯獨不是一個感性存在。這個內容並沒有與形式構成矛盾，甚至根本就沒有脫離形式，寧可說它在本質上和形式是同一個東西，因爲形式無非就是一個已經分裂爲各個純粹環節的普遍者。

既然這個形式或內容是那種**眞正意義上的觀察的對象**，那麼它就被規定爲一個**被發現的**、被給予的、亦即**單純存在著的**內容。它轉變爲一個處於各種關聯中的靜態存在，轉變爲大量孤立的必然性，這些必然性是一種**固定的**、自在且自爲存在著的內容，它們**就其規定性而言**應該具有眞理，而且實際上已經脫離了形式。但是，如果固定的規定性或眾多不同的規律是一個絕對的眞理，那麼這有悖於自我意識或思維與任何形式的統一。所謂固定的、保持自在的規律，只能是那個已經返回到自身的統一體的一個環節，只能作爲一個轉瞬即逝的分量出現。如果我們把那些規定性或規律從觀察到的運動聯繫中抽離出來個別對待，那麼它們並沒有失去內容（因爲它們本身就具有一個特定的內容），而是失去了形式，但形式卻是它們的本質。實際上，規律之所以不是思維的眞理，並不是因爲它們是一些完全流於形式的東西，不具有任何內容，寧可說恰好相反，是因爲它們企圖按照自身的規定性或**作爲**一**個**脫離了形式的**內容**成爲絕對者。眞正說來，規律在思維的統一性裡是一些轉瞬即逝的環節，它們必須被看作是一種知識或一個思維運動，而不是被看作知識的**規律**。但是觀察不等於知識，也不明白其中的道理，所以它把知識的本性反轉爲**存在**的一個形態，也就是說，它把知識的否定性僅僅理解爲知識的**規律**。在這裡，事情的普遍本性已經足以表明，所謂的思維規律是不成立的。因此思辨哲學的任務是呈現出接下來的發展過程，在這個過程中，規律表明自己其實是一些個別的、轉瞬即逝的環節，而這些環節的眞理就是整個思維運動，亦即知識本身。

思維的這個否定統一性把自己當作自己的對象，或更確切地說，這個否定統一性是一個**自爲存在**，是個體性原則，而現實的個體性原則是一個**行動著的意識**。所以，意識在進行觀察時被事情的本性導向個體性原則，而個體性原則就是那些規律的現實性。由於這個關聯沒有成爲意識的對象，所以意識以爲，一方面，始終存在著一個包含著各種規律的思維，另一方面，意識借助於它現在的對象獲得另外一種存在，成爲一個行動著的意識。行動著的意識又是一個自爲存在，也就是說，當意識揚棄他者，直觀到自己是一個否定性事物，它就成爲一個現實的意識。

這樣一來，**觀察**獲得了一個**新的視野**，亦即一個**處於行動中的**、**現實的意識**。心理學包含著大量規律，根據這些規律，精神把它的各種現實形態看作是一個**既有的他者**，然後用不同的方式來對待它們。有時候，精神會接納這些現實形態，去**遵循**既有的習俗、倫常和思維方式，因爲現實性既是它的對象，也是它自己；有時候，精神又強調它的自主性，熱衷於從現實性裡面挖掘出它需要的特殊事物，**使**客觀事物**遵循精神**。也就是說，在前面那些情況中，精神否定了自己的個別性，而在後面一些情況中，它否定的是它自己的普遍存在。從一方面來看，獨立性只能使既有事物在**形式**上表現爲一般意義上的自覺的個體性，但就內容而言，獨立性仍然是一個既有的、普遍的現實事物。從另一方面來看，獨立性至少賦予了個體性一個與它的本質內容不矛盾的獨特樣式，借助於這個樣式，個體成了一個特殊的現實事物和一個獨特的內容，它與既有的、普遍的現實事物相對立，甚至犯下罪行，也就是說，無論個體只是從一個個別的立場出發，還是從一個普遍的立場出發（亦即代表著所有的人）來揚棄現實性，它都是用另一個世界，用另一種正當性、規律和倫常取代了現有的這一切。

主動的意識具有一些普遍的形態。觀察心理學起初是敘述它對於這些形態的知覺，然後在這個過程中發現了一些能力、喜好和情感，而且，由於觀察心理學在敘述這個大雜燴的同時還記得自我意識的統一性，所以它無論如何都會驚訝地發現，精神就像一個口袋，可以裝下如此之多、如此迥異而又偶然湊合在一起的事物，更何況這些事物並非僵死的靜物，而是各種躁動不安的運動。

在敘述這些不同的能力時，觀察立足於一個普遍的方面。這些能力數目繁多，它們的統一體是一種與普遍性相對立的東西，亦即一種**現實的**個體性。但是，如果只是指出這個人更喜好這樣東西，而那個人更喜好那樣東西，這個人比那個人更理智等等，單憑這些方式來理解和敘述各種不同的現實個體性，甚至比列舉昆蟲和苔蘚的種類還要更加無趣得多。畢竟，觀察有權利以個別的方式並且在無需概念的情況下對待昆蟲和苔蘚，因爲這些東西在本質上隸屬於偶然的個別化之類基本元素。反之，如果一種漫不經心的觀察把自覺的個體性看作一個**個別的**、存在著的現象，那麼這是一個矛盾，因爲自覺的個體性在本質上是一個普遍的精神。但由於意識同時也讓個體性出現在普遍性這一形式之下，所以它也發現了**個體性的規律**，而現在看起來，意識已經獲得了一個合乎理性的目的，而且是在從事一項必然的工作。

那些構成了規律的內容的環節，一方面看來，是個體性自身，另一方面看來，又是個體性的普遍的無機自然界，亦即既有的各種環境、處境、習俗、倫常、宗教等等。只有從這些事物出發，才能理解把握一個特定的個體性。這些事物既包含著特定的東西，也包含著普遍的東西，與此同時，它們又是一些**現存的東西**，一方面呈現爲觀察的對象，另一方面又在個體性的形式下表現出來。

現在，這個雙邊關係的規律必須表明，這些特定的環境對個體性起著什麼樣的作用和影響。但個體性正好是這樣一種東西：一**方面**，它是一個**普遍者**，因此是以一種安靜的、直接的方式與**現存的**普遍者（倫常、習俗等等）融爲一體，與之適應；**另一方面**，它又與那些現存的倫常習俗相對立，甚至把它們顚倒過來，要不然的話，就是堅持自己的個別性，以完全漠不相關的態度對待它們，既不受它們的任何影響，也不主動去反對它們。因此，當人們問「**什麼東西**可以影響個體性？」或「個體性可以受到**哪些**影響？」（這兩個問題其實是同樣的意思），其答案就完全取決於個體性自身。認爲個體性是**透過那些影響**而**轉變爲這個特定的個體性**，意思無非是說：**個體性本來就已經是這個特定的個體性**。環境、處境、倫常等等一方面表現爲**現存的東西**，另一方面又表現**在這一個特定的個體性裡面**，但它們表達出的僅僅是個體性的不確定的本質，而這個東西其實是無關緊要的。假若這些環境、思維方式、倫常乃至一般意義上的世界狀況都不曾存在，那麼一個個體誠然不會是現在這個樣子。原因在於，這個普遍的實體就是置身於世界狀況之內的全部個體。但是，如果世界狀況在**這一個**個體身上發生分殊，如果這一個個體應該得到概念上的把握，那麼世界狀況必須自在且自爲地已經發生分殊，並按照它自己給予自己的這個規定性去影響一個個體。只有這樣，它才使得個體成爲這樣一個特定的個體。如果外觀（亦即世界狀況）的自在且自爲的樣子就是它顯現在個體性那裡的樣子，那麼只需從外觀出發，個體性就可以在概念上得到理解把握了。在這種情況下，我們彷彿看到兩個平行的畫廊，其中一方是另一方的映射；一方陳列著充分的規定性、外在環境的輪廓，另一方則是那些東西在一個自覺的本質中的轉譯；前者是球面，後者是在自身中表象著前者的球心。

然而這個球面，或者說個體的世界，直接具有雙重意義：它既是一個**自在且自爲存在著的世界**和**處境**，也是**個體的世界**。後一種情況又有兩層意思：**不是**個體已經與世界完全融爲一體，把世界按其本身所是的樣子接納到自身內，僅僅作爲一個形式上的意識來對待世界，**就是**個體已經把現存的東西**顛倒**過來。正是基於這種自由，現實性才能夠具有這個雙重的意義，因此個體的世界只能從個體出發才能得到理解把握。現實性被設想爲一個自在且自爲的**存在者**，在這種情況下，它對於個體的**影響**獲得了一個截然相反的意義，也就是說，個體若不**安然接受**現實性洪流帶來的影響，那就乾脆截斷並扭轉這股洪流。但這樣一來，所謂的**心理學的必然性**就成了一句空話，因爲這裡的意思是，那應該受到影響的東西同時完全有可能不受到任何影響。

這樣一來，**自在且自爲的存在**——這個東西本應構成規律的普遍性這一方面，就消失了。個體性就是整個世界，**它所置身其中**的這個世界是一個**隸屬於它**的世界。個體性本身是一個循環往復的行動，在這個過程中，它已經表明自己是現實性，表明它是**現成的存在**與**製造出來的存在**的純粹統一體。這個統一體並不像心理學規律所設想的那樣已經分裂爲一個**自在的**、現存的世界和一個**自爲**存在著的個體性。也就是說，如果每一個個體性都被看作是一個孤立的自爲存在，那麼它們相互之間的關聯就完全沒有必然性和規律可言。

[232]

㈢觀察自我意識與它的直接現實性之間的關聯；面相學與顱相學

心理學觀察發現自我意識與現實性（亦即那個與自我意識相對立的世界）之間的關聯沒有任何規律可言，而且，由於對立雙方彼此漠不相關，心理學被迫轉而觀察一個實在的個體性所具有的那種**獨特規定性**。實在的個體性本身是一個**自在且自為的存在**，換言之，它雖然在自身內包含著**自為**存在和**自在**存在，但卻已經透過一個絕對的中介活動消滅了兩者的對立。它是我們接下來要觀察的對象。

個體本身是一個自在且自為的存在。它是**自為的**，或者說它是一個自由的行動。但它也是**自在的**，或者說它本身具有一個**原初的**、特定的**存在**，而這個規定性就概念而言就是心理學希望在個體之外找到的那個東西。因此，**個體自身內**出現了一個對立，出現了一個二重性，也就是說，它既是意識的一個運動，同時也是現象中的現實性的一種固定存在，而現象中的現實性是直接**隸屬於個體的**。這種**固定存在**，亦即一個特定的個體性的**身體**，意味著個體性的**原初性**，意味著個體性的清靜無為。但與此同時，由於個體完全等同於它的所作所為，所以它的身體也是一個由它**製造出來的**自身表現。個體的身體同時也是一個**跡象**，但跡象並不是一個直接遺留下來的事物，寧可說，跡象僅僅讓我們認識到，它的意義在於展示出個體的原初本性。

如果我們把這裡現成的各個環節與之前的觀點聯繫起來進行觀察，就會發現這裡有一個普遍的人類形象，或至少是關於一種氣候、一個地域或一個民族的普遍形象，正如我們之前也發現了同樣一些普遍的倫常和教化。不僅如此，普遍的現實性還包括各種特殊的環境和處境。在這裡，特殊的現實性是個體形態的一種特殊構造。另一方面，如果說在此之前，個體的自由行動以及那些**隸屬於它的**現實性被設定為與既有事物相對立，那麼現在看來，形態已經表現出**個體的**自身實現，亦即個體的獨立自主的本質所具有的各種特徵和形式。之前的觀察在個體之外發現了一種普遍的現實性和一種特殊的現實性，但它們在這裡是**同一個東西**（亦即個體）的現實性，是個體的天生的身體，而身體的各種表現剛好隸屬於個體的行動。按照心理學的觀察，一個自在且自爲存在著的現實性應該與一個特定的個體性相關聯。但在這裡，觀察的對象是一個**完整的**、特定的**個體性**，而且相互對立的各方，本身就是這樣一個完整的東西。因此，外在的整體不僅包含著一個**原初的存在**，亦即天生的身體，而且包含著身體的構造，儘管這個構造同時也隸屬於內核的行爲。身體是由未經塑造的存在和已經得到塑造的存在形成的一個統一體，是一種滲透著自爲存在的個體現實性。這個整體把各種特定的、原初的、固定的部分與那些只有透過一個行動才產生出來的特徵包攬進來，它**存在著**，這個**存在**是內核的一個**表現**，是那個被設定爲意識和運動的個體的一個表現。同樣，這個**內核**也不再是之前那種流於形式的、空洞的或未經規定的獨立自主，其內容和規定性都依賴於外在環境，寧可說現在它是一個自在的、特定的、原初的性格，而性格的唯一形式就是行爲。在這裡，需要觀察雙方的關係是如何規定下來的，以及，內核在外觀中的這個**表現**是什麼意思。

起初，外觀只是使內核成爲一個可見的**器官**，或者說成爲一般意義上的爲他存在。包含在器官裡的內核就是**行爲**本身。正在說話的嘴、正在勞動的手、還有正在走路的腿，都是一些正在實現並完成著內核的器官，它們本身就包含著一種**嚴格意義上的**行動，或者說包含著一個眞正意義上的內核。然而內核透過這些器官而獲得的外表卻是一個行爲，亦即一種已經脫離了個體的現實性。透過語言和勞動等外化活動，個體不再故步自封，而是把它的內核完全放置到自身之外，奉獻給其他個體。因此人們既可以說這些外化活動過多地表現了內核，也可以說它們過少地表現了內核：**太多**——因爲內核在外化活動中碎裂了，內核與外

[235]

化活動之間的對立消失了，外化活動不是僅僅給出內核的一個**表現**，而是直接給出內核自身；**太少**——因爲內核在語言和行爲中轉變爲一個他者，從而把自己奉獻給「轉化」這一因素，而「轉化」把說出的話和實施的行爲顚倒過來，使之成爲另外一種東西，儘管就一個自在且自爲的存在而言，這本應是一個特定的個體的所作所爲。這些所作所爲在外表上體現出其他個體的影響，所以它們的作品失去了一個特徵，也就是說，作品不再是某種可以與其他個體性持續對立的東西。不僅如此，由於它們包含著內核，而自身卻表現爲一種特殊的、漠不相關的外觀，所以它們也可以是內核，而且可以**借助於個體自身**而不同於它們的現象，也就是說，不是個體故意把它們看作是一些現象，認爲它們不同於它們的眞實本質，就是個體由於太笨拙而不能掌握它原本希望掌握的外在方面，不能將其固定下來，以免其他個體歪曲它的作品。就此而言，行動作爲一個已完成的作品具有相反的雙重意義：要麼它是一個**內在的**個體性，**不是**個體性的**表現**，要麼它是一個外觀，一個**不依賴於**內核、完全不同於內核的現實性。鑒於這種雙重的意義，我們必須審視內核周圍，看看它**除了上述情形之外**，作爲一個可見的或外在的東西，**在個體自身那裡是如何的表現**。但是內核在器官裡只是一個直接的**行動**自身，行動又透過一個行爲表現在外，這個行爲不是代表著內核，就是不代表內核。從這個對立來看，器官並沒有提供我們所尋找的那種表現。

外在形態既不是一個器官也不是一個**行動**，而只能說是一個**靜態的**整體，如果它只能表現出一個內在的個體性，那麼它本身則是表現爲一個持存的物，靜靜地將內核作爲一個異物接納到它的被動的實存之中，並由此成爲內核的一個跡象：如果成爲一個外在的、偶然的表現，那麼其**現實的**方面本身是無意義的；而如果成爲一種語言，那麼其個別的和複合的音調也僅僅是隨意地、偶然地與事情聯繫在一起，並不等於事情本身。

如果事物相互之間都只能看到對方的外觀，那麼它們的這種隨意聯繫就沒有任何規律可言。但是，面相學④應該不同於其他一些糟糕的藝術和不可救藥的研究，因為它把一個特定的個體性放在內核與外觀的**必然的**對立中加以觀察，也就是說，既把性格看作是一個自覺的本質，也把性格看作是一個存在著的形態。面相學並且把這些環節聯繫在一起，它們的具體的聯繫方式正好符合它們的概念規定，因此必然構成一個規律的內容。反之，在星象學、手相學之類學科中，人們看到的僅僅是一個外觀與另一個外觀的聯繫，或者說一物與另一物的聯繫。**這個**天生的狀況，就它確切意指身體自身的外觀而言，就是一些手相，它們對於任何個人的生命長短和命運來說，都是一些**外在的**環節。作為一種外貌，這個手相與那個手相彼此漠不相關，沒有什麼必然的聯繫。但是，**外觀**和**內核**之間的關聯卻應該包含著一種必然性。

誠然，表面上看來，手並不是命運的一個外觀，寧可說它是命運的內核。畢竟命運也不過是一個現象，它所表現的東西是一個**自在的**、特定的個體性，亦即一種內在的、原初的規定性。為了認識一個自在的個體性，手相學家和面相學家的辦法比梭倫等人要直截了當得多，因為梭倫認為，只有經歷了整個人生並以此出發，才能夠獲得那些認識。⑤梭倫觀察的是現象，而手相學家和面相學家觀察的是**自在體**。就個體性的命運而言，手之所以必然呈現

④ 黑格爾在這裡討論的面相學和顱相學深受拉瓦特爾（Johann Caspar Lavater）的《論面相學》（一七七二）一書的影響。拉瓦特爾希望通過考察原因與後果的「自然聯繫」來使面相學成為一門科學。——譯者注

⑤ 根據希羅多德《歷史》（I, 30-33）的記載，古代七賢之一的梭倫認為，即使一個人迄今一直過著幸運的生活，但只要還沒有不到生命的最後一刻，那麼誰都沒有把握說這個人是「幸運的」，因為喜怒無常和充滿嫉妒心的諸神，隨時有可能給這個人帶來厄運。——譯者注

出個體性的**自在體**，顯然是基於這樣一個事實，即當一個人要表現並實現他自己的時候，除了語言器官之外，手是使用得最頻繁的。手是一個給人帶來幸福的通靈神工。對此人們可以說，手作爲人的**行動存在著**，因爲，只有當一個人用手這個行動器官來實現自身，他才是一個當前存在著的點石成金者，而且，由於人原本就是他自己的命運，所以手也會表現出這個自在體。

行動**器官**既是一個**存在**，同時也是包含在存在之內的一個**行動**，換言之，內在的**自在存在**本身既是一個**當前存在著的東西**，同時也包含著一個**爲他存在**。從這個規定出發，我們對於器官的觀點相比從前已經發生了轉變。一方面，器官不能被看作是內心的**表現**，因爲**嚴格意義上的**行動就在器官之內當前存在著，但另一方面，行動**作爲一個行爲**只能表現在外，而這就造成了內心和外貌的分裂，雙方成爲，或可能成爲彼此陌生的東西。既然如此，根據我們已經觀察到的規定，器官必須被重新視爲內心和外貌的**中項**，因爲行動在器官那裡是**當前存在著**的，而這種情況正好構成了行動的**外表**，一個有別於行爲的外表。確切地說，外表始終屬於個體，是個體的外表。現在看來，首先，內心和外貌的這個中項和統一體本身也是表現在外的；其次，這個外表同時又被接納到內心裡。它是一種**單純的**外表，與那種散亂的外表形成對立，後者若不是一個**個別的**、對於完整的個體性來說純屬偶然的作品或狀態，就是一個**完整的**外表，亦即那個分散在眾多作品和狀態裡面的命運。這麼說來，**手相的單純特徵**、**音量**和**音調範圍**（它們是**語言**的個體規定性），還有**文字**（語言透過手比透過聲音獲得了一種更爲穩固的實存），以及表現於各種特殊情況下的**筆跡**，所有這一切都是內心的表現，它們作爲一種**單純的外表**，重新與行動和命運的**多種多樣的外表**形成對立，並扮演著**內心**的角色。就此而言，如果個體的特定本性和天生獨特性等等從一開始就和一些透過教育而形成的東西結合在一起，被當作**內心**，被當作行動和命運的本質，那麼個體的**現象**和外表**從**

一**開始**就體現在它的嘴、手、聲音、筆跡等各種器官及其持久的規定性那裡。**在這之後**，個體才**進一步**往外走，在它的現實世界裡表現出自己。

因爲這個中項把自己規定爲一種外化活動，而外化活動同時又被收回到內心裡，所以中項的實存並沒有被限定在行動的直接器官上面。實際上，中項是一個毫無成果的運動，是「面孔」、「一般意義上的形態分化」之類形式。按照這個概念，這些特徵及其運動是一種收斂的、始終隸屬於個體的行動。而按照個體與現實行動的關聯，它們是個體親自作出的注視和觀察。這些特徵及其運動既是一種**外化活動**，同時也是**關於**這種活動的一個**反映**。個體無論是以外化活動爲對象，還是親自進行一種外在的活動，都不是緘默無語的，因爲它在這個過程中折返回自身內，同時又把這種自身反映表現於外。個體的這種理論行動，或個體就此而與自己所作的談話，是其他人也能聽得見的，因爲語言本身也是一種外化活動。

當內心表現於外的時候，它仍然保持爲內心，而我們在這裡發現，個體**已經**從它的現實性折返回自身內。我們得看看，包含在這個統一體之內的必然性具有如何的性質。這種已經折返或返回到自身的存在，從一開始就有別於行爲本身，所以它可以是**別的**什麼東西，也可以被看作是別的什麼東西，總之不是一個行爲。人們從一個人的臉上就可以看出，這人是否**嚴肅眞誠**地對待他所說的話或他所做的事情。但反過來，那個本應將內心表現出來的東西同時也是一個**存在著的**表現，因此降格爲一個**存在**，而存在對於一個自覺的本質來說是絕對偶然的東西。它確實是一個表現，但卻無異於一個**跡象**，而在這種情況下，究竟是什麼性質的東西將內容表現出來，這就完全無所謂了。內心在這個現象裡誠然是一種**可見的**不可見者，但並沒有和這個現象約束在一起，因爲它可以出現在另一個現象裡面，正如另一個內心也可以出現在這一個現象裡面。因此**利希滕貝格**⑥說得對：「假如面相學家一下子就抓住了人的內心，那麼這完全是因為他作出了一個毅然的決斷，使自己再度在數千年間不被人理解。」⑦在之前的關係裡，既有的環境是這樣一種存在者，個體性可以從中取得它能夠並且願意取得的東西，要麼依從既有的環境，要麼加以反抗。由此看來，存在者並沒有包含著個體性的必然性和本質。同樣，個體性在這裡顯現出來的直接存在是這樣一種東西，它不是表明個體性已經從現實性那裡折返回自身內，並表現出個體性的內在存在，就是對於個體性而言只是一個跡象，與跡象所標記的東西毫不相關，因此真正說來並沒有標記出任何東西。也就是說，這種直接存在既是個體性的眞實面孔，也是個體性隨時可以摘下來的一個面具。個體性貫穿著它的形態，在其中運動、說話。然而這個完整的實存同樣也是一個跟意志和行為毫不相關的存在。個體性取消了這個實存曾經具有的意義，使之不再包含著個體性的已經折返回自身內的存在，或者說不再包含著個體性的眞正本質，並且反過來使意志和行為成為一種實存。

個體性**放棄**了那種透過**特徵**而表現出來的**自身反映**，**把它的本質放置到作品之內**。在這個過程中，個體性違背了理性本能在觀察具有自我意識的個體性時所確定下來的**內心**與**外貌**之間的關係。這個觀點把我們導向一個獨特的思想，該思想堪稱面相**科學**——假如人們願意稱之為「科學」的話——的理論基礎。觀察身處對立之中，這個對立就形式而言是實

⑥ 利希滕貝格（G. C. Lichtenberg, 1742-1799），德國著名的啓蒙主義者、諷刺作家、政論家，擅長以「箴言」的方式進行創作，對後世影響極大。——譯者注

⑦ 利希滕貝格《論面相學》，第二版（增補版），哥廷根，一七七八年，第三十五頁。——德文版編者注

踐和理論之間的對立，而且實踐和理性在這裡都被設定在實踐的範圍之內，而造成這個對立的，是那個在行動（就這個詞最廣泛的意義而言）中實現著自身的個體性，它一邊行動，一邊脫身，返回到自身內，把行動當作自己的對象。觀察接納了這個在關係上已經顚倒了的對立，使之在現象中得到規定。按照這個觀察，**無關本質的外貌**就是**行爲**本身和作品（不管這是語言的作品還是某個更穩固的現實事物的作品），而**事關本質的內心**則是個體性的**內在存在**。實踐意識本身包含著兩個方面，亦即意圖和行爲，或者說包含著對於行爲的**意謂**和**行爲**本身。在這裡，觀察認定前一個方面是眞正的內心。內心應該把它的或多或少的**無關本質的**外化活動表現於行爲，但是內心的眞正的外化活動應該是透過它的形態表現出來的。後面這種外化活動就是個體精神的一種直接的、感性的當前存在。眞正意義上的內心是指一個自主的意圖和一個個別的自爲存在，而這兩個東西都是一個**意謂中的**精神。也就是說，意識把一種**意謂中的**實存當作觀察對象，並在其中尋求著規律。

所謂的自然面相學是一種直接的意謂活動，它臆想出精神的一種當前存在，以之爲對象，在第一眼看到這個對象時就對它的內在本性和形態特徵迅速作出一個判斷。這類意謂的對象都有一個共同點，也就是說，它們在本質上不同於一種純粹感性的、直接的存在。誠然，當前存在著的東西正是一種來自於感性事物的自身反映，而觀察的對象，亦即可見性，是不可見者的可見性。但是這個感性的、直接的當前存在恰恰是精神的一種**現實性**，而且只能以這個樣子成爲意謂的對象。有鑑於此，觀察是圍繞著那些意謂中的實存（亦即面相、筆跡、音調等等）來進行的。觀察把這樣一類實存與這樣一類**意謂中的內心**聯繫在一起。觀察所要認識的不是凶手、小偷，而是那種**能夠成爲**凶手和小偷的**能力**。這樣一來，固定的抽象規定性就迷失在一個**個別的**個體之具體的、無窮無盡的規定性裡面，而後者相對於前面那種簡單斷定而言，要求人們具有更多的描述技巧。這些精妙的描述誠然比「凶

[241]

手」、「小偷」、「好心腸」、「純潔」等斷定說出了更多的東西，但還遠遠不足以達到它們的目的，即說出那種意謂中的存在或個別的個體性，正如「平坦的額頭」、「長長的鼻梁」之類描述同樣不足以刻畫出一個具體的個別形象。因爲，個別的形象就和個別的自我意識一樣，作爲一種意謂中的存在，是不可言說的。辨人科學以一個意謂中的人爲對象，同樣，面相科學以一種意謂中的現實性爲對象，企圖把自然面相學的無意識的判斷活動提升爲知識，但它們既沒有目的也沒有根基，永遠都不可能說出它們所意謂的東西，因爲它們僅僅在意謂，它們的內容僅僅是一種意謂中的東西。⑧

面相科學的目標是發現一些**規律**，把意謂的兩個方面聯繫在一起，就此而言，這些規律同樣也是一種空洞的意謂。這種處於意謂中的知識所關注的是精神的現實性，但它剛好發現精神已經擺脫了自己的感性實存，返回到了自身內，把任何特定的實存看作是無關緊要的、偶然的東西。既然如此，這種知識在發現規律之後必然會立即認識到，真正該說的全都沒說出來，一切都是純粹的廢話，換言之，它僅僅得出一個**關於自己的意謂**。「意謂」這個詞的**眞正用意**在於，把意謂作爲意謂說出來。所謂說出它的**意謂**，意思是，不是拿出事情本身，而只是拿出它**關於自己**的一個意謂。但就**內容**而言，這些觀察與人們一般的觀察不會有什麼不同，比如商人說，每逢我們歲末在市場上擺攤的時候，天總會下雨，而家庭主婦則說

[242]

⑧ 拉瓦特爾在《面相學片斷集》（一七七五）中提出：「如果誰能夠憑藉某人的外貌留給我們的第一印象就對那個人的性格作出正確判斷，那麼他是一個**自然的**面相學家；如果誰能夠規定一些特徵，用以描述和整理那些對應於**性格**的外在方面，那麼他是一個**科學的**面相學家；至於一個**哲學的**面相學家，則是有能力爲如此這般的特徵和外貌提供理由，爲這些外在的後果指出內在的原因。」——譯者注

道，每當我晾曬衣服的時候，天總會下雨。

利希滕貝格對於面相學觀察的刻畫可謂入木三分，⑨此外他還補充道：「如果有人說：你做起事來雖然像一個誠實人，但我從你的相貌可以看出，你是在克制自己，你在內心其實是一個無恥之徒。毫無疑問，任何一個正直的人都會對這樣講話的人賞以一記耳光，哪怕到了世界末日的時候也不例外。」⑩這個耳光打得非常**貼切**，因爲它駁斥了面相科學（實爲一種意謂活動）的首要前提，即以爲一個人的**現實性**等同於他的外貌。但實際上，人的**眞實存在**是透過**他的行爲**表現出來的。透過自己的行爲，個體性成爲一個**現實的**個體性，而且，那個把**意謂**的兩個方面都加以揚棄的東西，正是行爲。首先，意謂中的東西是身體方面的一種靜態存在。個體性主要是透過他的行爲才表現爲一個**否定的**本質，他之所以**存在著**，只因爲他揚棄了存在。其次，具有自我意識的個體性在意謂裡是一種無限地已經被規定和可以被規定的東西，但是這種不可言說的無限性同樣也被行爲揚棄了。透過一個已經實施的行爲，這種糟糕的無限性被消滅了。行爲是一種單純的、特定的東西，是一個普遍者，是一種應該透過一個抽象來理解把握的東西。它既可以是凶殺和偷竊，也可以是施捨和見義勇爲等等。人們可以**陳述出它的存在**，行爲作爲這樣一些表現**存在著**，它的存在就是事情本身，而不只是一個跡象。行爲作爲這些表現**存在著**，**行爲是**什麼，個人就**是**什麼。透過**這個存在**的單純性，個人在其他人看來是一個存在著的、普遍的本質，而不再是一種只能出現在意謂中的東西。誠然，個人在這裡還沒有被設定爲精神，但我們已經承認他的**存在**是一種存在。一**方**

⑨ 上引利希滕貝格《論面相學》，第七十二頁。——德文版編者注

⑩ 同上引書，第六頁。——德文版編者注

面，這是一種雙重意義上的存在，既是**形態**也是**行爲**，兩者彼此對立，按理說都應該代表著個人的現實性，但實際上，只有行爲才被視爲是個人的**不折不扣的存在**。在這裡，我們指的不是個人的相貌，因爲相貌至多只能表現出個人在實施各種行爲時所意謂的東西，或個人在可能實施一個行爲時所意謂的東西。同樣，**另一方面**，由於我們把個人的**作品**和他的內在**可能性**、能力或意圖等等對立起來，所以只能認爲他的作品代表著他的眞正的現實性，哪怕他本人對此具有一個錯覺，也就是說，哪怕他從行爲那裡返回到自身之後，以爲自己就內心而言其實不同於他在**行爲**中的表現。個體性把自己託付給一個客觀的要素，由於它轉變爲一個作品，所以相應的代價就是被改變，被顛倒過來。然而無論個體性是一個維繫著自身的當前存在，還是一個只包含在意謂中，並且在自身內消失無蹤的作品，上述轉變都構成了行爲的特性。行爲即便成爲一個客觀的東西，也沒有發生改變，而只是表現出自己的**存在**：它不是**存在著**，就是**什麼都不是**。人們孜孜不倦地剖析這種存在，細化到意圖之類微妙事物，以便把一個**現實的**人，亦即他的行爲，重新解釋爲一種意謂中的存在，因爲任何人對於自己的現實性都會有一些特別的打算。只不過這個剖析工作必須留給那些只知道意謂的閒人來做，他們想要表明自己具有一種清靜無爲的智慧，於是否認行動者具有理性性格，並對其大加責難。他們認爲理性性格不是表現在行爲上面，而是表現爲相貌和體徵，而當他們這樣做的時候，必然會像前面所說的那樣，被回敬一記耳光，然後才知道，相貌不等於**自在體**，只能是一個有待處理的對象。

現在，如果我們縱覽一個具有自我意識的個體性與其外貌之間的各種關係，就會發現這裡遺漏了一個不可或缺的東西。心理學認爲，**物**的**外部現實性**應該在精神那裡獲得一個自覺的**映射**，使精神成爲一種可以被理解把握的東西。與之相反，面相學認爲，精神單憑它**自己固有的**外貌就可以被認識到，這個存在著的外貌是一種**語言**，它說出了精神的本質，使不可見的東西成爲可見的。剩下的規定隸屬於現實性一方，也就是說，個體性透過其直接的、穩固的、純粹實存著的現實性說出了自己的本質。最後這種關係之所以不同於面相學所認定的那種關係，原因在於，它是個體透過**言談**而獲得的當前存在。個體一邊透過**行動**進行著外化活動，一邊又**折返**回自身內，對此進行**觀察**。這個外化活動既是一個運動，也是一些靜態的特徵，而特徵在本質上是一個經歷了中介活動的存在。最後，按照一個仍然有待觀察的規定，外貌是一種完全**靜態的**現實性，它本身並不是一個言談著的跡象，而是脫離了那個具有自我意識的運動，呈現爲一個孤單的物。

剛開始的時候，內心與外貌之間的關聯似乎必須被理解爲一種**因果聯繫**。因爲，既然一個自在存在者與另一個自在存在者之間有一個**必然的**關聯，那麼這就是一種因果聯繫。

精神性個體性能夠影響自己的**身體**，而這意味著，它本身必然是一個體質上的原因。作爲一個體質上的原因，它就是器官，但它的行動並不是針對著外部現實性，而是在一個具有自我意識的本質之內進行；而且，即使當指向外部時，也是僅僅作用於它的軀體。我們暫時還不能看出，這是指哪些器官。如果僅僅是指一般意義上的器官，那麼人們很容易想到勞動器官（手）、性器官等等。然而這類器官只能被視爲一些工具或部分，亦即介於精神和外部**對象**這兩端之間的一個中項。但我們在這裡理解的是另外一種器官，透過它，具有自我意識的個體與它自己的現實性形成對立，前者保持爲一個**自爲存在**，同時並沒有轉向外邊，而是透過它的行爲折返回自身內，使得**存在**不再是一種**爲他存在**。在面相學認定的那種關係裡，器官也被看作是一個折返回自身內、並談論著行動的實存。但是這個存在是一個客觀的存在，而按照面相學觀察得出的結果，自我意識剛好與它自己的現實性形成對立，將其當作一種與它漠不相關的東西。一旦這種自身反映**發揮作用**，自我意識就會放棄漠不相關的態度，而在這種情況下，那個實存與自我意識之間就出現了一個必然的關聯。自我意識作用於實存，這意味著，一方面，自我意識本身不必專門具有一個客觀的存在，另一方面，人們應該指明實存就是這樣一種器官。

在日常生活裡，人們把憤怒之類內在行動歸結爲肝臟的功能。柏拉圖甚至賦予肝臟某種更高級的，在某些人看來甚至是最高級的預言功能，換言之，肝臟具有一種天賦，能夠以不合常理的方式說出神聖者和永恆者。⑪然而個體在肝臟、心臟等器官裡的運動不能被視爲個體的一個完全折返回自身內的運動，因爲眞正的情形是，運動已經被封裝進個體的身體之內，並且獲得了一個動物性的、指向外界的實存。

[246]

反之，**神經系統**則是有機物在運動時所處的一種直接靜止狀態。**神經**之類器官仍然隸屬於一個指向外界的意識，儘管如此，大腦和脊髓卻應該被視爲自我意識的一種始終內在的、直接的當前存在，既不是客觀的，也沒有外露。器官的存在是一種**爲他存在**，一個實存，就此而言，這個環節是一種僵死的存在，而不是自我意識的當前存在。但就概念而言，**內在存在**是一個流體，圓圈運動被拋入到其中之後，直接就消解了，表現不出任何**存在著的**差別。精神本身並不是一個抽象的單純事物，而是一個運動系統，它一邊把自己區分爲不同的環節，一邊保持著自己的自由。同樣，精神把它的整個軀體分化爲不同的器官，讓軀體的每一個部分都只具有一**個**功能。因此我們可以設想，精神的**內在存在**既是一種流動的**存在**，也是一種已經分化的存在。看起來我們必須如此設想，因爲精神是在大腦裡面折返回自

⑪ 柏拉圖《蒂邁歐篇》，71D。——原編者注。按，柏拉圖的原話爲：「肝臟透過使自己趨向和自己本性相合的甜，恢復自己的平滑無阻，從而使在其中居住的那部分靈魂健康安詳。這欲望靈魂沒有理性活動，也不能理解；但它在晚上借助夢境清楚地表現它的預示能力。」（據謝文郁譯文）——譯者注

身內的，精神的這種意義上的**存在**本身仍然只是一個介於精神的純粹本質和精神的軀體分化之間的中項，就此而言，這個中項必然具有兩端的本性，而且由於後面一端的原因，它本身必然也會出現一種**存在著的**分化。

與此同時，精神性有機存在必然會面對一個**靜態的**、**持存的**實存。前者作爲一個自爲 [247] 存在必須退回到自身中，把後者當作位於另一端的對象，然後它自己作爲原因，作用於對方。現在，如果說大腦和脊髓是精神的那種軀體性的**自爲存在**，那麼頭顱和脊柱就是被排除出去的另一端，亦即一個固定的、靜態的物。但由於每個人在思考精神的實存的眞正場所時，想到的不是後背，而只是想到腦袋，所以我們在研究一個既有的知識時，可以滿足於這個還不算太糟糕的理由，以便把精神的實存限定在頭顱上面。或許也有人會想到後背，似乎在有些時候，透過後背的作用，知識和行動一會兒被**收納**進來，一會兒又被**驅趕**出去。但如果人們把脊髓看作是精神的居所，把脊柱這個實存看作是精神的一個映射，那麼這等於什麼都沒證明，因爲它證明了太多的東西。也就是說，人們同樣回想起，他們也願意用另外一些外在方式來影響精神的行爲，去激勵或壓制精神。如果人們願意，他們大可以**合情合理地**撇開脊柱不談。有人說，頭顱本身並沒有包含著精神的全部**器官**，但這個觀點和另外一些自然哲學的學說一樣，都是完全**建構起來的**。此前，我們從這個關係的概念出發，已經排除了上述情況，並且認爲頭顱代表著實存這一方。換言之，假若這裡不應該提到事情的**概念**，那麼經驗已經教導我們，眼睛是用來看的器官，但頭顱卻**不是**用來殺人、偷竊、作詩的器官。就此而言，當我們此後談到頭顱的**意義**時，必須放棄「**器官**」這個說法。人們經常說，一個有 [248] 理性的人所關心的不是詞語，而是**事物**本身，但這並不意味著我們可以用一個與事物毫不相干的詞來標記它。如果有人這樣做了，那麼只是凸顯了他的愚笨和自欺。他以爲自己只是缺乏一個合適的**詞**而已，但眞正被掩蓋的事實卻是，他缺乏事物本身，亦即概念。到目前爲止，我們只得到了這樣一個初步規定：大腦是活的頭腦，而頭顱則是死的頭腦。

在頭顱這個僵死的存在裡，大腦的精神性運動和特定形態必須呈現出它們的外部現實性，呈現出一種仍然隸屬於個體的現實性。這個僵死的存在並不是精神的寓所，而是與那種外部現實性保持著聯繫。除此之外，這裡也出現了前面確定下來的那種外在的和機械的關係。這樣一來，某些獨特的器官——它們都在大腦裡面，就把頭顱的某些地方弄得圓圓鼓起，又把頭顱的另外一些地方弄得扁平，對此人們盡可以隨意想像。有機組織的任何一個部分，在頭顱裡就和在每一塊骨頭裡一樣，都必須被視爲是一種活生生的自身塑造過程，就此而言，其實是頭顱擠壓著大腦，確定了大腦的外部界限，更何況那比大腦更硬的頭顱確實有這個能力。但即便如此，根據頭顱和大腦雙方的行爲的規定，它們相互之間的關係始終是不變的。因爲，無論頭顱是規定者還是被規定者，因果關聯的實質都絲毫未變，除非**自爲存在**這一方面出現在一個作爲**原因**的頭顱裡面，那麼我們可以說頭顱成了自我意識的一個直接器官，但這是不可能的。由於那個**作爲有機活力的自爲存在**以同樣的方式出現在**兩端**，所以兩端之間的因果關聯實際上被取消了。儘管如此，它們的持續塑造過程在內心裡仍然聯繫在一起，就好象一個有機的前定和諧，使得相互關聯的兩端自行其是，各自保持著自己固有的**形態**，不必與對方的形態契合。除此之外，形態和質之間也是自行其是，就像葡萄的形狀與葡萄酒的味道那樣毫不相干。儘管如此，由於大腦這一方被規定爲**自爲存在**，而頭顱那一方被規定爲**實存**，所以一個有機的統一體的內部**也**必須具有雙方的因果聯繫。這是一個必然的、彼此看來外在的關聯，也就是說，由於它本身是一個流於外表的關聯，所以雙方的**形態**都是由對方規定的。

自我意識的器官是一個主動的原因，可以作用於對方，對於這個規定，人們可以有許多說法。因爲，在談到一個原因的性質時，人們考察的是原因的**漠不相關的**實存，考察它的形態和分量，換言之，人們談論的原因的內核和自爲存在不應該涉及任何一個直接的實存。剛開始的時候，頭顱的有機的自身塑造過程（這是一種關係）與機械作用（這又是一種關係）絲毫無關，而且由於前者是一種純粹的自身關聯活動，所以雙方相互之間的關係是一種無規定的、無邊界的東西。到後來，人們假設大腦把精神的各種差別作爲一些存在著的差別接納到自身中，於是出現許多內部器官，各自占據著不同的空間。然而這些假設與自然界相矛盾，因爲自然界賦予概念的各個環節一個固有的實存，從而把有機生命的**流動的單純性完全放到此一方**，同時又把有機生命的各種相互有別的**關節**和**劃分**放到**彼一方**，而正如我們所理解的那樣，這些關節和劃分是一些特殊的、解剖學意義上的物。在這種情況下，我們就不能確定，一個精神性環節，究竟是按照其原本的強弱情況而相應地必然具有一個**更擴張的**或**更緊縮的**大腦器官呢？還是剛好相反。我們同樣不能確定，這個環節的**塑造過程**是擴大了器官呢？還是壓縮了器官，是使器官變得更爲臃腫厚實呢？還是變得更爲精緻。由於我們始終不能確定原因的性質，所以也不能確定頭顱究竟是如何經歷作用的？以及，這個作用是一種擴張呢？還是一種擠壓和收縮。即使我們把這個作用規定爲某種**比刺激更高級**的東西，但仍然不能確定，它的作用方式是像狗皮膏藥一樣促進膨脹呢，還是像酸一樣促進收縮。——對於所有這類觀點，人們都可以給出一些令人信服的理由，因爲它們同時包含著一種有機的關聯，這種關聯既同意這個理由也同意那個理由，對於所有這些理解都報以一視同仁的態度。

但在從事觀察的意識看來，關鍵是不要企圖去規定這種有機的關聯。不管如何，當大腦出現在對立關係中的一方時，它並不是一個**動物性**部分，而是一個**存在著的**、**具有自我意識的**個體性。這種個體性，作爲一個持存的性格和一個自動且自覺的行動，是一種**自爲存在**和**內在存在**。與這種自爲存在和內在存在相對立的，是個體性的現實性和爲他存在。自爲存在—內在存在是本質，也是主體，它的存在表現爲大腦，這種存在**被統攝在大腦之下**，只有透過一個內蘊的意義才獲得自己的價値。但是，具有自我意識的個體性的另一個方面是它的實存，這種**存在**若不是一個獨立的東西——亦即主體，那就是一個**物**——亦即骨頭；一**個人的現實性和實存就是他的頭顱骨**。根據意識的觀察，相關雙方獲得的就是上述關係和理解。

現在，意識的目標是更爲精確地規定雙方的關聯。一般說來，頭顱骨確實意味著精神的直接的現實性。然而精神的多面性賦予精神的實存同等程度的多義性。精神的實存散落在各個個別的位置，而我們的目標是去規定這些位置的意義，而且我們得看看，這些位置如何本身就指示著它們的意義。

頭顱既不是一個行爲器官，也不是一個言談運動。頭顱不會被用來偷竊和殺人，而且它在這類行爲中是完全不動聲色的，連一種欲言又止的表情都算不上。這樣一個**存在者**的價値甚至不如一個跡象。姿勢、表情、聲音，甚至立在荒島上的一根柱子、一個木樁，都立即顯示出它們除了是一種直接的**純粹存在**之外，還意謂著其他的東西。人們一眼就看出它們是一些跡象，因爲它們雖然具有一個規定性，但由於這個規定性並不是專屬於它們的，所以指示著其他的東西。誠然，當面對一個頭顱，就像哈姆雷特面對郁利克的頭顱那樣，⑫人們的腦

⑫ 莎士比亞《哈姆雷特》，V, I. ——德文版編者注。（譯者按）哈姆雷特端著郁利克的頭顱有如下長篇聯想：「唉，可憐的郁利克！霍拉旭，我認識他；他是一個最會開玩笑、非常富於想像力的傢伙。他曾經把我負在肩上一千次；現在我一想起來，卻忍不住心頭作嘔。這裡本來有兩片嘴唇，我不知吻過它們多少次。現在你還會挖苦人嗎？你還會蹦蹦跳跳，逗人發笑嗎？你還會唱歌嗎？你還會隨口編造一些笑話，說得滿座捧腹

海中可能會湧現出很多東西，但頭顱本身是一個如此無關緊要和平淡無奇的物，以至於我們在它那裡能夠看到和能夠意謂的東西就是它自己，此外無他。誠然，它會讓人想起大腦及其規定性，想起其他形狀的頭顱，但它不會讓人想起一個自覺的運動，因為它既不具備任何姿勢和表情，身上也不曾帶有任何印記，以表明自己來自於一個自覺的行動；頭顱是這樣一種現實事物，它本應表明，個體性的另一個方面不再是一個正在折返回自身內的存在，而僅僅是一個**直接的存在**。

除此之外，既然頭顱對自己沒有感觸，那麼它有可能具有一個更為確定的意義，也就是說，某些特定的感覺可以透過相鄰關係而使人認識到頭顱所意謂的東西。由於精神的某個自覺行為是在精神的某個特定位置那裡獲得感觸，所以這個位置在形狀上會暗示著精神的那個行為及其特殊性。比如，有些人抱怨道，每當他們進行專注的思考或者隨便**思考**什麼東西時，腦袋裡的某處地方會有牽痛感。同樣，**偷竊**、**凶殺**、**作詩**等行為也有可能伴隨著一個獨特的感覺，而且這些感覺甚至各自有一個特殊的位置。大腦這個位置既然經歷著更多的運動和行為，那麼相鄰的骨頭位置就會得到更多的鍛鍊。換言之，透過同感或共鳴的作用，這個位置非但不會僵化，反而會變得更大或更小，或以某種方式得到塑造和鍛鍊。然而上述假想是很難成立的，因為一般意義上的感觸是某種完全不確定的東西，而腦袋作為正中心，它那裡的感觸就將是全部感受合併而成的一種普遍同感，而在這種情況下，「小偷、凶手、詩

嗎？你沒有留下一個笑話，譏笑你自己嗎？這樣垂頭喪氣了嗎？現在你給我到小姐的閨房裡去，對她說，憑她臉上的脂粉搽得一寸厚，到後來總要變成這個樣子的；你用這樣的話告訴她，看她笑不笑吧！」（據朱生豪譯文）——譯者注

人、腦袋」的歡快和痛苦就和其他感覺混雜在一起，不但彼此不能區分，而且也不能和那些所謂的軀體感覺區別開。打個比方，當面臨頭痛的症狀時，如果我們把症狀的意義僅僅限定在軀體上面，那麼我們根本不能斷定這究竟是什麼病。

實際上，無論從事情的哪個方面來看，一切必然的相互關聯，還有這些關聯自行透露出來的暗示，都消失了。即使這些關聯仍然存在著，那我們也只能說，雙方的相應規定之間有一個**無關概念的**、自由的前定和諧。其中一方**必須**是一**種缺乏精神的現實性**，一**個單純的物**。好比這樣的情形，一邊是許多靜態的頭顱部位，另一邊則是大量精神屬性，其數量和性質取決於相應的心理狀況。人們愈是把精神想像得貧乏，事情就愈是變得簡易。因爲，一方面，精神屬性減少了，另一方面，它們變得更明顯、更穩定、更精悍，而骨頭的性質也隨之變得與精神屬性更相似，更有可比性。不過，儘管這種做法帶來了很多方便，但頭顱部分和精神屬性仍然爲數眾多，而在從事觀察的意識看來，它們的相互關聯仍然是一種完全偶然的東西。有人說，以色列的子民如海灘上的沙子般多不勝數[13]，其中每一個人都以一粒指定的沙子作爲自己的標誌。同樣，有一種精緻的心理學和辨人學，它們抱著一視同仁的態度，給每一種心靈屬性、情感以及所謂的「性格分階」指定一個對應的頭顱部位和骨骼形式。這些全都是一概而論和隨意武斷的做法。凶手的頭顱上有一塊隆骨，這既不是一個器官也不是一個標誌；這個凶手身上還有許多別的屬性和隆骨，而且，既然有凸起的骨頭，也就有凹陷下去的地方，人們可以在這些凸起和凹陷之間進行選擇。凶手的行凶意識可以與任意一個

⑬ 參閱《舊約·創世紀》（22, 17）：「論子孫，我必叫你的子孫多起來，如同天上的星，海邊的沙。」——譯者注

凸起或凹陷的地方相關聯，而這些凸起或凹陷的地方又可以與任意一個屬性聯繫在一起。一方面，凶手並不僅僅是一個抽象意義上的「凶手」，另一方面，他的身上不只有一**個**凸起和一**個**凹陷。如果意識對此所作的觀察只停留在這個層次，那麼它跟歲末市場上的商人和洗衣服的家庭主婦對於雨的觀察毫無區別。商人和家庭主婦也可能觀察到，當鄰居從門口走過或當大家吃烤豬排的時候，天總會下雨。但實際上，雨跟這些情況毫不相干，正如對於觀察來說，精神的**這一個**規定性也與頭顱的**這一個**特定存在毫不相干。意識所觀察的這兩個對象，前者是一個枯燥的**自為存在**，一個乾癟的精神屬性，而後者同樣也是一個枯燥的**自在存在**。兩者都可以說是一個乾癟的物，與其他事物毫不相干。一個人具有飽滿的天庭與他是不是凶手毫不相干，同樣，凶手是不是一個塌鼻子，這也是無關緊要的。

不過，人們畢竟不能排除這樣一個**可能性**，即某個部位的隆骨與某種屬性或情感有關。人們**可以想像**，凶手和小偷分別在不同的部分有一塊高高的隆骨。就此而言，顱相學還有很大的發揮餘地。剛開始的時候，顱相學似乎只是把某個隆骨與**同一個個體**身上的某一個屬性聯繫在一起，也就是說，隆骨和屬性是隸屬於同一個人。但是，自然顱相學——既然有自然面相學，也就必然有自然顱相學，早已經超越了這個限制。它不僅斷言一個狡猾的人在耳朵背後有一塊拳頭大小的隆骨，而且認為，一個不忠的女人自己額頭上是沒有隆骨的，反倒是另一個個體亦即她的丈夫的額頭上必然會有一塊隆骨。同樣，人們可以**想像**，如果某人在頭顱的某個部分有一塊高高的隆骨，那麼他肯定與凶手同居於一個屋簷下，要不然的話，凶手肯定是隱匿在他的近鄰或者同鄉中間。這好比想像一頭母牛飛到天上，先是和一隻騎在驢背上的螃蟹親熱溫存，然後又如何如何一般。但是，如果**可能性**並不意味著人們可以隨意**想像**，而是指一種**內在的**可能性，亦即**概念**的可能性，那麼對象就是這樣一種現實性，它是而且應該是一個純粹的物，本身不具有任何意謂，而是只有借助於想像才獲得上述意謂。

儘管如此，觀察者卻無視那兩方面彼此之間的漠不相關，反而著手規定它們的相互關聯，因爲他不但掌握了那個普遍的理性理由（即**外貌是內心的表現**），而且也得到了動物頭顱的類比關係的支援。誠然，動物的性格比人的性格更爲單純，但與此同時我們也更難斷言它們具有什麼性格，因爲對於任何人而言，企圖透過想像來確切地把握到動物的本性可不是那麼容易。幸好觀察者在保證自己已經揭示出規律時，找到了一個**出色的幫手**，這個幫 [255] 手就是我們在這裡必然也會想到的一個差別。無論如何，精神的**存在**至少不能被看作是某種完全沒有錯亂或絕對不會發生錯亂的東西。人是自由的。大家都承認，**原初的**存在僅僅是一些**稟賦**，它們需要人付出很多努力，需要一個優質的環境，然後才會得到發展。換言之，精神的**原初**存在是一種尚未實存著的存在。如果一個人宣布了一條規律，而人們實際觀察到的情況卻正相反，比如歲末市場和洗衣服的時候來了個風和日麗，那麼商人和家庭主婦可能會辯解道：天**本來應該**下雨的，下雨的**基礎**畢竟是**現成的**。同樣，顱相學也可能會說：這個個體**本來應該**是顱相學規律所指明的那個樣子，他有一個**原初的稟賦**，**但是**沒有發展起來；換言之，這個性質雖然沒有出現在我們眼前，但卻**應該出現在我們眼前**。**規律**和**應該**的基礎是人們對現實的雨和頭顱這一規定性的現實意義的觀察。但是，如果不存在一種現成的**現實性**，那麼人們就把一種**空洞的可能性**當作是現實性。這種空洞的可能性意味著，之前確立的規律是不現實的，與人們觀察到的現象相矛盾，而人們之所以必然求助於它，原因恰恰在於，個體的自由以及各種處於發展過程中的狀況與**存在**（無論這是指原初的內心還是指外在的骨骼）漠不相關，更何況個體有可能偏離他原初的內心，畢竟他不等於一塊骨頭。

由此我們知道，頭顱的凸起或凹陷之處既有可能是某種現實的東西，也有可能僅僅是一個未經規定的**稟賦**，標示著某種不現實的東西。無論何時，我們都會聽到一個拙劣的託 [256] 辭，被用來反對它本來應該去說明的對象。我們看到，意謂活動在事情的本性的驅使之下被迫走向一個窘境，即**不假思索地**說出它所堅持的東西的**反面**：它一方面說這個凸起暗示著什麼，另一方面又說這個凸起**其實並不**暗示著什麼。

當意謂求助於這個託辭時，浮現在它眼前的是那個眞實的、正在摧毀著意謂的思想，即嚴格意義上的**存在**並不是精神的眞理。作爲一種**原初的存在**，稟賦沒有參與到精神的行爲裡面去，可以說它就其自身而言無異於一塊骨頭。在意識看來，一個缺乏精神性行爲的存在者僅僅是一個物，非但不是意識的本質，寧可說是意識的反面，而意識只有透過否定和消滅這類存在才成爲一個**現實的**意識。就此而言，如果有人宣稱骨頭等同於意識的**現實的實存**，那麼這種說法完全否定了理性。人們之所以會這樣說，是因爲他們把骨頭視爲精神的外貌，而外貌正是一個存在著的現實性。有人說，我們**只**從外貌出發**推算出另一個東西**，亦即內心，還有人說，外貌不等於內心，只是內心的一個**表現**。但所有這些說法全都是毫無意義的。因爲在內心和外貌的關係裡，內心這邊正被規定爲一個**思維著**自身的、**處於思想中的現實性**，而外貌那邊則被規定爲一個**存在著的現實性**。因此，如果誰走到一個人面前說：「你（亦即你的內心）就是這樣一個人，**因爲**你的**骨頭**長成了這個樣子」，那麼這等於是說：「我把一塊骨頭看作是**你的現實性**。」如果我們沒有忘記的話，在面相學那裡，類似的斷言得到了一記耳光作爲回應，這個回應暫時使某些**柔軟的**部分發生位移，只是爲了表明它們不是眞正的**自在體**，不是精神的現實性。而在顱相學這裡，作此斷言的人只挨一記耳光肯定是不夠的，他應該被揍得頭破血流才對，因爲只有這樣他才會明白，除了他的「智慧」之外，另一個事實也是確鑿無疑的，即對人來說，一塊骨頭根本不是什麼**自在的東西**，更不等同於**他的**眞實的現實性。

[257]

具有自我意識的理性的樸素本能會不假思索地拒斥自己的另一個觀察本能，即顱相科學。後者已經是**認識活動**的先兆，它透過一種缺乏精神的方式得知外貌是內心的一個表現。但有時候一個思想愈是拙劣，人們就愈是弄不清它究竟拙劣在什麼地方，愈是不知道該如何分析它。因為，如果思想把抽象當作本質，那麼，抽象愈是純粹和空洞，思想也就愈是拙劣。這裡的關鍵是這樣一個對立：一方是自覺的個體性，另一方則是抽象的外表（已經完全轉變為一個**物**）。前者是精神的內在存在，一種固定的、缺乏精神的存在，而後者是一種純粹的存在。這樣看來，從事觀察的理性既已達到了自己的頂端，就必須離開這個地方，自己把自己翻轉過來。然而只有拙劣至極的東西才必然會直接翻轉過來。人們說，猶太民族之所以從始至終都是一個最為邪惡的民族，正因為他們直接站在救贖的門檻邊緣。猶太民族不是一個自在且自為存在著的民族，因為那種獨立本質性已經被他們置於彼岸世界。透過這種棄絕，如果猶太民族不是保持為一種直接的存在，而是把對象重新收回到自身中，那麼他們就使一種更高的實存成為**可能**，因為精神在返回自身時所擺脫的對立愈深重，精神就愈是偉大。至於這個對立的來源，則是由於精神揚棄了自己的直接統一性，棄絕了自己的自為存在。但是，如果這個意識沒有折返回自身中，那麼它所置身的中項就是一種悲慘的空虛，因為那些本應充實中項的東西轉變為固定的一端。所以，從事觀察的理性的最後這個階段是它的最糟糕的階段，但正因如此，它才必然會發生翻轉。

如果我們回顧一下迄今看到的這一系列關係（它們都是觀察的內容和對象），就會發現，在觀察的**第一種方式**裡，當意識觀察無機自然界的關係時，**感性存在**已經**消失無蹤**。無機自然界的關係環節呈現為一些純粹的抽象和一些單純的概念，它們本應該與事物的實存緊密結合在一起，但後者卻已經消失無蹤了，而這意味著，環節是一個純粹的運動，是一個普遍者。這個自由的、在自身內得以完成的演進過程仍然是一個客觀的東西，但它僅僅顯現為一個**單一體**。在無機物的演進過程裡，單一體是一個並未實存著的內核。但是，當演進過程轉變為一個實存著的單一體，它就是一個有機物。單一體是一個自為存在，或者說是一個否定的本質，它與普遍者對立，擺脫了普遍者，始終保持著自己的自由，而在這種情況下，概念的實現只能以一種絕對的個別化爲基本要素。但在一個有機的實存那裡，概念並沒有得到眞正的表現（亦即**成爲一個實存著的普遍者**），而是僅僅獲得一個外觀，換言之，概念仍然只是有機自然界的**內核**。有機的演進過程僅僅是一種**自在的**自由，還不是一種**自爲的**自由。它的自爲存在體現爲一個目的，而這個**實存著**的本質不同於一個外在的、自覺的智慧。從事觀察的理性轉而以這個智慧亦即精神爲對象，而精神是一個作爲普遍性而實存著的概念，或者說是一個作爲目的而實存著的目的。從現在起，理性是以它自己的本質爲對象。

理性首先以它自己的純粹本質爲對象。它把那個在運動中區分著自身的對象理解爲一個存在者，因此發現了**思維的規律**，亦即一個持久不變者與另一個持久不變者之間的關聯。但由於這些規律的內容只是一些環節，所以它們會合到自我意識這個單一體之內。如果我們把這個新的對象仍然看作是一個**存在者**，那麼它是一個**個別的**、**偶然的**自我意識。就此而言，理性的觀察範圍是局限於一個意謂中的精神，局限於一個有意識的（自覺的）現實性與一個無意識的現實性之間的關係。精神本身只是這樣一種必然的關聯，所以意識在進行觀察時把精神與身體更緊密地聯繫在一起，把精神的意願者和行動者的現實性與精神折返回自身內的、從事觀察的、客觀的現實性進行比較。這種外觀雖然是個體本身就在使用的一種語言，但它同時也是一個跡象，與它所標示的內容漠不相關，正如跡象所標示的東西也與跡象漠不相關。

最終，觀察從這種變化不定的語言那裡退回到一個**固定的存在**，並根據自己的概念宣稱，當我們把外表等同於精神的外在的和直接的現實性時，它既不是一個器官，也不是一種語言和跡象，而是一個**僵死的物**。意識最初在觀察無機自然界時已經揚棄了那樣一種看法，即以爲概念是一個現成的物。正是那種看法使得人們把精神的現實性看作是一個物，或者反過來把一個僵死的存在看作是精神。這樣一來，觀察就說出了我們過去心目中關於它的**概念**，即理性的確定性把自己當作一種客觀的現實性來尋求。在這裡，人們當然不會以爲，精神既然是透過一個頭顱表現出來的，所以是一個物。這個思想不應該包含著所謂的唯物主義，寧可說，精神應該不同於這塊骨頭。但是精神**存在著**，而這無非是說，精神是一個**物**。如果我們把嚴格意義上的**存在**（亦即像物那樣的存在）看作是精神的謂詞，那麼眞正的表述應該是：精神像一**塊骨頭**那樣存在著。人們必須重視這個至爲重要的關鍵，也就是說，如果要在一種純粹的意義上來說「**精神存在著**」，那麼這才是一個眞正得當的表述。除此之外，當人們說，**精神存在著**，精神具有一個**存在**，精神是一個**物**，精神是一個個別的**現實性**等等，雖然他們所**意謂**的並不是某種看得見、拿得到、摸得著的東西，但他們**說出來**的卻是這樣一種東西。他們眞正**所說**的東西其實可以這樣表述出來：**精神的存在是一塊骨頭**。

這個結果現在具有雙重意義。首先，它的眞實意義在於，這是對自我意識此前的運動的結果的一個補充。哀怨意識放棄了它的獨立性，把它的**自爲存在**降格爲一個**物**。於是它從自我意識那裡返回到一種以**存在**、**物**爲對象的意識。但由於物就是自我意識，所以自我意識是自我與存在的統一體，亦即**範疇**。當意識的對象獲得這個規定，**意識就具有了理性**。**自在地看來**，意識和自我意識已經作爲眞正意義上的理性**存在著**。但是只有當意識把它的對象規定爲**範疇**，我們才可以說它**具有**理性。除此之外，這和知道「什麼是理性」也是兩回事。範疇是**存在**和**意識自身**的一個**直接**統一體，它必須貫穿這兩個形式，並以**存在**的形式呈現在一個從事觀察的意識面前。根據它的結果，意識把它無意識中確信的東西作爲一個命題，一個包含在理性的概念中的命題，陳述出來。這是一個**無限判斷**，一個自己把自己揚棄了的判斷：「自主體是一個物。」透過這個結果，範疇還額外獲得了一個規定，即它是一個自己揚棄著自己的對立。**純粹的**範疇以**存在**或**直接性**的形式呈現在意識面前，它是一個**未經中介的**、**現成的**對象，而意識同樣表現為一個未曾經歷中介活動的東西。那個無限判斷是一個環節，即從**直接性**過渡到中介活動或**否定性**。在這種情況下，現成的對象被規定為一個否定的對象，而意識則被規定為一個與對象相對立的**自我**意識，換言之，那個在觀察裡一直以**存在**的形式出現的範疇，現在是以自為存在的形式出現。意識不再想要**直接發現**自己，而是想要透過它的行為自己製造出自己。現在，**意識本身**就是它的行動的目的，而過去它在進行觀察時僅僅以物為目的。

[261]

上述結果的另一個意義，就是我們已經看到的那種缺乏概念的觀察，亦即顱相學。這種觀察只懂得用一種辦法來理解自己和陳述自己，也就是說，它毫無顧忌地宣稱骨頭是自我意識的**現實性**，哪怕骨頭作為一個感性事物在意識看來仍然是一個客觀的東西。不僅如此，它對於自己的宣稱完全缺乏清醒意識，不但沒有按照主詞和謂詞各自的規定性及其關係，更沒有在一種無限的、自己消解著自己的判斷和概念的意義上來理解自己的命題。除此之外，當精神的一種更深層次的自我意識在這裡顯現為一種天然的誠實時，顱相學卻利用這種誠實來掩飾它那種缺乏概念的、赤裸裸的思想（即把自我意識的現實性看作是一塊骨頭），並用各種缺乏思想的做法來加以粉飾，把各種毫無意義的因果關係、跡象、器官等等混雜在一起，並透過從中得出的差別來掩蓋命題的荒誕無稽。

當意識把大腦纖維之類東西看作是精神的存在時，它們已經是一種處於思想中的、純屬猜想的現實性，而不是一種**實存著的**、摸得到看得見的現實性，不是一種眞實的現實性。如果它們**實存著**，被人們看到，那麼意識就認為它們是一些僵死的對象，不是精神的存在。但是眞正的客觀事物必然是一種**直接的**、**感性的**、僵死的客觀事物（骨頭可以說是一個

[262]

活體內的死東西），而置身其中的精神卻被認爲是一個現實的精神。這個表象的概念意味著，理性認識到**它自己**是**全部物性**，而且是一種**純粹客觀的**物性。但理性只有**在概念裡面**才是這個樣子，換言之，概念只是理性的一個眞理，概念本身愈是純粹，就愈是降格爲一種愚蠢無比的表象（在這種情況下，概念的內容已經不再是概念，而是表象）。對於一個自己揚棄著自己的判斷，如果人們同時沒有意識到這個判斷的無限性，而是把它看作一個一成不變的命題，就會以爲主詞和謂詞可以彼此毫不相干，以爲自主體始終是自主體，物始終是物，根本不管雙方是否會相互轉化。理性在本質上是一個概念，它直接分裂爲自己和自己的對立面，但正因如此，這個對立同樣直接就被揚棄了。但如果人們把理性固定在這個分化過程的一個孤立的個別環節之上，執著於理性自己與自己的對立，那麼這不過是以一種不合理性的方式來理解理性。這個分化過程的環節愈是純粹，內容的現象就愈是荒謬，因爲只有意識才會看到這些內容，並且毫無顧忌地把它們說出來。精神從內部散發出來的**深遠內核**只達到一種**表象式意識**，而且始終局限在這個範圍之內，而這種表象式意識是一種**無知**（亦即不理解自己所說的東西），是高貴事物與低賤事物的結合體。同樣的情況也以一種質樸的方式出現在自然界的生物中，比如，最完善的器官——即生殖器官，就是與排尿器官結合在一起。無限判斷之所以是無限的，因爲它完成了一種自己理解著自己的生命。如果意識以無限判斷爲對象，但卻始終局限於表象的範圍之內，那麼它和一泡尿液眞的沒有什麼差別。

二、合乎理性的自我意識自己實現自己

自我意識發現物是自己，自己是物。也就是說，**它認識到**，**自在地看來**，它是一種客觀的現實性。自我意識不再是一種**直接的**確定性（即確信自己是全部實在性），反而發現，一

般意義上的直接事物在形式上都是一種已經遭到揚棄的東西，而在這種情況下，自我意識的**客觀存在**只能說是一個表面現象，其內核和本質才是**自我意識自己**。就此而言，那個與自我意識具有一種肯定關係的對象，也是一個自我意識。這個對象具有物性的形式，也就是說，它是**獨立的**。但自我意識確信這個獨立的對象對它來說並不是什麼陌生的東西，因此它知道，**自在地看來**，它已經得到了對方的承認。它成爲了**精神**，確信自己是一個統一體，儘管它的自我意識發生了二重分化，而且分化出來的雙方都是獨立的。在它看來，這個確定性現在已經升級爲眞理。它所認可的那種情況——即它作爲一個**自在存在**具有一種**內在的**確定性，應該進入到它的意識裡面，成爲**它的對象**。

一般說來，如果我們把自我意識的實現過程與迄今的這條道路作一番比較，就不難揭示出這個過程中的各個普遍階段。如果說從事觀察的理性已經在範疇這個因素裡面，重溫了**意識**從感性確定性到知覺、再從知覺到知性的那個運動，那麼**自我意識**的雙重運動也將會再度貫穿那個運動，從獨立性過渡到自由。剛開始的時候，這個主動的理性僅僅意識到自己是一個個體，它必須作爲這樣一個個體在其他個體那裡要求並製造出它自己的現實性。在這之後，由於它的意識升級爲一個普遍的意識，它也成爲一個**普遍的**理性，意識到自己是理性，意識到自己是一個已經得到承認的自在且自爲的存在，已經透過它的純粹意識把全部自我意識統一起來。它是一個單純的精神性本質，同時也具有意識，因此它是一個**實在的實體**，把過去那些形式重新收回到自身中，成爲它們的根據。相比這個根據，那些形式僅僅是它的轉變過程中的個別環節，看似已經從中掙脫出來並分別獲得一個獨特的形態，但實際上它們僅僅是一種依託於根據的**實存**和**現實性**，而且只有一直保持在根據之內，才具有自己的**眞理**。

現在的目標是一個已經出現在**我們**面前的**概念**，亦即一個已經得到承認的自我意識，它透過另一個自由的自我意識獲得它的自身確定性，並正在這個過程中獲得它的眞理。如果我們把這個目標當作一個實在的東西接納下來，換言之，如果我們使這個原本居於內部的精神凸顯爲一個已經實存著的實體，那麼**倫理王國**就出現在這個概念裡面。所謂倫理，無非是指眾多獨立的、**現實的**個體在本質上形成一個絕對的精神性**統一體**。這是一個自在存在著的、普遍的自我意識，它的現實性依賴於另一個意識，後者因此獲得了完滿的獨立性，或者說被看作是一個物，而前者恰恰透過這種方式意識到它與後者的**統一**，而且，它只有與這個客觀的本質統一起來，才成其爲一個自我意識。既然**普遍性**是一個**抽象**，那麼這個倫理**實體**僅僅是一個**處於思想中的**規律。但它同樣直接地是一個現實的**自我意識**，或者說它就是**倫常**。反之，**個別的**意識僅僅是一個存在著的單一體，在這個時候，它知道自己是一個個別的普遍意識，而它的行動和實存是一種普遍的倫常。

具有自我意識的理性得以實現，這個概念的意思是，在一個獨立的**他者**那裡直觀到自己與它形成了一個完整的**統一體**，或把眼前這個自由的、無異於**物**的他者看作是**我的自爲存在**，儘管這個對象是對我的一個否定。實際上，這個概念只有在一個民族的生活裡才獲得它的完滿實在性。當前的理性是一個流動的普遍**實體**，一個持久不變的、單純的**物性**。就像光分散爲無數星星或獨自閃亮著的點一樣，理性也分散爲許多完全獨立的本質。由於理性是一個絕對的自爲存在，所以那些本質不僅**自在地**，而且**自爲地**消融在這個單純的、獨立的實體之內。它們意識到，唯有獻出自己的個別性，把這個普遍的實體當作是它們的靈魂和本質，它們才有可能作爲一些個別的獨立本質存在著。同樣，這些個別的本質的**行動**，還有它們製造出來的作品，也是這個普遍者。

個體是一個自然存在，或一個**存在著的個別性**，所以他有各種生理需要，而他的**純粹個別的**所作所爲都與這些生理需要相關。借助於一個普遍的、維繫著一切的媒介，借助於整個民族的**勢力**，個體的那些最普通的功能都沒有退化，而是獲得了現實性。借助於這個普遍的實體，個體不但獲得了他的全部行動的**持存形式**，而且獲得了**他的內容**。一個個體的所作所爲，作爲全部個體的普遍技能和普遍倫常**存在著**。但是，一旦這個內容成爲一種純粹個別的東西，他在現實中就凝縮爲全部個體的一個行動。個體出於自己的生理需要進行**勞動**，這既滿足了他自己的生理需要也滿足了他人的生理需要，同樣，也只有透過他人的勞動，個體才能滿足自己的生理需要。也就是說，個人在他的**個別的**勞動中已經**無意識地**從事著一個**普遍的**勞動，同樣，他又**自覺地**把這個普遍的勞動當作是他自己的工作。只有當整體成爲他的作品，這才是一個**整體**，而他則是爲整體作出犧牲，並因此從整體那裡贏回自己。在這裡，沒有什麼東西不是交互性的，只要一個獨立的個體取消自己的自爲存在，**否定**自己，他必然也會獲得一個肯定的意義，亦即成爲一個自爲存在。爲他存在（或自甘爲物）與自爲存在的這種統一，這個普遍的實體，其**普遍的語言**是透過一個民族的倫常和規律體現出來的。但這個存在著的、持久不變的本質所表現出來的東西，無非是那個在現象中與普遍實體相對立的、個別的個體性本身。規律規定了任何個人**是**什麼和應該**做**什麼。個體不僅認識到這些規律是他的**普遍的**、客觀的物性，而且認識到，他就包含在這個物性之內，換言之，這個物性在他的自己固有的個體性以及他的每一個同胞那裡**發生個別化**。所以，每個人都是在普遍的精神那裡獲得他的自身確定性，也就是說，每個人都發現這種存在著的現實性其實就是他自己。每個人都既有自身確定性也有他人確定性。我在所有的人那裡都直觀到，他們就其自身而言僅僅是一些獨立的本質，和我一樣。我在他們那裡直觀到，我和他人組成了一個自由的統一體，這個統一體既依賴於我，也依賴於他人。他人就是我，我就是他人。

因此，理性在一個自由的民族那裡眞正得以實現。理性是一個當前存在著的、活生生的精神，在這裡，個體發現他的**使命**（亦即他的普遍而又個別的本質）明擺著是一種物性，不僅如此，個體本身就是這個本質，而且也滿足了他的使命。有鑑於此，古代那些最智慧的人留下了這樣一句諺語：**智慧和德行在於按照本民族的倫常去生活**。⑭

自我意識滿足了他的使命並生活在這個使命之中，這是他的幸運。但由於他最初只是**直接地**、只是**就概念而言**被視為是一個精神，所以再次失去了這個幸運，或者也可以說，他還沒有得到這個幸運。這兩個說法其實是同樣的意思。

理性**必須失去這個幸運**。因為只有**自在地或直接地看來**，一個自由的民族的生活才是一種**實在的倫理**。換言之，理性是一個**存在著的**理性，既然如此，這個普遍的精神本身已經是一個個別的精神，而倫常和規律的整體則是這樣一個**特定的**倫理實體，它只有在一個更高的環節（亦即一**個以自己的本質為對象的意識**）那裡才會破除自己身上的限制，而且只有透過這個認識，而不是就這麼直接存在著，才獲得它的絕對眞理。一方面，存在著的理性已經意味著一個限制，另一方面，倘若精神採納**存在**的形式，那麼這更可以說是一個絕對的限制。

此外，如果**個別**意識在一個實在的倫理或一個民族裡面直接獲得自己的實存，那麼他會信心滿滿地認為精神還沒有化解為一些**抽象的**環節，而且他知道自己不是一個純粹的**自為存在著的個別性**。但是，一旦個別意識不可避免地掌握了這個思想，那麼他與精神的**直接**統一（亦即他的包含在精神之中的**存在**），還有他的信心，都會消失。**孤立地看來**，個別意識已經知道自己是本質，不再是一個普遍的精神。這個**環節**，亦即**自我意識的這種個別性**，雖然

⑭ 這裡可能指蘇格拉底。按照柏拉圖《克力同篇》（51D-53A）的記載，蘇格拉底堅決服從城邦的法律和判決，因此拒絕越獄，哪怕為此將會犧牲掉自己的生命。——譯者注

包含在普遍的精神自身之內，但它僅僅是一個轉瞬即逝的、無足輕重的東西，即使呈現為一個自為存在，同時也立即消融在普遍的精神裡面，只能說對意識還抱有一些信心。每一個環節都是本質的環節，都必須呈現為本質，既然如此，一旦剛才那個環節固定下來，那麼個體就轉變為規律和倫常的對立面。規律和倫常僅僅是一個缺乏絕對本質性的思想，是一種缺乏現實性的抽象理論。但個體，作為這一個我，卻知道自己是一個活生生的眞理。

當然，也可以說自我意識**還沒有得到這個幸運**，也就是說，它還沒有成為一個倫理實體或民族精神。精神雖然不再進行觀察，但它尚未實現自身、尚未成為眞正意義上的精神。它僅僅被設定為一個**內在的**本質，或者說被設定為一個抽象。換言之，精神起初是一個**直接的存在**，而作為一個直接存在著的東西，它是**個別的**。它是一種實踐意識，在這個既有的世界中埋頭耕耘，儘管本身是一個個別事物，但卻希望發生二重分化，把自己作為這一個人、作為它的一個存在著的映射製造出來，並意識到它的現實性與這個客觀本質達成了統一。實踐意識對於這個統一抱有**確定性**。實際上，這個統一**自在地**已經發生，或者說實踐意識與物性的和諧一致已經是一個既定的事實，只不過**實踐意識以為**這一切還必須靠它來完成。換言之，我們既可以說這個統一是由實踐意識製造出來的，也可以說是由它**發現**的。如果這個統一叫做**幸運**，那麼個體就是被他的精神派遣到世界上，去**尋找**他的**幸運**。

在我們看來，這個合乎理性的自我意識的眞理就是倫理實體，而在自我意識看來，它在倫理世界中的經驗才剛剛開始。一方面，既然自我意識還沒有轉變為倫理實體，那麼它就是一個向著這目標推進的運動，而在這個運動中遭到揚棄的，是那些孤立存在著的個別環節。這些環節在形式上是一個直接的意願或**自然衝動**，後者一旦得到滿足，這個滿足本身又會成為一個新的衝動的內容。另一方面，既然自我意識已經不可能像從前那樣幸運地存在於實體裡面，那麼這些自然衝動也會意識到它們的目的是一種眞實的規定或本質性。倫理實體已經降格爲一個無根的謂詞，它所依附的活生生的主詞是個體，而個體必須依靠自己來充實他們的普遍性，必須自己規定自己。在前一個意義那裡，那些形態是倫理實體的形成過程，出現在倫理實體之前，而在後一個意義這裡，它們出現在倫理實體之後，使自我意識擺脫了它的規定。按照前一方面，當自然衝動經驗到它們的眞理之後，就在這個運動中就失去了它們的直接性和淳樸性，而它們的內容也過渡到一種更高級的內容，而按照後一方面，意[269]識糾正了自己的錯誤觀念，不再認爲自然衝動是自己的規定。按照前一方面，那些形態達到了它們的**目標**，亦即一個直接的倫理實體，而按照後一方面，意識以那些形態爲對象，認識到它們是它的自己固有的本質。在這個意義上，我們幾乎可以說這個運動就是道德性的形成過程，而道德性是一個比倫理更高級的形態。但與此同時，那些形態只是構成了道德性的轉變過程的一**個**方面（即道德性成爲一個**自爲存在**，或者說意識揚棄了**它的**目的），但並沒有構成另一個方面（即道德性從實體那裡自行產生出來）。這些環節並沒有與已經消失的倫理相對立，並被改造爲目的，就此而言，它們在這裡是按照它們的樸素內容發揮著校準，前進的目標仍然是倫理實體。儘管如此，由於我們這個時代的人覺得環節的那個顯現形式（亦即倫理）更爲親切，而意識在失去了它的倫理生活之後一邊尋找一邊不斷地重複著那些形式，所以我們更傾向於用這類術語來指代它們。

自我意識最初僅僅是精神的一個概念，當它作爲一個個別的精神走上這條道路時，已經被規定爲本質。既然如此，它的目的就是要使自己作爲個別的精神得以實現，並在這個過程中回味著自己。

按照規定，自我意識作爲一個**自爲存在者**同時也是本質，所以它是一種針對著他者的**否定性**。意識到這一點之後，自我意識表現爲一種肯定性，與一個雖然**存在著**，但卻並非自在存在著的東西相對立。意識在現象中分裂爲兩個東西，一邊是既有的現實性，另一邊是它透過揚棄這個現實性而達到的**目的**，或者說一個取而代之的現實性。但是，意識的最初目的是成為一個**直接的**、抽象的**自為存在**，換言之，意識希望直觀到自己在他者那裡是**這一個個別意識**，或直觀到另一個自我意識就是它自己。在經驗到這個目的的眞理之後，自我意識上升到了一個更高的層次，從現在起，它認識到它自己就是目的，因為它既是一個**普遍的**自我意識，同時本身又**直接**包含著**規律**。然而當自我意識實施它的**內心規律**時，它卻透過經驗得知，**個別的**本質在這種情況下不可能得以保全，寧可說，善只有透過犧牲個別本質才能得以實行。在這種情況下，自我意識轉變為**德行**。德行獲得的經驗只能是這樣，即自在地看來，它的目的早已付諸實施，幸福直接包含在行動之中，行動本身就是善。這整個領域的概念——物性是精神本身的一種**自為存在**，在運動中成為自我意識的對象。由於自我意識已經找到這個概念，所以它發現自己是一種實在的、直接表達著自身的個體性，這種個體性不再認為它所面對的現實性是一種阻礙，而是認為只有這種表達活動才是對象和目的。

(一) 快樂與必然性

自我意識認識到自己無論如何是一種**實在性**，它本身具有一個對象，但這個對象僅僅包含在那**自為的**自我意識之內，本身尚未存在著。自我意識把與之相對的**存在**看作是另一種現實性，不同於它自己的現實性，而它的目標是，透過完善它的自為存在，從而直觀到自己是另一個獨立的本質。**第一個目的**，就是要意識到自己是包含在另一個自我意識之內的個別本質，或使對方成為它自己。它確信，**自在地看來**，對方已經是它自己。自我意識既然已經擺脫了倫理實體和靜態的思維存在，升級為一個**自為存在**，於是把倫常和實存的規律、對於觀察的認識、還有理論等等全都當作一個灰暗的、轉瞬即逝的影子拋在身後。因為，這類知識的對象其實是這樣一個東西，它的自爲存在和現實性不同於自我意識的現實性。那闖入自我意識的東西，不是一個閃耀在高空的精神，不是一個代表著知識和行動的普遍性，並因此壓抑著個人感覺和個人享受的精神，而是一個大地精靈，在它看來，既然存在是指個別意識的現實性，那麼只有存在才是眞實的現實性。

[271]

它蔑視理智和科學，
這可是人類的至高才能——
它已獻身魔鬼
必須走向沉淪。⑮

自我意識投入到生命之中，表現爲一個純粹的個體性，並將其充分展開。它用不著去創造幸福，只需直接把幸福拿來享用就可以了。那些橫亙在自我意識和它的固有現實性之間的科學、規律、原理等等，它們的陰影像一片死氣沉沉的雲那樣消失了，因爲自我意識不願意確信它們是一些實在的東西。自我意識把生命抓取過來，這種情形好比人們採摘一個成熟的果子，剛剛把手伸過去，果子就自己掉到手裡。

只有從一個環節出發來看，自我意識的行動才是一種**欲望**行動。它想要消滅的不是整個

⑮ 引自歌德《浮士德》第一部分，《研究室》，V. 1851-52, 1866-67。黑格爾的引文有改動，準確的原文應該是：「他蔑視理智和科學，這可是人類的至高才能，……即使他未曾獻身給魔鬼，終究還是得走向沉淪！」

——德文版編者注

客觀本質，而僅僅是客觀本質的「他者存在」或「獨立性」等形式，因爲這個形式是一個缺乏本質的假象。**自在地看來**，客觀本質和自我意識是同一個東西，或者說它是自我意識的一種獨立自主性。欲望和它的對象彼此漠不相關，獨立地存在著，這種情況的因素是一個**活生生的實存**。當欲望以一個活生生的實存爲對象，它的享受就會揚棄這個實存。但在這裡，那個使得欲望及其對象成爲一種孤立的現實性的因素，其實是範疇，而這種存在在本質上是一個**表象**。因此這是一個以獨立性爲對象的**意識**，不管它僅僅是一個自然的意識，還是一個已經發展爲規律體系的意識，是每一個個體都各自保有的一個意識。自在地看來，這個分裂並沒有成爲自我意識的一個對象，但自我意識知道別的意識是**它自己固有的**獨立自主性。於是它享受到了**快樂**，意識到自己是透過另一個獨立顯現的意識而得以實現的，換言之，它直觀到了兩個獨立的自我意識的統一。它達到了自己的目的，但卻剛好在這個過程中經驗到了目的的**眞理**。它從概念上認識到自己是**這一個個別的自爲存在著的**本質，然而實現目的就意味著揚棄目的，因爲它發現，自己作爲對象並不是**這一個個別意識**，而是它與另一個自我意識的**統一**。就此而言，它發現自己是一個遭到揚棄的個別意識，或者說它發現自己是一個**普遍的意識**。

享受到的快樂既有一個肯定的意義（即認識到**自己**已經轉變爲一個客觀的自我意識），也有一個否定的意義（即它已經揚棄了**自己**）。由於自我意識只在那個肯定的意義上來理解它的實現過程，所以它發現自己的經驗是一個矛盾，也就是說，它的個別性所達到的現實性卻被一個否定的**本質**消滅了，後者雖然相比之下是一種缺乏現實性的、空洞的東西，但卻具有將其呑噬的力量。無論個體性自在地看來是什麼，它的概念都只能是這樣一個否定的本質。但是個體性僅僅是那個自我實現著的精神的一個最貧乏的形態。它只知道自己是一個抽象的理性，或者說只知道自己是**自爲存在與自在存在的一個直接統一**，因此它的本質僅僅是

[272]

一個**抽象的**範疇。儘管如此，在從事觀察的精神看來，當個體性被設定爲一個陌生的抽象**存在**或一般意義上的**物性**，它在形式上就不再是一個**直接的**、**單純的**存在。在這裡，自爲存在和中介活動都出現在這個物性之中。物性於是表現爲一個**圓圈**，而圓圈的內容則是各個單純本質性的純粹關聯的發展過程。也就是說，個體性之所以得到實現，原因僅僅在於，它把這些繞著圈子的抽象東西從一個單純的自我意識的封閉狀態中抓出來，使它們成爲一種基本的**爲他存在**，或者說成爲一種客觀的延展。因此，當自我意識享受著快樂時，它發現它的**客觀**本質是那些空洞的本質性（比如「純粹統一」、「純粹差別」、「兩者的關聯」等等）的一種延展。除此之外，個體性所經驗到的客觀**本質**沒有別的什麼內容。這個內容就是所謂的**必然性**。必然性、**命運**等等無非是這類東西，人們說不出它會做**什麼**，也說不出它的特定規律和肯定內容是什麼，因爲它是一個絕對的、被看作是**存在**的純粹概念，是一種單純而又空洞的、但卻不可阻擋和不可破壞的**關聯**，而這個關聯的結果只能是個別性的毀滅。這是一個**穩固的聯繫**，因爲相互聯繫在一起的東西是一些純粹本質性或空洞抽象。諸如「統一」、「差別」、「關聯」等等範疇沒有哪一個是自在且自爲的，它們只能與它們的對立面聯繫在一起，並因此不至於分散。這些範疇透過它們的**概念**相互關聯，因爲它們是一些純粹的概念。這個**絕對的關聯**，還有這個抽象的運動，構成了必然性。完全個別化了的個體性，只能把理性的純粹概念當作它的內容，它不是從一種無生命的理論出發，進入到生命當中，而只是意識到自己的死氣沉沉的狀態，堅持認爲自己僅僅是一種空洞而陌生的必然性、僅僅是一種**僵死的**現實性。

這裡出現了如下一些過渡：從**單一體**的形式過渡到**普遍性**的形式，從一個絕對的抽象過渡到另一個絕對的抽象，從一個擺脫了**他者**的純粹的**自爲存在**的目的過渡到一個**純粹的**對立面，亦即一個同樣抽象的**自在存在**。表面上看來，個體已經消亡了，個別性的絕對脆硬狀態也在一個同樣堅硬但卻持之以恆的現實性中撞得粉碎。由於個體是一個意識，是它自己與它的對立面的統一，所以它知道自己是怎麼消亡的，不但知道它的目的和它的實現，而且知道**它過去心目中的**本質與**自在**存在著的本質是一個矛盾。個體透過經驗得知，當它把它的**生命抓取**過來時，這個行爲包含著一種雙重的意義：它想要抓取生命，但拿到手的卻是死亡。

[274]

個體從一個活生生的存在轉變爲一個無生命的必然性，而這個**過渡**在它看來是一個直接發生的的顛倒。假若它需要一個中介者，那麼這個中介者必須使對立雙方合而爲一，使意識在一個環節中認識到另一個環節，在命運那裡認識到它的目的和行動，在它的目的和行動中認識到它的命運，在**必然性**中認識到**它自己固有的本質**。但是意識以爲這個統一等同於快樂，或者說等同於一種**單純的**、**個別的**感觸，在它看來，從一個環節（它的目的）到另一個環節（它的眞實本質）的過渡是一個純粹的飛躍，即是說直接過渡到它的對立面。因爲，這些環節並沒有包含在感觸之內，在其中結合，而只是包含在一個純粹的自主體（亦即作爲普遍者的思維）之內。就此而言，當意識透過經驗認識到它的眞理之後，反而發現自己是一個不解之謎，它的行爲的後果看上去跟它的行爲也沒有關係。**在它看來**，它的經歷並沒有讓它經驗到那個**自在**存在著的東西。上述過渡並不是指同樣一個內容和本質只在形式上有所變化，不是指它們一會被表象爲意識的內容和本質，一會又被表象爲意識的對象或一個**出現在直觀中的**本質。這樣一來，**抽象的必然性**就被視爲是一種純粹否定的、捉摸不定的**普遍性勢力**，它把個體性輾爲粉碎。

這就是自我意識這一形態的現象到此爲止的情形。作爲一種實存，它的最後一個環節是這樣一個思想，即知道自己已經喪失在必然性裡，或者說知道自己是一個絕對**陌生的**本質。但是，**自在地看來**，自我意識同時也得以倖存，因爲這個必然性或純粹的普遍性是**它自己固有的**本質。意識知道必然性就是**它自己**，這個自身反映是一個新的意識形態。

[275]

(二) 心的規律與自大狂

自我意識本身眞正包含著的必然性，是它的新的形態所面對的一種必然性，而自我意識因此認識到自己是一個必然的東西。它知道，它在自身內**直接**包含著**普遍者**或**規律**，這就是**心的規律**，因爲它被規定爲**直接**存在於意識的自爲存在之內。**就其自身而言**，這個新的形態和之前的形態一樣，都是一個**個別的**本質。但與此同時，在它那裡多出了一個規定，也就是說，它的這個**自爲存在**被看作是一個必然的或普遍的東西。

規律直接就是自我意識自己固有的規律，換言之，由於心本身包含著規律，所以它是自我意識必須去實現的一個**目的**。我們得看看，這個目的的實現是否契合概念，以及，自我意識在這個過程中能否透過經驗認識到心的規律就是本質。

心與現實性相互對立。因爲，心裡面的規律只是一個**自爲存在**，尚未得到實現，因此同時也是概念的一個**他者**。在這種情況下，這個他者被規定爲一種與那個有待實現的東西相對立的現實性，並因此造成**規律與個別性之間的矛盾**。一方面看來，這種現實性也是一個規律，它壓迫著個別的個體性，作爲一個強制性的世界秩序，與心的規律相矛盾；另一方面看來，它又是一種遭受著這個世界秩序折磨的人性，不是遵循著心的規律，而是遵循著一個陌生的必然性。顯然，那與當前的意識形態**相對立**的現實性無非就是之前所說的那個分裂關係（即個體性和它的眞理之間的分裂），是那個殘酷地壓迫著個體性的必然性關係。**在我們看來**，此前的那個運動之所以與這個新的形態相對立，是因爲後者來自於前者，而前者因此成爲後者的一個必不可少的環節。但是這個環節在新的形態看來是一個**既有的東西**，因爲新的形態不知道自己的**起源**，反而以爲它的本質在於成爲一個**自爲存在**，換言之，以爲它的本質在於否定那個肯定的自在體。

個體性希望揚棄那個與心的規律相矛盾的必然性，揚棄必然性所帶來的痛苦。在這裡，個體性不再像之前的形態那樣只是輕率地追求個別的快樂，而是嚴肅地制定了一個崇高的目標，即以呈現它的**卓越的**固有本質並創造出**人類福祉**爲樂。它所實現的東西是規律，所以它的快樂同時也是所有的心的一個普遍的快樂。對個體性來說，規律和快樂是**不可分割的**。它的快樂是一種合乎規律的東西，與此同時，全人類的規律的實現也給它提供了個別的快樂。在個體性自身的範圍之內，個體性和必然性**直接**合爲一體。規律是心的規律。個體性還沒有離開它的位置，它和必然性的統一既不是借助於雙方的一個中介運動，也不是借助於一種教化。所謂實現一個直接的、**未經教化的**本質，就是呈現出一種卓越性，並爲人類帶來福祉。

另一方面，那個與心的規律相對立的規律已經與心分開了，已經成爲一個自由的自爲存在。受制於那個規律的人沒有生活在規律與心的幸福統一之中，他不是生活在一種淒慘的分裂和痛苦裡面，就是在**遵循**規律的時候缺乏一種**自我**滿足感，而在**違背**規律的時候卻又意識不到自己有什麼卓越之處。那個大權在握的神性秩序和人性秩序已經脫離了心，正因如此，心把它們看作是一種**假象**，認爲它們應該失去手裡掌握的那些東西，亦即強權和現實性。誠然，這些秩序就其**內容**而言能夠以一種偶然的方式與心的規律達成一致，並因此得到讚許。但是心並不認爲一種純粹合乎規律的東西就是本質，寧可說，本質應該是一種**自我**意識，在遵循規律的時候得到一種**自我**滿足。只要普遍必然性的內容與心不一致，那麼這個必然性即使就內容而言也什麼都不是，而且必須在心的規律面前退避三舍。

個體於是**實現了**它的心的規律。心的規律轉變爲一個**普遍的秩序**，快樂轉變爲一個自在且自爲的合乎規律的現實性。但在這個實現過程中，心的規律實際上已經擺脫了個體，直接轉變爲一個本應遭到揚棄的關係。心的規律在得以實現之後剛好不再是**心**的規律。因爲它在這個過程中保留了**存在**的形式，如今轉變爲一個**普遍的勢力**，與**這一個**心漠不相干，而這樣一來，個體在**建立起它自己的秩序**之後，卻發現這個秩序跟它毫無關係。也就是說，個體在實現了它的規律之後並沒有創造出一個**隸屬於它的**規律；相反，由於這個實現活動**自在地看來**是個體自己的活動，而個體卻認爲這是一個外來的活動，所以個體的唯一後果就是陷入到一個現實的秩序中，發現這個秩序不僅是一個陌生的，更是一個敵意深重的超強勢力。透過自己的行爲，個體把自己設定**在**「存在著的現實性」這一普遍因素**之內**，或確切地說，把自己設定**爲**這樣一個普遍因素，而它的行爲就其意義而言理應包含著一個普遍的秩序。但這樣一來，個體已經**釋放**了自己，它作爲一個自爲存在著的普遍性不斷成長起來，清除了自身的個別性。個體只願意按照它的直接的自爲存在這一形式來認識普遍性，所以，儘管它本身就屬於普遍性，儘管普遍性是它的一個行動，但它卻在這個自由的普遍性中認識不到它自己。在這種情況下，這個行動的意義顛倒過來，反而與一個普遍的秩序**相矛盾**，因爲個體的行爲應該是**它的**個別的心的行爲，而不應該是一個自由的、普遍的現實性。與此同時，個體實際上**承認**了這個現實性，因爲行動的意義就在於把它的本質設定爲一個**自由的現實性**，也就是說，承認現實性是它的本質。

個體透過它的行動的概念進一步規定了它所隸屬的那個現實的普遍性反過來與個體相對立的情形。個體的行爲隸屬於一個普遍者，而普遍者是一個**現實性**。然而行爲的內容卻是一個獨立自主的個體性，後者希望自己始終是這一個**個別的**、與普遍者相對立的個體性。個體並不是要建立一個特定的規律，寧可說，個別的心與普遍性的直接統一已經是這樣一個具有規律效力的思想：**每一個心**都必須在規律裡面認識到**它自己**。但是只有這一個個體的心才有可能透過一個行爲獲得現實性，而在個體看來，行爲所表現出來的是**它的自爲存在**和**它的快樂**。行爲應該被直接看作是一個普遍者，也就是說，行爲其實是某種特殊的東西，僅僅具有普遍性的形式：它的**特殊**內容本身應該被看作是一種普遍的**內容**。所以，其他個體在這個內容裡發現它們的心的規律並沒有得到實現，反倒是**另一個個體**的心的規律得到實現。按照「每一個個體都應該在規律中發現自己的心」這個普遍的規律，它們轉而反對**那個個體**建立起來的現實性，同樣，那個個體也轉而反對它們的現實性。個體最初只是覺得一個僵化的規律有悖它的高尚目的，值得憎惡，但現在它發現人心同樣也是如此。

因爲意識目前僅僅認識到普遍性是一個**直接的**普遍性，認識到必然性是**心**的必然性，所以它並沒有認識到實現過程和影響作用的本性，也就是說，這些**存在著的東西**其實是一個**自在存在著的普遍者**，意識的個別性投身到其中，本來是想**成爲這一個**直接的**個別性**，實際上卻走向了消亡。意識並未達到**它的存在**，反而在存在之內發生**自身**異化。意識在這個過程中惘然不知的東西，不再是一個僵死的必然性，而是一個借助於普遍的個體性而起死回生的必然性。意識把既有的神性秩序和人性秩序當作是一個僵死的現實性，與此同時，它把自己固定爲一個自爲存在著的、與普遍者相對立的心，並使那個秩序之下的其他的心不能達到自我意識。但實際上，意識發現那個秩序借助於所有的心的意識起死回生，成爲所有的心的一個規律。當意識經驗到現實性是一個起死回生的秩序，它實際上也就實現了它的心的規律。而這無非意味著，個體性雖然把自己看作是一個普遍的對象，同時卻沒有認識到它自己。

因此，自我意識的這個形態發現，它在經驗中認識到的眞相與它的**自爲**存在**相矛盾**。作爲一個自爲存在，它知道自己在形式上是一個絕對的普遍性，而且心的規律與**自我**意識是直接合爲一體的。那個持存著的、活生生的秩序同時也是它**自己固有的本質**和作品，因爲那個秩序只能透過它製造出來。同樣，秩序也是與自我意識直接形成一個統一體。自在地看來，自我意識既然隸屬於一個雙重化的、自相對立的本質性，所以本身就是自相矛盾的，在內心的最深處已經瓦解了。**這一個**心的規律只能使自我意識認識到它自己。但在自我意識看來，在心的規律得以實現之後，那個普遍有效的秩序已經轉變為它自己固有的**本質**和它**自己固有的**現實性。在它看來，它的意識裡面相互矛盾的雙方在形式上都是本質，都是它自己固有的現實性。

由於自我意識一邊表現出它的自覺消亡這一環節，一邊表現出它的經驗的結果，所以它呈現為一個內在的自身顛倒，呈現為一個錯亂的意識，也就是說，它直接把它的本質視為一個無關本質的東西，把它的現實性視為一個非現實的東西。當然，這種錯亂並不是把一切無關本質的東西都視為事關本質的，或把一切非現實的東西都視為現實的，從而導致某個東西對於一個人來說是事關本質的和現實的，而對於另一個人來說則不是，導致兩個意識的分裂，也就是說，一個意識以現實性和本質性為對象，另一個意識以非現實的和無關本質的東西為對象。如果某個東西對意識來說確實是現實的和事關本質的，但對我來說卻不是如此，那麼我在意識到它的虛無飄渺的同時，也意識到了它的現實性，因為我無論如何也是一個意識。由於雙方都是固定下來的，所以它們的統一體是一個普遍的瘋狂。但在這種情況下，只能說意識的**對象**是錯亂的，而不能說意識本身作為一個內在存在和自為存在是錯亂的。按照意識的經驗活動在這裡得出的結果，意識是透過它的規律才認識到**自己**是一個現實的東西。與此同時，由於意識發現同樣一個本質性或同樣一個現實性發生了**異化**，所以它認識到自己是一個自我意識，認識到自己既是一個絕對的現實性，同時也是一個非現實的東西，換言之，意識認為相互矛盾的雙方直接都是**它的本質**，亦即一個在內心最深處已經錯亂的本質。

[280]

如此一來，以人類福祉為目標的熱心腸就轉變為一種錯亂的自負所發出的叫囂，轉變為意識為了免遭毀滅而發出的一陣咆哮。之所以出現這個局面，是因為意識把它的顛倒狀態披露出來，竭力認為並宣稱這是一個他者。意識宣稱，普遍的秩序是由那些狂熱的教士、驕奢的暴君以及低賤的僕從，這些僕從透過貶低和壓迫更下層的人們來抵消自己遭受的貶低，所發明出來的一個秩序，是心的規律及其幸福聯手作出的一個顛倒，將會給遭到欺騙的人們招致無窮苦難。這個錯亂的意識宣稱**個體性**是一種錯亂而顛倒的東西，是一種**陌生的**和**偶然的**個體性。**個別意識想要直接成爲一個普遍者**，但實際上，意識的這個用心才是一種錯亂而顛倒的東西，而且它的行動只會促使**它**意識到這個矛盾。意識以爲心的規律是一個眞相，但這只不過是一個**意謂**，它不會像那個持存的秩序一樣經受時日的考驗，而是必定會在意識眼前消逝。意識的規律本應具有**現實性**，因此意識認爲，規律既然是一個**現實性**，既然是一個**有效的秩序**，那麼也會是目的和本質。但是意識同樣直接發現，**現實性**，尤其是當規律作爲一個**有效的秩序**時，其實是一種虛無縹緲的東西。同樣，意識**自己固有的**現實性，**意識本身**，作爲一個個別意識，認爲自己是本質。但是意識知道，它的目的在於把這個現實性設定爲一個**存在著的**現實性。但實際上，意識直接發現，它的自主體是作爲一個普遍者才成爲本質，換言之，只有當目的作爲一個普遍者成爲意識的對象，這個目的才是一個規律。意識的這個概念透過它的行動轉變爲它的對象。也就是說，意識透過經驗得知，它的自主體是一個非現實的東西，而一個非現實的東西反而是它的現實性。所以，眞正顛倒而錯亂的東西，不是那種偶然的和陌生的個體性，而是這個從任何方面來看都存在於自身之內的心。

既然一個直接普遍的個體性是一種顛倒而錯亂的東西，那麼普遍的秩序作爲所有的**心**的一個規律（亦即作爲所有顛倒的東西的一個規律），本身自在地看來也是顛倒的，就像那個咆哮著的錯亂所宣稱的那樣。在某些時候，當一個心的規律在其他個別的心那裡遭到抵抗，普遍的秩序表明自己是所有的心的一個**規律**。各種持存的規律在一個個體的規律面前得到捍衛，因爲它們不是一個無意識的、空洞的、僵死的必然性，而是一個精神性普遍性和一個精神性實體，它的現實性來自於各個個體，而個體則因此獲得生命和自我意識。這樣一

[281] [282]

來，儘管個體也會抱怨這個秩序與一個內在的規律相悖，並用心的各種意謂來反對它，但實際上個體以及它們的心都依附於這個秩序，以之爲本質，而且，如果它們失去或擺脫了這個秩序，它們也就失去了一切。在這裡，公共秩序的現實性和勢力是屹立不倒的，因此它顯現爲一個自身一致的、具有普遍生命的本質，而個體性則顯現爲它的一個形式。儘管如此，這個秩序同樣也是一個顚倒的東西。

蓋言之，既然公共秩序是所有的心的一個規律，既然全部個體都直接是這個普遍者，那麼公共秩序作爲一個現實性就完全依賴於一個**自爲存在著的**個體性或心。意識在樹立它的心的規律時，遭到了其他意識的反抗，因爲它的規律與它們的規律相矛盾，這些規律**同樣也是個別的**，而其他意識之所以要反抗，無非是爲了樹立它們各自的規律。所以，當前的**普遍者**僅僅是一場所有人對所有人的普遍抗爭，⑯每個人都想確立他自己的個別性，卻又做不到這一點，因爲他的個別性遭遇到同樣的反抗，與別人的個體性同歸於盡。所謂的公共**秩序**也是這樣一場普遍的鬥爭，每個人都盡可能地爲自己撈取好處，一邊指責別人的公正帶有個別性，一邊樹立他自己的公正，但他的公正同樣由於別人的指責而消失了。這個秩序就是**世道**（**Weltlauf**），表面上風平浪靜，但實際上僅僅是一個**意謂中的普遍性**，而它的內容則是個別性在建立和瓦解之間的一場無關本質的遊戲。

如果我們對比觀察這個普遍秩序的兩個方面，就會發現，後一種普遍性的內容是一個躁動不安的個體性，對它來說，規律就是意謂或個別性，現實的東西是非現實的，而非現實的

[283]

---

⑯ 這是湯瑪斯·霍布斯構想的人類原始自然狀態。參閱其著作《利維坦》（第一部分第十三章）和《論國家》（第一部分第十二章）。——譯者注

東西卻是現實的。但它同時也是秩序的**現實性**這一**方**，因爲它包含著個體性的**自爲存在**。另一方是一個**靜態的普遍者**，它僅僅作爲**內心**存在著，儘管不是一種完全虛無縹緲的東西，但畢竟不是一種現實性，而是只有透過揚棄那個強占了現實性的個體性才能成爲一個現實的東西。當意識發現它在規律或**自在存在著的**眞和善中不再是個別性，而只是**本質**，當意識知道個體性是一種顚倒錯亂的東西，意識的個別性因此必須遭到捨棄，意識的這個形態，就是**德行**。

(三) 德行和世道

在主動理性的第一個形態中，自我意識認識到自己是一個純粹的個體性，與一個空洞的普遍性相對立。而在第二個形態中，對立雙方各自包含著相互對立的**兩個**環節，亦即規律和個體性。對立的一方是心，是規律和個體性的直接統一，而另一方則是規律和個體性的相互對立。如今，在德行和世道的關係裡，雙方各自都是規律和個體性的統一和對立，或者說都是這兩個環節之間的一個來回交叉運動。在德行意識看來，**規律**是**事關本質的東西**，個體性應該遭到揚棄，而且，既要在個體性的意識自身那裡，也要在世道中遭到揚棄。在世道中，自主的個體性應該接受普遍者或自在存在著的眞和善的教化。但是這裡仍然保留著個人的意識。唯一眞實的教化一方面要捨棄，另一方面也要保全整個人格性，也就是說，使個人的意識實際上已經不再耽於各種個別性。在捨棄了個別性之後，個體性同時**在世道中**也被消除了，因爲它也是一個單純的、雙方共有的環節。在這個環節裡，個體性的表現正好顚倒了德行意識的規定，也就是說，它在這裡把自己當作本質，反而讓**自在存在著的**眞和善服從於它。再者，對於德行而言，世道同樣也是一個**被個體性顚倒了**的普遍者，不僅如此，絕對的

秩序同樣也是一個共有的環節，只不過世道在這裡不只是作爲一個**存在著的現實性**，而是作爲**意識的本質**出現在意識面前。所以，絕對的秩序其實並不是透過德行才產生出來的，因爲這種**產生活動**是個體性的一種意識，而個體性是應該遭到揚棄的。但是，只有當揚棄了個體性之後，世道的**自在體**才獲得可供施展的餘地，以便成爲一個自在且自爲的實存。

現實的世道的普遍**內容**已經顯露出來了。仔細看來，它無非還是自我意識在此之前的那兩個運動。從中已經產生出德行的形態。那兩個運動是德行的源頭，所以德行必須面對它們。但是德行的目標是揚棄自己的源頭，實現自身；換言之，德行必須轉變爲一個**自爲存在**。因此，世道一方面是一個尋求著快樂和享受的個別個體性，個體性在這個過程中自取滅亡，並因此使普遍者得到滿足。但從另一方面看來，這個滿足就和關係裡的其他環節一樣，都是普遍者的一個顚倒形態和顚倒運動。現實性僅僅是快樂和享受的個別性，而與之對立的普遍者則是一個必然性，但這個必然性只是普遍者的一個空洞形態、否定的反作用和一個沒有內容的行動。至於世道的另一個環節，則是這樣一種個體性，它想要成爲一個自在且自爲存在著的規律，並在這個想像的支配下干擾了持存著的秩序。普遍的規律在這個自大狂面前保留下來，不再表現爲一個與意識相對立的空洞事物，不再表現爲一個僵死的必然性，而是表現爲**意識自身內的一個必然性**。儘管如此，當普遍的規律實存著，作爲澈底矛盾的現實性的一個**自覺的**關聯，它是一種錯亂狀態。同樣，當它作爲一個**客觀的**現實性存在著，它就是一般意義上的顚倒狀態。因此，普遍者在兩個方面裡都是它們的運動所體現出來的一種勢力，但這種勢力的**實存**僅僅是一個普遍的顚倒運動。

現在，透過揚棄個體性或顚倒運動的原則，普遍者應該從德行中獲得它的眞實的現實性。德行的目的在於透過這種方式把顚倒的世道重新顚倒過來，創造出世道的眞實本質。這個眞實本質在世道中只是它的**自在體**，尙未成爲現實的，因此德行只對這個眞實本質抱有一個**信念**。德行希望把信念提升爲直觀，希望不必付出勞動和犧牲就享受到成果。因爲，德行作爲**個體性**乃是與世道進行的一個鬥爭**行動**；它的目的和眞實本質是戰勝世道的現實性。就此而言，德行所促成的善的實存反而意味著它的**行動**的終止，或者說意味著個體性的**意識**的終止。至於這個鬥爭將會如何收場，德行在鬥爭中將會經驗到什麼東西，以及，透過德行作出的犧牲，德行是否打敗了世道，所有這些問題都必須取決於鬥爭雙方所使用的活生生的**武器**的本性。因爲，武器無非是鬥爭者自身的**本質**，這個本質只有針對鬥爭雙方才體現出來。就此而言，我們從這個鬥爭的自在的、現存的本質那裡已經可以推知鬥爭雙方使用了什麼武器。

對於德行意識來說，**普遍者**雖然在**信仰**中或**自在地看來**是眞實的，但尚未成爲現實，只是一個**抽象的**普遍性。它在德行意識之內**作爲目的**存在著，在世道裡面中則是**作爲內核**存在著。正是透過這個規定，普遍者也表現爲一種與世道相對立的德行。德行一開始只是**想要**行善，並沒有宣稱善是一個現實的東西。我們可以這樣來看這個規定性：由於善出現在一個反抗世道的鬥爭當中，所以它呈現爲一個**爲他存在**，呈現爲一個並非**自在且自爲存在著**的東西，否則的話，它就不會企圖透過強迫對方來賦予自己眞理。善最初只是一個**爲他存在**，這句話的意思在此前對它的相反觀察中已經表現出來，也就是說，它最初只是一個**抽象**，只能在一個關係裡而不是作爲一個自在且自爲的存在獲得實在性。

這裡出現的善或普遍者就是所謂的**天賦**、**才能**、**能力**等等。精神性事物的存在方式在於，一方面被表象爲一個普遍者，但另一方面需要借助於個體性原則才會獲得生命和運動，並因此獲得**現實性**。只要個體性原則隸屬於德行意識，那麼它就是**正確地使用著**普遍者，但如果它隸屬於世道，那麼它就是**錯誤地使用著**普遍者。普遍者是一個被動的工具，至於實際的使用，則取決於一個自由的個體性，哪怕它有可能被濫用，製造出一個導致它自身毀滅的現實性。普遍者是一種無生命的、缺乏獨立自主性的質料，可以任人塑造，甚至被用來毀滅它自己。

既然德行意識和世道有同等的權利去使用普遍者，那麼很難說這樣裝備起來的德行是否能夠戰勝各種醜惡現象。雙方使用的武器都是一樣的，而這些武器就是此前所說的才能和能力。誠然，德行相信它的目的與世道的本質是一個原初的統一體，它把它的這個信念埋伏起來，以便讓那個原初統一體在戰鬥中從敵人的背後發動襲擊，**自在地**解決敵人。在這種情況下，德行的捍衛者發現，他的**行動**和鬥爭實際上不過是一種虛張聲勢，**不可能**也**不應該**認眞進行，因爲，只有使善成爲一個**自在且自爲的存在**，即是說只有使善完滿實現，他的眞正強大的實力才得以體現。而現在他發現，他用來反對敵人和反對他自己的那個東西，他在自己和敵人那裡都敢拿來損耗的那個東西，不應該是善本身。因爲，他是爲保全和實現善而鬥爭，所以他敢於拿出來損耗的東西，只能是那些無論浪費多少都不足惜的天賦和才能。然而天賦和才能正是那個缺乏個體性的、應該透過鬥爭而得到保全和實現的普遍者。但是，根據鬥爭的概念，這個普遍者直接地**已經得到實現**。它是**自在體**、**普遍者**，而它的實現僅僅意味著，它**同時也是一個爲他存在**。上面提到的那兩個方面各自都曾經把普遍者弄成一個抽象表述，但現在它們**不再是分開的**，寧可說，透過一個鬥爭並且在這個鬥爭之中，善在兩個方面同時建立起來。德行意識當初反抗世道時，認爲世道是一個與善相對立的東西。在這個反抗過程中，德行意識發現世道是一個普遍者，這個普遍者不是一個抽象的東西，而是一個借助於個體性而獲得生命的爲他存在，或者說是一個**現實的善**。因此，無論德行在什麼地方與世道發生接觸，它所遭遇的都是一個實存著的善。善作爲世道的**自在體**，與其中的全部現象都不可分割地交織在一起，並透過世道的現實性同時也獲得它自己的實存。也就是說，世道對於德行而言是不可撼動的。善的各種實存及其不可撼動的關係全都是這樣一些環節，爲了它

[287]

[288] 們的緣故，德行本應毅然作出犧牲。就此而言，德行的鬥爭只能動搖在保全和犧牲之間，或更確切地說，德行既不能犧牲自己，也不能傷害對方。德行好比這樣一位戰士，他在戰鬥中的唯一要務是保持寶劍的光亮，不僅如此，他之所以已經投身到戰鬥中，其實是爲了保全武器。德行不僅不能使用它自己的武器，而且必須確保敵人的武器也毫髮無損，確保自己不會破壞那些武器，因爲所有的武器都是善的高貴部分，而德行是爲了善才進行鬥爭的。

反之，德行的敵人卻認爲，本質並非**自在體**，而是**個體性**，因此它的能力是一個否定的原則，不承認任何持存的和絕對神聖的東西，而是敢於並且承受得起任何東西的損失。這樣一來，不論是透過它自己，還是透過那個困擾著它的敵手的矛盾，它的勝利都是無庸置疑的。在世道看來，德行的**自在體**只是**它的對象**。世道擺脫了任何一個與德行緊密聯繫在一起的環節，它既可以揚棄一個嚴格意義上的環節，也可以使其成立，正因如此，它既控制著每一個環節，也控制著那個固定在該環節上面的德行捍衛者。德行捍衛者不可能像脫掉一件外衣那樣擺脫世道並因此獲得自由，因爲他知道世道是一個不應當被放棄的本質。

最後，至於那個埋伏，即指望**善的自在體**出其不意地從世道的背後發動襲擊，也不過是一個澈底虛渺的希望。世道是一個清醒的、具有自身確定性的意識，它的額頭朝向四面八方，絕對沒有任何東西可以從背後偷襲它。因爲，一切都是**它的對象**，一切都**擺在它面前**。在我們已經看到的那場鬥爭裡，善的**自在體**是一個**爲他存在**，是敵人的一個對象。換言之，如果它不是**敵人的一個對象**，而是一個**自在存在**，那麼它就是天賦和才能之類被動的工具，是一個缺乏現實性的質料；假若我們把它想像爲一個實存，那麼只能說它是一個沉睡的意識，始終躺臥在後面誰也不知道的某處地方。

[289] 德行於是被世道打敗了，不僅因爲它的目的實際上只是一個抽象的、非現實的**本質**，也因爲它的現實行動只是立足於一些包含在**詞語**中的**差別**。德行原本希望透過**捨棄個體性**來**實**

現善，但是**現實性**這一方面本身就是**個體性**所在的那個方面。善本應是一個**自在存在**，與**存在者**相對立，但是一個實在的和眞實的自在體就是**存在本身**。**自在體**最初是一個**抽象的本質**，與現實性相對立。但是一個抽象的東西不是眞實存在著的，而只是作爲**意識的對象**才存在著。也就是說，自在體是所謂的**現實事物**，而現實事物在本質上是一個**爲他存在**，或者說現實事物就是**存在**。德行意識立足於**自在體**與**存在**的區分，但這個區分不具有眞理。世道本來應該是善的一個顚倒運動，因爲它把**個體性**當作它的原則。然而個體性才是**現實性**的原則。個體性正是一個意識，因此**自在存在者**同樣也是一個**爲他存在**。世道把那個持久不變者顚倒過來，使之從一**個虛無縹緲的抽象**轉變爲一**個存在著的實在性**。

世道戰勝了德行在和它的對立中製造出來的東西，戰勝了那種把一個缺乏本質的抽象表述當作是本質的德行。但是世道的手下敗將並不是什麼實在的東西，而是一種炮製出一些並非差別的差別的做法，是關於「人類的至善」、「人類遭受的壓迫」、「爲了善而犧牲」、「天賦的濫用」等方面的各種誇誇其談。這樣一些理想的本質和目的歸根到底不過是一些空話，它們誠然促使心地高尚，但也使得理性空疏，它們大張旗鼓，卻毫無建樹。這些冠冕堂皇的言辭僅僅表達出一個特定的內容，也就是說，個體既然宣稱自己是爲了一些高貴的目的去行動，並且對此振振有辭，於是不免認爲自己是一個卓越的本質。這種吹噓雖然使自己和別人都變得頭昏腦脹，但是再大的牛皮也只不過是一個空虛的氣球而已。古人推崇的德行具有一個特定的穩妥意義，因爲這種德行把民族的**實體**當作它的一個**內容豐富的基礎**，把一個**現實的**、**已然實存著的**善當作它的目的。所以，它既不會把現實性當作一個**普遍的顚倒狀態**而加以反對，也不會反對**世道**。但是我們在這裡所觀察的德行已經脫離了實體，是一種缺乏本質的德行，它只存在於表象和那些空無內容的詞語之中。只要請那些與世道相抗衡的議論說出它們究竟是什麼意思，馬上就可以揭露出它們的空洞無聊。正是在這個意義上，它們**被假定爲衆所周知的常識**。人們要求它們把這些常識說出來，但這個要求或者被一番新的滔滔不絕的議論應付過去，或者與另一種訴諸內心的做法相對立，而內心只是**在內部**說出那些話的意思。這兩種情況都等於承認，它們沒有能力**在事實上**說出那些話的**意思**。對於我們這個時代的教化來說，大家似乎在無意識的情況下已經確信那些議論是一種空洞無物的東西，因爲人們對於所有這類議論及其吹噓方式已經失去了任何興趣。這個表現就是，一旦聽到這些議論，人們馬上哈欠連連，無聊透頂。

上述對立因此造成了一個結果，也就是說，從現在起，意識像脫下一件輕飄飄的外衣那樣，擺脫了一個觀念，不再認爲善是一個尚未獲得現實性的**自在體**。意識在它的鬥爭中經驗到，世道並不是像它表面上看起來的樣子那麼糟糕。因爲，世道的現實性是一個普遍者的現實性。伴隨著這個經驗，此前的中介活動（即透過**捨棄**個體性來產生出善）也被丟到一邊，因爲個體性本來就是自在存在者的一個**實現**。顚倒活動不再是善的一個顚倒運動，因爲正是它使得一個單純的目的轉變爲現實性：個體性的運動成爲普遍者的實在性。

實際上，這樣一來，那個作爲**世道**而與一個以自在存在者爲對象的意識相對立的東西，同樣也被打敗並且消失了。過去，個體性的**自爲存在**在世道中與本質或普遍者對立，顯現爲一個脫離了**自在存在**的現實性。但現在既已顯示現實性與普遍者屬於一個不可分割的統一體，那麼，正如德行的**自在體只**是一個**觀點**，同樣，世道的**自爲存在**也表明自己不再成立。誠然，世道中的個體性有可能認爲自己完全是**自爲的**或**自利的**，也有可能認爲它的行動同時也是一個**自在存在著的**、**普遍的**行動。相比之下，它的前一個想法要優於後一個想法。當個體性爲了自己的利益而行動時，它其實不知道自己究竟在做什麼，而當它保證所有的人都是爲了各自的利益去行動時，實際上只不過是宣稱，所有的人都意識不到行動是什麼東西。當個體性**自爲地**採取行動時，這正使得一個最初只是**自在**存在著的東西成爲現實的。**自爲存在**的目的在意謂中認爲自己是與自在體相對立的，但它的空洞的自作聰明，還有它費盡心思想要在任何地方揭露出自利行爲的做法，都和**自在體**的目的以及它的那些空談一樣，已經消失得無影無蹤。

就此而言，**個體性的行動和所作所爲是一個自在存在著的目的**。正是**能力的使用**，**能力的外化活動的交織**，賦予能力生命，否則的話，這些能力就將是一個僵死的自在體。自在體並不是一個未經實現的、缺乏實存的、抽象的普遍者，寧可說，它本身直接就是個體性的一個當前存在著的、現實的演進過程。

三、個體性認識到自己實際上是一個自在且自爲的存在

自我意識現在已經理解把握到了一個關於它自己的概念（過去只有我們才認識到這個概念），也就是說，它確信自己是全部實在性，並從現在開始認識到，目的和本質在於一個把普遍者——即各種天賦、才能，和個體性貫穿起來的運動。在普遍者和個體性**達到統一之前**，這個充實過程和貫穿運動中的個別環節，就是我們迄今觀察到的那些目的。作爲一些抽象和幻象，它們已經消失了，因爲它們隸屬於精神性自我意識最初的那些枯燥形態，它們的眞理只立足於心、想像、言談等意謂中的存在，而不是立足於理性。理性如今作爲一個自在且自爲的存在，確信自己是全部實在性，它不再企求把自己當作一個**目的**，不再堅持自己與直接存在著的現實性之間的**對立**，而是把嚴格意義上的範疇當作它的意識的對象。理性曾經被規定爲一個**自爲存在著的**或**否定的**自我意識，但這個規定已經被揚棄了。**它曾經認爲**，**現實性**是對它的否定，只有將其揚棄才能實現它的**目的**。但現在既已表明，**目的**及**自在存在**是同一個東西，都是一個**爲他存在**或一種**既有的現實性**，那麼眞理和確定性就不再是分裂

開的，因爲已經設定下來的目的被當作是一種自身確定性，而這個目的的實現則被當作是一個眞理，或者也可以說，目的被當作是一個眞理，而現實性則被當作是一種確定性。眞正說來，目的和本質，作爲一個自在且自爲的存在，本身就確信自己是一個直接的實在性，是一個把**自在存在**與**自爲存在**、把普遍者與個體性貫穿起來的行動。行動本身就代表著它的眞理和現實性，對它來說，**個體性的呈現或表達**本身就是一個自在且自爲存在著的目的。

在理解把握到這個概念之後，自我意識已經返回到自身內，擺脫了各種相互對立的規定，這些規定當初是透過範疇才呈現出來的，而自我意識先是對範疇進行觀察，然後才對範疇採取行動。自我意識以純粹範疇爲對象，或者說它已經轉變爲一個已經獲得自我意識的範疇。透過這種方式，自我意識與它的舊有形態清算完畢。那些形態沉入忘川，不再作爲一個既有的世界而與自我意識相對立，而只是在自我意識內部作爲一些透明的環節繼續發展。儘管如此，自我意識還是發現這些不同的環節四分五裂，始終處於一個**運動**之中，還沒有凝聚爲一個基本的統一體。但是，在**所有的**環節中，自我意識都堅持著存在與自主體的單純統一，堅持著那些環節的「**類**」。

在這種情況下，意識已經拋棄了它的行動中的全部對立和全部條件。它重新**從自身**出發，不是指向一**個他者**，而是指向**它自己**。由於個體性本身是一個現實性，所以行動本身就是一種可供利用的**材料**，就是**目的**。所以，行動在外表上是一個圓圈運動，自由地奔波在自身的空虛之中，無拘無束，時而擴張時而收縮，完全滿足於這種自娛自樂。如果個體性用一個要素來呈現它的形態，那麼這個要素可以說完全接納了它的形態。這個要素就是一般意義上的白晝，意識想要把自己展現在光天化日之下。行動不改變任何東西，也不反對任何東西。它既是一個純粹的過渡形式（從**未被看見**到**被看見**），也是一個被揭示出來並呈現在時日面前的內容，而這個內容無非是行動的自在存在。所謂行動是一個**自在存在**，意思是，它

[293]

的形式是一個**思想中的**統一體。而所謂行動是**現實的**，意思則是，它的形式是一個**存在著的統一體**。只有當行動被規定爲一個單純的東西，而不是被規定爲一個過渡或運動，才可以說行動本身就是**內容**。

(一)精神性動物王國和欺騙，或事情本身

首先，這個自在的、實在的個體性仍然是**個別的**和**特定的**個體性，所以儘管它知道自己是一個絕對的實在性，但同時也知道這是一個**抽象的**和**普遍的**實在性，缺乏任何填充物和內容，只是一個類似於範疇的空洞思想。我們得看看「自在的、實在的個體性」這個概念是如何在它的各個環節裡規定自己，以及這個個體性關於它自己的那個概念是如何出現在它的意識中。

當個體性認識到自己是全部實在性時，它的這個概念是一個**結果**。個體性還沒有呈現出它的運動和它的實在性，它在這裡被**直接**設定爲一個**單純的自在存在**。但運動其實是否定性的一個現象，它在**單純的自在體**中表現爲一個**規定性**。至於**存在**或單純的自在體，則轉變爲一個被規定了的範圍。個體性於是表現爲一個原初的被規定的本性：之所以說「**原初的**」，因爲它是一個**自在存在**，而之所以說「原初**被規定的**」，因爲否定性出現在**自在體**身上，而自在體因此是一個質。不過，儘管存在遭到限制，但這個局面卻**不可能限制**意識的**行動**，因爲行動在這裡是一個完滿的**自身關聯活動**。那個原本起著限制作用的他者關聯已經被揚棄了。所以，本性的原初規定性僅僅是一個單純的原則，是一個透明而普遍的因素，它使得個體性既可以自由地保持自身一致，也可以無拘無束地展開它的各種差別，並在實現這些差別的過程中與自身形成一個純粹的交互作用。好比一個未經規定的動物生命，將它的噓氣

[294]

吹入水、氣、土等元素，吹入這些元素內部的一些具有更豐富規定性的根源，讓它的全部環節都浸透它們，同時把它們牢牢地掌握在手中，毫不理睬元素的那個限制作用，把自己作爲一個單一體保存下來，不但是這一個特殊的組織機構，而且始終是同一個普遍的動物生命。

意識自由而完整地保存在它的原初的被規定的**本性**之內，這個本性顯現爲個體的目的之直接而唯一的眞正**內容**。這個內容誠然是**被規定的**，但當我們把一個**自在存在**孤立出來予以觀察，那麼它只是一般意義上的**內容**。眞正說來，它是一個貫穿著個體性的實在性，是個別意識本身具有的一個現實性，最初只是被設定爲**存在著**，還沒有被設定爲行動著。但對於行動來說，一方面，那個規定性並不是意識想要逾越的一個限制狀態，因爲它作爲一個存在著的質，是一個單調的因素，僅僅確保意識可以運動。另一方面，否定性只有在一個存在中才表現爲一個**規定性**。然而**行動**本身就是否定性，所以在一個行動者的個體性中，規定性化解爲一般意義上的否定性，或者說化解爲全部規定性的集合體。

[295]

現在，既然**行動**和行動意識之間出現了差別，那麼那個單純的原初本性也會具有差別。行動**最初**只是一個對象，確切地說，是一個隸屬於**意識**的**對象**，這時它是一個現成的**目的**，與一個現成的現實性相對立。**隨後的**另一個環節則是目的（人們原本以爲它是靜態的）的一個**運動**，亦即目的的實現，它把目的與一個完全流於形式的現實性聯繫在一起，因此意味著**過渡**本身或**中介**。最後，**第三個**環節是一個脫離了行動者的對象，行動者不再直接意識到這個對象是**他自己的**目的，而是認爲它是一個**他者**。我們必須按照這個領域的概念把上述不同方面確定下來，使得內容在其中保持爲同樣的內容，不容許出現任何差別，也就是說，個體性與一般意義上的存在之間、**目的**與作爲**原初本性**的**個體性**之間、目的與現成的現實性之間，都不應該有任何差別，同樣，**中介**與作爲絕對**目的**的個體性之間，**受影響的現實**

[296]

性與目的、原初本性或中介之間，也不應該有任何差別。

首先，個體性的原初的被規定的本性，或者說個體性的直接本質，還沒有被設定爲行動者，因此叫做**特殊的**才能、天賦、性格等等。我們必須把精神的這個獨特色調視爲目的的唯一內容，將其完全視爲一個實在性。試想，假若意識超越了那個唯一內容，企圖使另一個內容成爲現實的，那麼這不過是意識的一種**從無到無**的徒勞而已。除此之外，這個原初本質不僅是目的的內容，而且自在地看來也是一個**現實性**，它通常顯現爲行動中的一個**給定的**材料，顯現爲一個**既有的**、但必須在行動中接受塑造的現實性。也就是說，行動僅僅是一個純粹的過渡，就形式而言，是從一個尚未呈現出來的存在過渡到一個已經呈現出來的存在。至於那個與意識相對立的現實性，它的自在存在已經降格爲一個單純而空洞的假象。當意識被規定著去行動時，不會迷惑於現成的現實性的假象，同樣，它必須不再圍繞著一個空洞的思想或目的打轉，而是應該去關注它的本質的原初內容。誠然，這個原初內容剛開始只是意識的一個**對象**，**因爲是意識將它實現的**。但在這裡，我們已經不可能再區分一個只**位於意識內部的對象**，和一個在意識之外自在存在著的現實性。意識只有去行動，才能使一個**自在存在**成爲它的**對象**，換言之，行動正是精神**之爲意識**的一個轉變過程。因此意識是透過它的現實性才認識到它的**自在存在**。但個體在還沒有透過行動來實現自己之前，不可能知道自己**作爲什麼存在著**。表面上看來，個體在採取行動之前不可能規定行動的**目的**。但與此同時，既然個體是一個意識，那麼它必須從一開始就把行動當作一個**完全由它負責的行動**，亦即當作一個擺在面前的**目的**。個體在採取行動時似乎陷入了一個怪圈，其中的每一個環節都已經以其他環節爲前提，因此找不到一個開端。這種情況的原因在於，個體**只有透過行爲**才能認識到它的原初本質（這個東西必定是它的目的），但是，它必須**預先**有一個**目的**，然後才能去行動。正因如此，個體無論在什麼背景情況下都必須**直接**開始作出一個行爲，而不去考慮什麼**開端**、**中介**和**終點**。它的本質和它的**自在存在著**的本性是一中之全，囊括了開端、中介和終點。作爲**開端**，這個本性已經包含在行動的各種**背景情況**中，而個體對於某些東西的**興趣**，已經回答了「這裡該不該做？」以及「這裡該做什麼？」之類問題。自在地看來，既有的現實性就是個體的原初本性，只不過隱藏在**存在**的假象之下，這個假象包含在一個自身分裂的行動的概念之內，但作爲**個體的**原初本性，它表現爲個體對於這個本性的**興趣**。至於**方式**或**中介**，同樣也是一個自在且自爲的規定性。同樣，**天賦**既是一個原初被規定的個體性，同時也被視爲從目的到現實性的一個**內部中介**或**內部過渡**。至於**現實的**中介和實在的過渡，則是天賦與那個包含在興趣中的事情本性的一個統一。天賦透過中介代表著行動方面，而興趣代表著內容方面，雙方都隸屬於個體性，表現爲一個貫穿著存在和行動的運動。首先，現成的是一些既有的**背景情況**，**自在地看來**，它們就是個體的原初本性。其次，**興趣**剛好把這個原初本性設定爲**它的本性**，或者說設定爲一個**目的**。最後，這個對立在**中介**裡得到結合和揚棄。這個結合仍然是在意識的內部發生的，而我們剛才觀察到的整體僅僅是對立的一個方面。透過一個**過渡**或**中介**，這個殘餘的對立假象被揚棄了，原因在於，中介是外觀和內核的統一，而作爲一個**內在的**中介，它包含著一個相反的規定性。中介揚棄了這個規定性，把自己（作爲行動和存在的統一）設定爲**外觀**，同時把已經得到實現的個體性（亦即**自爲的**個體性）設定爲**存在者**。透過這種方式，整個行爲不管是作爲**背景情況**、**目的**、**中介**還是作爲**作品**，都沒有超出自身。

在一個作品中，原初本性的差別也出現於現象之中。作品和作品所表現的原初本性一樣，都具有一個**規定性**。因爲，否定性在脫離行動而成爲一個**存在著的現實性**之後，表現爲作品的一個質。意識把自己規定爲一個與作品相對立的東西，規定爲一個行動，其本身具有的規定性就是一**般意義上的**否定性。因此意識是一個與作品的規定性相對立的普遍者，它可以拿這個作品與其他作品進行**比較**，從而把那些個體性理解爲一些**相互有別的**個體性：個體透過它的作品而得以繼續延伸，它要麼具有更堅強的意志力，要麼具有一個更豐富的本性（即是說它的原初規定性較少受到限制）。與之相反，另一個本性則是一個更軟弱或更貧乏的本性。與這種無關本質的**分量**差別相反，「**好**」與「**壞**」表達出了一個絕對的差別。但這裡還談不上這樣一個絕對的差別。不管採取什麼方式，都是同樣的行動和行爲，都是個體性的同樣的呈現和表現，因此一切都是好的。我們實在說不出什麼是壞的。通常所謂的壞的作品，是指一個特定的本性透過一個個體生命得以實現。其實，只有透過一種比較，一個作品才被貶低爲壞的，但是比較本身是空洞無聊的，因爲它不知道作品是個體性的一個自身表現，於是對於作品的這個本質置之不理，反而去尋找和要求一些莫名其妙的東西。換言之，比較只能涉及前面所說的那種分量差別。但自在地看來，分量差別是一種無關本質的差別，因爲它把一些相互有別的作品或個體性拿來進行比較，但它們實際上彼此之間風馬牛不相及，而只是與自己相關。唯有原初本性才是**自在體**或評判作品的標準，反過來說，唯有作品才是評判原初本性的尺度。原初本性和作品是相互契合的。個體性的任何**對象**都是**透過**個體性才存在著，換言之，任何**現實性**都是個體性的本性和行動，個體性的任何行動和自在體都是現實的，只有這些環節才值得進行比較。

因此，這裡根本不會出現**超脫**，也不會出現**抱怨**和**懊悔**。所有這類情緒都是產生於一個不明眞相的思想，它想像著另一個**內容**和另一個**自在體**，卻認識不到個體的原初本性，以及這個本性在現實性中的明確表現。個體做了什麼，經驗到了什麼，它就是什麼。它已經這樣做了，它是它的行爲和經驗。個體只能意識到**它自己**是一個純粹的過渡，即從可能性的黑夜過渡到當前存在的白晝，從一個**抽象的自在體**過渡到一個**現實的**存在和這樣一個確定性；但凡在這個白晝裡出現於它面前的東西，都曾經沉睡在那個黑夜裡面。意識到這個統一，同樣也是一個比較，但拿來比較的東西只具有對立的**假象**。理性的自我意識知道這個形式上的假象是一個不折不扣的假象，因爲它知道個體性本身就是一個現實性。**自在地看來**，個體**只能體會到愉悅**，因爲它知道，它在它的現實性裡面只能發現如下一些情況，也就是說，它與現實性形成一個統一體，它的自身確定性成爲一個眞理，以及它無一例外地達到了它的目的。 [300]

意識確信自己是一個徹頭徹尾貫穿著個體性和存在的運動，於是它理解把握到了關於它自己的這個概念。我們來看看，這個概念是否在經驗中得到了意識的證實，並因此與意識的實在性達成一致。作品是意識給予自己的一個實在性。借助於一個作品，個體把它的**自在存在**轉變爲一個對象，這樣一來，那個以作品裡面的個體爲**對象**的意識就不再是一個特殊的意識，而是一個**普遍的**意識。個體在任何作品那裡都把自己提取出來，轉而放置到普遍性這一因素之內，放置到存在的一個缺乏規定性的空間之內。就意識退出它的作品，與這個**特定的**作品相對立而言，它是一個普遍的意識，因爲它在這個對立關係裡轉變爲一個**絕對的否定性**或一個絕對的行動。因此，意識超越作品就等於超越自己，它本身是一個缺乏規定性的空間，同時發現自己並沒有得到作品的充實。此前，在概念裡面，意識和作品的統一確實保存下來了，而之所以如此，正是因爲作品作爲一個**存在著的**作品當時就被揚棄了。但是作品應該**存在著**，我們得看看，個體性將如何透過作品的**存在**而把作品的普遍性保存下來，並以此得到滿足。我們首先應該單獨觀察一個已經完成的作品。作品已經吸收了個體性的全部本性，因此作品的**存在**本身就是一個行動，透過這個行動，全部差別相互貫穿，瓦解無存。在這種情況下，作品被拋到外面，成爲一個**持存**，透過這個持存，原初本性的**規定性**實際上凸顯出來，與另外一些特定的本性一邊相互對抗，一邊相互貫穿，並作爲一個轉瞬即逝的環節消解在這個普遍的運動裡面。如果自在且自爲存在著的、實在的個體性的**概念內部**的全部環節（背景情況、目的、中介、實現等）都是彼此一致的，而且原初被規定的本性僅僅被當作一個普遍的因素，那麼反過來，由於這個因素轉變爲一個客觀的存在，所以它的嚴格意義上的**規定性**就在作品那裡見諸天日，並在瓦解的時候獲得自己的眞理。確切地說，瓦解的表現就是，借助於一個規定性，個體已經轉變爲**這一個**現實的個體。但是這個規定性不僅是現實性的內容，而且也是現實性的形式；換言之，一般意義上的現實性恰恰已經被規定爲一個與自我意識相對立的東西。從這個方面來看，規定性表現爲一個消失在概念之外的、**既有的**、**完全陌生的**現實性。作品**存在著**，也就是說，它是另外一些個體性的一個對象，在它們看來是一個陌生的現實性，而**那些個體性**必須用它們的現實性來替代這個陌生的現實性，以便透過**它們的**行動去意識到**它們**與現實性的統一。換句話說，**那些個體性**對於作品的興趣是出於**它們的**原初本性，這個興趣不同於作品本身包含著的那個**獨特的**興趣，而正是後者才使得一個作品不同於別的作品。因此一般說來，作品是某種變動不居的東西，它在反抗別的能力和興趣時遭到瓦解，至於它所呈現出來的個體性的實在性，與其說是一個已臻完滿的事物，不如說是一個轉瞬即逝的東西。

意識於是發現，它的作品裡出現了行動和存在之間的對立，這個對立在以前那些意識形態裡面不僅是行動的結果，而且是行動的**開端**，但在這裡卻僅僅是一個**結果**。事實上，當意識作爲一個**自在存在著的**、實在的個體性開始採取行動時，這個對立同樣已經是行動的基礎。對於行動而言，**原初被規定的本性**曾經被預設爲**自在體**，被一種純粹爲實現而去實現的做法當作**內容**。但純粹的行動是一個**自身一致的**形式，就此而言，這個形式與原初本性的**規定性**是不一致的。在這裡和在別處一樣，兩者之中誰被稱作**概念**，誰被稱作**實在性**，這是無所謂的。原初本性是一個**思想中的東西**，是那個與行動相對立的**自在體**，它只有透過這個對立才得到它的實在性。換言之，原初本性既是嚴格意義上的個體性的**存在**，也是作品——它代表著個體性的**存在**，而行動則是一個原初的**概念**，表現爲一個絕對的過渡或一個絕對的**轉變過程**。意識在它的作品那裡經驗到，概念與實在性是**不匹配的**，這種情況本身就包含在意識的本質之內。意識在它的作品那裡才眞正認識到它自己，而它關於自己的那個空洞概念也消失了。

作品是這個自在存在著的、實在的個體性的眞理，而在作品的這個基本矛盾裡面，個體性的全部方面重新表現爲各種矛盾。換言之，**行動**作爲一個否定的統一體，本來已經把全部環節聚集在一起，但是當整個個體性的內容脫離行動，轉變爲一個外在的**存在**，作品就把那些環節釋放出來了，而這些被釋放出來的環節在持存的因素裡面彼此漠不相關。於是，概念和實在性分開了，前者成爲一個目的，後者成爲一個**原初的本質性**。至於目的具有一個眞正的本質，或自在體被當作一個目的，這些都是純屬偶然。同樣，當概念和實在性分開時，概念也可以成爲一個以實在性爲目標的**過渡**，而實在性則成爲一個**目的**。至於究竟是哪一個**中介**被選來表現目的，同樣也是一件偶然的事情。最後，這些內部環節（不管它們能不能形成一個統一體）聚在一起，就成了個體的一個**行動**，它只是偶然地針對著一般意義上的**現實性**。**幸運**既站在一個糟糕規定的目的和一個糟糕選定的中介一**邊**，也站在與之相對的**另一邊**。

就此而言，如果說意識在它的作品中看到了意願與實現之間、目的與中介之間、以及所有這些內心事物與現實性本身之間的**對立**——這些情況已經把**意識的內在行動的偶然性**完全包括進來，那麼它同樣也不會忽略行動的**統一性**和**必然性**。這些方面相互重疊，而對於**行動的偶然性**的**經驗**本身只是一個**偶然的經驗**。行動的**必然性**在於**目的**與**現實性**息息相關，而目的與現實性的統一就是行動的概念。意識之所以採取行動，因爲一個自在且自爲存在著的行動是現實性的本質。誠然，作品也包含著偶然性，這是**已經實現的東西**與**意願**及**實現過程**

[303]

之間的對立造成的。意識的經驗看似必須被承認爲一個眞理，但是它與行爲的那個概念相矛盾。儘管如此，如果我們完整地觀察這個經驗的內容，那麼可以說，內容是一個**轉瞬即逝的作品**。**保存**下來的東西並不是**消失過程**，寧可說，消失過程本身是現實的，與作品結合在一起，和作品一起消失。**否定與肯定**（亦即**否定之否定**）**同歸於盡**。

消失過程本身也消失了。這種情況包含在一個自在的、實在的個體性的概念裡面。因爲，作品或作品的屬性之所以會消失，經驗之所以會戰勝個體性關於它自己的那個概念，完全是取決於一個**客觀的現實性**。但是客觀的現實性是一個環節，孤立地看來，它在這個意識之內不再具有任何眞理。眞理完全取決於意識和行動的統一，**眞實的作品**僅僅是**行動和存在**、**意願和實現**的統一。在意識看來，由於它的行動在根本上具有一種確定性，所以那個與確定性**相對立的**現實性只能是**意識的對象**。意識在這裡是一個已經返回到自身內的自我意識，在它看來，既然全部對立都消失了，那麼**自爲存在**與**現實性**等形式之間也不再存在著對立。實際上，對立，還有作品所體現出來的否定性，不僅涉及作品**乃至**意識的內容，而且涉及嚴格意義上的現實性，隨之也涉及那個僅僅透過現實性並在現實性裡面表現出來的對立，涉及作品的消失過程。透過這種方式，意識從它的變動不居的作品那裡折返回自身內，宣稱它的概念和確定性是一個**存在著的**和**持久不變的東西**，絕對不同於一個以行動的**偶然性**爲對象的經驗。意識實際上經驗到了它的概念，按照這個概念，現實性只是一個環節，是**意識的對象**，不是一個自在且自爲的存在。意識經驗到現實性是一個轉瞬即逝的環節，所以它認爲現實性只不過是一般意義上的**存在**，其普遍性與行動是同一個東西。這個統一體是一個眞實的作品，它是**事情本身**，是一個絕對的自身肯定，同時在經驗中表現爲一個持久不變者，不依賴於嚴格意義上的個體行動之類**偶然事物**，也就是說，不依賴於背景情況、中介和現實性等等。

只有當這些環節被視爲是一些孤立的東西，**事情本身**才與它們相對立，但就本質而言，事情本身是一個貫穿著現實性和個體性的運動，是兩者的統一。它同樣也是一個行動，而作爲一個行動，它既是一般意義上的**純粹行動**，**同時也是這一個個體的行動**，而後面這種意義上的行動就是一個與現實性相對立的**目的**。不僅如此，事情本身同樣也是一個**過渡**，從一個規定性過渡到相反的另一個規定性。最後，它是一個現成的**現實性**，是**意識的對象**。可以說，**事情本身**表達出了一個**精神性**本質性，透過這個本質性，任何孤立的環節都被揚棄了，只有一些普遍的環節保留下來，而在這個過程中，意識發現它的自身確定性轉變爲一個客觀的本質，轉變爲一**個事情**。這是一個來自於自我意識的對象，隸屬於**意識**，同時不失爲一個自由的、眞正的對象。對於自我意識來說，感性確定性和知覺活動所指的**物**只有透過自我意識才獲得一個意義。**物**（Ding）和**事情**（Sache）之間的差別就在於這裡。至於那個與感性確定性和知覺相契合的運動，將循著這個差別一直持續下去。

因此，**事情本身**是一個已然客觀化的、貫穿著個體性和客觀性本身的運動，在它那裡，自我意識已經認識到了關於它自己的眞實概念，換言之，自我意識已經認識到了自己的實體。另一方面，就自我意識現在才達到這個地步而言，也可以說它是**直接地**認識到實體，而由於這個特定的方式，精神性本質在這裡僅僅是一個現成的東西，還沒有發展成爲一個眞正實在的實體。當意識直接地認識到實體時，**事情本身**在形式上是一個**單純的本質**，作爲一個普遍者，它把它的全部相互有別的環節包含在自身內，與它們親近，同時又把它們當作一些特定的環節而一視同仁，自己則保持自由，表現爲這樣一個**自由而單純的**、**抽象的**事情本身，**表現爲本質**。**這一個**個體的原初規定性或**事情**、他的目的、中介、行動、現實性等等是一些相互有別的環節，一方面，它們對於這個意識來說是一些個別的環節，相比於**事情本身**而言，是可以捨棄的，但另一方面，它們全都以事情本身爲本質，以至於事情本身作爲它

[305]

們的一個**抽象**普遍者出現**在**每一個相互有別的環節**那裡**，能夠成爲這些環節的一個**謂詞**。事情本身還不是一個主詞，寧可說那些環節才是，因爲它們出現在一般意義上的**個別性**這一方，而事情本身只是一個單純普遍者。它是「**類**」，上述所有環節是它的「**種**」。類既在種之內，同時也獨立於它們。

所謂**誠實的**意識，就是一方面達到了**事情本身**所表達出來的這種觀念論，另一方面又把事情本身當作一個形式上的普遍性，在那裡獲得眞相。誠實的意識永遠只關注事情本身，於是在那些相互有別的環節或種裡面轉來轉去，而且，正因爲它在某一個環節或某一個意義裡沒有理解把握到事情本身，所以它正是在另一個環節裡理解把握到了事情本身，因而實際上總是得到滿足，而這個滿足是意識就其概念而言理應得到的。無論意識如何行動，它總是已經實現並理解把握到**事情本身**，原因在於，事情本身既然是那些環節的一個**普遍的**「**類**」，那麼也可以成爲其中每一個環節的謂詞。

即使意識未曾使一個**目的**成爲**現實**，但它畢竟**意願過**這個目的，也就是說，它把嚴格意義上的**目的**或無所事事的**純粹行動**轉變爲**事情本身**，因此可以用這樣一個託辭來聊以自慰，即它無論如何總是**做過**一點什麼。既然普遍者本身包含著一個否定或一個消失過程，那麼作品的自行消滅也可以算作是**意識的**一個行動。意識唆使別人來否定它自己，並在它的現實性的**消失過程**中獲得滿足，就跟某些品行惡劣的小年輕一樣，他們把挨揍當作一種享受，只因爲在這種情況下，**他們自己**是挨揍的原因。也可以說，正如意識**從未嘗試過**，**從未實際做過什麼**，以實現事情本身，它也從未這樣**想望過**。在意識看來，**事情本身**剛好已經是它的**決斷**和**實在性**的**統一**。意識宣稱，**現實性**無非是它的一個**想望**。最後，當某種令意識感興趣的東西在完全無需意識插手的情況下出現在它面前，意識於是認爲，它對於事情本身的興趣恰恰已經包含著事情本身的**現實性**，儘管這個現實性並不是由意識產生出來的。如果意

[306]

識碰巧得到幸運的眷顧，它就把這歸功於它的**行爲**和它的**貢獻**。即使是一個與它毫不相干的事件，它也同樣認爲這是它的一個行爲。在意識看來，一個**與行爲無關的興趣**就像一個**黨派**，它要麼表示贊成要麼表示反對，要麼**爲之鬥爭**，要麼**將其抵制**。

可見，意識之所以是**誠實的**，之所以在任何地方都體會到滿足，其實是因爲它**沒有**把它關於事情本身的**那些思想結合在一起**。在意識看來，**事情本身**既可以說是**它的**事情，也可以說根本**不是一個作品**，既可以說是一個**純粹的行動**和一個**空洞的目的**，也可以說是一個**與行爲無關的現實性**。意識把一個接一個的意義當作「事情本身」這個謂詞的主詞，又一個接一個地忘掉這些意義。現在，按照一種單純的「**曾經意願過**」或「**未曾想望過**」，事情本身意味著一個**空洞的目的**，意味著意願和實現**在思想中**的統一。意識在眼看著目的消失時作出的自我安慰——它畢竟**意願過**或**純粹地行動過**，以及它在這個過程中得到的滿足——它曾經讓別人去做某些事情，都是把一個**純粹的行動**或一個無比糟糕的作品當作是本質。當人們稱一個作品是「糟糕的」，意思其實是，這根本不是一個作品。最後，在某種幸運的情況下，當現實性就這麼**擺在面前**，於是這個與行爲無關的存在轉變爲事情本身。

然而，這個「誠實」的眞相寧可意味著，它並非如它表面上看來那麼誠實。它不可能沒有腦子到這種程度，竟然眞的把這些相互有別的環節分割開來，寧可說，它之所以必定會直接意識到這些環節的相互對立，正因爲它們之間有一個絕對的相互關聯。**純粹的**行動在本質上是**這一個**個體的行動，同樣，個體的行動在本質上是一個**現實性**或一個事情。反過來說，**現實性**在本質上不但是**個體的**行動，而且是**一般意義上的行動**。**個體的**行動不但是一般意義上的行動，而且是一個現實性。乍看起來，個體所關心的**事情本身**僅僅是一個**抽象的現實性**，但實際上個體是把事情本身當作**它自己的**行動。同樣，當個體看上去僅僅關心**一般意義上的行動和行爲**時，它並不是眞心的，因爲它實際上**唯**一關心的**事情**是**它自己的**事情。最後，當個體看起來只想關心**它自己的**事情和**它自己的**行動時，它實際上關心的反而是一**般意義上的事情**或一個始終自在且自爲存在著的現實性。

正如事情本身及其諸多環節在這裡顯現爲一個**內容**，同樣，它們在意識中必然會顯現爲一**些形式**。它們作爲內容出現，只是爲了儘快消失，每一個環節都得給另一個環節騰出位置。所以，只有當它們被規定爲一些**已經遭到揚棄的**環節，才會保存下來。但這樣一來，它們就轉變爲意識本身的各個方面。現成的**事情本身**是**自在體**，或者說是意識的一個**自身反映**。在意識中，各個環節的相互**排擠**顯示出它們不是一種自在存在，而只是一種**爲他存在**。意識把內容的某一個環節顯露出來，放置到**其他環節**面前，但意識同時又擺脫了這個狀況並折返回自身中，在自身內部同樣具有一個對立面，把這個對立面當作它自己的對立面保留下來。實際上，沒有任何一個環節**完全**被抽取出來，也沒有任何一個環節**完全**保存在內核裡面，意識會輪流處置它們。因爲，意識必須使每一個環節都成爲一個事關本質的東西，不但是一個自爲存在，而且是一個爲他存在。所謂**整體**，就是一個把個體性和普遍者貫穿起來的運動。但在意識看來，因爲這個整體僅僅是一個現成的**單純的**本質，是**事情本身**的一個抽象，所以它的各個環節全都散落於事情本身之外，四分五裂。**作爲**一**個整體**，它必須透過每一個分裂環節的輪流隱現才能完完全全地呈現出來。在這個交替輪換的過程中，意識把**某一個環節**當作一個自爲存在，當作一個對意識的自身反映而言事關本質的東西，同時卻把另一個環節置於**意識**的外面，或將它與**其他環節**並列，這樣一來，個體性之間的欺騙遊戲就出現了，他們既欺騙自己也欺騙別人，既被自己欺騙也被別人欺騙。

任何一個個體性都想要有所作爲。在這種情況下，他似乎已經把某些東西改造爲**事情**。他的行動同時也是爲了別人，而且他所關心的似乎是**現實性**。別人以爲他的行動是出於對事情本身的一個興趣，以爲他的目的在於**促使事情本身得以實現**，至於這是透過他還是透過別人來實現，其實是無所謂的。他們表明他們已經實現了這個事情，或者，如果還沒有成功的話，那麼他們願意爲此提供援助。他們以爲那人也是同樣的想法，但那人其實另有打算，因爲當他對一個事情產生興趣時，他所關心的是**他自己的**行動和行爲。而當那些人意識到原來所謂的**事情本身**其實是那人自己的行動和行爲時，他們發現自己受騙了。但實際上，當初他們急急忙忙趕來援助，其意圖仍然不過是爲了看到並表現**他們自己的**行動，而不是爲了**事情本身**。也就是說，他們一邊抱怨自己遭到了欺騙，一邊企圖用同樣的方式去欺騙別人。現在既然眞相大白，即**每個人自己的行動和行爲**以及**每個人自己的能力**的運作才是事情本身，那麼表面上看來，意識就不是爲了別人，而是**爲了它自己**才推動著它的本質，而且它只關心**它自己的**行動，不關心別人的行動，因此聽任別人**自行其是**，不理不問。但是那些人又錯了，他們以爲意識和他們是一般見識，但意識早就另有打算。意識所關心的事情不是**它的這一個個別的**事情，而是一個對任何人都有效的普遍者，亦即**事情本身**。意識介入到人們的行動和作品中，如果說它再也不能從他們手中奪走作品，那麼它至少可以透過評判來表達他的興趣。如果它給作品打上認可和讚揚的標籤，那麼這意味著，它在這裡不僅是在讚揚作品本身，而且也在讚揚**它自己的**大度和克制，也就是說：看吧！我可沒有藉由苛責來摧毀一個總算是作品的作品！當意識對一個**作品**發生興趣時，它在這裡所享受的是**它自己**。同樣，它也友善地對待它所批評的作品，因爲它在批評一件作品時，可以享受到**它自己的**行動。至於那些由於這種介入而感到受騙，或宣稱受騙的人們，實際上想用同樣的方式來欺騙別人。他們宣稱他們的行動和行爲僅僅是爲了他們自己，僅僅以**他們自己**和**他們自己的**本質爲目的。然而，當他們透過某些行爲而把自己呈現在光天化日之下時，這些行爲本身就反駁了他們的那些口號（比如拒絕光天化日、禁止任何人的參與、排斥一個普遍的意識等等）。眞正說來，事情的實現就是把每個人自己的東西陳列在一個普遍的因素裡，只有這樣，每個人自己

[309]

的東西才會並且一定會轉變爲全人類的**事情**。

因此，如果誰只是關心一個**純粹的事情**，那麼他肯定是在自欺欺人。當一個人做成了某件事情之後，他從經驗中得知，另一些人會積極地湊過來，就像蒼蠅們朝剛端上來的牛奶俯衝那樣，彷彿他們也有一份功勞。但這些人也會發現，那人所關心的事情同樣不是一個對象，而是**他自己的**事情。反之，如果人們只是把**行動本身**、能力和才能的使用、個體性的表現等等看作是事關本質的東西，那麼大家就會透過經驗得知，**全人類**都攪和在一起，都認爲自己是受邀參與進來的，至於那眞正做成的事情，卻不是一個**純粹的**行動或某人的**個別的**行動，而是**衆人的對象**，或者說是**唯一的事情本身**。這兩種情況其實是同一件事，僅僅針對那個恰好在這裡參與進來的人而言，才具有不同的意義。意識透過經驗得知，首先，兩個方面同樣都是事關本質的環節，其次，**事情本身的本性**既不完全是一個事情（亦即一個與一般意義上的行動和個別的行動相對立的東西），也不完全是一個行動（亦即一個與持存狀態相對立的東西），更不是一個擺脫了「**種**」（亦即它的那些環節）的「**類**」。眞正說來，事情本身的本性其實是這樣一個本質，它的**存在**是**個別的**個體和全部個體的一個**行動**，而它的行動本身就是一個**爲他存在**或一個**事情**，而且，只有作爲**全人類的行動**和**每一個人的行動**，它才是一個事情。這個本質是一切本質的本質，亦即一個**精神性本質**。意識透過經驗得知，在那些環節裡面，沒有哪一個環節堪稱**主體**，寧可說它們全都已經消解在一個**普遍的事情本身**之內。個體性的各個環節都曾經先後被這個漫不經心的意識當作是主體，而現在它們凝聚爲一個單純的個體性，既是**這一個**個體性，同時本身又是一個普遍的個體性。在這種情況下，事情本身與謂詞不再有任何關係，也不再是一個無生命的、抽象的普遍性，而是轉變爲一個貫穿著個體性的實體。如今，事情本身既是一個主體（因此個體性既是**這一個**個體性也是**全部個體**），也是一個普遍者（它的**存在**僅僅表現爲全人類的行動和每一個人的行動），同

[310] [311]

時還是一個現實性（**每一個**意識都知道這既是他自己的個別的現實性，也是全人類的現實性）。純粹的**事情本身**就是那個此前被規定爲**範疇**的東西（存在即自我，自我即存在），但是，作爲一個**思維**，它仍然不同於一個**現實的自我意識**。如果我們把這個現實的自我意識的各個環節稱作它的內容，那麼它們就是目的、行動和現實性，而如果我們把它們稱作它的形式，那麼它們就是自爲存在和爲他存在。這些環節已經與單純的範疇融爲一體，所以單純的範疇同時也是全部內容。

㈡制定規律的理性

精神性本質是一個單純的存在，在這個意義上，它既是一個**純粹的意識**，也是**這一個**以**自主體**爲對象的意識。個體的原初**被規定的**本性已經失去了它的肯定意義，也就是說，**自在地看來**，這個本性已經不再是個體的行爲的要素和目的。這個本性僅僅是一個已經遭到揚棄的環節，而個體是一個**自主體**，一個普遍的自主體。另一方面，**形式上的事情本身**透過一個行動著的、自己區分自己的個體性得到充實。因爲，個體性作出的區分構成了那個普遍者的**內容**。範疇是一個**自在存在**，因爲它是**純粹意識**所認識的普遍者。範疇也是一個**自爲存在**，因爲意識的**自主體**同樣也是範疇的一個環節。範疇是一個絕對的**存在**，因爲那個普遍性是**存在**的一種單純的**自身一致性**。

因此，任何東西一旦成爲意識的對象，就會成爲一個**眞相**。**它存在著**並且**發揮著校準**，意思是，**它自在且自爲地存在著**並且**發揮著校準**。它是一個**絕對的事情**，不再受限於確定性與眞理之間、普遍者與個別事物之間、目的與實在性之間的對立等等，而它的實存就是自我意識的**現實性**和**行動**。因此這個絕對的事情是**倫理實體**，而那個以倫理實體爲對象的意識是

[312]

一個**倫理**意識。倫理意識同樣認爲它的對象是一個**眞相**，因爲它把自我意識和存在聯合在一起，形成了一個統一體。倫理實體被看作是**絕對者**，因爲自我意識再也不能、再也不願超越這個對象，因爲自我意識在倫理實體中找到了賓至如歸的感覺：之所以「**不能**」，因爲對象是全部存在和全部勢力，而之所以「**不願**」，因爲對象是**自主體**，或者說是這個自主體的意志。倫理實體本身是一個對象，一個**實在的**對象，因爲它包含著意識的差別。它分化爲一些群體，亦即分化爲絕對本質的一些**特定的規律**。但是這些群體並沒有使得概念模糊不清，因爲概念始終包含著「存在」、「純粹的意識」、「自主體」等環節，這個統一體構成了上述群體的本質，並借助於這個差別而使各個環節不再彼此分離。

倫理實體的這些規律或群體直接得到承認。人們不可以追問它們的起源和合法性，不可以尋找一個他者，因爲，假若存在著這樣一個他者，那麼它作爲一個**自在且自爲**存在著的本質仍然只能是自我意識。自我意識無非是一個自在且自爲存在著的本質，它本身就是這個本質的自爲存在，而這個本質之所以是一個眞理，原因正是在於它既是意識的**自主體**，同時也是意識的**自在體**（亦即一個純粹的意識）。

既然自我意識知道自己是倫理實體的**自爲存在**這一環節，它就把自身中的規律的實存這樣表達出來，彷彿**健全理性**直接知道了什麼是**正確的**和**好的**。健全理性既然**直接知道**這些東西，也就直接認爲它們**有效**，並直接說道：這**是**正確的和好的。健全理性眞正的意思是：這是一些**特定的**規律，是得到充實的、內容豐富的事情本身。

凡是以一種直接的方式表現出來的東西，也必須以一種直接的方式被接納和被觀察。我們要看看，感性確定性直接所指的存在者、這個倫理的直接確定性所陳述的存在、還有倫理本質的那些直接存在著的群體等等，究竟是如何的情形。此類規律的幾個例子將會表明這一點。由於這些例子在形式上是一些箴言，由一個**具有眞知灼見**的健全理性說出，所以我們沒

[313]

有必要再去討論那樣一個環節，即這些箴言是如何被確立爲**直接的**倫理規律的。

「**每個人都應當說出眞理。**」⑰在這個號稱無條件的義務裡，同時也包含著一個條件：**如果**他知道眞理的話。就此而言，這個誡律的意思其實是說，**每個人應該總是按照他的認識和信念說出眞相**。健全理性，也就是那個直接知道什麼是正確的和好的東西的倫理意識，還會解釋道，按照它的**意謂**，上述誡律就是這個意思，所以那個條件已經與它的普遍箴言聯繫在一起了。但這樣一來，健全理性實際上等於承認，它在說出上述誡律的同時已經損害了這個誡律。因爲，按照它的**說法**，每個人都應當說出眞理，**但**按照它的**意謂**，每個人應當按照他的認識和信念說出眞理，也就是說，**它所說的與它所意謂的是不同的**。這種言不由衷的狀況等於沒有說出眞理。現在，人們把這種假話或笨話加以改良，並這樣表達出來：**每個人應當總是按照他的認識和信念說出眞理**。但在這種情況下，命題想要說出的**普遍必然的**或**自在**有效的東西反而轉變爲一個純粹的**偶然性**。因爲，我是否說出眞理，這完全取決於一個偶然的情況，即我能否認識到眞理並對此確信無疑。而這無非是說，按照一個人的認識、意謂和理解，他所說的話裡面既有眞也有假。**內容的偶然性**只有借助於**命題形式**才具有**普遍性**，才能夠表達出普遍性。作爲一個倫理命題，它必須具有一個普遍而必然的**內容**，但卻因爲內容的偶然性陷入到自相矛盾之中。假如命題最終改良到這個地步，轉變爲「認識和信念的偶

---

⑰ 這個誡律尤其是康德和費希特所強調的。康德在《論一種錯誤的出於仁愛而撒謊的權利》（一七九七）中甚至認爲，哪怕當一個凶手問我，他所追殺的人（這個人甚至可能是我的朋友）是否正好躲藏在我家，我也不應當對他撒謊。「說眞話」是每一個人都不能回避的最嚴格的義務，不管這是否會給自己或他人帶來什麼傷害。（VIII, 428）——譯者注

然性**應當**脫離眞相，眞相也**應當被知道**」，那麼這個說法作爲一個誡律就與前面那個作爲出發點的誡律完全矛盾。健全理性本應有能力一開始就**直接**說出眞理，但現在的情況卻是，它**本應知道**眞理，而這等於是說，它沒辦法**直接**說出眞理。從**內容**這方面來看，當人們提出「人應當**知道**眞理」這一要求時，已經把內容撇在一邊，因爲這個要求針對的是一**般意義上的知識**，即人應當知道點什麼。人們在這裡要求的，其實是一個擺脫了任何特定的內容的東西。可是別忘了，我們在這裡談論的是一個**特定的**內容，是倫理實體本身包含著的一**個差別**。然而倫理實體的這個**直接**規定是一個純屬偶然的內容，當它被提升爲一個普遍而必然的東西，以至於**知識**被宣布爲一個規律時，它自己卻消失無蹤了。

另一個著名的誡律是：「**你應當像愛你自己一樣去愛你的鄰人**。」⑱這個誡律指導一個人如何對待其他個人，並**宣稱這是一種個人對個人的關係**或一種情感關係。付諸行動的愛——至於那種無所作爲的愛因爲不具有任何存在，所以不在討論之列，是爲了消除一個人的疾苦，爲他帶來好處。要做到這一點，我必須分清什麼是他的疾苦，什麼是與疾苦相反的、合乎目的的好處，以及什麼是他的根本福祉。也就是說，我必須**理智地**愛他。不理智的愛甚至會比恨給他帶來更多的傷害。但是，一種理智的、事關本質的善行，按照其最純粹和最重要的形態來看，乃是國家實施的一個理智的、普遍的行動。相比於這個行動，單純個人

⑱ 這個誡律也是康德在《實踐理性批判》（V, 82ff.）裡強調指出的。關於這個誡律的宗教起源，可以參看《舊約・利未記》（19, 18）：「不可報仇，也不可埋怨你本國的子民，卻要愛人如己。」以及《新約・馬太福音》（22, 37-39）：「你要盡心、盡性、盡意，愛主你的上帝。這是誡命中的第一，且是最大的。其次也相仿，就是要愛人如己。」——譯者注

的行動是一種如此微不足道的東西，完全不值一提。國家的行動具有如此強大的力量，如果個人的行動企圖與之對立，不管它是爲了自己而觸犯法律，還是爲了取悅其他人而在權利和義務方面欺騙了普遍者，無論如何都是毫無裨益的，不可避免地會遭到摧毀。最終說來，作爲一種情感的善行只能是一個完全個別的行動，只能是一個偶然的、轉瞬即逝的救濟。至於善行的時機，還有善行究竟是不是一個**作品**，善行是否立即又被消解或甚至帶來疾苦等等，這些情況全都純屬偶然，沒有個準。這種給別人帶來福祉的行動，雖然號稱是一個**不可或缺的**行動，但實際的情形卻是，它可能存在，也可能不存在。除此之外，如果事情偶然呈現出來，那麼它可能是一個作品，可能是好的，但也可能並非如此。就此而言，這個規律和最初的規律一樣，都沒有包含著一個普遍的內容，都沒有表現出那個**自在且自爲存在著**的東西，而這是一個絕對的倫理規律本應做到的。換言之，這類規律始終停留於**應當**，但是不具有任何**現實性**。它們不是**規律**，僅僅是**誡律**。

但實際上，事情本身的本性已經顯示，人們必須放棄一個普遍的、絕對的**內容**。原因在於，單純的實體——它在本質上註定是一個單純的東西，與它本身包含著的每一個**規定性**都**相抵觸**。誡律作爲一個單純而絕對的東西宣布了一個**直接的倫理存在**。顯現在誡律身上的差別是一個規定性，因此是一個內容，**從屬於**這個單純的存在的一種絕對的普遍性。由於人們必須放棄一個絕對的內容，所以誡律只能表現爲一個**形式上的普遍性**，或者說一個不會自相矛盾的東西。缺乏內容的普遍性是一個形式上的普遍性，而「絕對的內容」與「不是差別的差別」或「無內容」是同一個意思。

當理性制定規律時，它手裡只剩下一個**純粹的普遍性形式**，或者說只剩下意識的一種**同語反覆**。這種同語反覆是內容的對立面，作爲一種**知識**，它所認識到的並不是一個**存在著的**或眞正的**內容**，而是內容的**本質**，亦即內容的一種自身一致性。

就此而言，倫理本質本身並不直接就是一個內容，而僅僅是一個不會自相矛盾的標準，用來衡量一個內容能否成爲一個規律。制定規律的理性降格爲一種只是**進行檢驗**的理性。

㈢檢驗規律的理性

對於單純的倫理實體來說，它本身包含著的任何一個差別都是一個偶然性。我們在一些特定的誡律中發現，這個偶然性表現爲知識、現實性、行動等等方面的偶然性。我們曾經把那個單純的存在拿來和一個與之不契合的規定性進行**比較**。在這個過程中，單純的實體已經顯示自己是一個形式上的普遍性，或一個純粹的**意識**，它不依賴於內容，與內容相對立，**知道**內容是一個特定的內容。這樣看來，這個普遍性和當初那個**事情本身**仍然是同一個東西。但是意識中的普遍性又是另一回事。蓋言之，它不再是一個與思想無關的、僵化的「類」，而是與一個特殊事物相關，並且被看作是特殊事物的勢力和眞理。剛開始的時候，這個意識看起來與我們此前進行的檢驗活動是同一個東西，它所做的事情仍然沒有什麼兩樣，也就是說，它把普遍者拿來和特定的事物進行比較，指出它們不匹配。但是內容與普遍者之間的關係在這裡是另外一個情形，因爲普遍者已經贏得了另一個意義。它是一個**形式上的**普遍性，同時又能夠體現在一個特定的內容身上，而按照這個普遍性，我們只把這個特定的內容當作一個自身關聯而加以觀察。此前當我們進行檢驗時，發現一個與普遍的、穩固的實體相對立的規定性，它後來得到發展，成爲意識的一個偶然性，甚至把實體囊括進來。如今，可供比較的一方已經消失無蹤了。普遍者不再是一個**存在著**並且**發揮著校準**的實體，或者說不再是一個自在且自爲的正當性，而是一個單純的知識或一個形式，這個形式只拿自己和內容進行比較，去檢驗內容是不是一個同語反覆。當務之急不再是制定規律，而是

檢驗規律。當意識進行檢驗時，規律**已經**是一種給定的東西。意識把規律的**內容**當作一個單純的東西予以接納，不是像我們過去所做的那樣，去觀察那種依附在內容的現實性身上的個別性和偶然性，而是止步於一個嚴格意義上的誡律。在這裡，意識同樣表現為一個單純的東西，因為誡律是它的尺度。

但正因如此，意識的檢驗活動難以深入下去，正因為標準是一個同語反覆，與內容漠不相關，所以它也把內容當作一個對立面完全接納到自身中。人們提出一個問題：「**保障私有財產**」應當**自在且自為地**（亦即不是因為有利於其他目的）成為一個規律嗎？[19]倫理的本質性正是在於規律只與自身一致，以這種自身一致性，亦即規律的固有本質為基礎，而不是依賴於其他條件。自在且自為地看來，私有財產並不是一個自相矛盾。它是一個**孤立的**或只是與自身一致的規定性。與此同時，對於私有財產的否定、無主之物、財產公有制等等同樣談不上自相矛盾。某些東西可以不屬於任何人，也可以屬於一個就近占有它們的人，或者還可以屬於所有的人，不是每人各取所需，就是大家平均分配，這些情況和它們的反面亦即私有財產一樣，都是一個**單純的規定性**，都是一個**形式主義的思想**。誠然，如果一個無主之物被看作是**生活必需品**，那麼它必然會被某一個人占有。如果誰竟然認為物的自由是一個規律，那麼這是非常荒謬的。但是無主之物並不是絕對無主的，寧可說，物應當按照個人的**生理需要**而被**占有**，不是為了被保存，而是為了直接被使用。但像這樣以一種純屬偶然的方式

[19] 黑格爾在這裡及以下的討論涉及到盧梭對於私有財產的看法。盧梭區分了「財產權」和「最初占有者的權利」。後者起源於自然狀態，可以透過生理需要和相關勞動就確立下來，反之前者則是只有透過一個普遍的社會契約才能成立。參閱盧梭《社會契約論》（一七六二）第一卷，第九章。——譯者注

去滿足生理需要，與人的本性相矛盾。因爲，人作爲一個自覺的本質或一個具有自我意識的生命，必須認爲他的生理需要具有**普遍性**形式，必須關心他的整個生存，並爲自己賺取到一份持久不變的財產。有些人認爲，物應該被分配給一個就近的人，以滿足他的生理需要。然而這些碰運氣和訴諸偶然性的想法也是難以自圓其說的。按照財產公有制的規定，爲了確保**按需**分配，人們必須遵循一個普遍的和持久不變的分配方式。但在這種情況下，生理需要的不平均就與意識的本質相矛盾，因爲意識把個人的**平等**當作是一個原則。另一方面，如果按照平等的原則來進行**平均**分配，那麼份額與生理需要之間的關聯也就不存在了，但問題在於，唯有這個關聯才是份額的概念！

　　就此而言，如果說對於私有財產的否定看起來是一個自相矛盾，那麼原因僅僅在於，人們沒有把它當作是一個**單純的**規定性。如果人們把私有財產分解爲一些環節，那麼它同樣也會是一個自相矛盾。所以，個別的物，作爲我的私有財產，被當作是一個**普遍的**、**固定的**、**持久不變的東西**。但這恰好與它的本性相矛盾，因爲按照它的本性，它應該供人使用，然後**消失**。與此同時，它被當作一個**屬我的東西**，得到所有別的人的承認，與他們毫無瓜葛。但是，我既然得到承認，那麼這個事實也包含著我與所有別的人的一致性，我和他們並不是毫無瓜葛的。我所占有的是一個**物**，亦即一個一般意義上的爲他存在，它是完全普遍的，不一定僅僅爲著我而存在。**我**占有它，這和它的普遍的物性相矛盾。所以，從任何方面來看，私有財產和對於私有財產的否定都同樣是一個自相矛盾，它們各自在自身內包含著個別性和普遍性這兩個相互對立和相互矛盾的環節。但是，如果我們把私有財產或對於私有財產的否定看作是一個**單純的**規定性，而不去考慮隨後的發展，那麼雙方都是同樣**單純的**，都不是什麼自相矛盾。因此，理性本身包含著一個用以檢驗規律的標準，這個標準和全部規律都同樣相融甚洽，因而實際上就不是一個標準了。在一個認識到了理論眞理的意識看來，矛盾律僅僅是一個流於形式的標準，亦即某種與眞和假完全不相干的東西，而在一個認識到了實踐眞理的意識看來，如果同語反覆和矛盾律除此之外**還具有更多的意義**，那倒眞是一件稀奇的事。

我們剛才對於上述兩個環節的觀察充實了那個原本空虛的精神性本質，在這個過程中，那種先是在倫理實體之內設定一些直接的規定性，然後再去考察它們是不是規律的做法，已經揚棄了自身。就此而言，這裡得出的結果似乎是，既不存在一些特定的規律，也不存在一種對於這些規律的考察或知識。然而實體是一個**意識**，它知道自己是一個絕對的**本質性**，因此既不能放棄自身內的**差別**，也不能放棄對於差別的**認識**。說規律的制定和規律的檢驗已然是一種虛無縹緲的東西，這不過意味著，如果這兩個活動被看作是個別的和孤立的東西，那麼它們只能是倫理意識的兩個難以持久的**環節**。從規律的制定到規律的檢驗，這個運動具有一個形式上的意義。倫理實體因此呈現爲一個意識。

如果說這兩個環節更爲細緻地規定了那個以**事情本身**爲對象的意識，那麼它們也可以被視爲是**誠實**的形式。誠實通常是熱衷於它的那些形式上的環節，如今它又熱衷於「善」和「正當性」之類應當存在的內容，熱衷於去檢驗一些無庸置疑的眞理，而且以爲借助於健全理性和理智洞見就可以獲得誡律的力量和有效性。

但是如果沒有這個誠實，那麼規律就不能被看作是**意識的本質**，而檢驗同樣也不能被看作是意識**內部的**一個行動。實際上，當這兩個環節各自**直接地**作爲一個**現實性**出現時，前一個環節表明，現實規律的制定和存在是無效的，而後一個環節則表明，那種無視規律的做法同樣是無效的。規律作爲一個特定的規律具有一個偶然的內容，而這句話的意思是，它是某個個別的意識透過某個隨意武斷的內容而得出的規律。因此，那種直接建立規律的做法是一種專斷的胡作非爲，它把隨意武斷當作規律，認爲倫理就意味著服從規律，而且是服從一些

[320]

單純的規律，而不是服從那些同時也是**誡律**的規律。同樣，如果把後一個環節（對於規律的檢驗）孤立出來，那麼它就意味著去撼動一個不可動搖的東西，去褻瀆知識，而這種褻瀆的表現就是，揚言自己不依賴於各種絕對的規律，並且把這些規律看作是一種強加在它身上的隨意武斷。

在以上兩個形式裡面，這些環節與實體或那個實在的精神性本質之間是一個否定的關係。也就是說，實體在這些環節裡還沒有獲得它的實在性，反倒是意識憑藉其固有的直接性這一形式把實體囊括進來，但實體僅僅是這一個個體的一個**意願**和**知識**，換言之，只是一個非現實的誡律的**應當**，以及一個以形式上的普遍性爲對象的知識。但由於這些方式自己揚棄了自己，所以意識退回到普遍者之內，而那些對立也消失無蹤。當這些方式不是被看作一些個別事物，而是僅僅被看作一種已經遭到揚棄的東西，那麼精神性本質就成爲一個現實的實體。那個把它們作爲環節而包攬進來的統一體是意識的自主體，而意識一旦被設定到精神性本質之內，它就使精神性本質成爲一個現實的、得到充實的、具有自我意識的本質。

就此而言，首先，精神性本質對自我意識來說是一個**自在**存在著的規律。檢驗活動的普遍性是一個形式上的、並非**自在**存在著的普遍性，所以遭到揚棄。其次，精神性本質同樣也是一個永恆的規律，它並不是以**這一個個體的意志**爲自己的根據，寧可說它是一個自在且自爲的存在，是一個絕對的、**純粹的普遍意志**，在形式上是一個直接的**存在**。這個意志也不是一個僅僅**應當**存在的**誡律**，寧可說它**存在著**並且**發揮著校準**。精神性本質是一個以範疇爲對象的普遍自我，它本身是一個現實性，而且世界完全就是這個現實性。但由於這個**存在著的規律**是絕對有效的，所以自我意識對它的服從並不是像伺候一個主人那樣。主人的命令是一種隨意武斷的東西，而自我意識在這種情況下不可能認識到它自己。自我意識本身具有一個絕對的意識，這個絕對的意識直接**包含著**一些思想，而它們就是規律。自我意識不**相信**它們，因爲信念雖然也直觀到了本質，但這是一個陌生的本質。倫理**自我**意識透過它的**自主體**的**普遍性**與本質**直接**合爲一體。與之相反，信念的出發點是一個**個別的**意識，信念是個別意識的一個運動，雖然永遠趨向於那個統一體，但卻從來不能使它的本質成爲一個當前存在著的東西。另一方面，這個意識已經把自己作爲一個個別的意識而加以揚棄，這個中介活動已經完成，而且，只有在這個中介活動完成之後，意識才成爲一個直接認識到倫理實體的自我意識。

因此自我意識與本質之間的差別是一個完全透明的差別。這樣一來，**本質本身包含著的差別**就不是一些偶然的規定性，寧可說，爲了保障本質與自我意識（唯有它才會產生出不一致性）的統一，那些差別轉變爲一群一群生機盎然的部落，轉變爲一些清澈透明的、未曾分裂的魂靈，轉變爲一些完美無瑕的天上形象，它們雖然相互有別，但都保留著本質上的純潔無辜和團結一致。同樣，自我意識與它們之間也是一種單純而明確的**關係**。它們**存在著**，此外無他，這種情況使自我意識認識到自己和它們的關係。所以，它們在索福克勒斯[20]的《安提戈涅》中被當作是一個**未成文的**和**確實可靠的**神律：

[322]

⑳ 索福克勒斯《安提戈涅》，第四五六、四五七行。——黑格爾原注。按：這段引文之完整的前後文是安提戈涅的這樣一段話：「因爲向我宣布這法令的不是宙斯，那和下界神祇同住的正義之神也沒有爲凡人制定這樣的法令；我不認爲一個凡人下一道命令就能廢除天神制定的永恆不變的不成文律條，它的存在不限於今日和昨日，而是永久的，也沒有人知道它是什麼時候出現的。」（據羅念生譯文）——譯者注

並非今天或昨天，而是永恆以來，
它就活著，沒有人知道它何時開始顯現。

它們**存在著**。如果我去追問它們的出身，並把它們限制在它們的起源之處，那麼我已經超越了那個起源。因爲從現在起，我是一個普遍者，而它們則是一種有條件的、受到限制的東西。如果說它們應該得到我的知識的認可，那麼我已經動搖了它們的堅定不移的自在存在，並把它們看作一種對我來說也許眞實，也許並不眞實的東西。然而倫理態度正是在於毫不動搖地堅持正當事物，放棄任何對於正當事物的改動、折騰和追究。比如我保管著一筆存款，它**是**別人的私有財產，而我之所以承認這一點，**只因爲它就是別人的私有財產**。我堅定不移地保持著這個關係。但如果我把存款據爲己有，那麼根據我的檢驗原則、根據同語反覆原則，我同樣不會陷入到一個自相矛盾中，因爲在那種情況下，我已經不再把它視爲是別人的私有財產，而如果我不把它視爲是別人的私有財產，那麼把它據爲己有就是一件完全說得通的事情。**觀點**的改變並不是一個矛盾，因爲這裡的關鍵在於，那種不應該陷入自相矛盾的東西是對象和內容，而不是觀點。當我把某個東西轉送給別人，我可以從一個觀點（「這是我的私有財產」）轉變到另一個觀點（「這是別人的私有財產」），同時並沒有陷入什麼自相矛盾。反過來，我同樣可以不帶矛盾地改變觀點，從「這是別人的私有財產」轉到「這是我的私有財產」。並不是因爲我認爲某個東西不是自相矛盾，所以它是正當的。寧可說，正因爲它是正當的，所以它是正當的。「某些東西是別人的私有財產」，這是一切的**基礎**。對此我不需要反覆推理，也不需要挖掘出或回想起眾多思想、關聯、顧慮等等，既不必去考慮規律的制定，也不必去考慮規律的檢驗。透過我的這些思想活動，我破壞了那個關係，因爲我實際上既可以隨心所欲地使我的那個不確定的、同語反覆的知識與它的反面相契合，也可

[323]

以使之成爲一個規律。至於究竟是這個規定還是相反的那個規定是正當的，已經**自在且自爲地**決定下來。但就我自己來說，我既可以認爲我所意願的規定全都是規律，也可以認爲任何規定都不是規律，而當我開始進行檢驗時，我已經站在一條違背倫理的道路上。由於正當事物對我來說是一個**自在且自爲的存在**，所以我存在於倫理實體之內。在這種情況下，倫理實體是自我意識的**本質**，而自我意識則是**倫理實體的現實性**和**實存**，是倫理實體的**自主體**和**意志**。

第三部分 第二卷：精神

第六章　精神

理性之所以成爲精神，在於「知道自己是全部實在性」這一自身確定性已經提升爲眞理，理性意識到自己就是世界，世界就是自己。精神的轉變過程揭示出了此前剛剛發生的那個運動，在這個過程中，意識的對象，亦即純粹範疇，已經提升爲理性的概念。在**從事觀察的**理性那裡，**我**與**存在**的純粹統一體，或者說**自爲存在**與**自在存在**的純粹統一體，被規定爲**自在體**或**存在**，理性的意識**發現了自己**。但眞正說來，觀察的眞理就在於揚棄這個只懂得直接發現的本能，揚棄理性的這個無意識的實存。**直觀到的範疇**，亦即一個**已被發現的物**，進入意識，進入到我的**自爲存在**裡面，而我在一個客觀的本質那裡認識到自己是**自主體**。範疇作爲一個自爲存在，與自在存在相對立——但這個規定同樣也是一個片面的、自己揚棄著自己的環節。所以，對於意識來說，範疇是透過其普遍的眞理而被規定爲一個**自在且自爲**存在著的本質。這個仍然**抽象的**規定——它構成了**事情本身**，只能說是一個**精神性本質**，它的意識是一種形式上的自我認知，圍繞著精神性本質的某些內容兜圈子。事實上，這個意識作爲一個個別的事物仍然不同於實體，這表現在它不是制定一些隨意武斷的規律，就是以爲它的自我認知已經包含著一些自在且自爲存在著的規律，並且認爲自己有能力對這些規律作出評判。而從實體這方面來看，可以說實體是一個**自在且自爲存在著的**精神性本質，只不過還沒有成爲一個自我**意識**。但如果一個**自在且自爲存在著的**本質認識到自己是一個現實的意識，同時還把自己當作自己的表象活動的對象，那麼它就是**精神**。

精神的精神性**本質**在前面已經被稱作**倫理實體**；但精神是**倫理現實性**。它是一個現實的意識的**自主體**，同時卻與之對立，或更確切地說，意識發現自己作爲一個客觀的現實**世界**與自己相對立，而世界對於自主體來說已經完全不再意味著一個陌生事物，正如自主體也完全不再意味著一個脫離了世界的、若非有所依附，否則就是獨立的自爲存在。作爲**實體**，作爲一個普遍的、自身一致的、持久不變的本質，精神是全人類的行動的一個不可動搖和不可瓦解的**根據**和**出發點**，是全人類的**目的**和**目標**，是全部自我意識的處於思想中的**自在體**。這個實體同樣也是一個普遍的**作品**，是透過全人類的**行動**和每一個人的**行動**而製造出來的全人類的統一體和一致性，因爲實體就是**自爲存在**，就是自主體，就是行動。精神作爲**實體**是一個堅定的、正確無誤的**自身一致性**，但實體作爲**自爲存在**又是一個已經瓦解了的、把自己犧牲了的善良本質，透過這個本質，每一個人都完成了他自己的作品，他們把那個普遍的存在撕爲粉碎，各自攫取一部分。本質的這種瓦解和細分正是全人類的行動和全人類的自主體的一個**環節**，這個環節是實體的運動和靈魂，是一個已經實現的普遍本質。正因爲實體是一個消解於自主體之中的存在，它才不是一個死的本質，而是一個**現實的**和**活生生的**東西。

就此而言，精神是一個自己承載著自己、絕對實在的本質。迄今的全部意識形態都是這個本質的一些抽象表現。出現這個局面的原因在於精神的自行分化，在於精神區分出自己的各個環節，並在每一個個別的環節那裡稍事逗留。這種把各個環節孤立出來的做法以精神本身爲**前提**，依賴於精神的**持存**，換言之，這種做法之所以成立，完全依賴於一個本身即實存的精神。任何孤立的環節都有一個假象，彷彿它們單憑自己就**存在著**，但是當它們向前推進並返回到它們的根據和本質之內，我們就會發現，它們僅僅是一些環節或一些轉瞬即逝的分量，而那個本質正是這些環節的一個運動和消解過程。在這裡，當精神或那些環節的自身反映確立下來之後，我們的反思可以從這個方面簡短地回顧一下它們：那些環節曾經是意識、自我意識和理性。因此精神是一般意義上的**意識**，它把感性確定性、知覺活動和知性囊括在自身中，因爲精神在自行分化時堅持著這樣一個環節，即它雖然認識到自己是一個**客觀的**、**存在著的**現實性，但卻不知道這個現實性是它自己固有的自爲存在。反之，如果精神堅持自行分化的另一個環節，即認爲它的對象是它的**自爲存在**，那麼精神就是自我意識。但是，作爲一個直接以**自在且自爲的存在**爲對象的意識，作爲意識與自我意識的統一體，精神

[326]

是一個**具有理性**的意識，這個意識正如「**具有**」一詞表明的，所具有的對象是一個**自在地**合乎理性的東西；換言之，這個對象**自在地**具有範疇的價值，只不過那個意識並沒有認識到這一點。精神就是此前我們剛剛考察過的那個意識，當精神最終直觀到它所**具有**的理性眞正作爲理性**存在著**，或者說，當理性在精神之內成爲一個**現實的**理性，成爲精神的世界，那麼精神就達到了它的眞理：它作爲精神**存在著**，它是一個**現實的倫理本質**。

精神作爲一個**直接的眞理**乃是一個**民族**的**倫理生活**。個體是一個世界，精神必須前進，達到對於它的直接存在的意識。精神必須揚棄美好的倫理生活，並透過一系列的形態達到自我認知。這些形態與此前那些形態的區別在於，它們是一些實在的精神，是一些眞正的現實性，它們不僅僅是意識的形態，而且也是世界的形態。

作爲眞相的精神是一個**活生生的倫理世界**。當精神對它的本質獲得一種抽象的**知識**，倫理就在「正當性」這一形式上的普遍性裡沒落了。從此以後，精神在自身中分裂了，它一方面把它的客觀要素當作是一個頑固生硬的現實性，在其中描繪出**教化的王國**，另一方面又在思想的要素裡描繪出**信仰的世界**，亦即**本質的王國**。但是精神的這兩個世界是按照那個遭受損失並返回到自身內的精神，按照**概念**來理解的，在這種情況下，透過**識見**以及識見的傳播（亦即**啓蒙**），這兩個世界被弄得顚倒錯亂，與此同時，那個曾經被劃分並擴散爲**此岸世界**和**彼岸世界**的王國也返回到了自我意識之內。於是自我意識借助於**道德**認識到自己是一個本質性，認識到本質是一個現實的自主體，它不再把它的**世界**以及這個世界的**根據**排斥出去，而是把一切都囊括在自身內，使之逐漸消沉下去，並表現爲一個**具有自身確定性的**精神，亦即**良知**。

因此，諸如「倫理世界」、「一個分裂爲此岸世界和彼岸世界的世界」和「道德世界觀」等等是這樣一些精神，它們的發展表現爲一邊向前運動，一邊回歸到精神的那個單純的、自為存在著的自主體之內。這個發展的目標和結果將會是絕對精神的、現實的自我意識。

一、作爲眞相的精神；倫理

精神就其單純的眞理而言是一個意識，它已經把它的各個環節分拆開。**行爲**把精神分割爲實體和以實體爲對象的意識，此外，行爲不但分割實體，而且分割意識。實體自己與自己對立，它一方面是普遍**本質**和**目的**，另一方面是**個別化的**現實性。至於無限的中項則是一個自我意識。作爲一個**自在存在**，自我意識是它自己與實體的統一，如今它轉變爲一個**自爲存在**，把普遍本質與它的個別化的現實性統一起來。它一方面把個別化的現實性提升爲普遍本質，以便作出一個倫理行爲，另一方面又把普遍本質降低爲個別化的現實性，以便實現目的，或者說去具體展開那個只存在於思想中的實體。自我意識把它的自主體與實體的統一當作**它的作品**（隨之也當作一個**現實性**）製造出來。

在意識的分化過程中，單純的實體保留著它與自我意識的對立，但正因如此，它本身同樣也呈現出意識的本性（即在自身之內自己區分自己），呈現爲一個由若干群體組成的世界。單純的實體分裂爲兩個相互有別的倫理本質，分裂爲人的規律和神的規律。同樣，那個與實體相對立的自我意識也按照其本質而被分配給這兩大勢力中的前者（亦即人的規律），並分裂爲兩種知識：一種是不知道自己做什麼，另一種是知道自己做什麼，但後一種知識正是一種遭到矇騙的知識。自我意識透過它的行爲不僅經驗到了實體分裂而成的兩大**勢力**之間的相互矛盾和相互摧毀，而且經驗到，它對於它的倫理行爲的知識與一個自在且自爲存在著的倫理相矛盾。自我意識於是發現了**它自己固有的**沒落之道。但實際上，倫理實體已經透過這個運動轉變爲一個**現實的自我意識**，或者說這個自在體已經轉變爲一個**自在且自爲**存在著的東西，但正是在這個過程中，倫理沒落了。

㈠倫理世界；人的規律和神的規律；男性和女性

精神的單純實體作爲一個意識發生了分化。或者說，正如那個以抽象的感性存在爲對象的意識過渡到了知覺，同樣，這個以實在的倫理存在爲對象的直接確定性也過渡到了知覺。正如對於感性知覺來說，單純的存在是一個具有許多屬性的物，同樣，對於倫理知覺而言，一個已經發生的行動也是一個包含著許多倫理關聯的現實性。但是，對於感性知覺來說，無關痛癢的眾多屬性可以歸結爲唯一的一個根本對立，亦即個別性與普遍性之間的對立。但對於倫理知覺這個已經純化了的實體性意識而言，情況則要複雜得多，也就是說，倫理環節的多樣性應該歸結爲規律的二重性，即不但存在著個別性的規律，而且存在著普遍性的規律。實體的這兩個群體單獨看來都是一個完整的精神。如果說在感性知覺那裡，物所具有的實體只不過是「個別性」和「普遍性」這兩個規定，那麼在倫理知覺這裡，這兩個規定僅僅表現出雙方之間的一個流於表面的對立。

在我們如今觀察著的本質這裡，個體性意味著一般意義上的**自我意識**，而不是意味著一個個別的、偶然的意識。因此，按照這個規定，倫理實體是一個**現實的**實體，是一個透過實存著的**意識**的多樣性而**得以實現的**絕對精神。這個絕對精神是一個**共同體**。**對我們來說**，這個共同體曾經出現在一般意義上的理性的實踐形態裡面，那時它是一個絕對的本質，如今，它按照它的**眞理**而言已經是一個**自爲存在**，並表現爲一個自覺的倫理本質和一個**作爲意識的對象**而存在著的**本質**，而這個本質就是我們的觀察對象。共同體是精神，而精神是一個

自爲存在，因爲它在**眾多個體的映射**裡面維繫著自身。與此同時，精神也是一個**自在存在**或**實體**，因爲它在自身內維繫著那些個體。作爲一個**現實的實體**，精神是一個**民族**，而作爲一個**現實的意識**，精神是民族的**公民**。這個現實的意識透過一個單純的精神獲得它的**本質**，而它的自身確定性——與此同時還有它的**眞理**——則是依賴於這個精神的**現實性**（亦即整個民族），也就是說，不是依賴於什麼非現實的東西，而是依賴於一個**實存著**並且**發揮著校準**的精神。

這個精神可以被稱作人的規律，因爲它就其根本形式而言是一個**具有自我意識的現實性**。按照普遍性的形式，它是**眾所周知的**規律和**既有的**倫常；按照個別性的形式，它是一般意義上的**個體**所具有的現實的自身確定性，而作爲政府，它是這樣一種自身確定性，即知道自己是一個**單純的個體性**。它的眞理是一種公開的、擺在光天化日之下的**有效性**。它是一個**實存**，代表著一個直接的確定性，在形式上則是一個自由的無拘無束的實存。

但是這個倫理勢力和公開性遭遇到了另一個勢力亦即**神的規律**的抵抗。倫理的**國家勢力**，作爲**自覺行動的**一個**運動**，與倫理的那個**單純而直接的**本質形成對立。作爲一個**現實的普遍性**，倫理的國家勢力是一個針對著個體的自爲存在的暴力，而作爲一般意義上的現實性，它在那個**內在**本質中仍然面臨著一個他者。

我們曾經提出，倫理實體的兩個相互對立的實存形態各自完整地包含著倫理實體，包含著它的內容的全部環節。因此，如果共同體是倫理實體，並且表現爲一個自覺的、現實的行動，那麼它的對立面在形式上就是一個直接的或存在著的實體。後者一方面是一般意義上的倫理的內在概念或普遍可能性，另一方面本身也包含著自我意識這一環節。當自我意識在**直接性**或**存在**這一要素裡表現出倫理；換言之，當自我意識**直接**認識到自己既是本質也是一個位於他者之內的自主體（亦即一個**自然的倫理共同體**），那麼它就是**家庭**。作爲一個**無意識**

的、單純內在的概念，家庭與一個自覺的現實性相對立；作爲民族的現實性的一個**要素**，家庭與民族本身相對立；作爲一個**直接的**倫理存在，家庭與那個透過爲普遍者**勞動**而得到塑造並維繫下來的倫理相對立；最後，作爲私宅守護神，家庭與普遍的精神相對立。

誠然，家庭的**倫理存在**已經被規定爲一個**直接的**存在，但是**只要**家庭成員之間的關係隸屬於**自然界**；換言之，**只要**家庭內部的關聯是**個別的**、**現實的**家庭成員之間的一個**直接的**關聯，那麼家庭在自己的範圍之內就不是一個**倫理**本質。倫理是一個自在的**普遍者**，那個隸屬於自然界的關係雖然在本質上是一個精神，但只有作爲一個精神性本質才與倫理有關。現在我們要看看，它的獨特的倫理體現在什麼地方。首先，因爲倫理是一個自在的普遍者，所以家庭成員之間的倫理關聯並不是一個情感上的關聯或一個愛的關係。表面上看來，**個別的**家庭成員與一個**完整的**家庭（亦即實體）之間的關係必然包含著倫理，在這種情況下，家庭成員的行動和現實性只是以家庭爲目的和內容。家庭這個整體的**行動**有一個自覺的目的，但是當這個目的指向整體時，它本身也是一個個別的事物。對於權力、財富的追求和保持，一方面只是爲了滿足生理需要，因此屬於欲望的範圍，但另一方面按照一個更高的規定，它們又成爲某種單純的手段。這個更高的規定並沒有出現在家庭中，而是指向一個眞正普遍的東西，亦即共同體。實際上，這個規定是對於家庭的否定，因爲它的目的在於把個人推到家庭之外，一邊壓抑他的自然屬性和個別性，一邊把他導向**德行**，導向一種以普遍者爲基礎和目的的生活。家庭的獨特的**肯定**概念是嚴格意義上的個人。既然這是一個倫理關聯，那麼個人——無論是作出行爲的個人還是行爲所關涉的個人，就不可能按照一個**偶然性**（比如依靠某個幫手或某種資助）去行動。倫理行爲的內容必須是一個實體性的或完全普遍的內容，因此倫理行爲只能涉及**完整的**個人或普遍的個人。在這裡，我們的意思並不是說，人們只能去**想像**有一種**資助**會給他們帶來完全的幸福，事實上，這種資助作爲一個直接而現實的行爲只能爲人們做一些個別的事情。同樣，我們也不認爲，倫理行爲會在現實中表現爲一種教育，可以透過一**系列**的努力把完整的個人當作一個對象、當作一個作品製造出來，因爲，除了那個針對著家庭的否定目的之外，**現實的行爲**僅僅具有一個有限的內容。最後，我們也不認爲倫理行爲是一種搶救措施，可以眞正使完整的個人得到拯救，因爲搶救措施本身是一個純屬偶然的行爲，它的出現時機是一個既可能存在也可能不存在的普通現實性。行爲可以把一個有血緣關係的人的整個實存都囊括進來，把他當作對象和內容，但是，這裡所說的人並不是指公民（因爲公民並不隸屬於家庭），也不是指那個應當轉變爲公民、應當**不再**作爲**這一個個人**而存在的人，而是指**這一個**隸屬於家庭的個人，亦即一個**普遍的**、被剝離了感性現實性或個別現實性的本質。就此而言，行爲所針對的不再是**活人**，而是**死者**，因爲死者已經擺脫了他的漫長而支離破碎的實存，歸結爲完滿的**唯**一形態，擺脫了喧囂不安的、偶然的生活，上升到一種寧靜而單純的普遍性之內。正因爲個人只有作爲公民才是一個**現實的**和**實體性的**東西，所以，當他不是一個公民，而是隸屬於家庭時，就僅僅是一個**非現實的**、輕飄飄的幽靈。

嚴格意義上的個人所能達到的普遍性是一個**純粹的存在**，亦即**死亡**。這是一個**直接的**、**自然地轉變而來的存在**，不是某一個**意識的行動**。正因如此，家庭成員的義務在於作爲一個意識去行動，這樣他的最終**存在**，作爲一種**普遍的**存在，就不再是單單隸屬於自然界，不再是一種從頭到尾都與理性無關的東西，而是一個**行動的後果**，其中包含著意識的正當性。換言之，行爲的眞正意義在於，正因爲自我意識的寧靜狀態和普遍性眞正說來並不是隸屬於自然界，所以人們還不如拋棄掉自然界自以爲擁有的那個行動假象，去彰顯眞理。自然界在個人那裡的所作所爲是一個方面，從這個方面來看，個人之轉變爲普遍者的過程表現爲一個**存在者**的運動。這個運動是在倫理共同體之內進行的，以倫理共同體爲目的。死亡是一種完滿，是嚴格意義上的個體爲了倫理共同體而承擔下來的一個最爲艱辛的勞動。儘管如此，由於個體在本質上是**個別的**，所以他的死亡並不會必然與他的那個勞動直接聯繫在一起，成爲勞動的成果。[333] 一方面，如果死亡確實是勞動的成果，那麼它就是一個**自然的**否定性，是個人作爲**存在者**的一個運動，而在這個過程中，意識並沒有返回到自身內並成爲一個自我意識；另一方面，如果**存在者**的運動在於揚棄存在者，使其成爲一個**自爲存在**，那麼死亡就是一個分裂，也就是說，終點處的自爲存在不同於起點處的存在者。正因爲倫理是那個置身於**直接的**眞理之中的精神，所以精神的意識所分裂開的兩個方面也獲得了**直接性**形式，而個別性則轉變爲這樣一個**抽象的**否定性，它既然**自在地**不具有安慰與和解，於是必須**在本質上**透過一個**現實的**和**外在的行爲**獲得那些東西。就此而言，血緣關係對於那個抽象的、自然的運動來說意味著一個補充，因爲它額外作出了意識的運動，中斷了自然界的作品，使一個有血緣關係的人免遭毀滅；或者換個更好的說法，正因爲毀滅（在這裡指一個有血緣關係的人轉變爲純粹的存在）是必然的，所以血緣關係親自承擔了實施毀滅的行爲。而這樣一來，**死的**、普遍的**存在**成爲一個返回到自身內的東西，而**自爲存在**或一個虛弱無力的、純粹**個別的**個別性則被提升爲一個**普遍的個體性**。既然死者已經讓他的**存在**擺脫了他的**行動**或他的否定的單一體，那麼死者就是一個空洞的個別性，只是一個被動的**爲他存在**，不得不聽任一切低級的、缺乏理性的個體性，聽任各種抽象質料的腐蝕力去處置——前者由於具有生命，後者由於具有否定的本性，如今都比死者更強大。家庭制止了那些無意識的欲望和抽象質料對於死者的侮辱活動，它把它的所有物亦即死去的親人擺放整齊，託付給大地的懷抱，託付給這個基本的、永恆不變的個體性。家庭透過這種方式使死者成爲共同體的一員，而共同體則牢牢地控制著個別質料的腐蝕力和各種低級生物，防止它們毫無忌憚地毀滅死者。[334]

這個最後的義務於是構成了一個完滿的**神的**規律或一個對於個人來說具有肯定意義的**倫**

理行爲。所有別的針對著個人的關係，如果不是局限於愛，而是具有倫理的意義，那麼都是隸屬於人的規律，而且包含著一個否定的意義，也就是說，使個人擺脫封閉性，並作爲一個**現實的**個人歸順於一個更高的自然共同體。但是，如果人的正當性把一個現實的、自覺的倫理實體（亦即整個民族）當作自己的內容和勢力，而神的正當性和規律卻把那個凌駕於現實性之上的個人當作自己的內容和勢力，那麼個人也會有他自己的勢力。他的勢力是一個**抽象的**、純粹的**普遍者**，一個**基本的**個體，它使一個已經擺脫要素、並構成民族的自覺現實性的個體性重新落入到純粹抽象之中。純粹抽象是那個個體的本質，正如那個個體是純粹抽象的根據。至於個人的這個勢力在民族那裡如何呈現出來，將在隨後進一步的闡釋。

如今，不管是在人的規律還是在神的規律中，都存在著各種**差別**和**層次**。由於兩個本質都包含著意識這一環節，所以它們各自的內部都出現了差別，而這種情況恰好構成了它們的運動和獨特生命。透過觀察這些差別，我們可以看到倫理世界的這兩個**普遍本質**的**所作所爲**和**自我意識**，以及它們之間的**聯繫**和**相互過渡**。

一個**共同體**，亦即一個高高在上的、正大光明地發揮著校準的規律，其現實的生命力表現爲**政府**，因爲政府使得共同體成爲一個個體。政府是一個**折返回自身內的**、**現實的**精神，是整個倫理實體的單純的**自主體**。這個單純的力允許本質擴展爲一個組織機構，並賦予每個部分持存和一種固有的自爲存在。透過這種方式，精神獲得了它的**實在性**或**實存**，而家庭則成爲這個實在性的**要素**。但精神同時也是一個凝聚力，它把上述部分重新整合爲一個否定的單一體，讓它們感到自己沒有獨立性，讓它們始終意識到只有在整體之內才能擁有自己的生命。也就是說，共同體一方面可以擴展爲一個包含著個人獨立性、私有財產、人身權和物權等系統的有機體，另一方面也可以把那些最初以盈利和享受爲個人目的的勞動方式劃分爲各行各業，賦予它們獨立性。普遍行業的精神是一個**單純性**，一個否定著這些孤立系統的本質。爲了不讓這些系統繼續孤立下去，以至於整體分離崩析、精神渙散，政府必須時不時地透過戰爭在這些系統的內部製造動盪，並以這種方式來破壞和擾亂它們的已經合法化的秩序和獨立權。至於那些嚴重脫離整體、努力追求自己的神聖不可侵犯的**自爲存在**和個人保障的個體，政府必須把戰爭的任務交付給他們，讓他們在戰爭中去領教他們的主人，亦即死亡。透過持存形式的瓦解，精神避免自己從一個倫理實存墮落爲一個自然實存，它不但保住了它的意識的自主體，更將其提升爲**自由**，提升爲精神的**力量**。否定的本質於是顯示自己是共同體的眞正**權力**，是共同體賴以保存自身的**力量**。這個共同體在**神的規律**的本質和**地獄**那裡獲得了眞理，並加強了自己的勢力。

當神的規律在家庭裡起著主宰作用時，它自身內部同樣也包含著一些差別，這些差別之間的關聯使得神的規律的現實性成爲一個活生生的運動，在夫妻關係、父母子女關係、兄弟姊妹關係裡。首先，**夫妻關係**是指一個意識在另一個意識那裡**直接**認識到它自己，認識到彼此得到了對方的承認。因爲這是一個**自然的**而非倫理的自我認識，所以它只是精神的一個**表象**和**形象**，不是一個現實的精神。然而表象或形象正是透過一個他者才獲得現實性，所以夫妻關係本身並不具有現實性，而是透過子女，亦即一個他者才獲得現實性。夫妻關係是這個他者的生成過程，並在這個過程中消失。世代的延續和更替只有在一個民族中才能持續下去。就此而言，夫妻之間的恩愛摻雜著一個自然的關聯和情感，但夫妻關係本身並不包含著一個自身回歸。至於第二種關係，**父母與子女**的相互**憐愛**，也是同樣的情形。父母對子女的憐愛來自於這樣一種感動，即意識到自己的現實性依賴於一個他者，同時看到這個他者中的自爲存在以一種不可挽回的方式逐漸長成，因爲他者終究是一個陌生的、自立的現實性。反過來，子女對父母的憐愛則是來源於這樣一種感動，即意識到他們的自身形成過程或他們的自在體出現在一個正在消失著的他者那裡，而他們只有透過與根源分離才會獲得一個自爲存在和一個自立的自我意識，而根源在這個分離的過程中則枯竭了。

在上述兩種關係裡，總是有一方過渡到另一方，而且雙方之間並不是對等的。然而**兄弟姊妹關係**卻是一種純粹的關係。他們具有同樣的血緣，但血緣在他們那裡已經達到了**靜止**和**平衡**。所以，他們對於彼此沒有生理欲望，既沒有給予對方自爲存在，也沒有從對方那裡獲得自爲存在，而是作爲一些自由的個體性相互關聯。女性作爲姊妹對於倫理本質具有一種最爲強烈的**敏感**。她之所以沒有認識到倫理本質的**意識**和現實性，原因在於，家庭的規律是一個**自在**存在著的、**內在的**本質，它並未顯露在意識的照耀之下，而是保持爲一種內心的感觸，保持爲一種缺乏現實性的神性事物。女性總是與各個私宅守護神聯繫在一起，她有時把他們看作是她的普遍實體，有時又把他們看作是她的個別性，但在這種情況下，個別性關聯同時並不是一個自然的快樂關聯。作爲**女兒**，女性必然會看到父母伴隨著自然的運動和倫理的靜止逐漸老去，因爲只有以犧牲父母、子女關係爲代價，她才會實現自己的潛能，成爲一個**自爲存在**。也就是說，她並不是以一種肯定的方式在父母那裡直觀到她的自爲存在。作爲**母親**和**妻子**，女性在這類關係裡有時候把個別性當作某種自然的、伴隨著快樂的東西，有時候又把它當作某種否定的、只會導致她消失的東西。還有些時候，個別性是某種偶然的東西，因爲它可以被另一個個別性取代。在一個倫理大家庭裡，女性的這些關係不是基於**這一個**丈夫，不是基於**這一個**孩子，而是基於**一般意義上的丈夫和子女**，也就是說，不是基於一種情感，而是基於一個普遍者。女性倫理與男性倫理之間的差別在於，女性在本質上傾向於個別性、傾向於快樂，但同時仍然保持著普遍性，與欲望的個別性保持距離。反觀男性，普遍性和個別性這兩個方面是分離開的，而且，由於他作爲公民占據著**普遍性**所具有的那種**自覺的**力量，所以他一方面以這種方式攫取了**生理欲望**的權利，另一方面又保持著不受生理欲望約束的自由。由於妻子所處的那個關係摻雜進了個別性，所以它不具有一個純粹的倫理。在這種情況下，個別性成爲一個**漠不相關的東西**，而妻子則損失了這樣一個環節，也就是說，她沒有認識到自己是他者中的**這一個**自主體。但對於姊妹來說，兄弟是一般意義上的靜止的、相同的本質，她對兄弟是一種純粹的承認，沒有摻雜進任何自然關聯，因此在兄弟姊妹關係裡，個別性的漠不相關狀態以及個別性的倫理偶然性是不存在的。眞正說來，那個作出承認和得到承認的**個別的自主體**，作爲一個環節，可以在這裡主張它的正當性，因爲它代表著血緣的平衡和一種跟生理欲望不沾邊的關聯。因此，對於姊妹來說，兄弟的損失是不可彌補的，而她對於兄弟的義務是一個最高的義務。

兄弟姊妹關係同時也是一個界限，在這裡，一個封閉在自身內的家庭瓦解了，變得支離破碎。就兄弟這方面而言，家庭的精神轉變爲一個個個體性，這個個體性又從一個他者那裡折返回來，轉變爲一個以普遍性爲對象的意識。兄弟拋棄了這種**直接的**、**基本的**、因而眞正說來**否定的**家庭倫理，以便獲得並創造出一個自覺的、現實的倫理。

兄弟原本生活在神的規律的庇護之下，如今他從神的規律轉移到人的規律。姊妹成爲家庭的主管以及神的規律的守護者，而妻子則是始終扮演著這個角色。透過這種方式，男性和女性都克服了他們的自然本質，儘管相互有別，但都獲得了自己的倫理意義。至於性別的區分，則是倫理實體本身確定下來的。倫理世界的這兩個**普遍的**本質之所以在一些**自然地**區分開的自我意識中獲得自己特定的**個體性**，原因在於，倫理精神是實體與自我意識的**直接**統一體，而這種**直接性**按照實在性和差別的方面來看，同時又顯現爲一個實存著的、自然的差別。正是這個方面，在那個認識到自己是眞實個體性的形態裡，在精神性本質的概念裡，曾經表現爲一個**原初被規定的本性**。這個環節不再是一個缺乏規定性的東西，也不再包含著天賦和才能等方面的偶然的差異性。如今它是一個特定的對立，亦即男性和女性的對立，而兩性的自然狀態同時也決定了它們各自的倫理使命。

[339]

儘管如此，兩性本身之間的差別，以及它們各自的倫理內容之間的差別，仍然保留在實體的統一體之內，而差別的運動正是這個統一體的持續轉變過程。男性被家庭精神派遣到共同體之內，在這裡找到他的自覺的本質。正如家庭因此把共同體當作自己的普遍實體和持存，反過來，共同體也把家庭當作自己的現實性這一形式上的因素，把神的規律當作自己的力量和考驗。單獨地看來，無論家庭還是共同體都不是一個自在且自爲的存在。活生生的、運動著的人的規律起源於神的規律，在大地上發揮著校準的規律起源於地獄的規律，有意識的規律起源於無意識的規律，中介活動起源於直接性。但另一方面，所有這些東西同樣都會返回到它們的出發點。地獄的勢力反過來在大地上具有它的**現實性**。它透過意識轉變爲實存和行爲。

因此，各種普遍的倫理本質，作爲實體，不但是一個普遍者，而且是一個個別的意識。它們把民族和家庭當作它們的普遍的現實性，卻把男性和女性當作它們的自然的自主體，當作一個處於行動中的個體性。在倫理世界的這個內容裡，我們看到，之前那些缺乏實體的意識形態爲自己制定的目的都已經得到滿足。理性過去認爲只是對象的東西，已經轉變爲一個自我意識，而自我意識過去只包含在自身中的東西，已經明擺著是一個眞實的現實性。意識曾經以爲它所觀察到的**既有事物**與自主體絲毫無關，但那些事物如今是既有的倫常，是這樣一種現實性，它不但是發現者的行爲，而且是發現者的作品。個人企圖在**享受自己的個別性時**得到快樂，這個願望在家庭那裡得到了滿足。但當他意識到自己是他的民族的一個公民時，那種快樂必然會消失。換言之，個人的自我意識是這樣一種知識，它知道，**心的規律**是所有的心的規律，而那個以**自主體**爲對象的意識則是一個得到了承認的普遍秩序。而這就是**德行**，它享受著它的自我犧牲所帶來的成果。德行實現了自己的目的，也就是說，使本質表露在外，成爲一個現實的當前存在，而它的享受就是這樣一種普遍的生命。最終，那個以**事**

[340]

情本身爲對象的意識在一個實在的實體那裡得到了滿足，因爲後者以一種肯定的方式包含並且維繫著那些空洞範疇的眾多抽象環節。德行把那些倫理勢力當作是一個眞實的內容，這個內容已經取代了健全理性企圖制定並加以認識的那些缺乏實體的誡律。就此而言，德行獲得的是一個內容豐富的、本身就被規定好了的標準，這個標準不是用來檢驗規律，而是用來檢驗人們的所作所爲。

整體是全部成員之間的一個靜態的平衡，每一個成員都是一個作爲原住民的精神，它們不必在自身之外尋求滿足，而是僅僅在自身內就得到滿足，因爲它們與整體之間是一個平衡關係。這種平衡之所以是充滿活力的，原因只是在於，整體裡面的不平等在產生出來之後，透過一種**公正**而復歸於平等。但是公正既不是一個陌生的、立足於彼岸世界的本質，也不是爾虞我詐、背信棄義、忘恩負義之類有損於現實性尊嚴的東西，因爲這些東西遵循的是一種缺乏思想的偶然性，而且它們作爲一種未經概念把握的聯繫和一種不自覺的行動或不行動，擅自作出了一個判決。眞正說來，公正是指**人的**正當性的公正，它把那個脫離了平衡的自爲存在，把那些獨立的階層和個體重新帶回到普遍者之內，就此而言，它是一個民族的政府，不但是普遍本質的一個當前存在著的個體性，而且是全體人民的一個自立的、具有自我意識的意志。公正使那個統治著個人的普遍者重新獲得平衡，就此而言，它同樣也是那些遭受不公正待遇的人的一個單純的精神。也就是說，公正並沒有分裂爲一個遭受不公正待遇的人和一個位於彼岸世界的本質。這個單純的精神本身就是地獄的勢力，**它手下的**厄里倪厄斯女神①負責進行復仇，它的個體性和它的血緣在家庭中生生不息，而它的實體具有一種持久

---

① 厄里倪厄斯（Erinnye），希臘神話中的復仇女神三姊妹。據赫希俄德《神譜》記載，厄里倪厄斯是烏蘭諾思

的現實性。個人在倫理王國裡有可能遭受不公正待遇，但這種不公正僅僅是某種純粹**碰巧發生**在他身上的東西。那個把不公正施加在意識身上，使之成爲一個純粹的物的勢力，是自然界。不公正作爲一個普遍性並不是來源於**共同體**，寧可說，不公正是**存在**的一個**抽象的**普遍性。個人在消除他所遭受的不公正待遇時，並不是反對共同體（因爲共同體並沒有讓他遭受不公正待遇），而是反對存在。如我們所見，那個以個體的血緣爲對象的意識既然透過上述方式消除了不公正，那麼一個**碰巧發生**的事件就轉變爲一個**作品**，而**存在**或**最終結果**隨之也轉變爲意識所**樂見其成的**東西。

透過這個方式，**屹立持存著的**倫理王國成爲一個純潔的、沒有被任何分裂玷汙的世界。同樣，它的運動是一個靜態的轉變過程（即從一個勢力過渡到另一個勢力），而在這種情況下，一個勢力不但本身包含著另一個勢力，而且還把它產生出來。誠然，我們看到它們已經分裂爲兩個本質，分裂爲兩個現實性，但它們的相互對立更像是彼此給予對方的一個考驗，而在這個過程中，它們作爲現實的本質直接與對方接觸，它們的中項和要素是雙方相互之間的一個直接滲透。一端是一個普遍的、自覺的精神，另一端是這個精神的力量和要素，亦即一個**不自覺的**精神。雙方透過**男性**的**個體性**聯繫在一起。與此相反，**神的**規律是透

[341]

被親生兒子克羅洛斯殘忍地閹割之後滴下的鮮血形成的。傳說中她們面目猙獰，像蛇髮女怪戈爾貢一樣滿頭纏繞著蛇，噴出死亡和毀滅的氣息。她們不辭辛勞，澈底地追蹤並懲罰凶手。在藝術作品裡，她們的肩上或頭上有一對翅膀，所以行動無比迅捷。她們高舉火把，使得罪人無處可遁。此外她們手裡還拿著鞭子或蛇，以及一面鏡子，讓那些罪人看清自己的眞實面目。厄里倪厄斯是母系氏族血統關係的維護者，她們尤其不放過那些損害了神聖的血緣紐帶，犯下弒親罪行的人。——譯者注

過女性而成爲一個個體性，換言之，個人的**不自覺的**精神是透過女性而成爲一個實存，這個不自覺的精神借助於女性這一**中項**從非現實性進入到現實性，從一種無知識和無意識的東西進入到意識的王國。男性和女性的結合構成了整體的一個能動的中項，構成了這樣一個要素，它分裂爲神的規律和人的規律，同時又是這兩方面的直接統一體，這個統一體把起初的那兩個聯繫改造爲同一個聯繫，並且把那兩個相互對立的運動：其中一個歸功於男性，是人的規律（一個由許多獨立環節組成的有機體）的運動，即從現實性下降到非現實性，下降到死亡的危險和考驗；另一個歸功於女性，是地獄的規律的運動，即從死亡上升到光天化日的現實性，上升到一個自覺的實存，結合爲**唯一的一個**運動。

(二)倫理行為：人的知識和神的知識，過失與命運

但是，既然倫理王國裡仍然包含著這樣的對立，那麼自我意識就還沒有按其理所應當的那樣，作爲**個別的個體性**出現。按道理來講，個體性一方面只是**普遍的意志**，另一方面則是家庭的**血緣**，而這一個個別的人只不過是一個**不眞實的陰影**，他還沒有實施**任何行爲**，而行爲才是一個**現實的自主體**。行爲擾亂了倫理世界的安靜的組織機構和運動。凡是在倫理世界裡表現爲秩序，表現爲和諧一致的東西（對立雙方得以相互保存和完善），全都透過行爲而轉變爲**對立雙方**之間的過渡，其中的每一方都意味著自身及對方的消滅，而不是意味著自身及對方的保存。這就成了一種否定性的運動，或者說可怕**命運**的永恆必然性，它把神的規律和人的規律，還有那使兩大規律或勢力獲得實存的兩種自我意識，通通捲入到它的**單純性**的深淵之中。對我們來說，這就過渡到了純粹個別的自我意識的**絕對的自爲存在**。

這個運動的**根據**——它既是運動的出發點也是運動的歸宿，就是倫理王國，但這個運動

的**具體行爲**卻是自我意識。作爲**倫理**意識，它是對於倫理本質性或**義務**的一種**單純而純粹的指向**。其中沒有自覺自願、沒有鬥爭、也沒有懸而未決的狀態，因爲人們已經放棄了規律的制定和檢驗，倫理本質在意識看來已經是一種直接的、毫不動搖的、無可辯駁的東西。就此而言，這裡既不存在激情與義務相衝突的糟糕場面，也不存在義務與義務相衝突的鬧劇。後面這種情況就內容而言實際上也是激情與義務的衝突，也就是說，激情同樣可以被設想爲一種義務，因爲當意識擺脫了義務的直接的、實體性的本質性，返回到自身內，義務也就成爲一種流於形式的普遍者，對於任何內容都是完全適用的，就像我們前面已經看到的那樣。義務與義務之間的衝突之所以是一個鬧劇，因爲它表現出了「**處於對立中的絕對者**」這一矛盾，換言之，它一方面尊奉絕對者，另一方面又直接主張這個所謂的絕對者或義務是一種虛無縹緲的東西。但倫理意識知道應該做什麼，而且已經作出了決斷，不管它是隸屬於神的規律還是隸屬於人的規律。這種決斷狀態的直接性是一種**自在存在**，因此同時也意味著一種自然存在，就像我們看到的那樣。是自然，而非環境或選擇之類偶然因素，把一種性別分配給神的規律，把另一種性別分配給人的規律，或者反過來說，兩大倫理勢力透過兩種性別分別給予自己個體的實存和實現。

一方面，倫理性在本質上立足於這種直接的**決斷狀態**，因此對於意識來說，只能以**某一種**規律爲本質，另一方面，兩大倫理勢力在意識的**自主體**之內是一種現實的東西，這樣一來，兩大倫理勢力就意味著**相互排斥**和**相互對立**。它們在自我意識之內是**自爲**的，正如它們在倫理**王國**中只是**自在**的。因爲倫理意識已經作出**決斷**，遵循其中一種規律，所以它在本質上是一個**性格**。對它來說，兩種規律並不具備同樣的**本質性**。對立因此表現爲義務單單與不合理的**現實性**之間的一個**不幸的**衝突。倫理意識，作爲置身於這個對立之中的自我意識，本身同時也有一個目的，即強迫這個與它對立的現實性屈從於它所遵循的那種規律，換言之，倫理意識企圖蒙蔽現實性。當它只是看到自己的合理和對方的不合理，那麼就雙方各自的立場而言，那隸屬於神的規律的東西，在對方眼裡只不過是人的偶然的**暴行**，而那隸屬於人的規律的東西，在對方眼裡則是內在的自爲存在的一種頑冥和**不從**。政府的號令是一種普遍的、顯露無遺的公開意識，而另一個規律的意志則是一種祕密的、隱藏在內心裡的意識，它顯現爲一個實存著的個人意志，顯現爲一種與政府的號令相矛盾的惡行。

因此，正如實體裡面出現了**意識**與**無意識**的對立，同樣，在意識裡面也產生出**已知的東西**與**未知的東西**之間的矛盾。一方面是倫理**自我意識**的絕對**正當性**，另一方面是**本質**的神的**正當性**，兩者爭執不下。對於作爲意識的自我意識而言，客觀的現實性本身就具有本質。但按照它的實體而言，自我意識是它與對立面的統一，而倫理自我意識乃是實體的意識。因此當對象與自我意識相互對立的時候，就再也不可能單靠自己而具有本質。正如過去那些層面——對象在其中還僅僅是一個「**物**」，早就已經消失了，同樣，現在這些層面——意識在其中掌握著某些來自於自身的東西，把某個個別的環節當作本質，也已經消失了。現實性本身有力量去反對上述片面性，它與眞理結成了一個針對著意識的聯盟，然後才把眞理呈現在意識面前。然而倫理意識已經打破了絕對實體的外殼，它昏昏沉沉地，忘記了自爲存在的一切片面性，忘記了它的目的和那些獨特的概念，因此它在這冥河之水裡同時也忘記或洗刷掉了自己的一切本質性以及客觀現實性的獨立意義。就此而言，倫理意識的絕對正當性在於，當它遵循倫理規律去行動的時候，也即當它這樣實現自身的時候，它看到的只是這個規律本身的完成，而行爲所展現出來的無非是一種倫理行動。倫理既是絕對**本質**，同時也是絕對**勢力**，它不可能容忍它的內容被顚倒過來。假若倫理只是一個缺乏勢力的絕對**本質**，那麼它是有可能透過個體性而被顚倒過來的。但個體性作爲倫理意識既已放棄了片面的自爲存在，也就不再去進行顚倒。反過來同樣可以說，假若個體性仍然是一種片面的自爲存在，那麼單純

[345]

的勢力也有可能被本質顚倒過來。由於絕對本質和絕對勢力的統一，個體性成爲實體的一個純粹形式，這個形式同時也是內容，而行動則是意味著從思想過渡到現實性，只不過這個過渡是一個缺乏本質的對立的運動，這個對立的各個環節並不具備特殊的、彼此有別的內容和本質性。因此倫理意識的絕對正當性立足於這樣一個事實，也就是說，**行爲**作爲倫理意識的**現實性的形態**無非是倫理意識的**知識**。

但是倫理本質本身已經分裂爲兩種規律，而意識作爲對待規律時的一致態度，僅僅被判決給其中的一種規律。正如這個**單純的**意識（作爲倫理意識）堅持認爲自己有一個絕對的正當性，認爲本質已經把它**自在的**樣子**顯現**在意識面前，同樣，本質也堅持認爲自己的**實在性**具有正當性，或者說本質可以持續地發生二重化。但與此同時，本質的這種正當性並沒有站在自我意識的對立面，因爲它並不是存在於別的什麼地方，寧可說它是自我意識本身固有的本質。唯有如此，本質才獲得它的實存和勢力，而它的對立面則是**自我意識的行爲**。正因爲自我意識認識到自己是自主體，並採取行動，它才擺脫**單純的直接性**，爲自己製造出一種**分裂**。自我意識透過行爲放棄了倫理的規定性（也就是說，它不再是對於直接眞理的單純確定性），並在自身內造成分裂：一邊是行爲者，另一邊是與行爲者相對立的、否定著行爲者的現實性。自我意識透過行爲於是轉變爲**過失**，因爲這是它的**行動**，而行動是它的最爲根深蒂固的本質。**過失**也獲得了**罪行**的涵義，也就是說，當自我意識作爲單純的倫理意識去遵守一種規律時，它不但規避了另一種規律，而且更透過它的行爲觸犯了後者。**過失**不是一種漠不相關的和模棱兩可的本質，彷彿那個**現實地**表現出來的行爲既可能是、也可能不是它的自主體的**行動**，彷彿那與行動聯繫在一起的是某種外在的和偶然的東西，彷彿這些東西既然不是隸屬於行動，那麼行動就是無過失的了。但實際上，行動本身就是一種分裂，即一方面把自己設定爲一個自爲存在，同時另一方面又設定一個與之對立的、陌生的和外在的現實性，而這種現實性的存在和出現都是歸咎於行動本身。所以，只有像一塊石頭的存在那樣的不行動才是無過失，而哪怕一個小孩的存在都不能說是無過失的。就內容而言，倫理**行爲**本身就具有罪行這一環節，因爲它並沒有揚棄「兩種規律歸於兩種性別」這一**自然的**分配，而是作爲對於規律的一**致**指向仍然保持在**自然的直接性**的範圍之內。作爲行動，它認爲過失在於這樣一種片面性，即僅僅抓住本質的一個方面，去否定乃至損害另一個方面。至於在普遍的倫理生活裡，過失和罪行、行動和行爲將導致什麼結局，後面還會以更確定的方式表達出來。但到目前爲止，有一點是很明確的，也就是說，並非**這一個個人**在行動中有了過失，因爲他作爲**這一個**自主體只是一個非現實的陰影，或者說他只有作爲一個普遍的自主體和一個純粹的個體性才是一般意義上的**行動**這一**形式上的**環節，而內容則是法律和倫常習俗，對個人確切地來說，就是他的那個階層所遵循的法律和倫常習俗。個人是一個作爲類的實體，「類」雖然透過它的規定性轉變爲「種」，但「種」同時仍然保持爲「類」的普遍者。在民族的範圍之內，自我意識從普遍者出發只下降到特殊性，還沒有下降到個別的個體性，因爲個別的個體性在自我意識的行動中設定了一個排他的自主體，設定了一種自己否定著自己的現實性。寧可說，在自我意識的行動裡，對於整體的堅定信任是一切的基礎，其中沒有夾雜著任何陌生的東西，沒有夾雜著任何恐懼和敵意。

現在，倫理自我意識在它的行爲裡，不管是遵循神的規律還是遵循人的規律，都同樣經驗到一個**現實的**行動的具體展開的本性。那明示於它面前的規律在本質裡面與相反的規律聯繫在一起；本質是兩種規律的統一體；但行爲只是執行其中一種規律，同時反對另一種。但既然兩種規律在本質裡是聯繫在一起的，那麼其中一方的滿足肯定會導致另一方受到損害，使之成爲一個懷有敵意、尋求報復的本質，這就是行爲的後果。對於行動來說，明白表現出來的終歸只是決斷的一個方面；然而決斷是一個**自在的**否定，它作爲知識，把一個他者或一個陌生的東西放在對立面。所以，現實性把另一方面（即對知識來說陌生的那個方面）隱藏在自身內，不把它自在且自爲的樣子展現在意識面前，比如不讓兒子知道他所殺的冒犯者就是他的父親，不讓兒子知道他所娶的女王就是他的母親。②這樣看來，倫理自我意識背後埋伏著一個見不得光的勢力，它要等到行爲發生以後才跳出來，揪住自我意識的這個行爲不放，因爲行爲一旦實施，認知著的自主體與客觀的現實性之間的對立就已經遭到揚棄。行動者不能否認罪行以及他的過失。正是行爲推動著不動的東西，把那種只封閉在可能性之中的東西製造出來，並透過這種方式把無意識與意識、把非存在與存在聯繫在一起。基於這個眞理，行爲明白地昭顯出來，也就是說，它既在自身內把意識與無意識、把自己固有的東西與陌生的東西結合在一起，同時也是一個分裂的本質，意識在此經驗到本質的另一方面就是它自己的一個方面，但這個方面卻是表現爲一個被它損害的，懷有敵意的勢力。

事實有可能是這樣的：那埋伏起來的正當性並沒有按照它的獨特形態出現在行動著的**意識**面前，而只是**自在地**隱含在決斷和行動的內在過失中。但是如果倫理意識**事先就認識到**它要反抗的規律和勢力，把它們當作暴行和不正當，當作一種倫理上的偶然性，並且像安提戈涅那樣明知故犯地犯下罪行，③那麼倫理意識就會更完整，它的過失也會更純粹。已經實施

---

② 這是索福克勒斯的《俄狄浦斯王》的劇情。俄狄浦斯是波呂玻斯及其妻子墨洛珀收養的孩子，雖然他自己並不知道。在得到福玻斯的預言——他將殺害自己的父親，並玷汙母親的床榻之後，俄狄浦斯爲了逃避這個命運，倉惶出逃，在路上殺死了一個與他爭吵的老人（實即他的生父——忒拜城國王拉伊俄斯），後來因爲打敗了爲害忒拜城的斯芬克斯，成爲忒拜城的國王，迎娶了王后伊俄卡斯忒，亦即他的親生母親。——譯者注

③ 據索福克勒斯《安提戈涅》，儘管克瑞翁發布命令禁止埋葬和哀悼波呂涅刻斯的屍體（因爲他犯了叛國罪），但波呂涅刻斯的妹妹安提戈涅仍然明知故犯，去祭拜和埋葬她哥哥的屍體。——譯者注

的行爲扭轉了倫理意識的觀望，行爲的**實施過程**本身就表明：凡是**合乎倫理**的東西，都**必然**是**現實的**，因爲目的的**現實性**就是行動的目的。行動正表明了**現實性與實體的統**一，它顯示出現實性對於本質而言並非偶然的，而是與本質結合在一起，凡是與本質結合在一起的東西，都是一種眞實的正當性。由於這種現實性，也由於它的行動，倫理意識必須承認它的對立面就是它自己的現實性，它必須承認它的過失：

因爲我們受苦，所以我們承認，我們犯了過錯。④

這種承認表明倫理**目的**與**現實性**之間的分裂已經被揚棄了，表明意識返回到了倫理**思慮**，這種思慮知道，除了正當的東西之外沒有什麼能夠行之有效。但這樣一來，行動者就放棄了它的**性格**以及它的自主體的**現實性**，走向毀滅。行動者**存在著**，意思是，行動者遵循它的倫理規律，以之爲它的實體，但在承認對立面的時候，倫理規律對它來說就不再是實體了。行動者所獲得的不是它的現實性，而是非現實性，是一種思慮。誠然，實體**在**個體性**那裡**顯現爲個體性的**情懷**，而個體性則顯現爲某種賦予實體生命力，因而凌駕於實體之上的東西，但是實體作爲一種情懷同時也是行動者的性格。倫理個體性直接地、自在地與它的這個普遍者合爲一體，它的實存完全依賴於這個普遍者，而如果這個倫理勢力在與相反勢力的對抗中走向毀滅，那麼個體性也不可能倖免於難。

但倫理個體性在這個過程中獲得了一種確定性，也就是說，既然個體性的情懷是這個相

④ 索福克勒斯《安提戈涅》，V. 926。——德文版編者注

[349]

反的勢力，那麼**它所遭受的折磨並不比它造成的折磨更多**。兩大倫理勢力相互之間的運動透過不同的個體性體現在生命和行動中，只有當對立雙方同歸於盡時，這個運動才會達到它的**眞正的終點**。因爲，兩大勢力中的每一方都並不比另一方具有一種優先性，去成爲實體的一個**更爲根本**的環節。雙方同等的本質性和彼此漠不相關的持存狀態表明它們是一種缺乏自主體的存在，也就是說，在**行爲**裡面，它們都是一些自主本質，但卻彼此有別，而這與自主體的統一性相矛盾，並導致它們作爲缺乏正當性的東西必然走向毀滅。**性格**同樣也是如此：一方面，就它的情懷或實體而言，性格只隸屬於某一種倫理勢力，但另一方面，就知識而言，雙方的性格都分裂爲意識和無意識。由於雙方各自的性格都會造成這種對立，而且其行爲的後果都是一種無知，所以性格陷入到過失之中，被過失吞噬。因此可以說，某一方勢力及其性格的勝利和另一方的失敗都只是一個部分，是一件未完成的作品，將會不可避免地走向雙方之間的平衡或勢均力敵。只有當雙方都同樣臣服之後，絕對正當性才得以實現，倫理實體才作爲一種將雙方吞噬的否定勢力，或者說作爲一個全能而正義的**命運**顯現出來。

如果就其特定的內容以及這個內容的個體化情形來看待兩大倫理勢力，那麼它們在意識形態中的衝突在形式上則是呈現爲這樣一幅情景：衝突的一方是倫理和自我意識，另一方則是無意識的自然界以及自然界導致的偶然性（偶然性相對自我意識而言也有自己的正當性，因爲自我意識還只是一個**作爲眞相**的精神，還只是與它的實體處於一個**直接的**統一體之中）。從內容來看，這個衝突則是神的規律與人的規律之間的分裂。一個青年脫離無意識的本質，脫離家庭精神，成爲共同體中的個體性；與此同時他仍然隸屬於他所擺脫了的自然界，這表現在，他偶然地成爲兩兄弟之一，⑤而兩兄弟都有同樣的權利來統治這個共同體。**對於**進入到倫理本質裡面的**他倆**來說，或早或遲的出生作爲一種自然的差別並不具備什麼特別的涵義。但是政府作爲民族精神的單純靈魂或自主體不可能具有兩個個體性。自然界作爲多樣性的偶然性，與這個統一體的倫理必然性形成對立。於是兩兄弟不再和睦共處，他倆對於國家權力的訴求同樣都是正當的，也同樣都是不正當的，這個矛盾將他們雙方一併摧毀。從人的角度來看，當那個沒能**統治**共同體的人向對方統治的共同體發起進攻，這就犯下了罪行。反之，如果那個失去了統治權的人僅僅把對方理解爲一個與共同體無關的**個人**，那麼從他自己這方面來說，這樣做是正當的，因爲他在這種情況下所觸犯的僅僅是一個嚴格意義上的個體，而不是共同體，不是人的正當性的本質。那個遭受空洞的個別性攻擊，也得到空洞的個別性捍衛的共同體保存下來了，兩兄弟相互導致了對方的滅亡。因爲個體性既然爲了**它的自爲存在**而使整體陷於危險之中，那麼它已經脫離了共同體，在自身內自行瓦解了。但站在共同體一方的個人將會受到共同體的尊崇，而那個站在城牆上揚言要血洗共同體的人遭到了如下懲罰：政府，亦即共同體的自主體所重新建立的單純性，將剝奪他的全部乃至最基本的榮譽。誰要是冒犯了意識的最高精神，冒犯了共同體，必然會被剝奪他的整個完

[351]

⑤ 以下所述是索福克勒斯的《俄狄浦斯在柯洛諾斯》加上埃斯庫羅斯的《七雄攻忒拜》的劇情。俄狄浦斯發現自己殺父娶母之後，就弄瞎了自己的眼睛，流浪出國。此後他的兩個兒子爭奪王位，次子厄忒俄克勒斯獲得勝利，把他的長兄波呂涅刻斯驅逐出國。波呂涅刻斯來到阿耳戈斯城，娶了國王的女兒，並率領外邦軍隊攻打忒拜。最後的結果是波呂涅刻斯和厄忒俄克勒斯兄弟雙雙戰死，後者被忒拜城確立爲捍衛城邦的英雄，而前者則被認爲是叛國賊，其屍體不得被埋葬及接受哀悼。——譯者注

滿本質本應享有的榮譽，即一個亡靈本應享有的榮譽。

儘管普遍者透過這種方式輕鬆地削平了它的金字塔的最高頂端，**戰勝了**個別性的叛逆原則，戰勝了家庭，但正因如此，在普遍者與神的規律之間，在自覺的或有意識的精神與無意識的精神之間，仍然只是一種**抗爭**狀態。也就是說，後者（神的規律或無意識的精神）作爲一種根本的勢力並沒有被前者（普遍者或自覺的精神）摧毀，而只是遭到其羞辱。但相對於那種掌握權力，正大光明的規律而言，無意識的精神只能借助於沒有血肉的陰影來獲得一種**現實的**展現。所以，作爲代表著軟弱和黑暗的原則，它首先得屈從於那個代表著力量和光明的原則，因爲它的勢力範圍是在陰間而不是在陽世。但現實事物既然已經剝奪了內在事物的榮譽和權力，也就摧毀了內在事物的本質。公開精神的力量扎根於地獄。民族對於自身，對於自己的安全保障抱有**確定性**，這種確定性源於那個把全民族團結爲一個單一體的誓約，而誓約只有在全民族無意識的、靜默的實體中，在冥河的遺忘之水中，才成其爲**眞理**。這樣一來，公開精神在完成之後就走向自己的反面，它經驗到，它的最高正當性寧可是極端的不正當，它的勝利寧可是它自己的滅亡。至於那個死者，他的正當性既然已經受到侵害，也會懂得如何利用一些工具來實施報復，這些工具相比於那個傷害他的勢力具有同樣的現實性和力量。這些工具或勢力是另外一些共同體，它們把屍體放在祭壇上，任由野狗和禿鷲進食，弄得一片狼藉。屍體本來應該被交還給一個基本的個體，以便超度爲無意識的普遍性，但現在卻停留在陽世的現實王國裡，並作爲神的規律的力量獲得一種自覺的、現實的普遍性。這些敵意深重的勢力一哄而起，將共同體摧毀，而正是這個共同體曾經羞辱那個死者，剝奪他的力量，並扼殺掉家庭的親情。

按照這個觀念，人的規律和神的規律之間的運動的必然性表現在一些個體身上，在他們那裡，普遍者顯現爲一種**情懷**，而運動的所作所爲則是顯現爲**個體的**行動，這種行動給運動

[352]

的必然性套上了偶然性的假象。然而個體性和行動正好構成了一般意義上的個別性原則，這個原則作爲一種純粹而普遍的東西曾經被稱作內在的神的規律。作爲公開共同體的一個環節，它不僅具有那種陰間的、或在它的實存中外露出來的影響力，而且同樣具有公開的、體現在一個現實的民族身上的一種現實的實存和運動。在這個形式下，那個曾經被看作是個體化了的情懷的單純運動的東西，獲得了另一種面貌，而罪行以及罪行對共同體的破壞則獲得了它們的獨特的實存形式。人的規律，作爲一種普遍的實存，是共同體，作爲一般意義上的行動，是男性，作爲一種現實的行動，是政府。人的規律之所以**存在著**、**運動著**、**維繫著**，原因在於，它在自身內鎮壓了家庭守護神的特殊化，鎮壓了女性所主導的家庭的獨立孤立化，先是把它們消解在它的流體的延續性之中，然後保存下來。但與此同時，家庭又是人的規律的一般意義上的要素，而個別意識則是一個普遍的、有所行動的基礎。共同體只有透過破壞家庭幸福並將自我意識消解在普遍意識之中才能獲得持存，而在這種情況下，共同體爲自己招致了一個內在的敵人，亦即女性，後者一方面遭受共同體的壓迫，另一方面對共同體來說又是事關本質的。以下情形可以說是對於共同體的一個永恆諷刺：女性透過詭計把政府的普遍目的轉化爲一個私人目的，把政府的普遍成果轉化爲這一個特定的個體的事業，把國家的公共財富轉化爲家庭的私有財產和飾物。通常，人到了一定年紀就會擺脫個別性，諸如感官快樂、享受以及現實的行爲等，僅僅思考和關心普遍的東西，但是女性一方面嘲笑並且蔑視老人的嚴肅智慧，另一方面又去讚美未成熟的年輕人的剛勇和狂熱，推崇年輕人的一切力量，不管這年輕人是兒子、兄弟還是一般的青年。在這裡，兒子是作爲母親的主人而被母親生下來的，兄弟是與姊妹平等的男人，而一般的青年則使女兒擺脫了對於娘家的依賴性，賦予她作爲妻子應得的享樂和尊嚴。共同體只有透過壓迫這種個別性精神才能維繫自身，但因爲個別性精神是一個事關本質的環節，所以共同體又得把它製造出來，確切地

[353]

說，透過壓迫的舉動把它作爲一個敵對原則製造出來。儘管如此，由於這個敵對原則一旦脫離了普遍目的就只是惡和虛無，所以，只要共同體本身不承認年輕人的力量，不承認那種未成熟的、尚且局限在個別性範圍之內的男性是整體的**力量**，那麼敵對原則是什麼事都做不了的。因爲整體是指民族而言，而民族本身又是一個個體性，而且在本質上只有當**另外一些個體性爲著它**存在，只有當它把它們從自己這裡**排除出去**，知道自己不依賴於它們，它才是一個**自爲存在**。共同體的否定方面——**對內**表現爲對於個體的個別化行爲的壓制，**對外**表現爲一個**獨立自主**的東西，把個體性當作共同體的武器。戰爭是這樣一種精神和形式，在戰爭裡面，倫理實體的根本環節，亦即倫理**自主本質**的那種獨立於任何實存的絕對**自由**，獲得了現實性和保障。一方面，戰爭不但讓財產、個人的獨立性等個別的**體系**，而且讓個別的**人格性**本身感受到否定性的力量，另一方面，這個否定的本質在戰爭中明確表現爲整體的捍衛者。如今，那些曾經給女性帶來感官快樂的勇敢青年、那個曾經遭受壓迫的腐敗原則，登上舞臺，成了行之有效的東西。現在決定著倫理本質的實存、決定著精神性必然性的東西，是一種自然的力量，還有那種偶然顯現爲幸運的東西。正因爲倫理本質的實存基於這類力量和幸運，所以它**已經註定**要走向滅亡。從前，僅僅是家庭守護神在民族精神裡面走向滅亡，如今，眾多**活生生的**民族精神由於它們的個體性而在一個**普遍的**共同體中走向滅亡，這個共同體的**單純普遍性**是一種缺乏精神的、僵死的東西，而它的生命力在於**個別的**個體，在於個人。精神的倫理形態消失了，被另一個形態取而代之。

倫理實體之所以註定走向滅亡並過渡到另一個形態，原因在於，倫理意識在本質上是**直接**指向規律。正是直接性的規定使得一般意義上的自然界進入到倫理行爲中。倫理行爲的現實性僅僅展示出一個矛盾，展示出腐敗的萌芽，這個萌芽包含在倫理精神的優美和諧與靜態平衡之中，恰恰體現爲這種靜態和優美。直接性具有一種自相矛盾的意義，也就是說，它一方面是自然界的無意識的靜止狀態，另一方面也是精神的自覺的、不平靜的靜止狀態。由於這種自然性的緣故，這個倫理民族總的說來是一個被自然界規定的、從而有限的個體性，而且會被另一個個體性揚棄。但由於這個設定於實存中的規定性，亦即限制，同樣也是一般意義上的否定，是個體性的自主體，所以，一旦它消失，那麼精神的生命以及這個在一切個體性中都達到了自我意識的實體也會喪失。這個達到了自我意識的實體作為一種**形式上的普遍性**出離到了一切個體性之外，不再是一個寄居在它們之內的鮮活精神，寧可說，實體的個體性的單純凝固狀態已經裂變為眾多的點。

(三) 法權狀態

那個由個體性和實體之活生生的直接統一體倒退而成的普遍統一體，是一個缺乏精神的共同體，它已經不再是個體的缺乏自我意識的實體，而個體在其中按照各自的自為存在來說，現在都是作為一些自主本質和實體發揮著校準。普遍者既然已經裂變為無限多的個體原子，那麼這個死去的精神就成了一種一**致性**，也就是說，**所有的**個體、**每**一**個**個體，都作為**個人**發揮著校準。那個在倫理世界裡曾經被稱作隱蔽的神的規律的東西，事實上已經從內核進入到現實性中。當初在倫理世界裡，**個人**真正說來只有作為一種普遍的**家庭血緣**才存在著、才發揮著校準。作為**這**一**個**個人，他曾經是一個**缺乏自主體的亡靈**。但如今他已經擺脫他的非現實性而顯現出來。因為倫理實體仍然只是**作為眞相的**精神，所以個人返回到自身**確定性**之中。作為一個**肯定的**普遍者，個人是倫理實體，但他的現實性卻體現在他是一個**否定的**、普遍的**自主體**。我們曾經看到，倫理世界的各種勢力和形態都在空洞**命運**的單純必然性裡面埋沒了。現在，倫理世界的這個勢力是一個折返回它的單純性之內的實體，而這個折返回自身內的絕對本質正是空洞命運的那個必然性，它不是什麼別的，無非是自我意識的**自我**。

從現在起，自我得到承認，作爲一個**自在且自爲**存在著的本質發揮著校準。自我的實體性在於**作爲一個得到承認的東西存在著**。然而這種實體性是一種**抽象的普遍性**，因爲它的內容是**這一個敏感矜持的自主體**，而不是那個已經消解在實體之中的自主體。

因此在這裡，人格性已經擺脫了倫理實體的生活而顯現出來。它是意識的**現實地發揮著校準**的獨立性。至於人格性的那種**非現實的思想**，即透過**放棄現實性**來尋求獨立，在前面曾經作爲**斯多亞主義**的自我意識出現過。正如斯多亞主義來自於主僕關係（這是**自我意識**的直接實存），同樣，人格性也是來自於一個直接的**精神**，亦即一切人都普遍具有的統治欲和服從心。斯多亞主義在**抽象**中認識到的那個**自在體**，如今看來是一個**現實的世界**。斯多亞主義不過是這樣一種意識，它給法權狀態原則（亦即那種缺乏精神的獨立性）提出了一個抽象的形式。透過逃離**現實性**，意識只獲得了關於獨立性的思想。意識之所以是絕對**自爲的**，原因在於，它並沒有把它的本質與任何實存結合在一起，而是想要放棄任何實存，把它的本質僅僅置於純粹思維的統一性之中。在這種情況下，與個人法權聯繫在一起的，既不是嚴格意義上的個體的更豐富或更有力的實存，也不是一個普遍的活生生的精神，反倒是一個純粹的單一體，這個單一體是個人法權的抽象的現實性，或者說是一般意義上的自我意識。

正如斯多亞主義的**抽象的**獨立性已經呈現出它的實現過程，同樣，這個實現過程將會重複那個抽象的獨立性的運動。斯多亞主義的抽象的獨立性過渡到懷疑主義的意識紊亂，變成一種否定一切的空談，捉摸不定，迷失在存在和思想的一個又一個的偶然性之中。儘管它也把這些偶然性消解在一種絕對的獨立性裡面，但同時又立即把它們製造出來，因此它自己實際上僅僅是意識的獨立性與非獨立性之間的一個矛盾。個人的**法權**獨立性其實同樣也是一種普遍紊亂和相互消解。那作爲絕對本質而發揮著校準的東西，是自我意識，是個人的純粹而**空洞的單一體**。與這種空洞的普遍性相反，實體具有「**充實**」和「**內容**」等形式，但內容如今已經被完全置之不理，變得雜亂無章，而那個曾經管制並統一著內容的精神也已經不見蹤影。因此，個人的這個空洞的單一體，就它的**實在性**而言，是一個偶然的實存，是一個缺乏本質的運動和行動，不能持續多久。法權的形式主義和懷疑主義一樣，只是依靠自己的概念，並不具有什麼獨特的內容。它和懷疑主義一樣，剛看到豐富多姿的持存事物，就以爲已經將它們占有了，而且還給它們打上同樣的抽象普遍性的印記，將占有物稱作**私有財產**。但是，如果說這種特定的現實性在被懷疑主義稱作一般意義上的**假象**，只具有一種否定的價值，那麼它在法權這裡則具有一種肯定的價值。之所以說「否定的價值」，原因在於，現實的東西意味著一個作爲思維、作爲**自在的**普遍者的自主體，而之所以說「肯定的價值」，原因則是在於，現實的東西意味著範疇意義上的「**我的**」，這是一種**得到承認的**、**現實的**校準。也就是說，兩種價值都是同一個**抽象的普遍者**。「我的」的現實內容或**規定性**，不管這是指一種外在財富，還是指精神和性格方面的內在豐富或貧乏，並沒有包含在這個空洞的形式裡面，而是與這個形式毫不相干。因此內容是隸屬於一個**自立的權力**，但這個權力並不是那個形式上的普遍者，而是一個偶然和隨意的東西。就此而言，法權意識在它的現實校準中所親自經驗到的，寧可是它的實在性的喪失，是它的完全的非本質性，至於把一個個體稱作**個人**，則是一種蔑視的表現。

按照內容的自由權力對自己作出的規定，內容雖然分解爲**無限多**的個人原子，但透過這個規定性的本性，個人原子同時又聚集到一**個**對它們來說陌生的、而且同樣缺乏精神的點。一方面，這個點和它們的人格性的敏感矜持一樣，是純粹個別的現實性，但另一方面與它們的空洞個別性相反，這個點同時意味著全部內容，因此也意味著人格性的實在本質的

[357]

內容。而且，如果說人格性是一種自以爲絕對，但自在地看來缺乏本質的現實性，那麼正相反，這個點才是普遍的權力和絕對的現實性。這樣一來，這位世界主宰就認爲自己是一個絕對的、在自身內同時包含著一切實存的個人，在他的意識裡，比他更高的精神是不存在的。他是個人，但卻是孤獨的個人，與一**切**個人對立。但是，唯有「一切個人」才建立起個人的切實有效的普遍性，因爲嚴格意義上的個別事物只有作爲個別性的普遍的多樣性才是眞實的。如果脫離了這種普遍的多樣性，那麼孤獨的自主體實際上只是一個非現實的、虛弱無力的自主體。與此同時，他所意識到的內容與那個普遍的人格性相對立。這內容既已擺脫了他的否定勢力，就成了一團混亂的精神勢力，這些被釋放出來的精神勢力是一些基本本質，肆無忌憚地相互摧殘著對方。它們的虛弱無力的自我意識是一個形同虛設的疆界，是它們相互廝殺的場所。這位世界主宰既已知道自己是一切現實勢力的總體，於是轉變爲一個宏大的自我意識，認爲自己是一個現實的神。但由於他還只是一個形式上的自主體，還沒有能力去約束那些現實勢力，所以他的活動和自我享受同樣只不過是一種宏大的放蕩不羈而已。

世界主宰具有一種現實的意識，認識到他自己是什麼，而在他針對臣民的對立的自主體而實施的摧毀性暴力中，他認識到了現實性的普遍勢力。因爲，他的勢力或權力並不是在於精神的**和諧一致**，彷彿眾多個人在其中認識到他們各自的自我意識似的，寧可說，個人作爲一種自爲存在，全都視自己的孤立性爲絕對不可侵犯的，因此全都排斥自己與他人之間的延續性。因此，個人之間、個人與世界主宰之間，都只是一種否定的關係，儘管世界主宰作爲他們的關聯和延續性存在著。作爲這種延續性，世界主宰是他們的這種形式主義的本質和內容，但對他們來說，這是一個陌生的內容，是一個敵對的本質，因爲這將揚棄他們一向珍視爲本質的那種空無內容的自爲存在，並且，世界主宰作爲他們的人格性的延續性，正是要摧毀他們的人格性。因此，當一個陌生的內容成爲一個發揮著校準的東西，法權意義上的人格性就經驗到自己寧可是缺乏實體的，而那個內容之所以能在他們那裡發揮著校準，原因在於，它是他們的實在性。另一方面，那個在這片缺乏本質的土地上進行著顛覆活動的勢力意識到了自己的無所不能，但是這個自主體是一種純粹的破壞活動，所以只是在自身之外進行的，或更確切地說，這種破壞活動意味著拋棄它自己的自我意識。

因此，當自我意識作爲絕對本質成爲一個**現實的**東西，就是這個樣子。但是，那個**被驅逐回自身內的意識**在失去現實性之後，它所思維的是它自己的這種非本質性。之前我們曾經看到，斯多亞主義的純粹思維的獨立性經歷了懷疑主義的階段，並在哀怨意識中達到了自己的眞理，亦即它的自在且自爲的存在。如果說這種知識在當時還只是作爲某一個意識本身的片面觀點而出現，那麼在這裡出現的，則是那些觀點的**現實的**眞理。這個眞理表明，自我意識的**普遍校準**是一種對自我意識而言異化了的實在性。這個**校準**是自主體的普遍的現實性，但這種現實性直接地同樣也是一種顛倒，或者說它是自主體的本質的喪失。自主體的現實性本來在倫理世界裡面還不是一種現成的東西，但當它返回到**個人**，也就獲得了這種現成的現實性。當初在倫理世界裡面和諧一致的東西，如今得到了發展，但卻是作爲一種異化了的東西出現。

二、自身異化了的精神；教化

倫理實體始終把對立封閉在它的單純意識之內，這個單純的意識又與自己的本質形成一個直接的統一體。因此，對於意識來說，本質具有「**存在**」這一單純的規定性，而意識則是直接指向本質，作爲本質的倫常習俗存在著。意識並不認爲自己是**作爲這一個排他的自主體**

存在著，同樣，實體也不是意味著一個遭到意識排斥的實存，否則的話，意識就只得透過自身的異化才能與實存合而爲一，同時產生出實體。然而那個精神，它的自主體是一種絕對隱祕的東西，把它的內容看作是一個處於對立面的、同樣強硬的現實性，而世界在這裡被規定爲一種外在的、否定著自我意識的東西。但這個世界是一個精神性本質，自在地看來，它是存在與個體性的融合。世界的實存是自我意識的**作品**。世界同樣也是一種直接現成的、在自我意識看來陌生的現實性，它具有一種獨特的存在，而自我意識在其中並沒有認識到它自己。世界是法權的外在本質和自由內容；但這個被法權世界的主宰牢牢掌握在手中的外在現實性並非只是一個偶然地擺放在自主體面前的基本本質，而是自主體自己的勞作，儘管這是一種否定的而非肯定的勞作。外在世界之所以獲得實存，是透過自我意識**自己固有的**外化活動和去本質活動，乍看起來，這些活動在那個支配著法權世界的破壞活動裡，把失控要素的外在暴力強加在了自我意識身上。這些要素就其自身而言只是一種純粹的破壞活動，是一種自行瓦解；但這種瓦解作爲它們的否定本質正是自主體。自主體是它們的主體，是它們的行動和轉變過程。這些行動和轉化過程使實體成爲一個現實的實體，同時也意味著人格性的異化，因爲那個**直接的**、**尚未異化的**、仍然自在且自爲地發揮著校準的自主體缺乏實體，只是那些喧囂要素的一種嬉戲活動。因此可以說，自主體的實體就是自主體的外化活動本身，而外化活動就是實體，或者說是一些精神性勢力，它們自行組建爲一個世界，並透過這種方式維繫著自身。

在這種情況下，實體是**精神**，是自主體與本質的自覺的**統一體**。但是自主體和本質都意味著相對彼此而言的異化。精神作爲一個**意識**，以獨立自主的、客觀的現實性爲對象。那與這個意識相對立的東西，是自主體與本質的統一體，也就是說，這裡是一個**純粹的意識**與一個**現實的意識**相對立。一方面，現實的自我意識透過自己的外化活動過渡到現實世界，現實

[360]

世界也返回到現實的自我意識之內，但另一方面，正是這個現實性（無論它是指個人還是指客觀世界）被揚棄了。它們成爲一種純粹普遍的東西，而它們的這種異化是一個**純粹的意識**或**本質**。[361] 當前的現實世界直接以它的**彼岸世界**（也即它的思維和思維中的存在）爲對立面，反過來，思維直接以此岸世界（也即它自己異化出來的現實性）爲對立面。

所以，這個精神給自己塑造出來的並非只是**單一的**世界，而是一個雙重的、分裂開的、並且相互對立的世界。倫理精神的世界是這個精神自己固有的**當前存在**。這樣一來，這個世界的雙方勢力都包含在一個當前存在著的統一體之內，而且雖然雙方有所區別，但仍然與整體保持著一種平衡狀態。沒有任何東西意味著對於自我意識的否定。甚至連亡靈都仍然作爲一種當前存在著的東西包含在親屬的**血緣**、家庭的**自主體**之內，而政府的普遍**權力**乃是民族的**意志**或自主體。但是在這裡，所謂當前存在著的東西僅僅意味著那種以意識爲彼岸世界的客觀**現實性**。每一個個別的環節，作爲**本質**，都獲得了這種客觀現實性，隨之也獲得了他者的現實性，而且就它作爲一個現實的東西而言，它的本質和它的現實性是兩回事。沒有任何東西具有一個立足並寄居於自身內的精神，寧可說，任何東西都是在自身外，在一個異己的東西之中。整體的平衡並不是指那個一動不動的統一體，也不是指那種返回到自身內的寧靜狀態，而是以對立面的異化爲基礎。因此，整體和任何個別環節一樣，都是一種自身異化了的實在性。整體分裂爲兩個王國，在其中一個王國裡，**現實的自我意識**既是它自己，也是它自己的對象，而在另一個王國亦即**純粹**意識的王國裡，純粹意識已經超越現實的自我意識，因此並不具有一個現實的當前存在，而是處於**信仰**之中。現在，如果說倫理世界擺脫了神的規律與人的規律以及其他形態之間的分裂，它的意識也擺脫了知識與無意識狀態的分裂，返回到它的命運，返回到**自主體**（亦即那個**否定著**對立的勢力）之內，那麼同樣地，自身異化了的精神的這兩個王國也將返回到**自主體**之內。但如果說前面那個王國是一個 [362]

直接發揮著校準的**自主體**，是個別的**個人**，那麼後面這個從其外化活動返回到自身內的王國就將是一個**普遍的自主體**，是一個理解把握著概念的意識，這兩個精神世界，它們的所有環節都堅持自己是一個固定的現實性和一個缺乏精神的持存，也將在**純粹識見**裡自行瓦解。純粹識見作爲一個**理解把握**著自身的自主體完成了教化。它所領會把握的東西不是別的，就是自主體，它把一切東西都當作自主體來領會把握，也就是說，它對一切東西都進行**概念式把握**，消除一切客觀事物，把一切**自在**存在都轉化爲**自爲**存在。當它轉而反對信仰，也即反對那個異己的、位於彼岸世界的**本質**王國時，它是**啓蒙**。啓蒙也在這個王國裡完成了異化，因爲異化了的精神逃到這個王國之內，企圖透過一個自身均衡的平靜意識來挽救自己。啓蒙把異化精神在這裡的家庭事務弄得一團糟，原因在於，它把此岸世界的什物都攜帶進來，而異化精神又不能否認這些確實是它自己的財產，畢竟它的意識同樣也隸屬於此岸世界。在這個具有否定意義的事務裡，純粹識見同時也實現了自身，並把它自己固有的對象製造出來，也就是說，把那個不可認識的**絕對本質**，把**功用**製造出來。由於現實性在這種情況下失去了一切實體性，而且在自身中不再包含著任何**自在**的東西，所以信仰的王國和眞實世界的王國都同樣被顛覆了。這種顛覆或革命產生出一種**絕對的自由**，伴隨著這種自由，此前異化了的精神既然已經完滿地返回到自身內，於是離開這個教化的國度，過渡到另一個國度，亦即**道德意識**的國度。

二—一　自身異化了的精神的世界

異化精神的世界分裂爲雙重的世界：一個世界是現實性，或精神的異化活動本身，另一個世界是精神置於前者之上，在純粹意識的乙太裡面爲自己建立起來的世界。後面這個世界

[363]

與前面那種異化**相對立**，但正因如此，它沒有擺脫異化，反而成為另一種形式的異化，其表現就是，對兩個世界都有所意識，並且將兩個世界都包含在自身內。也就是說，這不是絕對本質之**自在且自為**存在著的自我意識，不是我們在本書中所考察的宗教，而是**信仰**，因為信仰意味著**逃避**現實世界，不再是一個**自在且自為**的東西。就此而言，對於當前存在的逃避本身就直接是一種雙重的逃避。精神把自己提升到純粹意識這一要素之中，然而純粹意識不只是**信仰**的要素，而且同樣也是**概念**的要素。因此信仰和概念是同時結伴出現的，而且前者只能被看作是後者的對立面。

(一) 教化及其現實性王國

這個世界的精神是一個滲透著**自我**意識的精神性**本質**，這個本質知道自己作為**這一個自為存在著的東西**是一種直接的當前存在，並且知道**本質**是一個與自己相對立的現實性。但是這個世界的實存，以及自我意識的現實性，都是基於這樣一個運動，即自我意識脫離它的人格性發生外化，從而創造出它的世界，把這個世界看作是一個異己的、從現在起必須掌控在手的世界。但是，當自我意識放棄它的自為存在之後，就會製造出現實性，並透過這個辦法直接掌控現實性。換言之，只有當自我意識自身發生異化之後，它才是**某種東西**，才具有**實在性**。透過自身異化，自我意識把自己設定為一個普遍者，而它的這種普遍性是它的校準和它的現實性。因此，這種所有人的**平等**並不是法權意義上的平等，不只是自我意識因為自己的**存在**就直接獲得的那種認可和校準。寧可說，自我意識的校準依賴於一種異化著的中介活動，必須使自己符合於普遍者。缺乏精神的法權普遍性把性格以及實存的一切自然形態都接納到自身中，賦予其合法性。但那種在這裡發揮著校準的普遍性是一種**轉變而來**的普遍性，因而是一種**現實的**普遍性。

也就是說，正是**教化**使得個體在這裡獲得了校準和現實性。個體的眞正的**原初自然**和眞正實體是**自然的**存在**發生異化時**所遵循的精神。因此，這種外化活動既是個體的**目的**，也是個體的**實存**。它既是一個從**思想中的實體**到**現實性**的**中介**或**過渡**，同時反過來也是一個從**特定的個體性**到**本質性**的中介或過渡。這種個體性把自己教化爲它**自在地**所是的東西，只有透過教化，它才**自在地存在著**，並且具有一種現實的實存。個體性經歷了多少教化，就會具有多少現實性和權力。儘管自主體作爲**這一個個體**在這裡知道自己是現實的，但它的現實性完全在於去揚棄一個自然的自主體。原初**被規定的**自然於是被歸結爲一種**無關本質的**分量上的差別，被歸結爲或多或少的意志能力。然而自主體的目的和內容完全隸屬於普遍實體自身，只能是一個普遍的東西。自然的特殊性既已轉變爲目的和內容，那麼可以說是某種**無關緊要的**和**非現實**的東西。特殊性是一個**種或模式**，它徒勞而可笑地企圖成爲某種現實的東西。它是這樣一個矛盾，一方面賦予特殊事物現實性，但另一方面卻發現，這種現實性直接是一個普遍的東西。所以，如果個體性被錯誤地歸結爲本性和性格方面的**特殊性**，那麼在一個實在的世界裡就不會存在著眾多個體性和個性，寧可說，每一個個體對彼此來說都具有一種同等的實存。那種遭到誤解的個體性僅僅只是一種**意謂中的**存在，這種存在在這個世界裡面毫無立足之地，因爲其中只有自行外化出來的東西，從而只有普遍的東西，才能獲得現實性。就此而言，**意謂中的東西**本身是指一個種或模式。就「模式」這個詞而言，與之相對應的德語「Art」和法語「Espéce」還不是完全同樣的意思，因爲後者乃是「一切綽號中最可

[365]

怕的那個；它意味著平庸，並且表達出一種最高程度的蔑視。」⑥而德語的「**模式**」和「**就他的模式來說是好的**」之類說法除了意味著平庸之外，還附帶有一種誠懇的態度，彷彿這其實並沒有多麼糟糕。或者也可以說，德語的這類說法還沒有意識到什麼是模式，什麼是教化和現實性。

那與個別的**個體**相關聯，並顯現爲個體的教化的東西，是**實體**本身的一個根本環節，即從它的思想中的普遍性直接過渡到現實性。換言之，那個東西是實體的單純靈魂，它**使自在體得到承認**，成爲一個**實存**。因此，個體性的自我教化運動同時也是個體性作爲一個普遍的客觀本質發生的轉變過程，也就是說，同時也是現實世界的轉變過程。現實世界儘管是透過個體性轉變而來的，但在自我意識看來仍然是一個直接異化了的東西，在形式上則是體現爲一種堅定不移的現實性。但自我意識既已確信現實世界是它的實體，當然想要控制這個世界。自我意識透過教化獲得了掌控現實世界的權力，從這個方面來看，教化意味著，自我意識在它的原初性格和原初天分的力量所許可的範圍之內，儘量使自己符合於現實性。在這裡，個體的暴力看似控制並揚棄了實體，但實際上卻是實現了實體。因爲個體的權力就在於讓自己符合於現實性，也即擺脫自己的自主體而發生外化，把自己設定爲一個客觀存在著的實體。就此而言，個體的教化和個體自己固有的現實性是實體本身的實現過程。

自主體只有作爲一個**遭到揚棄的自主體**才是現實的。因此它並沒有把它的自我**意識**與對象統一起來，而是認爲對象是對於它的否定。透過那個作爲靈魂的自主體，實體在它的各個環節中都被塑造成這樣的情形，也就是說，每一方都賦予對方生命，每一方都透過自己的

⑥ 狄德羅《拉摩的侄兒》，歌德譯，一八〇五。——德文版編者注

異化來保障對方的持存，並且以同樣的方式從對方那裡獲得自己的持存。與此同時，每一個環節的規定性都發揮著一個不可抹煞的校準，對於對方來說都具有一個穩固的現實性。思維以最一般的方式，即透過「**好**」和「**壞**」的絕對對立，將這個差別固定下來，也就是說，「好」和「壞」水火不容，絕不可能成爲同一個東西。但是這個穩固的存在就其靈魂而言已經直接過渡到它的對立面；實存其實是一種顛轉，即每一個規定性都轉變爲相反的規定性，而且只有這種異化才是整體的本質和保全手段。我們現在將要觀察的是這樣一個運動，即各個環節的實現過程和獲得生命的過程；異化本身又將發生異化，而整體將會透過異化把自己收回到自己的概念裡。

我們首先要觀察單純的實體本身，觀察它的那些實存著的、尚未獲得生命的環節所直接形成的組織機構。我們知道，自然界可以分解爲一些普遍的元素，比如，氣是一個**持久不變的**、純粹普遍而透明的本質，水是一個始終不斷被**消耗掉**的本質，**火**是它們的**生命原動力**統一體，一邊不斷消解著它們的對立，一邊始終分裂著它們的單純性，造成對立，最後，**土**作爲這些環節的**固定樞紐**，乃是這些本質及其轉變過程的**主體**，是它們的出發點和歸宿。同樣，自覺的現實性的內在**本質**或單純精神，作爲一個世界，也分解爲如下一些普遍的、但卻是精神性的群體：**第一個**群體是一個**自在普遍的**、**自身一致的**精神性本質，第二個群體是一個**自爲存在著的**、在自身內已經轉變爲**不一致**、**犧牲**並**奉獻**著自己的本質，而**第三個**群體則是一個具有自我意識的主體，它本身直接具有火的那種力量。在第一個本質裡，精神意識到自己是**自在存在**，而在第二個本質裡，精神透過犧牲掉普遍者來使自己轉變爲**自爲存在**。但精神本身是整體的**自在且自爲的存在**，這個整體一邊**分裂**爲一個持久不變的實體和一個自我犧牲的實體，一邊又把它們**收回**到自己的統一體之內，一方面是爆發出來的、將兩種實體吞噬掉的烈焰，另一方面是它們的持久不變的形態。我們看到，這些本質分別對應於倫理世界裡面的共同體和家庭，但是它們並不具有共同體和家庭本身固有的那種精神。相反，如果說命運在那種精神看來還是一種異己的東西，那麼自我意識在這裡不僅本身就是這些本質的現實權力，而且知道自己是這樣一種權力。

我們現在要觀察的這些環節，首先在純粹意識的內部呈現爲**思想**或**自在**存在者，然後在現實的意識裡面呈現爲**客觀的**本質。在單純性這一形式之下，第一個本質，作爲全部意識之**自身一致的**、直接的和持久不變的本質，是**好**；它是**自在體**的獨立的精神性權力，相比之下，自爲存在著的意識的運動僅僅是一種附帶作用。相反，第二個本質是一個**消極的**精神性本質，或者說是那個作出自我犧牲的普遍者，它讓個體在它那裡意識到他們的個別性；它是一個虛無縹緲的本質，是**壞**。本質完全瓦解，但這個瓦解過程本身是持久不變的。第一個本質是個體的基礎、出發點和歸宿，個體在其中轉變爲純粹普遍的東西，但第二個本質正相反，它一方面是一個作出自我犧牲的**爲他存在**，另一方面卻正因此是**個別的**個體的持續的自身回歸；換言之，它是個體持續不斷地**轉變爲自爲存在的過程**。

但同樣地，諸如「好」和「壞」之類單純的**思想**也直接發生了異化，因爲它們是**現實的**，作爲一些**客觀的**環節存在於一個現實的意識之內。就此而言，第一個本質是**國家權力**，第二個本質是**財富**。國家權力既是一個單純的**實體**，也是一個普遍的**成果**，是絕對的**事情本身**，在它那裡，個體明白認識到了他們的**本質**，而他們的個別性根本說來僅僅是一種以自己的**普遍性**爲對象的意識。同樣，國家權力是一個成果，一個單純的**結果**，雖然我們從結果裡面已經看不出這是個體的**行動**的產物，但它始終是個體的全部行動的絕對基礎和持續存在。由於個體生命的這個**單純的**、乙太般純淨的實體被規定爲一種持久不變的自身一致性，所以它作爲**存在**僅僅是一種**爲他存在**。這個實體本身直接是它自己的對立面，即**財富**。財富雖然是一種消極的或虛無縹緲的東西，但同樣也是一種普遍的精神性本質，它既是**所有的人的勞動和行動**之持續**轉變著的結果**，同樣又消解在所有的人的**享受**之中。透過享受，個體性成爲一個**自爲的**或**個別的**個體性，但這個享受本身是普遍行動的一個結果，正如它反過來又促成了普遍的勞動以及所有的人的享受。**現實事物**在根本上具有一種精神性意義，即直接作爲一種普遍的東西存在著。誠然，在這一個環節裡面，每個人都認爲自己是**出於自私自利**才行動的。他在這個環節裡意識到自己是一個自爲存在，從而並沒有把享受當作是某種精神性的東西。但實際上哪怕只從外表來看，我們都可以發現，每個人在享受著什麼東西的時候，也讓所有的人得到了享受，每個人在勞動的時候，既是爲了他自己，也是爲了所有的人而勞動，正如所有的人的勞動也是爲了他。因此，每個人的**自爲存在**本身就是**普遍的**，而自私自利只是某種意謂中的，不能成爲現實的東西，也就是說，沒有任何人能做什麼純粹只是爲了他自己而不是爲所有的人帶來福利的事情。

自我意識於是在這兩種精神性權力裡認識到它的實體、內容和目的。它在其中直觀到了它的雙重本質：在前一種權力裡直觀到它的**自在存在**，在後一種權力裡直觀到它的**自爲存在**。但與此同時，自我意識作爲精神又是一個否定的**統一體**，它把那兩種分庭抗禮的權力以及個體性與普遍者之間（或者說現實性與自主體之間）的分裂統一起來。因此在個體看來，統治權和財富是一些現成的對象，當面對這類對象的時候，個體知道自己是**自由**的，他認爲自己能夠在兩者之間隨便挑選一個，甚至一個都不挑選。個體作爲這樣一個自由的和**純粹的**意識，與那個只**爲著他**而存在的本質相對立。這樣一來，個體才認爲本質是他的內在**本質**。在這個純粹的意識裡面，實體的各個環節對個體來說不是國家權力和財富，而是諸如「**好**」和「**壞**」之類思想。除此之外，自我意識還把個體的純粹意識與個體的現實意識聯繫在一起，把個體所思想的東西與客觀的本質聯繫在一起，也就是說，自我意識在本質上是一種**判斷**。誠然，對於現實本質的那兩個方面來說，單憑它們的直接規定就可以得出其中哪個是好？哪個是壞。確切地說，國家權力是好的，而財富是壞的。但是這個最初的判斷不能被視爲是一個精神性的判斷，因爲在那個判斷裡，一方只被規定爲**自在**存在者或肯定的東西，而另一方只被規定爲**自爲**存在者和否定的東西。但是國家權力和財富，作爲精神性本質，每一方都是兩個環節的貫穿滲透，因此在那些規定裡並沒有完全充分地表現出來，而那個與它們相關聯的自我意識，是一個**自在且自爲**的東西。因此自我意識必須以雙重的方式與每一方都相關聯，而在這種情況下，國家權力和財富的本性也將清楚表現出來，也就是說，它們是一些自身異化了的規定。

如今對於自我意識而言，如果它所認識到的是它自己，那麼對象是**好的**和**自在的**，而如果它所認識到的是它的對立面，那麼對象是**壞的**。「**好**」意味著客觀實在性與自我意識一**致**，而「**壞**」則意味著它們**不一致**。與此同時，那**對於自我意識而言**是好的和壞的東西，**自在地**就是好的和壞的，因爲正是在自我意識裡面，**自在**存在和**爲他**存在這兩個環節成爲同一個東西。自我意識是一個現實的、以客觀本質爲對象的精神，當它作出一個判斷，這個行爲本身表明自我意識擁有一種支配客觀本質的權力，能夠**使得**客觀本質成爲它們**自在地**所是的東西。客觀本質的標準和眞理，不在於它們如何本身直接是一**致的**或**不一致的**，也就是說，不在於它們是一種抽象的自在存在呢？還是一種抽象的自爲存在，而是在於，當它們與精神相關聯的時候，是與精神一致呢？還是不一致。在精神與客觀本質的**關聯**中，客觀本質首先被設定爲**對象**，並**透過精神**轉變爲**自在體**。這個關聯同時也是客觀本質的**自身反映**，客觀本質因此才獲得一種現實的精神性存在，而**它們的精神**也才顯現出來。但是，正如客觀本質的第一種**直接規定**不同於精神與它們的**關聯**，那麼第三種規定，即客觀本質自己固有的精神，也將不同於第二種規定。客觀本質的**第二種自在體**是首先透過精神與客觀本質的關聯才產生出來的，它所表現出來的樣子必定會不同於那個**直接的**自在體。寧可說，精神的這種**中**

介活動所推動的是一種**直接的**規定性，並使之成爲別的什麼東西。

這樣一來，**自在且自爲存在著**的意識在**國家權力**裡面所看到的，誠然是它的**單純本質**和**一般意義上的持存**，但卻不是它的嚴格意義上的**個體性**，它所看到的是它的**自爲存在**，但不是它的**自在存在**。寧可說它在國家權力裡面發現，個別意義上的行動已經遭到否定，並在壓制之下轉變爲服從。面對國家權力，個體返回到自身內，把國家權力當作一種壓迫性本質，當作**壞**。國家權力不是一種與個體性一致的東西，而是一種與之完全不一致的東西。與之相反，**財富是好**，它提供普遍的享受，犧牲自己，讓所有的人都意識到他們的自主體。**自在地看來**，財富是一種普遍的善行。如果說它沒有作出某一個善舉，沒有滿足每一個需要，那麼這只是一個偶然現象，無損於財富的那個普遍必然的本質，即把自己分配給所有的個人，做一個有求必應的施予者。

這兩種判斷使得諸如「好」和「壞」之類思想獲得了一個新的內容，這個內容與我們之前在它們那裡看到的內容正好相反。但到目前爲止，自我意識與它的對象之間的關聯還不算完滿，也就是說，這個關聯只是按照**自爲存在**的標準來進行的。但意識同樣也是一個**自在**存在著的本質，而且必須讓自在存在這一方面也成爲標準，只有這樣，精神性判斷才會最終完成。就自在存在這一方面而言，**國家權力**向意識宣告了意識自己的**本質**。它有時候是靜態的法律、有時候是政府、有時候又是一些把普遍行動的個別運動整合起來的號令。法律是單純的實體本身，而政府和號令則是實體採取的一個行動，以便使實體自身以及所有的人都生存下來。個體於是發現他的根據和本質在國家權力裡面已經表現出來，得到了整合和確認。相反，在享受**財富**的時候，個體並沒有經驗到他的普遍本質，而是僅僅得到一種**飄忽即逝的**意識，把自己當作一種自爲存在著的**個別性**，當作一種與自己的本質**不一致**的東西來享受。正是在這裡，「好」和「壞」的概念獲得了一個與跟前面的內容相反的內容。

這兩種判斷方式分別發現了一種**一致性**和一種**不一致性**。在前一種判斷裡面，意識發現自己與國家權力**一致**，與享受財富**一致**，而在後一種判斷裡面則正相反，意識發現自己與國家權力**不一致**，與享受財富**不一致**。在這裡，在意識與國家權力和財富這兩個現成的實在本質性的關聯之中，存在著一種雙重的「**發現一致**」和一種雙重的「**發現不一致**」之間的對立。我們必須對這種彼此有別的判斷活動進行評判，爲此我們必須依據已經建立起來的標準。就此而言，當意識**發現一致**時，這種關聯是**好**，而當意識**發現不一致**時，這種關係是**壞**。從現在起，我們必須斷定，這兩種關聯方式本身是**意識的不同形態**。當意識以不同的方式與對象發生關聯，它本身已經遵循著好和壞之間的差異性，也就是說，意識並不是預先把**自爲存在**或純粹的**自在存在**當作原則，然後才遵循這種規定，因爲自爲存在和自在存在是一些同樣根本的環節。之前考察過的那種雙重判斷把自爲存在和自在存在這兩個原則看作分裂開的東西，因此它只包含著一種**抽象**方式的**判斷活動**。現實的意識本身就包含有這兩個原則，所謂的差別只是在於意識的**本質**，亦即在於意識本身與實在性之間的**關聯**。

這個關聯具有相反的兩種方式，其中一種方式是把國家權力和財富當作與自己**一致**的東西，而另一種方式則是把它們當作與自己**不一致**的東西。在前一種情況下，意識是**高貴的**，它在公開的權力那裡所看到的，是與它自己一致的東西，因此它在其中獲得了自己的**單純本質**以及這個本質的所作所爲，不僅在各種事務中實實在在地聽從於本質，而且在內心裡也對它尊重有加。在財富中也是同樣的情形，因爲財富使意識認識到自己的另一個根本方面，亦即**自爲存在**。所以，意識同樣把那個與自己相關聯的財富看作**本質**，把它所享受的財富認作施予者，並對其表示衷心感謝。

反之，後一種情況下的意識則是**卑賤的**，它斷定自己與國家權力和財富這兩種本質性**不一致**，於是把統治者的權力看作是一種針對著**自爲存在**的束縛和壓迫，並因此仇恨統治者，對其只是陽奉陰違，並隨時準備著發起叛亂。同樣，儘管它透過財富享受到了它的自爲存在，但仍然把財富看作是一種與經久不變的本質**不一致**的東西。由於財富只讓它意識到個別性和飄忽即逝的享受，所以它對財富既愛又恨，而隨著享受——這是一種自在地轉瞬即逝的東西——的消失，它發現它與財富的關係也消失了。

到目前爲止，這些關聯所表達出的只是一個**判斷**，這個判斷規定了兩個本質作爲意識的**對象**是什麼東西，但還沒有規定它們**自在且自爲地**是什麼。那在判斷中呈現出來的反映關係，一方面**對我們來說**只是設定了此一規定和彼一規定，因此把兩個規定同樣都揚棄了，還不是意識所認識到的那種反映關係。另一方面，兩個本質都只是直接**存在著的本質**，既沒有**發生轉變**，也沒有包含著**自我**意識。它們是意識的對象，但意識還沒有給它們帶來生命。它們是一些本身還算不上主詞或主體的謂詞。由於這個分裂，整個精神性判斷活動也分別出現在兩個具有片面規定的意識中。異化的兩個方面，其中一方是純粹意識的**自在體**，即關於好和壞的特定**思想**，而另一方則是異化的**實存**，即國家權力和財富。如果說異化的這兩個方面之最初的**漠不相關**已經升格爲一種相互關聯，亦即**判斷**，那麼這種外在的關聯也必須升格爲一個內在的統一體。換言之，這種思維的關聯必須升格爲現實性，兩種形態下的判斷的精神也必須顯現出來。要做到這一點，**判斷**必須成爲**推論**，成爲一種中介運動，而判斷的兩個方面的必然性和中項就會在其中出現。

因此，當高貴意識在判斷中面對國家權力時，儘管國家權力還不是一個自主體，只是一個普遍的實體，但高貴意識已經認識到這是它的**本質**，是目的和絕對內容。高貴意識既然以這種肯定的方式與國家權力相關聯，於是以否定的方式來對待它的私人目的，對待它的特殊內容和特殊實存，讓它們統統消失。高貴意識是一種**履行職責**的英雄主義，它是這樣一種**德行**，爲了普遍者而去犧牲個別存在，從而使普遍者成爲一個實存，它是這樣一種**人格**，自願

[373]

放棄財富和享受，其行動和現實性都是爲了服務於現有權力。

透過這個運動，普遍者與一般意義上的實存結合在一起，而實存著的意識則透過這種外化活動把自己教化爲一種事關本質的東西。意識在履行職責時發生自身異化，它所擺脫的是它的那種沉浸在實存之中的意識。發生了自身異化的**存在**乃是**自在體**。透過這種教化，意識在自己這裡和別人那裡都獲得了尊重。國家權力過去還只是一個**處於思想中的**普遍者或**自在體**，但正是透過這個運動，它成爲一個**存在著**的普遍者，成爲一種現實的權力。國家權力只有在一種現實的服從中才成其爲一種現實的權力，而它之所以得到現實的服從，又是透過自我意識作出的「國家權力是**本質**」這一**判斷**，透過自我意識自由地作出的犧牲。這種將本質與自主體結合在一起的行動產生出了一種**雙重的**現實性：一個具有**眞實的**現實性的自我意識，以及一種作爲**眞相**而**發揮著校準**的國家權力。

但在經過這種異化之後，國家權力仍然不是一個自知其爲國家權力的自我意識。發揮著校準的東西僅僅是它的**法律**或它的**自在體**。它還不具有一個**特殊的意志**。履行著職責的自我意識尚未透過使它的純粹自主體發生外化而賦予國家權力生命和活力，而只是用它的存在來啓動國家權力。它只爲國家權力犧牲了自己的**實存**，而不是犧牲了自己的**自在存在**。發揮著校準的自我意識是一種符合於**本質**的東西，它之所以得到認可，是由於它的**自在存在**。其他人在這個自我意識裡發現，得到實現的是他們的**本質**，但不是他們的自爲存在，確切地說，得到滿足的是他們的思維或純粹意識，但不是他們的個體性。自我意識於是在他們的**思想**裡面發揮著校準，享有**榮譽**。它是一個**高傲的**大臣，其一切活動都是爲了國家權力，但國家權力並不是誰的個人意志，而是一種**事關本質的**意志，其校準只體現爲這個**榮譽**、只體現爲普遍意見的一種**事關本質的**表達，而不是體現爲個體性**理應感謝**的一種表達，因爲這種意志並沒有幫助個體性達到它的**自爲存在**。在自我意識與國家權力的關係裡面，如果國家權力還沒有成爲誰的個人意志，那麼自我意識所使用的**語言**就是**商議**，是它爲了普遍至善而提出來的商議。

因此國家權力尚未具有一個意志來對待商議，還不能在各種關於普遍至善的意見中作出一個裁決。它還不是**政府**，因此還不是眞正意義上的現實的國家權力。自爲存在，亦即那個尚未作爲意志而被犧牲掉的意志，是各個階層的內在的隱蔽精神，它一邊談論著**普遍至善**，一邊卻保留著它自己的**特殊**利益，並且擅長用這種關於普遍至善的空談來取代眞正的行動。在履行職責的時候，實存乃至生命都不免會有犧牲。但是那種死裡逃生後的危險會留下一個特定的實存，隨之也會留下一個**特殊的自爲存在**，後者使得關於普遍至善的商議成爲一種模棱兩可的、令人起疑的東西，並且實際上保留著私人意見和特殊意志，以與國家權力相抗衡。就此而言，自爲存在還不是一種與國家權力一致的東西，仍然服從於卑賤意識的規定，總在躍躍欲試地企圖進行叛亂。

自爲存在必須揚棄一個矛盾，這個矛盾就形式而言是與國家權力的普遍性不一致的，與此同時，這個形式下面又包含著另一個形式的矛盾，即實存透過死亡而完成的那種外化活動本身又是一個存在著的外化活動，而不是一個返回到意識之內的外化活動。換言之，自爲存在並沒有安然無恙地經歷外化活動，成爲一個**自在且自爲**的東西，而只是過渡到了它的不可協調的對立面。所以，**自爲存在**之眞正的犧牲只能是這樣的情形，即它一方面把自己徹底奉獻出去，就像投身於死亡一樣，但另一方面又在這個外化活動中完整地保全下來。在這種情況下，自爲存在實現了它的本質，成爲它與它的對立面（這對立面也是它自己）的同一性統一體。由於隱蔽的內在精神或嚴格意義上的自主體顯現出來，發生異化，所以國家權力在這個時候也升格爲一個自主的自主體。假若沒有這種異化，那麼高貴意識的榮耀行爲，還有那些根據它的見解而提出的建議，都將繼續是一種模棱兩可的東西，並且難免包含著特殊意圖

[375]

和個人私心之類隱蔽的詭計。

然而這種異化只發生在**語言**當中，而語言在這裡才表現出它的獨特的意義。語言在倫理 [376] 世界裡表現爲**規律**和**命令**，在現實世界裡則是表現爲**商議**，總之都是把**本質**當作內容，並作爲內容的形式存在著。但在這裡，語言獲得的形式是它自己，它把自己當作內容，並作爲**語言**發揮著校準。它是嚴格意義上的言說活動所具有的力量，能夠去實現那必須實現的東西。語言是純粹自主體作爲自主體時的**實存**。在語言中，自我意識的嚴格意義上的**自爲存在著的個別性**成爲一個實存，成爲**其他個別性的對象**。**我**，作爲這一個**純粹的**我，除了憑藉語言之外，不能說是一個**實存**。換了任何別的表達方式，我都會形跡消滅於現實之中、形跡消滅於我所能夠擺脫的一個形態之中。我既可以從我的行爲，也可以從我的外貌返回到自身，讓這樣一種不完滿的實存作爲一個缺失靈魂的東西擺放在那裡，至於包含在那裡面的東西，在任何情況下都既可以說太多，也可以說太少。但是語言包含著純粹的我，只有語言才會說出「**我**」，說出我自身。我的這種**實存**，作爲**實存**而言，是一個客觀事實，其本身包含著我的眞實本性。**我**是**這一個**我，但同樣也是**普遍的**我。我的顯現同樣直接是**這一個**我的外化活動和消失過程，因此意味著普遍的我保持不變。當**我**表述我自己，我**被傾聽到**。我是一種傳播，與那些以我爲對象的人直接達成統一，成爲一個普遍的自我意識。當我**被傾聽到**，我的**實存**立即**沉寂下來**，而我的這種他者存在已經被收回到自身內。我的實存正是在於作爲一個自覺的「**這時**」，當我實存著的時候，其實是消失了，而當我消失的時候，其實是實存著。也就是說，這種消失本身直接等於是我的持存。我是我的自我認知，我知道我自己已經過渡到另一個自主體、過渡到一個被傾聽到的、普遍的自主體。

精神在這裡獲得了這種現實性，因爲它作爲**統一體**包含著兩端，而兩端同樣也被直接規 [377] 定爲一些自爲存在著的、自主的現實性。這個統一體分裂爲涇渭分明的兩個方面，對每一方面而言，對方都是一個現實的、被它排斥於外的對象。統一體於是顯現爲**中項**，它擺脫了分裂雙方的孤僻的現實性，並且不同於這種現實性。就此而言，統一體本身具有一種現實的、與分裂雙方都不同的客觀性，是**它們的對象**，也就是說，統一體是一個實存著的東西。嚴格意義上的**精神性實體**之所以也成爲一個實存，在於它的分裂雙方都獲得了自我意識，知道這個純粹的自主體是一種**直接發揮著校準**的現實性，同時也直接知道，這種現實性只有透過一種正在發生異化的**中介活動**才是可能的。透過前面一端，各個環節昇華爲一種認知著自身的範疇，進而昇華爲精神的環節；而透過後面一端，精神成爲一種實存著的精神性。在這種情況下，精神是一個以兩端爲前提的中項，而且是透過兩端的實存而產生出來的。但精神同樣也是一個從兩端之間綻放出來的精神性整體，它分裂爲兩個方面，每一方面只有透過與整體的接觸才從它的原則裡面產生出來。兩端**自在地**已經遭到揚棄，是分裂的，這一事實促成了它們的統一，而統一是這樣一種運動，即將兩端聯合在一起，使它們相互交換對方的規定，確切地說，**在每一端那裡**都把兩端的規定聯合在一起。如此一來，中介活動就讓對立兩端各自的**概念**獲得了現實性，或者說使對立兩端各自的**自在存在**成爲各自的精神。

由於高貴意識這一端的存在和活動，兩端的國家權力和高貴意識各自發生了進一步的分裂，也就是說，國家權力分裂爲一個得到遵從的抽象普遍者，以及一個自爲存在著的、尚未成爲普遍者的意志，而高貴意識則分裂爲一種對於被揚棄了的實存的遵從（或者說自尊和榮譽的**自在存在**），以及一個尚未被揚棄的純粹的自爲存在（亦即一個仍然有私心算計的意志）。對立雙方已經昇華爲兩個環節，因此它們也是語言的兩個環節，一個是號稱普遍至善的**抽象普遍者**，另一個則是在履行職責時告別了自己沉浸在雜多實存中的意識的純粹**自主體**。兩者在概念裡是同一個東西。因爲純粹的自主體同樣也是一個抽象的普遍者，所以它

[378]

們的統一被設定爲它們的中項。**自主體**只有在意識這一端才是現實的，反之，**自在體**只有在國家權力那一端是現實的。意識的欠缺在於，國家權力只是一種**榮譽**，還沒有眞正過渡到意識這裡。國家權力的欠缺在於，人們只是把它當作所謂的**普遍至善**，而不是當作一個意志或一個能夠作出決斷的自主體來遵從。國家權力仍然局限在概念裡面，而意識已經昇華爲概念，在這種情況下，概念的統一體就透過這個**中介著的運動**成爲一個現實的東西，至於運動的單純的實存，作爲**中項**，乃是語言。儘管統一起來的雙方都是自主體，但並不是作爲**自主體**現成地存在著，因爲國家權力只有得到精神的活力之後才會成爲一個自主體。就此而言，語言也還不是那個已經完全認知自身並將自身陳述出來的精神。

高貴意識既然代表著自主體這一端，於是顯現爲**語言**的源泉，而透過語言，處於關係中的雙方才各自成爲一個有靈魂的整體。在這種情況下，那種默默苦幹、履行職責的英雄主義變成了一種**只會阿諛奉承的英雄主義**。職責的這種言說著的反映產生出一個精神性的、自身分裂著的中項，不僅在自身中折射出它自己這一端，而且把普遍權力那一端折射回去，並使那個原本還是**自在存在著**的普遍暴力具有**自爲存在**，具有自我意識的個別性。在這種情況下，出現了一個精神，代表著「**不受制約的君主**」這一權力。之所以說「**不受制約**」，是因爲阿諛奉承的語言把權力抬舉爲一種已經昇華的**普遍性**。語言是一個已經昇華爲精神的實存，而這個環節作爲語言的產物，也是一種已經昇華的自身一致性。而之所以說「**君主**」，是因爲語言同樣也把**個別性**抬高到了頂峰。就高貴精神是一個單純的精神性統一體而言，它在外化活動中所捨棄的東西，是**它的思維**的純粹**自在體**，是它的自我本身。更確切地說，當語言給予君主一個獨有的**名字**，它就把個別性這個本來只能**存在於意謂之中**的東西提升爲一個實存著的純粹事物了。因爲唯有透過名字，某個個人與所有別的個人之間的**差別**才不是只存在於意謂中，而是眞正有所不同。透過名字，個人不再只是在他的意識裡面，而是在所有的人的意識裡面都作爲一個純粹的個人**發揮著校準**。因此，透過「君主」這一名字，君主從所有的人那裡脫穎而出，眞的可以說是孤家寡人了，因爲透過這個名字，君主成爲一個原子，其本質不可與人分享，無與倫比。就此而言，這個名字是一種自身反映，或者說是一種**本身**就擁有普遍權力的**現實性**。透過這個名字，現實性成爲**君主**。反過來，君主**這一個個人**知道**自己作爲這一個個人**是普遍權力，因爲貴族們不僅時刻準備著爲國家權力效勞，而且作爲一些**儀仗**侍立在王座周圍，不斷地**告訴**那高踞王座的君主，他是作爲什麼樣的人物**存在著**。

透過這種方式，貴族們的讚美語言成爲一個在**國家權力自身**之內把國家權力和高貴意識結合在一起的精神。這種語言使抽象權力折返回自身內，使之具有另一端的環節，成爲一個有意志、能夠作出決斷的**自爲存在**，隨之成爲一個具有自我意識的實存。換言之，這個**個別的**、**現實的**自我意識得以**確切地知道**自己是權力。權力是自主體的一個焦點，眾多的點透過捨棄自己的**內在確定性**彙聚到其中。但是，由於國家權力之固有的精神在於透過犧牲高貴意識的行動和思維來獲得它自己的現實性和持存，所以國家權力是一種**自身異化的獨立性**。而高貴意識，亦即**自爲存在**這一端，在捨棄了思維的普遍性之後，重新獲得了**現實的普遍性**這一端，以作爲補償。國家權力**已經過渡**到了高貴意識。只有透過高貴意識，國家權力才眞正得到證實。透過高貴意識的**自爲存在**，國家權力不再像當初出現在自在存在一端那樣是一個**僵化的本質**了。**自在地看來**，所謂「**國家權力返回到自身中**」或「國家權力轉變爲精神」，無非意味著，它已經轉變爲**自我意識這一環節**，也就是說，它只是一種**遭到揚棄的**國家權力。就此而言，國家權力現在是這樣一種本質，其精神就在於被犧牲和被奉獻出去，換言之，國家權力是作爲**財富**實存著。誠然，國家權力就概念而言終究會轉變爲財富，但它同時又是一種始終與財富相對立的現實性，而這種現實性的概念正是一個運動，即先是借助於職責和尊崇轉變爲國家權力，然後過渡到自己的對立面，亦即過渡到對於權力的捨棄。因此，國家權力的獨特的**自主體**，作爲國家權力的意志，透過拋棄高貴意識而轉變爲一種外化出來的普遍性，轉變爲一種完滿的個別性和偶然性，可以爲了任何一個更強有力的意志作出犧牲。至於那個得到**普遍**承認的、始終不可分享的獨立性，則是只剩下一個空空的名字。

因此，如果說高貴意識曾經把自己規定爲一種與普遍權力保持一**致**關係的東西，那麼它現在的眞理寧可在於，在履行職責的時候維持著自己的自爲存在，在眞心實意地放棄自己的人格性的同時，以一種現實的方式揚棄和撕裂普遍實體。高貴意識的精神處於一種完全失衡的關係之中，它一方面要藉由榮譽來維持自己的意志，另一方面又要放棄這個意志。一方面，它想要脫離自己的內核，達到最高程度的自身不一致，另一方面，它想要征服普遍實體，使對方也達到徹底的自身不一致。很顯然，這樣一來，不僅高貴意識在**判斷**中曾經具有的與卑賤意識相對立的規定性消失了，而且卑賤意識也隨之消失了。卑賤意識已經達到了自己的那個目的，也就是說，使普遍權力屈從於自爲存在。

自我意識既已透過普遍權力而變得更加豐富，於是作爲**普遍恩惠**實存著，換言之，普遍恩惠就是**財富**，而財富本身再次成爲意識的對象。誠然，財富對於意識來說是一個居於從屬地位的普遍者，但這個普遍者透過前面第一個揚棄活動還沒有完全返回到自主體之內。也就是說，**自主體**還沒有把**作爲自主體的自己**當作對象，而是把**遭到揚棄的普遍本質**當作對象。由於這個對象才剛剛形成，所以意識與它**直接**相關，還沒有表現出它與對象的不一致。高貴意識在那個已經變得無關本質的普遍者那裡獲得了它的自爲存在，因此它承認對象，並對施恩者表示感謝。

財富本身已經包含著自爲存在這一環節。財富既不是國家權力的缺乏自主體的普遍者，也不是精神的樸素的無機自然界，寧可說財富和國家權力一樣，都要求意志堅定地反對那企圖掌控並享用它們的人。但由於財富只具有本質這一形式，所以財富是一種片面的自爲存在，它不是一個**自在存在**，而是一個遭到揚棄的自在體，是個體在享受時表現出來的一種缺乏本質的自身回歸。因此財富本身也需要獲得生命和靈魂。財富的自身反映運動在於，從一個片面的自爲存在轉變爲一個**自在且自爲的存在**，從一個遭到揚棄的本質轉變爲本質。這樣一來，財富在自己這裡得到了它自己固有的精神。由於之前我們已經分析了這個運動的形式，那麼這裡所說的也足以規定這個運動的內容。

高貴意識在這裡並不是把對象當作一般意義上的本質而與之相關聯，而是發現**自爲存在**本身成了一種陌生的東西。高貴意識**發現**它的自主體是一個異化了的自主體，和別的穩固的自爲存在一樣，作爲一種客觀的、穩固的現實性擺在面前。自爲存在是它的對象，因此是**它自己的**自爲存在。自爲存在作爲對象，同時直接是一種陌生的現實性，是一個自主的自爲存在和一個自主的意志，也就是說，高貴意識發現它的自主體受到一個陌生意志的強制約束，至於能否得到釋放，是由這個陌生意志說了算。

自我意識能夠擺脫任何個別的方面，因此它雖然有責任去關涉個別的方面，但本身仍然作爲一個自爲存在著的本質**自在地發揮著校準**，並得到承認。然而就它的純粹的、最眞切的**現實性**，亦即它的自我這一方面而言，自我意識發現自己已經脫離自身，隸屬於他人，看到它自己固有的**人格性**依賴於他人的偶然的人格性，依賴於偶然的一瞬、一念之差等等最爲漠不相關的環境。在法權狀態下，那個遭受著客觀本質強制約束的東西，顯現爲一個可以被忽略的**偶然內容**，而強制約束所針對的不是**嚴格意義上的自主體**，因爲自主體已經得到了承認。只不過在這裡，自我意識發現它的自身確定性成了一種最無關本質的東西，看到純粹的人格性成了一種絕對的非人格性。就此而言，它的感恩精神不但感受到這種無比深重的離棄，而且感受到一種無比深重的惱怒。純粹自我看到自己發生異化，支離破碎，在這種支離破碎的狀態之中，一切具有延續性和普遍性的東西，一切號稱規律、善和正當的東西，都分離崩析，走向毀滅；所有一致的東西都瓦解了，只剩下**最澈底的不一致**、絕對根本事物的絕對無關緊要、自爲存在的異化存在；純粹自我本身已經澈底分裂了。

因此，如果這個意識從財富那裡重新得到自爲存在的客觀性，並且將其揚棄，那麼這就像之前的那個反映運動一樣，不僅就財富的概念而言沒有完成，而且沒有使意識得到滿足。當自主體感到自己是一個客觀的東西時，反映運動就作爲一個直接的矛盾被設定在純粹自我自身之內。但意識作爲自主體同時又直接凌駕於這個矛盾之上，表現爲一種絕對的彈性：它再度揚棄自主體的被揚棄狀態，離棄自主體的那種離棄狀態（即自主體發現自己的自爲存在轉變爲一個陌生的東西），並且在一種**自身感受**中，對自主體的自身感受深表不滿。

也就是說，當這種意識所處的關係與這種絕對的支離破碎狀態結合在一起，高貴意識和**卑賤意識**的差別就在意識的精神中消失了，高貴意識和卑賤意識成了同一個東西。除此之外，那個代表著施恩者（即財富）的精神，和那個代表著受惠者（即意識）的精神，也可以區分開來，而且前者應該得到特別的關注。財富曾經是一個缺乏本質的自爲存在，是一個被捨棄的本質。但是當財富得到分享，它就轉變爲**自在體**；由於財富完成了自己的使命（即作出犧牲），它就揚棄了那種只顧自己享受的個別性，而作爲一種被揚棄的個別性，財富乃是**普遍性**或**本質**。也就是說，財富拿出來分享的，財富給予他人的是**自爲存在**。但當財富把自己拿出來分享的時候，它並不是把自己當作一個缺乏自主體的自然界，或一種可以隨便捨棄的生活條件，而是把自己當作一個具有自我意識的、自爲地維繫著自身的本質。財富並不是像受惠者所想的那樣，是一種本身飄忽不定的無機元素力量，而是一種凌駕於自主體之上的權力，這權力知道自己是**獨立的**和**隨意自主的**，同時也知道，它所施予的是他人的自主

[383]

體。儘管財富給予受惠者以某種離棄之感，但是在這裡，傲慢取代了惱怒。一方面，財富和受惠者都知道，**自爲存在**是一個偶然的**物**，但另一方面，財富本身就是這種強制約束著人格性的偶然性。財富的傲慢在於，以爲透過請人吃一頓大餐就可以贏得一個陌生的自我、自主體，以爲那人因此在內心深處就已經歸順於它，而在這種情況下，財富並沒有察覺到對方內心裡的惱怒。財富也沒有察覺到，當一切束縛都已經被完全拋棄，在這種純粹的支離破碎狀態之下，既然自爲存在的**自身一致性**已經轉變爲絕對不一致，既然所有一致的、持存的東西都變得支離破碎，那麼施恩者的看法和觀點也會遭到極大的損害。財富直接面臨這個內心最深處的崩潰，面臨這個將一切支撐物和一切實體都吞噬其中的無底深淵。它在這個深淵中所看到的，無非是一些尋常事物，它的情緒波動的遊戲，還有它的偶發的欲念。財富的精神是一個完全無關本質的意見，即以爲自己是精神遺留下來的一個表徵。

既然自我意識在與國家權力的對立中曾經擁有自己的語言，換言之，既然精神曾經作爲一個現實的中項出現在兩端中間，那麼自我意識，或更確切地說自我意識的惱怒，如今在與財富的對立中同樣也擁有自己的語言。那種使財富意識到自己的本質性並因此將財富掌控在手的語言，雖然同樣也是一種阿諛奉承的語言，但卻是一種卑賤的阿諛奉承的語言。原因在於它知道它所宣稱的本質是一個被捨棄的而非**自在**存在著的本質。但正如前面已經指出的，阿諛奉迎的語言是一個仍然具有片面性的精神。誠然，那個透過職責的教化而昇華爲純粹實存的**自主體**，以及權力的**自在存在**，都是這個精神的一些環節，但是，那個在自身中把單純的**自主體**和**自在體**，把純粹自我和純粹本質或思維合而爲一的純粹概念，作爲交互作用著的雙方的統一體，並沒有出現在一個擁有這種語言的意識裡面。這個意識仍然認爲對象是與自主體相對立的**自在體**，或者說仍然不知道**對象**同時也是它自己固有的**自主體**。但是，那種表述著支離破碎狀態的語言，乃是這整個教化世界的完滿語言，是一個作爲眞相實存著的精神。自我意識對自己的遺棄狀態抱有一種譴責性的惱怒，它在絕對的支離破碎狀態中直接是一種絕對的自身一致性，是純粹自我意識的純粹的自身中介活動。它是同一性判斷中的「等同」，使得同一個人格性既是主詞也是謂詞。但是這個同一性判斷同時又是一個無限判斷，因爲人格性已經徹底分裂，主詞和謂詞已經成爲兩個完全**漠不相關的存在者**，互不干涉，缺乏必然的統一性，甚至都有能力成爲一個自立的人格性。**自爲存在**把**它的自爲存在**當作對象，當作一個完全的**他者**，同時又直接當作**它自己**。在這裡，把自己當作他者，並不意味著這個他者具有別的內容，而是說，無論內容是處於絕對對立這一形式之下，還是處於完全自立而漠不相關的實存這一形式之下，它都是同一個自主體。到此爲止，這個實在的教化世界的精神就在它的眞理和它的**概念**中達到了自我**意識**。[385]

這個精神是現實性和思想的一種絕對而普遍的顚倒和異化，這就是**純粹教化**。按照意識在這個世界裡獲得的經驗，無論是權力和財富的**現實本質**，還是它們的關於「好」和「壞」的特定**概念**，還有關於「好」和「壞」的意識，以及高貴意識和低賤意識等等，全都不具有眞理。寧可說，所有這些環節都處在相互轉換的過程中，每一個環節都是它自己的反面。普遍權力是**實體**，當它透過個體性原則獲得一種自立的精神性，那麼它自己固有的自主體對它來說僅僅是一個名字，而且，作爲一個**現實的**權力，它其實是一個虛弱無力的、作出自我犧牲的本質。但實際上，這個遭到捨棄的、缺乏自主體的本質，或者說這個已經轉變爲物的自主體，乃是本質的自身回歸；它是一個**自爲存在著的自爲存在**，是精神的實存。關於「**好**」和「**壞**」之類本質的**思想**同樣也在這個運動中發生了顚倒轉換：那被規定爲好的東西，是壞的，而那被規定爲壞的東西，是好的。[386] 所有這些環節都有相應的意識，即所謂的高貴意識和卑賤意識，這兩種意識眞正說來同樣也是這些規定性之應有意義的顚倒轉換：高貴意識轉變爲卑賤的、遭到遺棄的意識，而遭到遺棄的意識則轉變爲高貴的、最有教養的、自由的自我意識。形式上看來，一切東西就其**外表**而言，都是它們的**自爲**存在的顚倒；同樣，自爲存在著的東西眞正說來也不是自爲存在，而是某種不同於它們的自我期許的東西，自爲存在其實是一種自身喪失，自身異化反而是一種自身保存。因此現在的情形是，所有環節相互之間都表現出一種普遍的公正，每一個環節本身都會發生異化，把自己塑造爲自己的反面，同時又形成自己的反面，並以這種方式把反面顚倒過來。然而作爲眞相的精神恰恰是絕對分裂的東西的這種統一性，也就是說，正是由於**缺乏自主體**的兩端的**自由的現實性**，精神才作爲它們的中項實存著。精神的實存是一種普遍的**言說活動**和一種從事分裂的**判斷活動**，對於這類活動而言，所有那些環節，不管是本質，還是整體的現實的組成部分，都會自行瓦解，而且這類活動同樣也是一種自行瓦解著的自娛自樂。既然這種言說活動和判斷活動掌控著一切，那麼它們就是一種眞實的、無拘無束的東西，是這個實在世界裡面**唯一眞正**值得重視的東西。這個世界的每一部分都期盼著自己的精神被說出來、期盼著人們在說起它的時候也提到精神、期盼著人們宣稱它的本質是精神。誠實的意識把每一個環節都當作是一種常駐不變的本質性，但這是一種缺乏教養的昏庸做法，因爲它不知道自己同樣也在做著顚倒過來的事情。但是支離破碎的意識卻是一種以顚倒轉換（而且是絕對的顚倒轉換）爲對象的意識。概念是這種意識的主宰者，它把那些與誠實毫不相干的思想揉捏在一起，所以它的語言充滿了機智。

因此，當精神談論自己的時候，這些言談的內容是全部概念和全部現實事物的顚倒，是一種普遍的欺騙，亦即自欺欺人。正因如此，如果有誰恬不知恥地說出這種欺騙，那麼這就是最大的眞理。這些言談就好像那位音樂家的瘋言囈語，他「把三十首風格迥異的詠歎調，義大利的、法國的，悲劇的、喜劇的，雜拌在一起；他忽而用一種深沉的低音婉轉吟詠，幾乎沉落到地獄深處，忽而捏住嗓子，用假聲尖叫著直沖雲霄……他變換莫測、忽而狂躁、忽而安詳、忽而莊嚴、忽而戲謔。」⑦在那個安靜意識看來（它只懂得老老實實地把善和眞的旋律轉換爲音調的一致，也就是說，轉換爲**單一的**音符），這些言談「是關於智慧和愚昧的瞎扯，有多少高雅，就摻和著多少粗俗，有多少正確觀念，就摻和著多少錯誤觀念，既是一種無比澈底的情感錯亂和厚顏無恥，也是一種完完全全的坦誠和眞實。安靜意識將不得不深入到所有這些音調之中，來回不停地歷經各種層次的感受：下抵最爲卑微的蔑視和遺棄，上至最爲崇高的讚歎和感動；這後一種狀態將會融入一個可笑的特徵，破壞它的崇高本性」，⑧而前一種狀態將由於它的坦誠而具有一個和解的特徵，由於它的動人心魄的深刻而具有一個無所不能的、自己給予自己精神的特徵。

如果我們對照這兩種言談，觀察這個本身就很清楚的紊亂狀態，還有那個以眞和善爲對象的**單純意識**，那麼後者相對於教化精神之公開的和自覺的坦誠而言，只能說太幼稚了。單純意識不可能告訴教化精神什麼東西，這東西是教化精神自己不知道或未曾說過的。當單純意識克服了自己的幼稚，它所說的和教化精神所說的其實就是同樣的東西，但它偏偏愚蠢地認爲自己說出了什麼新穎之見。甚至可以說，單純意識使用的「**厚顏無恥**」和「**卑賤**」之類字眼本身就已經意味著這種愚蠢，因爲教化精神是把這些字眼用作自嘲。如果教化精神在自己的言談中把所有單調的東西都顚倒過來（因爲這種自身一致的東西只是一個抽象，實際上本身是一種顚倒），反過來，如果單純意識按照那種在這裡唯一可能的方式來捍衛「好」和「高貴」之類在外表上保持自身一致的東西，實則「好」之所以失去價値，並不是因爲它與

---

⑦ 狄德羅《拉摩的侄兒》，歌德譯，一八〇五。——德文版編者注

⑧ 見上引位置，黑格爾在引用時有所改寫。——德文版編者注

「壞」**聯繫**或**摻和**在一起，寧可說，「壞」是「好」的**條件**和**必然性**，此乃大自然的**智慧**之所在。那麼，當單純意識自以爲要反駁什麼的時候，其實只是以一種平庸的方式對精神的言談內容作出一個概括，而這種平庸的方式之所以是缺乏頭腦的，原因在於，它把「好」和「高貴」的**反面**當作「好」和「高貴」的**條件**和**必然性**。因此，它自以爲說出了什麼新穎別致的東西，其實仍然無非是說：所謂的「高貴」和「好」就其本質而言是一種自身顚倒，反過來「壞」才是一種優秀事物。

如果單純意識用優秀事物的**現實性**來替代這種缺乏精神的**思想**，也就是說，如果它以一個虛構的事件或一個眞實的軼事爲**例子**來展示出優秀事物，並表明「優秀」不是一個空洞的名字，而是一**個現成的**事實，那麼，已經顚倒的行動的**普遍**現實性就與整個實在世界處於對立之中，而那些例子在這裡只是構成了某種完全個別化了的東西，亦即法語的「Espéce」一詞所指的那種千篇一律的模式。對於單純意識來說，無論如何，企圖把「好」和「高貴」的實存當作一個個別的軼事，不管是虛構的還是眞實的軼事，都是最爲艱難的一項任務。最後，單純意識可以要求整個顚倒世界歸於瓦解，但卻不可能去要求一個**個體**擺脫這個世界，因爲即便那位棲居在木桶裡的第歐根尼⑨，也仍然依賴於這個顚倒的世界，而且，任何對於個人提出的要求正是一種壞的東西，因爲它所關心的是**自爲的個人**。即使這種要求針

---

⑨ 希諾佩的第歐根尼（Diogenes von Sinoppe, 404-323）是古代犬儒主義者的最大代表。他自願當一個乞丐，平時居住在一個大木桶裡面。在第歐根尼·拉爾修的《古代名哲言行錄》裡，記載了大量關於第歐根尼生平事蹟的故事，其占據的篇幅僅次於伊比鳩魯和柏拉圖。在狄德羅的《拉摩的侄兒》一書裡，第歐根尼是理想化人格的鮮明體現。——譯者注

對的是普遍的**個體性**，要求它擺脫顛倒世界，那麼這也不可能意味著讓理性重新放棄它如今 [389] 已經過精神教化的意識，或者把它那些豐富多姿的環節重新沉沒在自然心靈的幼稚單純之中，退回到粗野而親近的動物意識之類號稱「無辜」的自然狀態。實際上，瓦解的要求只能針對教化**精神**自身提出來，也就是說，精神應當擺脫自己的混亂局面，作爲**精神**返回到自身內，並贏得一種還要更高的意識。

但實際上精神已經自在地做到了這一點。意識的自覺的、自言自語的支離破碎狀態嘲笑著實存和整體的混亂局面，也嘲笑著它自己。這種嘲笑同時也是這整個混亂局面的一種仍然縈繞在耳邊的餘音。全部現實性和全部特定概念的這種縈繞在耳邊的虛妄是實在世界的一種雙重的自身反映：有時是透過意識的**嚴格意義上的這一個自主體**，有時是透過意識的純粹**普遍性**，亦即透過思維。在前一種情況下，那個已經返回到自身內的精神把目光投向現實世界，把現實世界當作它的目的和直接內容。而在後一種情況下，精神的目光不是只停留在自身內，對現實世界報以否定的態度，就是脫離現實世界而轉向上天，把現實世界的彼岸當作它的對象。

就自主體的自身回歸來看，**萬物**的**虛妄**都是自主體**自己固有的虛妄**；換言之，自主體作爲一種虛妄的東西**存在著**。它是一個自爲存在著的自主體，不僅擅長評判和議論一切，而且能夠機智地指出，判斷所設定的現實性的那些穩固本質以及穩固規定性都處於**矛盾**之中，而且這矛盾就是它們的眞理。從形式上看，自主體知道一切事物都發生了自身異化：**自爲存在**與**自在存在**分裂了，意謂和目的與眞理分裂了，上述雙方又與**爲他存在**分裂了，表面措辭與 [390] 眞正的看法、與事情眞相及眞實意圖分裂了。自主體懂得正確地指出每一個環節與其他環節的對立，以及一切環節的顚倒狀態，它更懂得正確地指出每一個環節存在時的情形，無論這環節具有如何的規定性。它在自身內統一了**爭執**和**對抗**，但由於它是從爭執和對抗的方面而不是從和諧一致的方面來認識基礎事物，所以它雖然能夠很好地**評判**基礎事物，但卻失去了**理解把握**這個東西的能力。這種虛妄需要萬物的虛妄，以便從中攫取自主體的意識，所以它自己產生出自己，是一個承載著萬物的靈魂。權力和財富是自主體的最高奮鬥目標。它知道，透過放棄和犧牲可以把自己教化爲普遍者，可以占有普遍者，並因此獲得一種普遍的校準。權力和財富是一種現實的、得到了承認的力量。但是自主體的這種校準本身同樣也是虛妄的。正因爲它掌握了權力和財富，所以它知道它們不是自主本質。寧可說它才是支配著它們的力量，它們才是虛妄的。自主體在占有權力和財富的同時又從它們那裡超脫出來，這一點在那種充滿機智的語言裡得到了明確表述，因此語言乃是自主體的最大興趣之所在，是整體的眞理。透過語言，**這一個**自主體，作爲一個純粹的、不受任何現實性和思想規定約束的自主體，轉變爲一個精神性的、眞正普遍有效的自主體。它作爲全部關係的自行碎裂了的自然界，作爲這個自然界的自覺的碎裂活動**存在著**。但只有作爲一種惱怒的自我意識，它才認識到自己的碎裂狀態，並透過這種知識直接超脫於碎裂狀態之上。在上述虛妄裡，全部內容都轉變爲一種否定的、不可能再以肯定方式去理解把握的東西。肯定的對象僅僅是**純粹自我本身**，而**自在地看來**，碎裂的意識就是那個已經返回到自身內的自我意識的純粹的自身一致性。

㈡ 信仰與純粹識見

自身異化的精神在教化世界中擁有它的實存。但由於這個整體已經發生自身異化，所以**純粹意識**（亦即**思維**）的非現實世界就凌駕於教化世界之上，構成一個彼岸世界。非現實世界的內容是純粹思想，其絕對要素則是思維。然而由於思維從一開始就是這個世界的**要**

素，因此意識只**擁有**這些思想，還沒有去**思維**它們，或者說還不知道它們是思想。在意識看來，這些思想存在於**表象**形式之下。意識擺脫現實性，進入到純粹意識之內，但它本身總的說來仍然停留在現實世界的層面和規定性裡面。碎裂意識目前只是**自在地看來**或對我們而言，而不是對它自身而言，成爲了純粹意識的**自身一致性**。因此它僅僅是一種**直接的**、尚未在自身內完成的提升，尚且在自身內包含著自己的對立原則，依賴於這個原則，仍然停留在自身內，還沒有透過中介運動來控制對方。所以在它看來，它的思想的本質，作爲**本質**而言，其表現形式不只是一個抽象的自在體，而且是**普通的現實事物**，這些現實事物只被提升到另一種要素之中，但與此同時仍然不是一種存在於思想中的現實性。碎裂意識與那個作爲**斯多亞**意識的本質的**自在體**必須有根本的區別，因爲斯多亞意識只承認嚴格意義上的**思想形式**，而思想的內容是一種陌生的、來自於現實世界的東西；反之，碎裂意識並不認爲**思想形式**具有什麼校準。同樣，碎裂意識與德行意識的**自在體**也必須有根本的區別，因爲德行意識雖然承認本質與現實世界有關，但現實世界的本質對它來說暫時還是一個非現實的本質，而碎裂意識認爲，本質儘管位於現實世界的彼岸，但仍然是一個現實的本質。同樣，制定規律的理性所認識的自在的正當性和善，還有檢驗著規律的意識所認識的普遍者，都不具有現實性的規定。所以，如果說在教化世界的範圍內，純粹思維曾經落入到異化這一方面，淪爲一個去衡量抽象的「好」和「壞」的標準，那麼在經歷了整體的運動之後，它已經獲得了現實性這一環節，從而在內容上得到了充實。但與此同時，本質的這種現實性只是**純粹**意識的現實性，還不是**現實**意識的現實性。這種現實性儘管已經提升到思維的要素之中，但仍然沒有被現實意識視爲一個思想；寧可說，這種現實性已經凌駕於現實意識自己固有的現實性之上，位於彼岸世界。簡言之，前一種現實性是對於後一種現實性的逃避。

當**宗教**——我們談論的顯然就是它——在這裡作爲教化世界的信仰出現，這還不是它

自在且自爲的樣子。對我們來說，宗教早就已經以別的規定性顯現出來，比如作爲**哀怨意識**，作爲意識本身的一種缺乏實體的運動形態等等。在倫理實體那裡，宗教也顯現爲對於地獄的信仰，但嚴格說來，那種以亡靈爲對象的意識並不是**信仰**，不是一個被設定在純粹意識的要素裡面、凌駕於現實事物之上的本質；寧可說，亡靈本身就擁有一種直接的當前存在，它的要素是家庭。但在這裡，一方面，宗教產生自**實體**，是實體的純粹意識，另一方面，純粹意識對於它的現實意識而言已經異化了，**本質**對於它的**實存**而言也已經異化了。因此，儘管宗教已經不再是意識的一個缺乏實體的運動，但仍然包含著對立的規定性，也就是說，它與一般意義上的**這一個**現實性相對立，尤其是與自我意識的現實性相對立。所以宗教在本質上僅僅是一個**信仰行爲**。

絕對本質的**純粹意識**是一種**異化的**意識。我們必須進一步考察，純粹意識如何把它自己規定爲它的他者，而且我們只能把它和它的他者聯繫在一起進行考察。大致說來，剛開始的時候，純粹意識好像只是面對著現實**世界**而已。但當它逃避現實世界，從而導致**對立**這一**規定性**出現，它本身就具有了這個規定性。所以，從本質上來看，純粹意識本身發生了自身異化，而信仰只不過代表著純粹意識的一個方面。至於另一個方面，已經同時出現在我們面前。也就是說，純粹意識是一個來自於教化世界的反映，而這正好使得教化世界的實體及其下屬群體表現出它們自在的樣子，表現爲一些**精神性**本質性、表現爲一些絕對無止無休的、在自己的反面裡直接把自己加以揚棄的運動或規定。它們的本質，亦即單純意識，是一個單純的**絕對差別**，而這個差別直接地又不是差別。就此而言，單純意識是一個純粹的**自爲存在**，它不是**這一個個人**的自爲存在，而是一個內在的**普遍的**自主體，表現爲一個無止無休的運動，攫取並滲透著**事情**的**靜止本質**。於是它獲得了這樣一種確定性：知道自己直接就是眞理，知道純粹思維作爲**絕對概念**擁有一種**否定**的力量，這力量消除了一切客觀的、本應與意識相對立的本質，使之成爲一種存在著的意識。與此同時，這個純粹意識同樣也是**單純的**，因爲它的差別不是一個差別。但作爲單純的自身反映這一形式，它是信仰的要素，而精神也因此被規定爲一種**肯定的普遍性**，被規定爲一個自爲存在，與自我意識的那種自爲存在相對立。那個被迫從缺乏本質的、自行瓦解著的世界返回到自身之內的精神，眞正說來是處於一個不可分割的統一體之內，不但是它的顯現活動的**絕對運動**和**否定性**，而且也是這個運動在自身內**得到滿足**的本質，是這個運動的一種肯定性的**靜止狀態**。但由於這兩個環節總的說來已經被規定爲**異化**，它們就作爲一種雙重的意識自行分裂了。前一個環節是**純粹識見**，是一個在**自我**意識之內統攝著自身的精神性**演進過程**，這個演進過程面對著一種以肯定事物爲對象的意識，面對著客觀性或表象活動的形式，對其進行反抗。但實際上，純粹識見自己固有的對象只是**純粹自我**。與此相反，單純意識雖然表面上是以肯定事物或靜止的自身一致性爲對象，但實際上是以一個內在的、作爲本質的**本質**爲對象。就此而言，純粹識見剛開始的時候本身並不具有任何內容，因爲它是一個否定的自爲存在。另一方面，信仰雖然有內容，但缺乏識見。如果說純粹識見並不是來自於自我意識，那麼反過來，儘管信仰的內容同樣也是包含在純粹自我意識的要素裡面，但卻是包含在**思維**裡，而不是包含在**概念**裡，是**包含在純粹意識裡**，而不是**包含在純粹自我意識裡**。誠然，信仰是一種以**本質**，亦即以**單純內核**爲對象的純粹意識，因此是作爲思維**存在著**，這是信仰的本性裡通常被忽略掉的一個主要環節。信仰包含著一個**直接的**本質，這種直接性意味著它的對象是**本質**，亦即**純粹思想**。但是，只要**思維**出現在意識裡，換言之，只要純粹意識出現在自我意識裡，那麼這種**直接性**就意味著一個客觀的、超出於自我意識之外的**存在**。既然**意識**之內的**純粹思維**意味著直接性和單純性，那麼信仰的**本質**就從思維下降到**表象**的層面，成爲一個超感官的世界，在根本上作爲自我意識的一個**他者**存在著。反之，在純粹識見裡，從純粹思維到意識的過渡具有這樣一個相反的規定，即客觀對象意味著一個純粹否定的、自己揚棄自己的、返回到自主體之內的內容，也就是說，只有自主體才眞正把自己當作一個對象；換言之，對象只有當具有自主體的形式時，才具有眞理。

信仰和純粹識見共同隸屬於純粹意識這一要素，既然如此，它們也共同離開現實的教化世界，返回到自身之內。所以它們從以下三個方面表現出來。首先，雙方都擺脫了任何關係，是**自在且自爲**的；其次，雙方都與一個**現實的**、與純粹意識相對立的世界相關聯；再次，雙方都在純粹意識的範圍之內與對方相關聯。

信仰意識之內的**自在且自爲的存在**這一方面是信仰意識的絕對對象，而這個對象的內容和規定已經一覽無遺。因爲就信仰的概念而言，對象無非是一個已經提升到純粹意識的普遍性層面的實在世界。正因如此，實在世界的組織機構也決定了對象的組織機構，只不過對象的各個部分在獲得精神和生命時，並沒有相互異化，而是成爲一些自在且自爲存在著的本質，成爲一些返回到自身並停留在自身之內的精神。就此而言，它們的過渡運動只對我們來說才意味著規定性的異化，並導致它們彼此有別，只對我們來說才是一個**必然的**序列。但對於信仰而言，它們的差別是一種靜態的差異性，而它們的運動則是一個**偶發事件**。

如果按照它們的形式的外在規定來簡便稱呼它們，那麼是這樣：正如教化世界裡的第一個環節是國家權力或善，那麼這裡的第一個環節是**絕對本質**，是一個自在且自爲存在著的精神，因爲它是一個單純而永恆的**實體**。但在第二個環節裡，這個就概念而言本應是精神的實體，在實現其概念的時候轉變爲一個**爲他存在**。它的自身一致性轉變爲一個**現實的**、**作出自我犧牲的**絕對本質。絕對本質轉變爲**自主體**，但卻是一個行將消逝的自主體。因此在第三個環節裡，這個發生異化的自主體，這個遭到貶低的實體返回到它的最初的單純性之內。唯有如此，實體才被表象爲精神。

[395]

這些彼此有別的本質，一旦脫離現實世界的變遷，並透過思維而被收回到自身之內，就成為一些持久不變的永恆精神，它們之所以存在，是為了去思維它們所形成的那個統一體。因此，這些本質儘管已經脫離了自我意識，但仍然干預著自我意識。假若本質始終處於最初單純的實體這一形式之下，那麼它在自我意識看來將始終是一種異己之物。然而這個實體脫離自身發生外化，它的精神獲得了現實性這一環節，從而使自己獲得了一種有所信仰的自我意識，換言之，信仰意識隸屬於實在世界。

按照這第二種關係，一方面，信仰意識在現實的教化世界裡面親自獲得了它的現實性，並且構成了這個世界的精神及其實存，這是我們已經考察過的。另一方面，信仰意識與它自己的現實性相對立，將其當作一種虛妄的東西，企圖在運動中將其揚棄。這個揚棄運動並不是表現在對於它的顛倒狀態具有一種機智的意識。正是單純意識把機智當作一種虛妄，因為機智仍然以實在世界為自己的目的。實際的情形是，現實性作為一種缺乏精神的實存，與信仰意識的靜態的思維王國相對立，所以必須以一種外在的方式得到克服。信仰意識畢恭畢敬地參與敬神儀式和對上帝的讚美，而在這樣揚棄了感性知識和感性行動之後，它發現自己與那個自在且自為存在著的本質是統一的，只不過這個統一體還不是一個出現在直觀之中的現實的統一體，寧可說，這種敬神儀式僅僅是一種持續不斷的創造活動，目前還沒有達到它的目標。宗教社團誠然已經達到了這個目標，畢竟它是一個普遍的自我意識。但是在個別的自我意識看來，純粹思維的王國必定仍然是一個凌駕於它的現實性之上的彼岸世界；換言之，既然彼岸世界已經透過永恆本質的外化活動進入到現實性之內，那麼現實性就成了一種未經概念把握的感性現實性。一個感性現實性與另一個感性現實性始終是漠不相關的，而彼岸世界只被規定為一種必須保持著時空距離的東西。至於概念，亦即精神自己呈現給自己的當前存在著的現實性，仍然是一個包含在信仰意識裡面的**內核**，它作為萬物存在著，發揮著校準，但自身並未顯現出來。

但對於**純粹識見**而言，概念是唯一現實的東西。信仰的這第三個方面，即作爲純粹識見的對象存在著，是信仰出現在這裡時所處的一種獨特關係。同樣，我們不但要考察自在且自爲的純粹識見本身，而且要考察與現實世界相關的純粹識見，在後面這種情況下，現實世界仍然是一種肯定的東西，亦即一種虛妄的意識。最後，我們還得考察那種與信仰相關的純粹識見。

我們已經看到，自在且自爲的純粹識見是什麼東西。如果說信仰是一種靜態的純粹**意識**，知道精神是**本質**，那麼純粹識見是本質的**自我意識**。純粹識見知道，本質不僅是**本質**，更是一個絕對的**自主體**。因此純粹識見的目標是揚棄一切與自我意識相對立的**別的**獨立性，不管這是現實事物的獨立性還是**自在**存在者的獨立性，使之成爲**概念**。純粹識見不只是自覺的理性的一種確定性，即知道自己是一切眞理。它並且**知道**，自己就是這種確定性。

但是當純粹識見的概念出現時，這個概念還沒有得到**實現**。就此而言，以概念爲對象的意識尚且顯現爲一個**偶然的**、**個別的**意識，而它的本質則顯現爲它必須要去實現的一個**目的**。意識起初的**意圖**是，使**純粹識見**成爲一個**普遍的**東西，也就是說，使一切現實的東西成爲概念，成爲一個包含在一切自我意識之內的概念。這個意圖是**純粹的**，因爲它以純粹識見爲內容。這個識見同樣也是**純粹的**，因爲它的內容僅僅是絕對概念，絕對概念既不與任何對象相對立，本身也沒有遭受任何限制。不受限制的概念直接包含著兩個方面：首先，一切客觀的東西僅僅意味著**自爲存在**，意味著自我意識；其次，自我意識意味著一個**普遍者**，純粹識見轉變爲一切自我意識的共同財產。意圖的這兩個方面可以說是教化的結果，因爲透過教化，客觀精神的各種差別，現實世界的各個部分和判斷規定，還有那些顯現爲原初的特定本性的差別，全都瓦解了。天才、天分、還有一般意義上的特殊才能，都隸屬於現實世界，因爲現實世界本身還包含著一個方面，即作爲一個精神性的動物王國存在著，在這個王國裡，人們彼此施暴，陷入混亂狀態，爲了爭奪實在世界的各種本質而彼此鬥爭和欺騙。誠然，各種差別在實在世界裡並不是作爲一些誠實的平庸模式才站穩腳跟。個體性不能滿足於非現實的**事情本身**，但又不具有什麼**特殊的**內容和自己固有的目的。實際上，個體性僅僅被當作一種普遍有效的東西，亦即某種經過教化的東西。差別被歸結爲能量的多寡，也就是說，被歸結爲**分量**上的差別，亦即一種無關本質的差別。但是，當差別在意識的完全碎裂狀態中轉變爲一種絕對的質的差別，最終的差異性就瓦解了。在這種情況下，自我的他者只是自我本身。在這個無限判斷裡，原初自爲存在的一切片面性和自主性都被消滅了。自主體，作爲純粹的自主體，知道自己是自己的對象。雙方的這種絕對一致性是純粹識見的要素。就此而言，純粹識見是一個單純的、內在無差別的**本質**，既是一個普遍的**成果**，也是一個普遍的收穫。在這個**單純的**精神性實體裡，一方面，自我意識在任何對象那裡都始終不渝地意識到它的**這一個個別性**或**行動**；另一方面，自我意識的個體性在這個過程中是**自身一致的**和普遍的。因此純粹識見是這樣一個精神，它向一**切**意識呼籲道：你們**自在地是什麼**，**對於你們自己來說也應該是什麼**，換言之，你們應該是**合乎理性的**。

二—二　啓蒙

純粹識見動用概念的力量來對付的那個獨特對象，是信仰，而信仰和純粹識見立足於同一個要素，在形式上表現爲一個與純粹識見相對立的純粹意識。然而純粹識見也與現實世界相關，因爲它和信仰一樣，都是從現實世界返回到純粹意識之內。我們首先得看看，純粹識見在反對現實世界的那些不良意圖和顚倒觀點時，採取了什麼行動。

[399]

我們此前已經提到一種靜態意識，它與這種在自身內迴圈生滅著的騷亂狀態相對立，並且構成了純粹識見和純粹意圖這一方面。但正如我們也曾看到的，這種靜態意識對於教化世界並不具有任何**特殊識見**。實際上，特殊識見對於它自己具有一種最痛苦的感受和一種最眞實的識見，也就是說，一切堅實穩固的東西都在不斷瓦解，它的實存的全部環節都遭到踐踏，被擠壓得粉身碎骨。同樣，特殊識見也是一種說出這些感受的語言，是一種評判著它的各方面處境的機智言談。因此，純粹識見在這裡不可能具有什麼獨特的行動和內容，而是只能從形式方面去忠實地**領會把握**這個獨特而機智的世界觀及其語言。這種語言是支離破碎的，各種論斷都是一些如耳邊風般的瞎扯，而且，只有一個作爲第三者的意識才能把整體當作對象。既然如此，如果這個意識要想表明自己是**純粹**識見，就只能把那些支離破碎的特點整合爲一幅完整的圖像，使之成爲一個共識。

透過這個簡單的手段，純粹識見將會消除這個世界的混亂狀態。因爲很顯然，無論群體、特定的概念抑或特定的個體性，都不是這種現實性的本質，寧可說，現實性唯有在精神之內才獲得自己的實體和支撐，而精神則是作爲一種判斷活動和交談活動實存著，不僅如此，爲了賦予這類胡思亂想和誇誇其談內容，還得有興趣才行，而唯有興趣才維繫著這個整體及其眾多組織機構。在識見的這種語言裡，識見的自我意識仍然認爲自己是一個**自爲存在者**，是**這一個個別的東西**。內容是虛妄的，但這同時意味著，那個知道內容爲虛妄的自主體也是虛妄的。現在，當靜態的領會式意識從全部機智而虛妄的誇誇其談中挑出一些最中肯和最犀利的論點彙編在一起，那個一直還在維繫著整體的靈魂，亦即機智批判的虛妄，也就走向實存之剩餘的虛妄，走向消亡。對於絕大多數或所有自認幽默機智的人來說，那份論點彙編不僅指明了一種更好的，或至少是更簡單的幽默機智，而且顯示出一般意義上的內行知識和評判是某種普遍的東西，是普通的常識。這樣一來，當初僅存的那個唯一的興趣也消失了，個別的求知行動融入到共識之中。

但在虛妄的知識之上仍然屹立著一種以本質爲對象的知識，而只有當純粹識見站出來反對信仰，它才表現出它的獨特行爲。

(一)啓蒙與迷信的鬥爭

意識的各種不同方式的否定態度，無論是懷疑主義，還是理論的和實踐的觀念論，相對於**純粹識見**及其推廣傳播——亦即**啓蒙**——而言，都是一些低級的形態。因爲純粹識見是從實體那裡產生出來的，它知道意識的純粹**自主體**是絕對的，於是將其接納，同時它自己也是一種以一切現實性的絕對本質爲對象的純粹意識。由於信仰和識見是同一個純粹意識，只是在形式上相互對立（信仰認爲本質是**思想**而不是**概念**，因此是**自我**意識的絕對對立面，而純粹識見則知道本質是**自主體**），所以它們彼此都是澈底地否定著對方。當雙方相互對立時，一切**內容**都歸屬於信仰，因爲在信仰的靜態的思維要素裡，每一個環節都獲得了持存。至於純粹識見，一開始並不具有任何內容，或更確切地說，純粹識見意味著內容完全消失無遺。但透過一種否定之否定的運動，純粹識見將會實現自身，並給予自己內容。

純粹識見知道信仰是一種與它、與理性和眞理相對立的東西。在純粹識見看來，信仰通常都是與各種迷信、偏見和謬誤交織在一起，那種以這些內容爲對象的意識進而建立起一個謬誤王國，在其中，錯誤觀點有時候作爲意識的**普通群衆**直接而樸素地存在著，並沒有返回到自身內，有時候雖然它本身就包含著返回到自身或自我意識之內這一環節，但又與樸素毫不相干，也就是說，這個環節是一種始終見不得人的觀點和邪惡意圖，連自我意識都被其矇騙。普通群眾是**教士階層**欺騙下的犧牲品，教士階層狂妄地以爲唯有他們才是始終眞理在握，他們自私自利，同時又與**專制政體**勾結在一起，而專制政體作爲現實王國與理想王國之缺乏概念的綜合統一體，作爲一個罕見的顚三倒四的本質，凌駕於群眾的惡劣觀點和教士階層的惡劣意圖之上，並將兩者統一在自身內，在鄙視他們的同時，借助於教士階層的欺騙手段，利用民眾的愚昧和混亂，大獲其利，既做到了安定治理，又能夠使自己的享樂和專斷得到滿足。但與此同時，專制政體同樣具有錯誤的觀點，它不但是迷信，而且是一種謬誤。⑩

啓蒙並不是不分青紅皀白地去對待敵人的這三個不同的方面。既然啓蒙的本質是純粹識見，是一個自在且自爲的**普遍者**，那麼它與對手的眞正關係其實是這樣的，也就是說，它在這個關係中所關注的是雙方**共有的**和一**致的**東西。當**個別性**從普遍的樸素意識那裡孤立出來，這種情況是啓蒙的對立面，是啓蒙不能直接觸動的東西。因此，啓蒙運動所直接針對的對象，並不是騙子教士階層以及專制暴君的意志，而是一種無意志的、尚未個別化爲自爲存在的識見，是合乎理性的自我意識的**概念**，這個概念的實存依賴於群眾，但在群眾那裡還不是一個現成的概念。但是，一旦純粹識見促使這個誠實識見及其樸素本質擺脫了偏見和謬誤的威脅，它也就剝奪了惡劣意圖的現實性及其謊言的力量，這類東西以普通群眾的缺乏概念的意識爲它們**基地**和**質料**，正如**自爲存在**是以一般意義上的**單純**意識爲它的**實體**。

純粹識見與那個以絕對本質爲對象的樸素意識相關聯，如今這種關聯包含著雙重方面：一方面，**自在地看來**，它和那個樸素意識是同一個東西，但另一方面，樸素意識在它的思想的單純要素中對於絕對本質及其各個部分不理不問，自己賦予自己持存，僅僅承認純粹識見

⑩ 這個段落表述的是法國啓蒙思想家和哲學家霍爾巴赫（一七二三—一七八九）的觀點。這些觀點在整個啓蒙主義思潮中都非常流行。——譯者注

是它的**自在體**，亦即一種客觀地發揮著校準的東西，同時卻否認它的**自爲存在**包含在這個自在體之內。就前一方面而言，**自在地看來**，既然信仰是作爲一個純粹的**自我**意識成爲純粹識見的對象，那麼它現在就應該**自爲地**轉變爲純粹自我意識，而在這種情況下，純粹識見透過信仰的概念就具有了一個要素，在這個要素裡，那得到實現的不是錯誤觀點，而是純粹識見。

既然純粹識見和樸素意識在本質上是同一個東西，而且，既然純粹識見的關聯是透過並且在同一個要素裡面建立起來的，那麼純粹識見的傳播就是一種**直接的**傳播，純粹識見和樸素意識之間的授受關係也是一種不可阻擋的相互交融。除此而外，不管還有什麼東西深深地扎根在意識之內，意識**自在地**都是這樣一種單純性，它把裡面的一切都消融並且遺忘掉了，無拘無束，因此很容易接受概念。正因如此，純粹識見的傳播，就好像一陣芬芳的氣息在開闊的空間裡安靜地蔓延或**擴散**。這是一種逐漸滲透式的感染，它並沒有從一開始就讓人注意到它是反對它所阿諛奉承的那個漠不相關的要素，而是不動聲色地傳播著，因此是不可抵擋的。直到感染擴散開來，那個原本對純粹識見不理不問的**意識**才發現**它的存在**。誠然，意識在自身內感受到的是一個單純的、與它和與自己都一致的本質，但它同時也感受到了那個折返回自身內的**否定性**的單純性，在這之後，那個否定性也按照自己的本性發展爲一種相反的東西，並以這種方式讓意識回憶起它的舊有形態。否定性，作爲概念，是一種單純的知識，它認識到了它自己，同時也認識到了自己的反面，更認識到這個反面已經在它自身內遭到揚棄。所以，當意識注意到純粹識見的存在時，後者已經擴散開了。那些針對著純粹識見的鬥爭表明感染已經發生。但這場鬥爭來得太遲了，任何用藥都只會加重病情，因爲病情已經深入精神性生命的膏肓，深入到那個具有概念形態的意識，深入到意識的純粹本質自身。既然如此，這裡面也沒有什麼力量能將其制服。由於病情發生在本質自身之內，所以各種具體的病理表現都可以被遮掩，各種表面症狀也可以被掩飾。這種情況對於病情一方來說是非常有利的，因爲它並沒有無謂地揮霍自己的力量，也沒有辜負自己的本質，除非它在各種症狀和嘔吐中爆發出來，公開反對信仰的內容，反對信仰的各種聯繫在一起的外在現實性。事實上，它現在是作爲一個不可見的、隱蔽的精神，悄然地逐一穿過那些高貴的部分，並且很快澈底地控制了無意識的神像的全部內臟和全部關節，然後，「**在一個美好的早晨**，它用肘臂推了一下同伴，稀哩嘩啦！神像倒在地上。」⑪在一**個美好的早晨**，倘若感染還沒有滲透到精神性生命的全部官能中，那麼到中午就看不見血跡了。只有記憶，作爲一段已逝的歷史，以一種奇妙莫測的方式收藏著以往精神形態的僵死樣式。在這種情況下，那條新的、被高掛起來以供朝拜的智慧之蛇⑫只是輕鬆地蛻下一層皺縮的皮。

對自己的行爲祕而不宣的精神，在它的實體的單純內核裡面默默地向前推進，但這僅僅是純粹識見之實現過程的**某一個**方面而已。純粹識見的傳播不僅僅意味著同類相吸，寧可說它的實現過程並非完全是一種一帆風順的蔓延。實際上，否定本質的行動在本質上同樣是一個已經展開的、在自身內進行著區分的運動，這個運動作爲一個自覺的行動，必須在特定的、公開的實存中確立自己的各個環節，並且始終與對立面進行著尖厲的爭吵和激烈的鬥爭。

因此我們得看看，**純粹識見**和**純粹意圖**如何**以否定的方式**來對待它們的對立面。純粹識

---

⑪ 狄德羅《拉摩的侄兒》，歌德譯，一八〇五。——德文版編者注

⑫ 參閱《舊約·民數記》（21, 8）：「你製造一條火蛇，掛在杆子上，凡被咬的，一望這蛇，就必得活。」——譯者注

見和純粹意圖是一種否定的態度，由於它們的概念是全部本質性，在此之外不存在任何東西，所以它們只能是一種自身否定。所以，作爲識見，它們轉變爲對於純粹識見的否定，轉變爲非眞理和非理性；而作爲意圖，它們轉變爲對於純粹意圖的否定，轉變爲謊言和邪惡目的。

純粹識見之所以陷入這個矛盾，是因爲它參與到衝突之中，以爲自己在和**別的**什麼東西進行抗爭。而它之所以有這種看法，又是因爲它的本質是這樣一種絕對的否定性，即本身包含著一個他者存在。絕對概念是一個範疇，它表明知識和知識的**對象**是同一個東西。因此，純粹識見宣稱爲他者，宣稱爲謬誤和謊言的那個東西，只能是它自己。它所譴責的東西，只能是它自己。凡是不合乎理性的東西，都沒有**眞理**，換言之，凡是沒有經過概念把握的東西，都不**存在**。因此，當理性談論一個**他者**的時候，實際上只是談論它自己，它根本沒有擺脫它自己。正因如此，對立雙方的這種鬥爭同時也意味著對立雙方的**實現過程**；也就是說，這個過程正是一個將各個環節展開，並將它們重新收回到自身內的運動。這個運動的一個方面是進行區分，而透過區分，那個進行著概念式把握的識見把自己樹立爲自己的**對象**，而且在這個環節裡始終處於自身異化的狀態。作爲純粹識見，它不具有任何**內容**，因此它的實現過程是這樣一個運動，即**它自己**轉變爲自己的內容。它不可能具有別的內容，因爲它是一種以範疇爲對象的自我意識。但由於純粹識見一開始只是在對立面中發現**內容**，還不知道這內容就是它自己，所以它在內容中也沒有認出它自己。就此而言，當純粹識見達到完成時，它會認識到當初客觀的內容其實是它自己的內容。但這樣一來，完成的結果就既不是重新製造出它與之鬥爭的謬誤，也不是僅僅成爲它的最初的概念，而是成爲這樣一個識見，即認識到絕對的自身否定是它自己固有的現實性，就是它自己，或者說是它的自我認知著的概念。這就是啓蒙與各種謬誤之間的鬥爭的本性：啓蒙是在與自己進行抗爭，它所譴責的正是它所主張的東西。這一點已經呈現在**我們**面前，換言之，這是啓蒙及其鬥爭的**自在的**本質。但是按照鬥爭的第一個方面，啓蒙把否定的態度接納到它的自身一致性的**純粹性**之內，於是變得不純粹，這個方面尤其表現在，正如啓蒙是**信仰的對象**，被信仰當作謊言、非理性和惡劣意圖，同樣，啓蒙也把信仰看作是謬誤和偏見。至於啓蒙的內容，可以說啓蒙最初是一種空洞的識見，它把它自己的內容當作一個他者，還不知道這是它自己的內容，而在這種情況下，啓蒙於是**發現**內容是一個完全不依賴於它的、包含在信仰之中的實存。

一般說來，啓蒙剛開始是這樣來領會把握它的對象，即把後者當作一種**純粹識見**，並且在缺乏自知之明的情況下，宣稱其爲謬誤。意識在某一個**識見**中把握到一個對象，以爲這個對象是意識的本質，或者說以爲這是一個已經滲透著意識的對象，而在這個過程中，意識維繫著自身，停留在自身中，保持爲一種當前存在著的東西，而且，由於意識是對象的一個運動，所以對象是由意識產生出來的。啓蒙正確地指出，信仰正是這樣一種意識，原因在於，信仰所承認的那個絕對本質其實只是它自己固有的意識的一種存在，是它自己固有的一個思想，是一種透過意識產生出來的東西。啓蒙於是宣稱，信仰對於啓蒙的看法是一種謬誤和臆想。啓蒙想要傳授給信仰一種新的智慧，但實際上並沒有說出什麼新東西，因爲信仰剛好也把它的對象看作是它自己固有的意識的純粹本質，而這樣一來，信仰不但沒有迷失和遭到否定的感覺，反而更加信任那個純粹本質，也就是說，正是**透過純粹本質**，信仰才發現自己作爲**這一個**意識，或者說作爲一個**自我**意識**存在著**。當我信任一個人的時候，他的**自身確定性**對我來說是**我的自身確定性**。我在他身上認識到我的自爲存在，而他則承認我的自爲存在，並將其當作目的和本質。但信任就是信仰，因爲它的意識與它的對象**直接相關**，於是認識到，它與對象是一**體**的，就在對象之內。進而言之，當我在一個對象身上認出我自己，那麼與此同時，我對自己而言也完全轉變爲**另一個**自我意識，而在這種情況下，自我意識既然已經擺脫了它的特殊個別性（亦即它的自然性和偶然性），於是一方面仍然保持爲自我意識，另一方面則成爲一個**事關本質的**意識，就和純粹識見一樣。識見的概念僅僅包含著這樣一些意思：首先，意識在它所審視的對象身上認出它自己，但並沒有擺脫思想並從對象那裡返回到自身內，而是把自己**直接**放置到對象中；其次，意識不但以它自己爲對象，同時也以**中介運動**爲對象，換言之，意識認識到自己是一種**行動**或創造活動。就此而言，意識是在思想中**認識到**自己是**自主體**和對象的統一體。這種意識也正是信仰。**服從並行動**是一個必然的環節，透過這個環節，絕對本質才獲得了存在的確定性。誠然，信仰的行動並不是表現爲把絕對本質自身產生出來，但信仰所認定的那個絕對本質在本質上並不是一個**抽象的**、凌駕於信仰意識之上的本質，寧可說它是宗教社團的精神，是抽象本質和自我意識的統一體。既然絕對本質是宗教社團的精神，那麼宗教社團的行動就是一個事關本質的環節。這個精神**只有透過意識**才能**產生**出來，或更確切地說，這個精神的產生**離不開**意識。儘管意識的創造活動是一種事關本質的東西，但畢竟只是一個環節而已，並不是本質的唯一根據。本質既是自在的，同時也是自爲的。

從另一方面來看，純粹識見的概念也把自己當作一個**他者**，當作一個對象，因爲正是這個否定的規定製造出了對象。在這種情況下，純粹識見也從另一方面出發，宣稱信仰的本質是一個**異於**自我意識的東西，宣稱這個東西不是**信仰的**本質，而是一個被人偷偷塞在信仰懷裡的怪胎。然而啓蒙的這些說法是非常可笑的。在信仰看來，啓蒙是一種自己都搞不清楚自己的胡言亂語，而且在談到教士的欺騙行爲和民眾遭受的蒙蔽時也不符合事情眞相。啓蒙聲稱，透過教士們的鬼把戲，某個完全**陌生的他者**被當作本質強加在意識頭上，但啓蒙同時又說道，這是意識的本質，意識信仰它，信任它並試圖遷就它，而這等於是說，意識在其中不但直觀到了**它的純粹的**本質，而且直觀到了**它的**個別的和普遍的**個體性**，並透過它的行動把它自己與它的本質統一起來。啓蒙剛剛宣稱某個東西是**異於**意識的，馬上又宣稱這是意識**最本己**的東西。但既然如此，啓蒙還有什麼資格來談論欺騙和蒙蔽呢？由於啓蒙**直接**違背了它關於信仰的言論，那麼在信仰看來，啓蒙才是一種自覺的**謊言**。既然意識在它的眞理中直接具有**自身確定性**，既然意識不但在自己的對象中發現自己，而且還產生出自己，並以這種方式持有**它自己**，這時還有什麼欺騙和蒙蔽可言呢？甚至可以說，連字面上的差別都沒有。既然如此，如果有人提出這樣一個寬泛的問題，**蒙蔽民衆的做法能否能到容許**，⑬那麼眞實的答案只能是：這個問題毫無意義，因爲要在這些地方蒙蔽民衆是不可能的。誠然，在一些個別的買賣中，黃銅被當作黃金，假支票被當作眞支票，在一段時間以內，敗仗被鼓吹爲勝仗，也有人相信關於感官事物和生活瑣碎的各種謊言，這些都是可能的。但是，意識一旦獲得直接的**自身確定性**，並認識到本質，那些帶有欺騙性的思想就完全消失無蹤了。

讓我們進一步看看，信仰在它的意識的**各個**環節裡所經驗到的啓蒙是如何的情形，因爲此前揭露出來的觀點還只是一般地談到信仰意識。這些環節包括：⑴純粹思維，作爲一個對象，是一個自在且自爲的**絕對本質**；⑵信仰意識，作爲一種**知識**，它與對象的**關聯**是**信仰的根據**；⑶意識在行動中與對象的關聯是**意識的敬神儀式**。純粹識見既然已經在一般意義上的信仰中錯認並否認了自己，那麼同樣，它在這些環節裡也將表現爲一種顚倒的東西。

詳細說來，**第一個環節**是如下的情形。純粹識見對於信仰意識的**絕對本質本身**持以否定的態度。這個本質是純粹**思維**，而純粹思維在自身的範圍內又被設定爲一個對象或**本質**。在

[408]

⑬ 這是柏林科學院一七七九年提出的一個懸賞徵文問題，由達朗貝爾策劃，並由普魯士國王腓特烈二世宣布。——德文版編者注

信仰意識裡，思維的**自在體**同時也獲得了一個空洞的客觀性形式，呈現於一個自爲存在著的意識面前。也就是說，它被規定爲一個**表象**。但由於純粹識見作爲一個**自爲存在著的自主體**就是純粹意識，所以它認爲**他者是對於自我意識的否定**。本來，人們可以把這個他者視爲思維所認識的純粹**自在體**，或者視爲感性確定性所認識的**存在**。但由於這個他者同時又是**自主體**的對象，而**自主體**既然擁有一個對象，也就擁有一個現實的意識，所以純粹識見的眞正的獨特對象是**感性確定性**所認識的**一個存在著的普通物**。在純粹識見看來，它的這個對象出現在信仰的**表象**那裡。純粹識見譴責這個表象，因此也是在譴責它自己的對象。但在這樣做的時候，純粹識見已經對信仰不公，因爲它把信仰的對象當作是它自己的對象。純粹識見隨後宣稱信仰的絕對本質是一塊雖然有眼睛但卻看不到東西的石頭或木頭，[14]或者是一塊麵團，在田裡膨脹，被人改變形狀之後又扔回田裡。按照一些哲人的說法，信仰把本質擬人化了，使之成爲一種客觀的和當面呈現的東西。

在這裡，自居純潔的啓蒙，把精神認識到的永恆生命和聖靈降格爲一個現實的、**行將消逝的物**，把永恆生命和聖靈與感性確定性的虛妄觀點混爲一談，這類觀點跟那種虔敬尊奉的信仰毫不相干，因此完全是啓蒙栽贓給信仰的。信仰所崇拜的東西絕不是石頭、木頭、麵團之類塵世中的感性事物。如果啓蒙又冒出一個念頭說道，信仰的對象確實**也**是石頭之類東西，甚至這些東西自在地看來且眞正說來是信仰的對象，那麼實際的情形是，一方面，信仰同樣也知道**那個「也」**，但這與它的尊奉無關，另一方面，信仰從來不認爲石頭之類東西是

[409]

⑭ 參看《舊約・詩篇》（115, 4）：「他們的偶像是金的銀的，是人手所造的／有口卻不能言，有眼卻不能看／有耳卻不能聽，有鼻卻不能聞／有手卻不能摸，有腳卻不能走，有喉嚨也不能出聲……」——譯者注

自在的，寧可說在它看來，唯有純粹思維的本質才是自在的。

至於**第二個環節**，則是信仰作爲一種**認知**意識而與這個本質的關聯。就信仰是一種思維 [410] 著的、純粹的意識而言，本質對它來說是一個直接的東西。但純粹意識同樣也是確定性與眞理的一個**間接**關聯，這個關聯才建立起了信仰的根據。在啓蒙看來，這個根據仍然是一種以**偶然**狀況爲對象的**偶然**知識。但知識的根據是一個**認知著**的普遍者，眞正說來即絕對**精神**，絕對精神在抽象的純粹意識或嚴格意義上的思維那裡只是絕對**本質**，但絕對精神作爲自我意識乃是一種自我**認知**。純粹識見把這個認知著的普遍者，把這個**單純的**、**自我認知著的精神**仍然看作是對於自我意識的否定。誠然，純粹識見本身是一種**純粹的**、**經過中介**的東西，亦即一種自我中介著的思維，是一種純粹知識。但是，既然它是**純粹識見**和**純粹知識**，那麼它還沒有認知它自己，也就是說，還沒有認識到它自己就是這個純粹的中介運動，所以這個運動和所有那些東西一樣，儘管實際上都是純粹識見自身，但都被它看作是一個他者。因此，當純粹識見的實現過程中的一個根本環節展現出來，純粹識見卻以爲這是信仰的一個環節，以爲這是一個註定外在的東西，是一種以通常的現實狀況爲對象的偶然知識。於是純粹識見在這裡捏造出一些關於宗教信仰的說法，宣稱宗教信仰的確定性依賴於一些**個別的歷史見證**，既然如此，宗教信仰的內容，作爲歷史見證，其確切可靠程度當然不會高過報章雜誌對於某一事件的報導。純粹識見還聲稱，宗教信仰的確定性依賴於這些見證**保存下來**時所遭遇的偶然情形，比如紙張的保存狀況，從一張紙謄寫到另一張紙時的熟練手法和忠實態度，以及是否正確領會了僵死文字的意義等等。但實際上，信仰從沒想過要把它的確定性與這類歷史見證和偶然情形綁在一起。當它具有這種確定性的時候，它是以一種樸素 [411] 的態度來對待它的絕對對象，是一種以後者爲對象的純粹知識，這種知識不會容許文字、紙張和謄寫者進入到它關於絕對本質的意識之中，不會把這類事物當作它和絕對本質之間的中介。實際上，這種意識是它的知識的自我中介著的根據；它是精神自身，不管是在**個別意識的內核**裡面，還是在一種**普遍的當前現實**裡面——所有人都信仰它，它都自己見證著自己。如果信仰也像啓蒙所說的那樣，企圖在歷史中尋求它的內容的支援或至少是證實，如果信仰眞的是這樣想和這樣做的，彷彿這是一件至關重要的事情，那麼它就已經被啓蒙引向了一條歧路。至於信仰爲此所做的一切努力，即以這種方式來支援或鞏固自身，只能表明它已經受到侵染。⑮

剩下的第三個方面，則是**意識與絕對本質的關聯**，這個關聯是一種**行動**，它揚棄了個體的特殊性，或者說揚棄了個體的自爲存在的自然形態，並由此得出這樣一個確定性：它是一個有所行動的自我意識，換言之，它作爲一個**自爲存在著**的個別意識，與本質合爲一體。在行動那裡，**合目的性**不同於**目的**，而純粹識見在與這個行動相關聯的時候，仍然**表現爲一種否定的東西**，就像在其他環節一樣，都把自己否定了。既然如此，就**合目的性**而言，純粹識見必然會表現爲一種理智錯亂，因爲它把識見和意圖的結合，把目的和手段的吻合都視爲稀罕的事，甚至認爲這是悖理的。但就**目的**而言，純粹識見必然會把惡劣的東西，把享受和占有當作目的，從而顯示自己是一種最爲骯髒的意圖，因爲純粹意圖作爲他者同樣也是一個骯髒的意圖。

---

⑮ 本段落的思想受到了萊辛的影響。萊辛認爲，偶然的歷史眞理不能用來證明理性眞理，因此必須區分聖經的字面意思和聖經的精神，分別對待聖經和眞正意義上的宗教。反過來，對於聖經的批評也不一定適用於宗教本身。當神學家向異教徒宣戰，固執認爲聖經記載的「歷史眞理」都是「理性眞理」時，這種做法正顯示出他們受到了異教徒思想的「侵染」。——譯者注

於是我們看到，就**合目的性**而言，啓蒙認爲一個有所信仰的個體的如下做法是很可笑的，即他竟然**眞的**放棄了自然享樂，並**透過這個行爲**證明他對這些東西的蔑視不是**謊言**，而是**眞話**，而這樣做又是爲了表明他是一個高尚的意識，不受自然享樂的束縛。啓蒙同樣覺得可笑的是，個體透過捨棄自己的財產來逃避自己的規定性，彷彿這樣他就不再是一個絕對個別的、排斥一切其他個體並占有一定財產的個體了。**眞正說來**，個體以這種方式顯示出他還沒有嚴肅地對待自己的孤立狀態，而只是超脫了那樣一種自然必然性，即先是發生個別化，然後在自爲存在之絕對的個別化過程中否認別人**與自己**是同一個東西。在純粹識見看來，上述兩種情形既是不合乎目的的，也是不正當的。所謂「**不合乎目的**」，就好比一個人爲了證明自己擺脫了享受和占有，所以拒絕任何享受和占有；反之，如果誰是爲了證明自己要吃飯才抓起碗筷眞的去吃飯，那麼純粹識見也會認爲他是一個**傻瓜**。而所謂「**不正當**」，則是好比一個人暫時不想吃飯，但卻既不拿奶油和雞蛋換金錢，也不拿金錢換奶油和雞蛋，而是乾脆不計回報把它們全都送出去。純粹識見宣稱用餐或享受用餐之類是一種自私自利，這些說法實際上反而顯示它自己是一個非常齷齪的意圖，因爲它以爲人們的根本目的在於得到這些享受。純粹識見，作爲純粹意圖，一再主張人們必須超脫自然存在，超脫貪欲及其各種手段，同時卻又認爲，**用行動**來證明這種超脫是一種可笑的和不正當的做法。換言之，這個純粹意圖實際上是一個欺騙，它標榜和宣導**內心的**超脫，但卻認爲，嚴肅地對待這件事、**眞正去實施超脫**、**去證明超脫是眞理**等等做法是多餘的和可笑的，而這等於是說，純粹意圖表明它自己其實才是不正當的。就此而言，純粹識見把自己當作純粹識見而加以否定，因爲它拒絕一種直接合乎目的的行動，與此同時，它也把自己當作純粹意圖而加以否定，因爲它不打算去證明自己已經擺脫了個別性的各種目的。

這就是信仰所經驗到的啓蒙。啓蒙的形象之所以如此糟糕，原因在於，它是透過與一個

[412] [413]

他者的關係而給予自己一種**否定的實在性**，並且呈現爲它自己的反面。但是純粹識見和純粹意圖必須承擔起這種關係，因爲這是它們的實現過程，而這個過程首先顯現爲一種否定的實在性。人們可能會問，也許它的**肯定的實在性**有著更好的情形呢？既然如此，我們就來看看這種肯定的實在性的表現。如果一切偏見和迷信都被驅除了，那麼接下來的問題就是：**下一步是什麼東西？如果啓蒙傳播的不是偏見和迷信，那麼它傳播的眞理是什麼東西呢**？啓蒙在剷滅謬誤的時候已經說出了它的肯定的內容，因爲它的自身異化正是它的肯定的實在性。信仰的對象是絕對精神，啓蒙把它在這裡**註定**會發現的東西理解爲木頭、石頭等等，理解爲個別的現實事物。由於啓蒙以這種方式把那個絕對精神的**一切規定性**亦即一切內容都理解爲**有限事物**，理解爲**人的本質和人的表象**，所以**絕對本質**對它來說成了一種不可能具有任何規定和謂詞的**虛空**。既然如此，把虛空和各種謂詞摻和在一起的做法當然是不可原諒的，因爲這種做法是無窮無盡的迷信的根源。理性或**純粹識見**本身誠然不是空虛的，因爲它的自身否定就是**它的對象**，就是它的內容。實際上，純粹識見是很豐富的，只不過是富於個別性和局限性而已；不允許絕對本質沾染上任何個別性和局限性，這是純粹識見的敏銳的生活方式，它懂得如何把它和它的豐富的有限性擺放到應有的位置，也懂得如何合乎尊嚴地對待絕對者。

那與這個空虛的本質相對立的東西，是啓蒙的肯定眞理的**第二個環節**，亦即意識和一切存在都具有的、但卻被絕對本質排除在外的一般意義上的**個別性**，或者說一個**絕對的自在且自爲的存在**。意識在它的最初的現實性中曾經是**感性確定性**和**意謂**，現在它已經走過了完整的經驗之路，返回到出發點，重新轉變爲一種以**純粹的自身否定**或**感性事物**爲對象的知識，而所謂感性事物，是指一些**存在著的**、漠不相關地與意識的**自爲存在**相對立的物。但意識在這裡並不是作爲一個**直接的**自然意識存在著，而是認識到自己**已經轉變爲**一個自然意

[414]

識。在意識的不由自主的整個實現過程當中，它由於自身的展開而沉淪，然後透過純粹識見而被導回到它的最初形態，**經驗到**這是一個**結果**。這個感性確定性以識見爲**基礎**，它知道意識的其他一切形態以及感性確定性的整個彼岸世界都是虛妄的，因此它不再是意謂，反而是絕對眞理。誠然，指出一切凌駕於感性確定性之上的東西都是虛妄的，這只是以一種否定的方式證明了那個眞理，但除此之外的證明是不可能的，因爲感性確定性的肯定眞理本身正是概念的**直接的**自爲存在，而概念本身則是一個對象，亦即處於他者存在這一形式之下。那個肯定的眞理意味著，每一個意識都**完全確定地**知道：**它**和它之外的**其他現實事物**都**存在著**，它作爲一種**自然**存在，和這些事物一樣，都是**自在且自爲的**，或者說都是**絕對的**。

最後，**啓蒙的眞理的第三個環節**是指個別本質與絕對本質的關係，亦即前面兩個環節之間的關聯。識見，作爲以**一致者**或**未受限制者**爲對象的純粹識見，**超越**了作爲有限現實性的**不一致者**，或者說超越了作爲單純的他者存在的它自己。它把他者存在的彼岸世界看作是**空虛**，使之與感性現實性相關聯，但實際上，雙方都沒有作爲**內容**進入到這個**關係**的規定之中，因爲前者本身是空虛，而內容只有透過後者亦即感性現實性才會出現。由於**自在體**這一方在關聯的規定裡起著協助作用，所以關聯的**形式**是盡可隨意的。形式是一種**自在的否定**，因而是一種自身對立。存在即無，**自在體**即**反面**。換言之，**現實性**與作爲**彼岸世界**的**自在體**之間的關聯一方面是對於現實性的**否定**，另一方面則是對於現實性的**肯定**。所以眞正說來，有限現實性是什麼樣子，完全取決於人們的需求。感性事物如今以一種**肯定的方式**與絕對者相關聯，把絕對者當作**自在體**，而感性現實性本身則是**自在的**。絕對者製造出、保護並照料著感性現實性。反過來，當感性事物與絕對者相關聯時，則是把絕對者當作它們的反面，當作**非存在**，而按照這種關係，感性現實性不是自在的，而僅僅是**爲他的**。如果說在此前的意識形態裡面，相互對立的兩個**概念**把自己規定爲「**好**」和「**壞**」，那麼現在在純粹識見看來正相反，它們變成了「**自在存在**」及「**爲他存在**」之類純粹抽象的東西。

但事實上，有限事物與自在體之間的肯定關聯和否定關聯這兩種觀察方式都是同樣必要的，因此任何事物都不但是一個**自在**存在，而且是一個**爲他**存在，或者說任何事物都是**有用的**。任何事物都爲其他事物作出犧牲，供其利用，**爲著它們**而存在。反過來也不妨說，任何事物都踏踏實實地，乾脆俐落地對待他者，爲著自己而利用它們。人，作爲一個**意識到**這種關聯的物，從中獲得了他的本質和他的地位。當一個人直接存在著的時候，作爲一個自然的意識，他是**自在的**、**好的**，而作爲個別的意識，他是**絕對的**，其他事物都是**爲著他**而存在。可以說，由於人是一種具有自我意識的動物，各個環節對他來說都具有普遍性意義，所以**萬物**都是爲著他的滿足和愉悅而存在著，而他這個天子驕子在世界裡面巡視，把世界當作是一個專門爲他培育起來的後花園。他也必定已經從分辨善惡的知識之樹上摘取了果實。⑯於是他占有了一項用處，這項用處把他與其他一切事物區別開來。原來他的自在的善良本性碰巧**也**具有這樣的特性，即過度的愉悅會帶來傷害，或更確切地說，他的個別性本身**也包含著自己的彼岸世界**，有可能僭越並摧毀自己。與此相反，理性對他來說是一個有用的工具，可以用來適當地限制那種僭越，或更確切地說，使他在僭越規定的時候保全自身。這就是意識的力量。一個自覺的、自在**普遍的**本質所得到的享受，無論從繁複性還是從持續性來看，都必然不是一種經歷規定的東西，而應該是普遍的。所以，標準的任務在於使享受保持爲一種繁複的和持續的東西，防止它遭到打斷。也就是說，標準的任務是無度。正如對人來說任何東西都是有用的，同樣人自己也是一種有用的東西，而他的任務同樣在於使自己成

⑯ 以上情形出於《舊約・創世紀》第二—三章的記載。——譯者注

爲團隊的一員，對大家都有用，具有普遍的使用價值。他得到了多少東西，同樣也必須爲他人付出多少東西，而他付出了多少東西，他也就得到了多少東西；一隻手是用另一隻手來洗的。無論他置身何處，他在那裡都是正當的。他利用別人，同時也被別人利用。⑰

不同的東西，其相互利用的方式也不同。一切事物在本質上都具有這種相互利用的特點，也就是說，一切事物都以雙重的方式與絕對者相關聯：在肯定的方式下，成爲一個**自在且自爲**的存在，而在否定的方式下，成爲一個**爲他**存在。就此而言，與絕對本質的**關聯**，或者說宗教，是一切有用事物中最有用的，⑱因爲它是**純粹用處本身**，不但是萬物的立身之本（亦即它們的**自在且自爲的存在**），而且是萬物的毀滅之源（亦即它們的**爲他存在**）。

當然，在信仰眼裡，啓蒙的這個肯定結果和啓蒙對待它的否定態度一樣，都令人憎惡。無論是哪種**識見**——它在絕對本質那裡看到的只是絕對本質、**至高無上者**、**空虛本身**，還是哪種**意圖**，它認爲一切事物在其直接的現實存在中都是**自在的**或好的，最後還有個別自覺的存在與絕對本質的那種**關聯**，亦即「**宗教**」這個將有用性窮盡無疑地表達出來的概念，所有這些在信仰眼裡都是極爲**可惡**的東西。對信仰來說，啓蒙自己固有的**智慧**必然是一種**陳詞濫**

---

⑰ 法國啓蒙思想家愛爾維修、霍爾巴赫、拉美特利等人認爲，個體和社會之間是相互利用的關係。如果一個人是有德行的，那麼他的行爲既利於他自己，也利於社會。由於一切行爲在本質上都是一種自利，所以沒有誰會爲了別人的幸福而犧牲自己的幸福。至於一個智慧的立法者的任務，則是把個人利益與國家利益結合在一起，保障德行能夠給每一位個人帶來幸福。——譯者注

⑱ 這同樣也是愛爾維修的觀點。愛爾維修認爲任何宗教都必須具有普遍的用處，如果一個宗教能夠按照這個永恆不變的原則建立起來，那麼它就能夠成爲全人類共同的宗教。——譯者注

調，而且這種智慧對於自己的陳詞濫調**供認不諱**。原因在於，啓蒙對絕對本質一無所知，或者說啓蒙對於絕對本質只知道這樣一個非常平凡的眞理，即它只是**絕對本質**而已。啓蒙只認識有限事物，把它們當作是眞實的東西，並且把這種知識當作是最爲崇高的東西。

信仰用神的正當性（亦即絕對的**自身一致性**或純粹思維的正當性）去反對啓蒙，卻遭到啓蒙極爲不公的待遇，因爲啓蒙在信仰的全部環節中都把信仰扭曲了，而且把這些信仰內部的環節扭曲爲另外的東西。但啓蒙只是用人的正當性去反對信仰，捍衛自己的眞理，因爲它作出的不公行爲也是一種正當性，也就是說，即使出現**不一致**、發生顚倒和改變等等，這些情況都是正當的。這種正當性隸屬於**自我意識**的本性，被用來反對單純本質或**思維**。但是，由於啓蒙的正當性是自我意識的正當性，所以啓蒙**不僅**將會保持自己的正當性，以至於精神的兩個同等的正當性相持不下，而且啓蒙還將會進而主張一種絕對的正當性，因爲自我意識是**概念**的否定性，這種否定性不僅是**自爲的**，而且也干預著它的反面。正因爲信仰是一種意識，所以它不能否認啓蒙的正當性。

啓蒙在對待信仰意識的時候，它所依據的不是啓蒙自己的原則，而是信仰意識本身具有的原則。啓蒙只是把信仰意識**自己固有的**、無意識中散落的**思想**收拾在一起，交還給信仰意識。啓蒙只是讓信仰意識在它的**某一個**形態中回憶起**其他**形態，因爲信仰意識原本**也**具有這些形態，但總是在置身某一形態時把其他形態忘記了。正是透過這個方式，啓蒙表明自己是與信仰意識相對立的純粹識見，它在一個**特定的**環節中看到**整體**，找出與那個環節相關聯的**對立面**，將兩者相互顚倒，得出這兩個思想的否定本質，亦即**概念**。因此在信仰看來，啓蒙是一種扭曲和謊言，因爲啓蒙揭露了信仰的各個環節的**他者存在**。在信仰看來，啓蒙把那些環節直接打造爲某種不同的東西，不再是它們處於個別狀態下的樣子。然而這個**他者**同樣也是事關本質的，它實際上就包含在信仰意識之內，只不過沒有被信仰意識回憶起來，而是隨

[418]

便藏在什麼地方；就此而言，這個他者既不是一個異於信仰意識的東西，也不能遭到信仰意識的否認。

啓蒙促使信仰回憶起它的各個孤立環節的對立面，但是啓蒙對於它自己的情況同樣沒有清楚了解，換言之，啓蒙還沒有啓蒙自己。啓蒙對信仰持以**否定的**態度，其表現是，它把自己的內容從自己的純粹性排除出去，把信仰看作是對它的否定。於是，啓蒙既沒有在這個否定亦即信仰的內容裡認出它自己，也沒有以之爲根據，把那兩個思想——其中一個是它主張的思想，另一個是它反對的思想——結合在一起。既然啓蒙沒有認識到，它在信仰那裡所譴責的東西直接是它自己的思想，那麼它就陷入到兩個環節的對立之中：在前一個環節裡，它在任何時候都只承認信仰的對立面，而在後一個環節裡，它正和信仰的做法一樣，脫離了那個對立面。因此啓蒙並沒有創造出對立雙方的眞正意義上的統一體，亦即概念。對啓蒙而言，概念是自爲地**生發出來**的，或者說啓蒙只是發現概念已經是一個**現成的**東西。自在地看來，這正是純粹識見的實現過程，也就是說，以概念爲本質的純粹識見首先發現自己轉變爲一個絕對的**他者**，於是否定了自己（因爲概念的對立是一種絕對的對立），然後又擺脫這個他者存在，返回到自身之內，或者說返回到它的概念之內。啓蒙只作爲這個運動**存在著**，它是純粹概念的尙且處於無意識階段的行爲，這個行爲雖然返回到了作爲對象的自身之內，但卻認爲對象是一個**他者**，而且也沒有認識到概念的那個本性，即無差別的東西是一種絕對分裂的東西。就此而言，那與信仰相對立的識見是概念的**權力**，因爲它是信仰意識內部的那些孤立環節的運動和關聯，在這個關聯裡，各個環節之間的矛盾一覽無遺。在這裡，啓蒙施加在信仰身上的暴力具有絕對的**正當性**。這種暴力促成的**現實性**剛好表現在信仰意識本身就是概念，而且本身就承認了識見給它製造出來的對立面。這樣一來，識見對於信仰意識的反對就是正當的，因爲它在信仰意識身上確立的那個東西對於信仰意識而言是必然的，而且本身就隸屬於信仰意識。

首先，啓蒙堅持著概念這一環節，也就是說，它作爲**意識**的一個**行動**存在著。這個做法是**針對**信仰的，因爲後者宣稱，它的絕對本質是**它的**意識作爲一個自主體時的本質，換言之，它的絕對本質是透過意識**創造出來的**。對信仰意識而言，它的絕對本質是一個自在體，同時又不是一個來去無蹤、莫名**存在著**的異物。寧可說，它對於絕對本質的信任正表現在**發現**自己是**這一個**個人意識，而它的服從和敬神儀式則是表現在透過它的**行動**，把絕對本質作爲**它的**絕對本質創造出來。實際上，當信仰毫無保留地宣稱絕對本質的自在體位於意識的**行動**的**彼岸世界**時，啓蒙已經提醒信仰應該注意到這一點。但是，儘管啓蒙針對信仰的片面性指出了一個對立的環節，即信仰的**行動**與信仰在這裡唯一思考的**存在**之間的對立，但由於啓蒙同樣沒有把自己的思想整合起來，所以它把**行動**這個純粹環節孤立出去，宣稱信仰的自在體**只**是意識的一個**產物**。但那個被孤立出去的、與自在體相對立的行動是一個偶然的行動，當它作爲一種表象活動時，會製造出各種虛構，製造出一些並非**自在**存在著的表象。啓蒙就是這樣來看待信仰的內容的。但反過來，純粹識見同樣也說出了自己的反面。由於純粹識見堅持著本身就包含在概念之內的**他者存在**這一環節，所以它宣稱信仰的本質與意識**毫不相干**、位於意識的**彼岸世界**、在意識看來是一個陌生的和未知的東西。對於信仰而言，也是同樣的情形：一方面，信仰信任它的本質，並因此獲得它的**自身確定性**，但另一方面，本質的道路是不可探究的，本質的存在也是不可觸及的。⑲

⑲ 參閱《新約・羅馬書》（11, 33）：「深哉！上帝豐富的智慧和知識。他的判斷何其難測！他的蹤跡何其難尋！」——譯者注

其次，啓蒙在反對信仰意識時主張它擁有後者自己也認可的一種正當性，即把信仰意識的崇拜對象視爲石頭和木頭之類有限的、擬人的規定性。既然信仰是一種分裂的意識，不僅具有一個相對於**現實性**而言的**彼岸世界**，而且具有一個相對於那個**彼岸世界**而言的純粹**此岸世界**，那麼信仰實際上**也**包含著一種關於感性事物的觀點，按照這種觀點，感性事物**自在且自爲地發揮著校準**。儘管如此，信仰並沒有把**自在且自爲存在者**的那兩個思想（**純粹本質**，以及通常的**感性事物**）結合在一起。最後，這種觀點甚至影響著信仰的純粹意識。因爲信仰的超感性王國缺乏概念，所以其中的各種差別是一系列的獨立的**形態**，而這些差別的運動是一個**偶發事件**，也就是說，它們只存在於**表象**裡面，本身只具有感性存在的形態。至於啓蒙這邊，同樣也把**現實性**當作一個遭到精神遺棄的本質，把規定性當作一種固定不變的有限性孤立出去，這種有限性在本質的精神性運動裡談不上是一個**環節**，它不是無，但也不是自在且自爲地**存在著**的某物，而是一種轉瞬即逝的東西。

很明顯，在**知識的根據**那裡也是同樣的情況。信仰意識本身認可一種偶然的**知識**，因爲它與偶然事物有關係，而且在它看來，絕對本質本身就形式而言是一種存在於表象裡面的普通現實性。就此而言，信仰意識**也**是一種原本不具有眞理的確定性，它坦承自己是一種無關本質的意識，居於此岸世界，隸屬於一個自身確定的、檢驗著自身的精神。但在信仰意識對於絕對本質的精神性直接知識中，它忘記了這個環節。與此同時，啓蒙雖然使信仰意識回憶起了這個環節，但啓蒙自己同樣**只是**記住一些偶然的知識，卻忘記了其他事物。也就是說，啓蒙只記住了一個中介運動（以某個**異己的**第三者爲中介），卻沒有回憶起另一個中介活動（直接的東西本身對自己而言就是第三者，並以之爲中介），而在後面這個中介活動裡，所謂與他者實現中介溝通，就是與**自己**實現中介溝通。

最後，按照啓蒙對於信仰的**行動**的觀點，它認爲信仰捨棄享受和財產的做法是不正當和不合目的的關於什麼是不正當，啓蒙和信仰意識的一致之處在於，信仰意識本身也承認，占有、保持並享受財產是一種現實的狀況。信仰意識愈來愈堅決和頑強地捍衛財產，愈來愈肆無忌憚地投身到享受裡面，因爲它的虔敬行動，它的**放棄著**財產和享受的行動，位於現實世界的彼岸世界，會從那邊換回自由以作補償。透過這個對立，如果一個敬神儀式要求人們犧牲自然衝動和享受，那麼這個敬神儀式實無眞理可言。有犧牲，就會**伴隨著**保存，所謂犧牲只不過是一個**姿態**，它眞正犧牲的僅僅是很小的一部分，所以實際上僅僅是一種**象徵性的**犧牲。

關於什麼是**不合目的**，啓蒙不能容忍一種虛僞的做法，即透過捨棄一**份**財產和一**個**享受，就讓自己感到、並向別人證明自己已經擺脫了**財產本身**和**享受本身**。信仰意識把絕對行動理解爲一種**普遍的**行爲。在它看來，它的絕對本質，作爲它的對象，其行動是一種普遍的行動，不僅如此，個別意識也應該表明自己已經完全地、普遍地擺脫了自己的感性本質。但是，捨棄一份**個別的**財產或放棄一個**個別的**享受，這並不是一種**普遍的**行爲。在一個行爲裡，關鍵在於一個普遍的**目的**，而個別的**舉動**在意識看來必然是不恰當的，既然如此，舉動就呈現爲一種與意識無關的行動，但這種行動實在是太**幼稚**了，簡直不能稱之爲一個行爲。它太幼稚了，以至於沒法進行齋戒，以此證明自己已經擺脫了進餐帶來的快樂；它太幼稚了，以至於不能像奧利金⑳那樣，把**肉體的**其他享樂全都拋棄，以此證明自己已經克服了它們。行爲本身表明自己是一種**外在的**和**個別的**行動。然而貪欲卻是一個起源於**內部**的東

⑳ 奧利金（Origen, 185-254）是古代基督教希臘教會神學家，深受柏拉圖主義的影響。他的《基督教原理》是歷史上第一部關於基督教神學的系統論述。——譯者注

西，是一個**普遍者**。貪欲的享樂既不會隨同工具一起消失，也不會因爲個別欲望的節制而消失。

但啓蒙在這裡的做法卻是把**內在的東西**、**非現實的東西**孤立出來，與現實性相對立，正如它以前是把事物的外在性孤立出來，與信仰在進行直觀和祈禱時的內在性對立起來。啓蒙認爲**意圖**和**思想**是事關本質的東西，這樣一來，就沒有必要眞正去擺脫各種自然目的。反之，這種內在性本身是一種形式上的東西，將會透過自然衝動而得到充實，而自然衝動之所以爲正當的，原因就在於它們是內在的，並且隸屬於一種**普遍的**存在，隸屬於自然界。

因此，啓蒙對於信仰擁有一種不可抗拒的支配力量，也就是說，在信仰意識之內有一些環節，它們是透過啓蒙才發揮著校準。如果我們仔細觀察那種力量帶來的影響，那麼可以看到，它對待信仰的態度已經撕裂了**信任**和直接**確定性**的**美滿的**統一體，信仰的**精神性**意識已經被**感性**現實性的低賤思想玷汙了，信仰在其謙卑中具有的**安靜而踏實**的心情已經被理智、私意、舉動之類**虛妄的**東西破壞了。但實際上，啓蒙眞正的成果其實是揚棄了信仰內部的那種**缺乏思想的**、或更確切地說**缺乏概念的分裂狀態**。信仰意識使用的是雙重的標準，它有兩雙眼睛、兩雙耳朵、兩隻舌頭和兩種語言，它把一切表象都雙重化了，卻沒有去衡量這些雙重意義。換言之，信仰生活在兩種知覺裡面：一種是在**睡夢中**，完全沉湎在一些缺乏概念的思想裡，另一種是在清醒的時候，完全陷入到鮮活意識的感性現實性之內。在這兩種知覺裡面，信仰分別過著自己的兩種生活。啓蒙用感性世界的表象照亮了那個天國世界，並向天國世界展示出信仰所不能否認的有限性，因爲信仰是一種自我意識，從而是一個把兩種表象方式結合起來，使之不致於分裂的統一體。兩種表象方式都隸屬於信仰轉變而成的那個不可分割的、**單純的**自主體。

這樣一來，信仰已經失去了那些曾經充實著它的要素的內容，蛻化爲一個沉悶的精神，在自身之內徘徊迂迴。它被驅逐出了自己的王國，或者說這個王國已經被洗劫一空，因爲覺醒的意識已經把王國裡的全部內涵和全部外延都搶奪過來，把王國的全部疆域都索回並交還給了塵世大地，使之成爲塵世大地的財產。但信仰對此不能感到滿意，因爲經過這種啓蒙之後，無論在任何地方，產生出來的都是個別的本質，以至於精神只能去忍耐一種缺乏本質的現實性，以及一種遭到精神遺棄的有限性。由於信仰沒有了內容，但又不能停留在這種空虛狀態之中，換言之，由於信仰在超越有限事物——這是唯一的內容——之後只能發現一片空虛，所以信仰成了一種**純粹的渴慕**，它的眞理成了一個空虛的、不可能具有任何合適內容的彼岸世界，因爲萬物的性質都發生了改變。就此而言，信仰和啓蒙實際上已經轉變爲同樣一個意識，它們的對象都是各種自在存在著的有限事物與一個無謂詞的、未知的和不可認識的絕對者之間的關聯。只不過，**啓蒙**是一種**得到滿足的**啓蒙，而**信仰**則是一種**未得到滿足**的啓蒙。儘管如此，啓蒙本身將會表明它是否能夠一直得到滿足。那個爲失去自己的精神性世界而悲傷鬱悶的精神，把它的渴慕隱藏起來。啓蒙本身包含著一個缺陷，也就是說，它是一種未得到滿足的渴慕。這個缺陷在啓蒙的**空虛的**絕對本質那裡表現爲**純粹對象**，在啓蒙**超越**自己的個別本質而走向空虛的彼岸世界的過程中表現爲**行動**和**運動**，在有用事物的**無主狀態**那裡表現爲**充實的對象**。啓蒙將會揚棄這個缺陷。透過仔細觀察那個肯定的結果（亦即啓蒙的眞理），我們將會發現，這個缺陷在這個過程中自在地已經遭到揚棄。

(二) 啓蒙的真理

精神的那種沉悶的、在自身內不再作出任何區分的徘徊迂迴於是進入到自身之內，凌駕於意識之上，而意識反過來已經變得清晰明白。這種清晰性的第一個環節，就其必然性和條件而言，取決於這樣一個事實，即純粹識見作爲一個**自在的**概念已經得到實現。純粹識見之所以做到這一點，因爲它在自身內設定了一個他者存在或規定性。在這種情況下，它轉變爲一種否定的純粹識見，亦即概念的否定，而且這種否定同樣也是純粹的。隨之出現的是一個**純粹的物**，一個不具有更多規定的純粹本質。更確切地說，作爲絕對概念的純粹識見，必須區分一些不復是差別的差別，區分一些不能承載自身、只有透過**整個運動**才能保全下來並相互區別開的抽象事物和純粹概念。對無差別的東西作出區分，這正意味著，絕對概念使自己成爲自己的**對象**，把自己設定爲一個與上述**運動**相對立的本質。這個本質缺少了一個可以把各種抽象或差別進行**分門別類**的環節，於是轉變爲一種**純粹思維**，而純粹思維就是**純粹的物**。這正是信仰在失去了有差別的內容之後陷入的那種狀態，即精神在自身內沉悶的、無意識的徘徊迂迴。但這同時也是純粹自我意識的一個**運動**，對這個運動來說，純粹自我意識是一個絕對陌生的彼岸世界。因爲這個純粹自我意識是一個出現在純粹概念裡、出現在無差別的差別裡的運動，所以它實際上凝縮爲一種無意識的徘徊迂迴，也就是說，凝縮爲純粹**感觸**或純粹**物性**。那個自身異化了的概念，因爲仍然處於異化階段，所以並沒有認識到自我意識的運動和自我意識的絕對本質這兩個方面的**同一個本質**，沒有認識到這**同一個本質**實際上是雙方的實體和持存。由於它沒有認識到這個統一體，所以它認爲本質只能處於客觀的彼岸世界這一形式之下，而作出區分的意識既然已經透過這種方式把自在體排除在外，那麼就是一個有限的意識。

圍繞著那個絕對本質，啓蒙分裂爲兩派。如果說此前啓蒙是與信仰爭吵，那麼現在它是自己與自己爭吵。只有當一個派別分裂爲兩個派別，它才證明自己是**勝利者**，因爲它在這個過程中表明它本身就掌握有它所反對的那個原則，而且因此還揚棄了它此前帶有的片面性。那曾經爲雙方所共有的興趣，現在完全落到它這一方，將對方忘記，因爲興趣在這一方發現了它所關注的對立。但與此同時，對立已經被提升爲一個更高的勝利因素，並呈現爲一種已經得到昇華的東西。就此而言，當一個派別發生分裂，儘管這表面上看起來是一種不幸，其實卻是這個派別的幸運。

純粹本質本身不包含任何差別，而它之所以又有差別，因爲兩個這樣的純粹本質出現在意識面前，換言之，因爲出現了一個以純粹本質爲對象的雙重意識。純粹的絕對本質完全包含在純粹思維之內，或更確切地說，它就是純粹思維本身，因此它完全**凌駕於**有限事物和**自我意識**之上，只是一個否定的本質。但在這種情況下，它正是**存在**，是對自我意識的否定。它在**否定**自我意識的同時，**也**與之相關聯。它是一種**外在存在**，透過與包含著各種差別和規定的自我意識的關聯，本身也獲得了一些可以被嘗到和看到的差別。這種關係就是**感性**確定性和知覺。

那個否定的彼岸世界必然過渡爲一種**感性**存在，如果我們從這個感性存在出發，但又撇開它與意識相關聯時的那些特定形態，那麼剩下來的就只是純粹**物質**，或者說一種沉悶的、內在的徘徊迂迴和運動。在這裡有一個值得注意的關鍵，即**純粹物質**僅僅是在**撇開**觀看、感觸、品嘗等等之後**剩餘**下來的東西，也就是說，它並沒有被看到、嘗到和觸到。那眞正被看到、觸到和嘗到的東西，並不是**物質**，而是一種顏色、一塊石頭、一粒鹽等等。實際上，物質是一種**純粹的抽象**，而這樣一來，**思維的純粹本質**或純粹思維本身就作爲一個自身內無差別的、無規定的、無謂詞的絕對者呈現出來。

對於那個從思維出發，在思維之內凌駕於現實意識之上的無謂詞的絕對者，一派啓蒙稱之爲絕對本質，另一派啓蒙則稱之爲**物質**。如果把絕對者區分爲**自然界**和精神（或上**帝**），那麼自然界作爲一種內在的無意識的徘徊迂迴將會缺乏一種豐富的具體生活，而精神或上帝將會缺乏一個在自身內作出區分的意識。正如我們看到的，絕對本質和物質，兩者是同一個概念。差別不是在於事情本身，而完全只是在於兩種教化的不同出發點，在於這樣一個事實，即每一種教化在思維的運動裡都堅守在自己固有的那個位置。假如雙方都別去在意那些位置，那麼它們將會走到一起，並認識到一派所說的憎惡和另一派所說的愚昧其實是同[427]一個東西。在一派啓蒙看來，絕對本質包含在它的純粹思維之內，或者說是純粹意識的一個直接對象，位於有限意識之外，是一個**否定著**有限意識的彼岸世界。假如這一派反思到這樣一個事實，即一方面，思維的那種單純的直接性無非是**純粹存在**，而另一方面，那**否定著**意識的東西同時又與意識相關聯，以至於即使是在一個否定判斷裡面，係詞「**是**」依然把兩個分裂開的東西聯繫在一起，那麼，這個被規定爲**外在存在者**的彼岸世界就將與意識發生關聯，因此和所謂的**純粹物質**是同一個東西。假若這樣的話，我們將會得到**當前存在**這一原本缺失的環節。另一派啓蒙從感性存在出發，然後**撇開**品嘗和觀看等感性關聯，使之成爲純粹的自在體，成爲**絕對物質**，成爲一種不可觸摸和不可品嘗的東西。這樣一來，感性存在已經轉變爲一個無謂詞的單純東西，轉變爲**純粹意識**的本質。它是一個**自在地**存在著的純粹概念，或者說一種**內在的純粹思維**。這派識見在它的意識裡並沒有邁出一個從**存在者**走向思維物、或從純粹的肯定走向純粹的否定的步伐，因爲存在者和思維物是同樣一個**純粹的**存在者。肯定只有透過否定才成爲**純粹的**肯定，而**純粹的**否定同樣也是肯定，因爲它是一種純粹的、自身一致的東西。換言之，兩派啓蒙都沒有掌握笛卡兒形而上學的那個概念，即**自在地看來**，**存在**和**思維**是同一個東西。它們沒有掌握這樣一個思想，即**存在**、**純粹的存在**並不是一個**具體的現實事物**，而是一個**純粹的抽象**，反過來，所謂純粹思維、自身一致性或本質等等，一方面是對於自我意識的**否定**，因此是**存在**，另一方面作爲一種直接的單純性，同樣無非也是**存在**。**思維**就是**物性**，或者說**物性**就是**思維**。

本質直到這裡才發生**分裂**，因爲它分別隸屬於兩種不同的觀察方式。一方面，本質自[428]

身必須包含著某種差別，另一方面，正是由於這種差別，兩種觀察方式，因爲那些把它們區別開來的抽象環節，亦即純粹存在和否定，隨後又在這兩種觀察方式所考察的對象那裡統一起來。兩種觀察方式共同面對的普遍者是一種抽象的東西，比如純粹的內在顫動，純粹的自身思維等等。這個單純的、圍繞著軸心旋轉的運動必須四分五裂，因爲只有當它把自己的各個環節區分開，它才成其爲一個運動。區分環節的活動將會把不動者當作純粹**存在**的空殼拋在身後，而純粹存在則不再被認爲是一種現實的思維或一種內在的生命。這個活動，作爲差別，乃是全部內容。但是，如果這個活動**脫離**了那個**統一體**，它就成了「**自在**存在—**爲他**存在—**自爲**存在」等環節的一**去不復返的**更替過程。這個活動是現實性，亦即純粹識見的現實意識所認識到的對象；這個活動是**有用性**。

儘管在信仰、敏感心緒、還有那個固守自在體並自命爲思辨的抽象思維看來，有用性是一種非常惡劣的東西，但正是透過有用性，純粹識見才完成了自己的實現過程，才使自己成爲自己的**對象**。現在，純粹識見不再否認這個對象，也不再認爲對象意味著空虛事物或純粹的彼岸世界。正如我們曾經看到的，純粹識見是存在著的概念本身，或者說是一種自身一致的純粹人格性，它在自身內作出區分，使得每一個區分出來的東西本身又成爲純粹概念，也就是說，使得區分出來的東西直接又是無差別的。純粹識見是一種單純的純粹自我意識，不但是**自爲的**而且是**自在的**，是這兩種情況的直接統一體。既然如此，它的**自在存在**就不是一個一成不變的**存在**，而是在具有差別之後立即停止作爲某種東西存在著。但是這種轉瞬即逝的存在並不是一個**自在**存在，而是在本質上是一個**爲他**存在，這個他者是一種可以把它吞噬的權力。然而，這個與第一個環節亦即自在存在相對立的第二個環節，和第一個環節一樣，也是直接消失了。換言之，作爲一個**純粹的爲他存在**，它其實是**消失過程**本身，然後**被設定爲**一個**返回到自身之內的存在**或**自爲存在**。然而這個單純的自爲存在，作爲一種自身一致性，其實是一**個存在**，或更確切地說，是一個**爲他**存在。有用的東西表達出了純粹識見**在展開它的各個環節時**的本性，或者說表達出了作爲**對象**的純粹識見。有用的東西是一個**自在地**持存著的東西或物，與此同時，這個自在存在只是一個純粹的環節。因此它是一個絕對的**爲他存在**，即使本身是一個自在存在，但同樣也只能是一個爲他存在。現在，這些相互對立的環節返回到了自爲存在的不可分割的統一體之內。但是，如果說有用的東西確實表達出了純粹識見的概念，那麼純粹識見在這裡還不是作爲純粹識見，而是作爲**表象**或純粹識見自己的**對象**出現。在那些環節的無休止的更替過程中，每一個環節雖然都是一個返回到自身之內的存在，但仍然只是一個**自爲存在**，也就是說，仍然只是一個抽象的、在其他環節面前退避三舍的環節。有用的東西本身並不是一個否定的本質，也就是說，它不會把這些相互對立的環節當作**不可分割**的東西同時置於**同一個視角**之下，也不會把它們看作是一個自在的**思維**，儘管它們就是純粹識見。自爲存在這一環節誠然依附於有用的東西，但自爲存在還沒有達到能夠**囊括**其他環節（**自在體**和**爲他存在**）的地步，否則它就將是**自主體**了。因此，純粹識見在有用的東西那裡把它自己固有的概念及其**純粹**環節當作**對象**。純粹識見意識到了這種**形而上學**，但還沒有對其進行概念式把握，還沒有達到**存在與概念的統一體**本身。對純粹識見來說，有用的東西仍然處於對象的形式之下，正因如此，儘管純粹識見所擁有的是一個不再自在且自爲地存在著的世界，但這畢竟是一個**世界**，是純粹識見從自己那裡區分出去的。只不過，由於對立已經發展到概念的頂端，因此在下一個階段裡，這些對立將會瓦解，而啓蒙將會收穫它的勞動果實。

如果我們把目前掌握的這個對象與整個層面聯繫在一起，並在這個關聯中對其進行考察，那麼可以說，現實的教化世界已經把自己歸結爲自我意識的一種**虛妄**，歸結爲一個**自爲存在**，它仍然以教化世界的混亂狀態爲內容，仍然是一個**個別的**概念而不是一個自爲的**普遍**

的概念。當概念返回到自身之內，它是**純粹識見**，也就是說，如果純粹意識是純粹**自主體**或否定性，而信仰則是**純粹思維**或肯定性，那麼純粹意識和信仰可以說完全是同一個東西。信仰在那個自主體中找到了一個使信仰得到完善的環節。但是，信仰正透過這個完善或補充走向毀滅，而在純粹識見那裡，我們看到了這樣兩個環節：一個是絕對本質，亦即純粹的**思維物**或否定者，另一個是**物質**，亦即肯定的**存在者**。爲了達到上述完滿局面，不但需要自我意識的**現實性**（這本是屬於**虛妄**意識的），而且需要思維由之提升出來的那個**世界**。這些曾經匱乏的東西在有用性那裡得到了，因爲純粹識見借助於有用性達到了一種肯定的客觀性，並因此成爲一個現實的、在自身內得到滿足的意識。現在，這種肯定的客觀性構成了純粹識見的**世界**，並且已經成爲此前整個世界（不管是觀念中的還是現實中的世界）的眞理。精神的第一個世界是一個廣袤的王國，其中包含著精神的分散的實存以及個別化的自身**確定性**，這種情形就好像自然界把自己的生命分散在無窮豐富的形態之中，但並不讓這些形態的**類**直接存在著。精神的第二個世界包含著**類**，是**自在存在**的王國，或者說是那個與個別化的自身確定性相對立的**眞理**的王國。至於第三個環節，**有用的東西**，則是這樣一個**眞理**，它同時也是一種自身**確定性**。**信仰**的眞理王國缺乏**現實性**原則，或者說缺乏這一個**個人**的自身確定性原則。反過來，現實性或這一個個人的自身確定性缺乏**自在體**。在純粹識見的對象裡面，兩個世界結合在一起。有用的東西成爲對象，也就是說，自我意識洞察了對象，在對象那裡得到了它的**個別的自身確定性**，得到了它的享受（它的**自爲存在**）。自我意識以這種方式**認知**對象，由此獲得的識見包含著對象的**眞**實本質，即對象是一個被洞察的東西或一個**爲他**存在。因此純粹識見本身是一種**眞實的知識**，而自我意識在這個關係裡同樣也直接得到了普遍的自身確定性，得到了它的**純粹意識**。在這個關係裡，**眞理**以及當前存在與**現實性**結合在一起。兩個世界相互和解，天國降臨大地。

二—三 絕對自由與恐怖

意識已經在「有用性」那裡找到了它的概念。但一方面，這個概念仍然是一個**對象**，所以另一方面，它仍然是意識尚未直接掌握的一個**目的**。有用性仍然是對象的一個謂詞，還不是主體自身，或者說還不是主體的直接的、唯一的**現實性**。這和我們之前看到的那種情形是同樣的意思，也就是說，**自為存在**尚未表明自己是其他環節的實體，所以有用的東西也還沒有表明自己是意識的自主體，還沒有表明自己掌握著意識。但是，有用的東西的客觀性形式**自在地**已經被收回或取消了，這種內在的變革導致現實性方面出現一種現實的變革，於是出現了一個新的意識形態，即**絕對自由**。

實際上，現有的東西無非是一個空洞的客觀性假象，它把自我意識和它的占有物分割開來。一方面，無論是現實世界的還是信仰世界的組織機構的特定成員，它們的全部持存和校準都已經返回到一個單純的規定之內，以之為它們的根據和精神，另一方面，這個單純的規定不再包含著任何自己固有的東西，寧可說，它是純粹的形而上學，是自我意識的純粹概念或純粹知識。有用的東西作為對象是一個**自在且自為的存在**，意識從它那裡認識到，意識自己的**自在存在**在本質上是一個**為他存在**。真正說來，**缺乏自主體的自在存在**是一個消極的自在存在，或者說是另一個自主體的對象。在意識看來，對象處於**純粹的自在存在**這一抽象形式之下，而意識自己則是一種**純粹的洞察活動**，它所發現的各種差別都處於概念這一純粹形式之下。當為他存在返回到**自為存在**之內，後者作為自主體，並不是一個有別於自我的自主體，也不是對象自己固有的自主體。因為，意識作為純粹識見並不是一個**個別的**自主體，而對象同樣也不是一個與之相對立的**自立的**自主體，寧可說，意識是純粹概念，是自主體對自主體的靜觀，是一種絕對的雙重化的**自身**觀審。意識的自身確定性是一個普遍的主體，意識的認知著的概念是全部現實性的本質。從前，有用的東西只是眾多環節的一個更替過程（它們在這個過程中並沒有返回到有用的東西自己固有的**統一體**之內），因而只是知識的一個對象，但現在它已經不再是這樣的東西。知識本身是那些抽象環節的一個運動，它是一個普遍的自主體，既是自己的自主體，也是對象的自主體，而作爲一種普遍的知識，它是這個運動的向著自身返回的統一體。

在這種情況下，精神作爲**絕對自由**呈現出來。作爲一種自我意識，精神領會到這樣一個事實，即它的自身確定性是實在世界和超感官世界的全部精神性群體的本質，或者反過來說，本質和現實性是意識關於**它自己**的一種知識。精神意識到了它的純粹人格性，同時也意識到了全部精神性實在性，而全部實在性都只是一種精神性東西。在精神看來，世界完全就是它的意志，而它的意志則是一個普遍的意志。確切地說，精神並不是一個空洞的思想，以爲意志就在於得到默默的或代表性的贊同，寧可說它是一個實實在在的普遍意志，是全部嚴格意義上的**個人**的意志。自在地看來，意志是人格性或每一個人的意識，而且它應該作爲這種眞實的、現實的意志，作爲全部人格性和每一個人格性的**自覺的**本質存在著，使得每一個人的行動都是一個完整不可分的行動，使得整體的行動也是**每一個人**直接的和自覺的行動。

絕對自由的這個完整實體登上了世界的王座，沒有任何力量能與它抗衡。因爲眞正說來，唯有在意識這個要素裡面，精神性本質或精神性權力才擁有自己的實體，而這樣一來，當個別的意識發現對象的本質無非是自我意識本身，或發現對象純粹只是概念，那麼，精神性本質的整個體系就崩潰了，儘管它曾經透過分裂爲一些群體而得到組織和保存。當初，正是由於概念自身分化爲一些孤立的、**持存的**群體，它才成爲一個存在著的**對象**。但是當對象轉變爲概念，它本身就不再包含著任何持存的東西，因爲否定性已經滲透了它的全部環節。對象成爲一個實存，在這種情況下，每一個個別的意識都從原本指定給它的那個範圍中超脫出來，不再認爲這個特殊的群體是它的本質和它的事業，而是把它的自主體理解爲意志的**概念**，把全部群體都理解爲這個意志的本質，就此而言，它也只有透過一個勞動才能實現自己。於是，透過這個絕對的自由，那些精神性本質，亦即構成著社會整體的全部階層，都被消滅了。個別意識原本隸屬於這些階層之一，並在其中實現自己的意志和行爲，而現在，它已經揚棄了自己的局限性。它的目的是一個普遍的目的，它的語言是一種普遍的法律，它的事業是一種普遍的事業。

在這裡，對象和**差別**已經不再意味著**有用性**，而「有用」曾經是全部實在存在的一個謂詞。意識的運動始於意識自身，這個開端不是一**個異物**，所以意識不是從某個異物出發，然後返回到自身之內。實際上，在意識看來，對象就是意識自身。就此而言，唯有在**個別**意識和**普遍**意識的差別之中，才存在著對立。但個別意識本身又直接把對立只當作一個**假象**，個別意識就是普遍意識和普遍意志。**彼岸世界**飄蕩在個別意識的現實性之上，散發著一種黯淡的氣息，散發著空洞的「至高無上者」的黴味，而下面則是實在世界或信仰世界的已經消失不見的獨立性的屍體。

在依次揚棄了相互有別的精神性群體、個體的有限生命以及這種生命的兩個世界之後，剩下來的只是普遍自我意識的一種內在運動，它表現爲「**普遍性**」和「**個人意識**」這兩個形式的交互作用。普遍意志**返回到自身之內**，成爲一個與普遍法律和普遍事業相對立的**個別**意志。但這個**個別的**意識在自身內同樣直接意識到自己是一個普遍意志，意識到這樣一個事實，即它的對象是它所制定的法律，是它已經完成的事業。因此，當它過渡到行爲並創造出客觀事物，它的產物就不是什麼個別的東西，而完全是法律和國家行爲。

這樣一來，這個運動就是意識自己與自己之間的交互作用，在這個過程中，它沒有放棄任何東西，只要這個東西在形態上是一個**自由的**、與意識相對立的**對象**。由此得出的結果是，意識不可能完成任何肯定的事業，既不能完成語言上的普遍事業，也不能完成現實中的普遍事業，既不能給**自覺的**自由提供法律和普遍準則，也不能保障**有意志的**自由去實施行爲和事業。假若**自覺的**自由能夠完成一項事業，那麼這項事業就是，作爲一個**普遍的**實體把自己改造爲**對象**和**常駐不變的存在**。假若這樣的話，那麼這個他者存在就是自覺的自由本身所包含著的一個差別，按照這個差別，自由分化爲一些持存的精神性群體，分化爲一系列不同的勢力。一方面來看，這些群體是立法**權力**、司法**權力**、行政**權力**之類孤立出來的**思想物**，㉑另一方面，如果我們更多地注意普遍行動的內容，就會發現，那些曾經出現在實在的教化世界裡面的**實在本質**，是一些特殊的勞動群體，它們進而分化爲一些更加專門的**階層**。假若普遍自由按照這種方式分化爲一些特殊的組織機構，並剛好因此使自己成爲一個**存在著的**實體，那麼在這種情況下，它會擺脫個別的個體性，把**大批個體**分配到它的各個組織機構中。但這樣一來，人格性的行動和存在就處於整體的一個分支上面，被限定爲行動和存在的方式之一。當置身於**存在**的因素中，人格性意味著一個**特定的**人格性，而不再是一個眞正意義上的普遍自我意識。關於**現實性**的問題，沒有什麼東西能夠蒙蔽普遍自我意識，無論是借助於「去服從**自己制定的**（確切地說是它參與制定的）法律」這一**觀念**，還是借助於普遍自我意識在制定法律和普遍行動中的**代表地位**，都行不通。這種不能被蒙蔽的**現實性**表現在，意識必須**親自**去制定法律，**親自**去完成一個普遍的而非個別的事業。當自主體僅僅**被代表**和**被表象**的時候，它不是**現實的**。每當它**被代表**，它就不存在。

[435]

㉑ 這裡指法國啓蒙思想家孟德斯鳩的三權分立思想。——譯者注

無論是在絕對自由的**普遍事業**裡面（這時絕對自由是一個實存著的實體），還是在絕對自由的獨特**行爲**和**個體式**意志行爲裡面，都沒有個別的自我意識的位置。普遍者要想作出一個行爲，就必須與個體性合爲一體，把一個個別的自我意識置於頂端地位；因爲普遍意志只有在一個單獨的自主體那裡才是一個**現實的**意志。但這樣一來，**所有其他個人**都被排除在這個行爲的**整體**之外，只能有限地參與到這個行爲之中，以至於行爲也不再是一個**現實的**、**普遍的**自我意識所作出的行爲了。就此而言，普遍自由不但不能完成任何肯定的事業，而且不能作出任何行爲。它始終只能面對一種**否定的行動**、它只能是那些帶來毀滅的孚里埃女神。㉒

但是，最高的、與普遍自由最爲對立的現實性，或更確切地說，普遍自由將要面對的唯一對象，是一個現實的自我意識本身的自由和個別性。那個不讓自己獲得有機組織的實在性、並以保持自身爲完整的延續性爲目的的普遍性，同時也在自身內作出了區分，因爲它是一個運動，或者說是一般意義上的意識。由於它本身的抽象性，它分裂爲同樣抽象的兩端，一邊是單純的、剛直的、冰冷的普遍性，另一邊則是現實的自我意識的那種個別的、絕對的、生硬的乾脆俐落和頑固孤僻。現在，當它消滅掉實在的組織機構，並成爲一個自爲存在之後，就只剩下唯一的一個對象。這個對象不再有任何別的內容、占有物、實存和外在廣延，而僅僅是一種知識，即知道自己是絕對純粹的和絕對自由的個別自主體。對於這個對象，我們僅僅知道它是一般意義上的**抽象**實存。因此，由於雙方都直接是一個絕對的自爲

㉒ 孚里埃（Furie）是羅馬神話中的復仇女神，等同於希臘神話中的復仇女神三姊妹，即上文所說的厄里倪厄斯以及下面將會提到的歐墨尼得斯（Eumenide）。——譯者注

存在，沒有相互交叉和藉以聯繫的中項，所以雙方之間的關係是一種完全**無中介的**純粹否定，是對於**存在於**普遍者之內的個人的否定。所以，普遍自由的唯一事業和唯一行爲是**死亡**，一種沒有任何內容和意義的**死亡**。任何被否定的東西，都是那個絕對自由的自主體的一個未得到充實的點。這種死亡之所以是最冷酷的和最平淡無奇的東西，就在於它並不比劈下一顆白菜根或呑一口水具有更多的意義。

正是在這件平淡無奇的事情裡面，包含著政府的智慧，包含著普遍意志的日趨完滿的理智。政府本身無非是一個固守自身的點，或者說是一個個體化的普遍意志。政府，作爲一種從某一個點出發的意願和舉動，同時也在意欲並實施著一個特定的秩序和行爲。在這種情況下，政府一方面把別的個體從它的行爲裡面排除出去，另一方面又以這種方式把自己建構爲一個具有特定意志的、與普遍意志相對立的政府。正因如此，政府完全別無他法，只能呈現爲一個**小集團**。只有那個**獲勝的**小集團才叫作政府，而且正因爲它是一個小集團，所以它的必然滅亡也是直接註定的。反過來，正是政府的身分使得它成爲一個小集團，並擔負起罪過。如果說普遍意志堅持認爲政府的現實行動是針對它的，是一種罪行，那麼反過來，政府卻拿不出什麼確定的和顯而易見的東西，來表明那個與它相對立的普遍意志同樣也有過錯。因爲，當政府是一個**現實的**普遍意志，那麼與之對立的僅僅是一個非現實的純粹意志，亦即**意圖**。在這種情況下，**有嫌疑**代替了**有過錯**，確切地說，「有嫌疑」和「有過錯」具有同樣的意義和作用，而那些針對著這種現實性的外在反抗，僅僅是包含在意圖的單純內核裡面，至於具體的做法，就是乾脆消除掉這個存在著的自主體，而能從它那裡奪走的東西沒有別的，只有它的存在本身。

絕對自由在它的這個獨特的**事業**裡成爲自己的對象，而自我意識也經驗到了絕對自由的**存在**。**自在地看來**，絕對自由正是這個**抽象的自我意識**，它在自身內消除了一切差別，消除了差別的一切持存。作爲一個抽象的自我意識，絕對自由以它自己爲對象。死亡帶來的**恐怖**，就是直觀到絕對自由的這個否定的本質。絕對自由的自我意識發現，它如今的實在性完全不同於絕對自由當初對自己所持的概念，按照那個概念，普遍意志只是人格性的**肯定的**本質，而人格性則知道自己只有在普遍意志中才是肯定的，或者說才能得以保存。實際上，自我意識在這裡發現，純粹識見已經把它的肯定本質（作爲純粹**思維**的無謂詞的絕對者）和它的否定本質（作爲純粹**物質**的無謂詞的絕對者）徹底分開，前者完全**過渡到**後者，表現爲一個現實的東西。普遍意志之所以從一個絕對肯定的、現實的自我意識轉變爲一個**否定的**本質，其原因在於，那種意識不但是一種已經**昇華**爲**純粹**思維或**抽象**物質的自覺現實性，而且也顯示自己是對於**自我思維**或自我意識的**揚棄**。

於是絕對自由，作爲普遍意志的**純粹**自身一致性，本身就包含著一個**否定**，從而也包含著一般意義上的**差別**，而且它把這種差別發展爲一種**現實的**差別。從自身一致的普遍意志那裡，純粹**否定性**獲得了**持存**或**實體**之類**要素**，而它的那些環節是透過這些要素而得以實現的。純粹否定性掌握有物質，可以把物質轉變爲它的規定性。不僅如此，既然這個實體表明自己是對於個別意識的否定，那麼一些精神性群體就會重新形成一個組織機構，並且把大批個體的意識集結在自身之內。這些個體的意識曾經非常懼怕它們的絕對主人，亦即死亡，如今它們再次屈服於否定和差別，加入那些群體，並返回到一個局部的和有限的事業中去，而這樣一來，它們也就回到了它們的基本現實性。

我們幾乎可以說，精神已經從這些騷亂裡面被拋回到它的出發點，亦即倫理世界和實在的教化世界，並且由於心裡重新感受到了對於主人的畏懼，在這個激勵之下，竟然活力充沛，重獲青春了。倘若結局就是自我意識和實體相互之間的一種完滿的滲透，那麼精神必須永遠重複，一再經歷這個必然性的圓圈。在那種相互滲透裡，自我意識經驗到了它的普遍本

[438]

質針對著它的否定力量，但它不願意把自己看作是一個特殊的東西，而是希望把自己看作是一個普遍者，正因如此，它也能夠忍受那個客觀的、把它當作特殊事物而加以排斥的普遍精 [439] 神的現實性。但在絕對自由裡面，那個已經沉淪爲雜多存在的意識，或者說那個固守著某些特定目標和思想的意識，還有那個**外在地**發揮著校準的世界（不管它是現實世界還是思維世界），它們之間不存在任何相互作用。實際上，世界完全處於意識的形式之下，是一個普遍意志，而自我意識則是凝聚爲一個單純的自主體，擺脫了一切廣延存在，擺脫了眾多目的和判斷。因此，自我意識透過與那個本質的相互作用而獲得的教化，是一種最崇高的、終極的教化，即眼睜睜地看著它的純粹而單純的現實性直接消失在一種空洞的虛無之中。在教化世界裡，自我意識還不能透過純粹抽象的形式來直觀它的否定或異化。實際上，它的否定是一種內容充實的否定，是用它的異化了的自主體換來的榮譽或財富，換言之，是那個破碎的意識所掌握的精神語言和識見語言。也可以說，它的否定是信仰心目中的天國，或啓蒙心目中的有用的東西。所有這些規定都隨著自主體在絕對自由中遭受的損失而消失無蹤了。它的否定是一種無意義的死亡，是那個在自我意識之內看不到任何肯定事物和內容的否定者所帶來的純粹恐怖。但與此同時，這個否定在得以實現之後並不是一個**異物**，既不是那種把倫理世界埋葬了的、普遍的、位於彼岸世界的**必然性**，也不是破碎的意識所依賴的私有財產或財產所有者的心情之類個別的偶然情況，寧可說它是一個**普遍意志**，但在它的這個最高程度的抽象裡，它不包含著任何肯定的東西，因此也不能爲犧牲給出任何補償。但正因如此，普遍意志與自我意識直接合爲一體，換言之，它之所以是一個純粹肯定的東西，正因爲它是一個純 [440] 粹否定的東西。至於那種無意義的死亡，亦即自主體的尚未得到充實的否定性，則是在一個內在的概念裡面轉變爲一種絕對的肯定性。對意識而言，它與普遍意志的直接統一體，它的那個要求（即知道自己是普遍意志中的這一個特定的點），全都轉變爲完全相反的經驗。那在這個過程中消失在意識眼前的東西，是無實體的點的抽象**存在**或直接性，而這種消失了的直接性就是普遍意志自身。現在，當意識知道自己是一種**遭到揚棄的直接性**，知道自己是純粹知識或純粹意志時，它也知道自己其實是普遍意志。這樣一來，意識便知道普遍意志是它自己，知道自己是本質。但是它還不知道自己是一個**直接存在著的本質**，既不知道自己是一個革命政府，或一種以建立無政府狀態爲目標的無政府主義，也不知道自己是這個派別或對立派別的中心點。實際上，**普遍意志**是意識的**純粹知識和純粹意願**，而**意識**則是作爲這種純粹知識和純粹意願而存在著的普遍意志。在這裡，它並沒有迷失**自己**，因爲它是純粹知識和純粹意願，而不僅僅是意識的一個原點。因此，這是純粹知識自己與自己的交互作用。純粹**知識**作爲**本質**乃是普遍意志，但這個**本質**根本說來只是純粹知識。就此而言，自我意識，作爲純粹知識，知道本質就是純粹知識。此外，作爲一個**個別的自主體**，自我意識僅僅是「主體」或「現實行動」之類形式，而且知道這些都是**形式**。同樣在它看來，**客觀**現實性或**存在**是一種完全缺乏自主體的形式，否則它們也不會成爲意識的對象。然而這種知識知道知識就是本質。

這樣，絕對自由已經使自己適應了普遍意志與個別意志之間的對立。自身異化了的精神被驅趕到它的對立的頂峰，於是把這個仍然區分著「純粹意願」和「純粹意願者」的對立貶低爲一個透明的形式，並在這個形式中發現它自己。如同現實世界的王國過渡到信仰和識見的王國那樣，絕對自由也從它的自我毀滅著的現實性過渡到另一片天地，過渡到一種自覺的精神，在這個新的王國裡面，不具備現實性的絕對自由被看作是眞相，而精神則是透過新王國的思想而重新振作起來，因爲**精神作爲思想存在著**，始終是思想，並且知道這個封閉在自我意識之內的存在是一個完滿的和完整的本質。這就產生了一個新的意識形態，亦即**道德精神**。

三、對自身具有確定性的精神；道德

倫理世界曾經表明，那個在它之內已經完全消逝的精神，或者說**個別的自主體**，是它的命運和它的眞理。然而這種**法權意義上的個人**卻沒有在自身內包含著它的實體和內容。從教化世界到信仰的運動揚棄了個人的這種抽象性，而透過最終完成的異化，透過最高程度的抽象，精神的自主體發現實體起先是轉變爲**普遍意志**，最後轉變爲它的私有財產。在這裡，知識看起來終於已經與它的眞理完全達成一致，因爲它的眞理就是這個知識本身，而且雙方之間的一切對立都消失了，確切地說，不是**自在地看來**或**對我們而言**，而是對自我意識本身而言，一切對立都已經消失了。換句話說，這個知識已經把意識的對立掌控在自己手裡，而不是受其擺佈。意識依賴於它的自身確定性與對象之間的對立，而現在對象卻是它的自身確定性。也就是說，當意識的自身確定性本身不再包含著各種自立的目的，那麼知識也不再是一個特定的知識，而是成爲純粹知識。

因此對自我意識而言，它的知識是**實體**本身。在自我意識看來，實體既是**直接的**，也是絕對**間接的**，是這兩方面的不可分割的統一體。所謂「**直接的**」，意思是自我意識和倫理意識一樣，認識到了義務、履行義務、隸屬於義務，把義務當作它的本性。但是它又不像倫理意識那樣是一種**性格**，因爲倫理意識是一個直接的東西，所以註定是一個特定的精神，只隸屬於眾多倫理本質性之一，而且**不會去進行認知**。而所謂「**絕對間接的**」，意思是它和教化意識及信仰意識一樣，在本質上是自主體的一個運動（即揚棄**直接存在**的抽象性，並使自己成爲普遍者），只不過這個運動既不是讓自主體與現實性之間出現一種完全的異化和分裂，也不是讓自主體逃離現實性。實際上，自我意識在它的實體裡面是一個**當前存在著的**東西，因爲實體是它的知識，是它的被直觀到的純粹自身確定性。正是**這個直接性**，作爲自我意識自己固有的現實性，就是全部現實性，因爲直接的東西是存在本身。作爲一種純粹的、透過絕對否定性而得到昇華的直接性，它是純粹存在，是一般意義上的**存在**，亦即**全部**存在。

所以，「作爲**思維**的單純**本質**存在著」，這只不過是絕對本質具有的眾多規定之一。實際上，絕對本質是全部**現實性**，而全部現實性又只作爲一種知識存在著。假若有什麼東西是意識所不知道的，那麼這些東西對它而言沒有任何意義，沒有任何力量；全部客觀性和整個世界都退回到意識的認知意志之內。意識是絕對自由的，因爲它認識到了自己的自由，而這種以自己的自由爲對象的知識正是意識的實體和目的，是意識的唯一內容。

(一)道德世界觀

自我意識知道義務是絕對本質。它只受義務的約束，而這個實體是它自己固有的純粹意識。對自我意識而言，義務不可能保留著異物的形式。但是，像這樣封閉在自身內，道德自我意識還沒有作爲**意識**而被設定下來並接受考察。對象是一種直接的知識，當它完全被自主體滲透之後，就不是一個對象。但自我意識既然在本質上是一種中介活動和否定性，那麼它在它的概念裡就與一個**他者存在**相關聯，並因此成爲意識。因爲義務構成了自我意識唯一的、事關本質的目的和對象，所以那個他者存在，從某一方面來看，對自我意識而言只不過是一種**毫無意義**的現實性。但因爲意識完全封閉在自身中，它對待那個他者存在的態度是完全開放和根本無所謂的，所以從另一方面來看，實存是一種被自我意識完全置之不理的、自身關聯著的實存。自我意識愈是自由，它的意識的否定對象也愈是自由。就此而言，這個否定的對象是一個在自身內完全達到了自己固有的個體性的世界，既是眾多獨特規律構成的一個獨立整體，也是這些規律的獨立進程和自由實現過程。也就是說，這個否定的對象是一般意義上的**自然界**，它的規律和它的行動都隸屬於它自己，以它爲本質，但這個本質對道德自我意識毫不關心，正如道德自我意識對它也是不理不睬。

從這個特性出發，形成了一種**道德世界觀**，它立足於**道德的**自在且自爲的存在與**自然的**自在且自爲的存在之間的**關聯**。這個關聯又有兩方面的基礎：一方面，**自然界**與**道德**目的及**道德**行爲之間彼此完全**漠不相關**，各自**獨立**，另一方面，義務的獨一無二的本質性，還有自然界的完全的非獨立性和非本質性，成爲意識的對象。道德世界觀包含著一些環節的發展過程，這些相互關聯的環節擺放在那裡，作爲兩種完全矛盾的前提存在著。

第一個前提是一般意義上的道德意識，它把義務當作本質，而且它既然是**現實的**和**能動的**，於是透過它的現實性和行爲履行了義務。但與此同時，道德意識面對著另一個前提，亦即自然界的自由，換言之，道德意識從**經驗**中得知，自然界才不管道德意識能否認識到它的現實性與自然界的現實性的統一，也就是說，自然界**或許**會給它帶來**幸福**，**或許不會**。道德意識只能看到行動的**誘因**，但並沒有把握說透過行動就一定會贏得幸福，一定會享受成功，事實上，不道德的意識卻有可能碰巧得到實現。所以，道德意識很有理由去抱怨這樣一些情況，比如它與實存之間的不契合，還有那種限制著它的不公正，也就是說，它只能把它的對象當作**純粹義務**，但卻既看不到這個對象的實現，也看不到**它自己**的實現。

道德意識不可能放棄幸福，不可能從它的絕對目的那裡排除這個環節。當目的被宣布爲**純粹義務**，於是具有一個事關本質的規定，也就是說，它本身包含著這個**個別的**自我意識。**個體的信念**，加上那種以這個信念爲對象的知識，一起構成了道德性的一個絕對環節。在已經**客觀化**的**目的**那裡、在**得到履行**的義務那裡，這個環節是那個直觀到自己的實現過程的**個別**意識，或者說是那樣一種**享受**，它不是作爲一種**意向**直接包含在道德性概念之內，而是包含在道德性的**實現**這一概念之內。但這樣一來，享受仍然是作爲一種**意向**包含在道德性之內，而道德性的目標則是，不要繼續作爲一種意向而與行動相對立，而是應當去**行動**，或者說去實現自己。目的意識到了自己的各個環節，它與這個意識形成了一個整體，在這種情況下，所謂「目的」無非意味著，得到履行的義務既是一個純粹的道德行爲，也是一個得以實現的個體性，而**自然界**，作爲與抽象目的相對立的**個別性**這一方，與這個抽象目的**合爲一體**。義務與自然界之間的不和諧必定會出現在經驗之中，因爲自然界是自由的，但話說回來，唯有義務才是事關本質的東西，反之自然界則是一個缺乏自主體的東西。那個帶來和諧的完整**目的**在自身內包含著現實性。它同時也是關於**現實性**的**思想**。只有當意識經驗到自然界與它的統一，自然界才成爲一個值得考慮的對象，就此而言，道德性與自然界的和諧，或者說道德性與幸福的和諧，在**思想中**和現實中都必然**存在著**，換言之，這種和諧是一個**公設**。[23]因爲，所謂「**要求**」，意思是某種東西雖然已經存在於思想之中，但還不是現實的。這不是指**概念**之爲概念的那種必然性，而是指存在的必然性。但必然性在本質上同時也是一種借助於概念的關聯。因此，那個被要求的**存在**並不隸屬於一個偶然意識的表象活動，而是包含在道德性概念本身之內，這個概念的眞正內容就是**純粹**意識與**個別**意識的**統一**。個別意識**發現**，這種統一是這樣一種現實性：作爲目的的**內容**，它是幸福，而作爲目的的**形式**，它是一般意義上的實存。就此而言，這裡所要求的實存或雙方的統一並不是一個單純的希望，如果我們把它視爲一個目的，那麼它也不是那種尚未確定能否實現的目的，寧可說這個目的是理性提出的要求，是理性的直接確定性和直接前提。

---

[23] 這是康德在《實踐理性批判》（V, 110 ff.）和《判斷力批判》（V, 450）裡面提出的思想。——譯者注

前面那些經驗以及那個公設，都不是獨一無二的。實際的情形是，許多公設形成了一個完整的圓圈。自然界不僅僅是一個完全自由的和**外在的**形態、不僅僅是一個純粹的對象，只是爲了讓意識在它那裡實現自己的目的。從本質上看，意識**本身**是這樣一種東西，**爲著它**，另一個自由的現實事物才存在著，也就是說，意識本身是一個偶然的和自然的東西。自然界，作爲意識自己的自然界，乃是**感性**，而當感性在意願的**形態**下表現爲**衝動**和**稟好**時，它就爲自己確立了一些**特定的**本質性或**個別的目的**，並因此與純粹意志及其純粹目的形成對立。但在純粹意識看來，這個對立與其說是對立，還不如說是它與感性之間的關聯，而它們的絕對統一就是本質。意識既是純粹思維也是感性，也就是說，**自在地看來**，純粹思維和感性是**同一個意識**，正是爲著純粹思維並且在純粹思維之內，才有這種純粹統一。反之，當純粹思維作爲意識的時候，它所面臨的則是它自己與衝動之間的對立。在理性與感性的這個矛盾裡，理性認爲，在根本上應該出現這樣的情形，即矛盾自行瓦解，然後雙方的統一作爲一個**結局**出現，這個統一不是那種**原初的**統一（亦即雙方共存於一個個體中），而是一種從**自覺的**對立裡面產生出來的統一。後面這種統一才是一種**現實的**道德性，因爲正是透過道德性內部的對立，自主體才成爲一個現實的意識，不但是自主體，而且是普遍者。換言之，這裡表達出來的是一種**中介活動**，而正如我們看到的，它對道德性而言是根本重要的。關於對立的這兩個環節，既然感性完全是一種**他者存在**或一種否定，既然義務的純粹思維不可能放棄任何東西的本質，那麼雙方的統一看起來似乎只有透過揚棄感性才會出現。但由於統一本身是這個轉變運動的一個環節，亦即**現實性**這一環節，所以對於這種統一而言，人們必須首先滿足於這樣一個說法，即感性是**適合於**道德性的。同樣必須指出的是，這種統一是一個**作爲公設的存在**，並未**實存著**。**實存著的**東西是意識，或者說是感性與純粹意識之間的對立。但與此同時，這種統一也不是像最初的公設那樣是一個自在體，在那裡，自由的自然界構成一方，自由與道德意識之間的和諧因此出現在道德意識之外。實際上，道德意識本身就包含著自然界，它在這裡的目標是道德性本身，是行動著的自主體自己固有的和諧。因此意識必須自己製造出這種和諧，並在道德性方面不斷取得進步。然而道德性的**完滿**必須**無限推遲**，㉔因爲，倘若道德性眞的達到完滿了，那麼道德意識將會揚棄自己。只有作爲一個否定的本質，**道德性**才是道德**意識**，而對於它的純粹義務來說，感性只意味著一種**否定**，亦即與純粹義務**不合適**。在純粹義務與感性達到和諧時，作爲**意識**的**道德性**或道德**現實性**消失了，同樣，在道德**意識**或現實性裡，那種**和諧**也消失了。就此而言，道德性的完滿是不可能眞正實現的，寧可說這只是我們可以去思想的一個**絕對任務**，亦即一個無論如何都永遠不能完成的任務。儘管如此，我們還是必須去思想它的內容本身，認識到這是一個無論如何必須**存在著**的東西，而不是永遠只是一個任務。比如，人們可以設想，在達到那個目標之後，意識或許被完全揚棄了，或許也不會被揚棄。至於那邊眞實的情況究竟是什麼樣子，人們是不可能搞清楚的，因爲那個目標已經被推移到黑暗的無限遠方去了。其實我們必須指出，我們不應該對某個特定的表象感興趣，不應該去追求它，因爲這會導致一些自相矛盾的說法，比如任務應該保持爲任務，但又應該被完成，道德性不應該是一種意識，不應該是一種現實的東西等等。我們既然已經發現「完滿的道德性」這個說法包含著一個矛盾，那麼道德本質性的神聖地位就會遭到損害，而絕對義務也會顯現爲某種非現實的東西。

[447]

最初的公設是道德性與客觀自然界之間的和諧，這是**世界**的終極目的。隨後的公設則是

㉔ 康德在《實踐理性批判》（V, 122）中認爲，神聖狀態只有在一個「無限推進的過程」中才能達到。——譯者注

道德性與感性意志之間的和諧，這是嚴格意義上的**自我意識**的終極目的。前一個公設是**自在存在**形式下的和諧，後一個公設是**自爲存在**形式下的和諧。至於那個把這兩個在思想中各據一端的終極目的維繫在一起的東西，亦即中項，則是**現實的**行動本身的一個運動。兩種和諧的各個環節相互之間只有抽象的差別，還沒有成爲對象。這種情形反映在現實當中，就是雙方在眞正意義上的意識裡面作爲彼此的**他者**而出現。這樣一來，如果說最初的公設只包含著兩種分裂開來的和諧，即**自在存在著**的和諧和**自爲存在著**的和諧，那麼隨後出現的公設則是包含著一個**自在且自爲存在著的**和諧。

道德意識，作爲一種以純粹**義務**爲對象的**單純知識**和**單純意願**，當它採取行動的時候，就與那個與它的單純性相對立的對象（亦即**複雜多樣**的現實性）相關聯，從而陷入到一種複雜的道德**關係**之中。這裡產生出來的東西，就內容而言是**衆多**法律，就形式而言則是兩種相互對抗的勢力，其一是認知意識，另一是無意識的事物。首先，關於**衆多的義務**，道德意識只認可其中的**純粹義務**。至於**衆多的義務**，則是一些**特定的**義務，因此在道德意識看來不是什麼神聖的東西。但是與此同時還存在著一種**行動**，它在自身內包含著複雜的現實性，從而也包含著複雜的道德關聯，而透過這個行動的概念，衆多的義務**必然**而且必須被看作是一種自在且自爲存在著的東西。除此之外，由於它們只能出現在某一個道德**意識**裡面，所以它們同時也出現在與之不同的另一個意識裡面，在後一個意識看來，唯有眞正純粹的義務才是自在且自爲的，才是神聖的。

於是又有如下這個公設，即存在著**另一個**意識，這個意識使各項義務神聖化，或者說它知道並且願意這些義務是義務。道德意識維護著純粹義務，但是它**漠不相關**地對待一切**特定的內容**，於是義務也與那些內容完全漠不相關。後面這個意識不僅和行動之間具有一種根本的關聯，而且包含著**特定的**內容的**必然性**。由於它認爲義務是作爲**特定的**義務發揮著校準，所以它認爲內容和形式是同樣根本重要的東西，儘管內容是借助於形式才成其爲義務。如此一來，在後面這個意識裡面，普遍和特殊就完全合爲一體，它的概念就是「道德性與幸福之間的和諧」這一概念。同樣，道德性與幸福之間的對立表明**自身一致的**道德意識與現實性發生了分裂，表明現實性作爲**複雜多樣的存在**與義務的單純本質相互矛盾。但如果最初的公設只表現出道德性與自然界之間的一個**存在著的**和諧，那麼，因爲自然界在這裡是對於自我意識的否定，是**存在**的一個環節，所以現在的情形顚倒過來了，也就是說，這個自在體在本質上被設定爲一個意識。存在者如今在形式上表現爲**義務的內容**，換言之，存在者如今是**特定的義務**所包含著的**規定性**。就此而言，自在體是那樣一些本質性的統一，它們作爲**單純的本質性**或思維的本質性，只出現在一個意識裡面。從現在起，這個意識是世界的主人和主宰，它使道德性和幸福達成和諧，同時把**衆多的**義務——也就是說不只是那個唯一的純粹義務，提升到神聖的地位。就後面這一點而言，其意思是，在那個以**純粹義務**爲對象的意識看來，特定的義務不可能直接就是神聖的，但因爲它們指向一個現實的、特定的行動，同樣也是**必然的**東西，所以它們的必然性就從那個意識落入到另一個意識之內，後者於是把特定的義務和純粹義務融會起來，確保特定的義務也發揮著校準。

然而在一個現實的行爲裡面，意識卻是表現爲這一個自主體，表現爲一個絕對個別的東西。它指向嚴格意義上的現實性，以之爲目的，因爲它想要達成完滿。於是**一般意義上的義務**脫離了意識，落入到另一個本質之內，而這個本質就是那個以純粹義務爲對象的意識，是純粹義務的神聖立法者。行動著的意識，正因爲它行動著，所以直接承認純粹義務的他者也發揮著校準。純粹義務於是成爲另一個意識的內容，而且只是透過一種間接的方式，也就是說，它在後面這個意識中被那個行動著的意識視爲一種神聖的東西。

於是可以確定，義務作爲一種**自在且自爲的**神聖東西，其有效性的範圍並不在現實意

[449]

識中，正因如此，現實意識作爲一個**不完滿的**道德意識完全站到了另一面。就它的**知識**而言，現實意識知道自己的知識和信念都是不完整的和偶然的，而就它的**意願**而言，它知道自己的目的受到了感性的影響。由於自己不夠資格，所以它不能把幸福視爲必然，而是只能視爲某種偶然的東西，只能期待著透過賞賜才得到幸福。

但是，儘管現實意識的現實性是不完滿的，但它的**純粹**意志和**純粹**知識仍然承認義務作爲本質發揮著校準。就此而言，在那個與實在性相對立的概念裡，或者說在思想裡，現實意識是完滿的。然而絕對本質正是一種存在於思想中的東西，是一個凌駕於現實性之上的公設。所以，絕對本質是一個思想，在那裡面，道德上不完滿的知識和意願作爲一種完滿的東西發揮著校準，被看作是一種至關重要的東西，而在這種情況下，絕對本質就依據資格，亦即依據那些**歸結到**不完滿者身上的**貢獻**，授予其幸福。

到此爲止，道德世界觀完成了。因爲在道德自我意識的概念裡，純粹義務和現實性這兩方面被設定在**同一個**統一體之內，於是雙方都不是自在且自爲地存在著，而是成爲一些**環節**，或者說被揚棄了。在道德世界觀的最後階段，意識已經認識到了如下情況：意識把純粹義務設定在不同於它的另一個本質裡面，也就是說，意識一方面把純粹義務設定爲一種**表象**，另一方面又把它設定爲一種並非自在且自爲地發揮著校準的東西，反而認爲不道德的東西是完滿的。同樣，意識也把自己設定爲這樣一種意識，它的現實性由於與義務不符，所以遭到揚棄，而這樣一來，這個**遭到揚棄的**或包含在絕對本質的**表象**中的現實性，就與道德性不再矛盾了。

儘管如此，對道德意識而言，它的道德世界觀並不意味著它已經發展出了自己固有的概念，並使這個概念成爲它的對象。它既沒有意識到形式上的對立，也沒有意識到內容上的對立，而且它也沒有把對立雙方聯繫起來進行比較，沒有成爲一個把各個環節凝聚起來的

概念，而是在自己的發展過程中緩緩前進。它僅僅知道，**純粹本質**或對象——就對象是**義務**，是它的純粹意識的**抽象**對象而言——是純粹知識，或者說是它自己。也就是說，道德意識只是在進行思維，而不是在進行概念式把握。因此在它看來，它的**現實**意識的對象還不是透明的。它不是那個絕對概念，因爲唯有絕對概念才知道任何**他者存在**或它的絕對對立面都是它自己。誠然，在道德意識看來，它自己固有的現實性，還有全部客觀的現實性，都是作爲一種**無關本質的東西**發揮著校準，但它的自由乃是純粹思維的自由，因爲與之對立的自然界同樣也是自由的。**存在**是**自由的**，存在同樣也被封閉在意識之內——既然這兩種情況都以同樣的方式蘊含在道德意識裡面，那麼道德意識的對象就成了一個雖然**存在著**、但**同時**只**被思維**的東西。在道德世界觀的最後階段，內容被設定爲一種根本重要的東西，以至於道德意識的存在反而成了一個**表象**，而當存在與思維的這種聯合被宣布爲它實際上所是的東西，就是**表象活動**。[451]

在我們看來，道德世界觀這一客觀的形態無非是道德自我意識的客觀化了的概念，而在意識到道德世界觀的起源形式之後，這個世界觀的另一個形態就呈現出來。最初的道德意識，作爲出發點，是一個**現實的**道德自我意識，亦即這樣一個命題：**存在著這樣一個意識**。按照概念的規定，道德意識發現，一切現實性只有在符合義務的情況下才具有一個本質。概念把這個本質設定爲知識，設定爲本質與一個現實的自主體的直接統一體。就此而言，這個統一體本身是現實的，它作爲一個道德的現實意識**存在著**。這個道德的現實意識，作爲一個意識，把它的內容想像爲一個對象，確切地說，想像爲**世界的終極目的**，想像爲道德性與一切現實性之間的和諧。但由於它把這個統一體想像爲一個**對象**，由於它還不是一個概念，沒有能力支配對象本身，所以這個統一體在它看來是對於自我意識的否定，換言之，這個統一體在它之外，位於它的現實性的彼岸世界，與此同時，這個統一體雖然**也存在**[452]

著，但只是作爲思維的對象存在著。

在這種情況下，道德意識，作爲一個**不同於**對象的自我意識，最終面臨著義務意識與現實性之間的不和諧，或更確切地說，面臨著道德意識自身內部的不和諧。因此現在的命題是：**不存在一個在道德上達到完滿的**、**現實的**自我意識。由於義務是一個**純粹的**、未夾雜任何東西的自在體，而道德性只在於與這個純粹事物保持一致，所以只有完滿的道德才是眞正的道德，而這樣一來，第二個命題就成了：**不存在任何道德上的現實事物**。

最後還有第三個命題：道德意識是一**個**自主體。因此，**自在地看來**，道德意識是義務與現實性的統一體，這個統一體作爲完滿的道德性成爲道德意識的對象。它雖然處於道德意識的**彼岸世界**，但還是會成爲現實的東西。

我們的目標是把前面兩個命題綜合統一起來，在這個目標裡，無論是自覺的現實性，還是義務，都僅僅被設定爲一個遭到揚棄的環節。因爲它們都不是孤立個別的東西，但在本質上又註定**不依賴於對方**而存在著，所以一旦統一起來，它們就不再是互不依賴的，也就是說，它們都被揚棄了。在這種情況下，就內容來看，它們轉變爲對象，**每一方都對對方發揮著校準**，同時就形式來看，它們之間的這種交流僅僅是一個**表象**。換言之，**現實中不道德的**東西，因爲它同樣也是純粹思維，並且凌駕於它的現實性之上，所以它在表象中反而是道德的，並且被看作是完全有效的。在這種情況下，第一個命題，亦即「**存在著**一個道德的自我意識」，就建立起來了，而與之聯繫在一起的是第二個命題，亦即「**不存在**一個道德的自我意識」。後面這個命題的意思是，儘管**存在著**一個道德的自我意識，但卻只是存在於表象中。換言之，儘管不存在一個道德的自我意識，但另一個意識仍然認爲有一個道德的自我意識發揮著校準。

(二)顛倒錯位

[453]

在道德世界觀裡，一方面，我們看到意識**自己有意識地製造出**它的對象。我們看到，意識並沒有把既有的對象看作一個異物，對象也不是在它未察覺的情況下出現在它面前，寧可說，意識在任何地方都是依據著同一個理由去展開行動，**去設定一個客觀的本質**。意識知道這個本質是它自己，因爲它知道是自己**在行動中**製造出了對方。在這裡，意識看起來已經得到了安寧和滿足，而要做到這一點，前提是意識不再需要超越它的對象，因爲對象也不再超出意識之外。但是，另一方面，我們也看到意識其實是把對象設定在它**自身之外**，設定爲它的彼岸世界。與此同時，這個自在且自爲存在著的東西也被設定爲一個不是獨立於自我意識，相反卻是爲著自我意識並且透過自我意識才存在著的東西。

因此，道德世界觀實際上不是別的，無非是這個基本的矛盾向著不同方面發展的塑造過程。借用康德的一個無比貼切的說法，道德世界觀是「**整整一窩**」缺乏思想的矛盾。㉕意識在這個發展過程中的做法是，先設定一個環節，從這裡直接過渡到另一個環節，然後將前者揚棄。但意識**剛剛建立起**這第二個環節，馬上**又**重新將其**顛倒**，反而以它的對立面爲本質。意識意識到了自己的矛盾，同時**也**意識到了自己的**顛倒行動**，也就是說，當它與一個環節**還保持著關聯**的時候，它已經從這個環節**直接**過渡到了另一個對立的環節。**正因爲**一個環節對它而言不具有實在性，所以它把這環節設定爲**實實在在的**；換言之，意識爲了主張一**個**

[454]

㉕ 參閱康德《純粹理性批判》（B637）：在關於上帝存在的宇宙論論證裡，隱藏著「整整一窩辯證的僭越主張」。——德文版編者注

環節自在存在著，於是主張**相反的環節**是自在存在著的。這樣一來，意識等於承認它實際上對這兩個環節都不是嚴肅認眞的。對於這一點，我們將在這個帶有欺騙性的運動的各個環節裡進行仔細考察。

我們暫且不去管「存在著一個現實的道德意識」這一前提（因爲這個前提與此前所說的東西沒有直接聯繫），而是去考察那個最初的公設，即道德性與自然界之間的和諧。這種和諧應該是**自在的**，並不是現實意識的對象，或者說不是一種當前存在著的東西，因爲按照當前的實際情況，寧可是道德性與自然界之間存在著矛盾。在當前的實際情況裡，**道德性**被認爲是一個**現成的**東西，而現實性則被斷定爲與道德性不和諧。然而**現實的**道德意識是一個**行動著**的意識，這裡正蘊涵著它的道德性的現實性。透過**行動**本身，那個斷言被直接顚倒了，因爲行動無非是去實現一個內在的道德目的，無非是去創造出一種**受目的規定的**現實性，或者說應當製造出道德目的與現實性本身之間的和諧。與此同時，行爲的實施是在意識面前進行的，它是這樣一種**當前存在著的情況**，即現實性與目的的統一。在一個已經實施的行爲裡，意識作爲這一個個別的東西實現了自己，換言之，意識直觀到實存已經返回到意識之內，從而得到享受，正因如此，道德目的的現實性裡面同時也包含著現實性的那種形式，亦即所謂的享受和幸福。也就是說，行動實際上直接滿足了那個當初被認爲不能實現、僅僅位於彼岸世界的公設。意識透過行動表明，提出公設的做法只是權宜之計，因爲行動的意義寧可在於使原本不大可能在當前的實際情況中出現的東西成爲一種當前存在著的東西。正是爲了督促行動，和諧才被作爲這樣一個公設提出來：凡是應該透過行動而得以**實現**的東西，都必須**自在地**就是現實的，否則它**不可能**成爲現實的。所以，行動和公設是這樣結合起來的，即爲了督促行動，亦即爲了讓目的與現實性之間出現一個**現實的**和諧，和諧才被設定爲一種**非現實的**、位於**彼岸世界**的東西。

意識既然**採取行動**，於是根本沒有把目的與現實性之間的**不符**看作是多麼嚴肅的事情。反過來，它重視的似乎是**行動**本身。但實際上，現實的行爲僅僅是**個別**意識的行爲，因此本身僅僅是某種個別的東西，而成果同樣也是偶然的。理性的目的，作爲一個普遍的、無所不包的目的，可以當之無愧地稱作整個世界。這是一個終極目的，遠遠超出了這一個個別的行爲的內容，因此必須凌駕於一切現實的行動之上。因爲應該做到普遍的至善，所以人們不做任何個別的善事。但實際上，現實行動的**虛妄**，還有**整個**目的如今才建立起來的**實在性**，在任何方面都重新被顛倒了。道德行爲不是什麼偶然的和有限的東西，因爲它以純粹**義務**爲自己的本質。純粹義務構成了**唯一完整的**目的，而行爲，作爲這個目的的實現，無論內容方面遭受什麼限制，都要去實現那個完整的絕對目的。換言之，如果現實性重新被看作是一個有著**自己固有的**規律、並與純粹義務相對立的自然界，以至於義務不能在自身內實現自己的規律，那麼實際的情形是，由於嚴格意義上的義務就是本質，所以行動**不是爲了去履行**純粹義務，不是爲了實現整個目的才行動。因爲，義務的履行並不是以純粹義務本身爲目的，而是以那個與純粹義務相對立的**現實性**爲目的。但是，當我們說行動不是以現實性爲目的，這裡又發生了顛倒。因爲按照道德行動的概念，純粹義務在本質上是一個**行動著的**意識。也就是說，人們無論如何應該採取行動，絕對義務應該表現在整個自然界裡面，道德律應該成爲自然規律。㉖

因此，如果我們承認這個**至善**是本質，那麼意識不可能嚴肅地對待一般意義上的道德

㉖ 康德在《道德形而上學的奠基》（IV, 421）中強調：「這樣去行動，彷彿你的行爲準則通過你的意志可以成爲普遍的自然規律。」——譯者注

[456]

性。因爲在這個至善裡面，自然界和道德性具有同樣的規律。於是道德行動本身消失了，因爲只有以一個必須透過行爲而被揚棄的否定者爲前提，行動才會出現。但如果自然界是合乎道德律的，那麼對於存在者的揚棄將會損害道德律。也就是說，那個假定已經承認了本質狀態是這樣一種情形，即道德行動不但是多餘的，甚至根本就不存在。道德性與現實性之所以達到和諧，是由於道德行動的概念使兩者達成一致，這種和諧，作爲一個公設，也從如下這個方面表現出來，也就是說，正因爲道德行動是絕對目的，所以絕對目的意味著道德行動根本不存在。

意識在它的道德表象活動中緩緩前進，如果我們把它經過的那些環節放在一起，就可以發現，意識把每一個環節都在其各自的對立面那裡重新揚棄。意識一開始以爲，**對它而言**，道德性與現實性之間不存在和諧，但意識並沒有嚴肅地看待這件事情，因爲透過一個行爲，**對它而言**，那種和諧成爲了當前的實際情況。但是，意識同樣也沒有嚴肅對待這種**行動**，因爲行動是某種個別的東西，而意識擁有一個如此崇高的目的，即**至善**。然而至善只是事情的又一個顛倒，因爲在它那裡，一切行動和一切道德性都消失了。換言之，意識其實根本沒有嚴肅對待**道德**行動，寧可說，那在它看來最值得期盼、最無與倫比的事情是：至善得到實現，而道德行動成爲多餘。

從這個結果出發，意識必須在它的那個充滿矛盾的運動裡面繼續緩慢前進，並且必然會再次顛倒它對於道德行動的**揚棄**。道德性是一個自在體。我們不能說，只有等世界的終極目的實現了之後，道德性才會實現，寧可說，道德意識必須**自爲地**存在著，必須面對那個與它**相對立的自然界**。但道德意識必須就其自身而言是完滿的。這導致第二個公設，即它與自然界或者說與感性之間的和諧，因爲當自然界直接出現在道德意識自身之內時，就是感性。道德自我意識把它的目的樹立爲一個純粹的、不依賴於稟好和衝動的東西，所以它在自

[457]

身內把各種感性目的都清除了。然而這種剛剛確立下來的、對於感性本質的揚棄，再度被倒置過來。道德意識採取行動，使它的目的成爲現實，而那個本應被揚棄的、自覺的感性正是介於純粹意識與現實性之間的一個中項，也就是說，它是純粹意識藉以實現自身的工具或官能，即所謂的衝動、稟好等等。因此意識並沒有嚴肅認眞地去揚棄稟好和衝動，因爲這些東西正是一個**正在實現自身的自我意識**。不僅如此，稟好和衝動也不應該遭到**壓制**，只能說，它們應該**合乎或遷就**理性。它們確實是合乎理性的，因爲道德**行動**無非是一個正在實現自身、給予自己**衝動**形態的意識，也就是說，道德行動直接就是衝動和道德性在當前的實際情況中達成的和諧。但事實上，衝動只是一個空洞的形態，它彷彿在自身內包含著不同於自己的另一個動機，並被這個動機推動著。感性是一個有著自己固有的規律和發條的自然界。就此而言，道德性不可能眞正去充當衝動的發條或稟好的傾斜趨勢。由於衝動和稟好有著自己固有的規定性和獨特的內容，所以與其說是它們遷就意識，不如說是意識遷就它們，而這種遷就是道德自我意識絕不容許的。所以，雙方之間的和諧只是**自在的**，只是一個**公設**而已。此前在道德行動裡面，道德性與感性**在當前實際情況中的**和諧已經建立起來，但**現在**又被顚倒了。它位於意識的彼岸世界，隱藏在雲霧繚繞的遠方，其中沒有什麼東西能夠被清楚辨認，能夠從概念上得到把握；我們剛才曾經嘗試著從概念上去把握這個統一體，可惜失敗了。在這個自在體裡，意識完全放棄了自己。這個自在體意味著意識的道德完滿，在這種狀態下，道德性和感性停止了相互之間的爭鬥，後者以一種不可捉摸的方式遷就了前者。[27]儘管如此，這個完滿仍然只是事情的一個顚倒，因爲在那種狀態下，其實是**道德性**放

[27] 這裡可能指席勒在《秀美與尊嚴》及《審美教育書簡》裡面的思想。席勒反對康德把道德性與感性看作水火

棄了自己，因爲它只意識到絕對目的是一個**純粹**目的，是一個與其他一切目的**相對立的**目的。同樣，道德性也是這個純粹目的的一個**行爲**，因爲它意識到了自己對於感性的超越，意識到了感性的介入，意識到了它與感性之間的對立和鬥爭。意識並沒有嚴肅對待道德完滿，這一點直接體現在意識的如下做法：它顛倒了道德完滿，把它推移到**無限遠**的地方，也就是說，它主張道德完滿永遠都不會實現。

因此意識認可的東西，只是「未完成」這樣一個中途半端的狀態，而這個狀態至少應該是一種趨向完成的**前進過程**。然而實際情形又不可能是這樣，因爲在道德性那裡，前進寧可意味著走向道德性的消亡。概言之，這裡的目標就是前面提到的道德性以及意識本身的虛無，就是對於道德性和意識本身的揚棄，而一步一步地愈來愈靠近虛無，就叫做**衰退**。除此之外，**前進**一般說來和**衰退**一樣，都假定了道德性有著**分量**上的差別，然而道德性本身是不可能有這類差別的。道德性作爲一個意識，以**純粹**義務爲道德目的，在它那裡，我們根本不能設想有任何差異性，至少不能設想有一種膚淺的分量上的差異性。唯有一**種**德行、一**種**純粹義務、一**種**道德性。

既然意識眞正嚴肅對待的不是道德完滿，而是那種半吊子的狀態，亦即剛才討論過的不道德，那麼我們就從另一個方面返回到最初那個公設的內容。我們實在看不出，道德意識如何能夠出於它的**資格或尊嚴**而要求享有幸福。它意識到了自己的未完成或不完滿，所以當它要求享有幸福的時候，並沒有把這當作它理應得到的報酬，而是認爲幸福只能依賴於一個自

不容的爭鬥雙方，而在他自己描述的「優美靈魂」和「審美自由」狀況下，感性以一種不可捉摸的方式順從道德性，從而形成一種和諧狀態。——譯者注

由的恩賜。也就是說，意識要求得到的是自在且自爲的幸福**本身**，在這個過程中，它不能依賴那個絕對的理由，而是只能在偶然和隨意中期待著什麼事情發生。正是在這裡，我們明白看出所謂「不道德」是什麼意思，也就是說，意識關心的不是道德性，而是那種與道德性無關的、自在且自爲的幸福。

透過道德世界觀的這第二個方面，那前一個方面的主張，亦即道德性與幸福之間是不和諧的，也被揚棄了。意識將會從經驗中得知，按照當前的實際情況，有道德的人經常不得好報，而不道德的人反而經常走好運。然而，「未完成的道德性」這一半吊子的狀態既然已經顯示自己是一種事關本質的東西，它就會明白指出，這些情況和可能出現的經驗都只是事情的一個顚倒。既然道德性尚未完成，也就是說，既然道德性實際上**不**存在，那麼什麼經驗能夠表明道德性不得好報呢？同時，既然已經有一個結論，即大家關心的都是一種自在且自爲的幸福，那麼很顯然，「不道德的人走好運」這一論斷的意思並不是說這裡出現了不公正。既然道德性根本沒有完成，那麼貼在一個「不道德的人」身上的標籤**自在地**就是無效的，也就是說，這個標籤的理由完全是隨意的。就此而言，經驗論斷的意義和內容無非只有這樣一個意思，即某些人不應當獲得一種自在且自爲的幸福。換言之，這其實是一種披著道德外衣的**嫉妒**。至於爲什麼其他人就應當獲得所謂的幸福，其理由則是出於一種良好的友誼，也就是說，人們**衷心祝願**自己和朋友們都會得到這個恩賜，亦即碰巧得到幸福。

現在確定下來的情況是，道德性在道德意識裡面是未完成的或不完滿的。但道德性的本質在於僅僅作爲一個**完滿的**、**純粹的**東西存在著，所以未完成的道德性是不純粹的，或者說是不道德。在這種情況下，道德性本身就不是包含在一個現實的意識裡，而是包含在另一個本質裡，這個本質是一個神聖的道德立法者。這個公設的理由就是那種在意識裡**未完成**的道德性，它**最初的**意思是：既然道德性作爲一個**現實的**東西被設定在意識之內，那麼它就與一個**他者**，與一個實存相關聯，也就是說，它本身包含著一個他者存在或一個差別，而在這種情況下，大量道德誡命就產生出來了。但與此同時，道德自我意識又認爲如此**衆多的**義務是無關本質的東西，因爲它只關心**唯一一個**純粹義務，**對它而言**，那些**特定的**義務並不具備眞理。如此一來，衆多的義務只能在一個他者那裡獲得它們的眞理，它們儘管在道德自我意識看來毫無神聖可言，但現在卻借助於一個神聖的立法者而變得神聖，而這些情況本身又是事情的一個顚倒。因爲，道德自我意識認爲自己是絕對者，唯有**它所知道的**義務才算得上是義務，而它只知道純粹義務是義務。在它看來不神聖的東西，自在地就是不神聖的，而凡是自在地就不神聖的東西，也不能借助於一個神聖本質而被提升到神聖的地位。道德意識根本不相信可以**透過**不同於它的**另一個**意識而讓某些東西變得神聖，因爲它堅決認爲，只有那種在它看來是**透過自身並且在自身內**就神聖的東西才是神聖的。與此同時，道德意識同樣也不相信另一個本質是神聖的，因爲那個本質居然會讓某些東西獲得本質性，而這些東西對於道德意識而言或者說自在地看來根本不具備本質性。

當神聖本質作爲一個公設被提出，以確保義務不是作爲純粹義務，而是作爲衆多**特定的**義務而擁有有效性，那麼這個神聖本質必然會被再度倒置，而另一個本質必然會成爲神聖的，因爲在後者這裡，唯有**純粹義務本身**才擁有有效性。實際上，純粹義務也不是在道德意識裡，而是只有在另一個本質裡才擁有有效性。雖然在道德意識那裡，看起來唯有純粹的道德性才擁有有效性，但道德意識還是必須被另行安置，因爲它同時也是一個自然的意識。在這個自然的意識裡面，道德性受到感性影響，依賴於感性，因此不是自在且自爲的，而是表現爲自由**意志**的一種偶然性，而且，就這是一個**純粹的**意志而言，表現爲**知識**的偶然性。因此可以說，道德性在另一個本質裡是**自在且自爲的**。

在這裡，這個本質是一種純粹完滿的道德性，因爲道德性在它那裡與自然界以及感性沒有任何關聯。然而純粹義務的**實在性**剛好立足於透過自然界和感性而**得以實現的過程**。道德意識之所以是不完滿的，是因爲在它那裡，道德性與自然界以及感性有一個**肯定的**關聯，儘管道德意識認爲，從原則上來說，道德性包含著一個事關本質的環節，即它與自然界以及感性之間無論如何只能有一個**否定的**關聯。反之，道德意識因爲超脫出了與自然界和感性進行的**鬥爭**，所以它與它們之間沒有什麼否定的關聯。事實上，道德意識別無選擇，它與自然界和感性只能有一種肯定的關聯，而這種關聯正是我們剛才所說的未完成狀態或不道德。但是，如果**純粹道德性**完全脫離現實性，竟至於與現實性之間沒有任何肯定的關聯，那麼它就是一個無意識的、非現實的抽象，而道德性的概念——即作爲一種以純粹義務爲對象的思維，作爲一種意志和行動存在著，也將會在這個抽象中遭到徹底揚棄。就此而言，這個如此純粹的道德本質仍舊是事情的一個顚倒，必須被拋棄。

但在這個純粹的道德本質裡，矛盾的各個環節聚集在一起。在這個矛盾裡，綜合式表象活動兜著圈子，卻無力整合自己的思想，這些思想，亦即各個相互對立的「**也**」或「**並且**」相繼湧現，一個接一個取代彼此。當這些環節聚集到一定程度，意識必然會放棄它的道德世界觀，逃遁到它自身之內。

意識之所以認識到它的道德性是未完成的，原因在於，它受到了那與道德性相對立的感性和自然界的影響。感性和自然界一方面把道德性本身弄得渾濁不堪，另一方面又讓大量義務產生出來，在這些義務的干擾之下，意識在現實行動所面臨的具體事情那裡每每束手無策。因爲，每一件事情都是眾多道德關聯的具體化，好比知覺的對象始終是一個具有眾多屬性的物。當**特定的**義務被看作是目的，它就獲得了一個內容，它的**內容**是目的的一部分，而在這種情況下，道德性就不純粹了。道德性於是在另一個本質那裡取得自己的**實在性**，但這種實在性的意思無非是，道德性在這裡是**自在且自爲的**。所謂**自爲**，即是說道德性是一個**意**

識的道德性，而所謂**自在**，即是說道德性有著**實存**和**現實性**。道德性在那個最初未完成的意識裡沒有得到實現，因爲它在那裡是一個自在體，但卻是作爲一個**思想物**存在著。它與自然界和感性，與存在和意識的現實性爲伴，這種現實性構成了道德性的內容，而自然界和感性則是一種在道德上無足輕重的東西。在第二個意識裡，道德性呈現爲一個**完成的**東西，不再是一個沒有得到實現的思想物。但道德性之所以在這裡得到完成，正是因爲它在一個**意識**那裡獲得了**現實性**（一種**自由的現實性**），獲得了全部實存，因此不再是一種空無，而是一個充盈的、富含內容的東西。也就是說，道德性之所以得以完成，原因在於，我們剛才所說的那些在道德上無足輕重的東西不但包含在道德性裡面，而且還在它身上表現出來。一方面，道德性無論如何應當只作爲一個純粹抽象的、非現實的思想物就擁有有效性，另一方面，它在這種情況下又不應當擁有有效性。道德性的眞理應當這樣體現出來，也就是說，一方面，它與現實性相對立，完全脫離現實性，即是空空蕩蕩，但另一方面，它就是現實性。

道德世界觀的內部曾經分布著大量矛盾，而今這堆矛盾自行消失了，因爲矛盾所依據的差別曾經是一種必然被思考和被設定、但同時又無關本質的差別，但現在這種差別成了一種根本不能付諸言辭的差別。那些最終被設定下來的參差不齊的事物，無論是作爲虛無縹緲的東西還是作爲實實在在的事物，實際上都是同一個東西，亦即實存和現實性。另一方面，那個完全位於當前存在和現實意識的**彼岸世界**的東西，無論是在現實存在和現實意識之內，還是在彼岸世界，都是一種虛無縹緲的東西——這就是純粹義務，以及一種以純粹義務爲對象，以純粹義務爲本質的知識。意識造成了這種不是差別的差別，它宣稱現實性既是虛無縹緲的也是實在的，宣稱純粹的道德性既是眞正的本質也是缺乏本質的東西。意識把它從前的那些分散的思想一併說了出來，鄭重宣布，它不會嚴肅看待**自主體**和**自在體**這兩個環節的規定和分立狀態，寧可說它眞正關心的是，如何在自我意識的自主體之內仍然完整地掌握著那個絕對的、**存在於**意識之外的東西，正因如此，它認爲所謂的絕對**思想物**或絕對**自在體**並不具備眞理。意識發現，這些環節的分立是一種顚倒，倘若它繼續保留著這種顚倒，自己就將是一種**僞善**了。但是，作爲一個有道德的純粹自我意識，它擺脫了它的**表象活動**與它的**本質**之間的不一致狀態，擺脫了這樣一種虛假（即把對意識來說不眞的東西稱作是眞的），帶著憎惡的心情返回到自身之內。它成了**純粹良知**，鄙視著上述道德世界觀。純粹良知**在自身之內**是一個單純的、具有自身確定性的精神，它無需那些表象的中介，直接按照良知去行動，並且把這種直接性看作是它的眞理。但如果說這個顚倒的世界無非是道德自我意識在其各個環節中的發展過程，亦即它的**實在性**，那麼就意識的本質而言，道德自我意識的這種自身回歸也不可能有別的情形。意識返回到自身之內，這無非意味著，它**已經意識到**它的眞理是一個既定的眞理。但是意識仍然**不得不**一再**宣稱**這個眞理是**它的**眞理，因爲它必須宣稱自己是一個客觀的表象，必須呈現爲一個客觀的表象，儘管它清楚地**知道**，這一切只不過是一個顚倒。就此而言，意識實際上就是僞善，而對於上述顚倒的**鄙視**已經是僞善的第一個表現。

[464]

㈢ 良知；優美靈魂，惡及其寬恕

按照道德世界觀的二律背反，既存在著一個道德意識，又不存在一個道德意識，或者說，義務的有效性一方面位於意識的彼岸世界，另一方面又只能出現在意識之內。這個二律背反可以歸結爲這樣一個觀念，在這個觀念看來，不道德的意識是道德的，它的偶然知識和偶然意願是無比重要的，而且它會透過恩賜得到幸福。道德自我意識並沒有把這個自相矛盾的觀念供奉起來，而是把這個觀念放置到另一個本質之內。但是，當它把它必然會思考的東西排斥到自身之外，這種做法就形式而言已經是一個矛盾，正如道德自我意識本身就其內容而言已經是一個矛盾。自在地看來，那個顯現爲矛盾的東西，和道德世界觀來回兜著圈子想要脫離並將其重新消解的那個東西，實際上是同一個東西，因爲，作爲**純粹知識**的純粹義務無非是意識的**自主體**，而意識的自主體是**存在**和**現實性**。同樣，那本應位於**現實**意識的彼岸世界的東西，無非是純粹思維，實際上也就是自主體。正因如此，**對我們而言**或**自在地看來**，自我意識已經返回到了自身中，並且知道自己是這樣一個本質，在其中，**純粹知識**和**純粹義務**同時都是一種**現實的**東西。在這裡，即使有著相當的偶然性，意識仍然把自己看作是一種完全有效的東西，它知道它的直接個別性是純粹知識和純粹行動，是眞正的現實性和眞正的和諧。

良知的自主體，亦即那個直接確知自己是絕對眞理和絕對存在的精神，就是我們看到的從第三個精神世界裡面轉變而來的**第三種自主體**。在此我們把它與前面兩種自主體進行簡單比較。第一種自主體是**個人**的自主體，是一種作爲倫理世界的眞理而呈現出來的總體性或現實性，因此個人的實存是一種**得到承認的存在**。如果說個人是一種缺乏實體的自主體，那麼它的實存同樣也是一種抽象的現實性。個人**發揮著校準**，而且是以一種直接的方式。自主體是一個直接安息在它的存在要素之內的點，這個點沒有脫離自主體的普遍性，所以雙方相互之間談不上運動和關聯。普遍者沒有在那個點裡面作出區分，它不是自主體的內容，而自主體也沒有充實自己。至於**第二種自主體**，則是那個已經掌握了自己的眞理的教化世界，或者說那個經過分裂之後重塑自身的精神，亦即絕對自由。在第二種自主體那裡，個別性與普遍性的最初的直接統一體瓦解了。普遍者一方面仍然是一個純粹的精神性本質，是一種得到承認的存在，或者說是一種普遍意志和普遍知識，另一方面同時也是自主體的**對象**和內容，是

[465]

自主體的普遍現實性。普遍者在形式上並不是表現爲一種擺脫了自主體的實存，因此它在這個自主體那裡沒有得到充實，沒有得到任何肯定的內容，沒有成爲一個世界。誠然，道德自我意識一方面放任自己的普遍性成爲一個自由的和獨立的自然界，另一方面又把這個自然界作爲一種遭到揚棄的東西牢牢控制在自身之內。但實際上，這兩種情況的更替過程只不過是一個反覆顚倒著的遊戲。只有作爲良知，它才在具有**自身確定性**的同時，用**內容**去充實以前那種空泛的義務、空泛的權利和空泛的普遍意志。正因爲這種自身確定性同樣也是一種**直接的東西**，所以道德自我意識才擁有實存本身。

一旦掌握它的這個眞理，道德自我意識就會遺棄，更確切地說是揚棄它自身內的那種導致顚倒的分裂、揚棄**自在體**和**自主體**之間的分裂、揚棄純粹義務（作爲純粹**目的**）和**現實性**（作爲與純粹目的相對立的自然界和感性）之間的分裂。當這樣返回到自身以後，它成爲一個**具體的**道德精神，再也不會把那種以純粹義務爲對象的意識看作是一種與現實意識相對立的空洞標準。如今，純粹義務以及與純粹義務相對立的自然界都是一些遭到揚棄的環節。具體的道德精神是一個在直接統一體中**實現著**自己的**道德**本質，而它的行爲直接就是一個**具體的**道德形態。

精神顯然採取了行動。在認知著的意識看來，這件事情是一種客觀的現實性。認知著的意識，作爲良知，以一種直接而具體的方式認識到了這件事情，反過來說，也只有當認知著的意識認識到了這件事情，這件事情才存在著。如果一種知識不同於它的對象，那麼它是一種偶然的知識。然而那種具有自身確定性的精神不再是這樣一種偶然的知識，它在自身內創造出來的思想也不再是一種有別於現實性的東西，實際上，既然**自在體**和**自主體**之間的分裂已經被揚棄，那麼，一件事情**自在地**是如何，它直接出現在知識的感性**確定性**中就是如何，而且，它在這種知識裡是如何，它**自在地**也只能是如何。就此而言，行動，作爲一種

[467] 實現過程，是意志的一個純粹形式，是從一種現實性（一件**存在著**的事情）到另一種現實性（一個**行爲**），或者說從一種知識形態（這種知識以單純的**客觀事物**爲對象）到另一種知識形態（這種知識以意識創造出來的**現實事物**爲對象）的單純轉化。正如感性確定性是直接被吸納到精神的自在體之內，或更確切地說，正如感性確定性直接轉化爲精神的自在體，同樣，現在的這種轉化也是一種單純的、未經中介的轉化，是一種只借助於純粹概念而不必改變內容的過渡，至於內容是如何，則由那個認知著內容的意識的興趣來決定。除此之外，良知也沒有把事情的具體情境分派給眾多彼此有別的義務。良知並不是表現爲一種**肯定的普遍媒介**，在那種媒介裡，每一個義務都自爲地包含著一種牢不可摧的實體性，以至於只剩下兩種選擇：**要麼**人們根本不能採取任何行動，因爲每一件具體的事情都包含著一般意義上的對立，每一件道德事情都包含著義務的對立，所以任何行動都註定會**損害某一個**方面，**損害某一個**義務；**要麼**人們採取行動，於是那些相互對立的義務總會有一方遭受到現實的損害。眞正說來，良知其實是一個否定的單一體，或者說是一個絕對的自主體，它把這些彼此有別的道德實體消滅殆盡；良知是一種單純的合乎義務的行動，它不是去履行某個特定的義務，而是知道並且做著具體的正確事情。因此總的說來，只有當此前那個無所作爲的、以道德性爲對象的意識過渡到行動，良知才是一種眞正意義上的道德**行動**。作出區分的意識可能會把一個具體的行爲形態分解爲一些彼此有別的屬性，也就是說，分解爲一些彼此有別的道德關聯；意識不是把每一個屬性或道德關聯都稱作是絕對有效的——因爲，如果它們是義務的話，就必然是如此，就是對它們進行比較和審查。在良知的單純的道德行爲裡，各種義務混雜到了這種程度，以至於所有這些個別的本質都被直接**取締**，與此同時，良知認爲確切無疑的義務卻根本不會遭到審查的衝擊。

[468] 同樣，良知裡也沒有包含著意識此前的那種徘徊不決的不確定性，在那種情況下，意識

一會兒把所謂的純粹道德性排斥出去，設定在另一個神聖本質之內，反而認爲自己是一種不神聖的東西，一會兒又重新收回道德的純粹性，卻把感性事物與道德事物的結合設定在另外那個本質之內。

當良知拋棄了那種認爲義務和現實性互爲矛盾的意識，也就拋棄了道德世界觀的所有這些設定和顛倒。在那種認爲義務和現實性互爲矛盾的意識看來，當我**意識到**自己僅僅是去履行純粹義務而不是以**別的什麼東西**爲目的時，我採取了一個道德的行動。但這實際上等於說，**當我什麼都不做**的時候，我採取了一個道德的行動。當我在做什麼的時候，我意識到一個**他者**，意識到一個明擺著的**現實性**，以及我想要促成的一個現實性，我懷著一個**特定的**目的，去履行一個**特定的**義務。這裡除了純粹義務之外還有**別的東西**，儘管有人說唯有純粹義務才值得關注。反之，良知是這樣一種意識，它知道，當道德意識宣稱**純粹義務**是它的行動的本質時，這個純粹目的是對於事情的一個顛倒；因爲事情本身的情況是，純粹義務立足於純粹思維的空洞抽象，只有透過一個特定的現實性才獲得它的實在性和內容，而這個特定的現實性，作爲意識自己的現實性，不是隸屬於一個作爲思想物的意識，而是隸屬於個別的意識。良知**自己認識到**，它的眞理就在它的**直接的自身確定性**之內。這種**直接的**、具體的自身確定性就是本質。如果從意識的對立出發來看這種自身確定性，那麼每個人自己固有的直接**個別性**就是道德行動的內容。然而道德行動的**形式**正是這樣一個自主體，它是一個純粹的運動，是一種**知識**，或者說是**自己固有的**一**個信念**。

如果我們按照它的統一性以及各個環節的意義來仔細考察這個自主體，就會發現，道德意識只把自己理解爲**自在體**或**本質**，卻把它的**自爲存在**或它的**自主體**理解爲良知。在這種情況下，道德世界觀的矛盾**自行瓦解**了，也就是說，這個矛盾所依據的差別顯示自己不是一個差別，而是可以歸結爲一種純粹的否定性，但這種純粹否定性正是**自主體**，確切地說，是這樣一個單純的**自主體**，它既是一種**純粹**知識，也是一種特定的知識（即知道自己是**這一個個別的**意識）。這個自主體於是構成了此前那個空洞的本質的內容，因爲它是一個**現實的**自主體，已經不再是一個對本質而言陌生的、有著自己固有的規律的、獨立的自然界。作爲一種否定，它是純粹本質的一個**差別**，是一個自在且自爲地發揮著校準的內容。

此外，這個自主體，作爲一種純粹的、自身一致的知識，乃是**絕對普遍者**，以至於可以說，這種知識，**作爲它自己固有的知識**，作爲一種信念，正是**義務**。義務不再是一個與自主體相對立的普遍者，而是這樣一種意識，它知道自己在這種分裂狀態下不具有任何校準。現在是法律爲自主體服務，而不是自主體爲法律服務。就此而言，法律和義務不僅意味著**自爲存在**，而且也意味著**自在存在**，因爲這種以保全自己的自身一致性爲目的的知識正是**自在體**。這個自在體也在意識之內脫離了它與自爲存在的直接統一，反而與自爲存在相對立，而在這種情況下，它是一種**存在**，一種**爲他存在**。正是在這裡，義務，作爲遭到自主體遺棄的義務，被認識到只是一個**環節**。義務的本意是作爲**絕對本質**存在著，現在它降格爲一種存在，這種存在不是自主體，不是**自爲**存在，而是一種**爲他存在**。但這種**爲他存在**之所以仍然是一個事關本質的環節，原因在於，自主體作爲意識造成了自爲存在與爲他存在之間的對立，而且義務現在本身直接就是一個**現實的東西**，不再只是一個抽象的純粹意識。

因此這種**爲他存在**是一個**自在**存在著的、與自主體區分開的實體。良知並沒有放棄純粹義務或**抽象的自在體**，寧可說，純粹義務是一個事關本質的環節，因爲它是作爲**普遍性**而與其他環節相關聯。良知是各種自我意識的公共要素，而這個公共要素是一個實體，確保行爲在其中具有**持存**和**現實性**。作爲一個環節，良知意味著**得到**別人的**承認**。**實存著的純粹意識**得到承認。但這個環節並沒有包含在道德自我意識之內，因此道德自我意識根本不是一種行動著和實現著的意識。在它看來，它的**自在體**要麼是一個抽象的、**非現實的**本質，要麼是一種缺乏精神的**現實性**或**存在**。然而良知的**存在著的現實性**是這樣一種現實性，它是一個**自主體**，也就是說，是一個自覺的實存，是一個促使意識得到承認的精神性要素。就此而言，行動只是把它的**個別的**內容轉化為一個**客觀的**要素，讓內容在那裡成為一個普遍的和得到承認的東西，而正是由於內容得到承認，一個行為才具有現實性。一個行為之所以得到承認，從而具有現實性，是因為實存著的現實性直接與信念或知識結合，換言之，是因為那種以它的目的為對象的知識直接就是實存的要素，就是一種普遍的承認活動。行為的**本質**，亦即義務，取決於良知對於行為的**信念**，而這個信念正是**自在體**本身。自在體是一個**自在的普遍自我意識**，或者說是一種**得到承認的存在**，因而是一種現實性。就此而言，那些懷著對於義務的信念而做的事情直接具有持續性和實存。也就是說，這裡談論的不再是一個善良的意圖沒有得到實現，或一個好人沒有得到好報之類現象。寧可說，那個被認識到的義務已經得到履行，具有了現實性，因為合乎義務的東西正是一切自我意識的普遍者，是一個得到承認的、存在著的東西。但是，倘若這個義務被割裂開來孤立看待，而且失去了自主體的內容，那麼它就是一種**為他存在**，是一種透明的東西，只意味著一般意義上的缺乏內容的本質性。

如果我們回顧一下整個**精神性實在性**最初出現時的那個領域，就會發現這樣一個概念，即個體性表現為一種**自在且自為的東西**。把這個概念直接表述出來的意識形態，是**誠實意識**，這種意識始終與**抽象的事情本身**糾纏不清。在當時，**事情本身**是一個**謂詞**。但只有在良知這裡，事情本身才成為一個**主體**，這個主體囊括了意識的全部環節，而且在它看來，所有這些環節——即一般意義上的實體性、外在的實存、思維的本質等等，都包含在它的這種自身確定性之內。**事情本身**在倫理那裡具有一般意義上的實體性，在教化那裡具有外在的實存，在道德性那裡具有思維的認知著自身的本質性。而在良知這裡，事情本身是這樣一個**主**

體，它知道這些環節都是隸屬於它的。如果說誠實意識始終只能把握到**空洞的事情本身**，那麼正相反，良知贏得的是充實的事情本身。良知之所以有這個能力，是因爲它知道意識的各個環節是一些**環節**，並且把這些環節當作它們的否定本質而加以控制。

行動透露出對立，如果我們把這個對立的個別規定與良知放在一起，如果我們再看看良知對於這些個別規定的本性的意識，那麼可以發現，當行動不可避免時，良知首先表現爲一種以**現實發生的事情**爲對象的**知識**。既然這種知識包含著**普遍性**這一環節，那麼一種以出於良知的行動爲對象的知識就會包含著如下要素，即充分掌握眼前的現實性，確切了解事情的來龍去脈，並對各種情況加以權衡考慮。但由於這種知識已經**認識到**普遍性是一個**環節**，那麼它在了解事情的來龍去脈之後，就會自覺地回避這些情況，有意識地不去掌握它們，或者說在這裡不去遵循良知。有些人以爲，知識之眞正普遍的和眞正純粹的關聯應該是一種自身關聯，而不是與**對立面**發生關聯。但實際上，由於**行動**包含著一個根本的對立，所以它透過這個對立與一個否定著意識的東西相關聯，與一種**自在存在著**的現實性相關聯。與純粹意識的單純性、一個絕對的**他者**或**自在的**雜多性相反，這種自在存在著的現實性是無窮豐富的具體情況，當它無限地分解和擴散開來，如果沿著後退的方向來看，就是具體情況的條件，如果沿著旁邊的方向來看，則是具體情況的並列，而如果沿著前進的方向來看，則是具體情況的後果。遵循良知的意識不但認識到了事情的本性，以及它與這個本性的關係，而且也知道，當它在一件事情上採取行動的時候，並不是按照這裡所要求的普遍性來認識那件事情的。此外它還知道，當它聲稱自己遵循著良知考察了所有具體情況時，這不過是一句空話。當然，認識並考慮到所有具體情況也不是絕對不可能，只不過這些認識和考慮僅僅是一個**環節**，是某種僅僅爲著**其他環節**而存在著的東西。它的不完整的知識，正因爲是**它的**知識，所以在它看來是一種充分的、完滿的知識。

關於**本質**的普遍性，或者說關於純粹意識對內容的規定，也是同樣的情形。當良知著手採取行動時，它與事情的眾多方面發生關聯。事情碎裂了，同樣，純粹意識與事情的關聯也碎裂了，在這種情況下，事情的雜多性意味著**義務**的雜多性。良知知道它必須在眾多義務之間進行挑選和區分，因爲除了**純粹義務**之外，沒有任何個別的義務就其規定性和內容而言是絕對的。但純粹義務這個抽象的東西在其實在性中已經意味著一個具有自我意識的自我。具有自身確定性的精神，作爲良知，棲息在自身之內，而它的**實在的**普遍性，或者說它的義務，則是蘊含在它對於義務的純粹**信念**之中。**純粹**信念就其自身而言是和純粹**義務**一樣空洞的，它的意思僅僅是，在它那裡，沒有什麼東西，沒有任何特定的內容可以成爲義務。但是良知必須採取行動，良知必須由一個個體來**規定**。那具有自身確定性的精神——自在體在它那裡已經意味著一個具有自我意識的自我——知道這個規定和內容包含在它的直接的自身**確定性**之內。這個直接的自身確定性，作爲規定和內容，是一種**自然的**意識，亦即衝動和稟好。良知不承認任何內容對它而言是絕對的，因爲良知是一種針對著一切特定事物的絕對否定性。良知**從自身出發**進行規定。然而自主體圈定下來的那個領地就是所謂的感性，而嚴格意義上的規定性就出現在其中。如果良知想要在這個直接的自身確定性裡面找出一個內容，那麼它只能找到感性，此外無他。所有那些在此前的意識形態裡呈現爲好和壞，呈現爲規律和正當性的東西，都是一個不同於直接的自身確定性的**他者**。這個他者是一個**普遍者**，而普遍者如今是一種爲他存在。或者換個角度來看，這個他者是一個對象，當意識進行著自身中介的時候，這個對象出現在意識和意識自己固有的眞理中間，使意識脫離自己，而不是去成爲一個直接的意識。但對良知而言，它的自身確定性是一個純粹的、直接的眞理。這個眞理雖然是良知的直接的自身確定性，但卻被表象爲一個**內容**，也就是說，總是被看作是個人的隨意任性，被看作是個人的無意識的自然存在的偶然性。

這個內容被看作是一種道德**本質性**，同時也被看作是一個**義務**。因爲，正如我們在檢驗規律時已經看到的，純粹義務一方面與任何內容都是完全漠不相關的，但另一方面也可以接納任何內容。在這裡，純粹義務同時還有著一個事關本質的形式，亦即**自爲存在**。這個形式的另一個表現就是個人信念，它不僅意識到純粹義務的空泛無物，而且意識到，純粹義務僅僅是一個環節，這個環節的實體性是一個謂詞，這個謂詞把一個個體當作它的主體，而這個主體又以隨意任性的方式賦予純粹義務內容，使每一個內容都可以與這個形式結合在一起，並且爲其貼上「出於良知」的標籤。當一個人以某種方式擴大自己的財富時，就會面臨這樣一個義務。也就是說，每個人都設法維繫他自己的和他的家人的生活，但在同樣的程度上也維護著這樣一種**可能性**，即成爲一個對周圍的人有用的人，並且爲那些需要幫助的人做有益的事情。個體意識到這是一個義務，因爲這些內容直接包含在他的自身確定性之內。除此之外他還認識到，他在這件事情上履行了這個義務。也許別人會認爲這種做法是一個騙局。**他們**堅持的是具體事情一方，而他堅持的是義務一方，因爲他意識到發財致富就是純粹義務。在這種情況下，他的某個行爲雖然被別人稱之爲暴行或不公，但實際上卻是履行了一個義務，即在別人面前堅持他自己的獨立性；同樣，他的某個行爲雖然被人們稱之爲懦弱畏縮，但實際上也是履行了一個義務，即不但維持了自己的生活，而且能夠給周圍的人帶來利益；再者，他的某個行爲也有可能被那些人稱之爲勇敢，其實卻損害了前面兩個義務。當然，一個人的懦弱畏縮不可能拙劣到這種程度，竟至於不知道「維持生活」和「利於周圍的人」都是義務，竟至於對他的行動之合乎義務失去**信念**，或不知道所謂合乎義務就是體現在這種**知識**上面。否則的話，人的懦弱畏縮就到了不道德的地步了。如果說道德性就在於意識到自己已經履行義務，那麼無論是懦弱畏縮的行動還是勇敢的行動都不缺乏這種意識。那個號稱義務的抽象東西既然能夠接納任何東西，當然也能夠接納這個內容。也就是說，如果一個人知道他所做的是義務，那麼，由於他認識到了這一點，由於對義務抱有信念意味著合乎義務，他也就得到了別人的承認。他的行爲因此發揮著校準，並且具有一個現實的實存。

把任意一個內容——無論什麼內容都一樣，放置到純粹義務和純粹知識這一普遍而被動的媒介裡面去，這是一個自由。針對這個自由，說什麼應該把另一個內容放置進去等等，都是毫無作用的，因爲無論什麼內容本身都會帶有一個**規定性**，而這正是它的**缺陷**。純粹本質沒有這個缺陷，它既可以接納任何規定性，同樣也可以鄙視任何規定性。任何內容都註定了是一個特定的內容，都與其他內容處於同一個水準，儘管它看起來碰巧具有這樣一個性格，彷彿特殊的東西已經在它之內遭到揚棄。現實中很有可能出現這樣的情況，即義務在一件現實的事情那裡總是分裂爲**對立**的兩方，並因此形成**個別性**和**普遍性**之間的對立，而那個義務，它的內容就是普遍者本身，因此在自身內直接具有純粹義務的本性，從而使得形式與內容相互之間完全契合。在這種情況下，如果要舉一個例子的話，那麼可以說，以普遍至善爲目的的行爲優於以個人利益爲目的的行爲。總的說來，這個普遍的義務**明擺著**是一個自在且自爲存在著的實體，是正當性和規律，其有效性既**不依賴於**知識和信念，也**不依賴於**個人的直接興趣。而道德性在根本上所反對的，正是這個東西的**形式**。至於這個東西的**內容**，可以說也是一個**特定的**內容，因爲普遍至善與個人**相對立**。既然這樣，這個東西的規律對良知而言就是這樣一種規律，良知知道自己完全不受它約束，而且隨心所欲到了這種極端地步，既可以以之爲歸宿，也可以以之爲出發點，既可以忽略它，也可以遵循它。除此之外，儘管針對個別事物和普遍者分別存在著不同的義務，但就一般意義上的對立的本性而言，這種區分義務的做法並不是確鑿無疑的。實際上，個人爲自己所做的事，也會讓普遍者受益。他愈是關心自己，就愈是**有可能**給**其他人**帶來利益。不僅如此，他的**現實性**完全在於和其他人一起存在，一起生活。他的個別的享受在本質上意味著同時也向其他人奉獻出了自己的私利，幫助他們獲得各自的享受。也就是說，當一個人履行了針對個人的義務之後，也就履行了針對普遍者的義務。假若有人在這裡對各種義務進行**權衡**和**比較**，那麼或許是爲了計算一下，普遍者從一個行爲那裡能夠得到多少收益，但這樣一來，道德性就會湮沒於**識見**的不可避免的**偶然性**之中了，而事情不應該是這樣的。因爲從另一方面來看，良知的本質正在於與這種**計算**和權衡的做法**決裂**，並且在無需任何理由的情況下從自身出發作出決斷。

在這種情況下，良知是遵循著**自在存在**和**自爲存在**的統一、遵循著純粹思維和個體性的統一去行動，同時也維繫著自身。它是一個具有自身確定性的精神，本身具有它的眞理，也就是說，在它的自主體裡面，在它的知識（在這裡指對義務的知識）裡面具有它的眞理。精神之所以能夠在這裡維繫自身，原因在於，行爲中的那些**肯定因素**，不管是義務的內容和形式，還是對義務的知識，都隸屬於精神的自身確定性。而凡是想要作爲一個**獨立的自在體**而與自主體**相對立**的東西，都不是什麼眞實的東西，而只是一個遭到揚棄的東西、只是一個環節。因此，眞正有效的東西不是一般意義上的普遍知識，而是**良知**對於各種具體情況的**認識**。良知從它的自然的個體性裡面取出一些內容，將其放置到義務這一普遍的**自在存在**之中。這些內容在良知那裡是現成的、唾手可得的，它們由於出現在一個普遍的媒介裡面，於是成爲良知所履行的**義務**，正因如此，空洞的純粹義務被設定爲一個遭到揚棄的東西或一個環節。這些內容是純粹義務的已經遭到揚棄的空洞性，或者說是純粹義務的充實或履行。但另一方面，良知同樣也是獨立於任何內容。它超脫了任何特定的義務，哪怕這個義務應當作爲規律發揮著校準。借助於它的自身確定性的力量，良知擁有一種尊貴的絕對主權，可以隨意進行結合或者分離。㉘就此而言，這種**自身規定**直接就是完全合乎義務的。義務就是知識本身。然而這種單純的自主性是一個自在體。也就是說，自在體是一種純粹的自身一致性，而這種自身一致性就包含在良知的意識裡面。

這種純粹知識直接是一種**爲他存在**；作爲一種純粹的自身一致性，它是**直接性**或存在。但這種存在同時也是一個純粹的普遍者，是所有的人的自主性。換言之，行動已經得到承認，因此是現實的。這種存在是一個要素，良知借助於這個要素，直接與全部自我意識都處於一個相互一致的關聯之中。這個關聯並不意味著一個缺乏自主體的規律，而是意味著良知的自主體。

但由於良知的行動的正當性同時也是一種**爲他存在**，所以在它身上似乎出現了一種不一致。良知所履行的義務是一個**特定的**內容，這個內容是意識的**自主體**，因此是意識的一種自我**認知**，是意識的一種自身一**致性**。儘管如此，一旦義務得到履行，並被放置到**存在**這一普遍的媒介之內，那麼這種一致性就不再是一種**知識**，也不再是一種直接揚棄自身內的差別的區分活動。寧可說，在**存在**裡面，差別被設定爲持存著，而行爲則被設定爲一個**特定的**行爲，而且與所有的人的自我意識這一要素不一致，因此並不是必然會得到承認。一方面，良知採取了行動，另一方面，普遍意識承認良知的這個行爲是一個義務，就此而言，雙方都是同樣**自由的**，亦即同樣都擺脫了這種行動的規定性。由於這種自由，當雙方透過一個共同的

[477]

㉘ 參閱《新約・馬太福音》（16, 19）：「我要把天國的鑰匙給你，凡你在地上所捆綁的，在天上也要捆綁；凡你在地上所釋放的，在天上也要釋放。」以及《新約・馬太福音》（18, 18）：「我實在告訴你們：凡你們在地上所捆綁的，在天上也要捆綁；凡你們在地上所釋放的，在天上也要釋放。」——譯者注

媒介結合在一起時，它們之間的關聯是一種完全不一致的關係。在這種情況下，以行爲爲對象的意識對於那個行動中的、具有自身確定性的精神就毫無把握了。精神採取行動，把規定性設定爲存在著。其他人把這種**存在**當作是精神的眞理，因此對精神抱有確定性。精神在這個過程中已經顯示出**什麼東西**是它所認可的義務。然而精神是自由的，它擺脫了任何一個**特定的**義務。當人們以爲精神仍然現實地存在於那裡時，精神已經超脫在外。在精神看來，作爲媒介的存在，還有**自在**存在著的義務，都僅僅是一個環節。精神把某些東西置於人們面前，然後又重新將其顚倒，或更確切地說，精神直接將那些東西顚倒。在精神看來，它的**現實性**並不是這類超脫在外的義務和規定，而是它在它的絕對的自身確定性中所具有的那種義務和規定。

因此其他人不知道這個良知在道德上究竟是善的還是惡的，或更確切地說，他們不能只是不知道就算了，而是必須認定良知是惡的。因爲，他們和良知一樣，都是自由的，都擺脫了義務的**規定性**，擺脫了**自在**存在著的義務。當良知把某些東西置於他們面前時，他們的拿手好戲是把這些東西顚倒過來。由此表現出來的，不是他們自己固有的**自主體**，而是另一個意識的**自主體**。他們知道自己是自由的，擺脫了良知，不僅如此，他們還必須在自己固有的意識裡面瓦解良知，還必須透過評判和解釋來消滅良知，以便保全他們的自主體。

然而良知的行爲不只是這個遭到純粹自主體遺棄的存在的**規定**。任何應當作爲義務發揮著校準，並得到承認的東西，其所以如此，完全取決於一種以義務爲對象的知識和信念，取決於一種包含在行爲之中的自我認知。如果行爲本身不再具有這個自主體，那麼行爲就不再是那個唯一構成自己的本質的東西。行爲的實存倘若遭到這個意識拋棄，就將是一種普通的現實性了，而我們會以爲行爲的目的彷彿只是爲了滿足意識的享樂和欲望。那應當**實存著**的東西，在這裡之所以是本質性，完全是因爲它**被認識到**是一種表述著自身的個體性。**被認識**

到的東西是得到承認的東西，是那種**原本**就應當具有**實存**的東西。

自主體成爲一個實存著的**自主體**。具有自身確定性的精神以這個樣子存在於人們面前。它的**直接的**行爲不是一種發揮著校準的、現實的東西。那得到承認的，不是一個**特定的東西**，不是一個**自在存在者**，而只是一個嚴格意義上的認知著自身的**自主體**。持存的要素是一個普遍的自我意識；出現於這個要素之中的東西，不可能是行爲產生的**作用**。行爲在那個要素裡是沒法持續下去的，寧可說，只有自我意識才得到承認並贏得現實性。

就這樣，我們再次發現**語言**是精神的一種實存。語言是一種**爲著其他人**而存在著的自我意識，它直接**以這個樣子呈現出來**，不但是**這一個**自我意識，而且同時也是普遍的自我意識。語言是一個自行分裂的自主體，一方面，它作爲純粹的「我＝我」，成爲它自己的客觀對象，同時在這種客觀性中保持爲**這一個**自主體，另一方面，它與其他自主體直接結合在一起，成爲**它們的**自我意識。當其他自主體在傾聽著它的時候，它同樣也在傾聽著自己，而傾聽活動正是一種**已經轉變爲自主體的實存**。

語言在這裡已經贏得的內容，不再是教化世界的那個已經顚倒的、正在顚倒著的、碎裂的自主體，而是一個已經返回到自身內、具有自身確定性、在它的自主體之內對自己的眞理或承認活動抱有確定性、並且作爲這種知識而得到承認的精神。倫理精神使用的語言是規律、單純的命令、抱怨（這個東西更像是面對必然性而流下的眼淚）。與此相反，道德意識仍然是**沉默的**，封閉在自己的內核裡面，因爲自主體在它那裡尚未獲得實存，實存和**自主體**之間目前只能有一個外在的關聯。語言只有作爲各個獨立的、得到承認的自我意識之間的一個中項才會出現，而**實存著的自主體**直接就是一個普遍的、既多樣又單純的、得到承認的東西。良知的語言的內容是一個**自知其爲本質的自主體**。良知的語言唯一表達出的就是這一點，而這種表達是行動的眞正現實性，是一個行爲的校準體現。意識表達出它的**信念**。唯有靠著這個信念，行爲才成爲義務。不僅如此，唯有當信念被**表達出來**，行爲才被**認可**爲義務。普遍的自我意識是自由的，它擺脫了一個**單純存在著的**、**特定的**行爲。這種自我意識所認可的東西，絕不是一個**實存著的行爲**，而是一個認定行爲爲義務的**信念**，而信念在語言裡是現實的。在這裡，所謂實現一個行爲，意思並不是把這個行爲的內容從「**目的**」或「**自爲存在**」等形式轉換到「**抽象的**現實性」形式，而是從「直接的自身**確定性**」形式轉換到「**保證**」的形式，也就是說，在那種直接的自身確定性裡，意識知道自己的知識或自爲存在是本質，而當實現一個行爲的時候，意識可以作出保證說：意識對義務抱有信念，而且知道義務是一個**起源於自身**的良知。因此，這裡作出的保證其實是保證說：意識對於「它的信念就是本質」這一情況抱有信念。

意識保證說：它是由於對義務抱有信念而採取行動的。那麼這個保證是**眞的**嗎？意識的所作所爲**眞的**是一個**義務**嗎？這類針對良知的提問或懷疑沒有任何意義。當人們詢問**保證**是否爲**眞**時，已經假定內心的意圖有別於口頭上的意圖，也就是說，已經假定個別自主體的意願有可能脫離義務，有可能脫離普遍意識和純粹意識的意志。假若眞的是這樣的情況，那麼這個意志就只是訴諸言語，而那個意願反而是行爲的眞正的推動力了。然而，普遍意識與個別自主體之間的差別正是一個已經遭到揚棄的差別，而良知正是對於這個差別的揚棄。自主體既然具有自身確定性，那麼它直接認識到的就是規律和義務。而它的意圖，正因爲是它的意圖，所以是正當的。我們只要求它認識到這一點，並說出它的那個信念，即它的知識和意願是正當的。自主體一旦說出這個保證，於是在自己那裡揚棄了它的特殊性形式；說出這個保證，等於承認了**自主體的必然的普遍性**。當自主體稱自己爲**良知**時，它認爲自己是一種純粹的自身認知，是一種純粹的抽象意願，也就是說，它自命爲一種普遍的知識和普遍的意願，這種知識和意願承認其他自主體，與它們一**致**，也得到它們的承認，因爲它們同樣也是一種純粹的自身認知和意願。在具有自身確定性的自主體的意願裡面、在「自主體即本質」這個知識裡面，蘊含著正當事情的本質。因此，如果一個人說他是出於良知而採取行動時，他說的誠然是眞話，因爲他的良知是一個有著知識和意願的自主體。但他必須在根本上**說出**這一點，因爲這個自主體必須同時也是一個**普遍的**自主體。普遍的自主體並沒有出現在行爲的**內容**裡面，因爲內容就其**規定性**而言原本是一種無足輕重的東西。實際上，普遍性蘊含在行爲的形式之內，這個形式必須被設定爲現實的。形式是這樣一個**自主體**，它原本在語言裡就是現實的，並且宣稱自己是眞相，正因如此，它承認一切自主體，並得到一切自主體的承認。

尊貴的良知於是凌駕於任何特定的規律之上，凌駕於義務的一切內容之上，卻把隨便什麼內容放到它的知識和意願裡面。良知是一種道德天賦，這種天賦知道它的直接知識在內心裡說出的聲音是上帝的聲音，而且，由於它靠著這種知識同樣也直接認識到了實存，所以它是一種神性的創造力，透過自己的概念就獲得了生命。道德天賦同樣也是一種內在的敬神儀式，因爲它的行動就是去直觀它自己固有的這種神性。

這種孤獨的敬神儀式在本質上同時也是一個**宗教社團**的敬神儀式，而純粹內在的自身**認知**和自身傾聽進而發展爲**意識**的一個環節。它的自身直觀是它的**客觀的**實存，而這個客觀的要素是一種表述活動，也就是說，把它的知識和意願表述爲一個**普遍者**。透過這個表述活動，自主體轉變爲一個發揮著校準的東西，行爲則轉變爲一個處於實施過程中的舉動。自主體的行動的現實性和持存是一個普遍的自我意識；但良知的表述活動把它的自身確定性設定爲一個純粹的、從而普遍的自主體。自主體在言談中被稱作本質，並得到承認，由於這些言談的緣故，其他人承認行爲發揮著校準。因此，那把人們聯繫在一起的精神和實體就在於，他們相互之間作出保證（保證自己遵循良知、心懷善意），由於相互之間的這種純潔坦

[481]

誠而產生出喜悅，並且樂於見到知識和表述活動的輝煌地位，樂於見到這類卓越的東西得到愛護和關照。只要這種良知仍然區分著它的**抽象**意識和它的**自我意識**，那麼它的生命僅僅是**隱藏**在上帝之內。上帝誠然**直接地**呈現於良知的精神和心靈面前，呈現於良知的自主體面前。但是那種啓示出來的東西，亦即良知的現實意識，以及這種意識的中介運動，在良知看來畢竟不同於那個隱藏的內核，不同於當前存在著的本質的直接性。只有當良知達到完滿，它的抽象意識和它的自我意識之間的差別才會自行揚棄。良知知道，**抽象**意識正是**這一個自主體**，是這一個具有自身確定性的自爲存在；良知知道，那個被設定在自主體之外的自在體是一個抽象的本質，是一個隱藏起來不讓自主體發現的東西，但正是透過自主體與自在體的**直接的關聯**，**差異性已經遭到揚棄**。如果在一個關聯裡，相關雙方並不是同一個東西，而是對彼此而言都是一個**他者**，只有在某個第三者那裡才合爲一體，那麼這是一個**中介式**的關聯。相反，**直接的**關聯實際上僅僅意味著一個統一體。意識既然已超脫出了那種頭腦不清醒的做法（即把那些不是差別的差別仍然當作是差別），就會知道，當本質在意識之內直接地當前存在著，那麼本質與它的自主體已經統一起來，而且還會知道，它的自主體是一個活生生的自在體。它的這種知識是一種宗教，而宗教作爲一個被直觀到的或實存著的本質，是宗教社團關於自己的精神的一種言說活動。

於是我們在這裡看到，自我意識已經返回到它的至深內核裡面，一切嚴格意義上的外表對它而言都消失了。也就是說，自我意識已經返回到「我＝我」這一直觀之中，在這個直觀裡，我是全部本質性和全部實存。自我意識埋沒在它關於自己而形成的這個概念裡面，因爲它已經被推至它的極端頂點，在這種情況下，它所賴以成爲實在或仍保持爲**意識**的那些不同環節，並不是對我們而言才僅僅是這樣一些純粹的極端，實際上，所謂的「自爲存在」、「**自在**存在」、「**實存**」等等，都已經蒸發爲一些抽象的說法，這些說法對這個意識本身而言再也站不住腳，再也沒有什麼依據。一切曾經被意識看作是本質的東西，全都已經凝縮爲這類抽象的說法。意識既然已經昇華爲這種純粹性，於是進入到一個最爲貧乏的意識形態之中，而它唯一的所有物，亦即困乏，本身是一種消逝運動；實體已經瓦解爲一種絕對的**確定性**，這種確定性是一種在自身內發生崩潰的絕對**不眞**；這就是絕對的**自我意識**，**意識**已經在其中湮沒。

如果我們在意識自身的範圍之內來觀察這種埋沒，那麼對意識而言，**自在**存在著的**實體**是一種**知識**，是**意識的**知識。作爲意識，這種知識分裂爲對立的兩方：一方是它自己，另一方是它視之爲本質的對象。但這個對象正是一個完全透明的東西，是**它的自主體**，而它的意識只是一種自身認知。全部生命和全部精神性本質性都已經返回到這個自主體之內，並且失去了它們與那個作爲自我的自主體之間的差異性。因此，意識的各個環節都是這樣一些極端的抽象事物，它們中間沒有一個是持存的，而是一個消失在另一個那裡，一個把另一個製造出來。這就是哀怨意識的自身更替過程，但這種更替過程是作爲一個對象而在哀怨意識內部進行的。**自在地看來**，哀怨意識本就是理性的概念，如今它已經認識到自己是這樣一個概念。絕對的自身確定性發現自己作爲意識直接轉變爲一種聲音擴散，轉變爲它的自爲存在的客觀性。但這個被造的世界就是意識的**言談**，言談能夠直接被意識傾聽到，而且言談的回聲只會向著意識返回。這種返回並不意味著意識在這個過程中是**自在**且**自爲**的。本質並不是意識的**自在體**，而是意識本身。同樣，意識也不具有**實存**，因爲客觀的東西不會去否定一個現實的自主體，正如自主體也不會獲得現實性。意識缺乏一種外化的能力，缺乏一種使自己成爲物，並承受存在的折磨的能力。意識活在恐懼之中，生怕行爲和實存會玷汙它的莊嚴內核。爲了保持心靈的純淨，意識回避與現實性的接觸，深陷在一種執拗的軟弱無力之中，既沒有能力擺脫它那已經抽象到極點的自主體，給予自己基礎性，也沒有能力把它的思

[483]

維轉化爲存在，或者堅信思維與存在之間有一個絕對的差別。意識創造出一個腹中空空的對象，然後用一種以空虛性爲對象的意識來充實它；意識的行動是一種渴慕，無佘在意識轉變爲一個缺乏本質的對象的過程中，渴慕迷失了自己，而在超出這個迷失狀態並跌落到自身中之後，渴慕發現自己仍然不過是一種迷失的渴慕。在意識的各個環節的這種透明的純粹性裡，有一種哀怨的、所謂的**優美靈魂**，㉙它在自身中漸漸黯淡下去，如同一縷莫可名狀的輕煙，消散在空氣中。

生命彷彿蒸發了，它的那些完美無瑕的本質性靜靜地彙聚在一起。這種情況還需要按照良知的**現實性**的另一種意義，並且在良知的運動這一**現象**裡面得到解釋，除此之外，行動中的良知也應該得到考察。在這個意識裡，**客觀的**環節剛才已經把自己規定爲一個普遍的意識。一種認知著自身的知識，作爲**這一個**自主體，有別於另一個自主體。在語言裡，所有的人都相互承認對方是遵循良知而行動的，如今這個普遍的一致性分化爲個別的自爲存在的不一致，每一個意識都從它的普遍性那裡同樣澈底地折返回自身中。這樣一來，必然會出現個別性與另外一些個人的對立，亦即個別性與普遍者的對立，而這種關係及其運動是有待考察的。換言之，這種普遍性和義務具有完全相反的意義，它們意味著一種特定的、游離於普遍者之外的**個別性**，對這種個別性而言，純粹義務只是一種流於**表面**的和轉向外面的普遍性。義務只是被掛在嘴上，被認爲是一種爲他存在。剛開始，良知只是以**否定的**態度來對待**這一個特定的**、**現成的**義務，它知道自己是自由的，不受其約束；但是當良知**從自身出**

㉙ 除了席勒以外，歌德在《威廉·邁斯特的求學年代》，雅各比在《沃爾德瑪》等文學著作中對於所謂的「優美靈魂」也甚爲推崇。——譯者注

發，用一個**特定的**內容去滿足了空洞的義務之後，它對此就獲得了一種肯定的意識，也就是說，它知道自己作爲**這一個**自主體給自己提供了內容。它的純粹的自主體，作爲一種空洞的知識，是一個缺乏內容和規定的東西。它爲自己提供的內容，取自於它的**這一個**特定的自主 [485] 體，取自於它的自然的個體性。當它宣稱它的行動遵循著良知時，它確實意識到了它的純粹的自主體，但在它的行動的**目的**（亦即一個現實的內容）那裡，它意識到自己是這一個特殊的個人，意識到它的自爲存在和它的爲他存在之間的對立，意識到普遍性或義務和它的逃避做法之間的對立。

採取行動的良知陷入到對立之中，這個對立不但體現在良知的內核裡面，而且是一種指向外部、在實存的要素中體現出來的不一致，是它的特殊的個別性與其他個別事物之間的不一致。良知的特殊性在於，它的意識是由兩個環節（即自主體和自在體）建構起來的，這兩個環節具有**不同的價值**，因爲它們服從於這樣一個內在的規定，也就是說，自身確定性才是本質，而與之**相對立**的**自在體**或**普遍者**只作爲一個環節發揮著校準。因此，與這個內在的規定相對立的東西，是實存的要素，或者說是一個普遍的意識，對於後者而言，普遍性或義務才是本質，反之那種與普遍者相對立的、自爲存在著的個別性只是一個遭到揚棄的環節。在堅持義務的人看看來，前一種意識是**惡**，因爲它的**內在存在**與普遍者不一致，而且，由於這種意識同時又宣稱它的行動與它自身一致，是義務並且還遵循著良知，所以它是**僞善**。

剛開始的時候，這個對立的**運動**在形式上建立起那個內在的惡與它所說出來的東西之間的一致性；在此之後，這個運動必須表明，惡的實存與惡的本質是一致的，也就是說，**僞善**必須被**揭穿**。[486] 正如人們常說的那樣，當僞善製造出義務和德行的**假象**，並利用這個假象來達到自欺欺人的目的時，這些做法正顯示它是尊重義務和德行的。僞善承認對立面，這種承認本身已經包含著和諧一致。但即便如此，也不能說那種蘊含在僞善之中的不一致已經轉變爲一致。與此同時，僞善已經擺脫了語言上的承認，折返回自身之內，而且，當它把**自在存在者**只當作一種**爲他存在**來使用時，這種做法其實是表達出了它對於自在存在者的蔑視，同時也向所有的人表明，自在存在者是一種缺乏本質的東西。誠然，如果某個東西可以被當作一個外在的工具來使用，這確實表明它是一個無足輕重的物。

此外，無論是透過惡的意識對於自身的片面堅持，還是透過普遍者作出的判斷，都不能達到上述一致性。如果惡的意識在義務意識面前否認自己的惡劣，否認自己與普遍者之間的完全不一致，並且把義務意識所主張的東西稱作是一種依據於內在規律和良知的行動，那麼，在這種單方面的對於一致性的保證裡，仍然保留著它與對方之間的不一致，因爲對方既不相信它，也不承認它。換言之，如果惡的意識不再片面地堅守**某一個**極端，那麼惡固然會承認自己是惡，但這樣一來，它會**直接**揚棄自己，不再是僞善，而且也不會去揭穿自己的僞善。實際上，當意識違背那個已經得到承認的普遍者，宣稱它的行爲是依據於**它的**內在規律和良知時，它就已經承認自己是惡了。因爲，假若這些規律和良知不是它的**個別性**和**隨意性**的規律，那麼意識就不會是某種內在的、自以爲是的東西，而應該是得到了普遍的承認。因此，如果有誰說他是依據他的規律和良知來對待別人，那麼他實際上等於是說，他虧待了別人。但是**現實的**良知並沒有堅持著一種與普遍者相對立的知識和意志，寧可說，普遍者是良知的實存的要素，普遍者透過語言宣稱良知的行動是一個**得到承認**的義務。

同樣，如果普遍意識固執於自己的判斷，那麼它也不可能揭穿並消除對方的僞善。當普遍意識大聲斥責僞善是惡劣的、低賤的東西時，它在這類判斷裡所依據的只是**它自己的**規律，正如**惡的**意識也是依據於**它自己的**規律。普遍意識的規律與惡的意識的規律相對立，因此是一種特殊的規律。前一種規律相對於後一種規律毫無優越之處，寧可說反而賦予了後者合法的地位。就普遍意識的目標而言，這種熱衷於對立的做法正是南轅北轍。也就是說，那

[487]

個被它稱作眞正的義務、應當得到**普遍**承認的東西，事實上表現爲一種**沒有得到承認**的東西，並因此給了對方同樣成爲一個自爲存在的權利。

但這個判斷同時還具有另一個方面，從這個方面來看，它可以逐步消除當前的這個對立。**普遍**意識並不是作爲一個**現實的**和**行動著的**東西來反對惡的意識，因爲惡的意識才是現實的東西，寧可說，當普遍意識與惡的意識形成對立時，它並沒有束縛在個別性與普遍性的對立上面，而這個對立是在行動中才出現的。普遍意識保持著**思想**的普遍性，表現爲一種**領會式**的意識，而它的第一個行爲僅僅是作出一個評判。透過這個評判，正如我們剛才已經指出的那樣，普遍意識把自己與惡的意識相提並論，而惡的意識則是**透過這個一致性**在另一個意識（亦即普遍意識）身上直觀到它自己。義務意識表現爲一種**領會式的**、**被動的**意識。但這樣一來，它陷入了自相矛盾，因爲它另一方面同時也是一個絕對的義務意志，應當完全從自身出發來規定自己。它毫髮未損地保留著純粹性，因爲它**不採取行動**。它是僞善，只希望別人把它的評判活動看作是一個**現實的**行爲，而不是透過一個行爲、透過說出高貴的意向來證明自己的正當性。就此而言，它和此前那個遭到譴責的意識是完全同樣的情形，也就是說，它們都是僅僅把義務掛在嘴邊而已。在這兩種意識裡，現實性一方都是與言談區分開的；之所以有這個區分，前一種意識是由於其行爲的**自利目的**，後一種意識則是由於根本**缺乏任何行動**；對於義務的談論本身包含著行動的必要性，因爲義務一旦缺失了行爲就沒有任何意義。

評判活動也可以看作是一個肯定的思想行爲，並且具有一個肯定的內容；透過這個方面，那個呈現在領會式意識裡面的矛盾變得更加完整，兩種評判活動的一致性也變得更加完整。行動意識宣稱它的這個特定的行動是一個義務，評判意識對此不能否認，因爲義務本身是一個沒有任何內容，但又能接納任何內容的形式。換言之，具體的行爲，就其多樣性

[488]

而言，本身是一種千差萬別的東西，它既有一個普遍的方面，被看作是義務，同時本身又是一個特殊的方面，構成了個體的參與性和興趣。評判意識並沒有局限在義務那個方面，也沒有局限於行動者的知識，即只知道這是它的義務，是它的現實性的形式和具體情況等等。實際上它堅持的是另一方面，即去調和行爲與內核的關係，從行爲的自身相左的**意圖**及其自私自利的**動機**出發來解釋行爲。從某個角度看來，可以說每一個行爲都是合乎義務的，同樣，從另一個角度看來，也可以說每一個行爲都是**特殊的**。概言之，眞正意義上的行爲是個體的一種現實性。這種評判活動把行爲和行爲的實存區分開，使行爲反映在內核，或者說反映在「自立的特殊性」這一形式。當一個行爲得到讚譽時，評判意識卻認爲，這個行爲的內核是一種**沽名釣譽**。而如果一個行爲完全符合個體的具體情況，並無僭越，而且個體不是把具體情況看作一個外在地粘附在身上的規定，而是憑藉其自身滿足了這種普遍性，並正以此表明自己有能力擔當高尚的事物，那麼評判意識仍然會認爲，這個行爲的內核不過是一種好大喜功而已。由於在任何行爲裡面，行動者都會在客觀事物那裡做到**自我**直觀，或在它的實存中做到自我感觸，並因此獲得享受，所以評判意識認爲，無論一個行爲是出於內在的道德虛榮，還是爲了享受自己固有的優越感，或者是爲了去體會對於未來幸福的憧憬等等，這個行爲的內核都是一種追求自己幸福的衝動。沒有任何行爲能夠逃脫這樣一種評判活動，因爲所謂的爲義務而義務的純粹目的是一種非現實的東西。純粹目的只有在個體性的行動之中才獲得自己的現實性，就此而言，行爲本身就包含著特殊性。所謂「僕從眼裡無英雄」，並不是因爲僕從的主人算不上英雄，而是因爲僕從看在眼裡的不是主人的各種英雄事蹟，反倒是主人吃飯、喝水、穿衣等等遵循著個別生理需要和個別觀念的行爲。因此無論在什麼行爲裡面，評判活動都會製造出個體的個別性一方與行爲的普遍性一方之間的對立，都會扮演一個緊盯著行動者的道德僕從的角色。

就此而言，評判意識本身是**卑劣的**，因爲它割裂行爲，製造出並堅持著行爲的自身不一致。此外這種意識也是**僞善**，因爲它聲稱這樣一種評判活動是關於行爲的**正確意識**，卻不敢承認這其實是**另一種形態**下的惡，而且它一方面宣稱對於善或更好事物的知識是不現實的、虛妄的，另一方面又貶低各種行爲，自居其上，希望人們把它的空談當作是一種卓越的**現實性**。這樣一來，評判意識使自己與那個接受評判的行動者達成一致，而行動者也認識到自己和評判意識是同一個東西。行動者發現，評判意識並沒有只把它看作是一個異己的、與之不一致的東西，寧可說，評判意識就其自身的性質而言是與行動者一致的。行動者既已直觀到並且**說出**這種一致性，就在評判意識面前**供認不諱**，而且它期待著那個已經和它在行爲中達成一致的評判意識同樣也會在**言談**中作出答覆，說出它們之間的一致性，從而造成一種相互承認的局面。行動者的供認不諱並不意味著它在對方面前的自貶、自謙和自甘墮落，因爲這不是一種片面的、造成雙方之間**不一致**的言說。相反，完全是爲了直觀到對方與它之間的**一致性**，行動者才這樣言說，以便顯示透過它的供認不諱，在它這邊已經達到了雙方之間的一致性。它之所以說出這種一致性，原因在於，語言是精神的一種**實存**，而精神是一個直接的自主體。因此，行動者期待著對方從它那個方面也爲這種實存作出應有的貢獻。

然而，當行動者招認「**我是惡的**」，它所得到的回應並不是同樣的招認。恰恰相反，評判意識根本就沒有這樣的打算！它拒絕承認這種共同性，心腸堅硬地只顧及自己，拒斥它與對方之間的延續性。於是場面顛倒過來了。供認不諱的行動者發現自己碰了釘子，發現對方很不公正，因爲對方拒絕走出自己的內核並進入到言語的實存之中。當行動者對自己的惡供認不諱時，評判意識卻在標榜自己的優美靈魂，要麼理直氣壯地宣稱自己的性格經久不變，要麼沉默地堅持著自己的立場而不作任何退縮。在這裡，那具有自身確定性的精神簡直是出離地憤怒了，因爲它在對方那裡直觀到自己是一種**單純的**、**以自主體爲對象的知識**，也就是說，評判意識的外在形態不像在財產中那樣是一種缺乏本質的東西，不是一個物，而是一個始終處於對立面的思想，是知識本身，是純粹**知識**的絕對流動著的延續性。這種延續性拒絕與精神進行溝通，儘管精神在對自己的惡供認不諱時已經放棄了**孤立的自爲存在**，已經把自己設定爲一種遭到揚棄的特殊性，從而把自己設定爲一種溝通著對方的延續性，設定爲一個普遍者。然而評判意識**原本**就保留著一種拒絕溝通的自爲存在。它認爲招認者也保留著這種自爲存在，儘管招認者實際上已經將其拋棄。這樣一來，評判意識表明自己是一個遭到精神遺棄，同時又遺棄著精神的意識，因爲它不知道，精神在它的絕對的自身確定性中掌控著一切行爲和現實性，能夠拋棄它們並使它們從不發生。與此同時，評判意識沒有認識到自己深陷其中的那個矛盾，也就是說，它一方面並不認爲發生在**言語本身**之中的拋棄是一種眞正的拋棄，另一方面卻不是在一個現實的行爲中，而是在它的內核裡面獲得它的精神的確定性，在它的評判**言語**裡面獲得它的精神的實存。就此而言，正是評判意識阻礙著對方從行爲返回到言語的精神性實存，返回到精神的一致性之內，正是評判意識透過它的強硬做法才製造出這種明擺著的不一致局面。

現在看來，那具有自身確定性的精神，作爲優美靈魂，確實沒有能力外化爲一種以它自己爲對象的堅實知識，既然如此，它就不能與那個碰了釘子的意識達成一致，不能和對方形成一個可以直觀到的統一體，不能形成一種實存。因此一致性只能以否定的方式，作爲一種缺乏精神的存在出現。缺乏現實性的優美靈魂陷入到矛盾之中：一邊是它的純粹的自主體，另一邊是一種必然性（也就是說，這個自主體必然外化爲一種存在，必然轉化爲一種現實性）。優美靈魂處於這個堅定不移的對立的**直接性**之中，唯有這個直接性才能夠溝通和調和那個已發展到純粹抽象程度的對立，唯有這個直接性才是純粹存在或空洞虛無。優美靈魂既已意識到這個處於它的不可調和的直接性之中的矛盾，於是變得神思錯亂，伴隨著一種充

[491]

滿渴慕的肺結核憔悴而終。㉚在這種情況下，它誠然不再強硬地堅持**它的自爲存在**，但它產生出來的只不過是一種缺乏精神的存在**統一體**。

眞正的、亦即**自覺的**和**實存著的**平衡，就其必然性而言，已經包含在前面所說的一切裡面。鐵石心腸破碎了，上升到普遍性，這兩種情況作爲同一個運動是在那個作出招認的意識身上體現出來的。精神的創傷已經癒合，沒有留下任何傷痕。行爲不是一種常駐不逝的東西，而是已經被精神收回到自身，而行爲本身包含著的個別性這一方面，無論是表現爲一個意圖，還是表現爲一個否定並限制著行爲的實存，都是一種直接地轉瞬即逝的東西。處於實現過程中的**自主體**，它的行爲的形式，都只是整體的一個**環節**，而那種透過評判來進行規定、堅持對行動的個別方面和普遍方面作出區分的知識，同樣也是一個環節。行動者把這種自身外化活動或者說把它自己設定爲一個環節，由於它在對方亦即評判意識那裡直觀到自己，所以被引誘著招認了自己的惡。行動者必須放棄它的特殊的自爲存在，放棄它的這種片面的、沒有得到承認的實存，同樣，評判意識也必須放棄它的片面的、沒有得到承認的評判。行動者表明精神有能力掌握自己的現實性，而評判意識則表明精神有能力掌握自己的特定概念。

但實際上，評判意識之所以放棄割裂雙方的念頭，放棄強硬地堅持其自爲存在的做法，

㉚ 這裡顯然是在影射死於肺結核的浪漫派詩人諾瓦利斯（Novalis），即弗里德里希·馮·哈登貝格（Friedrich von Hardenberg, 1772-1801）。諾瓦利斯最初在弗萊貝格（Freiberg）學習礦物學，後來前往耶拿大學學習，與詩人蒂克（Ludwig Tieck）及文藝理論家施萊格爾（F. Schlegel）友好，成爲耶拿浪漫派最重要的代表人物之一。——譯者注

[492]

是因爲它也在行動者那裡直觀到了它自己。因此，當評判意識拋棄自己的現實性，使自己成爲**遭到揚棄的這一個**，它在事實上就呈現爲一個普遍者；它從它的外在現實性那裡返回到自身內，把自己當作本質。在這個過程中，普遍意識認識到了它自己。它對行動者所表示出的寬恕，意味著它放棄了自己，放棄了自己的**非現實的**本質。它使這個非現實的本質與那種**現實的**行動達成一致，並且承認那個曾經被稱作惡的東西，這是思想中的行動給出的規定，是好的，或更確切地說，它放棄了對於特定的思想的區分，放棄了它的自爲存在著的規定評判，正如行動者也放棄了它的自爲存在著的對於行爲的規定。和解的話語是一個**實存著的**精神，這個精神在一種純粹的自我認知（即認識到自己是一個完全存在於自身之內的**個別性**）那裡直觀到另一種純粹的自我認知（即認識到自己是一個**普遍的**本質）。這樣一種相互承認就是**絕對**精神。

絕對精神只有在某個最高點才會成爲一個實存，在那裡，它的純粹的自我認知表現爲一種自身對立和自身更替。絕對精神認識到它的**純粹知識**是一個抽象的**本質**，它作爲這種認知著的義務，與另一種知識（即知道自己作爲自主體的絕對**個別性**乃是本質）處於絕對的對立之中。前一種知識是普遍者的純粹延續性，它知道，那種自認爲本質的個別性是一種自在的虛誕事物，是**惡**。後一種知識是一種絕對的間斷性，它知道，它在自己的純粹單一體之中是絕對的，而那個普遍者反而是不現實的東西，只是一種**爲他**存在。雙方都已經昇華爲一種純粹性，其中不再有缺乏自主體的實存，不再有否定著意識的東西，寧可說，**義務**是精神的自我認知的一個持續不變的性格，同樣，惡在它的**內在存在**那裡獲得了目的，在它的言語中獲得了現實性；這些言語的內容是持存的精神所依賴的實體。言語是一種保證，精神於是確信自己存在於自身內。這兩個具有自身確定性的精神都以它們的純粹的自主體爲唯一的目的，除了這種純粹的自主體之外，它們沒有別的實在性，沒有別的實存。但這兩個精神仍然是彼此有別的，而且這是一種絕對的差異性，因爲它被設定在純粹概念這一要素之內。不僅對我們而言，而且對那些處於這個對立之中的概念而言，都存在著這種絕對的差異性。因爲，雖然這是一些**特定的**相互對立的概念，但它們同時又是一些原本就普遍的概念。在這種情況下，它們塡滿了自主體的全部範圍，而自主體的唯一內容就是它自己的這個規定性，換言之，自主體的唯一內容就是它自己，不多也不少。總的說來，無論是那個絕對的普遍者，還是個別性的這種絕對的間斷性，都同樣是一種純粹的自我認知，雙方都完全是這樣一種純粹的自知。兩種規定性都是認知著的純粹概念，這些概念的規定性本身直接是一種知識，換句話說，這些概念的**關係**和對立就是自我。這樣一來，它們**對彼此而言**都是一個絕對的對立面；正是一個完全**內在的**東西，自己與自己相對立，進入到實存之內。它們構成了**純粹知識**，而純粹知識是透過這個對立才被設定爲一個**意識**。但這還不是**自我意識**。它在這個對立的運動中實現自己。這個對立其實就是「我＝我」的**不間斷的延續性**和**一致性**。位於係詞兩端的我，各自都是一個**自爲存在**，它們分別揚棄了自己，因爲每一個我的純粹普遍性都包含著一個矛盾，也就是說，這種普遍性阻礙著我與對方達成一致，同時它自己也脫離了一致性。透過這些外化活動，那種在它的實存狀態下就已經分裂了的知識返回到**自主體**的統一體之內。它成爲一個**現實的**我，成爲一種普遍的**自我**認知，即在它的**絕對對立面**，在一種**內在**存在著的知識那裡，認識到它自己，而後面這種知識本身是一個完全普遍的東西，因爲它具有一種純粹的、孤立的內在存在。促成和解的**肯定**已經使得係詞兩端的我放棄了它們的相互對立的**實存**，而它自己也成爲二分的**我的實存**，與此同時，二分的我仍然保持著自身一致，並且在它的完滿外化活動和它的那些完滿的對立面那裡取得它的自身確定性。它顯現爲神，顯現在那些知道自己是純粹知識的我中間。

[494]

第三部分

第三卷：宗教

第七章　宗教

精神迄今分化出來的那些形態，一般說來可以區分爲**意識**、**自我意識**、**理性**以及**精神**。在這些形態裡面，**宗教**誠然已經表現爲一種以一般意義上的**絕對本質**爲對象的意識，只不過那時的**著眼點**還是在於一種認識到了絕對本質的**意識**。至於那**自在且自爲**的絕對本質本身，或者說精神的自我意識，並沒有顯現在那些形式裡。

當**意識**還是**知性**的時候，它已經認識到了客觀實存的**超感性方面**或**內核**。然而超感性的、永恆的東西，不管人們此外如何稱呼它，終究是**缺乏自主體**的。它僅僅是一個**普遍者**，還遠遠談不上是一個自知其爲精神的精神。隨後，那在**哀怨**意識的形態裡最終得以完成的**自我意識**，也僅僅是精神的一種**痛苦掙扎**，因爲精神努力使自己客觀化，但卻始終沒有達到目的。儘管**個別的**自我意識與它的持久不變的**本質**建立了統一，但這個統一始終位於個別的自我意識的**彼岸世界**。我們看到，從那種痛苦掙扎中產生出來的是**理性**，但理性的實存以及理性的各種獨特形態都不需要宗教，因爲理性的自我意識是在一種**直接的**當前存在裡面認知並尋找**它自己**。

反之我們在倫理世界裡面看到了一種宗教，即一種**陰間的宗教**。這種宗教所信仰的，是**命運**之可怕的、未知的暗夜，是那些守護著**亡靈**的歐墨尼得斯女神①。這兩種信仰都意味

① 歐墨尼得斯（Eumenide）就是上文所說的厄里倪厄斯。根據希臘神話傳說，俄瑞斯忒斯爲了替遭到謀害的父親阿伽門農報仇，殺死了自己的母親克利特姆內斯特拉。在厄里倪厄斯的殘酷的追蹤之下，走投無路的俄瑞斯忒斯向阿波羅和雅典娜求救。經過雅典娜設立的雅典最高法院的審理，俄瑞斯忒斯被判無罪釋放。雅典娜爲了安撫被激怒的厄里倪厄斯，在雅典最高法院的山區上爲她們建了一座神廟。從此厄里倪厄斯改名爲歐墨尼得斯（意爲「友善者」），儘管仍然不放過那些有罪之人，但對於有悔改之意的罪人，更多的是表現出仁

著純粹的否定性，只不過前者遵循普遍性形式，而後者遵循個別性形式。誠然，絕對本質在個別性形式下是一個**自主體**，是一個**當前存在著的東西**，因爲自主體不可能是別的什麼東西。然而**個別的**自主體是**這一個**個別的陰影，它已經使自己擺脫了那個堪稱命運的普遍性。誠然，它是一個陰影，是**已經遭到揚棄的這一個**陰影，因此是一個普遍的自主體；但是此前那種否定的意義還沒有轉化爲現在這種肯定的意義，就此而言，已經遭到揚棄的自主體同時仍然直接意味著這一個特殊的和缺乏本質的東西。另一方面，缺乏自主體的命運始終是一個無意識的黑夜，既不能在自身內作出區分，也不能達到明澈的自我認知。

這種以必然性的虛無和陰間爲對象的信仰轉變爲對於**天國**的**信仰**，因爲已逝的自主體必須與它的普遍性形成一個統一體，在這個統一體裡面，自主體的內容必須分開羅列，並且清楚地呈現出來。但正如我們曾經看到的，這個信仰**王國**僅僅是在思維的要素裡展開它的那些缺乏概念的內容，正因如此，它在它的命運亦即**啓蒙的宗教**裡走向沒落。在啓蒙的宗教那裡，知性的超感性彼岸世界重新建立起來，只不過在那種情況下，自我意識在此岸世界得到了滿足，在它看來，那個超感性的、**空洞的**、不可認識也無需畏懼的彼岸世界既不是一個自主體，也不是一種勢力。

而在道德宗教裡，絕對本質終於重新成爲一種肯定的內容，只不過這種內容已經融入了啓蒙的否定性。它既是一種被收回到自主體之內，並一直封閉在其中的**存在**，也是一種**包含著差別的**內容，其各個部分在被建立起來的同時又直接遭到否定。這個自相矛盾的運動所陷

[496]

慈和寬恕的態度。厄里倪厄斯的改名反映了倫理關係的發展和深化，意味著單純的報復弒親之仇被共同體的普遍公正揚棄。——譯者注

入其中的命運，是這樣一個自主體，它知道自己是**本質性**和**現實性**的命運。

認知著自身的精神在宗教裡直接是它自己固有的純粹**自我意識**。我們已經考察過的那些精神形態——作爲眞相的精神、自身異化的精神、具有自身確定性的精神，合在一起構成了精神的某種**意識**，這意識與它的**世界**相對立，在其中沒有認識到它自己。但在良知那裡，精神不但征服了它的整個客觀世界，而且征服了它的表象和它的那些特定的概念，從而成爲一種存在於自身之內的自我意識。在這種自我意識裡，精神把自己當作一個**被表象的對象**，發現自己意味著一個普遍的精神，包含著全部本質和全部現實性，但在形式上卻不是一種自由的現實性，或者說不是一個獨立顯現的自然界。就精神是它自己的意識的對象而言，它誠然具有存在的**形態**或形式，但因爲它自己的意識在宗教裡被賦予了一種根本的規定，即作爲**自我**意識而存在，所以那個形態是完全透明的。正當我們說「**全部現實性**」的時候，精神所包含的現實性被封閉在精神中，或者說在精神之內被揚棄了。這是一種**存在於思想中的**普遍的現實性。

由於在宗教裡，精神的獨特意識的規定並不包含著「自由的**他者存在**」這一形式，所以精神的**實存**不同於精神的**自我意識**，而它的獨特的現實性也就不在宗教的範圍之內。誠然，實存和自我意識都隸屬於**同一個**精神，但精神的意識並沒有同時囊括兩者，就此而言，精神的實存、行動、努力等方面顯現爲宗教，其他方面則是顯現爲精神的現實世界中的一種生活。我們現在已經知道，處於自己的世界之中的精神，和自知其爲精神的精神（亦即宗教中的精神），是同一個東西，既然如此，宗教的完滿就在於促使這兩種精神達成一致，也就是說，一方面，宗教掌握了精神的現實性，另一方面，精神眞正成爲一個具有自我意識的精神，成爲**它自己的意識的對象**。宗教中的精神把自己當作一個**表象**，在這種情況下，精神誠然是一種意識，而封閉在宗教中的現實性則是精神表象的一個形態、一件外

[498] 衣。但是現實性在這種表象裡並沒有享受到它的完整的權利，也就是說，現實性不應當只是一件外衣，而且還應當是一種獨立的、自由的實存。反過來，因爲現實性在表象裡面沒有達到完滿，所以只是一個**特定的**形態，沒有表現出它本應呈現出來的那個東西，也就是說，沒有表現出一個具有自我意識的精神。假若一個精神形態要表現出精神本身，那麼它必須本身就無異於精神，而且精神在現象和現實中的樣子也必須無異於它在它的本質中的樣子。問題在於，假若眞做到了這一點，那麼那個看似相反的要求——精神的意識的**對象**必須同時具有「自由的現實性」這一形式，也將會得到滿足，而這是不可能的。只有那個作爲絕對精神而成爲自己的對象的精神，才會認識到自己同時也是一種自由的現實性，因爲它在這個過程中始終是一種自我意識。

由於我們首先區分了精神的自我意識和精神的獨特意識，區分了**宗教**和一個置身於它自己的世界之內的精神（亦即精神的**實存**），所以精神的實存包含在整個精神之內，而在這種情況下，精神的各個環節是相互分立的，每一個環節都呈現爲一個自爲存在。這些環節就是：**意識**、**自我意識**、**理性**、**精神**，只不過這裡的精神是指一個直接的精神，它還不是精神的意識。由這些環節**整合起來的**總體性構成了一般意義上的置身於它自己的世界之內的精神，而嚴格意義上的精神則在一些普遍的規定（亦即剛才提到的那些環節）裡面包含著迄今的各種形態分化。宗教以上述環節的完整進程爲前提，它是它們的**單純的**總體性，或者說是它們的絕對自主體。此外需要指出，那個進程與宗教的關係是不能在時間中加以表象的。只有整個精神才存在於時間之中，而那些形態，作爲整個嚴格意義上的**精神**的形態，一個接一個地呈現出來；只有整體才具有眞正的現實性，才具有一個與他者相對立的純粹自由的形式，而這個形式正表現爲時間。然而整體的那些**環節**（意識、自我意識、理性和精神），正因爲是一些環節，所以不具有彼此有別的實存。精神已經區別於它的各個環節，同樣，在這 [499]

些環節裡面還必須區分出第三種東西，即它們的個別化規定。我們曾經看到，每一個環節本身又在一個自己固有的進程裡面繼續區分自身，分化爲各種形態。比如，在意識那裡有感性確定性和知覺之分。後面這些方面在時間之中分別出現，各自隸屬於一個**特殊的整體**。透過一個**規定**，精神從它的**普遍性**下降到**個別性**。這個規定或中項就是**意識**、**自我意識**等等。但**個別性**是由這些環節的形態構成的。就此而言，這些形態呈現出一個個別的或**現實的**精神，而它們自己則是在時間之中相互區分，在這種情況下，後起的形態在自身內保存著先行的形態。

所以，如果說宗教意味著精神的完滿，精神的個別環節（意識、自我意識、理性和精神）**正在返回**並且**已經返回**到宗教之內，把宗教當作它們的**根據**，那麼當它們合在一起，就構成了整個精神的**實存著的現實性**，而整個精神則是僅僅作爲它的這些方面的一個運動（從區分自身到回歸自身）**存在著**。**一般意義上的宗教**的轉變過程就包含在這些普遍的環節的運動之內。但由於每一個環節或屬性呈現出來的都不僅是它一般地被規定的樣子，而且是它**自在且自爲**的樣子，亦即它作爲一個整體在自身內運轉時的樣子，那麼隨之出現的也不僅僅是**一般意義上的**宗教的轉變過程，寧可說，**個別**方面的那些完整進程同時也包含著**宗教**本身的**各種規定性**。整個精神作爲宗教的精神重新成爲一個運動，也就是說，精神從它的直接性出發，**認識到**它的自在存在或直接存在，認識到它的顯現**形態**作爲它的意識的對象與它的本質完全一致，認識到它自己的本質。在這個轉變過程中，精神本身處於一些**特定的**形態之中，這些形態構成了上述運動所包含著的各種差別。這樣一來，一個特定的宗教同樣也具有一個**特定的**、**現實的**精神。因此，如果說意識、自我意識、理性和精神都隸屬於一個一般意義上的認知著自身的精神，那麼這個認知著自身的精神的那些**特定的**形態同樣也統轄著一些**特定的**形式，這些形式分別在意識、自我意識、理性和精神的內部以獨特的方式發展起

[500]

來。宗教的**特定的**形態從精神的每一個環節的形態那裡抓取出一個合適的形態，分派給宗教的現實精神。宗教的**單一的**規定性貫穿著它的現實實存的一切方面，並且給它們打上這樣一個共同的烙印。

在這種情況下，迄今已經出現的形態並不是按照它們此前顯現時的順序排列起來的。對此還需要作一些必要的簡短說明。在我們已經觀察到的那個順序裡面，每一個環節都在自身內不斷深化，各自發展爲一個具有獨特原則的整體。曾幾何時，認識活動是一個深遠內核，或者說是一個精神，這個精神充當著那些單靠自己無法持存下來的環節的實體。但從現在起，這個實體已經呈現出來。它是那個具有自身確定性的精神的深遠內核，不允許個別原則脫離出去之後形成一個獨立的整體，所以它把所有這些環節都集結並維繫在自身之內，在它的現實精神的全體內容中向前推進，而現實精神的全部特殊環節都共同接納並吸收了同樣一個整體規定性。這個具有自身確定性的精神及其運動是它們的眞正的現實性，是每一個人都擁有的**自在且自爲的存在**。因此，如果說迄今的**單**一順序曾經在某些節點上表現出倒退的趨勢，但最終仍然從那裡重新沿著**單**一直線前進，那麼在當前的情形下，這個順序似乎已經在這些節點上面，在這些普遍的環節上面，發生中斷，並且分裂爲許多線段，這些線段合併爲一**束**之後，以一種對稱的方式統一起來，以至於每一條線段在自身內分化而成的同樣一些差別也重疊在一起。此外，從整個闡述也可以看出，我們應該如何去理解那些普遍的方向在這裡所表現出來的排列秩序，也就是說，這些差別在本質上只能被視爲轉變過程中的一些環節，而不能被視爲轉變過程的組成部分，對此無需贅言。在現實的精神那裡，這些差別是精神的實體的屬性，而在宗教那裡，它們只是主體的謂詞。同樣，**自在地看來**或**對我們而言**，一切形式誠然已經包含在一般意義上的精神以及每一個精神中，但對於精神的現實性來說，整個問題的關鍵只在於如下幾點：精神在它的**意識**中服從的是哪一個規定性？精神透過哪一個規定性來表現出它的自主體？以及，精神在哪一種形態下認識到它的本質？

現實的精神與自知其爲精神的精神之間曾有的差別，換言之，作爲意識的精神與作爲自我意識的精神之間曾有的差別，已經在那個眞正認識到自己的精神之內遭到揚棄。精神的意識和精神的自我意識達到了平衡一致。但正如宗教在這裡方才**直接**出現，所以這個差別尚未返回到精神之內。目前確立下來的僅僅是宗教的**概念**。按照這個概念，本質是**自我意識**，自我意識認識到自己是全部眞理，並且在眞理之中包含著全部現實性。這個自我意識把一個意識（實即它自己）當作自己的對象才能**直接**認知著自身的精神成爲一個處於**直接性形式**之下的精神，而它的顯現形態的規定性就是**存在**的規定性。那些使這種存在得到**充實**的內容，不是感覺或雜多質料，也不是諸如此類的片面環節、目的、規定等等，而是精神，所以這種存在意識到自己是全部眞理和全部現實性。在這種情況下，**塡充物**與自己的**形態**是不一致的，而精神作爲本質也與它自己的意識不一致。精神之所以成爲一個現實的絕對精神，原因僅僅在於，它不但具有**自身確定性**，而且具有**眞理**；換言之，精神作爲一個意識分裂爲兩端，兩端都在「精神」這一形態之下彼此作爲對方的對象存在著。精神在成爲它自己的意識的對象時，發生了形態分化，這種形態分化始終充斥著精神作爲實體而具有的確定性。憑藉著這種內容，對象才不會降格爲一個純粹的客觀事物、不會降格爲自我意識的否定性形式。精神的直接的自身統一體是一個基礎，或者說是一個純粹意識，只有在這個基礎或這個純粹意識的**範圍之內**，意識才會發生分裂。精神既然已經透過這種方式被封閉在它的純粹意識之內，它在宗教裡就不是作爲一般意義上的**自然界**的創造者存在著。寧可說，精神在這個運動中產生出來的東西，是它的各種形態，是這樣一些精神，它們合在一起構成了精神現象的完整性，而這個運動本身則是精神的轉變過程，在這個過程中，精神歷經它的個別方面或不完滿的現實性，走向它的完滿的現實性。

精神的**第一種**現實性是宗教的概念本身，或者說是一種**直接宗教**或**自然宗教**。在這裡，精神知道它自己作爲對象是處於一個自然的或直接的形態之下。但在**第二種**現實性裡，精神必然會知道，它自己作爲對象是處於「**遭到揚棄的自然性**」或「**自主體**」這一形態之下，而這就是**藝術宗教**，因爲，透過意識的**創造活動**，形態升格爲**自主體**的形式，而意識也因此在它的對象那裡直觀到它的行動或自主體。最後，在**第三種**現實性裡，前兩種現實性的片面性都被揚棄了。自主體是一個**直接的**自主體，正如**直接性**就是**自主體**。如果說在第一種現實性裡，精神的表現形式是意識，而在第二種現實性裡，精神的表現形式是自我意識，那麼在第三種現實性裡，精神的表現形式就是意識和自我意識的統一。精神具有**自在且自爲的存在**這一形態，而當它自在且自爲的樣子出現在一個表象之中，這個表象就是**啓示宗教**。不過，儘管精神在啓示宗教那裡取得了它的眞正**形態**，但**形態**本身和**表象**正是一個尚未被克服的方面。精神必須從這個方面過渡到**概念**，以便在概念裡面完全取消客觀性形式，與此同時，概念把它的對立面包攬在自身之內。這樣一來，就像我們剛才掌握了精神的概念那樣，精神也掌握了那個關於它自己的概念，而既然精神的形態是概念，那麼這個形態，或者說精神的實存要素，就是精神本身。

一、自然宗教

認知著精神的精神是一種自我意識，不僅如此，它知道自己就形式而言表現爲一種客觀事物。精神**存在著**，同時也是一種**自爲存在**。**精神自爲地存在著**，它是**自我**意識這一方面，與之對立的另一方面則是精神的意識，亦即一種以自身爲**對象**的自身關聯活動。精神的意識裡面包含著對立，因此也包含著精神的顯現形態和自我認知形態的**規定性**。這個規定性是我們在這裡考察宗教時唯一需要關注的東西，因爲我們此前已經得出了精神的未經形態分化的本質，或者說已經得出了精神的純粹概念。意識和自我意識之間的差別同時也出現在自我意識的範圍之內。宗教形態並不包含著精神的實存，不管這精神是一種擺脫了思想的自然界還是一種擺脫了實存的思想。寧可說，宗教形態是一種保存在思維中的實存，同時也是一種實存著的思想物。按照精神的自我認知形態的**規定性**，一種宗教與另一種宗教區別開來。但同時需要指出的是，根據這個**個別的規定性**來表述精神的自我認知，這實際上並沒有窮盡一個現實的宗教的整體。一系列將要表現出來的不同宗教同樣只是呈現出唯一的宗教的不同方面，確切地說，呈現出**每一種個別的**宗教的不同方面，而一種宗教之所以不同於其他宗教而具有的那些標誌性表象，在每一種宗教裡都會出現。但與此同時，差異性必須也被視爲宗教的一種差異性。因爲，既然精神發現它的意識與它的自我意識之間存在著差別，那麼運動的目標就是去揚棄這個主要差別，並賦予形態（亦即意識的對象）自我意識的形式。但是，即使意識包含著的各種形態本身也具有自主體這一環節，即使神**被表象**爲一種**自我意識**，那個差別也還沒有因此遭到揚棄。**被表象的**自主體不是一個**現實的**自主體。一方面，被表象的自主體必須透過自我意識的行動而被設定到一個形態之中，另一方面，低級的規定必須表明自己已經被較高的規定揚棄和掌握，這樣才可以說，被表象的自主體和這個形態的任何其他具體的規定一樣，都是眞正隸屬於這個形態。因爲，只有當自主體創造出被表象的東西，把對象的規定當作**它自己的**規定，並因此在對象那裡直觀到它自己，被表象的東西才不再是一個被表象的、異於知識的東西。透過這個行爲，較低的規定同時已經消失了，原因在於，行動是一種否定的行動，它的實施是以犧牲對方爲代價的，即使那個較低的規定還會出現，那麼它也已經退居爲某種無關緊要的東西。同樣，如果較低的規定反過來占據著統治地位，而較高的規定同時也有出現，那麼其中一方的地位只能是依附性的。因此，如果說個別宗教內部的不同表象呈現出了這個宗教的各種形式的完整運動，那麼每一種宗教的特性都是由意識和自我意識的特殊的統一體所規定的，也就是說，借助於這個特殊的統一體，自我意識在自身內部把握了意識的對象的規定，透過它的行爲把這個規定完全占爲己有，並且知道這是一個相對其他規定而言具有根本意義的規定。對於宗教精神的某一個規定性的信仰，其之所以具有眞理，是因爲**現實的**精神就是精神在宗教裡直觀到自身時的樣子。比如，在東方的宗教裡，神雖然也變成了人，但這個觀念並不具有眞理，因爲它的現實的精神還缺乏和解的觀念。就此而言，我們沒有必要從規定的總體那裡返回到個別的規定，沒有必要去指出，其他規定的完整性是包含在哪一種形態的規定或哪一種形態的特殊宗教裡面。較高形式如果被重新放置到較低形式的下面，它對具有自我意識的精神來說就失去了意義，僅僅是在表面上隸屬於精神和精神的表象而已。我們必須按照它的獨特的意義來考察較高的形式，去看看它如何成爲這個特殊宗教的原則，並得到該宗教的現實的精神的驗證。

[505]

(一) 光明之神

精神，作爲一個本身即**自我意識**的**本質**，或者說作爲一個具有自我意識的本質，是全部眞理，並且知道全部現實性都是它自己。它在它的意識的運動中給予自己實在性，與此相反，就它自身而言，它最初只是**它的概念**。這個概念，相對於它的敞開的白晝而言，是它的本質的黑夜，相對於它的實存著的環節亦即那些獨立的形態而言，是它的誕生之際的創造性祕密。這個祕密在自身之內包含著它的啓示。實存在這個概念裡有著它的必然性，因爲概念是一個認知著自身的精神，因此在它的本質裡包含著這樣一個環節，即去成爲一個意識，並把自己表象爲一個客觀的東西。這就是純粹自我，它在它的外化活動中，在它自身內（亦即在一個**普遍的對象**裡面）擁有它的自身確定性，換言之，在純粹自我看來，這個對象是全部思維和全部現實性之間的相互滲透。

當認知著自身的絕對精神直接發生最初的分裂，它的形態所獲得的規定，就是**直接意識**或**感性**確定性具有的那個規定。絕對精神在**存在**的形式下直觀自己，但這裡的**存在**不是一種缺乏精神的、充斥著偶然的感覺規定、隸屬於感性確定性的**存在**，而是一種充滿了精神的存在。這種存在同樣也包含著一個直接的**自我意識**所具有的形式，按照這個形式，一方是**主人**，另一方是從它的對象那裡退縮回來的精神的自我意識。因此，這種充滿了精神概念的**存在**，是精神的一個**單純的**自身關聯**形態**，或者說是一個無形態的形態。由於這個規定，這個形態是一個純粹的、包容一切並無所不在的、於東方升起的**光明之神**，它透過它的缺乏形式的實體性維繫著自身。它的他者存在是一個同樣單純的否定者，即**黑暗**。它自己固有的外化運動，它在未遭到對方抵抗的情況下所進行的創造，是一系列光波。這些單純的光波同時也是光明之神轉變爲自爲存在、從它的實存返回到自身中的過程，是一片焚燒著具體形態的火海。光明之神施加在自己身上的差別，雖然在實存的實體之內不斷滋生，並形成自然界的各種形式，但它的思維的根本單純性卻在那些形式裡面四處晃蕩，飄忽不定且不可理喻，甚至越過自己的界限，成爲一種毫無規範的東西，最終在一種崇高的狀態下消解了它那已臻輝煌的美。

因此，這種純粹**存在**所發展起來的內容，或者說光明之神的知覺活動，是發生在實體身上的一種無關緊要的嬉戲，這個實體僅僅**冉冉升起**，但卻沒有在自身內**下沉**，也沒有成爲一個主體，更沒有透過一個自主體來固定它的各種差別。這個實體的規定只是一些屬性，它們沒有成爲一種獨立的東西，始終只是那個名目眾多的太一的各種名字。太一披戴著實存的眾多力量以及現實性的眾多形態，但這些東西只不過是一種缺乏自主體的裝飾。它們只是一些缺乏自主意志的使者，宣揚著太一的威力，直觀著太一的輝煌，並對太一發出讚美之聲。

但是這種朦朧迷離的生命必須把自己規定爲一種**自爲存在**，必須使它的那些轉瞬即逝的形態持存下來。那種使得它與它的意識相對立的**直接存在**，本身是一種**否定的**勢力，正在消除著生命的各種差別。眞正說來，這種生命就是一個**自主體**。因此精神的過渡目標是在自主體的形式下認知自身。純粹光明把它的單純性投射到無窮多的形式中去，透過犧牲自己來成全自爲存在，使個別事物能夠從它的實體那裡獲得持存。

㈡植物和動物

具有自我意識的精神既然已經從一個缺乏形態的本質返回到自身中，把它的直接性提升爲一般意義上的自主體，於是把它的單純性規定爲眾多的自爲存在，並成爲一種精神性**知覺**的宗教。在這種宗教裡，精神分裂爲無數或弱或強、或富或貧的魂靈。這種泛神論最初意味著魂靈原子們的**安靜**持存狀態，但後來卻轉變成了一種內在的**敵對**運動。**花草宗教**心目中的天眞無辜原本只是自主體的一個缺乏自主體的表象，後來卻轉變爲一種充斥著鬥爭的嚴肅生命，或者說轉變爲**動物宗教**心目中的過失，而直觀狀態下的個體性的安靜柔弱則轉變爲一個具有破壞性的自爲存在。即使從知覺到的物那裡拿走**抽象性**這個不啻於**死亡**的東西，並將它們提升爲精神性知覺所認識的本質，也是無濟於事的。魂靈王國在獲得生命的同時也接受了死亡，因爲生命本身具有的規定性和否定性已經破壞了生命的天眞無辜的坦然狀態。透過那種規定性和否定性，安靜的植物形態的多樣分化轉變爲一種敵對運動，在這個運動中，各種形態的自爲存在相互之間的仇恨消耗殆盡。精神發生分化，它的**現實的**自我意識是由大量個別化的、充滿不幸的民族魂靈組成的，它們帶著仇恨彼此之間進行殊死搏鬥，並且把某些特定的動物形態認作是它們的本質，因爲它們自己無非也是一些動物魂靈，是一些相互分離的、沒有意識到普遍性的動物生命。

在這種仇恨裡，純粹否定的自爲存在的規定性消耗殆盡了，而透過概念的這種運動，精神進入到另一個形態之中。**遭到揚棄的自爲存在是對象的形式**，這個形式是由自主體產生出來的，或更確切地說，這個形式是那個自己產生出自己、自己消耗著自己的自主體，亦即那個正在轉變爲物的自主體。因此，相對於那些只知道相互撕咬的動物魂靈而言，勞動精神是占據上風的，因爲它的行動不是僅僅去否定，而是帶來安寧，具有肯定的意義。精神的意識如今是一種運動，不但超越了直接的**自在存在**，而且超越了抽象的**自爲存在**。由於自在體陷入到對立之中，並且降格爲一種規定性，所以它不再是絕對精神的固有形式，而是成爲一種與絕對精神的意識相對立的現實性。意識認爲這種現實性是一種普通的實存，於是將其揚棄，而且意識不僅是一個進行揚棄的自爲存在，它同樣也會創造出它的表象，創造出那種外化爲對象形式的自爲存在。儘管如此，這種創造活動還不完滿，還只是一個有條件的行爲，即對現成事物進行加工定形。

㈢工匠

精神於是在這裡顯現爲一個**工匠**，透過它的行動，它把自己作爲一個對象創造出來，但還沒有掌握那個關於它自己的思想。這種行動是一種本能式的勞動，就像蜜蜂修築它們的蜂巢那樣。

最初的形式，因爲是一個直接的形式，所以是知性所認識到的抽象形式，至於作品本身，則還沒有得到精神的充實。金字塔的水晶體和希臘的方尖碑柱，筆直的線條與平坦的表面之間、還有比例均匀的各個部分之間的簡單聯結（這種方式解決了圓拱屋頂不能加以測算的問題），都是這個遵循嚴格形式的工匠所從事的工作。由於形式完全屬於知性的範圍，所 [509] 以它本身表現不出它的意義，它還不是一個精神性自主體。也就是說，作品只能透過兩種方式把精神接納到自身之內：要麼它們把精神當作一個陌生的、已逝的、不再滲透著活生生的現實性、僵化地進入到這些缺乏生命的水晶體中的精神，要麼它們以一種外在的方式與精神相關聯，把精神當作一個本身即外在的、不是作爲精神而實存著的精神，也就是說，當作一種冉冉上升的、將它的意義投射到它們身上的光明。

勞動精神由之出發的那個分裂，亦即**自在存在**（這是供勞動精神加工的材料）與**自爲存在**（這一**方面**是一個勞動著的自我意識）之間的分裂，已經在它的作品中客觀地呈現出來。精神下一步要操心的事，就是必須要揚棄靈魂和肉體之間的分裂，一方面使靈魂本身具有一個軀殼或形態，另一方面又給肉體注入靈魂，使其獲得生命。即使這兩個方面彼此接近，它們相互之間仍然保留著一個被表象的精神以及這個精神的外殼之類規定性。這個精神的自身統一性包含著個別性與普遍性的對立。既然作品在精神的兩個方面都接近自己，那麼這時就會出現另外一種情況，即作品也會接近勞動著的自我意識，而後者則是在作品那裡達到了自我認知，知道了它自在且自爲的樣子。但這樣一來，作品只是構成了精神**行爲**的抽象方面，這個行爲既不認識自己，也不認識自己的內容，而是在精神的作品亦即一個「物」那裡認識到精神。至於工匠自身，亦即完整的精神，還沒有顯現出來，還只是一個內在的被遮掩著的本質，而這個本質一方面是一個現成的整體，另一方面已經分裂爲兩個東西：一個是處於行動中的自我意識，另一個是這個意識創造出來的對象。

因此，周圍的陋居，外在的現實性等等，都是起先被提升爲知性所認識的抽象形式，然 [510] 後被工匠加工製造成一種更有生命力的形式。爲了達到這個目的，工匠使用了植物生命。早先那種柔弱的泛神論曾經把植物生命視爲一種神聖的東西，如今工匠既然意識到自己是一個自爲存在著的本質，於是把植物生命當作某種可資利用的東西，並且將其貶低爲外在的裝飾點綴。但在使用的過程中，植物生命不可能不發生改變，因爲自我意識形式下的勞動者同時也消除了直接存在著的植物生命本身具有的暫時性，並使植物生命的有機體形式接近於一種更嚴格、更普遍的思想形式。那種被放任著在特殊性之中蔓延生長的有機體形式，一方面受限於思想的形式，另一方面則把這些筆直而平坦的形態提升爲一個更有生命力的圓拱。正是這樣一種混合，成爲了自由建築術的根源。

這個居所，精神的**普遍要素**或無機自然界方面，如今在自身內也包含著**個別性**形態，這個形態使得那個此前已經與實存分開、處於實存之內或之外的精神接近於現實性，從而使作品與行動中的自我意識達成一致。勞動者一開始抓住的是一般意義上的**自爲存在**的形式，亦即**動物形態**。勞動者的自我意識不再是直接隸屬於動物生命，對此的證據在於，他已經把自己樹立爲一種與動物生命相對立的創造性力量，而且把動物生命當作**他的**作品，在其中認識到他自己。這樣一來，動物形態同時也成了一個遭到揚棄的形態，成了一種具有另外的意義和思想的象形文字。就此而言，動物形態也不再是全盤供勞動者使用的，而是與思想的形態，與人的形態混合在一起。然而作品還缺乏形態和實存，以便讓自主體作爲一個自主體存在著。也就是說，作品還不能單靠自身就顯示出它在自身內包含著一種內在意義。它缺乏語言，缺乏一種具有充實作用的要素。因此，即使作品已經完全清除了動物因素，並且僅僅出現在自我意識的形態之下，它仍然是一個無聲的形態，還需要借助於冉冉上升的太陽所放射的光明才能發出聲音，而光明製造出的聲音也只是一種聲響而不是一種語言，它只能表現一個外在的自主體，不能表現一個內在的自主體。

與這種外在自主體形態相對立的是另一種形態，它表明自己本身就具有一個**內核**。那返

[511]

回到自己的本質之內的自然界把它的活生生的、個別化的、迷失在自然運動中的多樣性貶低爲一個無關本質的軀殼，以**掩蓋內核**。這個內核最初不過是一種單純的黑暗、一個不動的東西、一塊黑色的無形式的石頭。②

上述兩種呈現方式都包含著**內在性**和**實存**，而這是精神的兩個環節。兩種呈現方式在一個對立的關係當中（一邊是作爲內核的自主體，另一邊是作爲外觀的自主體）同時包含著那兩個環節。這兩種情況必須統一起來。比如，人體雕塑的靈魂還不是來自於內核，還不是一種語言，還不是一種本身就具有內核的實存。在這裡，形狀萬千的實存的內核仍然是一種無聲的東西，是一種在自身內沒有差別，與它的千差萬別的外觀割裂開的東西。工匠爲了將兩者統一起來，就把自然形態和具有自我意識的形態混合在一起，於是這些意義雙關的、本身成謎的本質以成雙成對的方式——意識與無意識、單純的內核與形態多樣的外觀、思想的晦澀與外表的清晰，迸發表現爲一種充滿了深刻而難解的智慧的語言。

在這個作品裡，本能式勞動終止了，過去正是它造成了自我意識與無意識的作品之間的對立。因爲在作品裡，那個製造出自我意識的工匠行爲面臨著一個同樣具有自我意識的、敘述著自己的內核。在這個過程中，工匠的辛勤勞動導致他的意識發生分裂，使得一個精神遭遇另一個精神。在具有自我意識的精神的這種自身統一裡，當精神認識到它自己是它的意識的形態和對象，它與直接的自然界形態的那些無意識的混合就自行清除了。這個由形態、言語和行爲構成的龐然大物化解爲一種精神性形態分化，化解爲一種已經返回到自身之內的外

② 「黑色的無形式的石頭」指穆斯林視爲神物的一塊大約三十釐米長的褐色隕石，它被珍藏在麥加大清眞寺的克爾白聖殿之內，接受遠道而來的穆斯林朝聖。——譯者注

觀，化解爲一種從自身出發、並透過自身而表現於外的內核，化解爲一個思想，這個思想是一個自生的、保持著自己的合適形態的、清晰的實存。精神成了**藝術家**。

二、藝術宗教

精神在「精神」這一形態之下成爲它自己的意識的對象。精神已經把「精神」這一形態提升爲意識本身的形式，並創造出這樣一個形式，擺在自己面前。工匠已經放棄**綜合調和式**的勞動，不再把思想和自然事物這兩種不同性質的形式**混合**在一起。由於形態已經獲得「自覺的行爲」這一形式，所以工匠成爲一個精神性勞動者。

如果我們問，什麼是**現實的**精神？什麼是那個在藝術宗教裡意識到自己的絕對本質的精神？那麼可以發現，它就是**倫理**精神，或**作爲眞相的**精神。它是全部個人的普遍實體，不僅如此，由於普遍實體在一個現實的意識看來具有意識的形態，那麼這意味著，每個人都知道那個包含著個體化運動的普遍實體是他們自己固有的本質和作品。對他們而言，普遍實體不是光明之神，因爲那包含在光明之神的統一體之內的自我意識雖然是一個自爲存在，但卻只是某種否定的、行將消逝的東西，只能去直觀它的現實性的主人。同樣，普遍實體也不是各個相互仇視的民族之間的無休止的火拼，更不是一些奴役著各個民族的特權階層，這些特權階層合在一起造出了一個完滿且完整的組織機構的假象，其中卻沒有個體的普遍自由。眞正說來，普遍實體是一個自由的民族，在其中，倫常習俗構成了所有的人的實體，而且每個人都知道這個實體的現實性和實存是他的意志和他的行爲。

倫理精神的宗教意味著精神超越了自己的現實性，從**它的眞理**返回到它的純粹的**自我認知**之內。由於倫理民族的生活與它的實體形成了一個直接的統一體，本身並不包含著自我

[513]

意識的純粹個別性原則，所以，只有當它**脫離**了它的**持存狀態**，它的宗教才得以完成。倫理實體的**現實性**有兩個前提：首先，它相對於自我意識的絕對運動而言是一種靜止的**持久不變的東西**，也就是說，自我意識尚未擺脫它的靜止的倫常習俗和堅定信任，尚未返回到自身內；其次，自我意識是由眾多權利和義務形成的一個組織結構，同時又分化為眾多階層以及這些階層的特殊行動，這些特殊行動聚集在一起產生作用，形成一個整體。就此而言，這個前提意味著，個人滿足於他的實存的局限性，不知道它的自主體是一個無拘無束的、自由的東西。但是，對於實體的那種靜止的**直接**信任轉變為一種**對於自身**的信任，轉變為一種**自身確定性**，而權利和義務的多樣性，以及各種受限的行動，還有事物及其規定的多樣性等等，都屬於倫理實體的同樣一個辯證運動，而這個運動只有在一個單純的、具有自身確定性的精神那裡才得到平息和穩定。所以，當倫理完全成為一種自由的自我意識，當倫理世界的命運揭示出來，這就是一種已經返回到自身內的個體性，是一種完全無憂無慮的倫理精神，後者把它的全部持存著的穩固差別，把它的有機結構的眾多群體消解在自身內，完全知道自己是一種無拘無束的歡樂，隨心所欲地享受著自己。精神的這種單純的確定性就其自身而言有著雙重意味，它不但意味著一種靜止的持存狀態，一個穩固的眞理，而且意味著一種絕對的躁動不安，以及倫理的行將消逝。但總的說來，精神的確定性傾向於後一種情況，因為倫理精神的眞理目前只是一種最基本的本質和信任，在這裡，自主體不知道自己是一個自由的個別性，所以它在這個內在狀態中，或者說在自主體趨於自由的過程中走向沒落。因此，當信任破裂，當民族的實體在自身內出現裂痕，精神就不再是變動不居的兩端的一個中項，而是過渡到那個把自己理解為本質的自我意識一端。自我意識是一個具有內在確定性的精神，它一邊為失去了它的世界而悲傷，一邊超越了現實性，把它的本質從一個純粹的自主體那裡創造出來。

絕對藝術出現在這個時期。在此之前，它是一種本能式的勞動，沉浸在實存之中，來自實存，又復歸於實存，而不是在一種自由的倫理那裡獲得它的實體，因此它的從事勞作的自主體並沒有施展出一種自由的精神性行爲。在這之後，精神超越了藝術，以便獲得一種更高級的呈現。也就是說，精神不再只是一個誕生於自主體的**實體**，而是呈現爲**這個自主體**的對象，精神不再只從它的概念那裡分娩出自己，而是把它的概念本身當作一個形態，使得概念和創作出來的藝術品都認識到彼此是同一個東西。

既然倫理實體已經擺脫它的實存，把自己收回到它的純粹自我意識之內，那麼自我意識就代表著概念一方，代表著精神把自己作爲對象而創造出來的**行爲**。這個行爲是一個純粹的形式，因爲勞動著的個人透過倫理服從和倫理職責已經清除了一切無意識的實存，清除了一切穩固的規定，而正在這個過程中，實體本身已經轉變爲這樣一個流動的本質。這個形式是一個黑夜，實體在其中顯露出來，轉變爲一個主體。在掙脫了純粹的自身確定性這一黑夜之後，倫理精神在另一個形態下死而復生，擺脫了自然界，從而也擺脫了它的直接的實存。

精神逃離它的形體，遁入純粹概念，而純粹概念的**實存**是一個個體，一個被精神選中，用來容納其痛苦的個體。精神在這個個體身上作爲普遍者和支配性權力存在著，而個體則忍受著這種權力的折磨。也就是說，精神是這個個體的情懷，個體委身於它，其自我意識毫無自由可言。儘管如此，普遍性作爲一種肯定的權力還是被個體的純粹自主體這一否定的權力馴服了。這個純粹行爲意識到自己的力量並未失去，便與那個未經形態分化的本質纏鬥不休。純粹行爲逐漸贏得上風，把情懷當作它的質料，賦予自己內容，當這個統一體作爲一個作品呈現出來，普遍精神就轉變爲一個個體，並出現在表象之中。

(一) 抽象的藝術品

最初的藝術品，作爲一個直接的東西，是一種抽象的和個別的藝術品。一方面，藝術品必須放棄它的直接的和客觀的形態，去迎合自我意識；另一方面，自爲的自我意識也必須接受文化薰陶，以便揚棄它自己造成的與精神之間的隔閡，並透過這個方式創造出一個本身即具有生命力的藝術品。

藝術精神致力於把它的形態和它的主動意識最大程度地區分開，它最初採取的方式是一種直接的方式，即讓它的形態作爲一般意義上的**物**而**實存著**。這種方式本身包含著個別性和普遍性之間的區別。也就是說，自主體的形態本身包含著個別性，而普遍性則是把無機本質與自主體的形態放在一起，把無機本質表現爲自主體的背景和居所。當整體被提升到純粹概念，自主體的形態於是獲得了它的純粹的、隸屬於精神的形式。這個形式既不是一個包含著理智的晶體，可以容納僵死的東西或透過一個外部的靈魂而被照亮，也不是一種在植物那裡才出現的形式融合，即自然界和思想的融合，因爲思想的行爲在這裡僅僅是一種**模仿活動**。寧可說，概念剝離了那些透過根、莖、葉而仍然依附於形式的東西，把根、莖、葉精簡爲一些形狀，按照這些形狀，晶體的直線和平面被提升到一種不可通約的比例關係之中，而在這種情況下，有機體的生命進程就被吸納到知性所認識的抽象形式中，與此同時，生命進程的本質，亦即不可通約性，則作爲知性的對象保留下來。

但是，潛伏的神是一塊由動物軀殼打造而成的黑色石頭，滲透著意識之光。人的形態剝離了曾經附著在它身上的動物形態；動物對於神而言只是一個偶然的外殼。動物與神的眞實形態並列出現，本身毫無意義，只意味著一個他者，只是一個單純的符號。正因如此，神的形態就其自身而言已經洗刷掉了動物實存的各種前提條件，暗示著有機生命的內部機構已經與它的外表交融在一起，完全隸屬於這個外表。但是神性**本質**是自然界的普遍實存與自覺的精神的統一體，儘管兩者在現實中看起來是相互對立的。與此同時，神的實存最初是一個**個別的**形態，是自然界的眾多要素之一，正如它的自覺的現實性是一個個別的民族精神。在這個統一體之內，神的實存是一個返回到精神之內的要素，是透過思想而得到昇華的、與自覺的生命合爲一體的自然界。就此而言，諸神的形態所包含著的自然要素是一個已經遭到揚棄的要素，是一個晦暗的回憶。眾多要素是一些自由的實存，至於它們的荒蠻本質和昏暗鬥爭，還有提坦們③的殘暴王國，都已經被征服了，被放逐到清澄透明的現實世界的邊緣、被放逐到精神所包容的那個安寧世界的渾濁邊界。光明之神和黑暗之神的結合所最先產生出來的這些古老神靈，比如天、大地、海洋、太陽、大地的盲目的提豐式烈焰等等，④已經被另

③ 提坦（Titan）是最初一代的神祇（俄刻阿諾斯、刻俄斯、克利俄斯、許珀里翁、伊阿佩托斯、克洛諾斯）及其後代。天神烏蘭諾斯在遭到克洛諾斯的閹割之後，責罵他的子女們爲「提坦」（緊張者），說他們在緊張中犯下了一個可怕的罪惡，將來會受到報應。宙斯取得統治地位之後，提坦們起來反對宙斯領導的奧林波斯諸神，然而被打敗，被囚禁在塔耳塔羅斯（地獄）中。——譯者注

④ 根據赫希俄德《神譜》的記載，最先產生的神是卡俄斯（混沌），開俄斯生出厄瑞玻斯（黑暗）和埃忒耳（光明）。開俄斯也生出該亞（大地），該亞生出烏蘭諾斯（天），然後和烏蘭諾斯交合，生了俄刻阿諾斯（海洋）、許珀里翁（日神赫利俄斯的父親）等等。至於提豐（Typhon）則是該亞與塔耳塔羅斯相愛生下的最後一個孩子，他是一條巨蟒，長著一百個蛇頭，每一個蛇頭都噴射出烈焰。由於他威脅到了宙斯的統治，因此遭到宙斯的雷電的重創。重傷的提豐隱藏在大地深處，他的火焰甚至使岩石溶化，在古人看來，這就是火山活動的原因。——譯者注

一些形態取代了，這些形態本身只包含著一絲讓人回憶起那些提坦們的黑暗餘韻，它們不再是一些自然本質，而是轉變爲各個自覺的民族的明確的倫理神靈。

這個單純的形態一刻不息地進行著無限的個別化運動：一方面，它是一個自然要素，只作爲一個普遍的本質才是必然的，但在它的實存和運動中卻表現爲一個偶然的東西；另一方面，它也是一個民族，同時分化爲眾多特殊的行動群體以及自我意識的個體原點，所以它的實存包含著多種多樣的意義和行動。但是這個形態已經自在地消除了這種躁動不息的個別化運動，已經凝聚爲一個靜態的個體性。這個靜態的個體性與「躁動不息」這一環節相對立，它作爲**本質**與**自我意識**相對立，而自我意識作爲它的發源地，除了表現爲一個**純粹行爲**之外，本身已經不再保留有任何東西。藝術家把那些隸屬於實體的東西完全傾注在他的作品當中，而他自己作爲一個特定的個體性，在他的作品裡面卻不具有任何現實性。只有當藝術家擺脫了他的特殊性，彷彿脫胎換骨般把自己提升爲一種抽象的純粹行動，他才能賦予他的作品完滿性。在這個最初的直接創作中，作品與藝術家的自覺行爲之間的分裂尚未重新統一。所以，作品就其自身而言並沒有眞正獲得生命，寧可說它只有與它的**轉變過程**合在一起才形成一個**整體**。一切藝術品都具有一個共同點，即它們都是產生自意識，並透過人的雙手而被創造出來的。這個共同點是那個作爲概念而實存著的概念的一個環節，而概念與藝術品尚且處於一種對立的關係之中。如果概念，作爲藝術家或觀察者，足夠無私地宣稱藝術品本身就絕對地具有生命，並忘卻行動者或觀望者，那麼反過來精神的概念也必須得到堅持，精神必須包含著自我意識這一環節。但這個環節是與作品相對立的，因爲精神在其最初的分裂中分別賦予雙方「**行動**」和「作爲**物**而存在著」這兩個抽象的規定，分裂的雙方還沒有返回到它們由之出發的那個統一體之內。

藝術家因此在他的作品那裡經驗到，他所創作出來的**不是一個與他一致的本質**。誠然，在這種情況下，藝術家仍然會意識到，作品激起了群眾的驚歎，被群眾當作精神亦即他們的本質而加以崇拜。作品彷彿具有了生命力。但是，由於這種生命力只是作爲一種驚歎來回應藝術家的自我意識，所以這其實是等於承認，這種生命力加諸藝術家身上的東西並不能等同於藝術家。由於作品回報給藝術家的全都是喜悅，所以藝術家在這裡感受到的不再是創作過程中的痛苦，不再是勞動的艱辛。群眾盡可以隨意評價或膜拜他的作品，或以各種方式把他們的觀點扣在作品身上。當他們憑藉他們的知識而居高自傲地對待作品時，藝術家知道，他的**行爲**遠不是他們的理解力和言語所能涵蓋的；而當他們**謙虛地仰視**作品，並認識到那個統治著他們的本質時，藝術家知道自己是作品的主宰。

所以，藝術品的實存需要一個獨特的要素，而神則需要另一種創作方式，以便脫離他的創造力的深沉黑夜，跌落到他的反面亦即外在性那裡，被規定爲一個缺乏自我意識的**物**。這個更高的要素是**語言**，而語言是一種本身就具有自我意識的實存。正如**個別的**自我意識在語言中實存著，同樣，它也是直接作爲一種**普遍的**感染存在著。自爲存在之完滿的特殊化過程既是一個流體，同時也是眾多自主體所普遍共用的一個統一體；這種特殊化過程是一個作爲靈魂而實存著的靈魂。神既然把語言當作他的形態的要素，那麼他是一個本身就具有生命力的藝術品，一個在其實存中直接包含著純粹行爲的藝術品，而在過去，純粹行爲與那個作爲物而實存著的神是相互對立的。換言之，在自我意識的本質的客觀化過程中，自我意識始終是一個直接的內在統一。當自我意識作爲一個內在統一的本質存在著，它是一種**純粹思維**或默禱，而默禱的**內在性**在讚歌那裡同時具有一個**實存**。默禱在讚歌那裡保留著自我意識的個別性，作爲一種能夠被傾聽的東西，這個個別性同時也是一個實存著的普遍個別性。那在所有的人的內心裡激起的默禱，是一股精神性洪流，它在自我意識的多樣性中意識到自己是所有的人的同一個**行動**，意識到自己是一個**單純的存在**。精神是所有的人的普遍自我意識，它在一**個**統一體之內既包含著它的純粹內在性，也包含著個人的爲他存在和自爲存在。

讚歌這種語言不同於神的另一種語言——**神諭**，因爲神諭並不是普遍自我意識的一種語言。無論是藝術宗教的神，還是更早之前那些宗教的神，他們發出的神諭都是神的必然的最初語言。神的**概念**同時也包含著這樣一個環節，也就是說，神作爲精神性自然界的本質，不但擁有一種自然的實存，而且擁有一種精神性實存。由於這個環節最初只蘊含在神的**概念**之中，尚未在宗教裡面得到實現，所以語言對於宗教意識來說是一個**陌生的**自我意識的語言。那個令宗教社團感到陌生的自我意識還不是一個**實存**，儘管實存乃是神的概念所要求的東西。自主體是一個單純的因而絕對**普遍的**自爲存在。當自主體脫離宗教社團的自我意識時，最初僅僅是一個**個別的**自主體。這種自立的、個別的語言的內容源自於一個普遍的規定性，透過這個規定性，一般意義上的絕對精神被設定在它的宗教之中。那冉冉上升的普遍精神尚未具有一個特殊的實存，因此它在談到本質時說出的是一些單純而普遍的命題，這些命題的基本內容作爲單純的眞理而言是崇高的，但由於這種普遍性的緣故，所以在那個持續不斷地塑造著自身的自我意識看來又是平庸無奇的。

那進一步得到塑造的自主體已經把自己提升爲一個**自爲存在**，因此掌握著實體的純粹情懷，掌握著東方升起的光明之神的客觀性，並且知道眞理的那種單純性是一個**自在存在者**，這個東西不是透過一種陌生的語言獲得偶然實存的形式，寧可說，**它是一種確鑿的和未成文的神律，永恆地活著，沒有人知道它起源於何時**。那個曾經透過光明之神啓示出來的普遍眞理在這裡已經退回到內核或根基處，從而擺脫了偶然現象的形式，既然如此，反過來在藝術宗教裡面，因爲神的形態已經具有了意識，並且因此具有了一般意義上的個別性，所以，神作爲倫理民族的精神，其固有的語言就是神諭。神諭了解一個民族的各種特殊情況，並頒布有利於這些情況的指示。因爲普遍眞理已經被認識到是一種**自在存在者**，所以**認**

知思維要求重新掌握這些眞理，不僅如此，那種說出這些眞理的語言在認知思維看來也不再是一種陌生的語言，而是它自己固有的語言。古代那位賢哲⑤在他自己的思維裡尋找善和美的東西，而對於那些瑣碎而偶然的知識內容——比如與這人或那人交往是否有好處？或旅行對某位朋友來說是否有益？對於這類無關緊要的事情，他只需讓心中的神明去認識和決定就行了。與此同時，普遍意識是從飛鳥、樹木、發酵的土壤（其溼氣會使自我意識陷入不清醒的狀態）等偶然事物那裡汲取知識。由於偶然事物是一種未經思慮的和陌生的東西，所以倫理意識就像擲骰子一樣，聽任自己以一種未經思慮的和陌生的方式來對此作出決定。如果個人是透過他的理智來決定自己，經過愼重考慮之後選擇了對他有利的事物，那麼這種自我決定是以一個特殊性格的規定性爲基礎。這種規定性本身也是偶然的，所以理智的那種知識——即知道什麼東西是有利於個人的，和那種透過神諭或抽籤而獲得的知識沒有什麼兩樣，差別僅僅在於：求助於神諭或抽籤的人對於偶然事物表現出一種倫理上的漠不關心態度，而依賴於理智知識的人則相反，他們把純粹偶然的東西當作是他的思維和知識的根本興趣來對待。所以，比這兩種情況都更高明的做法是，固然去愼重考慮那個關於偶然行動的神諭，但同時卻知道這個經過愼重考慮的行爲本身仍然是一種偶然的東西，原因在於：首先，這個行爲與特殊事物相關聯；其次，這個行爲追求的是利益。

當語言不再是一個陌生的、偶然的、非普遍的自我意識的語言，精神在語言中獲得的眞實的自覺實存就是我們此前已經看到的藝術品。自覺的實存與雕像裡面的物的因素相對立。如果說雕像是一種靜態的實存，那麼自覺的實存就是一種轉瞬即逝的實存；如果說在

⑤ 當指蘇格拉底。參閱柏拉圖《泰阿泰德篇》（151A, 186A）。——譯者注

雕像那裡，客觀性得到釋放，缺乏一個自立的、直接的自主體，那麼反過來在自覺的實存這裡，客觀性卻是太過於受到自主體的束縛，基本上沒有表現出形態分化，就和時間一樣，當其存在時，立即不復存在。

神的形態在自我意識的純粹的感知要素裡面是**動態的**，而在物性的要素裡面是**靜態的**，在這兩個方面的運動中，兩種形態彼此放棄了它們的不同規定，而它們的統一體——作爲它們的本質的概念——成爲一個實存。這個運動是透過**崇拜儀式**實現的。借助於崇拜儀式，自主體意識到神性本質不再處於彼岸世界，而是向它降臨。神性本質此前是一個非現實的、純粹客觀的東西，如今它也因此獲得了自我意識獨有的現實性。

自在地看來，崇拜儀式這一概念已經現成地包含在讚歌的洪流之中。這種默禱是自主體透過自身並且在自身內獲得的一種直接的和純粹的滿足。自主體是一個得到淨化的靈魂，透過這種純粹性，它直接只是一個本質，與本質合爲一體。作爲一種抽象的東西，靈魂不是一個能夠把自己與對象區分開的意識，因此它只是意識的實存的黑夜，是意識的形態的**預備場所**。就這樣，**抽象的崇拜儀式**把自主體提升爲一個純粹的**神性要素**。靈魂有意識地完成了這個純化過程；然而靈魂畢竟還不是那個已經下降到深處並認識到自己爲惡的自主體，寧可說它是這樣一個**存在者**，這樣一個靈魂，它用水清潔自己的外表，穿上白色的衣服，而它的內在方面則是在表象裡面經歷了一條貫穿勞動、懲罰和獎勵的道路，一條在一般意義上逐步擗脫特殊性的教化之路，在此之後，靈魂才會到達福祉的家園和共同體。

這種崇拜儀式最初只是一個**祕密的**，亦即一個只存在於表象之中的、非現實的行動。然而它必須是一個**現實的**行爲，因爲一個非現實的行爲意味著自相矛盾。**原本的意識**於是提升爲它的**純粹的**自我意識。在這種意識裡面，本質意味著一個自由的對象。透過一個現實的崇拜儀式，對象返回到自主體之內。由於對象在純粹意識裡面意味著一個純粹的、居於現實性的彼岸世界的本質，所以這個本質透過崇拜儀式的中介從普遍性下降到個別性，並因此與現實性結合在一起。

至於上述兩個方面出現在行爲之中的方式，可以這樣來規定，即對於自我意識這一方而言，由於它是一個**現實的**意識，所以本質呈現爲一個**現實的自然界**。首先，自然界隸屬於自我意識，是它的私有財產，而不是被看作一個**自在**存在著的實存；其次，自然界是**自我意識自己固有的**直接的現實性和個別性，而這種現實性和個別性在自我意識看來同樣不是本質，而是一種已經遭到揚棄的東西。但與此同時，對於自我意識的**純粹**意識來說，那個外在的自然界還具有一個**相反的**意義，也就是說，意味著一個**自在存在著**的本質，面對這個本質，自主體把它自己的非本質性當作祭品，反過來卻把自然界這一無關本質的方面當作它自己的祭品。這樣一來，行爲成爲一個精神性運動，因爲它包含著如下雙重意義：首先，按照默禱規定對象的方式，去揚棄**本質**的抽象性，使之成爲一個現實事物；其次，按照行動者規定對象和他自己的方式，把**現實事物**提升到普遍性的層次，提升爲普遍性。

所以，崇拜儀式中的行爲的出發點是完全**捨棄**自己的占有物，財產所有者把自己的占有物當作一種全然無用的東西予以忘卻，或擲於火焰中使之化作一縷輕煙。在這個過程中，他在他的純粹意識的本質的面前放棄了自己的占有物、放棄了對於私有財產的權利和享受、放棄了人格性、不再把行動歸功於自主體，不再把行爲折返回自身內，而是把行爲投射到普遍者或本質那裡。但反過來，**存在著的本質**在這個過程中同樣走向沒落。那被獻祭的動物，是某一個神的**象徵符號**；而那些被吃掉的水果，是**活生生的**塞雷斯和巴庫斯**本身**。⑥

⑥ 參閱本書第一章注釋②。——譯者注

在動物那裡，擁有血肉和現實生命的上界正當性的各種勢力死去了；而在水果這裡，無血肉的、陰險狡詐的下界正當性的各種勢力也死去了。面向神性實體作出的獻祭，作爲一個**行動**，隸屬於自我意識這一方。而爲了使這個現實的行動成爲可能，本質必須**自在地**已經把自己當作祭品。本質這樣做了，也就是說，它已經給予自己**實存**，使自己成爲**個別的動物**，成爲**水果**。行動中的自主體在一個實存那裡表明，本質已經**自在地**作出犧牲，自主體把這個犧牲作爲它的意識的對象，並且用一種更高的現實性亦即**它自己的現實性**取代了本質的那種**直接的**現實性。當雙方（本質和自主體）的個別性和分裂遭到揚棄，結果就是產生出一個統一體，這個統一體不是一個純粹否定的命運，而是具有肯定的意義。對於一個抽象的陰間本質而言，只有那些獻祭給它們的東西才是已經被完全捨棄的，才因此具有這樣的特徵，即私有財產和自爲存在被投射到普遍者那裡，與嚴格意義上的自主體區別開來。但實際上，被捨棄的僅僅是很微小的一**部分**，絕大多數獻祭活動都只是毀棄掉一些沒有什麼價值的東西，祭品其實是爲隨後的宴席準備的，⑦宴席上的美味珍饈掩飾了獻祭行爲的否定意義。獻祭者把最初的祭品身上的絕大部分都保留下來，並且把其中最有用的部分**留給自己享受**。這種享受是一種不但揚棄**本質**而且揚棄**個別性**的否定力量，但它同時也是一種肯定的現實性，透過它，本質的**客觀的**實存轉化爲一個**自覺的**實存，而自主體則意識到它與本質的統一。

此外，這種崇拜儀式雖然是一個現實的行爲，但它的意義卻主要包含在默禱之中。那隸屬於默禱的東西，並沒有客觀地呈現出來，正如**享受**中的結果自己剝奪了自己的實存。爲了

⑦ 據考證，古代的獻祭活動通常只是把祭品的內臟在祭壇上燒掉，然後把其他可以食用的部分留下來以供宴席之用。——譯者注

彌補這個缺陷，崇拜儀式進而賦予它的默禱一個**客觀的持存**，也就是說，既然崇拜儀式是一個共同的，或雖然是個別的，但卻適宜於每一個人的勞動，那麼就得給神搭建一個居所，以便彰顯神的榮耀。這樣一來，一方面，雕像的客觀性被揚棄了，因爲勞動者既然把他的禮物和勞動成果奉獻給神，也就得到了神的青睞，並直觀到他的自主體是隸屬於神的；另一方面，這個行動並不是藝術家的個別的勞動，寧可說這個特殊性已經消解在普遍性之中。但這裡出現的不只是神的榮耀，神出於好感而施予的恩典也不只是在**表象**裡面湧向勞動者，寧可說勞動也獲得了另一種意義，與外化活動和外來榮耀的最初意義正好相反。神的居所和廳堂是供人使用的，其中收藏的寶物在緊急情況下也是屬於人的，因此神在各種裝飾中享受到的榮耀，其實也是一個才華橫溢和氣度開闊的民族的榮耀。在舉行節日慶典的時候，這個民族用各種華麗的物品裝飾神的建築物，同時也裝飾它自己的住宅和衣服。透過這種方式，這個民族感到，它的付出得到了它所感恩的神的回應，神對它的好感也得到了證明，正因如此，這個民族透過勞動與神聯繫在一起，不是在一種渺茫的希望和一種遲來的現實性之中，而是在爲神爭取榮耀和對神的獻禮中直接享受到它自己的財富和飾物。

㈡有生命的藝術品

一個透過藝術宗教的崇拜儀式而去接近神的民族，是一個倫理民族，它知道它的國家以及國家的行爲是它的意志、是它的自我實現。所以，自覺的民族所面對的精神不是那個缺乏自主體的、不具備個體的確定性的光明之神，而只是眾多個體的一個普遍本質和統治性勢力，在那裡面，個體們都消失了。就此而言，當宗教以一個單純的、沒有形態的本質爲對象時，它的崇拜儀式一般說來只能給它的追隨者們這樣的回報，即承認他們是他們所信奉的神的子民。崇拜儀式僅僅使他們獲得持存狀態和一般意義上的單純實體，而不是使他們獲得一個現實的自主體，因爲這樣一個自主體寧可是遭到壓制的。他們所崇拜的神是一個空洞的深遠內核，不是精神。但另一方面，藝術宗教的崇拜儀式缺乏本質的那種抽象的**單純性**，因此也缺乏本質的**深遠內核**。但是，**自在地看來，那個與自主體直接合爲一體的本質**是一個精神，是一個**認知著的眞理**，儘管還不是一個已經獲得知識的眞理，或者說還不是一個在自己的深遠內核裡認知著自身的眞理。在這裡，因爲本質本身就包含著自主體，所以它的現象在意識看來是一個友好的現象，而意識在崇拜儀式中不僅得到了它的持存狀態的普遍合理性，而且還得到了它的內在的自覺實存。同樣，反過來說，本質之所以具有一種缺乏自主體的現實性，並不是取決於一個遭到壓制的民族（它的實體只是得到承認而已），而是取決於這樣一個民族，它的**自主體**在它的實體中得到承認。

因此，當自我意識在它的本質那裡得到滿足，就擺脫了崇拜儀式，與此同時，神進入到自我意識之中，把自我意識當作它的聖地。這個**聖地**就其自身來說是實體的黑夜，或者說是實體的純粹的個體性，但卻不再是藝術家的那種緊張的、尚未與它的**客觀地**轉變著的本質達成和解的個體性，而是一個已經得到滿足的黑夜，它本身包含著一個情懷，但卻無欲無求，因爲它已經從直觀，從一種遭到揚棄的客觀性那裡，返回到自身之內。這個**情懷**就其自身而言是**上升過程**的本質，但本質如今已經在自身中**沒落**了，而且本身就包含著它的沒落，包含著自我意識，因此也包含著實存和現實性。本質在這裡已經完全經歷了它的實現運動。它脫離了它的純粹的本質性，降格爲一種客觀的自然力及其外化活動，成爲一個爲他存在，成爲自主體的對象，被自主體消滅。缺乏自主體的自然界的寂靜本質在它的果實那裡贏得了一個階段，在這裡，自然界呈現在一個具有自主體的生命面前，供其享受和消化。作爲一種可以充當食物和飲料的有用東西，自然界因此達到了它的最高的完滿性。因爲，透過這種方式，自然界有可能成爲一種更高的實存，與精神性實存相接壤。大地精神在它的形態轉變過程中，一方面發展爲一個寂靜而有力的實體，亦即一個陰性原則（滋養著一切），另一方面發展爲一種精神性酵母，亦即一個陽性原則（自覺實存所具有的自發推動力）。⑧

在獲得這樣的享受時，那個冉冉上升的光明之神已經透露了它的本質。享受是光明之神的奧祕之所在。奧祕並不是指一個隱藏的祕密或一種無知狀態，而是意味著，自主體知道自己與本質是本質合爲一體的，就此而言，本質已經啓示出來。只有自主體才會啓示給自己，換言之，啓示出來的東西只出現在一種直接的自身確定性之中。但在這種自身確定性裡面，單純本質已經透過崇拜儀式被設定下來。單純本質作爲一個有用的東西，不僅包含著一個看得見、摸得著、聞得到、嘗得著的實存，而且本身也是欲望的對象，並透過一種現實的享受與自主體合爲一體，從而完全透露給自主體，在自主體面前啓示出來。當人們說某種東西啓示在理性或心靈面前時，那種東西實際上仍然是祕密的，因爲對於直接的實存，這裡還缺乏一個現實的確定性，不但缺乏一個客觀的確定性，而且缺乏一個透過享受得到的確定性，而這種現實的確定性在宗教裡不只是一種缺乏思想的、直接的確定性，而且同時也是自主體的一種純粹認知著的確定性。

這樣一來，那個透過崇拜儀式而在自覺的精神之內啓示出來的東西，就是一個**單純的**本質，這個本質是一個運動，也就是說，一方面從它的黑夜的隱蔽處上升到意識之中，成爲一個寂靜地滋養著意識的實體，另一方面同樣重新埋沒在陰間的黑夜之中、埋沒在自主體之中，只伴隨著一種寂靜的母性渴望在上界稍事逗留。然而，純潔的衝動就是那個名目眾多的

⑧ 陰性原則指德墨忒爾，陽性原則指戴歐尼修斯。——譯者注

冉冉上升的光明之神，是光明之神的步履蹣跚的生命，這個生命同樣已經擺脫了它的抽象存在，先是化身爲水果的客觀實存，然後把自己託付給自我意識，在自我意識那裡獲得眞正的現實性。現在，這個生命表現爲一群狂熱的四處奔走的婦女，[9]表現爲一個具有自我意識形態的自然界的無拘無束的極度狂歡。

但是，啓示在意識面前的絕對精神還只是這個單純本質，還不是一個本身即精神的絕對精神，換言之，啓示在意識面前的只是一個**直接的**精神，亦即自然界的精神。因此它的自覺的生命只是麵包和紅酒的奧祕，[10]只是塞雷斯和巴克科斯的奧祕，而不是另外一些眞正的上界之神的奧祕，因爲不論如何，上界之神的個體性是把嚴格意義上的自我意識當作一個根本環節包含在自身之內。也就是說，精神尚未作爲一個**自覺的**精神把自己獻祭給單純本質，麵包和紅酒的奧祕還不是肉和血的奧祕。

神的這種動搖不定的極度狂歡必須把自己當作一個**對象**平息下來，而且那種未曾進入到意識之中的亢奮必須製造出一個作品，這個作品對於亢奮而言，就像雕塑對於此前的藝術家的亢奮而言，雖然同樣也是一個完滿的作品，但卻不再是一個本身就缺乏生命的自主體，而是一個**有生命的**自主體。這樣一種崇拜儀式就是人爲了他自己的榮耀而舉行的慶典，[11]只不過它尚未獲得絕對本質的意義。目前在人的面前啓示出來的只是**本質**，還不是精神。啓示出

---

⑨ 參閱本書第一章注釋③。在厄琉西斯的帶有狂歡意味的農慶節裡，參與者主要是婦女。——譯者注

⑩ 參閱本書第一章注釋④。——譯者注

⑪ 指古希臘的奧林匹克慶典。奧林匹克慶典不僅是一場體育盛會，更具有廣泛的文化意義和社會意義。造型藝術家和文學家可以在慶典上展示他們的作品，發表對於城邦生活各方面的觀點。——譯者注

來的還不是一個**在本質上**採納人的形態的本質。但是這種崇拜儀式爲精神的人形啓示奠定了基礎，並且把這種啓示的各個環節逐一羅列出來。所以，這裡是一個抽象的環節，即本質的有生命的**軀體**，正如在這之前，本質和軀體是統一在一種無意識的狂熱之中。於是人取代了雕塑的地位，把他自己當作那有教養的、受過陶冶的形態所達到的一種完全自由的**運動**，正如雕塑是一種完全自由的**靜止**。既然每一個人至少都懂得作爲火炬手而把自己呈現出來，那麼也會有一個人從他們中間脫穎而出，成爲一個有形的運動，代表著全體成員的流暢舒展和流動性力量，成爲一個有靈魂、有生命的藝術品，美貌與力量並重，不但接受了那些曾經用來尊崇雕塑的飾物，以作爲對他的力量的嘉獎，而且也接受了這樣的榮耀，即他對族人而言不是一個實質的神，而是他們的本質的最高的肉身呈現。

在上述兩種呈現方式裡面，明擺著自我意識與精神性本質的統一體。但是它們還沒有達到平衡。在巴克科斯的亢奮狀態下，自主體出離到自身之外，而在一個美麗的軀體裡，則是精神性本質出離於自身之外。軀體的清晰實存必須吸納意識的那種蒙昧狀態及其野性囈語，而亢奮的內在性必須吸納軀體的無精神的清晰性。在一個完滿的要素裡面，內在性同樣也是外在的，外在性同樣也是內在的。這個完滿的要素仍然是一種語言，只不過這既不是一種就其內容而言純屬偶然的、個別的神諭，也不是一種出於情感的、只頌揚著個別的神的讚歌，更不是巴克科斯在躁狂狀態下發出的那種毫無內容的囈語。實際上，語言已經贏得了它的清晰而普遍的內容。之所以說「**清晰**」，因爲藝術家已經擺脫了最初的、純粹本能式的激奮狀態，已經把自己打造爲一個形態，這個形式是一個自立的、在其全部活動中都滲透著自覺的靈魂、與自覺的靈魂同生共死的實存；而之所以說「**普遍**」，因爲在這個給人帶來榮耀的慶典裡面，雕塑（它們僅僅包含著一個民族精神和一個特定的神靈性格）的片面性已經消失了。一尊美麗的武士雕像雖然是它那個特殊民族的榮耀，但畢竟是一個有軀體的個別

[529]

性，在這種個別性中，具體而嚴肅的意義，還有精神的內在性格（它承載著他那個民族的特殊生活、關切、生理需要和倫常習俗）都已經沒落了。精神外化爲一個完整的軀體，在這個過程中，精神拋棄了自然界的各種特殊的印記和聲調，儘管它曾經作爲一個現實的民族精神把那些東西包容在自身之內。所以，樹立武士雕像的民族在精神那裡不再意識到自己的特殊性，而是意識到特殊性遭到拋棄，意識到它的人類生存的普遍性。

㈢精神性藝術品

透過一個特殊的動物，諸多民族精神已經意識到它們的本質的形態，於是它們彙集爲**單一的**民族精神。在這種情況下，各個特殊的、美麗的民族精神合併到**單一的**萬神殿之內，而萬神殿的要素和居所乃是語言。純粹的自身直觀——即直觀到自己是**普遍的人性**，借助於民族精神的現實性獲得了一個形式，也就是說，民族精神與其他民族精神一起天然地形成**單一的**民族，結合爲一項共同的事業，並且爲了這項事業構成一個整全的民族，從而構成一片整全的天地。儘管如此，精神在它的實存那裡達到的這種普遍性只是最初的普遍性，它起源於倫理意義上的個體性，尚未克服個體性的直接性，尚未把這些民族共同體揉合爲**單一的**國家。現實的民族精神的倫理一方面依賴於個人對他們的整個民族的一種直接的信任，另一方面依賴於一種直接的參與，也就是說，每一個人不分階級差別都參與到政府的各種決斷和行爲當中。人的聯合剛開始並未形成一個持久不變的秩序，而只是形成一個共同的行動。在這種聯合裡，所有的人和每一個人的參與自由都**暫時**被擱置在一邊。就此而言，這種最初的共同體更像是眾多個體性的一種聚集，而不是意味著抽象思想的統治地位，因爲抽象思想會禁止個人自覺地參與到整體的意志和行爲中去。

各個民族精神聚在一起形成了一個由眾多形態構成的圓圈，這個圓圈如今不但包含著整個自然界，而且包含著整個倫理世界。自然界和倫理世界也是服從於某一個人的**最高命令**，而不是服從於這個人代表著的**最高統治權**。就其自身而言，它們是兩個普遍的實體，承擔著一個**自覺的**本質之**自在的**存在和行爲。但這個自覺的本質構成了一種力量，至少是剛開始的時候構成了一個讓那些普遍本質爲之奔忙的核心，儘管這個核心看起來僅僅是以一種偶然的方式把普遍本質的各種事務聯繫在一起。神性本質返回到自我意識之內，但這種返回剛好已經包含著一個理由，使得自我意識可以爲神的那些力量建立起一個核心，從一開始就把那個根本的統一體喬裝打扮成兩個世界之間的一種友好的外在關聯。

這些內容所具有的普遍性，必然也隸屬於意識形式，也就是說，隸屬於內容的顯現形式。意識不再是崇拜儀式的一種現實的行動，而是這樣一種行動，它尚未提高到概念，而只是提高到**表象**，提高到自覺實存和外部實存之間的一種綜合式聯繫。這種表象的實存，亦即**語言**，是最初的語言，是眞正意義上的**史詩**，它包含著一種普遍的內容，這些內容即便沒有意味著**思想的普遍性**，但至少意味著世界的**完整性**。**歌唱者**是一個個別的和現實的人，是這個世界的主體，是語言的創造者和承擔者。他的情懷並不是一種令人眩暈的自然力，而是一種記憶、一種靜思和一種後來形成的內在性，一種對於已往的直接本質的追憶。歌唱者是一個消失在他的內容之中的工具。那發揮著作用的，不是他自己的自主體，而是他的繆斯、他的普遍的歌聲。實際上這裡有一個環環相扣的推論，在其中，借助於特殊性這一中項，普遍性一端（諸神的世界）與個別性一端（歌唱者）聯繫在一起。中項是一個擁有眾多英雄⑫的

⑫ 這裡及以下的「英雄」（Held）一詞同時亦有戲劇中的「主人翁」的意思。——譯者注

民族，這些英雄和歌唱者一樣都是個別的人，但他們完全是一些**代表性人物**，因此他們和處於自由的普遍性一端的諸神一樣，同時也是一些**普遍的**人。

因此在史詩裡，那種透過崇拜儀式而**自在地**確立下來的東西，亦即神與人的關聯，完全**呈現**在意識面前。內容是自覺的本質的一個**行爲**。**行動**破壞了實體的寧靜，使本質激動起來，而這樣一來，本質的單純性就被割裂了，展示爲一個包含著自然力量和倫理力量的雜多世界。行爲損害了寧靜的大地，它是一個透過血液而獲得了生命的墓穴，這個墓穴把那些渴望著生命的亡靈召喚過來，使它們透過自我意識的行動獲得生命。人們普遍操心著的那項事務獲得了兩個方面：一個是**自立的**方面，這是透過全部現實的民族和一些處於其巔峰地位的個體性完成的，另一個是**普遍的**方面，而它是借助於各個民族的實體性勢力才完成的。但這兩個方面之間的**關聯**老早就已經規定下來了，也就是說，這是普遍者與個別事物之間的一個**綜合式**聯繫，或者說是一個**表象活動**。對於這個世界的評判就是依賴於上述規定性。這樣一來，可以說雙方之間是一種混合的關係，但所謂「混合」，就是胡亂分割行動的統一體，多此一舉地把行爲從這個方面拋到另一個方面。諸神作爲一些普遍的勢力，本身就具有個體性形態，從而具有行動的原則。它們的作用因此顯現爲一種同樣自由的、完全起源於它們的行動，亦即人的行動。就此而言，神和人所做的完全是同樣的事情。那些勢力擺出的嚴肅樣子是非常可笑的，完全是多此一舉，因爲實際上正是它們在支配著採取行動的個體性。同樣，個體性的努力和勞動也是一種無益的操勞，因爲其實是那些勢力在引領著一切。過於操勞的終有一死者是一種虛無縹緲的東西，但他們同時也是一個強大的**自主體**，這個自主體征服了普遍的本質，雖然給諸神造成傷害，但總算給諸神帶來一種現實性，帶來對於行動的興趣。反過來，這些軟弱無力的、以人類的施捨爲生、並因此才有點事情可做的普遍本質，不但是萬事萬物的自然本質和材料，而且也是行動的倫理質料和情懷。一方面，它們的基本本性只有透過個體性的自由的自主體才進入到現實性和行動關係之中，另一方面，它們同樣也是一個擺脫了上述聯繫的普遍者，這個普遍者註定不受任何限制的約束，它借助於它的統一體的不可摧毀的彈性抹去行動者的精準位置和它自己的各種造型，維繫著自己的純粹性，並且把一切個體事物都消解在它的流體之中。

普遍本質面對著一個自立的自然界，和它一起陷入到上述矛盾關聯當中，不但如此，在它們的普遍性和它們自己固有的規定之間，在它們的相互關係之間，也出現了矛盾。它們是一些永恆美麗的個體，安息在各自固有的實存之中，與時光的流逝無關，也不必承受外來的暴力。但與此同時，它們也是一些**特定的**要素，是一些**特殊的**神，因此相互之間不免發生關係。這種關係表現爲對立，表現爲爭執，因此是以一種奇怪的方式自行遺忘了它們的永恆本性。規定性扎根於神的持存之中，透過持存狀態的局限性獲得了整個個體性的獨立性。透過這種規定性，諸神的性格同時也失去了敏銳的特點，只模棱兩可地攪和在一起。既然諸神的行爲針對著一個他者，因此針對著一種不可戰勝的神性力量，那麼行爲的目的以及行爲本身就是一種偶然而空洞的虛張聲勢。這種虛張聲勢的做法同樣也會偃旗息鼓，並且把行爲假裝出來的嚴肅轉化爲一種不會帶來危險的、對自身抱有確定性的遊戲，沒有結果、沒有成就。但是，在諸神的神性本性那裡，如果這個本性的否定方面或規定性只顯現爲諸神在行爲上的前後不一貫，顯現爲目的與結局之間的矛盾，如果那個獨立的自身確定性壓倒了處於規定之下的事物，那麼這個本性正會因此遭到一種**純粹的否定力量**的反對，這種力量是諸神的終極勢力，甚至不受諸神的掌控。諸神代表著普遍性和肯定性，在他們的威權之下，終有一死者的**個別的自主體**難以爲繼。但與此同時，**普遍的自主體**卻是飄遊於諸神以及這個完整的、包含著全部內容的表象世界之上，顯現爲一種**缺乏概念的空洞必然性**。對於這件事情，諸神表現出一種六神無主的哀傷態度，因爲這些**特定的**本性並沒有出現在這種純粹性之

[533]

內。

但這種必然性乃是**概念的統一性**，它掌控著個別環節的相互矛盾的實體性，從而把諸神的前後不一貫的、偶然的行動納入到一個秩序之中，使他們的嬉戲行爲本身就具有嚴肅的意義和價值。表象世界的內容在**中項**那裡輕鬆而自顧自地表演著一個運動，這些內容集中在一個英雄的個體性身上，但英雄在體會到內容的力量和美好時，卻感到自己的生命殘缺不全，哀歎著即將出現的夭亡。因爲，**內在穩固的**、**現實的個別性**已經被放逐到片面的一端，分裂爲兩個尚未發現彼此、尚未統一起來的環節。其中一個環節是**抽象的**、非現實的個別事物，即必然性，另一個環節則是**現實的**個別事物，即一個出離於自身之外，沉迷在他的表象之中的歌唱者。這兩個環節都沒有分享中項的生命，但是雙方都必須向內容靠近：必然性必須用內容來充實自己，歌唱者的語言必須分享到內容，至於那個此前一直對自己聽之任之的內容，也必須憑藉自身去獲得否定事物的確定性和確切規定。

[534]

因此，這種更高的語言，**悲劇**，就把本質世界和行動世界這兩個分崩離析的環節緊密結合在一起。神性事物的**實體依據概念的本性**分化爲各種形態，實體的運動同樣也是遵循著概念。當語言深入到內容之中，它在形式上就不再是一種敘事性的語言，正如內容也不再是一種存在於表象之中的內容。英雄本人在說話，而聽眾兼觀眾在表演中看到的是一些**具有自我意識的**人，這些人**知道**自己的正當性和自己的目的，知道自己的規定性具有權力和意志，他們也知道如何**說出**這些情況。這些人是藝術家，他們不像那種伴隨著現實生活裡的普通行動的語言，只是無意識地、自然地、樸素地說出他們決定要做和開始去做的事情的**外在方面**。寧可說，他們表達出內在的本質，證明他們的行動的正當性，他們經過深思熟慮之後，明確無誤地宣布，那種支配著他們的情懷並不依賴於各種偶然處境和特殊人物，而是直指一種普遍的個體性。最後，這些性格的**實存**是一些**現實的**人，他們扮演英雄，透過一種現

[535]

實的、非敘事性的（亦即第一人稱式的）語言呈現出英雄的人物角色。雕塑在本質上是透過人的雙手而被製造出來的，同樣，演員在本質上也是借助於他的面具才成其爲演員。在這裡，面具並不是一個在藝術考察中可以置之不理的外在條件。換言之，如果人們在進行藝術考察時堅持要把面具放在一邊不予理會，那麼這等於是說，藝術在自身之內尚未包含著一個眞實而獨特的自主體。

這些產生自概念的形態，其運動依賴於一個**普遍的基礎**，依賴於一個意識，這個意識以最初的表象式的語言及其缺乏自主體的、支離破碎的內容爲對象。它就是普通人民群眾，他們的智慧透過**老年人合唱隊**而得以付諸言表。這種有氣無力的合唱隊代表著普通人民群眾，因爲相對於政府的個體性而言，普通人民群眾僅僅充當著一種既可主動、亦可被動的質料。他們缺乏進行否定的能力，沒法把神性生命的豐富多姿的內容維繫在一起，而是任其分崩離析，把每一個個別的環節都當作一個獨立的神來加以敬仰和讚美，把他們的讚歌一會兒獻給這個神、一會兒又獻給另一個神。但是，當普通人民群眾覺察到概念的嚴肅性、覺察到概念踏破各種形態邁步前進，當他們慢慢發現他們所讚美的諸神在侵入概念的領地時是如何狼狽不堪，在這個時候，他們本身並沒有成爲一種行動干預式的否定勢力，而是堅持著一種缺乏自主體的、以否定勢力爲對象的思想，堅持著一種以**陌生命運**爲對象的意識，時而用空洞的願望來麻痺自己，時而用軟弱的言語來撫慰自己。普通人民群眾**畏懼**上界的勢力（它們是實體的直接幫手），**畏懼**它們的相互爭鬥，**畏懼**必然性的單純的自主體（它不但摧毀上界的勢力，而且摧毀那些和它們聯繫在一起的活物）。與此同時，他們也**憐憫**上界的勢力

（因爲他們同時知道，自己和它們是同一個東西），⑬所以，對於普通人民群眾而言，他們只能束手無策地、驚恐地看著這個運動，而這種驚恐同樣只是一種無可奈何的悲歎，最終是在一片空虛的寂靜中聽任必然性的擺佈，而必然性的作品既不能被理解爲性格作出的一個必然的行爲，也不能被理解爲絕對本質在自身內採取的一個行動。

在這種旁觀的意識裡面，也就是說，在表象活動的漠不相關的基礎之上，精神並不是表現爲一些雜亂事物，而是表現爲概念的一種單純的分裂。就此而言，精神的實體僅僅表現爲兩種各據一端的勢力。這些基本的、**普遍的**本質同時也是一些具有自我意識的**個體性**，是一些英雄，他們拿自己的意識去代言兩種勢力中的一種，依靠那種勢力獲得一個特定的性格，並構成那種勢力的行爲和現實性。正如我們已經指出的那樣，這種普遍的個體化運動還得繼續下降，直到獲得一個直接的、現實的、獨特的實存，以便呈現在一群觀眾面前。觀眾在合唱隊那裡看到他們的映射，或更確切地說，看到他們自己固有的、自言自語的表象。

精神在這裡以它自己爲對象，它的內容和運動已經被我們看作是倫理實體的本性和實現過程。在它的宗教裡，精神達到了自我意識，或者說精神意識到自己有一個更純粹的形式，意識到自己發生了一種更單純的形態分化。因此，如果說倫理實體透過自己的概念在**內容**上分裂爲兩種勢力，即此前規定下來的**神的**正當性和**人的**正當性，或下界的正當性和上界的正當性——前者指**家庭**，是**女性性格**；後者指**國家權力**，是**男性性格**，那麼此前那個形式多樣的、在各種規定之間游移不定的諸神範圍就限定在上述兩種勢力上，而兩種勢力則由於

[536]

⑬ 根據亞里斯多德的悲劇理論，「憐憫」（eleos）和「畏懼」（phobos）是悲劇引發的最主要的情感。參閱亞里斯多德《詩學》（1452a2-3, 1452a38, 1452b32-1453a6, 1453b1-17）。——譯者注

這個規定變得更加接近眞正的個體性。過去，當整體分化爲眾多抽象的、看似基本的力，這意味著**主體的瓦解**，而主體僅僅是把這些力當作不同的**環節**囊括在它的自主體之內，所以個體性僅僅是那些本質的表面上的形式。反過來，除了剛才提到的差別之外，各個**性格**之間的進一步的差別只能歸結到一種偶然的、自在地外化出來的個人特徵。[537]

與此同時，本質在**形式**上或就**知識**而言也發生了分裂。**行動中的**精神作爲一個意識與對象相對立，它的行爲針對著對象，對象因此被規定爲一個**否定著**認知者的東西。這樣一來，行動者就是置身於知識和無知的對立之間。他由他的性格來決定他的目的，他知道性格是倫理中的本質因素。但是，透過性格的規定性，他所認識到的只是實體的兩種勢力之一，而另一種勢力是隱藏著的。所以，當前的現實性一方面是**自在的**，另一方面又是作爲意識的對象存在著。在這個關聯裡，上界的正當性意味著一種認知著的、展現在意識面前的勢力，而下界的正當性則意味著一種隱藏著自身的、潛伏在幕後的勢力。前者是**光明一方**，是那個頒布神諭的神，他按照他的自然環節而言乃起源於那個照亮一切的太陽，所以他知道一切、展示一切。這一方是**福玻斯**⑭及其父親**宙斯**。但是這個說眞話的神所發布的那些命令，還有他對於**存在者**的種種揭示，更多是欺騙性的。概言之，這種知識就其概念而言直接等於無知，因爲**意識**本身在行動中就是這樣一個對立。那個有能力解答斯芬克斯之謎的人，⑮

⑭ 福玻斯（Phöbus）即阿波羅（Apollon），希臘神話中的太陽神。——譯者注

⑮ 指俄狄浦斯。按照希臘神話傳說，斯芬克斯是一個獅身人面的有翼怪獸，它坐在忒拜城附近的懸崖上，向過路人出一個謎語：「什麼東西早晨用四條腿走路，中午用兩條腿走路，晚上用三條腿走路？」如果路人猜不出，就被害死。俄狄浦斯猜出了這個謎語的正確答案，即「人」，於是斯芬克斯羞愧地跳崖自殺。——譯者注

和很多天眞地信任神的人一樣，都是透過神的啓示才陷入到不幸當中。女祭司作爲美麗之神的代言人，其實是那一向說話模棱兩可的命運姊妹，她們用預言來誘人犯罪，用確鑿無疑的保證（實則包含著語義雙關的解釋）去欺騙那個信賴其表面意義的人。所以，有一種意識，它比那種相信女巫的意識更純粹，同時比那種信任女祭司和美麗之神的意識更清醒、更澈底，它在得到父親的鬼魂親自作出的關於那件謀害他的罪行的啓示之後，並沒有急於報仇，而是繼續搜尋別的證據，原因在於，誰知道這個作出啓示的鬼魂是不是一個魔鬼呢？⑯

不去信任啓示是有道理的，因爲認知意識陷入了自身確定性和客觀本質之間的對立。倫理的正當性在於，**自在地看來**，那種與絕對規律相對立的現實性是毫不足道的。但是倫理的正當性從經驗中得知，它的知識是片面的，它的規律僅僅是它的性格的規律，它只抓住了實體的兩種勢力之一。行爲本身就是一種顚倒或反轉，也就是說，它使**已知的事物**轉變爲它的**反面**，轉變爲**存在**，使性格和本質的正當性轉變爲相反的正當性，兩種正當性在實體的本質裡面結合在一起，轉變爲厄里倪厄斯女神，她們具有另外一種激動的敵對勢力和性格。這個**較低的**倫理正當性和**宙斯**一起高踞王座之上，它所享受的聲望一點都不遜色於那個作出啓示和進行認知的神。

借助於一個行動著的個體性，合唱隊唱出的諸神世界被限制在這三個本質上面。其中一個本質是**實體**，它既是一種看管爐灶的力量和守護家庭孝道的精神，也是一種透過國家和政府體現出來的普遍勢力。由於這個差別隸屬於實體本身，所以它在表象裡面並沒有成爲兩個不同的個體形態，而是在現實中透過兩個人來代表它的不同性格。反之，知識與無知之間的

⑯ 這裡所說的是莎士比亞的《哈姆雷特》第一場第五幕的情景。——譯者注

差別出現在**每一個現實的自我意識**那裡，因爲只有在抽象中，在普遍性這一要素之中，這個差別才被分派給兩個個體形態。英雄的自主體只有作爲一個完整的意識才具有實存，所以它在本質上是一個**完整的**、隸屬於形式的差別。然而英雄的實體又是一個特定的實體，他只掌握著千差萬別的內容的其中一個方面。因此，儘管意識的兩個方面在現實中沒有分裂開，各自具有一個獨特的個體性，但這兩個方面在**表象**裡面卻是分別有一個特殊的形態：一個是作出啓示的神，另一個是隱藏起來的厄里倪厄斯。一方面，兩位神享受著同等的榮耀，另一方面，**實體**的**形態**，亦即**宙斯**，則是兩位神的彼此**關聯**的必然性。實體是這樣一種關聯，它意味著：(1)知識是自爲的，但卻是透過一個單純事物獲得它的眞理；(2)現實意識依賴於一個差別，這個差別透過一個消滅著差別的內在本質獲得自己的根據；(3)對於**確定性**的明確**保證**只有透過**遺忘**才得到證實。

意識曾經透過行動揭示出這個對立。當意識遵循著啓示出來的知識去行動，就會經驗到這種知識的欺騙性，但就內核而言，它既然已經歸順實體的兩個屬性之一，也就損害了另一個屬性，因此它承認後者的反抗是正當的。意識追隨著知識之神，但它抓取到的反而是某種未曾啓示出來的東西。它因爲信任一種模棱兩可的知識而遭到懲罰，而模棱兩可既然是這種知識的本性，那麼意識必須把它當作一個**對象**，當作一個明白擺放著的**警示**。女祭司的躁狂囈語，女巫的非人的形象，樹和鳥兒的聲音，還有夢等等，⑰都不是眞理的顯現方式，而是一些具有警示作用的信號，它們提醒人們，這裡存在著欺騙、頭腦發熱、知識的個別性和偶然性等情況。換言之，意識所損害的相反勢力，明擺著是公開的法律，是發揮著校準的正

⑰ 這裡所說的是莎士比亞《馬克白》第一場第三幕、第三場第三幕、第三場第五幕的情形。——譯者注

當性，且不管這是家庭規則還是國家法律。與此相反，意識聽從它自己的知識，對於啓示出來的東西視而不見。內容和意識作爲兩種相互對立的勢力出現，它們的眞理是這樣一個結果：誠然，雙方都是同樣正當的，但正因如此，在行動造成的對立當中，雙方又都是同樣不正當的。當兩種勢力和兩種自覺的性格同歸於盡，行動的運動體現出它的統一性。對立雙方自己和解了，其標誌就是死者必須經過的**下界忘川**，⑱或者也可以說是**上界忘川**，但它並不寬恕過錯（因爲過錯並不能抹殺一個行動著的意識），而是寬恕罪行，撫慰有贖罪之心的意識。兩個忘川都代表著**遺忘**，也就是說，實體的各種勢力的現實性和行動，實體分化而成的眾多個體性，還有「善」和「惡」等抽象思想的勢力等等，已經消失無遺。因爲，沒有一種勢力單獨就其自身而言是本質，寧可說，本質是整體的內在靜止狀態，是命運的巋然不動的統一體，是家庭和政府的靜態實存乃至無所作爲、死氣沉沉，是阿波羅和厄里倪厄斯的同等榮耀乃至漠不相關的非現實性，是兩位神祇的精神活動和行爲之向著單純的宙斯的回歸。

這個命運最終滅絕了天界的諸神，滅絕了個體性和本質的無思想的混合。而正是透過這種混合，本質的行動才顯現爲一種前後不一貫的、偶然的、有損本質尊嚴的東西。因爲，如果個體性只在表面上依附於本質，那麼它是一種無關本質的個體性。古代某些哲學家⑲曾經要求把一些缺乏本質的表象清除掉，但這個工作在通常的悲劇那裡已經開始了，也就是說，在悲劇那裡，實體的劃分是由概念決定的，因此個體性是一種事關本質的個體性，而各

---

⑱「忘川」（Lethe）是古希臘神話中一條位於陰間的河流。死者的靈魂在轉世投生之前，必須飲用河水，這樣就會忘記前世的事情。——譯者注

⑲指埃利亞學派的色諾芬尼（Xenophanes）和柏拉圖。——譯者注

種規定則是一些絕對的性格。正因如此，悲劇中表現出來的自我意識只知道和只承認**唯一的**最高勢力，只把宙斯看作是一種守護著國家和爐灶的勢力，而在與知識的對立中，則認為宙斯創造出了一種轉變爲形態、並以**特殊事物**爲對象的知識，即認爲宙斯代表著誓言和厄里倪厄斯，代表著**普遍者**或一個隱藏起來的內核。反之，那些進一步來自於概念，並分化爲各種表象的環節，已經逐漸得到合唱隊的認可，它們並不表現英雄的情懷，而是沉溺爲英雄的情感，沉溺爲一些偶然的、缺乏本質的環節，它們雖然得到那個缺乏自主體的合唱隊的讚揚，但是並不能刻畫出英雄們的性格，而英雄們也不會宣稱並認爲這些是他們的本質。

那些扮演著神性本質的人物角色，還有這個本質的實體的各種性格，也聚集到一個無意識事物的單純性裡面。與自我意識相反，這個必然性的特性在於，它是一種否定的勢力，針對著全部顯現出來的形態，在這種勢力裡，各種形態沒有認識到它們自己，而是走向沒落。自主體只表現爲某種被分派給**性格**的東西，而不是表現爲運動的中項。但是自我意識，作爲一種單純的自身**確定性**，實際上就是那種否定的勢力，是宙斯、**實體性**本質和**抽象的**必然性這三個東西的統一體。它是萬物都要返回到其中的那個精神性統一體。正因爲現實的意識仍然有別於實體和命運，所以，一**方面看來**，它是合唱隊，或更確切地說是旁觀的群眾，戰戰兢兢地把神的生命運動看作是一個**陌生的事物**，或者說，作爲一個與這個運動戚戚相關的東西，它是出於畏懼才感受到一種無需行動的**同情心**；另一方面，既然意識也參與到行動當中，隸屬於性格，那麼這種聯合可以說是一種外在的聯合（因爲眞正的聯合亦即自主體、實體和命運這三者的聯合尚不存在），是一種**僞裝**。出現在觀眾面前的英雄分裂爲面具和演員，分裂爲人物角色和現實的自主體。

英雄們的自我意識必須走出它的面具，呈現出來，也就是說，它知道自己不但是合唱隊所唱的諸神的命運，而且是那些絕對勢力本身的命運，它再也不脫離合唱隊，再也不脫離普遍意識。

因此，**喜劇**首先包含著這樣一個方面，即一個現實的自我意識呈現為諸神的命運。這些基本的本質，作為一些**普遍的**環節，既不是自主體，也不是現實的東西。誠然，它們也具有個體性形式，但這個形式只是在想像中，而不是自在且自為地隸屬於它們；現實的自主體不會把這樣一個抽象的環節當作它的實體和內容。現實的自主體，亦即主體，於是超越這樣一個環節，好比超越一個個別的屬性。它戴著這個面具去嘲諷個別的屬性，因為後者企圖成為一個自為存在。對於普遍本質性的鼓吹在自主體那裡暴露出來了。自主體企圖成為某種正當的東西，正因如此，它表明自己囿於現實性，而它的面具也掉了下來。當自主體作為一個現實的東西顯現出來時，它戴上面具，而且戴著面具一直演下去，以為自己就是它所扮演的人物角色；但是它同樣很快掙脫了這個假象，重新暴露出它原本固有的赤裸面目和習慣特徵，並且表明，這些東西與真正的自主體，與演員，與觀眾都沒有任何差別。

當一般意義上的有形的本質性作為一個個體發生普遍的瓦解，它的內容愈是具有嚴肅而必然的意義，那麼這個瓦解過程也就愈是顯得嚴峻，愈是具有刻意而苦澀的意味。在這個瓦解過程中，神性實體的兩種意義（作為一個自然的本質性，和作為一個倫理的本質性）達到了統一。關於自然事物，當現實的自我意識用它們來修飾自身、建造房屋等等，用它們在祭祀的宴席上供人享用時，自我意識就表明自己是這樣一種命運，對它而言，自然界的自主本質性已經不是什麼祕密。在麵包和紅酒的奧祕裡，自我意識賦予這種自主本質性內在本質的意義，並把它們合在一起據為己有，而在喜劇裡，它卻故意對所謂的「內在本質」這一意義大加嘲諷。既然這一意義包含著倫理的本質性，那麼它首先是一個民族，而它的兩個方面分別是國家或真正意義上的人民，以及家庭個別性；其次，它是一種自覺的純粹知識，或者說是一種以普遍者為對象的合乎理性的思維。「**人民**」是一個普遍的群體，它知道自己是主人和統治者，是一種必須受到尊重的理智和見解，於是它頑固地堅持自己的特殊的現實性，表現出種種可笑的巨大落差，無論是在它的自我評價和它的直接實存之間，還是在它的必然性和它的偶然性之間，以及在它的普遍性和它的卑劣性之間，莫不如此。人民的個別性已經脫離了普遍者，如果這個個別性的原則表現爲現實性的一個獨特形態，明目張膽地要治理國家（實際上是暗中危害國家），那麼這裡就更加明確地暴露出普遍者作爲一種理論而與實踐事務之間的巨大落差，在這裡，直接的個別性的各種目的不但根本不受一個普遍秩序的約束，而且嘲笑著普遍秩序。

合乎理性的**思維**已經取消了神性本質的偶然形態，於是與合唱隊的缺乏概念的智慧相對立，並且把後者提出的各種倫理格言、法律、特定的義務和權利概念等等提升爲**美**和**善**之類單純的理念。這個抽象思維的運動是這樣一個意識，它認識到那些準則和法律本身包含著辯證法，因此它們曾經具有的絕對有效性已經消失了。過去，表象曾經賦予神性本質性偶然的規定和表面上的個體性，現在由於這些東西已經消失了，所以各種神性本質性按照它們的**自然的**方面看來只具有一種赤裸裸的、直接的實存，它們是一些浮雲，[20]是一縷轉瞬即逝的煙，就和那些表象一樣。但是，從神性本質性的**處於思想中的**本質性方面看來，它們已經轉變爲**美**和**善**之類**單純的**思想，可以用任何內容去塡充。辯證知識的力量一方面給予那些耽於享樂和胡思亂想、因而已經腐化墮落的青年人特定的行爲規則和準則，另一方面也給予那些整天爲著生活瑣事擔驚受怕的老年人一個武器，讓他們去欺騙別人或自己。美和善之類

⑳ 按照阿里斯托芬在喜劇《雲》（253 ff.）裡面的記載，蘇格拉底曾經教導他的學生說，諸神都是一些浮雲。——譯者注

純粹的思想因此展現出這樣一部喜劇，即透過擺脫意見——這個意見既包含著內容上的規定性，也包含著一種絕對的規定性，而且緊緊依附著意識，來成爲一種空洞的知識，其中除了一個偶然的個體性的胡思亂想和隨意任性之外，沒有任何別的東西。

在這裡，那個原本無意識的命運與自我意識結合在一起。而在過去，命運卻是處於空洞的靜止狀態和遺忘狀態之中，與自我意識是分開的。**個別的自主體**是一種否定的力量，透過它並且由於它，諸神以及他們的各個環節（實存著的自然界，有關自然界的各種特性的思想）才會消失。與此同時，個別的自主體並不是一種空洞的消失過程，而是在這種虛渺狀態中維繫著自身、堅持著自身，成爲唯一的現實性。藝術宗教已經在個別的自主體之內得以完成，已經作爲一個完滿的東西返回到自身內。由於具有自身確定性的個別意識呈現爲一種絕對勢力，所以絕對勢力在形式上已經不再是一個**被表象的東西**，不再是一個完全**脫離意識**、對意識而言陌生的東西，也就是說，不再是雕塑、不再是有生命的美麗軀體、不再是史詩的內容，也不再是悲劇中的各種勢力和人物角色。同樣，統一也不是指崇拜儀式和祕儀的**無意識的**統一，而是指演員的獨特的自主體與他所扮演的人物角色融爲一體，與此同時，觀眾對於演出的內容無比熟悉，就好像在看他們自己演戲一般。自我意識在直觀中發現，那個在它之內，採取本質性形式而與它相對立的東西，其實已經瓦解並犧牲在自我意識的思維、實存和行動之中；自我意識意味著一切普遍者都返回到自身確定性之內，而在這種情況下，自身確定性意味著，一切陌生事物都完全缺乏本質，完全不值得畏懼，而意識則是健康的和怡然自樂的。如果不是在這種喜劇裡面，試問還能在哪裡找到這樣的自我意識呢？

三、啓示宗教

透過藝術宗教，精神已經從**實體**形式過渡到**主體**形式，因爲藝術宗教**創造**了精神的形態，在這個形態中設定了**行動**或**自我意識**，而自我意識在令人畏懼的實體裡面只是一種轉瞬即逝的東西，還沒有透過對於實體的信任理解把握到它自身。神性本質的肉身化過程始於雕塑，雕塑本身只具有自主體的**外在**形態，但**內核**（亦即雕塑所體現的行爲）卻是表現在雕塑之外。在崇拜儀式裡，外在形態和內核合爲一體，而在藝術宗教的結果裡，這個完滿的統一體同時已經轉移到了自主體這一端。當精神透過意識的個別性獲得完滿的自身確定性，精神裡面的全部本質性就全都沉沒不見了。這種輕鬆感是透過「**自主體是絕對本質**」這樣一個命題表達出來的。過去，本質是實體，自主體是某種附著在它身上的東西，如今，本質已經沉澱爲一個謂詞，精神也已經在**這個自我意識**裡失去了它的意識，因爲沒有什麼東西能夠在本質的形式下與這個自我意識相對立。

[545]

不言而喻，「**自主體是絕對本質**」這一命題隸屬於一種非宗教的、現實的精神。這裡有必要回想一下，那個把這種精神表現出來的精神形態是什麼東西。這個形態將同時包含著上述命題的運動和顛倒，即一方面自主體降格爲謂詞，另一方面實體提升爲主體。也就是說，這個顛倒的命題並不是**自在地**或**對我們而言**把實體轉化爲主體，換言之，並不是重新製造出一個實體，以至於精神的意識又被重新導回到它的開端，導回到自然宗教，寧可說，這個顛倒是**爲了自我意識**並且**透過自我意識**本身才得以成立的。由於自我意識自覺地放棄了自身，所以它在它的外化活動中保留下來，仍然是實體的主體，但作爲這樣一個已經發生外化的東西，它同時也具有一個以實體爲對象的意識。換言之，由於自我意識是透過自我犧牲才把實體作爲主體**創造出來**，所以這個主體始終是自我意識自己固有的自主體。按照前一個命

[546]

題，主體在實體性裡只是一種轉瞬即逝的東西，而按照後一個命題，實體只是一個謂詞，就此而言，實體和主體在這兩個命題裡具有相反的、不同的價值。但正因如此，兩種本性（實體和主體）結合在一起，相互滲透，在同等的意義上，既是兩個**根本性的東西**，同時也只是兩個**環節**。這樣一來，精神就既是一種有明確對象的自我意識（即知道自己是一個**客觀的實體**），也是一種單純的、保持在自身之內的**自我意識**。

藝術宗教隸屬於倫理精神，正如我們之前看到的，倫理精神已經在**法權狀態**中沒落了，也就是說，已經在「**嚴格意義上的自主體或抽象的個人是絕對本質**」這一命題中沒落了。在倫理生活裡，自主體沉浸在它那個民族的精神之內，是一種**充實的**普遍性。然而**單純的個別性**自視甚高，它擺脫了這個內容，輕率地把自己簡化爲一個個人，簡化爲一種法權意義上的抽象普遍性。在這種抽象普遍性裡面，倫理精神喪失了**實在性**，各個民族英雄的空無內容的魂靈聚集在**單一的**萬神殿之內，這個萬神殿不是一個表象，其蒼白無力的形式可以容許任何人都去染指，而是一種抽象的普遍性，一個純粹的思想，它剝奪了魂靈們的肉身，並賦予缺乏精神的自主體或個別的個人自在且自爲的存在。

然而缺乏精神的自主體已經由於自身的空洞性而將內容拱手讓出。意識只作爲一個**內在**存在才是本質。它自己固有的**實存**，亦即在法權意義上作爲一個個人而得到承認，是一種空洞無物的抽象。因此眞正說來，它只具有一個關於它自己的思想，換言之，當它**實存著**並且知道自己是一個對象時，它其實是一個**非現實的東西**。所以它只是斯多亞主義的**思維獨立性**，而這種思維獨立性在經歷了懷疑主義意識的運動之後，發現它的眞理包含在所謂的**哀怨意識**這一形態裡面。

哀怨意識不但知道抽象的個人在現實中具有哪些校準，而且知道抽象的個人在純粹思想中具有哪些校準。它知道，這樣一類校準其實是一種徹底的損失狀態。因此哀怨意識本身就是這種自覺的損失狀態，是它的自我認知的一種外化活動。我們看到，哀怨意識構成了那種在自身內完全達到幸福的喜劇意識的反面，並使喜劇意識成爲一個完整的東西。一切神性本質都返回到喜劇意識之內，換言之，喜劇意識是**實體**的完滿**外化活動**。與此相反，哀怨意識是那種本應自在且自爲存在著的**自身確定性**的悲劇命運。哀怨意識是這樣一種意識，它知道，一切**本質性**都在**這種**自身**確定性**之中損失了，這種自我認知也損失了；也就是說，實體和自主體都損失了。它是這樣一種痛苦，如果要用一句殘酷的話表達出來，就是：**上帝已死**。㉑

因此，在法權狀態下，倫理世界和倫理世界的宗教都埋沒在喜劇意識當中，而哀怨意識則是認識到了這種**全然的**損失狀態。對哀怨意識而言，它的直接的人格性的獨立價值，還有它的間接的亦即**存在於思想中的**人格性的獨立價值，都已經損失了。同樣，對於諸神的永恆法則的信賴，還有那些在特殊事情上給出指示的神諭，也都沉寂下去了。雕塑如今成爲一堆失去了生命靈魂的死屍，同樣，讚歌也成爲一通失去了信仰的詞語，諸神的案桌上不再陳列著精神性食品和精神性飲料，意識在嬉戲和慶祝時再也不能愉悅地感覺到自己與本質融爲一體。繆斯的作品失去了精神的力量，儘管精神在摧毀諸神和人類之後獲得了自身確定性。這些作品就是我們現在看到的樣子。它們是一些從樹上摘下來的美好果實，然後一個友好的命運把這些作品交付給我們，就好像一個少女把那些果實捧到我們面前。這裡沒有它們的實存

[548]

㉑ 黑格爾在這裡可能引據的是馬丁·路德於一五八一年發表的如下言論：「……基督已死，而基督是上帝，因此上帝已死。」以及一首流行於十七世紀的教會歌曲：「……連上帝自己都死了，躺在那裡，祂已經死在十字架上……」——譯者注

的現實生命，沒有結著果實的樹，沒有構成它們的實體的土壤和元素，沒有構成它們的特性的氣候，也沒有支配著它們的轉化過程的四季更替。因此，命運雖然把古代藝術作品交付給我們，但卻沒有把古代藝術所處的那個世界，沒有把倫理生命的春天和夏天（古代藝術就是在其中綻放和成熟的）一併給予我們，而是讓我們對於這些現實事物只具有一種遮遮掩掩的回憶。正因如此，當欣賞這些作品的時候，我們的行動並不是在敬神，以便我們的意識掌握行動的完滿的、充實著意識的眞理，寧可說，我們的行動是一種外在的行動，它擦去那些附著在果實身上的雨點和灰塵，用它們的外在實存、語言、歷史等龐雜的僵死因素去取代那些包圍、創造並激勵著倫理生活的現實性的內在因素，不是爲了把自己的生命深深扎根在那些因素之中，而是僅僅爲了在自身內表象著它們。但是，當少女把採摘的果實捧上來時，她除了直接呈現出一個分散爲各種條件和元素（樹、空氣、光照等等）的自然界之外，還呈現出了更多的東西，因爲她以一種更高超的方式把所有這一切都揉合在一起，透過她的自覺的目光和捧著果實的姿態表現出來。同樣，當命運精神把那些藝術品交付給我們時，它所給予我們的也不只是那個民族的倫理生活和現實性，因爲它是那個仍然**外化於**藝術品之中的精神的**深入內核過程**，或者說**回憶**（Er-Innerung）。它是悲劇命運的精神，這個命運把那些個體的神靈和實體屬性集合在單一的萬神殿裡面、集合在一個自知其爲精神的精神裡面。

精神出現的全部條件都已經準備妥當，而這些條件的總體性構成了精神的轉變過程、構成了精神的**概念**或精神的自在存在著的發生過程。藝術創作的圓圈包含著絕對實體的各種外化活動的形式。在個體性形式下，首先，絕對實體是一個物，是感性意識認識到的一個**存在著的**對象；其次，絕對實體是一種純粹的語言，或者說是形態的一個轉變過程，而形態的實存尚未脫離自主體，只是一個純粹的、**轉瞬即逝的**對象；再次，絕對實體與那個普遍的、處於激奮狀態下的**自我意識**的統一既是**直接的**，也是間接的（即以崇拜儀式的行動爲中介）；最後，絕對實體是一個美麗的、**自主的形體**，是一個已經提升爲**表象**的實存，而這個實存又擴展爲一個世界，一個最終凝聚爲普遍性、凝聚爲**純粹的自身確定性**的世界。現在，一方面是上述形式，另一方面是**個人世界**和法權**世界**，還有內容的各種被釋放出來的蠻橫粗野的要素，加上斯多亞主義的**存在於思想中的**個人以及懷疑主義意識的沒完沒了的躁動不安，所有這些東西合在一起，構成了一個由眾多形態組成的圓圈，它們焦急地圍在一起，期待著精神轉變爲自我意識，在這裡誕生。哀怨的自我意識的無所不在的痛苦和渴慕是這個圓圈的正中心，是各種形態在精神的出現過程中共同承受著的分娩之痛，是純粹概念（它把那些形態當作它的不同環節包含在自身內）的單純性。

精神本身包含著兩個方面，就像此前的那兩個相反的命題所表明的那樣。一方面，**實體**脫離自身發生外化，轉變爲自我意識，反過來在另一方面，**自我意識**也脫離自身發生外化，轉變爲物性或普遍的自主體。在這種情況下，雙方相互迎合，達到了眞正的統一。實體的外化活動，實體之轉變爲自我意識的過程，表現出一種向著對立面的過渡，表現出**必然性**的一種無意識的過渡，換言之，實體**自在地**就是自我意識。反過來，自我意識的外化活動則表明，它**自在地**就是普遍的本質，也可以說，正因爲自主體是純粹的自爲存在，在它的對方那裡仍然保持在它自身內，所以**自我意識認識到**，實體就是自我意識，實體就是精神。所以，當精神擺脫實體的形式，並且在自我意識的形態下成爲一種實存，我們可以這樣來說它——如果我們願意採用自然繁殖所表達出的那種關係的話，即精神有一個**現實的**母親，但精神的父親卻是一個**自在**存在者。**現實性**或自我意識，與作爲實體的**自在體**，是精神的兩個環節，透過它們的相互外化和彼此轉變爲對方，精神作爲它們的統一體進入到實存之中。

由於自我意識只是片面地理解把握到**它自己固有的**外化活動，所以，儘管它的對象既是存在也是自主體，儘管它知道一切實存都是精神性本質，但它還是沒有認識到作爲眞相的

[550]

精神，因為一般意義上的存在或實體就其自身而言並不是**自在地**就發生外化並轉變為自我意識。也就是說，在那種情況下，一切實存都只是**從意識的立場來看**才是精神性本質，而不是自在地本身就是精神性本質。透過這種方式，精神只是借助於人們的**想像**才附著在一個實存身上。這種**想像**是一種**狂熱**，它賦予自然界和歷史、賦予上述各種宗教的神祕表象世界另一個內在的意義，以區別於它們在現象中直接呈現於意識面前的那個意義，而且，就宗教而言，也區別於自我意識——那些宗教全都是自我意識的宗教，在這個過程中所認識到的宗教。但是這種意義是一種轉借來的意義，是一件不能遮掩赤裸現象的外衣，它不能贏得信仰和尊崇，而是保持為意識的深沉黑夜和固有迷狂。

客觀事物的上述意義必須**自在地**存在著，而不是作為一種單純的想像存在著，也就是說，**首先**，這種意義必須起源於概念，並且作為一種必然的東西出現在意識面前。因此，透過去認識一個**直接的意識**或一個以**存在者**為對象的意識，透過那個自己認知自己的**精神**的必然運動，這種意義也出現在我們面前。**其次**，這個概念，作為一個直接的概念，也具有**直接性**的形態，並且意識到了這一點，因此它已經**自在地**（亦即按照概念的必然性）賦予自身自我意識的形態，而作為**存在**或**直接性**（亦即感性意識的空無內容的對象），它已經脫離自身發生外化，並意識到自己是一個自我。但是，**直接的自在體**或**存在著的必然性**本身有別於**思維著的自在體**或**以必然性為對象的認識活動**，只不過這個區別同時並不是存在於概念之外，因為概念的**單純統一性**就是**直接的存在**本身。概念誠然已經脫離自身發生外化，或者說概念是那個**被直觀到的必然性**的轉變過程，但與此同時，它在必然性中也是保持在自身之內，認知並理解把握著必然性。精神既已賦予自己自我意識的形態，那麼它的**直接的自在體**無非表明，現實的世界精神已經掌握了這種自我認知；於是這種知識才進入到精神的意識之內，成為一個眞理。至於這一切是如何發生的，我們在前面已經加以說明。

絕對精神**自在地**賦予自己自我意識的形態，並隨之**意識到**這一情況——如今看來，這個事實就是**世界的信仰**：精神作爲一個自我意識（亦即一個現實的人）**實存著**，精神是直接確定性的對象，信仰意識**看到**、**摸到**並**聽到**這個神靈。因此這不是一個想像，而是現實地依附於信仰意識。於是意識不再是從**它的**內心裡的思想出發，**在自身內**把關於神的思想和實存結合在一起，而是從一個直接的、當前存在著的實存出發，並在其中認識到神。「**直接的存在**」這一環節現成地包含在概念的內容裡面，也就是說，當一切本質性都返回到意識之內時，宗教精神已經轉變爲一個**單純的**、肯定的自主體，正如通常的現實精神在哀怨意識那裡已經轉變爲一個**單純的**、具有自我意識的否定性。這樣一來，實存著的精神的自主體在形式上是一個完滿的直接性。它既不是一個存在於思想或表象中的東西，也不是一個被創造出來的東西，反之，直接的自主體在自然宗教裡只存在於思想或表象中，而在藝術宗教裡則是被創造出來的。如今，這個神在感性直觀中直接表現爲一個自主體，表現爲一個現實的、個別的人。因此，神只作爲自我意識**存在著**。

神性本質化身爲人，換句話說，神性本質在本質上直接具有自我意識的形態，這些情況是絕對宗教的單純內容。在絕對宗教裡，人們認識到本質是精神，換言之，絕對宗教意味著，神性本質意識到自己是精神。因爲精神就是在它的外化活動中認識到它自己，而本質則是這樣一個運動，即在它的他者存在那裡保持與自身一致。這就是實體，因爲實體在它的偶性中同樣也折返回自身內，不是把偶性當作一種無關本質的、身處陌生地位的東西，因此對其不理不睬，而是在偶性中如同在自身內，也就是說，歸根結柢，實體是**主體**或**自主體**。所以，神性本質在絕對宗教裡面**啓示**出來了。顯然，所謂神性本質啓示出來，就是指人們認識到它是什麼。而人們之所以認識到它，正在於人們認識到它是精神，認識到它是一個在本質上是**自我意識**的本質。對**意識**而言，如果它的對象是一個**他者**或一個**陌生的東西**，如

[552]

果它不知道它的對象就是**它自己**，那麼其中就包含著某種祕密。當絕對本質作爲精神成爲意識的對象，那種祕密就蕩然無存了，因爲在這種情況下，對象是作爲一個**自主體**與意識發生關聯。也就是說，意識在這種情況下直接認識到它自己，換言之，意識在對象中啓示給它自己。意識只有在一種固有的自身確定性裡面才啓示給它自己；它的那個對象是一個**自主體**。但自主體卻不是什麼陌生的東西，而是一個不可分割的自身統一體，是一個直接的普遍者。自主體是純粹概念，是純粹思維，或者說是這樣一個**自爲存在**，它是一個直接的**存在**，因而是一個**爲他存在**，而作爲一個**爲他存在**，它同樣直接返回到自身內，並且保持在自身內；因此它是眞正的和唯一啓示出來的東西。所謂「仁慈者」、「公正者」、「神聖者」、「天和地的創造者」等等都是一個主體的**謂詞**，是一些普遍的環節，它們只有依附於主體這一支點才能站穩腳跟，只有在意識返回到思維的過程中才能存在。當**它們**成爲認識的對象時，它們的根據和本質，亦即**主體**自身，尚未啓示出來，同樣，普遍者的各種**規定**還不是**這個普遍者**自身。但主體自身，隨之相應地，**這個純粹的普遍者**，顯然就是**自主體**，因爲自主體正是這樣一個折返回自身內的內核。內核直接實存著，作爲自主體的對象存在著，是自主體自己固有的確定性。因此，精神的眞正形態就在於按照它的**概念**啓示出來，而它的這個形態，亦即概念，同樣只是精神的本質和實體。精神被認作自我意識，並直接啓示給自我意識，因爲精神就是自我意識本身。神的本性和人的本性是同一個東西，而人們直觀到的就是這種統一性。

因此在這裡，意識，或者說本質作爲意識的對象時的存在方式，亦即本質的形態，實際上是與本質的自我意識相一致的，這個形態本身是一個自我意識。就此而言，形態同時也是一個**存在著的**對象，而這種存在同樣直接地意味著一個**純粹思維**或一個絕對本質。絕對本質作爲一個現實的自我意識實存著，它看似已經脫離了它的永恆的單純性，**降低了身分**，但卻

[553]

正因此才達到了它的**最高**本質。因爲，只有當本質的概念達到了它的單純的純粹性，這個概念才是一個絕對的**抽象**，而絕對的抽象既然是一個**純粹思維**，因此也就是自主體的純粹的個別性，而且由於它的單純性，又是一個**直接的東西**，亦即**存在**。所謂的感性意識正是這個純粹的**抽象**，是這樣一種思維，對它而言，**存在**是一個**直接的東西**。因此，最低級的同時也是最高級的；那完全啓示於**表面**上的東西，正因此是**最深刻的**東西。當最高本質作爲一個存在著的自我意識被看到和聽到，這實際上意味著它的概念達到了完滿。在這種完滿狀態下，本質就作爲本質直接**實存著**。

與此同時，這個直接的實存不但是一個直接的意識，而且是一個宗教意識。直接性不但意味著一個**存在著的**自我意識，而且不可避免地同時意味著一個純粹位於思想中的、或者說絕對的**本質**。**存在即本質**——這不但是我們在我們的概念裡意識到的內容，而且是宗教意識所意識到的內容。存在與思維的這種**統一性**——**思維**直接地**就是實存**，不但是宗教意識的一個**思想**或**間接**知識，而且是**宗教意識**的一個**直接**知識。存在與思維的這種統一性就是**自我**意識，而且本身就**實存著**，換言之，這個**位於思想中的**統一性同時在形態上也是一個存在著的統一性。因此神在這裡**啓示出他的存在**；他**自在地**是如何，就如何**實存著**。他作爲精神實存著。神只有透過一種純粹的思辨知識才能被把握到，他僅僅存在於這種知識之內，只是這種知識自身，因爲他是精神，而這種知識就是啓示宗教的知識。這種知識認識到神是**思維**或純粹本質，認識到這種思維是存在，是實存，而且認識到實存是一種自身否定性，從而是一個自主體，是**這一個**普遍的自主體；啓示宗教所認識到的正是這樣一個自主體。此前世界的各種美好希望和殷切期待都迫不及待地湧向這個啓示，只願直觀到絕對本質是什麼，並在絕對本質那裡發現它們自己。這種在絕對本質中直觀自身的歡樂情緒出現在自我意識面前，使全世界都爲之振奮，因爲絕對本質是精神，是一個包含著那些純粹環節的單純運動，而這個運動本身就表明，只有當本質被直觀爲一個**直接的**自我意識，它才被認作是精神。

[555] 精神認識到自己是精神——這個概念本身是一個直接的、尚未展開的概念。本質即精神，換言之，本質已經顯現，已經啓示出來。這種最初的啓示本身是**直接的**。但直接性同樣也是一個純粹的中介活動，或者說是一種思維；所以直接性必須透過自己把上述情況呈現出來。只要我們更確切地考察這些情況，就會發現，精神，作爲一個直接的自我意識，是**這一個個別的**自我意識，與**普遍的**自我意識相對立。精神是一個排他的單一體，它作爲**意識**的對象實存著，而在意識看來，精神在形式上仍然免不了是一個**感性的他者**。意識尚未認識到精神是它的精神，換言之，當精神是一個**個別的**自主體時，它尚不能作爲普遍的自主體或作爲全部自主體實存著。再者，形態在形式上還不是一個**概念**，也就是說，還不是一個普遍的自主體，還不是一個直接的、現實的、同時又遭到揚棄的自主體，還不是一種普遍的、同時在普遍性中不失現實性的思維。從形式上來看，這種最初的、直接的普遍性還不是**思維**本身或**作爲概念的概念**，而是表現爲現實性的普遍性，表現爲全部自主體，以及實存提升爲表象的過程。對此如果舉一個例子來說明的話，那就是在任何地方，當**感性的這一個**遭到揚棄之後，它只是**知覺**所認識的物，還不是知性所認識的**普遍者**。

因此，當絕對本質作爲這一個人啓示出來，這個人就作爲一個個人在自身內完成了**感性存在**的運動。他是一個**直接地**當前存在著的神。這樣一來，他的**存在**於是過渡到**曾經存在**。當神作爲這樣一種感性的當前存在成爲意識的對象，意識就不再看到、聽到神。意識**曾經**看到和聽到神。只因爲意識**曾經**看到和聽到神，它才轉變爲一個精神性意識，換言之，過[556]去，神作爲一個**感性的實存**矗立在意識面前，而現在，神已經矗立**在精神之中**。因爲，如果意識是以感性的方式看到和聽到神，那麼它本身只是一個直接的意識，並沒有揚棄它與客觀方面的不一致，沒有將其納入到純粹思維之中，只知道這個客觀的個別的神是精神，卻不知道它自己也是精神。一個直接的實存被認作是絕對本質，轉瞬即逝，在這個過程中，直接的東西得到了它的否定環節。精神仍然是現實性的一個直接的自主體，但卻是作爲宗教社團的**普遍的自我意識**棲息在它自己的實體之內，而這個包含在精神之中的實體是一個普遍的主體。單獨的神並不能構成精神的完滿整體，它只有與宗教社團的意識一起，並且作爲宗教社團的對象，才能做到這一點。

但是，「**過去**」和「**遠方**」只是一些不完滿的形式，以便表明，直接的方式已經被設定爲一種經歷了中介活動的、普遍的東西。它只是被膚淺地納入到思維的要素中，**作爲**一種感性的方式保存下來，與思維的本性並未融爲一體。它只被提升爲一種**表象活動**，因爲表象活動是感性直接性和思維（亦即感性直接性的普遍性）之間的一種綜合式聯繫。

表象活動的形式構成了一個規定性，按照這個規定性，精神在它的這個宗教社團裡面達到了自我意識。這個形式表明，精神的自我意識尚未掌握它的作爲概念的概念。中介活動尚未完成，也就是說，存在與思維的這種聯繫包含著一個缺陷，即精神性本質仍然昭示著此岸世界與彼岸世界之間的一個不可調和的分裂。**內容**誠然是眞實的，但它的全部環節都被設定在表象活動的要素裡面，這些環節的特徵在於，不是囊括在一個概念中，而是顯現爲一些完全獨立的方面，以一種**外在的方式**相互關聯。爲了使意識認識到眞實的內容也具有眞實的形式，意識必須接受一種更高的教化，也就是說，意識必須把它對於絕對實體的直觀提升到概念，並且**親眼看到**它的意識和它的自我意識達到平衡一致，就像我們已經看到的或**自在地**已經發生的那樣。

我們必須按照這個內容處於它的意識中的樣子來觀察它。絕對精神是**內容**，所以它處於它的**眞理**的形態之中。但它的眞理意味著，既不是僅僅作爲宗教社團的實體或宗教社團的**自在體**存在著，也不是完全脫離這種內在性並上升到表象活動的客觀性中，而是去成爲一個現實的自主體，折返回自身之內，作爲主體存在著。這就是精神在它的宗教社團中所完成的運動，也可以說，就是精神的生命。所以，要想知道這個啓示出來的精神**自在且自爲地**是什麼，是不可能透過下面的辦法來實現的，即把它在宗教社團中的豐富生命像一個卷軸那樣慢慢攤開，並追溯到它的最初的線索，比如那個最初的不完滿的宗教社團的各種表象，或者那個現實的人所說的話等等。這種追溯是基於一種尋求概念的本能，但是它把**起源**（亦即最初的現象的**直接的實存**）與**概念的單純性**混淆在一起。所以，透過簡化精神的生命，透過拋棄宗教社團的表象以及宗教社團針對其表象採取的行動，人們所得到的與其說是概念，還不如說是一種單純的外在性和個別性，是直接的現象的一種歷史方式，以及對於個別的、意謂中的形態及其過往年代的一種缺乏精神的回憶。

首先，精神在**純粹實體**的形式下成爲它的意識的內容，換言之，精神是它的純粹意識的內容。第二個要素是思維，一種走向實存或個別性的下降運動。位於思維和實存之間的中項是它們的綜合式聯繫，亦即一種以轉變爲他者的過程爲對象的意識，或者說嚴格意義上的表象活動。至於第三個要素，則是從表象或他者存在那裡返回到自身內的過程，或者說自我意識本身。這三個要素或環節構成了精神。精神在表象裡面的分化，就在於按照一個**特定的**方式去存在，然而這個特定的方式無非是精神的眾多環節之一。因此，精神的具體展開運動就是在它的每一個環節或因素那裡展示它的本性。由於這些圓圈全都在自身內得到了完成，所以精神的這種自身反映同時又過渡到另一個圓圈那裡。**表象**構成了純粹思維和嚴格意義上的自我意識的中項，它只是眾多規定性**之一**。但與此同時，正如我們已經看到的那樣，表象的特性（即作爲一種綜合式聯繫存在著）已經擴散在所有這些因素裡面，是它們的共同的規定性。

有待觀察的內容本身就某些部分而言已經表現爲**哀怨**意識和**信仰**意識的表象。在哀怨意識那裡，內容是**意識創造出來**並**渴求**著的東西，精神在其中既不能得到滿足也不能找到安寧，因為內容尚且不是**自在地**或作為精神的**實體**成為精神的內容。反之，在信仰意識那裡，內容已經被看作是世界的無自主體的**本質**，或者說在根本上已經被看作是表象活動的**客觀的**內容。表象活動逃離了一般意義上的現實性，因此缺乏**自我意識的確定性**，這種確定性一方面作為一種虛妄的知識，另一方面作為純粹識見，與表象活動相分離。與此相反，宗教社團的意識把內容當作它的**實體**，正如內容就是宗教社團對於自己固有的精神所抱有的**確定性**。

精神最初被表象為一個包含在**純粹思維要素**中的實體，就此而言，它直接地是一個單純的、自身一致的、永恆的**本質**，但這個本質並不是抽象**意味**上的本質，而是意味著絕對精神。唯有精神才不僅僅是意味和內核，而是作為一個現實的東西存在著。所以，假若那個單純的、永恆的本質始終局限於「單純的、永恆的本質」之類表象和名稱，那麼它只是一個空洞的、停留在字面意思上的精神。但是，正因為單純的本質是一個抽象的東西，所以它實際上是**否定者本身**，也就是說，是思維的否定性，或者說一種自在地包含在**本質**之中的否定性。一言以蔽之，單純的本質是一個絕對的自身**差別**，或者說是一個純粹的轉變為他者的過程。它只是**自在地**或對我們而言才作為**本質**存在著。但由於這種純粹性正是一種抽象或否定性，所以它**本身**又是一個**自為**存在，或者說它本身就是**自主體**，是**概念**，因此它是**客觀的**。由於表象已經領會把握到剛才所說的概念的**必然性**，並宣布這是一件**已發生的事情**，所以我們可以說，永恆的本質給自己**製造**出了一個他者。但是在這種他者存在裡面，單純的本質同樣又直接地已經返回到自身內。差別是一個**自在的**差別。也就是說，這個差別直接地只有別於它自己，因此它是一個已經返回到自身內的統一體。

於是這裡區分出三個環節：首先是**本質**，然後是這樣一種**自為存在**，它作為本質的他者存在與本質相對立的，最後是另一種意義上的**自爲存在**，亦即一種**借助於他者**的自我認知。本質在它的自爲存在中只直觀到它自己。它在進行這種外化活動的同時完全停留在自身內。那個脫離了本質的自爲存在是**本質的自我認知**。它就是「道」，㉒一旦被說出，馬上轉而使言說者毫無保留地外化出來，但「道」同樣也是直接被傾聽，只有這種自我傾聽才是「道」的實存。所以，製造出來的差別直接被消除了，已經消除的差別又直接被製造出來。至於眞相和現實事物，則正是這樣一個在自身內打轉的運動。

這個內在的運動把絕對本質當作**精神**說出來。如果絕對本質沒有被理解把握爲精神，那麼它只是一個抽象的空洞事物，同樣，如果精神沒有被理解把握爲上述運動，那麼它也只是一個空洞的詞語。如果我們把精神的上述**環節**理解把握爲一種純粹的東西，那麼它們就是一些躁動不安的概念，其之所以存在，只是爲了成爲它們的自在的對立面，並在一個整體之內得到安息。然而宗教社團的**表象活動**並不是一種**概念把握式**的思維，它所掌握的內容缺乏必然性，也就是說，不是把概念的形式，而是把那些自然的父子關係帶入到純粹意識的王國之內。當它在思維中進行著**表象活動**時，本質誠然在它面前啓示出來，但由於這是一個綜合式的表象，結果就是，一方面，本質的各個環節分散開來，不能透過它們自己固有的概念做到相互關聯；另一方面，表象活動從它的這個純粹對象那裡退回來，只以一種外在的方式與之相關聯。對象是透過一個陌生的東西而啓示給表象活動的，而在這個關於精神的思想裡，表象活動沒有認識到它自己，沒有認識到純粹自我意識的本性。我們必須克服表象活動的形式和自然關係的形式，尤其是必須克服一種錯誤的做法，即把運動著的精神的環節當作是一些

㉒ 參閱《新約·約翰福音》（1, 1）：「太初有道，道與上帝同在，道就是上帝。」——譯者注

孤立的、巋然不動的實體或主體，而不是當作一些過渡性的環節，就此而言，我們此前在另一方面曾經提請注意的這種克服必須被看作是概念作出的一種敦促。但由於這種克服只是一個本能，所以它錯認了自己，在摒棄形式時，連內容也一併摒棄了，換言之，它把內容貶低爲一個歷史中的表象，貶低爲傳統的一份遺產。在這個過程中保留下來的，是信仰的純粹外在方面，因此是一種缺乏認識的僵死東西。信仰的**內在方面**已經消失了，因爲，假若它竟然保留下來的話，它就將是那個認識到自己是概念的概念了。

那個被表象爲**純粹本質**的絕對精神誠然不是一個**抽象的**純粹本質，寧可說，正因爲純粹本質在精神裡面只是一個環節，所以已經降格爲一個**要素**。但是，精神在這個要素中的呈現，就形式來看，本身具有一個缺陷，而這同樣也是**本質**作爲本質所具有的那個缺陷。本質是抽象的，因此它否定了自己的單純性，成爲一個他者；同樣，**精神**在本質的要素裡面是**單純統一體的形式**，這個形式因此在本質上是一個不斷轉變爲他者的過程。同樣的意思換個說法即是永恆本質與它的自爲存在之間的關聯是純粹思維的一個直接的關聯。因此，透過這種**單純的**、以他者爲中介的自身直觀，眞正意義上的**他者存在**並沒有被設定下來。他者存在是一個差別，這個差別在純粹思維裡直接地**並非差別**。它是**愛**所作出的承認，由於這種承認，雙方並不是按照它們的本質而**相互對立**的。那個在純粹思維的要素裡面被說出來的精神，從本質來看，不是僅僅包含在純粹思維之內，而是作爲一個**現實的**精神存在著，因爲它的概念本身就包含著一個**他者存在**，也就是說，它的概念本身就揚棄了那種純粹的、只被思想到的概念。

正因爲純粹思維要素是抽象的，所以它本身寧可是它的單純性的**他者**，而且已經過渡到**表象活動**這一獨特的要素。在這種要素裡面，純粹概念的各個環節既是一些相互對立著的**實體性的**實存，同時又是這樣一些**主體**，它們不是爲著一個第三者彼此漠不相關地存在著，而是在折返回自身中的同時彼此分離、相互對立。

那個純粹永恆的或抽象意義上的精神轉變爲一**個他者**，換言之，精神進入實存，而且是直接地進入到一個**直接的實存**。它**創造**出一個世界。這種**創造**就是用表象的話語去表現**概念**本身的絕對運動，或表明那個被絕對地陳述出來的單純者或純粹思維，正因爲是抽象的，所以其實是一個否定的東西，是一個與自身相對立的東西，亦即一個**他者**。或者換個形式來表達同樣的意思，即是那個被設定爲**本質**的東西是一種單純的**直接性**或**存在**，但它作爲直接性或存在又被剝奪了自主體，因而缺乏內在方面，是一個**被動的**東西，或者說是一個**爲他存在**。這個**爲他存在**同時也是一**個世界**。就精神被規定爲一個**爲他存在**而言，它是那些曾經囊括在純粹思維中的環節的一種靜態持存，而在這種情況下，那些環節的單純的普遍性已經被消解了，它們彼此脫離，固守著各自的特殊性。

然而世界並不只是這樣一個被拋擲到整體及其外在秩序裡面的精神，寧可說，由於精神在本質上是一個單純的自主體，所以世界中同樣也有一個現成的自主體，亦即一個**實存著的精神**，它是一個個別的自主體，具有意識，並且把自己作爲一個他者或作爲世界而與自己區別開來。最初當這個個別的自主體被直接設定下來時，它還不是一個**自爲的精神**。也就是說，它不是**作爲精神存在著**。我們可以稱它爲**天眞無辜的**，卻不能稱它爲**善的**。爲了在事實上成爲自主體和精神，它必須首先對自己而言轉變爲一個**他者**，正如永恆本質也必須呈現爲那樣一個運動，即在它的他者存在那裡保持著自身一致性。由於這是一個特定的精神，最初只是直接地實存著，亦即分散在它的意識的雜多性之中，所以，當它轉變爲一個他者，於是意味著一般意義上的知識返回到**自身之內**。直接的實存轉變爲思想，或者說，單純的感性意識轉變爲包含著思想的意識。確切地說，正因爲思想是一個來自於直接性的亦即**有條件的**思想，所以它不是純粹知識，而是本身就包含著他者存在，因此是一個自己與自己相對立的思想，亦即關於**善**與**惡**的思想。據說，人由於採摘**善**與**惡**的知識之樹的果子，所以失去了自身一致性形式，並且被驅逐出了天眞無辜的意識的狀態，被驅逐出了可以不勞而獲的自然界、天堂和動物樂園。㉓但按照一個觀念，這件事情並不是作爲某種必然的東西而**發生**的。

實存著的意識返回到自身之內，這種情況立即意味著它轉變爲與自己**不一致**，既然如此，**惡**便顯現爲這個已經返回到自身內的意識的最初實存。正因爲關於**善**與**惡**的思想是完全對立的，而且這種對立尚未被消除，所以這個意識在本質上只能是一個惡的意識。但與此同時，正是由於這種對立，也存在著一個**善的**意識，以及兩者相互之間的關係。直接的實存轉變爲**思想**，一方面，內在存在本身就是**思維**，另一方面，本質之**轉變爲他者**這一環節也隨之得到了進一步的規定。就此而言，我們已經可以超出這個實存著的世界，把意識之轉變爲惡這一環節追溯到最初的思維王國。因此我們可以說，光明之神的第一個兒子在返回到自身內的時候已經墮落了，但立即有另一個兒子被生出來頂替他的位置。除此之外，諸如「**墮落**」、「**兒子**」之類形式僅僅隸屬於表象，而不是隸屬於概念，所以它們反過來同樣也把概念的各個環節降格爲一種表象活動，或者說把表象活動轉移到思想王國裡面。同樣無關緊要的做法是，給永恆本質之內的**他者存在**這一單純的思想附會以另外各種形態，使這些形態**返回到自身內**。與此同時，這種附會必須得到讚許，因爲這樣一來，**他者存在**這一環節就像它應當的那樣同時也表達出一種差異性，但這不僅是一般意義上的多樣性，而且同時也是一種特定的差異性，從而製造出兩個方面的對立：一方面是兒子，一個單純的、認識到自己是本質的東西，另一方面是自爲存在的那種只以讚美本質爲生的外化活動。在這種情況下，後一

㉓ 這裡指《舊約・創世紀》（3, 1-24）描述的情形。——譯者注

方面反過來又可以重新獲得「收回已經外化的自爲存在」和「惡之返回自身」等環節。只要他者存在分裂爲兩個東西，精神及其各個環節（如果這些環節可以計數的話），將被更確切地被表述爲「四位一體」，而且，因爲這個數目本身又分裂爲兩部分（一部分保持爲善，另一部分已經轉變爲惡），所以甚至有「五位一體」的說法。但是，對這些環節予以**計數**根本是一種無益的做法，原因在於，首先，有差別的東西本身只是一個**單一體**，也就是說，只是一個關於差別的**思想**，而當這個思想作爲**這一個**有差別的東西，作爲第二個有差別的東西而與第一個有差別東西相對立時，它只是一**個**思想；其次，那個以一攝多的思想必須從它的普遍性中分解出來，區分爲三個或四個以上相互有別的東西。在這裡，思想的普遍性與抽象的「一」（亦即數的原則）的絕對規定性相對立，顯現爲一種與「數」本身相關聯的無規定性，以至於人們只能談論一般意義上的**數**，卻不能談論一定**數目**的差別。因此在這裡，去思維一般意義上的「數」和「計數」可謂完全多此一舉，同樣，分量和數目上的單純差別也是一種缺乏概念的、沒有意義的東西。

善和**惡**曾經是思想所表現出來的一些特定的差別。由於它們之間的對立尚未消除，而且兩者都被表象爲思想的各自獨立的本質，所以人是一個缺乏本質的自主體，是善和惡得以實存和進行鬥爭的綜合場地。然而這些普遍的勢力同樣也隸屬於自主體，換言之，自主體是它們的現實性。因此，從這個環節出發必然會導致以下情形：正如惡無非意味著精神的自然實存返回到自身內，那麼反過來，善也會進入現實性，顯現爲一個實存著的自我意識。我們曾經在一般的意義上暗示過，神性本質在那個純屬思想的精神之內轉變爲一個**他者**，而在這裡，這個轉變過程對於表象活動而言已經趨於實現。在表象活動看來，這種實現之所以成立，是因爲神性本質自己貶低自己，放棄了它的抽象性和非現實性。與此同時，表象活動認爲惡是一種出現在神性本質之外的陌生東西。至於把神性本質裡面的惡理解爲**神性本質的憤**

怒，㉔乃是這種左右爲難的表象活動所作出的最高的、最艱苦的努力，但由於這種努力缺乏概念，所以始終是毫無成效的。

因此，神性本質的異化是按照它的雙重方式被設定的。當「精神的自主體」和「精神的單純思想」這兩個環節形成一個絕對的統一體，就成爲精神自身。精神之所以發生異化，就是因爲這兩個環節分道揚鑣，分別具有不一樣的價值。就此而言，這是一種雙重的不一致，而且這裡出現了兩種聯合方式，其共同的環節就是此前已經指出的那兩個環節。在前一個環節那裡，**神性本質**被當作事關本質的東西，而自然實存和自主體則被當作無關本質的、應當被揚棄的東西；反之在後一個環節那裡，**自爲存在**被當作事關本質的東西，而單純的神性本質則被當作無關本質的東西。介於兩種聯繫方式之間的中項仍然是一個空洞的東西，只是一般意義上的**實存**，是那兩個環節的單純的共同性。

要消除這個對立，不可能借助於那兩個在表象中分裂的獨立本質之間的鬥爭。它們的**獨立性**包含著這樣的意思，即**自在地看來**，每一方透過自己的概念都必定會消解自己。只有當雙方不再是一個由思想和獨立實存構成的混合體，只有當雙方作爲思想相互對立著，它們之間的鬥爭才會停止。因爲這樣一來，從本質上來看，它們作爲一些特定的概念只處於一個相互對立的關聯之中。反之，作爲獨立的東西，它們在這個關聯之外擁有自己的本質性。因此它們的運動是一個自由的、自己固有的運動。雙方的運動是一個**自在的**運動（因爲我們必須

[565]

㉔「上帝的憤怒」是德國神祕主義哲學家雅各·波墨（Jakob Böhme, 1575-1624）的核心概念之一，指一種永恆地與「上帝的愛」相抗衡的力量。此外，《新約·羅馬書》（1, 18）也提到了「上帝的忿怒」。——譯者注

就雙方本身來觀察這個運動），既然如此，那麼這個運動是以一個自在存在者為開端。自在存在者被表象為一個自由的行動。但是它的外化活動的必然性包含在這樣一個概念裡，也就是說，那個只有在對立中才被規定為自在存在者的東西，正因此不具有眞實的持存。是故，只有那個不是以自為存在、而是以單純性為本質的東西，才會脫離自身發生外化，並透過死亡而與絕對本質實現和解。它在這個運動裡呈現為**精神**，絕對本質發生了異化，它具有一種自然的實存，還具有一種自主的現實性。它的這種他者存在，或者說它的感性的當前存在，透過第二個轉變為他者的過程被收回，被設定為一種遭到揚棄的、**普遍的**當前存在。這樣一來，本質就在自身內完成了轉變。現實性的直接實存是一個遭到揚棄的、普遍的實存，因此不再是一種陌生的、外在於本質的東西。所以，這種死亡意味著本質作為精神復活了。

自覺的本質具有一種遭到揚棄的、直接的當前存在，就此而言，它是一個普遍的自我意識。自主體本來是絕對本質，因此「遭到揚棄的個別的自主體」這一概念直接表現出一個宗教社團的建構情況，這個宗教社團迄今一直飄蕩在表象活動當中，但現在已經返回到自身內，也就是說，返回到自主體之內。精神於是從它的第二個規定要素（即表象活動）那裡過渡到**第三個**規定要素（即嚴格意義上的自我意識）。如果我們再觀察一下那種表象活動的前進方式，首先就會發現，神性本質已經具有了人的本性。這個事實等於已經**宣布**，**自在地看來**，神性本質和人的本性並不是分裂開的。同樣，至於神性本質**從一開始**就脫離自身發生外化，還有它的實存返回到自身之內，成為惡，這些事實雖然沒有宣布，但卻**包含著**這樣一個意思，即**自在地看來**，惡的實存並不是外在於神性本質。倘若絕對本質眞的製造了一個**他者**，倘若絕對本質眞的發生了**墮落**，那麼它將不過是徒有虛名而已。寧可說，**內在存在**這一環節構成了精神的**自主體**這一事關本質的環節。**內在存在**隸屬於本質自身，唯有如此，**現**

[566]

實性也才隸屬於本質自身。這些情況對我們而言是一個概念，而既然這是一個概念，它在表象意識看來就是一件不可理解的**事情**。在表象意識看來，**自在體**包含著**漠不相關的存在**這一形式。「絕對本質」和「自爲存在著的自主體」這兩個貌似彼此回避的環節並不是分裂開的，這個思想**也**會顯現在表象意識面前，因爲它具有眞實的內容，但表象意識是後來當神性本質外化爲肉身時才認識到這一點。㉕在這種情況下，這個表象仍然是一個**直接的**表象，因而不是一個精神性表象，換言之，它只知道本質的人形是一個特殊的形態，還不知道這是一個普遍的形態。但是，那個獲得形態的本質重新犧牲掉它的直接的實存，返回到本質之內，透過這一運動，這個表象在表象意識看來就轉變爲一個精神性表象了。本質只有當**折返回自身之內**，方才是精神。因此在這裡，神性本質與一般意義上的**他者**的**和解**，確切地說，神性本質與那個關於他者的**思想**亦即**惡**的和解，也出現在表象之中。如果**按照其概念**來表達這種和解，那麼就是：和解之所以成立，原因在於，**自在地看來**，**惡**和**善**是**同一個東西**。換言之，神性本質和整個範圍內的自然界是**同一個東西**，自然界與神性本質一旦分裂開來，就僅僅是**虛無**。就此而言，我們必須把這種分裂看作是一種非精神性的表達方式，它必然會導致誤解。由於惡和善是**同一個東西**，所以惡不是惡，善也不是善，寧可說雙方都遭到了揚棄：一般意義上的惡是一個內在存在著的自爲存在，而善則是一個缺乏自主體的單純東西。當雙方都這樣按照其概念陳述出來，它們的同一也就昭然若揭。概言之，內在存在著的自爲存在是一種單純的知識。同樣，缺乏自主體的單純東西也是一個純粹的、內在存在著的

[567]

㉕ 參閱《新約·約翰福音》（1, 14）：「道成了肉身，住在我們中間，充充滿滿地有恩典，有眞理。」——譯者注

自爲存在。所以我們必須說，善和惡按照其概念而言（亦即就善不是善，惡不是惡而言）是**同一個東西**；同樣，我們也必須說它們**不是**同一個東西，而是有著根本的**差異**，因爲單純的自爲存在和純粹知識本身同樣都是一種純粹否定性或一個絕對差別。只有當這兩個命題合在一起，才形成一個完滿的整體，前一個命題的主張和保證必須無比堅決地與後一個命題的主張和保證相對立。由於雙方同樣都是對的，所以雙方同樣都是錯的，它們的錯誤在於，把諸如「**同一個東西**」和「**不是同一個東西**」、「**同一性**」和「**非同一性**」之類抽象形式當作某種眞實的、固定的、現實的東西，並且依賴於這些形式。單純的這方或那方都不具有眞理，恰恰相反，眞理是它們的運動，也就是說，單純的「同一個東西」是一個抽象，因而是一個絕對差別，而絕對差別作爲一個自在的差別又是有別於它自己的，因此是一種自身一致性。神性本質與一般意義上的自然界，特別是與人的本性的**同一性**正是這樣的情形。神性本質，就它不是本質而言，是自然界；自然界就其本質而言是神性的。但只有在精神裡，這兩個抽象的方面才被設定爲它們眞實所是的東西，亦即兩個**遭到揚棄的**方面，就此而言，這種設定不可能透過一個判斷及其缺乏精神的係詞「**是**」表達出來。同樣，自然界在它的本質**之外**就是**虛無**。然而這種虛無本身同樣也**存在著**。它是絕對的抽象，亦即純粹思維或內在存在，而當它處於一個與精神性統一體相對立的環節時，就是**惡**。這些概念引發的困難，無非在於堅持係詞「**是**」，卻遺忘了思維，因爲在思維裡面，各個環節**既存在也不存在**，也就是說，各個環節只是一個運動，而這個運動就是精神。這個精神性統一體，或者說這個把差別當作一些環節或一些遭到揚棄的差別而包含在自身內的統一體，在表象意識看來已經出現在上述和解之中，而且由於這個統一體是自我意識的普遍性，所以自我意識不再是一種表象意識。運動已經返回到自我意識之內。

精神於是被設定在第三個要素亦即**普遍的自我意識**之內。精神是普遍的自我意識的**宗教**

[568]

社團。宗教社團是一種把自己與它的表象區別開的自我意識，它的運動就是去**創造出**那些**自在地**已經轉變而成的東西。**自在地看來**，那個已死去的神性的人或人性的神是一個普遍的自我意識。他必須**讓這個自我意識認識到**上述情形。換言之，由於自我意識構成了表象中的對立的**一個**方面，亦即惡的方面，由於對立被當作一個自然的實存，而個別的自爲存在又被當作本質，所以惡的方面作爲獨立的一方尚未被表象爲一個環節，而且由於它是獨立的，所以它必須自在且自爲地把自己提升爲精神，或者說必須在自身內呈現出精神的運動。

惡的方面是一個**自然的精神**。自主體必須從這個自然性那裡抽身出來，返回到自身之內，這就是說，它必須轉變爲**惡**。然而**自在地看來**，自然性已經是惡。所以，所謂返回到自身之內，無非是**使自己確信**那個自然的實存是惡。在表象意識看來，世界轉變爲惡，作爲惡存在著，以及絕對本質與他者之間的和解，都是一些**實存著的**事實。但在嚴格意義上的**自我意識**看來，這些表象就形式而言只是一個遭到揚棄的環節——因爲**自主體**是一個否定的東西，因而是這樣一種**知識**，它是意識在自身內的一種純粹行動。這個**否定的**環節同樣必須就內容而言表現出來。也就是說，既然本質**自在地**已經與自身達成和解，成爲一個精神性統一體，並且把表象的各個部分當作一些**遭到揚棄的**東西或一些**環節**包含在其中，那麼很顯然，表象的每一個部分在這裡都具有一個與此前**相反的**意義。每一個意義都是透過另一個意義才達到完滿，內容也才成其爲一種精神性內容。由於每一個規定性同樣也是它的相反的規定性，所以那個存在於他者之內的統一體，亦即精神性的東西，才達到完滿。同樣，在此之前，對我們而言或**自在地看來**，兩個相反的意義已經結合在一起，本身就已揚棄了諸如「**同一個東西**」和「**並非同一個東西**」、「**同一性**」和「**非同一性**」之類抽象的形式。

因此，如果說在表象意識裡，自然的自我意識的**內在化**意味著一種**實存著的惡**，那麼在自我意識這一要素裡面，**內在化**則是意味著一種以**自在地**包含在實存之中的**惡**爲對象的**知**

[569]

識。這種知識誠然意味著轉變為惡，但這只是那個**關於惡的思想**的一種轉變，因此它是作為和解的第一個環節而得到承認。由於自然界被規定為惡，而知識已經擺脫自然界的直接性並且返回到自身之內，所以知識意味著遺棄自然界、意味著脫離了罪孽。[26]意識所遺棄的，並不是嚴格意義上的自然實存，而是那種同時被認作是惡的自然實存。所謂**返回到自身之內**，既是一個直接的運動，同樣也是一個間接的運動。它以它自己為前提，換言之，它是它自己的根據。自我意識之所以必須返回到自身中，因為自然界已經自在地返回到自身中。由於存在著惡，人必須返回到自身中，但是**惡**本身就意味著「返回到自身中」。正因如此，這個最初的運動本身僅僅是一個直接的運動，或者說只是它的**單純的概念**，因為它和它的根據是同一個東西。所以，自我意識之轉變為惡的運動尚需出現在一個更為獨特的形式當中。

因此，除了這種直接性之外，表象的**中介活動**也是必要的。**自在地看來**，那種以自然界（作為精神的一種不真實的實存）為對象的**知識**，以及自主體的這個已經出現在自身內的普遍性，都意味著精神的自身和解。在那個尚且不能進行概念式把握的自我意識看來，這個**自在體**保留著「**存在者**」和「**自我意識的表象**」等形式。因此在自我意識看來，概念式把握不是抓住一個概念，即認識到那種遭到揚棄的自然性是一種普遍的、因而與自己達成和解的自然性，而是抓住這樣一個**表象**，也就是說，透過神性本質自己固有的外化活動這一**事件**，透過神性本質化身為人並死去，神性本質與它的實存達成和解。現在，抓住這個表象，就是以更確切的方式表達出此前存在於表象中的那種所謂的精神性復活，或者說，表明神性本質的

[570]

㉖ 參閱《新約．羅馬書》（6, 11）：「這樣，你們向罪也當看自己是死的；向上帝或在耶穌基督裡，卻當看自己是活的。」——譯者注

個別的自我意識如何轉變爲一個普遍的東西（亦即宗教社團）。神性的人的**死亡**，**作爲死亡**，是一種**抽象的**否定性，是那個只在**自然的**普遍性中告終的運動的一個直接結果。而在一個精神性自我意識裡面，死亡已經失去了它的自然意義，換言之，死亡轉變爲剛才提到的那個概念。死亡從它的直接意義，從**這一個個別的人**的非存在，昇華爲精神的**普遍性**。精神生活在它的宗教社團裡面，在那裡天天死去、天天復活。

至於認爲絕對精神是一**個個別的人**，或更確切地說，認爲絕對精神是一**個特殊的人**，透過他的自然實存就表現出了精神的本性，這類原本隸屬於**表象**要素的觀點於是在這裡轉移到自我意識之內，轉移到那種在它的**他者存在**那裡維繫著自身的知識之內。就此而言，自我意識實際上並沒有**死去**，不像一**個特殊的人**那樣，可以被**想像**爲**真的**已經死了。寧可說，它的特殊性消亡在它的普遍性亦即它的**知識**之中，而這種知識就是那個已經達成自身和解的本質。因此，此前首先出現的**表象活動要素**在這裡被揚棄了，換言之，它已經返回到自主體，返回到它的概念之內。那個在表象活動要素中單純存在著的東西已經轉變爲一個主體。正因如此，**第一個要素**，亦即**純粹思維**和純粹思維中的永恆精神，再也不能凌駕於表象意識和自主體之上，寧可說，當整體返回到自身中，於是把所有這些環節都包含在自身中。中介者的死亡被自主體抓在手裡，死亡意味著揚棄中介者的**客觀性**，或者說揚棄他的**特殊的自爲存在**，而這種**特殊的**自爲存在已經轉變爲一個普遍的自我意識。另一方面，**普遍者**正因此**現實地**轉變爲一個自我意識，轉變爲單純思維的純粹的或非現實的精神。也就是說，中介者的死亡不僅是他的**自然方面**或他的特殊的自爲存在的死亡，因爲死去的不只是一個被剝奪了本質的僵死軀殼，還包括神性本質的**抽象性**。只要中介者的死亡尚未促成和解，那麼中介者就是一個片面的東西，只知道思維的單純性是一個與現實性相對立的**本質**。自主體這一端的價值還不能與本質的價值相提並論。本質只有在精神裡面才具有自主

[571]

體。所以，這個表象的死亡同時也包含著那個未被設定爲自主體的**神性本質的抽象性**的死亡。這就是哀怨意識的那種痛苦的感覺：**連上帝自己都死了**。這個殘酷的說法表達出了那種最爲內在的單純知識，表明意識已經返回到「我＝我」的深沉黑夜之中，不再能夠區分和認識任何有別於它自己的東西。因此，這種感覺實際上意味著失去了**實體**，失去了實體與意識之間的對立。但這種感覺同時也是實體的一種純粹的**主觀性**，或者說是一種純粹的自身確定性，而這些東西是實體在「對象」、「直接事物」或「純粹本質」等形式下所缺乏的。因此這種知識是一種**精神化活動**，透過這種活動，實體轉變爲主體，它的抽象方面和僵死方面已經消亡了，也就是說，它已經轉變爲一個**現實的**東西，轉變爲一個單純而普遍的自我意識。

[572]

在這種情況下，精神是一個認知著**它自己**的精神。它認知**它自己**，那個作爲它的對象存在著的東西，或者說它的表象，是一個眞實的絕對**內容**。正如我們曾經看到的，這個內容表達出了精神本身。與此同時，它不僅是自我意識的**內容**，不僅是**自我意識的**對象，而且是一個**現實的精神**。之所以說它是一個現實的精神，因爲它貫穿著它的本性的三大要素。這個貫穿自身的運動構成了精神的現實性。確切地說，凡是自己運動的東西，就是精神，精神不但是運動的主體，同樣也是**運動本身**，或者說是主體所貫穿的那個實體。過去，當我們進入到宗教形態時，已經認識到精神的概念的形成過程，也就是說，這個概念是一個具有自身確定性的精神的運動，這個精神寬恕了惡，從而也拋棄了它自己固有的單純性和生硬的持久不變性。也可以說概念是這樣一個運動，即絕對**對立的雙方**認識到彼此是**同一個東西**，於是這種認識活動表現爲對立兩端的**和解**。那個得到了絕對本質的啓示的宗教意識**直觀**到了這個概念，並且揚棄了它的**自主體**與它**所直觀到的**東西之間的**區分**。在現在這種情況下，宗教意識既是主體也是實體，正因爲而且只有當它是這個運動，我們才可以說它本身作爲精神**存在**

[573]

著。

但是這個宗教社團在它的這種自我意識裡面尚未得到完成。在宗教社團看來，它的內容總的說來仍然是處於**表象活動**的形式下，而且它的**現實的精神性**在自身內包含著分裂（即從它的表象活動那裡返回到自身中），正如純粹思維的要素本身也包含著分裂。宗教社團意識不到它自己是什麼。它是一個精神性自我意識，但是並沒有作為這樣一個自我意識成為它自己的對象，或者說它不知道自己是一個自我意識。實際上，就它是一個意識而言，它包含著此前我們曾經考察過的那些表象。我們發現，自我意識在它的最後的轉捩點那裡轉變為一個**內在的**東西，獲得了**對於內在存在的知識**。我們發現，自我意識擺脫它的自然實存，贏得了純粹的否定性。但這裡也有一個**肯定的**意義，即這種否定性或**知識**的純粹**內在性**同樣也是一個**自身一致的本質**，換言之，實體在這個過程中成為一個絕對的自我意識。但這些情況在默禱意識看來都是一個**他者**。就一個方面而言，知識的純粹內在化**自在地看來**是一種絕對的單純性，亦即實體。默禱意識把這個方面理解為某個東西的表象，這個東西不是就**概念**而言即如此，而是表現為一個**陌生的**施恩行為。換言之，默禱意識不知道純粹自主體的這種深奧是一種威力，可以使一個**抽象的本質**擺脫其抽象性，並透過純粹默禱的力量將其提升為自主體。這樣一來，自主體的行動就保留了一種針對著默禱意識的否定意義，因為實體這一方的外化活動在默禱意識看來是一個**自在體**，默禱意識還沒有從概念上理解把握到這個自在體，或者說它還沒有在**它自己固有的**行動之內發現自在體。**自在地看來**，本質和自主體已經形成了一個統一體，既然如此，意識對於它所達到的和解也具有一個**表象**，但這只是一個表象而已。意識之所以得到滿足，在於它以一種**外在的方式**給它的純粹否定性添加上一個肯定的意義，即它與本質達到了統一。就此而言，意識在得到滿足的同時仍然與一個彼岸世界相對立。所以，意識自己達到的和解是作為一個**遙遠的東西**，作為一個遙遙無期的**未來**出現在它的意識之中，正如另一個**自主體**取得的和解顯現爲一個遙不可追的**過去**。如果說**個別的**神性的人有一個**自在**存在著的父親，但卻只能有一個**現實的**母親，那麼普遍的神性的人，亦即宗教社團，則是把**它自己的行動和知識**當作它的父親，同時把**永恆的愛**當作它的母親。它只**感覺到**這種愛，但卻沒有在它的意識裡面直觀到這是一個現實的、直接的**對象**。就此而言，宗教社團達到的和解是出現在它的心裡，和它的意識仍然是分開的，而它的現實性仍然是破碎的。那個作爲**自在體**，作爲**純粹中介活動**一方出現在它的意識之內的東西，是一種位於彼岸世界的和解。與此同時，**當前存在著的**東西，作爲**直接性**和**實存**這一方，仍然是一個有待昇華的世界。誠然，**自在地看來**，這個世界已經與本質達成和解；誠然，人們知道，**本質**已經不再把對象視爲一種異化的東西，而是在它的愛中把對象看作是與自身一致的。然而對於自我意識而言，這種直接的當前存在尚未具有精神的形態。在這種情況下，宗教社團的精神在它的直接意識裡就與它的宗教意識分裂開了，儘管宗教意識宣布這兩種意識**自在地看來**並未分裂，但是精神已經轉變爲一個尚未實現的**自在體**，換言之，精神作爲自在體尚未成爲一個絕對的自爲存在。

第三部分

第四卷：絕對知識

第八章　絕對知識

啓示宗教的精神尚未克服它的嚴格意義上的意識，換言之，它的現實的自我意識並不是它的意識的對象。總的說來，它自己，還有那些在它之內區分開的環節，都歸屬於表象活動，歸屬於客觀性這一形式。表象活動的**內容**是絕對精神。只不過這個單純的形式還得被揚棄，或更確切地說，因爲這個形式隸屬於**嚴格意義上的意識**，所以它的眞理必須已經體現在意識的各種形態分化之中。說到對於意識的對象的克服，我們不應當片面地去理解，以爲這只意味著對象已經返回到自主體之內。其實更確切的理解應該是這樣的，也就是說，誠然，嚴格意義上的對象已經呈現爲一種對自主體而言轉瞬即逝的東西，但更重要的地方在於，正是自我意識的外化活動設定了物性，而且這種外化活動不僅具有否定的意義，而且具有肯定的意義，不僅對我們而言或自在地看來，而且對於自我意識本身而言也具有這些意義。一方面，**對於自我意識而言**，對於對象的否定或對象的自身揚棄之所以有肯定的意義，換言之，自我意識之所以**認識到**對象的虛無性，是因爲自我意識脫離自身發生外化，而在進行這種外化活動的同時，自我意識把**它自己**設定爲對象，把對象設定爲它自己（因爲**自爲存在**是一個不可分割的統一體）。另一方面，這裡也包含著另一個環節，即自我意識不但揚棄了這種外化活動和客觀性，同樣又把它們收回到自身之內，因此自我意識在**它的**嚴格意義上的他者存在那裡也是保持在自身內。這就是**意識**的運動，而處於運動中的意識乃是它的各個環節的總體。意識必須按照對象的總體規定去對待對象，同樣，意識也必須按照每一個個別的規定去理解把握對象。對象的這種總體規定使得**對象自在地**成爲一個精神性本質，但眞正說來，只有把對象的每一個個別的規定都理解爲一個自主體，換言之，只有透過剛才所說的那種對待各個規定的精神性態度，對象才會被意識當成是一個精神性本質。

既然如此，首先，對象是一個**直接的**存在，亦即一個一般意義上的物，與一個直接的意識相對應；其次，對象是它自己轉變爲一個他者的過程，是它自己製造出來的一種關係

（亦即**爲他存在**和**自爲存在**之間的關係），是一種規定性，與**知覺**相對應；再次，對象是一個**本質**或普遍者，與知性相對應。整體意義上的對象是一個環環相扣的推論，或者說是這樣一個運動：普遍者透過規定轉變爲個別性；反過來，個別性在遭到揚棄或接受規定之後轉變爲普遍者。因此，按照這三個規定，意識必然認識到對象就是它自己。儘管如此，這裡所說的知識並不是對於對象的一種純粹的概念式把握，實際上，這種知識只應當在它的轉變過程中被揭示出來，或者說從那個隸屬於嚴格意義上的意識的方面出發，在它的各個環節中被揭示出來，與此同時，眞正的概念或純粹知識的各個環節則是應當在意識的形態分化的形式下被揭示出來。就此而言，對象在嚴格意義上的意識那裡尚未顯現爲我們剛才所說的那種精神性本質性，而意識在對待對象時，既不是把對象當作這一個嚴格意義上的總體來觀察，也不是按照總體的純粹概念形式來觀察對象，寧可說，在意識看來，對象既是一般意義上的意識形態，也是一定數目的意識形態，這些意識形態是透過**我們**才聚攏在一起的，在它們之內，對象和意識對待對象的方式的各個環節的總體只有在消解爲一系列個別的環節之後才能被揭示出來。

所以，要想知道對象是如何在一個意識形態之下得到理解把握的，只需回憶起此前那些已經出現過的意識形態就可以了。就對象直接地是一個**漠不相關的存在**而言，正如我們曾經看到的，從事觀察的理性是在這個漠不相關的物那裡**尋找**並**發現**它自己，也就是說，理性不但意識到它的行動是一個外在的行動，同時也意識到對象只是一個直接的對象。我們也曾經看到，在理性的最高階段，理性的規定是透過「**自我的存在是一個物**」這一無限判斷表述出來的。確切地說，我的存在是一個感性的、直接的物；如果我被稱作**靈魂**，那麼它誠然被表象爲一個物，但卻是一個不可見、不可觸摸的物，因此實際上不是一個直接的存在，不是人們談到「物」時所意謂的那種東西。「無限判斷」就其直接的字面意思而言是缺乏精神的，或更確切地說，是「缺乏精神」的代名詞。但按照其**概念**而言，無限判斷實際上是最富有精神的，它的**內核**雖然還不是**現成地**包含在這個判斷裡面，但卻透過另外兩個有待觀察的環節表述出來。

物是我。實際上，物在這個無限判斷裡已經被揚棄了。自在地看來，物什麼都不是。物只有在一個關係之中，只有**透過我**，透過**我**與物的**關聯**，才具有意義。這個環節已經在純粹識見和啓蒙那裡表露於意識面前。物無論如何都是**有用的**，而且只能按照它們的有用性來得到觀察。**有教養的**自我意識已經完整經歷了異化精神的世界，已經透過自己的外化活動把物作爲它自己製造出來，所以它在物那裡仍然維繫著自身，知道物是非獨立的，或者說知道物**在本質上**只是一個**爲他存在**。換言之，如果把這個**關係**（唯有它才在這裡構成了對象的本性）完整地表達出來，那麼就是：自我意識認爲物是一個**自爲存在著的**東西，它宣布感性確定性是一個絕對眞理，但卻認爲這種**自爲存在**本身是一個環節，一個轉瞬即逝的、立即過渡到它的反面（一種被放棄的爲他存在）的環節。

但在這個過程中，關於物的知識尚未完成。我們必須認識到，物不僅是一個直接的存在，具有規定性，而且是一個**本質**或**內核**，是一個自主體。這種知識已經明確出現在**道德自我意識**裡面。道德自我意識知道它的知識是一種**絕對的本質性**，或者說知道**存在**只不過是一種純粹的意志或知識。道德自我意識只作爲這種純粹的意志和知識**存在著**，此外無他。其他東西只具有一種無關本質的、並非自在存在著的存在，只具有存在的一個空殼。道德意識從它的世界觀出發，一方面把**實存**排除在自主體之外，另一方面又把實存重新收回到自身中。最後，作爲良知，道德意識不再在實存和自主體之間來回地進行設置和顚倒，因爲它已經知道，它的嚴格意義上的**實存**是一種純粹的自身確定性。道德意識在採取行動時把自己放置到一個外在的客觀要素裡面，但這個客觀要素無非是自主體對於它自己的一種純粹知識。

正是借助於這些環節，精神與它的眞正意義上的意識才達成了和解。這些環節就其自身而言都是個別的，只有當它們形成一個精神性統一體，才體現出這種和解的力量。但是在這些環節裡面，最後一個環節必然是這個統一體本身，正如我們看到的，它實際上已經在自身內把全部環節都聯繫在一起。精神既然已經在它的實存中獲得自身確定性，於是只把這種自我認知而不是別的什麼東西當作**實存**的要素。精神宣稱它的所作所爲都是本著對於義務的信念，它的這種語言就是它的行動的**校準**。行動意味著概念的單純性裡面出現了最初的**自在**存在著的分裂，意味著擺脫這種分裂返回到自身之內。這是第一個運動，它隨後轉化爲第二個運動，也就是說，承認的要素不但把自己設定爲一種以義務爲對象的**單純**知識，與**差別**相對立，而且設定了一種**分裂**，這種分裂包含在嚴格意義上的行動之內，並透過這種方式建立起一種像鐵一般的現實性，與行動相對立。但我們在寬恕那裡已經看到，這種強硬的現實性是如何擺脫自己並發生外化的。因此，在這裡對於自我意識而言，現實性作爲一種**直接的實存**，只能意味著一種純粹知識。同樣，作爲一種**特定的**實存，或者說作爲一種關係，這個本身包含著對立的東西又是一種知識，這種知識不但以這個純粹的、個別的自主體爲對象，而且以一種普遍的知識爲對象。在這裡同時也有一個設定，即**第三個**環節（**普遍性**或**本質**）對於對立雙方而言都只是作爲一種**知識**發揮著校準。最後，三個環節都同樣揚棄了那個空洞的、殘餘下來的對立，成爲「我＝我」的知識。這個**個別的**自主體直接地是一種純粹的知識或一個普遍的自主體。

這樣一來可以看出，意識與自我意識之間的和解在那兩個方面（宗教精神和嚴格意義上的意識）都已經實現了。這兩種情況之間的差別在於，前者是**自在**存在形式下的和解，後者是**自爲**存在形式下的和解。正如我們已經觀察到的那樣，它們最初是彼此分離的。遠在宗教賦予其對象現實的自我意識形態之前，意識早已按著一個秩序把它的各個形態呈現在我們面前，不但掌握到了各個形態的個別的環節，而且掌握到了那些形態的統一結合。兩方面的統一結合尚未揭示出來，而正是這種統一結合才完成了精神的一系列的形態分化。在這裡，精神認識到了它自己，它不僅知道它**自在地**或就它的絕對**內容**而言是如何，不僅知道它**自爲地**按照它的空洞形式或按照自我意識這一方面來看是如何的，而且知道它**自在且自爲地**是什麼樣子。

但是這種統一結合**自在地**已經發生了，確切地說，是在宗教裡面，當表象返回到自我意識之內時發生的，只不過這種統一結合並不是按照它的眞正的形式發生的，因爲宗教方面是**自在體**所在的一方，與自我意識的運動相對立。所以，眞正的統一結合隸屬於另一方的自我意識，隸屬於相反的自身反映一方，後者不僅**自在地**（即按照一種普遍的方式），而且**自爲地**（即按照一種得到發展的、有差別的方式）把它自己和它的對立面包含在自身之內。內容以及具有自我意識的精神的另一方面，就它是**另一個**方面而言，已經作爲一個完整的東西現成地存在著，已經被揭示出來；尚未出現的統一結合是概念的單純統一體。概念在自我意識一方已經是一個現成的東西。但是，概念既然已經出現在此前各種情況當中，那麼它和任何別的環節一樣，都有一個形式，也就是說，都得作爲一個**特殊的意識形態**存在著。因此概念是具有自身確定性的精神的形態的一部分，這個部分停留在它的概念之內，曾經被稱作**優美靈魂**。概言之，優美靈魂是精神的一種自我認知，包含在精神的純粹而透明的統一體之內；優美靈魂是這樣一種自我意識，它知道這種以**純粹的內在存在**爲對象的純粹知識是精神，知道這種純粹知識不只是對於神性事物的直觀，而且是神性事物的自我直觀。由於這個概念堅持把自己與它的實現過程對立起來，所以它是一個片面的形態，正如我們曾經看到的那樣，這個形態一方面消失在一縷空虛的輕煙之中，另一方面也包含著一種積極的外化活動和前進運動。在得到實現之後，這種缺乏對象的自我意識就不再固執於自身，概念的**規定性**

與概念的**充實內容**之間的對立也遭到揚棄。概念的自我意識獲得了普遍性形式，而保留下來的，則是自我意識的眞實的概念，或者說是一個已經實現了的概念。概念之所以是一個眞實的概念，是因爲它與它的外化活動形成一個統一體。也就是說，它是一種以純粹知識爲對象的知識，知道純粹知識不是諸如義務之類的抽象**本質**，而是另外一個本質，這個本質是**這一個**知識，是**這一個**純粹的自我意識，因此同時也是一個眞實的**對象**，而這個對象是一個自爲存在著的自主體。

這個概念一方面在一個**行動著的**、具有自身確定性的精神裡，另一方面在**宗教**裡得到充實。在後一個形態，亦即宗教這裡，概念獲得了一個絕對的、**眞正意義上的內容**，或者說一個處於「**表象**」、「意識的他者存在」等形式之下的內容。反之，在前一個形態，亦即一個行動著的、具有自身確定性的精神那裡，形式就是自主體本身，因爲形式包含著一個**行動著的**、具有自身確定性的精神。自主體履行著絕對精神的生命。正如我們所看到的那樣，這個形態就是那個單純的概念，只不過概念已經放棄了它的永恆**本質**，成爲一個**實存著**或行動著的東西。借助於概念的**純粹性**，那個單純的概念**發生分裂**，或者說顯露出來，因爲概念的純粹性是一種絕對的抽象或否定性。同樣，單純的概念借助於純粹知識本身獲得了它的現實性或存在的要素，因爲純粹知識是一種單純的**直接性**，既是**存在**和**實存**，也是**本質**，前者是一種否定的思維，後者是肯定的思維本身。最後，這種實存同樣也從純粹知識——它既是實存，也是義務——那裡返回到自身之內，或者說它是一個作爲**惡**而存在著的東西。這個返回到自身之內的運動構成了**概念的對立**，從而導致出現一種**缺乏行動的**、**非現實的**、以本質爲對象的純粹知識。但是，出現在一個對立之中，就意味著參加了這個對立。**自在地看來**，那種以本質爲對象的純粹知識已經擺脫了它的單純性，因爲它是一種**分裂活動**，或者說是一種本身即概念的否定性。只要分裂代表著**轉變爲自爲**的一方，那麼它就是惡；只要分裂代表著**自在體**，那麼它就保持爲善。如今看來，那**自在地**已經發生的東西，作爲**意識的對象**，本身同時又是雙重性的，即不但是**意識的對象**，而且是意識的**自爲存在**，或者說是意識自己的行動。因此，那已經自在地被設定下來的東西，現在又重新顯現爲意識對於它的知識，顯現爲一種有意識的或自覺的行動。每一方都爲著對方放棄了它的獨立的規定性，但正是由於這種規定性，雙方才相互反對。這種放棄與另一種放棄——它**自在地**構成開端，揚棄了概念的片面性，是同一個活動。但從現在起，這是**它的**放棄行動，正如它所放棄的概念是它的概念。眞正說來，開端的那個**自在體**，作爲一種否定性，同樣也是一個**經歷了中介活動的**自在體。因此它把自己**設定**爲它眞正所是的東西，而**否定**作爲對立雙方各自具有的、自在的**規定性**，把自己加以揚棄。在相互對立的其中一方那裡，**個別的內在存在**與普遍性並沒有達到一致，而在另一方那裡，抽象的普遍性與自主體也沒有達到一致。前一方克服了它的自爲存在並脫離自身發生外化，自己承認了自己的片面性；後一方放棄了它的強硬的抽象普遍性，從而克服了它的無生命的自主體和它的靜止不動的普遍性。這樣一來，前一方就用作爲本質的普遍性這一環節補充了自己，後一方則是用作爲自主體的普遍性補充了自己。透過行動的上述運動，精神，它之所以是精神，僅僅由於它**實存著**，把它的實存提升到**思想**，從而提升到一個絕對的**對立**之中，而且剛好從這個對立出發、透過這個對立、並在這個對立中返回到自身中，於是表現爲一種純粹普遍的、本身即自我意識的知識，表現爲這樣一個自我意識，它作爲知識的單純統一體存在著。

因此，宗教的**內容**，或者說宗教在表象一個**他者**時所依據的形式，在這裡和**自主體**自己固有的**行動**是同一個東西。正是透過概念的聯繫作用，**內容**才是**自主體**自己固有的**行動**。因爲正如我們看到的，這個概念是這樣一種知識，即知道自主體的內在行動是全部本質性和全部實存，知道**這一個主體**是**實體**，知道實體是一種以自主體的行動爲對象的知識。我們在這裡附加的東西，一方面看來，只是把那些個別的環節（它們中的每一個在原則上都呈現出了整個精神的生命）**聚集在一起**，另一方面看來，則是確保概念始終具有概念的形式，儘管概念的內容已經體現在那些環節當中，儘管概念已經在一個**意識形態**的形式下表露出來。

在最後一個精神形態裡面，精神賦予它的完整而眞實的內容自主體的形式，從而實現了它的概念，與此同時，它在這個實現過程中仍然保持在它的概念之內。這個最後的精神形態就是絕對知識。絕對知識是一個在「精神」的形態下認知著它自己的精神，或者說是一種**概念把握式的知識**。**眞理**不僅**自在地**與**確定性**完全一致，而且包含著自身確定性的**形態**，換言之，眞理作爲一個實存，在「自我認知」這一**形式**之下成爲精神的認知對象。眞理是那個在宗教裡面尚未與自身確定性達成一致的**內容**。但之所以最終達到一致，因爲內容已經獲得了自主體的形態。這樣一來，那個本身即本質的東西，**概念**，已經轉變爲實存的要素，或者說已經轉變爲一個與意識相對立的**客觀性形式**。當精神在這個要素裡**顯現**在意識面前，換言之，當意識在這個要素裡面挖掘出精神，精神就**作爲科學存在著**。

因此，這種知識的本性、環節和運動都已經表明，它是自我意識的純粹的**自爲存在**。它是我，是**這一個我**而非其他別的**我**，與此同時它又直接經歷了**中介活動**，或者說它是一個遭到揚棄的、**普遍的**我。我具有一個從我自己那裡**區分**出來的**內容**。概言之，我是一種純粹否定性或一種自身分裂活動。我是**意識**，這個區分出來的內容本身也是我，因爲它是一種自身揚棄運動，或者說是一種作爲我而存在著的純粹否定性。我在這個區分出來的內容裡面折返回自身中。只有當我在我的他者存在那裡保持在自身內，內容才得到**概念式的把握**。更確切地說，這個內容無非是剛才所說的那個運動本身。因爲，當內容作爲一個客觀的東西具有了概念的形態，內容就成爲精神，成爲一個**自爲地**作爲精神而貫穿自身的精神。

至於這個概念的**實存**，那麼可以說，除非精神已經達到了上述自我意識，否則**科學**不會顯現在時間和現實性裡面。精神有自知之明，它不會提前存在，也不會出現在別的什麼地方，除非它已經完成了以下工作，即克服它的不完滿的形態分化，使它的意識具有它的本質的形態，並且透過這種方式使它的**自我意識**與它的**意識**達到平衡一致。當自在且自爲存在著的精神區分爲一系列環節時，它是一種**自爲**存在著的知識，是一般意義上的**概念式把握**，而在這種情況下，它還沒有掌握**實體**，或者說它本身還不是一種絕對知識。

就現實的情況來看，認知著的實體要比它的形式或概念形態更早進入實存。也就是說，實體是尚未展開的**自在體**，是一個尚且靜止不動的、單純的根據和概念，因此是一種**內在性**，是精神的尚未**實存著的**自主體。**實存著的**東西是一個尚未展開的、單純而直接的東西，是**表象**意識的一般意義上的對象。認識活動是一種精神性意識。那**自在存在著的**東西，只有當它**爲著自主體而存在**，並且就是**自主體**的存在或概念時，才能成爲這種精神性意識的對象。正因如此，認識活動最初只有一個貧乏的對象，相比於這個對象，實體以及以實體爲對象的意識要更爲豐富一些。當實體在意識裡面顯示出來，實際上是被遮蔽了，因爲實體尚且是一個**缺乏自主體的存在**，顯示出來的只是它的自身確定性。就此而言，關於實體，**自我**意識最初掌握的只是一些**抽象的環節**。但由於這些環節是一些自己推進著自己的純粹運動，所以自我意識不斷豐富著自己，直到它從意識那裡奪取了整個實體，把實體的井井有條的本質性全都吸收到自身中；並且，既然這種對待客觀性的否定態度同樣也是肯定的，是一種設定——從自身內產生出實體，從而使實體重新成爲意識的對象。就此而言，在那個知道自己是概念的**概念**中，**各個環節**是先於**充實的整體**出現的，而這個整體的轉變過程就是那些環節的運動。反之在**意識**中，整體作爲一種尚未得到概念式把握的東西則是先於各個環節出現。**時間**就是那個**實存著的**、作爲一種空洞的直觀而呈現在意識面前的**概念**本身。正因如此，精神必然顯現在時間之中，而且，只要它還沒有**理解把握**它的純粹概念，也

[584]

就是說，只要它還沒有消滅時間，它就會一直顯現在時間之中。時間是那個**從外部**直觀到的、自主體**尚未理解把握到的**純粹自主體，是那個僅僅被直觀到的概念。一旦概念理解把握到它自己，就會揚棄它的時間形式，對直觀活動進行概念式把握，成爲一種已經得到概念式把握、而且正在進行著概念式把握的直觀活動。所以，時間顯現爲那個在自身內尚未完成的精神的命運和必然性，而這個必然性的意思是，精神必然會使自我意識在意識中占有的分量不斷擴大，必然會使**自在體的直接性**——亦即實體在意識裡的形式——運動起來，反之，就自在體被當作一個只**內在**存在著的**內在東西**而言，精神必然會使自在體得到實現並啓示出來，也就是說，必然會使自在體具有自身確定性。

基於這個理由，我們必須說，沒有什麼**已知的**東西不是出現在**經驗**當中，換言之，沒有什麼**已知的**東西不是作爲**被感覺到的眞理**、**作爲內在地啓示出來的**永恆者、作爲**被信仰的**神聖者等等（無論人們在這裡使用什麼名稱）而現成地存在著。因爲，經驗的意思是指內容——亦即精神——是**自在的**、是實體，因而是**意識的對象**。但是這個實體，作爲精神，就是精神**轉變**爲它**自在**所是的那個東西的過程。只有作爲這種返回到自身內的轉變過程，精神才自在地是一個眞正的**精神**。精神自在地是一個運動，亦即一種認識活動，是這樣一個轉變過程：**自在體**轉變爲**自爲實體**、**實體**轉變爲**主體**、**意識**的對象轉變爲**自我意識**的對象（亦即轉變爲一個同時已經遭到揚棄的對象，或者說轉變爲**概念**）。這個運動是一個回歸自身的圓圈，這個圓圈以它的起點爲前提，而且只有在終點才達到起點。精神必然是這種內在的區分活動，因此它的整體在直觀中是與它的單純的自我意識相對立的。既然整體是一種被區分出來的東西，那麼它還可以區分爲它的純粹概念、**時間**、內容（或者說**自在體**）。實體作爲主體，本身包含著一種**最初內在的**必然性，也就是說，實體必須自力更生，把自己呈現爲它**自在**所是的東西，呈現爲**精神**。只有當這種客觀的呈現完成之後，它才同時也是實體的自身反映，或者說才是實體之轉變爲自主體的過程。就此而言，在精神**自在地**達到完滿之前，在精神完滿地成爲世界精神之前，它不可能作爲一個**具有自我意識的**精神達到完滿。所以，宗教的內容在時間上比科學更早地表達出了那個**作爲精神存在著的**東西。但唯有科學才是精神的眞正的自我認知。

精神推動著它的自我認知的形式向前發展——這個運動是精神已經完成的一個勞作，亦即**現實的歷史**。宗教社團最初是絕對精神的實體，就此而言，它是一種粗糙的意識，這種意識的內在精神愈是深遠，它所具有的實存就愈是野蠻而生硬，它的蒙昧的自主體在與它的本質（它把這看作是一種出現在它的意識之內的陌生內容）打交道時，它所從事的勞作就愈是艱苦。只有當意識不再指望用一種外在的，亦即陌生的方式去揚棄他者存在時，它才轉向它自己（因爲那個被揚棄的陌生方式就是返回到自我意識之內），轉向它自己的世界和當前存在，才發現這些是它的財富，從而邁出了第一個步伐，即從**理智世界**降落，或更確切地說，借助於一個現實的自主體，給理智世界的抽象要素注入精神。意識一方面透過觀察發現實存是思想，對實存進行概念式把握，另一方面又在它的思維裡面發現了實存。意識最初是以一種抽象的方式表達出思維與**存在**、抽象本質與自主體的直接**統一**，並且**以一種更純粹的方式**表明最初的光明之神是廣延和存在的統一（因爲廣延相對於光而言是一種與純粹思維更加一致的單純性），從而在思想中重新喚醒東方升起的**實體**。與此同時，精神懾於這種抽象的統一和這種**缺乏自主體的**實體性，轉而主張個體性，以便與之對立。但是，只有當精神在教化中把個體性外化出來，使個體性成爲一個實存，並且使全部實存都貫穿著個體性之後，進而言之，只有當精神達到有用性的思想，並在一種絕對自由中理解把握到實存是它的意志之後，它才因此把它的最爲內在而深遠的思想傳遞出來，宣稱本質是「我＝我」。然而「我＝我」是一個折返回自身之內的運動。因爲，既然這種一致性作爲一種絕對否定性是一個絕對的差別，那麼自我的自身一致性就與這個純粹的差別相對立，這個差別既是一個純粹 [587] 的差別，同時對於那個認知著自身的自主體而言又是一個客觀的差別，必須被稱作**時間**，而在這種情況下，如果說本質此前曾經被表述爲思維和廣延的統一，那麼它現在必須被理解把握爲思維和時間的統一。但實際上，無論一個孤零零的差別，還是一種無止無休的時間，都會在自身內崩潰消滅。時間是**廣延**的客觀靜止狀態，而廣延是一種純粹的自身一致性，是自我。換言之，自我不僅是自主體，而且是**自主體的自身一致性**。但這種一致性是一種完滿而直接的自身統一，或者說**這一個主體**同樣也是**實體本身**。實體單就其自身而言只不過是一種空洞的直觀活動，或者說儘管它直觀到了一個內容，但這個內容作爲一個特定的內容只有偶然性，沒有必然性；只有當實體被思想或被直觀爲一個**絕對的統一體**，它才被視爲絕對者，而全部彼此有別的內容都必須脫離實體，落入一種並不隸屬於實體的反映當中，因爲實體不是主體，不是一個透過自身就能反映回自身之內的東西，換言之，因爲實體沒有被理解把握爲精神。如果人們一定要談到某種內容，那麼只會出現兩種情況，要麼把內容拋入絕對者的空虛深淵中，要麼透過一種外在的方式把內容從感性知覺裡面挖掘出來。在這兩種情況下，知識看似已經掌握了事物，掌握了那個不同於知識的東西，以及眾多事物之間的差別，但是人們根本不理解，這一切究竟是怎麼回事，究竟從何談起。

但是精神已經向我們表明，它不只是自我意識之退回到自身內的過程，也不只是指自我意識沉浸在實體之中，各種差別蕩然無存，寧可說，精神是自主體的**這樣一個運動**：自主體一方面脫離自身發生外化，沉浸在它的實體之中，另一方面又作爲主體擺脫實體，並返回到自身之內，把實體當作對象和內容，因爲它揚棄了客觀性與內容之間的差別。那個來自於直 [588] 接性的最初反映是主體的一種自身區分活動（即主體把自己與它的實體區分開），或者說是一個自行分裂的概念，是純粹自我的自身回歸運動和轉變過程。由於這種區分是「我＝我」

的純粹活動，所以概念就是那個以實體爲本質、並且自爲地持存著的**實存**的必然性，就是那個**實存**的上升過程。但實存的自爲的持存狀態正是那個被設定於規定性之中的概念，因而同樣也是概念**在自身內**的一個運動，即概念降格爲一個單純的實體，這個實體只有作爲一種否定性和運動才是一個主體。我不必固執地在**自我意識的形式**下與實體性和客觀性等形式相對立，彷彿我害怕我自己的外化活動似的。精神的力量寧可在於，在它的外化活動中保持與自身一致，作爲一個自在且自爲存在者，表明**自爲存在**和自在存在都不過是一些環節而已。同樣，我也不是作爲一個第三者而把各種差別拋回到絕對者的深淵當中，宣稱這些差別在那個深淵裡面具有一致性，寧可說，知識在於這種表面上的無所作爲，它只是去觀察那個有差別的東西如何在自身內運動，如何返回到它的統一體之內。

精神於是在知識裡完成了它的形態分化運動，儘管形態分化始終伴隨著意識的不可克服的差別。精神已經贏得了它的實存的純粹要素，亦即概念。內容作爲一種**自由的存在**是一個脫離自身而發生外化的自主體，或者說是自我認知活動的**直接的**統一體。這種外化活動的純粹運動，從內容這一方面來觀察的話，可以說構成了內容的**必然性**。有差異的內容是一個**特定的**內容，因此是處於關係之中的，而非自在的，是一種不斷要揚棄自身的躁動，或者說是一種**否定性**。所以，必然性或差異性就和自由的存在一樣，都是自主體。在「自主體」這一**形式**下，實存直接就是思想，內容就是**概念**。精神已經贏得概念，贏得它的生命的乙太，於是在其中展開實存和運動，成爲**科學**。精神運動的各個環節在科學裡面不再呈現爲一些特定的**意識形態**，而是由於精神的差別已經返回到自主體中呈現爲一些**特定的概念**，以及這些概念之有機的、以自身爲根據的運動。如果說在精神現象學裡面，每一個環節都意味著知識與眞理之間的一個差別，都是這個差別揚棄自身的運動；那麼反過來，科學並未包含著這種差別，也沒有包含著對於差別的揚棄，寧可說，由於環節已經具有概念的形式，所以它把「眞理」和「認知著的自主體」之類客觀的形式結合爲一個直接的統一體。環節並不是顯現爲一個在意識或表象與自我意識之間來回往復的運動，寧可說，環節的純粹形態（這個形態已經擺脫了它在意識中的現象），亦即純粹概念及其前進運動，完全依賴於環節的純粹**規定性**。反之，對於科學的每一個抽象環節而言，總是有一個顯現出來的精神的形態與之相對應。我們不能說，實存著的精神比科學更豐富，同樣也不能說，這個精神就內容而言不如科學豐富。透過各種意識形態的形式去認識科學的那些純粹概念，構成了科學的實在性方面，從這個方面來看，科學的本質，亦即那個在科學裡透過自己的**單純**中介活動而被設定爲**思維**的概念，把這個中介活動的各個環節分拆開，並按照一個內在的對立把自己呈現出來。

科學本身包含著一種必然性（即是說它必定會脫離純粹概念的形式而發生外化），而且包含著從概念到**意識**的過渡。進行著自我認知的精神已經理解把握了它的概念，正因如此，它是一種直接的自身一致性，這種一致性包含著差別，同時也是一種**關於直接東西的確定性**，亦即**感性意識**，這就是我們曾經出發的起點。當精神把自己從它的自主體的形式下解放出來時，這是一種最高的自由，意味著精神確切掌握了它的自我認知。

儘管如此，這種外化活動仍然是不完滿的。它雖然表現出了自身確定性與對象之間的**關聯**，但對象正因爲處於關聯之中，所以尚未贏得完全的自由。知識不僅認識到它自己，而且也認識到那個否定著它的東西，亦即它自己的界限。所謂認識到自己的界限，就是知道得犧牲自己。這種犧牲是一種外化活動，精神以此呈現出它轉變爲精神的過程（這個過程在形式上是一個**自由而偶然的事件**），並把它的純粹的**自主體**直觀爲外在於它的**時間**，同樣又把它的**存在**直觀爲空間。精神的最後這個轉變過程，亦即**自然界**，是它的活生生的直接的轉變過程。至於自然界，亦即那個脫離自身而發生外化的精神，就其實存來看，無非是一個永恆地脫離它的**持存狀態**而發生外化的活動，是一個製造出**主體**的運動。

除此之外，精神的轉變過程的另一方面，亦即**歷史**，是一種**認知著的**、**自行中介著的**轉變過程，是一個循著時間而脫離自身並發生外化的精神。但是這種外化活動本身又脫離自身發生外化。否定是否定之否定。這個轉變過程呈現出一個緩慢的運動，呈現出一系列前後相繼的精神，好像一個畫廊，其中的每一幅圖畫都裝飾著精神的全部財富，而這個運動之所以如此緩慢，正是因爲自主體必須滲透和消化它的實體的全部這些財富。概言之，精神的完成在於完滿地**認識到它所是**的東西，亦即完滿地認識到它的實體，所以這種知識意味著精神**返回到自身中**，並在這個過程中拋棄它的實存，把它的形態轉交給回憶。當精神返回到**自身中**，於是沉浸在它的自我意識的黑夜中，但它那已經消失的實存卻在黑夜裡面保存下來。這種保存下來的實存，這種從知識那裡重新誕生出來的舊有實存，是一種新的實存，是一個新的世界和一個新的精神形態。精神在其中同樣必須無拘無束地從新世界的直接性從頭開始，在新世界的撫育之下重新壯大，彷彿一切先行的東西對它來說都已經消失無蹤，彷彿它從過去那些精神的經驗裡面沒有學習到任何東西。但是**回憶**——亦即精神的**深入內核過程**，已經把那些經驗保存下來，回憶就是內核，就是那個實際上具有了更高形式的實體。因此，如果精神看起來只是從自身出發，從頭重新開始它的教化過程，那麼它也是在一個更高的層面上開始這一切的。那個透過這種方式而在實存中塑造起來的精神王國構成了一個前後相繼的序列，其中的每一個精神都把前一個精神取代，每一個精神都從前一個精神那裡接管世界的王國。這個序列的目標是使深遠內核啓示出來，而深遠內核就是**絕對概念本身**。就此而言，啓示就是揚棄絕對概念的深遠內核，或者說是絕對概念的**廣延**，是這個返回到自身之內的自我的否定性，而這種否定性乃是絕對概念的外化活動和實體。啓示是絕對概念的**時間**，當此之時，這種外化活動本身又脫離自身發生外化，不但存在於它的廣延之中，而且存在於它的深遠內核亦即自主體裡面。**目標本身**，亦即絕對知識，或者說那個自知其爲精神的精神，把關於早先精神的回憶當作它的道路，回憶起那些精神本身是如何的情形，以及它們是如何完成它們的王國的組織機構。一方面，把那些精神當作一種自由的、顯現在偶然性形式下的實存保存下來，就是歷史，另一方面，把那些精神當作一種已經得到概念式把握的組織機構保存下來，則是**以顯現出來的知識爲對象的科學**。兩者合在一起，作爲一種已經得到概念式把握的歷史，構成了絕對精神的回憶和骷髏地①，構成了絕對精神的王座的現實性、眞理和確定性。假若沒有這個王座，絕對精神將會是一種無生命的孤寂東西，唯有——

看到他的無限性翻起泡沫

溢出這精神王國的聖餐杯。②

---

① 即各各他（Golgatha），耶路撒冷西北郊的一座小山，傳說中耶穌被釘十字架的地方。——譯者注

② 出自席勒的《友誼》一詩第五十九—六〇行。原詩爲：「他看到無限性翻起泡沫／溢出整個魂靈王國的聖餐杯。」——德文版編者注

黑格爾自擬的圖書廣告

（刊於《耶拿文匯報·知識分子版》一八〇七年十月二十八日）

格奧爾格・威廉・弗里德里希・黑格爾的《科學體系》第一卷（包含《精神現象學》）已經由班貝格和維爾茨堡的約瑟夫・安東・格布哈特書店出版社出版並已發貨至任何稍具規模的書店。一八〇七年，八開本。售價六弗洛林。

這本書闡述了一種**處於轉變過程中的知識**。精神現象學應當取代那些就「知識的基礎」這一問題作出的心理學解釋或抽象議論。精神現象學從一個角度出發去考察科學的**準備工作**，並透過這種考察成爲一門新的、有趣的、而且是最基本的哲學科學。精神現象學把不同的**精神形態**作爲一條道路上的諸多停靠網站囊括在自身之內，透過這條道路，精神成爲純粹知識或絕對精神。因此，在這門科學的主要部分及其細分章節裡面，意識、自我意識、從事觀察和有所行動的理性、精神本身、以及不同形式下的精神（倫理精神、教化精神、道德精神、最後是宗教精神）依次得到考察。那些乍看起來混亂不堪而又豐富多彩的精神現象被納入到一個科學的秩序當中，這個秩序按照精神現象的必然性把它們呈現出來，在其中，各種不完滿的精神現象自行瓦解，過渡到更高的精神現象，後者是前者隨後的眞理。各種精神現象先是在宗教裡，然後在科學——作爲整體的結果裡，找到最終的眞理。

在該書的序言中，作者就當代哲學的迫切需求發表了他的看法。除此之外，對於某些哲學教條的驕橫僭越和胡作非爲（這些做法在當前已經使哲學名譽掃地），對於哲學本身以及哲學研究中的關鍵因素，作者也表明了他的觀點。

《科學體系》的**第二卷**將會包含著作爲思辨哲學的**邏輯學**的體系，以及哲學剩下的兩個部分，即**自然科學**和**精神科學**。

黑格爾年表

（Georg Wilhelm Friedrich Hegel, 1770-1831）

年代	生平記事
一七七〇	八月二十七日，生於德國西南部符騰堡公國斯圖加特城。
一七七五	母親啓蒙。
一七七七	進拉丁學校學習古典語文。
一七八〇	進文科中學，愛好希臘悲劇，喜歡植物學、物理學。
一七八一	母親病故。
一七八五	讀《伊利亞特》、亞里斯多德《倫理學》。
一七八七	八月撰寫《論希臘人和羅馬人的宗教》。 寫《古代詩人的某些特徵》、《論希臘、羅馬古典作家的著作給我們的若干教益》。
一七八八	夏季中學畢業。 十月二十七日考取圖賓根新教神學院。
一七八九	爆發法國大革命，積極參加活動。
一七九〇	九月進行哲學學士論文答辯。 十月，謝林與黑格爾、荷爾德林同住一個寢室。
一七九一	春末仲夏病假返家，期間讀林奈著作，萌發對植物學的興趣。
一七九二	開始撰寫《人民宗教與基督教》至一七九四年止，未終篇。
一七九三	六月進行神學論文答辯。

	九月二十日，神學院畢業。 十月前往瑞士伯恩，在施泰格爾家當家庭教師。
一七九四	暫停寫《人民宗教與基督教》。 十二月在書信中批評雅各賓專政。
一七九五	五月日內瓦一遊、寫《耶穌傳》。 十一月寫《基督教的實證性》（一七九六年四月二十九日完稿）。
一七九六	夏季寫《德國觀念論最早的系統綱領》。 秋季，辭去施泰格爾家庭教師工作，返鄉小住。
一七九七	一月在美國法蘭克福商人戈格爾家任家庭教師。
一七九八	春季出版從法文翻譯、評注法國吉倫特黨人、律師卡特（一七四八—一八一三）《關於瓦德邦（貝德福）和伯爾尼城先前國法關係的密信》（匿名）。 秋季撰寫《基督教精神及其命運》和《論符騰堡公國內政情況，特別是關於市議會之缺陷》。
一七九九	一月十四日，父親去世。 二、三月評述詹姆斯·斯圖亞特《政治經濟學原理》。 夏秋時間撰寫《基督教及其命運》。
一八〇〇	九月撰寫《體系札記》、《基督教的權威性》。 春、夏開始寫《德國法制》。
一八〇一	一月辭去戈格爾家庭教師工作，離開法蘭克福到耶拿。 七月發表《費希特哲學體系與謝林哲學體系的差異》。

	八月二十七日擔任耶拿大學編外講師。 九月在《愛爾蘭根文獻報》上，發表《論布特維克哲學》。 十月二十一日在耶拿第一次會見歌德。
一八〇二	一月和謝林合辦《哲學評論雜誌》出版，第一期刊出《論哲學批判的本質及其與哲學現狀的關係》與《普通人類理智如何理解哲學——對克魯格先生的著作的分析》。 三月《懷疑論和哲學的關係》刊於《雜誌》第一卷第二期。 七月《論信仰與知識，或主體性的反思哲學》刊於《雜誌》第二卷第一期。 冬季撰寫《倫理體系》。 十二月《論自然法的科學研究方法》刊於《雜誌》第二卷第二期。
一八〇三	十二月接歌德從威瑪送來徵求意見的文稿。
一八〇四	一月應耶拿礦物學會聘為鑑定員。 八月加入威斯特伐倫自然研究會成為正式會員。 夏、秋季撰寫《邏輯、形而上學、自然哲學》。
一八〇五	三月得到歌德力薦，晉升為副教授。 五月，撰寫《精神現象學》。 從符騰堡當局得到批准：可在外邦正式領受職務。 冬季開始寫《精神現象學》。
一八〇六	二月，《精神現象學》第一部分稿件完成。 十月十三日，拿破崙軍隊進占耶拿，十四日夜《精神現象學》全部完稿。

一八〇七	一月擔任海德堡物理學會名譽會員。 二月五日非婚生子路德維希（一八〇七—一八三一）誕生。 三月《精神現象學》出版。 應《班堡日報》之聘，擔任編輯，直到一八〇八年十一月。發表《誰在抽象思維？》
一八〇八	十一月初，在紐倫堡任文科中學校長（直到一八一六年十月），為高年級講哲學，為中年級講邏輯，兼教古典文學和高等數學。
一八〇九	撰寫《哲學入門》（一八一一年完稿）。 九月九日，發表學年年終演講。
一八一〇	為中年級講邏輯，為低年級講法律、倫理、宗教。 給中高年級講宗教學。
一八一一	四月，紐倫堡元老院議員卡爾·封·圖赫爾之女瑪麗（一七九一—一八五五）允婚。 九月十六日結婚，撰寫《邏輯學》。
一八一二	春季《邏輯學》（即《大邏輯》）第一部分出版。 八月，女兒誕生後夭折。 十月謝林來訪，不談哲學。 秋季，起草關於中學哲學教學的意見書。
一八一三	六月九日長子卡爾誕生。 《邏輯學》第一卷第二部分出版。
一八一三	十二月十五日任紐倫堡市學校事務委員會督導。

一八一四	次子伊曼努爾誕生。
一八一五	秋季遊慕尼黑，會見謝林。
一八一六	秋初，《邏輯學》第二卷出版。 八月，辭去文科中學校長職務，到奧地利、法國、荷蘭度假。 冬季《邏輯學》第二卷出版。 十月遷居海德堡，任教海德堡大學。
一八一七	一月《評雅可比著作第三卷》發表。 六月，《哲學全書》出版。 十一、十二月《評（一八一五—一八一六）符騰堡王國等級議會的辯論》刊於《海德堡文獻年鑑》第六十七—六十八、七十三—七十七期。
一八一八	三月十二日，普魯士國王任命黑格爾為柏林大學教授。 九月十八日辭去海德堡大學教職，去柏林大學任教。 九月二十三日在威瑪歌德處作客。 十月二十二日在柏林大學發表就職演說。
一八一九	三月撰寫《法哲學原理》。
一八二〇	與叔本華展開動物行為是否有意識的爭論。 七月十四日任布蘭登堡科學考試委員會委員。 八月至九月初，遊德勒斯登旅行。 十月《法哲學原理》出版。
一八二三	九月，荷蘭學者組織「和睦」社吸收為社員。

一八二六	一月發表《論宗教改革者》刊於《柏林快郵報》第八至九期。 七月在家和友人聚會商議開展學術活動，籌備出版《科學評論年鑑》雜誌。
一八二七	一月，黑格爾主編《科學評論年鑑》創刊。第一期發表評洪堡《論摩訶羅多著名詩篇〈薄伽梵歌〉》一文。 七月，《哲學全書》第二版出版。
一八二八	三月至六月《年鑑》（第五十一—五十四期、第一〇五—一一〇期）發表《關於佐爾格的遺著和書信》文章。 四月至六月發表評哈曼著作的文章。刊於《年鑑》（第七十七—八十期、第一〇九—一一四期）。
一八二九	一月、二月、六月刊於《年鑑》（第十—十一期、第十三—十四期、第三十七—四十期、第一一七—一二〇期）發表評匿名作者《論黑格爾學說，或絕對知識與現代泛神論》和評匿名作者《泛論哲學並專論黑格爾〈哲學全書〉》兩篇論文。 五月、六月發表評論舍爾《與基督信仰認識相似的絕對「知」與「無知」泛論》一文。刊於《年鑑》（第九十九—一〇二期、第一〇五—一〇六期）。 八至九月，遊布拉格和卡爾斯巴德，最後一次會見謝林。 十月當選為柏林大學校長，十月十八日用拉丁文發表就職演說。
一八三〇	夏季，普魯士科學院通過院士時，由於物理學家、數學家的反對，黑格爾未能進入普魯士科學院。 十月，《哲學全書》第三版出版。 柏林大學改選校長，黑格爾發表演說。

一八三一
威廉三世授予三級紅鷹勛章。 四月，發表《論英國改革法案》部分章節刊於《普魯士國家總匯報》第一一五、一一六、一一八期，後被迫未能全文發表。 夏季，在克蘭茨貝格修訂《邏輯學》。 六月評A．奧勒特《理想實在論》的第一部分刊於《年鑑》（第一〇六—第一〇八期）。 九月，評J．格雷斯《論世界歷史分期與編年之基礎》一文刊於《年鑑》第五十五—五十八期。 十一月七日寫《邏輯學》第二版序言。 修訂《精神現象學》三十餘頁，並寫第二版序言。 十一月十三日感染霍亂，終止修訂《精神現象學》。 十一月十四日病逝於柏林寓所，葬於柏林市中央區。 十一月十七日馬海奈克、舒爾茨等七人組成故友遺著編委，蒐集著作手稿、學生聽講筆記、來往信札，編輯出版《黑格爾全集》。

主要譯名對照及索引

（說明：每個名詞後面的頁碼是指德文版《精神現象學》的頁碼，即本書正文中的邊碼。）

D

E

H

I

J

K

P

Q

R

S

T

U

V

W

Z

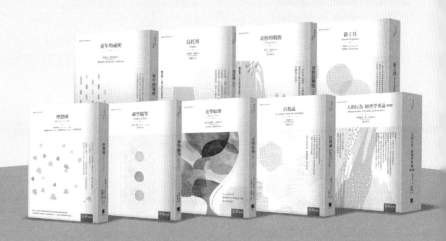

經典名著文庫 070

精神現象學

作　　者 —— 黑格爾（G. W. F. Hegel）
譯　　者 —— 先　剛
叢書策劃 —— 楊榮川
企劃主編 —— 黃文瓊
特約編輯 —— 張碧娟
責任編輯 —— 李敏華
封面設計 —— 姚孝慈
著者繪像 —— 莊河源
出 版 者 —— 五南圖書出版股份有限公司
發 行 人 —— 楊榮川
總 經 理 —— 楊士清
總 編 輯 —— 楊秀麗
地　　址 —— 臺北市大安區 106 和平東路二段 339 號 4 樓
電　　話 —— 02-27055066（代表號）
傳　　眞 —— 02-27066100
劃撥帳號 —— 01068953
戶　　名 —— 五南圖書出版股份有限公司
網　　址 —— https://www.wunan.com.tw
電子郵件 —— wunan@wunan.com.tw
法律顧問 —— 林勝安律師
出版日期 —— 2019 年 7 月初版一刷
　　　　 —— 2024 年 11 月初版三刷
定　　價 —— 800 元

國家圖書館出版品預行編目資料

精神現象學 / 黑格爾（G. W. F. Hegel）著； 先剛譯．
-- 初版． -- 臺北市： 五南圖書出版股份有限公司，
2019.07
面；公分
譯自：Phänomenologie des Geistes
ISBN 978-957-763-405-4（平裝）

1. 黑格爾(Hegel, Georg Wilhelm Friedrich, 1770-1831)
2. 學術思想　3. 現象學

147.51　　108006333